本书是上海市教育委员会学科建设项目"金融改革创新背景下的金融法研究与人才培养"的子课题"金融法案例教程"的最终研究成果。感谢上述项目的资助。

· 金融法研究系列丛书 ·

新编金融法案例教程

张秀全 李 智／主编

立信会计 出版社
LIXIN ACCOUNTING PUBLISHING HOUSE

图书在版编目(CIP)数据

新编金融法案例教程/张秀全，李智主编. —上海：
立信会计出版社，2014.2
　（金融法研究系列丛书）
　ISBN 978-7-5429-4074-2

　Ⅰ. ①新… Ⅱ. ①张… ②李… Ⅲ. ①金融法-案
例-中国-高等学校-教材 Ⅳ. ①D922.280.5

　中国版本图书馆 CIP 数据核字(2014)第 026474 号

责任编辑　　黄成艮
封面设计　　周崇文

新编金融法案例教程

出版发行	立信会计出版社			
地　　址	上海市中山西路 2230 号	邮政编码	200235	
电　　话	(021)64411389	传　　真	(021)64411325	
网　　址	www.lixinaph.com	电子邮箱	lxaph@sh163.net	
网上书店	www.shlx.net	电　　话	(021)64411071	
经　　销	各地新华书店			

印　　刷	常熟市梅李印刷有限公司			
开　　本	787 毫米×1092 毫米　1/16			
印　　张	28	插　　页	1	
字　　数	519 千字			
版　　次	2014 年 2 月第 1 版			
印　　次	2014 年 2 月第 1 次			
书　　号	ISBN 978-7-5429-4074-2/D			
定　　价	49.00 元			

如有印订差错，请与本社联系调换

序　言

　　亚当·斯密在其《国富论》中分析国民财富的性质和原因时曾说:"资本的每一次增加或减少,自然会增加或减少劳动的实际数量、生产性劳动者的人数,从而增加或减少一国土地和劳动年产物的交换价值、它的全体居民的真实财富和收入。"而现代经济则无疑是以金融为核心的经济,金融在国民经济和国际社会经济生活中发挥着日益重要的作用。历次经济危机和金融危机造成的破坏性后果从反面印证了这一结论,彰显了金融的重要地位。正因如此,各国政府都十分重视对金融活动的管理和规制,一些国家则为维持或建设国际金融中心或区域金融中心而进行战略决策和提供各种政策支持。20世纪90年代初期,在中央政府的战略决策和大力支持下,逐步确立了建设上海国际金融中心的宏伟目标。2009年4月国务院明确提出,2020年上海基本建成与国家经济实力以及人民币国际地位相适应的国际金融中心。多年来上海虽然在国际金融市场发挥了重要的作用,但上海国际金融中心的建设是一个漫长的过程,要获得国际社会的公认,完全确立其国际金融中心地位,还需要长期的积累和继承、不断的改革和创新、持续的工作和努力。

　　上海国际金融中心建设的一个重要内容就是金融法制的完善、金融法治环境的改善和金融法律人才的培养。上海大学是国家重点建设的一所综合性、地方性、"211工程"大学。多年来,上海大学法学院在"创特色、入主流、走国际化办学道路"的办学实践中,从上海建设国际金融中心的法治需求出发,整合相关学科的师资力量,成立上海大学法学院金融法研究中心,开展金融法系列课程的教学工作,探索金融法人才培养的路径,研究金融法的理论与实务问题,并承担了一批重要的金融法研究项目,例如:上海市教委学科建设项目"金融改革创新背景下的金融法研究和人才培养",国家哲学和社会科学规划基金项目"利益衡平视野下寿险核保期风险分担法律问题研究",教育部社科规划项目"出口信用保险立法的制衡问题研究"、"农村建设用地使用权出让法律制度研究——以小产权房问题为切入点",上海市社科规划课题"保险法基本问题研究"、"房地产投资信托(REITs)运行机制之法律经济分析"、"集体土地所有权法律制度研究——基于历史、比较和实证的考察"、"保障性住房REITs:路径依赖与制度设计",上海市教委重点创新项目"廉租房REITs:瓶颈与出路",上海市教委创新项目"土地抵押融资的法律困境与制度创新"、"上海国际金融中心建设中金融消费者隐私权保护问题研究"等。

　　在研究上述其他相关课题的基础上,我们将有关研究成果以《金融法研究系列丛书》的形式陆续出版。这些作品多是上海大学法学院金融法研究中心部分成员近年来的部分研究成果,也是上海市教委学科建设项目"金融改革创新背景下的金融法研究和人才培养"的最终成果的一部分。这些研究成果涉及的领域比较广泛,并不局限于狭义的、作为法学三级学科和经济法学组成部分的金融法,但它们都属于广义的金融法。我们这里使用的金融法概念更多的是从广义和交叉学科,即与金融有关的法律的含义上而言的。期望《金融法研究系列丛书》对深化金融法理论研究,推动金融制度创新,解决金融法律实务问题提供一些理论借鉴和决策参考,促进金融法学发展,为金融法治建设贡献我们的绵薄之力。

2012年10月,李凤章教授等著的《土地抵押融资的法律困境和制度创新》作为本套丛书的第一本顺利出版。该书从我国土地抵押融资的实际出发,比较系统地分析了土地抵押中融资过度和融资不足并存的现实困境;对划拨土地使用权的抵押融资能力提出了质疑,勾画了划拨土地使用权改革的思路;比较深入地研究了储备机构土地抵押贷款及其风险防范、宅基地使用权和土地承保经营权的抵押融资、土地开发权的财产化与融资交易等重大问题;论证了土地银行制度建立的必要性,借鉴域外实践和历史经验,具体设计了土地银行的制度内容。正如作者在其序言中所言,打破制约经济发展的钟罩,让内外的压力趋于平衡、为国有土地上过热的土地融资降温,同时,为冰冻的集体土地融资化冰,让狂欢者更理性、为无力者赋权利。这既是现实的重大挑战,也是该书的研究主题。

2013年3月,李智教授等著的《资产证券化及其风险之化解》顺利出版。该书紧紧围绕资产证券化及其风险化解这一主题,从资产证券化的基础性框架入手,结合我国资产证券化的一些典型案例,考察我国主要资产证券化产品的现状,研究资产证券化运作过程中的风险隔离机制及信用等级制度,并在此基础上对我国资产证券化的制度完善和实务改革提出了对策与建议。

2013年7月,本教程最终定稿。本教程追踪最新立法、紧扣核心教材、创新编写体例、精选真实案例,如许霆案、吴英集资诈骗案、海富投资案、信诚寿险案等案件都曾在社会上产生广泛的影响。本教程不失为一部特色鲜明的理论性与实务性兼具的金融法案例教材,可作为法学本科生、研究生学习金融法课程的案例教材或参考读物,对司法实务界人士或法学爱好者领略金融法魅力也有参考价值。

非常感谢本套丛书各位作者在项目研究和专著撰写过程中所付出的艰辛劳动和大量心血。对立信会计出版社为丛书出版提供的积极支持及精心的校对、编辑,谨致以衷心的谢忱。欢迎读者朋友提出宝贵的意见和建议,以便我们改进和完善。

张秀全

2014年1月

前　言

2007年以来,伴随着由美国次贷危机引发的国际金融危机,国内外金融市场发生了巨大的变化,各国政府为应对金融危机作出了不同程度的金融改革。我国金融体制改革的大方向是市场化,在金融制度宏观层面调整的同时,重塑金融制度的微观机制,厘清政府和金融、金融与企业、金融与社会的关系。随着我国金融体制改革的不断深化和金融法制的逐渐完善,金融法已经成为中国特色社会主义法律体系的重要组成部分,金融市场对金融实务法律人才的需求更加旺盛。与此相适应,我国高等院校法学院系越来越重视金融法实务人才的培养,金融法课程建设特别是金融法案例教材建设则是加快金融法人才培养的一项重要内容。金融法案例教学应密切跟踪金融立法、金融司法和金融实务的发展,不断更新案例内容,改进教学方法。虽然我国金融法学界已编写出版了一些金融法案例教材,但与金融立法、司法和实务的快速更新相比仍存在一定的差距。有鉴于此,我们组织编写了这本最新的金融法案例教材。

本书不同于简易的教学式案例教程,具有如下特色:

新颖性。本书中的案例绝大多数来源于近5年来司法实践中的最新案件,而且处理结果的处理依据多为最新修订或颁布的相关法律法规。为了更深入地探讨案例,我们援引了最新的理论研究成果,并在"法理分析"中作了进一步的阐述。

真实性。本书选取的案件全部系司法实践中的真实案件。编写人员从北大法律信息网等资源库中,精心筛选了有重大意义或价值的典型案例,如许霆案、吴英集资诈骗案、海富投资案、信诚寿险案等。

创新性。本书在编写体例上力求创新,继"案情介绍"之后,用"处理结果"揭示法院或行政机构的实际判决或参考判决,由"争议焦点"引出案例集中反映的法律争议点,经"法理分析"层层剖析相关的争议点,以"掩卷沉思"对处理结果与法理分析作结论性、反思性或对策性的思考。

本书可作为法学本科生、研究生学习金融法课程的案例教材或参考读物,帮助他们用最少的时间步入法学实务的殿堂。本书也可以作为司法实务界人士进行理论与实践沟通的桥梁。本书还可作为法学爱好者领略金融法魅力的参考读物。

本书由上海大学法学院张秀全、李智教授策划和主编,一批上大学人积极参与,历经半年多时间,各位撰稿人在广泛查阅、精心挑选、巧妙设计、独特分析的基础上,完成了本书初稿的编写。张秀全、李智对初稿提出了具体的修改意见,各位撰稿人对其撰写的案例进行了规范性和部分实质性的修改后最终定稿。各位撰稿人具体分工如下:

　　张秀全:案例29、32、39、44、62;李智:案例1～13、19、26、42、49、63、69;张星鑫:案例1～7;李金凤:案例8～12;卞勋龙:案例13～18;韩涛:案例20～25;张君茹:案例27、28、30、31、33、34;肖晶尹:案例35、36、37、38、40、41;岳金卫:案例43、45、46、47、48;程娟娟:案例50、72、73、74、75;徐萌:案例51、52、53、54、55、76;张俊美:案例56、57、58、59、60、61;吴垒红:案例64、65、66、67、68;朱亮:案例70、71、77、78、79。

　　本书追踪最新立法、紧扣核心教材、精选真实案件、创新编写体例,是一部特色鲜明的理论性与实务性兼具的金融法案例教材。由于时间与水平的限制,本书的疏漏与错误在所难免,还望各位读者不吝赐教。

编　者

2014 年 1 月

目　录

第一编　金融机构法

第三编　金融调控监管法

第一编

金融机构法

第一章 中央银行法律制度

第一节 中央银行的组织机构

案例 1 王维友持有假币案①

【案情介绍】

公诉机关:上海市杨浦区人民检察院

被告人:王维友

被告人王维友。2001 年 12 月因犯出售假币罪被判处拘役六个月,罚金人民币二万元;2009 年 12 月因犯使用假币罪被判处有期徒刑一年,罚金人民币一万元。因涉嫌犯持有假币罪于 2012 年 5 月 7 日被拘传,同日被刑事拘留,同月 15 日被逮捕。

上海市杨浦区人民检察院以沪杨检刑诉〔2012〕535 号起诉书指控被告人王维友犯持有假币罪,于 2012 年 7 月 6 日向上海市杨浦区人民法院提起公诉。上海市杨浦区人民法院依法适用简易程序,实行独任审判,公开开庭审理了本案。上海市杨浦区人民检察院指派代理检察员邵雅琴出庭支持公诉,被告人王维友到庭参加诉讼。现已审理终结。

公诉机关指控,2009 年 3 月 14 日,被告人王维友在本市政宣路用 4000 元假币从周敦清处购得治疗肾病的药物。

公诉人在庭审中更正,上述使用假币购药的地点应是政立路,使用假币的数额应是 4500 元。

被告人王维友对起诉书指控的上述事实及公诉人的当庭更正不表异议。

公诉机关还指控:2009 年 3 月 19 日、8 月 8 日,被告人王维友先后在本市北园路 258 弄小区里、长海医院急诊室,分别使用伪造的人民币 3200 元、1200 元,从巢敏、潘寅申处购得药品。

公诉机关确认被告人王维友的行为构成使用假币罪,提请对被告人王维友判处有期徒刑一年以下,并处相应罚金。

被告人王维友辩解称,其从未到过本市北园路 258 弄小区使用假币向他人收购药品;在长海医院急诊室,其使用假币 1000 元向潘寅申收购药品。

① 案件来源:上海市杨浦区人民法院刑事判决书(2012)杨刑初字第 550 号,北大法律信息网—北大法宝 http://www.pkulaw.cn/CLI. C. 954285,最后访问日期 2013 年 2 月 1 日。

　　经审理查明,2009 年 3 月,被告人王维友在本市长征医院门诊部搭识周敦清,并留下手机号码130128 **** 7。同月 14 日 15 时许,被告人王维友至本市政立路周敦清住处,使用伪造的人民币 4500 元从周敦清处购得药品若干。

　　2009 年 3 月 19 日上午,被告人王维友在本市仁济医院搭识巢敏并留下巢敏的联系方式。当日 10 时 30 分许,被告人王维友用号码为 130128 **** 7 的手机与巢敏联系后,至本市北园路 258 弄巢敏住处的小区门口,使用伪造的人民币 3200 元从巢敏处购得药品若干。

　　2009 年 8 月 7 日上午,被告人王维友在本市长海医院搭识潘寅申,并留下潘寅申的联系方式。后被告人王维友用号码为 130128 **** 7 的手机与潘寅申联系,于次日 7 时许在本市长海医院急诊室使用伪造的人民币 1200 元从潘寅申处购得药品若干。案发后,上述伪造的人民币已被银行收缴。

　　2009 年 8 月 8 日,被告人王维友在本市新华医院被抓获,并被警方查获号码为130128 **** 7 的手机一部及人民币 10712.50 元。

　　经中国人民银行鉴定,上述被查获的 100 元面值的人民币均系假币。

　　上述事实,被告人王维友在开庭审理过程中亦无异议,并有证人程德良、方利君、王会光的证言,上海市公安局杨浦分局搜查证、搜查笔录,查获的伪造的人民币等的照片及扣押清单,中国人民银行货币真伪鉴定书、假人民币没收收据,公安机关出具的工作情况等证据证实,足以认定。

【处理结果】

　　上海市杨浦区人民法院审理认为,被告人王维友明知是伪造的人民币而持有,数额较大,其行为已构成持有假币罪。公诉机关指控的罪名成立,对被告人王维友依法应予惩处。被告人王维友曾因故意犯罪被判处有期徒刑以上刑罚,刑罚执行完毕以后五年内再犯应当判处有期徒刑以上刑罚之罪,系累犯,依法应当从重处罚。鉴于其系自首,依法可以从轻处罚。为严肃国法,维护国家的货币金融管理秩序,依照《中华人民共和国刑法》第一百七十二条,第六十五条第一款,第六十七条第一款及第五十三条之规定,判决如下:

　　被告人王维友犯持有假币罪,判处有期徒刑七个月,罚金人民币一万元。

　　(刑期从判决执行之日起计算。判决执行以前先行羁押的,羁押一日折抵刑期一日,即自 2012 年 5 月 7 日起至 2012 年 12 月 6 日止。罚金自本判决发生法律效力之日起三日内向本院缴纳。)

【争议焦点】

　　一、央行货币真伪鉴定书对王维友所持有假币的鉴定效力如何?

　　二、中央银行的组织机构有哪些?

　　三、中央银行货币政策是怎样制定的?

![法理分析] **【法理分析】**

本案涉及的被告人王维友持有假币案事实清楚,主要讨论央行假币鉴定书的出具及央行组织机构和货币政策制定的相关问题。

一、央行货币真伪鉴定书对王维友所持有假币的鉴定效力如何?

受理货币真伪鉴定的机构是中国人民银行,或具有货币真伪鉴定技术与条件,并经中国人民银行授权的商业银行业务机构。货币真伪鉴定的操作程序:(1)申请:持有人对被金融机构收缴货币的真伪有异议,可以自收缴之日起3个工作日内,持《假币收缴凭证》直接或通过收缴单位向中国人民银行当地分支机构或中国人民银行授权的当地鉴定机构提出书面鉴定申请。(2)受理:中国人民银行分支机构和中国人民银行授权的鉴定机构应当自收到鉴定申请之日起2个工作日内,通知收缴单位报送需要鉴定的货币。收缴单位应当自收到鉴定单位通知之日起2个工作日内,将需要鉴定的货币送达鉴定单位。(3)鉴定:对盖有“假币”字样戳记的人民币纸币,经鉴定为真币的,由鉴定单位交收缴单位按照面额兑换完整券退还持有人,收回持有人的《假币收缴凭证》,盖有“假币”戳记的人民币按损伤人民币处理;经鉴定为假币的,由鉴定单位予以没收,并向收缴单位和持有人开具《货币真伪鉴定书》和《假币没收收据》。对收缴的外币纸币和各种硬币,经鉴定为真币的,由鉴定单位交收缴单位退还持有人,并收回《假币收缴凭证》;经鉴定为假币的,由鉴定单位将假币退回收缴单位依法收缴,并向收缴单位和持有人出具《货币真伪鉴定书》。中国人民银行分支机构和中国人民银行授权的鉴定机构应当自受理鉴定之日起15个工作日内,出具《货币真伪鉴定书》。因情况复杂不能在规定期限内完成的,可延长至30个工作日,但必须以书面形式向申请人或申请单位说明原因。对中国人民银行分支机构作出的有关鉴定假币的具体行政行为有异议,可在收到《货币真伪鉴定书》之日起60个工作日内向其上一级机构申请行政复议,或依法提起行政诉讼。①

二、中央银行的组织机构有哪些?

中国人民银行根据职责的需要,②设立了包括办公厅、金融市场司、货币财务司等在内的18个司局级机构,处理中国人民银行的日常事务。中国人民银行设立的国内分行及支行是中国人民银行的派出机构,根据综合的授权依法维护本辖区的金融秩序,承办所管业务。并且设有派驻各国外主要金融城市的办事处,以适应全球化的需要。

中国人民银行设行长一人,副行长若干人。中国人民银行设立货币政策委员会,货币政策委员会的职责、组成和工作程序,由国务院规定,报全国人民代表大会常务委员会备案。中国人民银行货币政策委员会应当在国家宏观经济调控、货币政策制定和调整中,发挥重要作用。中国人民银行根据履行职责的需要设立分支机构,

---

① 参见《中国人民银行假币收缴、鉴定管理办法》,第9-11条。
② 参见黄达著:《货币银行学》(第四版),中国人民出版社2008年版,第385页。

作为中国人民银行的派出机构。中国人民银行对分支机构实行集中统一领导和管理。中国人民银行的分支机构根据中国人民银行的授权,负责维护本辖区的金融稳定,承办有关业务。①

三、中央银行货币政策是怎样制定的?

中国人民银行行长是中央银行决策层的领导,也是中国人民银行最高的行政领导人,作为中国人民银行的法定代表人,他对外代表中国人民银行。货币政策委员会是中国人民银行制定货币政策的咨询机构和议事机构,不是决策机构,它是中国人民银行的内部机构,其设立目的是保证中国人民银行在制定货币政策时更加民主化和科学化。其职责是在综合分析宏观经济形势的基础上,依据国家的宏观经济目标,讨论货币政策事项并提出建议。同时中国人民银行根据履行职责的需要设立分支机构,作为中国人民银行的派出机构。中国人民银行对分支机构实行集中统一领导和管理,中国人民银行的分支机构根据中国人民银行的授权,负责维护本辖区的金融稳定,承办有关业务。中央银行的工作人员是指除机关工勤人员以外的所有从事金融管理活动的公务人员。他们除了要履行《国家公务员暂行条例》第六条规定的公务员的义务以外,还应当恪尽职守,廉洁奉公,不得滥用职权、徇私舞弊,不得在任何金融机构、企业、基金会兼职,并应当保守国家秘密,并有责任为与履行其职责有关的金融机构及当事人保守秘密。

货币政策委员会是中国人民银行制定货币政策的咨询议事机构,其职责是在综合分析宏观经济形势的基础上,依据国家宏观调控目标,讨论货币政策的制定和调整、一定时期内的货币政策控制目标、货币政策工具的运用、有关货币政策的重要措施、货币政策与其他宏观经济政策的协调等涉及货币政策等重大事项,并提出建议。货币政策委员会由下列单位的人员组成:中国人民银行行长;中国人民银行副行长二人;国家计划委员会副主任一人;国家经济贸易委员会副主任一人;财政部副部长一人;国家外汇管理局局长;中国证券监督管理委员会主席;国有独资商业银行行长二人;金融专家一人。货币政策委员会组成单位的调整,由国务院决定。中国人民银行行长、国家外汇管理局局长、中国证券监督管理委员会主席为货币政策委员会的当然委员。货币政策委员会其他委员人选,由中国人民银行提名或者中国人民银行会商有关部门提名,报请国务院任命。货币政策委员会设主席一人,副主席一人。主席由中国人民银行行长担任;副主席由主席指定。②

货币政策委员会实行例会制度,在每季度的第一个月份中旬召开例会。货币政策委员会主席或者1/3以上委员联名,可以提议召开临时会议。货币政策委员会秘书处应当在货币政策委员会例会召开的10日前,将会议议题及有关资料送达全部委员;在会议召开时,向全部委员提供最新统计数据及有关技术分析资料。货币政

---

① 参见《中华人民共和国中国人民银行法》第10-15条的规定。
② 参见《中华人民共和国中国人民银行法》第23条的规定。

策委员会会议有2/3以上委员出席,方可举行。货币政策委员会会议由主席主持。主席因故不能履行职务时,由副主席代为主持。货币政策委员会会议应当以会议纪要的形式记录各种意见。货币政策委员会委员提出的货币政策议案,经出席会议的2/3以上委员表决通过,形成货币政策委员会建议书。中国人民银行报请国务院批准有关年度货币供应量、利率、汇率或者其他货币政策重要事项的决定方案时,应当将货币政策委员会建议书或者会议纪要作为附件,一并报送。中国人民银行报送国务院备案的有关货币政策其他事项的决定时,应当将货币政策委员会建议书或者会议纪要,一并报送备案。货币政策委员会的内部工作制度,由货币政策委员会制定。

由此可见,货币真伪鉴定应由中国人民银行或者具有货币真伪鉴定技术与条件,并经中国人民银行授权的商业银行业务机构进行。中央银行实质是管理国家金融秩序的国家行政机关,货币政策委员会作为中央银行的重要组成部分是依据国家宏观调控目标,讨论货币政策的制定和调整、一定时期内的货币政策控制目标、货币政策工具的运用、有关货币政策的重要措施、货币政策与其他宏观经济政策的协调等涉及货币政策等重大事项,并提出建议的国家机关。

【掩卷沉思】

通过持有假币等破坏金融秩序稳定的刑事案件,我们可以获知中央银行的部分职能,从而了解中央银行的部分组织结构,要加深对中央银行组织机构的理解,就需要我们通过更多的类似案件,解读关于中央银行的职能。中央银行的主要职能可以集中概括为:大力提高制定和执行货币政策的水平,灵活运用利率、汇率等各种货币政策工具实施宏观调控;加强对货币市场规则的研究和制定,加强对货币市场、外汇市场、黄金市场等金融市场的监督与监测,密切关注货币市场与房地产市场、证券市场、保险市场之间的关联渠道、有关政策和风险控制措施,疏通货币政策传导机制。例如,综合研究制定金融业的有关改革发展规划和对外开放战略,按照我国加入WTO的承诺,促进银行、证券、保险三大行业的协调发展和开放,提高我国金融业的国际竞争力,维护国家利益;加强与外汇管理相配套的政策的研究与制定工作,防范国际资本流动的冲击;由中国人民银行组织协调全国的反洗钱工作,指导、部署金融业反洗钱工作,承担反洗钱的资金监测职责,并参与有关的国际反洗钱合作;由中国人民银行管理信贷征信业,推动社会信用体系建设。我们要善于从各类涉及金融秩序的案件中,解读中央银行的这些职能,这样就能加深对中央银行组织机构的认识。

第二节　中央银行的业务

案例2　上海华伟房地产有限公司诉中国人民银行
上海分行金融行政处罚案①

【案情介绍】

原告:上海华伟房地产有限公司

法定代表人:吴筱英,总经理

委托代理人:沈永达

被告:中国人民银行上海分行

法定代表人:张新,行长

委托代理人:虞磊珉

委托代理人:张长越,律师

原告上海华伟房地产有限公司(以下简称华伟公司)诉被告中国人民银行上海分行(以下简称人行上海分行)金融行政处罚一案,于2011年5月12日在上海市浦东新区人民法院提起行政诉讼。浦东新区人民法院于同年5月16日受理后,依法组成合议庭,于同年6月15日公开开庭进行了审理。原告华伟公司的法定代表人吴筱英及委托代理人沈永达,被告人行上海分行的委托代理人虞磊珉、张长越到庭参加诉讼。本案已审理终结。

被告人行上海分行于2011年2月11日作出(沪银罚)罚字(2011)第445792号行政处罚决定。被告认定,原告华伟公司于2010年12月27日签发空头支票,支票号码为02226076,支票金额为人民币(以下币种均为人民币)500万元,收款人为上海蒙卡投资管理有限公司(以下简称蒙卡公司),被告依据《中华人民共和国票据法》(以下简称《票据法》)第八十七条,《票据管理实施办法》第三十一条的规定,对原告华伟公司作出罚款250000元的行政处罚决定。

原告华伟公司诉称:原告在开具支票给上海市松江区人民政府机关事务管理局办公室时明确告知账户内没有资金,由于上海市松江区人民政府机关事务管理的工作人员费德云将支票误入账户交割程序出现差错,导致退票,原告并无违法行为。《票据管理实施办法》第三十一条规定:"签发空头支票或者签发与其预留的签章不符的支票,不以骗取财物为目的的,由中国人民银行处以票面金额5%但不低于1000元的罚款",被告对原告的处罚数额过高,应处以1000元的罚款。故起诉来院,要求撤销被告作出的(沪银罚)罚字(2011)第445792号行政处罚决定,并对原告处以1000元的罚款。

原告华伟公司在庭审中出示情况说明(费德云出具),费德云系上海市松江区人民

---

①案件来源:上海市浦东新区人民法院行政判决书(2011)浦行初字第127号,北大法律信息网—北大法宝 http://www.pkulaw.cn/CLI.C.1009790,最后访问日期2013年3月4日。

政府机关事务管理局工作人员,证明系费德云的交割程序出现差错,所以导致退票,原告没有违法行为。

被告人行上海分行辩称:被告系对票据违法行为进行行政处罚的适格主体。原告的违法行为事实清楚、证据充分。被告针对原告的违法行为所作的行政处罚适用法律正确。被告对原告所作的行政处罚程序合法。原告要求以1000元进行处罚系对法条的理解错误。要求维持被告的行政处罚决定。

被告于法定期限内向本院提供了作出被诉具体行政行为的证据和依据:(1)《空头支票报告书》,证明2010年12月27日深圳发展银行上海分行南京西路支行出具给被告报字(2010)第11号报告书,发现支票号码02226076的支票为空头支票。(2)编号为02226076的支票复印件。(3)深圳发展银行上海分行特种转账凭证,证据(2)(3)证明本案原告曾签发以蒙卡公司为收款人,票面金额500万元的支票,因原告存款账户余额不足而退票。(4)银行内部传票清单,证明原告的账户余额为9404.98元,提示付款时,账户余额不足。(5)情况说明,证明被告作出行政处罚告知书以后,收到原告提交的情况说明,并对其申辩理由予以审核,最终决定不予采纳原告的申辩理由,并对原告作出行政处罚决定。在情况说明中,原告也承认了签发空头支票的行为。(6)行政处罚意见告知书及其送达回执,证明被告于2010年12月29日作出文号为(沪银罚)告字(2010)第045792号书面行政处罚意见告知,在对原告作出行政处罚前履行了告知的义务。(7)行政处罚决定书及其送达回证,证明被告于2011年2月11日作出文号为(沪银罚)罚字(2011)第445792号的书面行政处罚决定,该行政处罚程序正当合法,并按照法律规定向原告送达了行政处罚相关法律文书。(8)《中华人民共和国中国人民银行法》第十三条,《票据法》第八十七条,《中华人民共和国行政处罚法》第十五条、第三十条、第三十一条、第三十二条,《票据管理实施办法》第三条、第三十一条,《中国人民银行行政处罚程序规定》第六条、《中国人民银行关于对签发空头支票行为实施行政处罚有关问题的通知》的规定,作为被告作出被诉行政处罚决定的职权依据及法律适用。

经庭审质证,原告对被告出示的证据及法律法规均没有异议。被告认为原告出示的证据无法证明原告所要证明的内容,被告的行政处罚决定是对客观存在的事实进行处罚,并不以是否主观故意为认定要件。

经审查,法院对证据作如下确认:被告提供的证据具有真实性,来源合法,与被诉行政处罚决定所认定的事实具有关联性,法院认定为本案的定案证据。原告提供的证据与被诉行政处罚决定的合法性缺乏关联性,法院不予认定为本案定案证据。

依据法院上述认定的证据并结合双方当事人在庭审中对部分事实的一致陈述,法院经审理查明:被告收到深圳发展银行上海分行南京西路支行于2010年12月27日出具的空头支票报告书、编号为02226076的支票复印件、特种转账凭证和银行内部传票,认定原告华伟公司在账户余额不足的情况下,于2010年12月27日签发了金额为500万元的空头支票。同年12月29日,被告向原告发出了行政处罚意见告知书,明确告知原告拟作出行政处罚决定的事实、理由、依据以及原告依法享有的陈述和申辩权利。原告收到行政处罚意见告知书后提出陈述和申辩。被告对原告的申辩予以审核,未采纳原告的申辩意见。2011年2月11日,被告针对原告签发空头支票的违法行为,作出被诉行政处罚决定,并向原告邮寄送达。原告不服,遂向浦东新区人民法院提起行政诉讼。

【处理结果】

上海市浦东新区人民法院审理认为:被告人行上海分行作为中国人民银行的分支机构,经法律授权具有票据管理的职能,并有作出被诉行政处罚决定的法定职权。被告在收到深圳发展银行上海分行南京西路支行关于原告签发空头支票的报告、特种转账凭证、银行内部传票和支票等,经核实后,认定原告华伟公司具有签发空头支票的违法行为,并依据《票据法》第八十七条,《票据管理实施办法》第三十一条的规定,作出被诉行政处罚决定,被告认定事实清楚,证据确凿,适用法律正确。故被告在作出行政处罚前依法行使了行政处罚事先告知程序,程序合法。被告作出的行政处罚决定,本院应予维持。《票据管理实施办法》第三十一条规定,签发空头支票或者签发与其预留的签章不符的支票,不以骗取财物为目的的,由中国人民银行处以票面金额5%但不低于1000元的罚款。原告要求按1000元进行罚款的主张系对法条的理解错误,且不符合上述法律的规定,原告以此为由,要求撤销被诉行政处罚决定,缺乏事实证据及法律依据,本院不予支持。据此,依照《中华人民共和国票据法》第八十七条,《票据管理实施办法》第三十一条,《中华人民共和国行政诉讼法》第五十四条第(一)项之规定,判决如下:

维持被告中国人民银行上海分行于2011年2月11日作出的(沪银罚)罚字(2011)第445792号行政处罚决定;

案件受理费人民币50元,由原告上海华伟房地产有限公司负担。

如不服本判决,可在判决书送达之日起十五日内,向本院递交上诉状,并按对方当事人的人数提出副本,上诉于上海市第一中级人民法院。

【争议焦点】

一、账户内没有资金的签发空头支票行为是否违法及如何认定?
二、人行支行是否能够对上海华伟房地产有限公司作出行政处罚及其效力?

【法理分析】

本案涉及的问题主要是中国人民银行上海分行作出的对上海华伟房地产公司空头支票的行政处罚决定是否有效。由此上海华伟房地产公司对该行政处罚决定提起行政诉讼。因而该案涉及空头支票、人民银行行政处罚及效力和人民银行实施行政处罚自由裁量权等问题。

一、账户内没有资金的签发空头支票行为是否违法及如何认定?

空头支票是指出票人签发的支票金额超过其付款时在付款人处实有的存款金额的支票。① 支票的出票人不得签发空头支票和与其预留本名的签名式样或者印鉴

---

① 参见"空头支票"的概念和类型,中国农经信息网,http://www.caein.com/index.asp? xAction＝xReadNews&NewsID＝10295,最后访问日期2013年2月4日。

不符的支票。签发空头支票或者签发与其预留的签章不符的支票,不以骗取财物为目的的,由中国人民银行处以票面金额5‰但不低于1000元的罚款。开户银行向人民银行举报,人民银行核准后发出《行政处罚意见告知书》并送达出票人,出票人在收到《告知书》之日起5个工作日内陈述申辩或要求听证,人民银行作出处罚决定并送达处罚决定。签发空头支票的出票人应当在收到《行政处罚决定书》之日起15日内,填写《缴款书》,将罚款缴至罚款代收机构(开户银行)。到期不缴罚款的,人民银行可采取以下措施:(1)每日按罚款数额的百分之三加处罚款,加处的罚款由代收机构直接收缴;(2)要求银行停止其签发支票;(3)向人民法院申请强制执行。

出票人收到《行政处罚告知书》后,对拟进行的行政处罚有异议的,应当于收到告知书之日起5个工作日内将陈述和申辩意见的书面材料递交开户行,由开户行转交人民银行。

对于罚款金额超过50万的重大空头支票行政处罚,出票人可以在收到告知书之日起3个工作日内向当地人民银行分支机构递交听证申请书,并说明听证的要求和理由,逾期不提出申请的,视为放弃听证权利。

对处罚决定有异议的,可在收到《行政处罚决定书》之日起60日内提出行政复议申请,或者在收到决定书之日起3个月内向人民法院提起行政诉讼。

人民银行和开户银行可对不主动缴纳罚款,或屡次签发空头支票的出票人停止签发或停止办理支付结算业务,对以下违规情况的出票人列入“黑名单”:(1)累计签发空头支票3次以上的;(2)出票金额50万元以上的;(3)不主动缴纳罚款的;(4)恶意拒收《告知书》或《决定书》的。列入“黑名单”的出票人经过整改后,可以向银行申请恢复支付结算业务,申请时需要提交以下材料:(1)恢复有关支付结算的申请;(2)基本存款账户开户许可证及复印件;(3)整改后的签发支票业务内部控制制度;(4)缴纳空头支票罚款的缴款书原件及复印件。银行可根据出票人整改情况,决定是否恢复其办理支付结算业务和清除“黑名单”。

由此可见开具空头支票的行为是违反商业诚信的违法行为,空头支票不仅会扰乱商业秩序还会破坏金融稳定。开具空头支票的行为由商业银行向人民银行举报,由人民银行作出行政处罚。

二、人行支行是否能够对上海华伟房地产有限公司作出行政处罚及其效力?

人民银行及其分支机构对签发空头支票的违规行为实施行政处罚。具体规定如下:

一是规定对空头支票违规行为实施行政处罚。实施空头支票行政处罚的主体为中国人民银行及其分支机构;处罚依据和标准为《票据管理实施办法》第三十一条“签发空头支票或者签发与其预留的签章不符的支票,不以骗取财物为目的的,由中国人民银行处以票面金额5‰但不低于1000元的罚款”的规定;明确空头支票的罚款,由出票人在规定期限内到指定的罚款代收机构主动缴纳,逾期不缴纳的,人民银行及其分支机构可采取每日按罚款数额的3‰加处罚款、要求银行停止其签发支票、申请人民法院强制执行等措施。

二是建立了空头支票违规行为的"黑名单"制度。为了加大对空头支票监管的力度,人民银行分支行建立签发空头支票"黑名单"制度,并将有关违规信息定期向同一票据交换区域内的银行进行通报。

三是明确监督管理的职责。人民银行总行负责空头支票处罚制度的制定和监督执行;人民银行分支行负责本辖区内空头支票行政处罚的组织实施;出票人开户银行负责报告签发空头支票违规行为、代为送达有关法律文书等;罚款代收机构负责罚款的收缴。

四是强化了违规责任。根据事权划分,规定了罚款代收机构、出票人开户银行和空头支票的出票人三方的违规责任。罚款代收机构对空头支票罚款收入占压、挪用的,中国人民银行及其分支机构按照《金融违法行为处罚办法》的有关规定给予处罚,情节严重的,追究其高级管理人员及直接责任人的行政责任;出票人开户银行不报、漏报或迟报出票人签发空头支票行为的,由人民银行责令改正,逾期不改、情节严重的,追究其高级管理人员及直接责任人的行政责任;对于屡次签发空头支票的出票人,银行有权停止为其办理支票或全部支付结算业务。[1]

为促进非现金支付工具健康发展,明确了签发空头支票行为的行政处罚制度,其发布实施有利于保证经济交易双方的契约得以认真履行,维护市场经济有序运行,促进非现金支付体系安全高效运转。

支票是传统支付工具中使用最广泛和便利的非现金支付工具,在同一城市范围内的商品交易、劳务供应、清偿债务等款项支付,均可以使用支票,目前支票的使用量占同城结算总笔数的 70% 左右。[2] 由于支票的以下特点,使得其在面对新兴支付工具的挑战时仍保持着极为重要的地位:一是支票不受交易时间、地点和对象的限制,且具有很强的流通性,可以在更广泛的交易主体之间使用。除可用于商户与消费者之间的交易外,还可用于单位与个人之间、个人与个人之间的支付。二是支票的使用成本相对较低,无须专用的机具和受理设施。三是支票支付金额无上限的限制。支票既可支付零售项目,也适用于大额买卖。只要账户上有足够的款项支付,支票支付通常没有使用金额的限制。四是支票支付具有一定的私密性。使用支票进行结算,收款人无须将自己的银行账号等告诉付款人。

为进一步推动支票业务发展,满足不同层次的支付需求,人民银行将在以下方面进一步做好相关工作:一是扩大支票的使用主体,大力推广个体工商户和个人使用支票,促进支票业务的均衡发展。总体上看,目前我国支票使用主要以单位为主,除少数大中城市有一定量的个人支票在使用外,其他地区个人支票使用较少,个人支票的社会认知度较低,还未成为居民的日常支付工具。随着个人征信系统的完善

---

[1] 参见《中国人民银行关于对签发空头支票行为实施行政处罚有关问题的通知》。
[2] 参见黄达著:《货币银行学》(第四版),中国人民出版社 2008 年版,第 76-78 页。

和居民消费观念的转变,个人支票业务发展前景广阔。特别是在个人缴纳公用事业费等各种费用时,其优势更能得到有效发挥。二是建立跨行政区域的票据交换中心,促进区域经济的发展。目前,人民银行已经确立了鼓励和发展区域性票据交换的总体思路,将打破支票在同城使用的限制,推动建立以中心城市为依托、辐射周边的跨行政区域的票据交换中心,使支票在更大范围内流通,有力促进区域经济的发展。三是积极研究影像交换技术等在票据交换领域的运用,实现票据截留。采用票据影像交换和实现票据截留,可以缩短清算时间,提高结算效率,实现高效便捷的支付服务。四是建立和完善支票的管理制度,有效防范支票支付风险。

本案被告上海华伟房地产公司开具空头支票的行为违反了《中华人民共和国票据法》的规定,人民银行及其分支机构有权对其签发空头支票的违规行为实施行政处罚。

【掩卷沉思】

针对本案中上海市浦东新区人民法院作出的判决,我们了解空头支票违反我国金融稳定的管理规定及人民银行对空头支票作出行政处罚等相关规定,此外人民银行的其他业务包括运用货币政策工具(包括存款准备金制度、基准利率制度、再贴现制度、再贷款制度、公开市场业务制度和其他货币政策工具);代理财政部向各金融机构发行、组织兑付政府债券;经理国库与清算服务。①

人民银行是承担金融宏观调控和部分金融监管职能的国家机关,制定和实施与国家宏观经济目标一致的货币政策,并向政府和金融机构以及社会提供公共服务,它以国家的名义代表国家进行业务活动。

---

① 参见黄达著:《货币银行学》(第四版),中国人民出版社2008年版,第507页。

第二章　商业银行法律制度

第一节　商业银行的组织机构

案例3　方建忠诉江苏江南农村商业银行股份有限公司等股份转让纠纷案①

【案情介绍】

　　原告：方建忠

　　委托代理人：荀云琴，江苏方直律师事务所律师

　　被告一：江苏江南农村商业银行股份有限公司

　　负责人：王国琛，江苏江南农村商业银行股份有限公司董事长

　　委托代理人：眭志芸，江苏常明律师事务所律师

　　被告二：常州建年旅游用品有限公司

　　法定代表人：潘建年，常州建年旅游用品有限公司总经理

　　原告方建忠诉与被告一在 2008 年组建江苏溧阳农村合作银行（以下简称合作银行）时，向社会募集股份，被告二（以下简称建年公司）入股 50 万元，后经银行方面介绍并同意被告二将股份转让给了原告，后原告向合作银行申请变更登记。合作银行称暂缓办理法人股与自然人股之间的股权转让变更登记手续。后又因被告一组建江南银行，无人顾及变更事宜，一直拖延未予办理，请求判令被告立即为原告办理股权转让变更登记手续。

　　被告江南银行辩称，(1) 原告诉称的转让行为原合作银行并不知情，合作银行没有认可原告与被告建年公司的转让行为。(2) 被告建年公司向原告转让股权的行为发生于 2008 年 1 月 29 日，当时原合作银行正在成立过程中，并没有向被告建年公司发放股权证明，依据当时的法律法规和原合作银行的章程规定，被告建年公司向原告转让股权的行为是违法行为，应属无效，请求驳回原告诉讼请求。

　　被告建年公司未作答辩。

　　经审理查明如下事实：

　　1. 原溧阳市农村信用合作联社（以下简称信用联社）为组建成立合作银行于 2007 年 11 月始向社会募集股份。嗣后，被告建年公司在信用联社下属上黄信用社认购股份

---

① 案件来源：溧阳市人民法院民事判决书（2011）溧商初字第 382 号，北大法律信息网—北大法宝 http://www.pkulaw.cn/CLI.C.807605，最后访问日期 2013 年 2 月 7 日。

50万元。2008年1月下旬,因建年公司企业资金周转困难,遂要求上黄信用社将其认购的股份转让他人。据此,原上黄信用社负责人即联系原告方建忠,经该负责人撮合,原告方建忠、被告建年公司于2008年1月29日达成股份转让合意,当日原告向建年公司支付了股份转让款,建年公司向原告出具收条,收条载明:"今收到方建忠股金转让款伍拾万元整,待股金证下发后再办理相关转让手续"。江苏溧阳农村合作银行后于2008年5月挂牌成立,但该行股权证迟迟没有向股东发放。

2. 经中国银行业监督管理委员会批准,江南银行于2009年12月30日挂牌成立,根据相关规定,该行设立后原合作银行自行废止,其全部资产、负债和各项业务由该行承继。江南银行成立后于当年向股东发放了股权证书。鉴于被告建年公司原认购的股份实际已出让给了原告方建忠的事实,江南银行下属溧阳市上黄支行在发放权证时将建年公司名下的股权证直接发给了原告方建忠,在以后涉及股东相关事宜时,江南银行也直接与原告方建忠联系。2009年度,江南银行股东分配红利时,建年公司名下应享有红利,江南银行也变通向原告方建忠支付。

3. 被告建年公司因生产所需分别于2009年9月1日、2009年12月30日、2010年1月22日向合作银行上黄支行、江南银行借款2000万元、1000万元、1000万元(三笔借款均由财产担保)。因被告建年公司未按约履行还款义务,江南银行于2010年11月以建年公司、潘建年(建年公司法定代表人)、蒋小勤(潘建年之妻)为被告向本院提起诉讼。依据江南银行的申请,本院于2010年12月14日依法查封了建年公司持有江南银行的股份54800股。就此,本案原告方建忠于2010年12月26日向本院提出异议,认为建年公司早在2008年1月就将其在江南银行的股份全部转让给了异议人,该股份不再是建年公司的财产,请求撤销对该股份的保全。同时,建年公司向本院提出申请,称其公司名下的江南银行股份早在2008年1月就全部转让给了方建忠,只是因为当时尚未达到变更的条件,但该股份已不属建年公司的财产,请求依法撤销保全。因异议人方建忠、申请人建年公司所涉股份事宜与江南银行同建年公司借款合同纠纷一案属不同法律关系,故原告于2011年3月22日向本院提起诉讼。

审理中另查明:

(1) 2008年1月29日,建年公司与方建忠就相互间股份转让实际交易后,原告方建忠即向信用联社上黄信用社提出变更股东登记要求,之后也多次向时任合作银行上黄支行负责人询问变更登记事宜。2011年2月24日,原告方建忠书面向被告江南银行提出申请,要求办理变更股东登记。因涉及法人股与自然人所占股本的份额及组建合作银行和江南银行等情形,致使建年公司名下所持有的江南银行的股份一直未能变更登记到原告方建忠名下。

(2) 合作银行章程第二十二条规定,股东持有的股份,经董事会同意,并按规定办理登记手续后,可依法转让、继承和赠与;江南银行公司章程第二十条规定,本行股东所持有股份不得退股,但经本行同意可依法转让、继承和赠与。

(3) 江南银行系非上市股份有限公司,合作银行、江南银行章程对股东持有的股份除规定经董事会、公司同意外,未要求必须在依法设立的证券交易场所或按照国务院规定的其他方式进行。

 【处理结果】

溧阳市人民法院认为,《中华人民共和国公司法》规定,股份有限公司的股东持有的股份可以依法转让;记名股票由股东以背书方式或法律、行政法规规定的其他方式转让;转让后由公司将受让人的姓名或者名称及住所记载于股东名册。据此,股份有限公司作为典型的资合公司,持有公司股份的主体发生变更对股份公司和其他股东并无影响,也不会影响公司的存续和公司的经营。所以,公司成立后,除法律特别限制外,每位股东都可以按照公司法及公司章程的规定,转让自己的股份。

本案被告建年公司因企业资金周转困难,将其原认购的股份转让给原告方建忠,并不违反法律法规及合作银行、江南银行章程之规定。原告方建忠与被告建年公司股份转让意思表示真实,其行为合法有效。虽然原合作银行、江南银行章程对法人股、自然人股所占股本总额比例有原则规定,但原告受让建年公司股份是通过原信用联社上黄信用社负责人撮合而实现的,作为受让人的原告及出让人的被告建年公司主观上并没有过错,且原合作银行、江南银行章程对法人股转让自然人也未作禁止性规定。由于原合作银行、江南银行内部管理上的因素,致使原告一直未能办理股票过户登记,如果不依法办理股票过户手续,原告的权益就无法得到保障。原告要求被告为其办理股权转让变更登记手续的请求,符合相关法律规定,溧阳市人民法院予以支持。

被告江南银行称被告建年公司向原告转让股权的行为是违法行为,应属无效的意见,没有相应的事实依据和法律依据,法院不予采信。据此,依照《中华人民共和国合同法》第八条、第四十四条、《中华人民共和国公司法》第一百三十八条、第一百四十条、《中华人民共和国民事诉讼法》第一百三十条及相关法律之规定,判决如下:

被告江苏江南农村商业银行股份有限公司应于本判决生效后立即将登记在被告常州建年旅游用品有限公司名下的股票变更登记到原告方建忠名下;被告常州建年旅游用品有限公司应予配合。

案件受理费8800元,减半收取4400元,由被告江苏江南农村商业银行股份有限公司负担。

如不服本判决,可在判决书送达之日起15日内,向溧阳市人民法院递交上诉状,并按对方当事人的人数提出副本,上诉于江苏省常州市中级人民法院,同时向该院预交上诉案件受理费8800元。

 【争议焦点】

一、方建忠与建年公司关于溧阳市农村信用合作联社的股权转让是否有效?

二、商业银行变更后未向股东发放股权证是否影响股东地位?

📖 【法理分析】

一、方建忠与建年公司关于溧阳市农村信用合作联社的股权转让是否有效?

根据《农村信用社管理规定》的规定,农村信用社的注册资本金是农村信用社社员缴纳的股本金和农村信用社公积金转增形成的资本总额。农村信用社所有社员必须用货币资金入股,单个社员的最高持股比例不得超过该农村信用社股本金总额的百分之二。农村信用社现存股份需重新登记、确认。农村信用社不得印制股票,只发记名式股金证书,作为入股者所有权凭证和分红依据。股金证书应载明认缴股金数额及所享有的所有者权益份额。农村信用社社员持有的股本金,经向本社办理登记手续后可以转让。农村信用社社员,经本社理事会同意后,可以退股。年底财务决算之前退股的,不支付当年股息红利。

银监会下发了《中国银监会关于加快推进农村合作金融机构股权改造的指导意见》(银监发[2010]92号),指出加快推进股份制改造,稳步提升法人股比例,优化股权结构,2015年底前,地(市)及城区机构法人股平均比例应高于50%,县域机构平均比例应高于35%,单家机构一般应有3至5家持股比例5%以上的股东,全面推行建立股权委托代理制度,委托代理关系本着持有或接受其他社员的委托持有占股本总额5%以上、10%(含10%)的股份,股份应分散于不同层面的股东,防止大股东和内部人控制。按股份制方向着力优化股权结构,以法人股东为主,积极引进境内外战略投资者,重点向农业产业化龙头企业和农民专业合作社等涉农企业倾斜。① 提高法人股比例。确保新增加股东结构中法人股占比超50%。引导部分稳定性差的股权向具备一定资金实力、有投资意识的股东大户转让,打破法人股只能向法人股、自然人股只能向自然人股转让的限制,既可以缓解当前股金转让的压力,又使目前过于分散的股权能够逐步趋于集中,增强外部股东对农村信用社经营的关注度。规范分红管理制度,严格执行股金分红相关规定和程序,合法合规分配股金,确保股东权益。对以后年度股金分红必须在社员代表大会或经授权的理事会决议上明确股金分红的实际分红截止日,发生转让要在转让协议上注明上年度股金分红权属,并明确股金转入对应的账户,避免股金分红产生权益纠纷。实施增资扩股的信用社实施股金分红,新到位股金按实际到账时间长度参与分配,股金到账日以公告的股金定向募集截止日为准,按照会计核算规定要求,对于新入股资金分批次到账且时间间隔较长的,应分批次分别按募集资金占比折算股份,再按不同到账时间长度参与分配。

农村信用社应当确立正向的股权流转方向,促进股权有序规范流转。农村信用社应提供股权转让的意向信息服务,公布与股份价值相关的财务信息,制作统一书面转让协议格式文本,对股权转让行为中的股权受让方资格、股权转让后股权结构、股权转让手续和协议的合法合规性进行审查,按规定将大额股权转让报监管部门审批或备案。

农村信用社应根据法律法规、机构章程以及相关法律法规建立股权流转信息平台。除按季向理事会和当地银行业监督管理机构及时、完整、真实地报告股权变更行为,还应按月在联社信息披露公告栏公告股权流转信息资料,公布的信息资料包

---

① 参见王辉、朱健:农村金融服务体系问题与对策探讨,《北方经济》2010年第2期。

括:股权流转的申请与受理;股权流转的审核、审批;签订转让协议,协议范本;申请办理转让登记;办理转让手续;核发股权登记证书。① 允许并鼓励商业银行、财务公司和农村合作金融机构等具有银行经营管理优势的机构适当参股农村信用社,扩大对农村信用社的控制和影响,改善农村信用社的股权结构,促进经营管理的改进,推动化解历史包袱,增强农村信用社的业务创新和抗风险能力;广泛吸纳资金实力强、对农村信用社发展前景看好、培育真正关心信用社经营管理的合格股东,通过提高股东整体素质,增强股东对理事会和经营层的制约,减少"内部人控制",增强资本约束。要通过《募股说明书》如实、客观地向股东进行风险提示,使股东了解入股的权利、义务和承担的风险。将信用社经营情况向股东进行信息披露,使广大股东了解信用社业务活动信息。建立日常信息查询和社员代表大会质询制度,确保股东的知情权得到全面行使。

农村信用社要建立信息披露责任制度,对信息失真、不按时限披露等实行严格的责任追究。进一步完善法人治理运行机制,防止大股东(社员)控权和内部人控制,解决小股东(社员)权利虚置问题。积极鼓励和引导小股东建立委托代理关系,按照"委托程序化、代理制度化、决策民主化"的原则,按照《委托授权书》范本,明确委托人和代理人的权利和义务,促进投票权适度集中,同时保证委托代理关系本着持有或接受其他社员的委托持有占股本总额 5% 以上、10%(含 10%)的股份,股份应分散于不同层面的股东。

由此可见,方建忠与建年公司关于溧阳市农村信用合作联社的股权转让是有效的。

二、商业银行变更后未向股东发放股权证是否影响股东地位?

农村商业银行是独立的企业法人,享有由股东投资形成的全部法人财产权,依法享有民事权利,并以全部法人资产独立承担民事责任。农村商业银行的股东以其所持股份享有所有者的资产受益、参与重大决策和选择管理者等权利,并以所持股份为限对农村商业银行的债务承担责任。农村商业银行单个自然人股东持股比例不得超过总股本的 5‰,单个法人及其关联企业持股总和不得超过总股本的 10%,本行职工持股总额不得超过总股本的 25%。农村商业银行应向认缴股份的股东签发记名股权证,作为股东入股所持股份的凭证。农村商业银行股东不得虚假出资或者抽逃出资,也不得抽回股本。农村商业银行不得接受本行股份作为质押权标的。发起人持有的股份自农村商业银行成立之日起 3 年内不得转让。农村商业银行股东以本行股份为自己或他人担保的,应当事先告知并征得董事会同意。农村商业银行董事、监事、行长和副行长持有的股份,在任职期间内不得转让或质押。②

根据中国银行业监督管理委员会印发的《农村商业银行章程(示范)》的规定,股

---

① 参见宋彦峰:农村新型合作金融组织的制度研究,中国农业科学院博士学位论文,2011年,第20-24页。
② 参见《农村商业银行管理暂行规定》第16-21条的规定。

东持有的股权证书发生被盗、遗失、灭失或毁损,股东可以依照民事诉讼法规定的公示催告程序,请求人民法院宣告该股权证失效后,向本行申请补发股权证书。

　　方建忠与建年公司关于溧阳市农村信用合作联社的股权转让在更名之前已经完成,且并未违反相关规定。江南农村商业银行在变更后暂缓办理法人股与自然人股之间的股权转让变更登记手续。后被告一组建江南银行,无人顾及变更事宜,一直拖延未予办理,导致原告权益无法得到保障。因此,江南农村商业银行股份有限公司应立即将登记在被告常州建年旅游用品有限公司名下的股票变更登记到原告方建忠名下,以保障原告的权益,而被告常州建年旅游用品有限公司应该积极配合。

【掩卷沉思】

　　本案关于江南农村商业银行为原告方建忠进行股东登记并发放股权证的判决,维护了股东的合法权益。农村信用合作社实行股份制改革是建立现代金融企业制度,提高核心竞争力,实现可持续发展的必然选择。① 通过实行股份制改造,使农信社具有明晰的产权关系,逐步形成了权利与责任、风险与收益之间的对应,并建立起真正的现代商业银行运作机制,全面提高核心竞争力。在股份制改革的过程中,必然涉及农村信用合作社的名称变更及股东证换发等相关事宜,在农村信用社的股份制改造过程中,应及时为股东换发股权证保护原有及新注资股东的权益,这样才能促进农村信用社的股份制改造不断发展和日趋完善。

第二节　商业银行的设立、变更和终止

案例4　唐兆果等滥用职权、受贿、巨额财产来源不明、非国家工作人员受贿案②

【案情介绍】

　　公诉机关:攸县人民检察院

　　被告人:唐兆果

　　辩护人:聂拥华

　　被告人:邓巨山

　　辩护人:丁凌

　　被告人因涉嫌犯滥用职权罪、非国家工作人员受贿罪,于2009年11月10日被攸县人民检察院决定刑事拘留,同年11月24日被逮捕。2010年10月19日被本院决定

---

① 参见付东升:中国农村金融发展的制度创新研究,吉林大学博士学位论文,2012年,第68-70页。
② 案件来源:湖南省攸县人民法院刑事判决书(2011)攸法刑初字第87号,北大法律信息网—北大法宝 http://www.pkulaw.cn/CLI.C.394785,最后访问日期2013年2月13日。

取保候审。

2001年2月至2004年7月,被告人唐兆果、邓巨山与时任商业银行董事长的陈喜兰(另案处理)、副行长曾佳伟(另案处理)等人,在时任深圳市大鹏证券有限责任公司湘潭营业部经理熊伯良的游说下,未经请示湘潭市人民政府同意及商行董事会、股东大会决定的情况下,擅自决定该行与深圳大鹏公司违规开展理财业务,期间先后11次向深圳大鹏公司累计投入理财资金人民币6.5亿元,后因深圳大鹏公司破产,湘潭市商业银行因此损失资金人民币1.3457156206亿元。

湘潭市商业银行(原湘潭城市合作银行股份有限公司)系国家参股的股份有限公司,其中国有股(湘潭市财政局)占股比例为24.38%。被告人唐兆果于1997年11月经湘潭市人民政府提名后被聘任为湘潭市商业银行副行长,2000年11月经湘潭市人民政府同意被聘任为该行行长,2007年12月经湘潭市人民政府提名任该行董事长,同时被湘潭市市委任命为该行党委书记。2001年,被告人邓巨山任湘潭市商业银行资金计划部和计划会计部经理。

被告人唐兆果自2000年底至2009年在担任湘潭市商业银行行长及董事长期间,利用职务之便,为他人谋取利益,非法收受他人财物。其中,现金人民币187.497919万元、美元2.2万元、欧元4075元;门面一间、熊猫纪念币、劳力士男表、铜香炉等物品共折合人民币20.0528万元;雷达女表一块,价值美元1200元。案发前,被告人唐兆果退还人民币40万元、美元2万元。2009年10月15日,被告人唐兆果主动到湖南省纪委自首,并退还了赃款、赃物。该院就其指控提供了被告人唐兆果的供述、证人证言、相关书证及被告人唐兆果的有关身份证明等证据。该院认为,被告人唐兆果的行为已触犯《中华人民共和国刑法》第三百八十五条第一款之规定,构成受贿罪。

被告人唐兆果于2000年至2009年任湘潭市商业银行行长、董事长、党委书记期间,利用职务之便,在发放贷款、基建装修工程发包过程中,为他人谋取利益,非法收受他人财物。具体如下:

1. 自2004年至2007年9月,北京兴盛丹龙投资顾问有限公司董事长赵林为感谢被告人唐兆果对其贷款方面的关照,送给其购房款人民币22.39719万元,并在春节前或唐兆果过生日时,分五次共送给其现金人民币3.5万元,共计25.89719万元。

2. 2002年,湘潭市红图投资集团有限公司下属湘潭市红楼房地产开发有限公司承建了湘潭市商业银行住宅小区建设工程。该公司董事长杨荣波为感谢被告人唐兆果在基建方面的关照,将其开发的湘潭市汽车东站西栋综合楼的一空门面送给唐兆果。唐兆果以其岳母邹丽辉的名义办理了产权登记,该门面购置合同价格为人民币12.9万元。此外,2003—2008年,杨荣波为感谢被告人唐兆果在发放贷款时给其的关照,先后在春节时送给唐兆果现金,共计人民币13万元。

3. 自2005年至2009年,李中华为感谢被告人唐兆果在其承包湘潭市商业银行营业网点装修工程和贷款方面给予的关照,先后在过年、过节时送给被告人唐兆果现金,共计人民币18万元。

4. 湘潭市金三角投资建设开发有限公司董事长傅仕强为感谢被告人唐兆果在贷款

方面的帮助和关照,送给被告人唐兆果财物,共计价值人民币 14.004 万元、欧元 2000 元。其中:2003 年,被告人唐兆果和傅仕强去欧洲旅行时,傅仕强送给唐欧元 2000 元;2007 年下半年,傅仕强听说唐兆果想买奥运纪念币,即送了人民币 15 万元给唐兆果。后,唐兆果买了 10 套奥运纪念币,每套价格 19800 元,从中拿了一套给傅仕强,拿了一套给陈喜兰(原湘潭市商业银行董事长)。该 15 万元人民币,被告人唐兆果实得 11.04 万元;2009 年春节前,傅仕强送给唐兆果一个熊猫纪念金币,经鉴定价值人民币 2.964 万元。

【处理结果】

湖南省攸县人民法院审理认为,被告人唐兆果犯受贿罪、巨额财产来源不明罪;被告人邓巨山犯非国家工作人员受贿罪。被告人唐兆果犯受贿罪、巨额财产来源不明罪,有自首情节,可从轻或减轻处罚;被告人唐兆果受贿犯罪有部分受贿数额属犯罪未遂,可以比照既遂犯从轻或减轻处罚;被告人唐兆果积极退缴赃款,可酌情从轻处罚。被告人唐兆果一人犯数罪,应数罪并罚。被告人邓巨山有自首情节,积极退赃,且系初犯、偶犯,可减轻处罚。根据被告人邓巨山的犯罪情节和悔罪表现,适用缓刑确实不致再危害社会,可以宣告缓刑。分别判决如下:

一、被告人唐兆果犯受贿罪,判处有期徒刑九年,并处没收财产六十万元;犯巨额财产来源不明罪,判处有期徒刑八个月,合并决定执行有期徒刑九年二个月,并处没收财产人民币六十万元;

(刑期从判决执行之日起计算;判决执行前先行羁押的,羁押一日折抵刑期一日,即自 2009 年 12 月 16 日起至 2019 年 2 月 15 日止;没收财产限本判决生效后一个月内缴纳)。

二、被告人邓巨山犯非国家工作人员受贿罪,判处有期徒刑二年六个月,宣告缓刑三年,并处没收财产人民币十四万五千元;(缓刑考验期限,从判决确定之日起计算;没收财产限本判决生效后一个月内缴纳);

三、被告人唐兆果犯受贿罪的违法所得人民币 129.164 万元、美元 2000 元、欧元 4075 元及受贿孳息人民币 2.88 万元;犯巨额财产来源不明罪,其不能说明合法来源的差额部分财产人民币 101.198234 万元、美元 0.70368 万元;非法所得人民币 325.5 万元,予以追缴,上缴国库;

四、被告人邓巨山违法所得人民币 12.5 万元,予以追缴,上缴国库。

【争议焦点】

一、湘潭市商业银行是否是国家参股的股份制银行?

二、湘潭市商业银行开展理财业务应得到哪些机构批准?

【法理分析】

一、湘潭市商业银行是否是国家参股的股份制银行?

设立商业银行,应当经国务院银行业监督管理机构审查批准。未经国务院银行业监督管理机构批准,任何单位和个人不得从事吸收公众存款等商业银行业务,任何单位不得在名称中使用"银行"字样。

设立商业银行,应当具备下列条件:(一) 有符合《中华人民共和国商业银行法》和《中华人民共和国公司法》规定的章程;(二) 有符合《中华人民共和国公司法》规定的注册资本最低限额;(三) 有具备任职专业知识和业务工作经验的董事、高级管理人员;(四) 有健全的组织机构和管理制度;(五) 有符合要求的营业场所、安全防范措施和与业务有关的其他设施。

设立商业银行,还应当符合其他审慎性条件。① 设立商业银行,申请人应当向国务院银行业监督管理机构提交下列文件、资料:(一) 申请书,申请书应当载明拟设立的商业银行的名称、所在地、注册资本、业务范围等;(二) 可行性研究报告;(三) 国务院银行业监督管理机构规定提交的其他文件、资料。

设立商业银行的申请经审查符合《中华人民共和国商业银行法》和《中华人民共和国公司法》规定的,申请人应当填写正式申请表,并提交下列文件、资料:(一) 章程草案;(二) 拟任职的董事、高级管理人员的资格证明;(三) 法定验资机构出具的验资证明;(四) 股东名册及其出资额、股份;(五) 持有注册资本百分之五以上的股东的资信证明和有关资料;(六) 经营方针和计划;(七) 营业场所、安全防范措施和与业务有关的其他设施的资料;(八) 国务院银行业监督管理机构规定的其他文件、资料。批准设立的商业银行,由国务院银行业监督管理机构颁发经营许可证,并凭该许可证向工商行政管理部门办理登记,领取营业执照。②

商业银行的组织形式、组织机构适用《中华人民共和国公司法》的规定。本法施行前设立的商业银行,其组织形式、组织机构不完全符合《中华人民共和国公司法》规定的,可以继续沿用原有的规定,适用前款规定的日期由国务院规定。国有独资商业银行设立监事会。监事会的产生办法由国务院规定。监事会对国有独资商业银行的信贷资产质量、资产负债比例、国有资产保值增值等情况以及高级管理人员违反法律、行政法规或者章程的行为和损害银行利益的行为进行监督。商业银行根据业务需要可以在中华人民共和国境内外设立分支机构。设立分支机构必须经国务院银行业监督管理机构审查批准。在中华人民共和国境内的分支机构,不按行政区划设立。商业银行在中华人民共和国境内设立分支机构,应当按照规定拨付与其经营规模相适应的营运资金额。拨付各分支机构营运资金额的总和,不得超过总行资本金总额的百分之六十。设立商业银行分支机构,申请人应当向国务院银行业监督管理机构提交下列文件、资料:(一) 申请书,申请书应当载明拟设立的分支机构的名称、营运资金额、业务范围、总行及分支机构所在地等;(二) 申请人最近二年的财务会计报告;(三) 拟任职的高级管理人员的资格证明;(四) 经营方针和计划;(五) 营业场所、安全防范措施和与业务有关的其他设施的资料;(六) 国务院银行业监督

---

① 参见《中华人民共和国商业银行法》第11条的规定。
② 参见《中华人民共和国商业银行法》第15条的规定。

管理机构规定的其他文件、资料。经批准设立的商业银行分支机构,由国务院银行业监督管理机构颁发经营许可证,并凭该许可证向工商行政管理部门办理登记,领取营业执照。商业银行对其分支机构实行全行统一核算,统一调度资金,分级管理的财务制度。

商业银行分支机构不具有法人资格,在总行授权范围内依法开展业务,其民事责任由总行承担。经批准设立的商业银行及其分支机构,由国务院银行业监督管理机构予以公告。商业银行及其分支机构自取得营业执照之日起无正当理由超过六个月未开业的,或者开业后自行停业连续六个月以上的,由国务院银行业监督管理机构吊销其经营许可证,并予以公告。

本案中湘潭市商业银行(原湘潭城市合作银行股份有限公司)由湘潭市财政局所占股份比例为 24.38%。是由国家参股的股份公司,属于国家参股的商业银行。

二、湘潭市商业银行开展理财业务应得到哪些机构批准?

下列变更事项之一的,应当经国务院银行业监督管理机构批准:(一)变更名称;(二)变更注册资本;(三)变更总行或者分支行所在地;(四)调整业务范围;(五)变更持有资本总额或者股份总额百分之五以上的股东;(六)修改章程;(七)国务院银行业监督管理机构规定的其他变更事项。更换董事、高级管理人员时,应当报经国务院银行业监督管理机构审查其任职资格。商业银行的分立、合并,适用《中华人民共和国公司法》的规定。商业银行的分立、合并,应当经国务院银行业监督管理机构审查批准。商业银行应当依照法律、行政法规的规定使用经营许可证。禁止伪造、变造、转让、出租、出借经营许可证。①

本案中被告人唐兆果、邓巨山与时任商业银行董事长的陈喜兰(另案处理)、副行长曾佳伟(另案处理)等人,在时任深圳市大鹏证券有限责任公司湘潭营业部经理熊伯良的游说下,未经请示湘潭市人民政府同意及商行董事会、股东大会决定的情况下,擅自决定该行与深圳大鹏公司违规开展理财业务,期间先后11次向深圳大鹏公司累计投入理财资金人民币 6.5 亿元,后因深圳大鹏公司破产,湘潭市商业银行因此损失资金人民币 1.3457156206 亿元。湘潭市商业银行开展自身理财业务以外的其他理财业务,除了应该请示董事会、股东大会决定之外,还应该请示直接主管部门,并报请国务院银行业监督管理机构审查批准。本案中被告人唐兆果滥用职权,擅自变更商业银行的业务范围,参与深圳市大鹏证券有限公司的理财活动,违反了《商业银行法》关于商业银行变更的程序规定,给银行带来了巨额损失,应当承担刑事责任。

商业银行有下列情形之一,由国务院银行业监督管理机构责令改正,有违法所得的,没收违法所得,违法所得五十万元以上的,并处违法所得一倍以上五倍以下罚款;没有违法所得或者违法所得不足五十万元的,处五十万元以上二百万元以下罚

---

① 参见《中华人民共和国商业银行法》第 24 条的规定。

款;情节特别严重或者逾期不改正的,可以责令停业整顿或者吊销其经营许可证;构成犯罪的,依法追究刑事责任:(一)未经批准设立分支机构的;(二)未经批准分立、合并或者违反规定对变更事项不报批的;(三)违反规定提高或者降低利率以及采用其他不正当手段,吸收存款,发放贷款的;(四)出租、出借经营许可证的;(五)未经批准买卖、代理买卖外汇的;(六)未经批准买卖政府债券或者发行、买卖金融债券的;(七)违反国家规定从事信托投资和证券经营业务、向非自用不动产投资或者向非银行金融机构和企业投资的;(八)向关系人发放信用贷款或者发放担保贷款的条件优于其他借款人同类贷款的条件的。

本案中,被告人唐兆果滥用职权多次违反《商业银行法》的规定,严重扰乱了金融管理秩序。国务院银行业监督管理机构有权依法吊销经营许可证,撤销违法经营的商业银行。

 【掩卷沉思】

本案中,被告人唐兆果滥用职权,违反《商业银行法》的规定,变更商业银行的经营范围,向关系人发放信用贷款等,在该案中应当追究被告人唐兆果的刑事责任,那么商业银行因高级管理人员的个人违法行为违反《商业银行法》的规定,商业银行本身是否应该受到国务院银行业监督管理机构的责任追究,根据《商业银行法》的规定:未经批准设立分支机构的;未经批准分立、合并或者违反规定对变更事项不报批的;违反规定提高或者降低利率以及采用其他不正当手段,吸收存款,发放贷款的;出租、出借经营许可证的;未经批准买卖、代理买卖外汇的;未经批准买卖政府债券或者发行、买卖金融债券的;违反国家规定从事信托投资和证券经营业务、向非自用不动产投资或者向非银行金融机构和企业投资的;向关系人发放信用贷款或者发放担保贷款的条件优于其他借款人同类贷款的条件的。由国务院银行业监督管理机构责令改正,有违法所得的,没收违法所得;情节特别严重或者逾期不改正的,可以责令停业整顿或者吊销其经营许可证;构成犯罪的,依法追究刑事责任。[1] 因此,需要追究商业银行本身的责任,有助于调动商业银行内部监管的积极性,维护广大股东权益,保障储户利益。因此,商业银行责任追究由检察机关一同起诉,有助于规范商业银行的业务运行。

---

[1]参见付东升:中国农村金融发展的制度创新研究,吉林大学博士学位论文,2012年,第133-150页。

第三节　商业银行的经营原则和范围

案例 5　中国建设银行股份有限公司桂林六合路支行与彭颖储蓄存款合同纠纷上诉案①

【案情介绍】

上诉人(一审被告):中国建设银行股份有限公司桂林六合路支行

负责人:覃时新

委托代理人:罗莉娟

被上诉人(一审原告):彭颖

2005 年 12 月 16 日,原告彭颖在被告中国建设银行股份有限公司桂林六合路支行开设卡折合一的个人活期储蓄账户,存折号码为 3395079980100584515,储蓄卡(龙卡)号码为 4367423391290018044。至 2009 年 11 月 5 日,原告此存折账户中的存款余额为 7276.61 元。2009 年 12 月 15 日,原告的该账户中的存款在港澳地区被两次从网络 ATM(自动柜员机,下同)上各支取 2075.17 元,支付手续费各 32.75 元,查询费 4 元。同月 16 日,原告的该账户中的存款在港澳地区,又两次在网络 ATM 上被支取 2075.17 元及 622.55 元、支付手续费 32.75 元及 18.23 元,当日该账户存款余额为 308.07 元。原告自述其储蓄卡办理年限已久,已不能在当地通过网络 ATM 上使用,至 2010 年 4、5 月间,原告持存折至银行办理业务时,发现其账户中的资金被支取后,通过查询,才得知上述资金被支取的情况。而原告在此期间并未遗失过存折或储蓄卡,亦未出入过港澳地区。原告为此曾向公安机关报案,公安机关告知因不法行为发生在港澳地区,无法立案。因原告的存折为其证券交易账户,原告至今仍继续使用该存折,储蓄卡亦继续由原告持有。原告经与被告协商赔偿事宜未果而提起诉讼,诉请被告赔偿其存款损失 6968.54 元。

一审法院审理认为,原告在被告处办理了个人活期储蓄账户,并在该账户上存入了资金,即与被告建立了储蓄合同关系。原告将资金存入账户,其享有资金存取自由的权利,被告则负有为原告的存款保密及保障存款存取安全的义务。现原告账户的存款在被告保管的过程中,在原告存折及储蓄卡均未遗失的情况下,被他人在异地支取,而被告并无证据证明原告账户上的存款为原告自己支取或委托他人支取,可以认定是因被告保管不当造成原告存款的丢失,被告应承担保管不善的过错赔偿责任。故原告的诉讼请求合理合法,该院予以支持。被告拒赔的辩解理由无事实及法律依据,该院不予采信。依照《中华人民共和国合同法》第八条、第一百零七条、《中华人民共和国民事诉讼法》第六十四条的规定,判决:被告中国建设银行股份有限公司桂林六合路支行赔偿原

---

①案件来源:广西壮族自治区桂林市中级人民法院民事判决书(2012)桂市民二终字第 104 号,北大法律信息网—北大法宝 http://www.pkulaw.cn/CLI.C.1057722,最后访问日期 2013 年 2 月 16 日。

告损失 6968.54 元。案件受理费 50 元,适用简易程序减半收取 25 元,由被告负担。

上诉人中国建设银行股份有限公司桂林六合路支行不服一审判决,上诉称:(1) 一审判决认定事实证据不足,导致认定事实错误。一审判决所认定被上诉人存款被他人支取的事实均是被上诉人在庭审时的自述,并无其他证据证明,没有证据支持,以此认定其储蓄卡被盗取是错误的;(2) 一审判决适用法律不当。一审适用《中华人民共和国合同法》第八条、第一百零七条的规定,判决上诉人承担支付义务,但上诉人没有任何违反规定拒绝支付储蓄卡存款本金和利息的行为,也没有违约行为,因此,适用法律不当。请求撤销原判,改判驳回被上诉人的诉讼请求。本案诉讼费用由被上诉人负担。

被上诉人彭颖答辩称:(1) 一审判决认定事实清楚,证据充分,判决责任确定适当。被上诉人的账户中存款在港澳地区被他人支取的事实清楚,损失共 6968.54 元;(2) 上诉人认为本案涉讼款项系在 ATM 机上凭密码支取,是被上诉人存款卡折密码保管不善或使用不当所造成的损失,应由被上诉人承担。但被上诉人的储蓄卡没有"银联"标志,且储蓄卡办理年限已久,自 2009 年以后,已经不能在当地(桂林市)的 ATM 机上使用,因此,不存在保管不善或使用不当的情形。同时,被上诉人没有遗失存折及储蓄卡,也没有出入港澳地区,表明上诉人在储户存款的安全防范上存在技术缺陷及管理失误,未能履行保护储户存款安全的义务。请求驳回上诉,维持原判。

【处理结果】

广西壮族自治区桂林市中级人民法院审理认为,经审理,一审查明的事实清楚,证据充分,予以确认。上诉人应当承担举证不能的不利后果。基于被上诉人的存折和储蓄卡均未遗失,其亦未进出港澳地区,而储蓄卡内的存款在港澳地区被他人支取的事实和前述审理查明的案件事实及理由,可以认定,上诉人没有适当履行合同,未尽到信息安全保障义务,对此而导致的存款损失,上诉人应承担赔偿责任。一审判决认定事实清楚,适用法律实体处分正确。上诉人一审判决认定事实证据不足,导致认定事实错误和适用法律不当的上诉理由不充分,不予支持。驳回上诉,维持原判。

【争议焦点】

一、如何理解商业银行为存款人保密的原则?
二、怎么认识商业银行告知存款人信息数据安全的义务及举证责任倒置?

【法理分析】

一、如何理解商业银行为存款人保密的原则?

在商业银行的运营资本总额中,自有资本只占一小部分,而负债则占相当大的部分。负债经营业务是当前商业银行经营中的一个显著特点。商业银行的负债主要由客户的存款构成,存款规模的大小,对商业银行的业务发展有着重要影响,关系着商业银行的兴衰,因此,各国商业银行都非常重视存款业务,注意对存款人的保护。根据《商业银行法》的规定,商业银行办理个人储蓄存款业务,应当遵循存款自愿、取款自由、存款有息、为存款人保密的原则。对个人储蓄存款,商业银行有权拒绝任何单位或者个人查询、冻结、扣划,但法律另有规定的除外。储蓄存款是商业银行的一项重要业务,是银行业产生的基础。世界上大多数国家都用法律形式保护个人储蓄存款的合法性,我国也不例外,1982年宪法第十三条规定:国家保护公民的合法收入、储蓄、房屋和其他合法财产的所有权,国家依照法律规定保护公民私有财产的继承权。根据宪法的原则,我国有关的法律、法规和规章中都有保护存款人的条款,例如,我国继承法把公民的房屋、储蓄和生活用品列入公民合法的财产,可以继承和遗赠。银行管理条例规定,国家保护个人储蓄,实行存款自愿、取款自由、存款有息,为储户保密的原则。在国家法律保护下,我国的个人储蓄存款业务得到了极大的发展。

商业银行办理个人储蓄存款业务的四个原则,也是保护储蓄存款人的四个基本要求:(1)存款自愿原则。公民个人的储蓄存款是其劳动所得的合法收入,依法享有占有、处分的权利。公民是否参加储蓄,参加何种储蓄,在哪家银行的储蓄机构储蓄,应由其本人选择。银行应当提高服务质量,改善服务态度来吸引存款,不得采取强迫、欺诈的办法吸收存款。(2)取款自由原则。取款自由体现了储户对其财产的所有权。银行应当及时地、无条件地保证付款,不得压单、压票或者强收手续费,以及其他费用。银行拖延付款,强收不合理费用的,应当承担民事责任。银行只有积极为储户服务,才能赢得储户的信任和欢迎,从而自愿存款。(3)存款有息原则。银行应当按照中国人民银行规定的储蓄利率,付给储户存款利息。国家鼓励公民积极参加储蓄,并付给一定的利息,银行运用储蓄存款支持国家经济建设。国家通过法律,规定给存款人付息,是对存款人的奖励,体现了国家、银行和个人利益的统一。(4)为储户保密原则。为储户保密是指银行对储户的姓名、地址、工作单位、储蓄存款的来源、存款种类、数额、密码数字等存取情况负有保密的义务。[1]

二、怎么认识商业银行告知存款人信息数据安全的义务及举证责任倒置?

对个人储蓄存款,商业银行有权拒绝任何单位或者个人查询、冻结、扣划,但法律另有规定的除外。根据这一规定,除了全国人大及其常委会通过的法律规定有权查询、冻结、扣划个人储蓄存款的单位外,其他任何单位和个人都没有这个权利。法律规定有权查询、冻结、扣划的单位,有公安、检察、法院、海关、国家安全机关、税务机关等为数不多的几个部门。查询个人储蓄存款涉及银行为存款人保密的问题;冻结、扣划个人储蓄存款,直接涉及对公民个人财产的保护问题。商业银行法的这一规定,是对宪法关于保护公民储蓄及财产原则的具体贯彻落实,也有利于我国商业银行存款业务的开拓和发展。对单位存款,商业银行有权拒绝任何单位或者个人查询,但法律、行政法规另有规定的除外;有权拒绝任何单位或者个人冻结、扣划,但法律另有规定的除外。

---

[1]参见《商业银行办理个人储蓄存款》,法律快车,http://www.lawtime.cn/zhishi/syyhf/dckrdbf/2007042059202.html,最后访问日期2013年2月16日。

商业银行从事的单位存款业务的法律形式为单位存款合同。单位存款合同又称结算合同,具体做法是,存款单位在银行开立结算账户,并将现金存入该账户,银行根据存款人的委托,及时地办理代付、代收款项,并按规定支付客户存款的利息。单位存款合同的种类单一、但关系复杂。存款合同涉及银行和收款单位之间、银行和付款单位之间、收款单位与付款单位之间的关系。开户银行具有双重身份,一方面是合同一方当事人,与客户处于平等的关系,享有合同约定的民事权利、承担合同约定的义务;另一方面,银行根据法律授权,负有对客户进行货币管理和结算监督的职责。因此,单位存款不实行存款自由原则。

开户银行主要有以下权利:(1) 有权按照国家规定,对立户人实行结算监督、工资基金监督和现金管理;(2) 根据承担业务,收取一定的费用,如汇款手续费、凭证工本费等。

开户银行有下列主要义务:(1) 保护立户人的存款和合法权益,为立户人保守存款秘密;(2) 严格按照立户人的委托,及时地代为收款或付款;(3) 立户人可以向开户银行挂失。

立户人主要有下列权利:(1) 自主支配和使用其存款;(2) 付款单位与收款单位有选择结算方式的权利;(3) 有权依照法定利率获取存款利息;(4) 有权要求银行按要求办理收款、付款业务。

立户人主要有下列义务:(1) 遵守现金管理规定,在经济活动中,除按规定可以使用现金外,一律通过银行办理转账结算;(2) 不得出租、出卖账户,不得套取银行信用;(3) 不得开空头支票、不得伪造、变造票据和结算凭证;(4) 只在一家银行机构开立银行账户。

单位存款绝大多数是单位作为自主经营的法人在生产经营中获取的合法收益,而且单位存款的数额、用途等往往具有商业秘密的性质,法律对单位存款应予保护。但考虑到现实的一些经济纠纷中,有些企业缺乏商业道德,不能自觉履行合同约定的义务,躲债、赖债现象时有发生,甚至有时法院的判决也难以执行,为了解决现实中的问题,商业银行法规定,查询单位存款可以基于法律或行政法规的规定,但冻结、划扣单位存款只有法律才有权规定。根据这一规定,除了全国人大及其常委会通过的法律和国务院通过的行政法规中规定的有权查询单位存款的国家机关外,任何单位和个人都无权查询单位存款。除了全国人大及其常委会通过的法律中规定的有权冻结或扣划单位存款的国家机关外,任何单位和个人都无权冻结或扣划单位存款。商业银行应依照本条规定保护单位存款人的合法权益。

商业银行应当保障存款人的合法权益不受任何单位和个人的侵犯。银行应该向储户提供的安全保障,不仅限于账户安全,还包括人身安全、信息安全。在人身安全方面,只要储户进入银行的营业场所或其他办公场所,银行就应当完全保障储户的人身安全,不管发生什么情形,包括第三人的违法侵害行为和银行本身的侵权行为,由此给储户带来的损害,应当由银行承担。在信息安全方面,银行掌握着储户的个人存款数额、取款记录、账户交易等各类信息,这些信息涉及储户的个人隐私甚至人身安全。如果发生信息的泄露导致储户利益受损或者受威胁,那么银行方面也应当承担责任。①

在银行业务纠纷中,交易数据更多地储存在银行,交易过程的记录基本上由银行制作掌握,银行在交易中处于绝对优势地位。特别是在证据距离的远近上,银行通常更接近于证据,对于待证事实的举证条件和举证能力往往更高,因此,法官在案件审理过程中会运用自由裁量权将主要的举证责任分配给银行一方。② 金融机构以存款已正确兑付或者因存款人的过错而被诈骗为抗辩事由,应负举证责任;如果举证不能,仍应承担兑付责任。存款人与金融机构对存款被诈骗均有过错的,应依照过错大小,各自对存款损失承担相应的责任。需要明确的是,金融机构承担严格责任的法律要件是,损害结果与其过失行为之间具有法律上的因果关系。如果银行无纸化制度的缺陷与存款被诈骗没有法律上的因果关系,金融机构就不应当承担存款兑付责任。若发生存款诈骗案件,银行如果不能证明存款人或持卡人有过错,且不能证明无纸化制度不存在缺陷,应被判承担责任。

【掩卷沉思】

本案中原告将资金存入账户,其享有资金存取自由的权利,被告则负有为原告的存款保密及保障存款存取安全的义务。现原告账户的存款在被告保管的过程中,在原告存折及储蓄卡均未遗失的情况下,被他人在异地支取,而被告并无证据证明原告账户上的存款为原告自己支取或委托他人支取,可以认定是因被告保管不当造成原告存款的丢失,被告应承担保管不善的过错赔偿责任。在银行业务纠纷中,交易数据更多地储存在银行,因此银行应该承担过错赔偿责任。在举证责任倒置问题上,法官在推定举证责任分担中享有自由裁量权,必然具有一定主观能动性,有可能使得相关诉讼当事人的举证责任被扩大。增加商业银行的经营风险。

笔者认为,由掌握交易数据的银行承担责任能够提高交易安全性,保障储蓄者利益,也会提高商业银行的责任意识,促进信用支付工具的发展。

---

① 参见《商业银行如何保障存款人权益》,法律快车,http://www.lawtime.cn/zhishi/syyhf/zongze/2007042059225.html,最后访问日期 2013 年 2 月 16 日。
② 参见张大海:银行、保险理财产品诉讼证明责任问题研究,《法律适用》2009 年第 4 期。

第四节　违反商业银行法律制度的法律责任

案例6　陈喜兰滥用职权、受贿、巨额财产来源不明案[①]

🔍 **【案情介绍】**

公诉机关:株洲市芦淞区人民检察院

被告人:陈喜兰。2009年12月30日经株洲市人民检察院决定被依法执行逮捕

辩护人:高起群,湖南一星律师事务所律师

辩护人:贺晓辉,湖南一星律师事务所律师

2001年初,湘潭市商业银行(以下简称商业银行)在制定年度经营计划时,商业银行行长助理邓巨山(另案处理)向被告人陈喜兰提出通过委托理财谋取高额回报,以改善商业银行的经营情况。在商业银行年度经营计划工作会、行长办公会上,被告人陈喜兰与商业银行行长唐兆果(另案处理)、副行长曾佳伟(另案处理)、邓巨山(另案处理)都同意并决定在当年度要与证券公司开展委托理财业务。后通过深圳大鹏证券有限责任公司(以下简称大鹏公司)湘潭营业部经理熊某某(另案处理)游说,被告人陈喜兰和邓巨山、唐兆果、曾佳伟等人一起去深圳大鹏公司进行了考察,后陈喜兰、唐兆果决定派曾佳伟、邓巨山为代表、大鹏公司派出代表张志文进行具体事务的处理,双方就合作事宜,经进一步洽谈达成了一致意见。

2001年2月23日商业银行与大鹏公司签订两份协议,一份为了应付人民银行的检查,内容与相关法律法规不抵触,主要内容为商业银行投资委托大鹏公司购买国债,授权大鹏公司自主决定国债的经营运作;另一份《国债投资补充协议》,主要内容是大鹏公司必须给商业银行较高的固定回报,约定的投资回报率为10%,投资期满时,大鹏公司应将投资本金和收益划入商业银行指定账户。商业银行与大鹏公司签订委托理财合同后,由于自有资金不足,于是决定由曾佳伟和邓巨山负责从湘潭市周边的信用联社拆借部分资金,加上自有资金,按合同约定打到大鹏公司账上。大鹏公司将资金购买国债后,将国债抛售套取资金用于股票投资或直接将国债质押套取流动资金用于如购买股票等其他风险经营,并按补充协议的约定将本金和违规收益汇给商业银行,其中商业银行以自有资金作为投资本金的部分由被告人陈喜兰、唐兆果决定直接汇入商业银行账户,商业银行以拆借来的资金作为投资本金的部分由陈喜兰、唐兆果决定要求大鹏公司汇入湘潭市心宇粮油贸易有限公司(2008年更名为湖南唐臣粮油实业有限公司,以下简称心宇公司)账户再转入各信用社。2001年2月至2004年7月期间,商业银行按照上述模式,先后向大鹏公司投入13笔每笔5000万元共6.5亿元资金进行委托理财,每一笔投资协议都由陈喜兰或唐兆果在协议上签字。

[①]案件来源:湖南省株洲市芦淞区人民法院刑事判决书(2010)芦法刑初字第269号,北大法律信息网—北大法宝 http://www.pkulaw.cn/CLI.C.413863,最后访问日期2013年2月19日。

2004 年,大鹏公司因违规操作,被中国证监会查处,湘潭市商业银行分别于 2003 年 12 月 30 日、2004 年 3 月 2 日、2004 年 3 月 18 日、2004 年 7 月 7 日投入大鹏证券公司的资金共计 2 亿元面临无法收回的风险。2004 年 8 月,中国银行业监督管理委员会湘潭监管分会向湘潭市商业银行下发《关于委托证券公司国债投资的风险告知书》,责令湘潭市商业银行在 2004 年 9 月 30 日前收回在大鹏证券公司的委托理财投资 2 亿元。被告人陈喜兰、唐兆果等人试图通过贷款 2 亿元给心宇公司和湖南广绘资产管理有限公司(以下简称广绘公司)以挽回损失。被告人陈喜兰对心宇公司总经理唐明湘和广绘公司董事长胡自强明确表示这 2 亿元贷款由商业银行自行负责,不需要两公司承担偿还义务。2006 年 1 月 24 日大鹏公司被宣布破产,商业银行通过心宇公司和广绘公司汇入大鹏公司的 2 亿元成为破产债权。

被告人陈喜兰自 2001 年至 2007 年 11 月在担任湘潭市商业银行董事长、党委书记期间,利用职务之便,在发放贷款、基建装修工程发包过程中,为他人谋取利益,非法收受他人财物共计人民币 201.34616 万元,美金 0.5 万元。

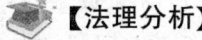 **【处理结果】**

湖南省株洲市芦淞区人民法院审理认为,公诉机关指控被告人陈喜兰犯滥用职权罪,因被告人陈喜兰在湘潭市商业银行任职期间不属于国家机关工作人员,不构成滥用职权罪犯罪主体。故公诉机关指控罪名不能成立。公诉机关指控被告人陈喜兰犯受贿罪、巨额财产来源不明罪的事实清楚,证据确实、充分,指控罪名成立。被告人陈喜兰一人犯数罪,应数罪并罚。判决如下:

一、被告人陈喜兰犯受贿罪,判处有期徒刑九年,并处没收财产人民币六十万元;犯巨额财产来源不明罪,判处有期徒刑一年;数罪并罚,合并决定执行有期徒刑九年六个月,并处没收财产人民币六十万元;(刑期从判决执行之日起计算;判决执行以前先行羁押的,羁押一日折抵刑期一日。即自 2009 年 12 月 16 日起至 2019 年 6 月 15 日止。);

二、对被告人陈喜兰受贿财物共计人民币一百八十三万九千四百六十一元六角和美金五千元、财产来源不明部分人民币二百一十六万零一百七十九元零二分和美金二千元、非法所得人民币二百六十六万五千元依法予以追缴,上缴国库。

【争议焦点】

一、陈喜兰犯罪主体资格应如何认定?

二、怎么理解商业银行的禁止义务?

【法理分析】

本案中,芦淞区人民法院审理认为,被告人陈喜兰在湘潭市商业银行任职期间不属于国家机关工作人员,不构成滥用职权罪犯罪主体。故公诉机关指控被告人陈喜兰滥用职权罪不能成立。本案涉及国家机关工作人员和国家工作人员的区别即被告人陈喜兰犯罪主体资格的认定。

一、陈喜兰犯罪主体资格应如何认定？

滥用职权罪，是指国家机关工作人员超越职权，违法决定、处理其无权决定、处理的事项，或者违反规定处理公务，致使公共财产、国家和人民利益遭受重大损失的行为。本罪的主体是国家机关工作人员。刑法中所称的国家机关工作人员是指在国家机关中从事公务的人员，包括在各级国家权力机关、行政机关、司法机关和军事机关中从事公务的人员。① 根据有关立法解释的规定，在依照法律、法规规定行使国家行政管理职权的组织中从事公务的人员，或者在受国家机关委托代表国家行使职权的组织中从事公务的人员，或者虽未列入国家机关人员编制但在国家机关中从事公务的人员，视为国家机关工作人员。2002 年 12 月 28 日《全国人民代表大会常务委员会关于第九章渎职罪主体适用问题的解释》，关于滥用职权罪的主体也是同样规定。该会议纪要同时也认定国家机关、国有公司、企业、事业单位委派在国有控股或参股的股份有限公司从事组织、领导、监督、管理等工作的人员是以国家工作人员论。所谓委派，即委任、派遣，其形式多种多样，如任命、指派、提名、批准等。根据被告人的任职情况，被告人陈喜兰到商业银行任职是先由湘潭市人民政府提名，然后通过董事会选举，再由湘潭市政府同意选举结果、同意对其职务的任命，该情形属于国家机关委派到非国有公司从事组织、领导、监督、管理等工作的情况，应以国家工作人员论，其在湘潭市商业银行任职期间不属于国家机关工作人员，不构成滥用职权罪犯罪主体。故公诉机关指控被告人陈喜兰犯滥用职权罪的罪名不能成立。

二、怎么理解商业银行的禁止义务？

商业银行有下列情形之一，对存款人或者其他客户造成财产损害的，应当承担支付迟延履行的利息以及其他民事责任：(一) 无故拖延、拒绝支付存款本金和利息的；(二) 违反票据承兑等结算业务规定，不予兑现，不予收付入账，压单、压票或者违反规定退票的；(三) 非法查询、冻结、扣划个人储蓄存款或者单位存款的；(四) 违反本法规定对存款人或者其他客户造成损害的其他行为。并由国务院银行业监督管理机构责令改正，有违法所得的，没收违法所得，违法所得五万元以上的，并处违法所得一倍以上五倍以下罚款；没有违法所得或者违法所得不足五万元的，处五万元以上五十万元以下罚款。②

商业银行有下列情形之一，由国务院银行业监督管理机构责令改正，有违法所得的，没收违法所得，违法所得五十万元以上的，并处违法所得一倍以上五倍以下罚款；没有违法所得或者违法所得不足五十万元的，处五十万元以上二百万元以下罚款；情节特别严重或者逾期不改正的，可以责令停业整顿或者吊销其经营许可证；构成犯罪的，依法追究刑事责任：(一) 未经批准设立分支机构的；(二) 未经批准分立、合并或者违反规定对变更事项不报批的；(三) 违反规定提高或者降低利率以及采用

---

① 参见刘立军：论国家机关工作人员的认定，中国法院网，http://old. chinacourt. org/public/detail. php? id=213188，最后访问日期 2013 年 2 月 19 日。

② 参见《中华人民共和国商业银行法》第 73 条的规定。

其他不正当手段,吸收存款,发放贷款的;(四)出租、出借经营许可证的;(五)未经批准买卖、代理买卖外汇的;(六)未经批准买卖政府债券或者发行、买卖金融债券的;(七)违反国家规定从事信托投资和证券经营业务、向非自用不动产投资或者向非银行金融机构和企业投资的;(八)向关系人发放信用贷款或者发放担保贷款的条件优于其他借款人同类贷款的条件的。①

商业银行有下列情形之一,由国务院银行业监督管理机构责令改正,并处二十万元以上五十万元以下罚款;情节特别严重或者逾期不改正的,可以责令停业整顿或者吊销其经营许可证;构成犯罪的,依法追究刑事责任:(一)拒绝或者阻碍国务院银行业监督管理机构检查监督的;(二)提供虚假的或者隐瞒重要事实的财务会计报告、报表和统计报表的;(三)未遵守资本充足率、存贷比例、资产流动性比例、同一借款人贷款比例和国务院银行业监督管理机构有关资产负债比例管理的其他规定的。②

商业银行有下列情形之一,由中国人民银行责令改正,有违法所得的,没收违法所得,违法所得五十万元以上的,并处违法所得一倍以上五倍以下罚款;没有违法所得或者违法所得不足五十万元的,处五十万元以上二百万元以下罚款;情节特别严重或者逾期不改正的,中国人民银行可以建议国务院银行业监督管理机构责令停业整顿或者吊销其经营许可证;构成犯罪的,依法追究刑事责任:(一)未经批准办理结汇、售汇的;(二)未经批准在银行间债券市场发行、买卖金融债券或者到境外借款的;(三)违反规定同业拆借的。第七十七条,商业银行有下列情形之一,由中国人民银行责令改正,并处二十万元以上五十万元以下罚款;情节特别严重或者逾期不改正的,中国人民银行可以建议国务院银行业监督管理机构责令停业整顿或者吊销其经营许可证;构成犯罪的,依法追究刑事责任:(一)拒绝或者阻碍中国人民银行检查监督的;(二)提供虚假的或者隐瞒重要事实的财务会计报告、报表和统计报表的;(三)未按照中国人民银行规定的比例交存存款准备金的。对直接负责的董事、高级管理人员和其他直接责任人员,应当给予纪律处分;构成犯罪的,依法追究刑事责任。

有下列情形之一,由国务院银行业监督管理机构责令改正,有违法所得的,没收违法所得,违法所得五万元以上的,并处违法所得一倍以上五倍以下罚款;没有违法所得或者违法所得不足五万元的,处五万元以上五十万元以下罚款:(一)未经批准在名称中使用"银行"字样的;(二)未经批准购买商业银行股份总额百分之五以上的;(三)将单位的资金以个人名义开立账户存储的。

商业银行不按照规定向国务院银行业监督管理机构报送有关文件、资料的,由国务院银行业监督管理机构责令改正,逾期不改正的,处十万元以上三十万元以下罚款。

商业银行不按照规定向中国人民银行报送有关文件、资料的,由中国人民银行

---

① 参见《中华人民共和国商业银行法》第74条的规定。
② 参见《中华人民共和国商业银行法》第75条的规定。

责令改正,逾期不改正的,处十万元以上三十万元以下罚款。

未经国务院银行业监督管理机构批准,擅自设立商业银行,或者非法吸收公众存款、变相吸收公众存款,构成犯罪的,依法追究刑事责任;并由国务院银行业监督管理机构予以取缔。伪造、变造、转让商业银行经营许可证,构成犯罪的,依法追究刑事责任。

商业银行违反本法规定的,国务院银行业监督管理机构可以区别不同情形,取消其直接负责的董事、高级管理人员一定期限直至终身的任职资格,禁止直接负责的董事、高级管理人员和其他直接责任人员一定期限直至终身从事银行业工作。

商业银行的行为尚不构成犯罪的,对直接负责的董事、高级管理人员和其他直接责任人员,给予警告,处五万元以上五十万元以下罚款。

商业银行对国务院银行业监督管理机构、中国人民银行的处罚决定不服的,可以依照《中华人民共和国行政诉讼法》的规定向人民法院提起诉讼。

【掩卷沉思】

本案中被告人陈喜兰利用职务便利,违反法律法规的规定,公诉机关指控被告人陈喜兰犯受贿罪、巨额财产来源不明罪的事实清楚,证据确实、充分,指控罪名成立,被告人陈喜兰一人犯数罪,应数罪并罚。被告人陈喜兰犯受贿罪,判处有期徒刑九年,并处没收财产人民币六十万元;犯巨额财产来源不明罪,判处有期徒刑一年;数罪并罚,合并决定执行有期徒刑九年六个月,并处没收财产人民币六十万元;被判处刑罚,受到了应有的惩罚,但是商业银行作为单位法人,其工作人员违反商业银行法的规定,商业银行的内部监管机构及监管人员,以及商业银行本身也应该接受法律监管和制裁,本案中并未对湘潭市商业银行作出处罚不利于商业银行自身监管体系的发展。① 笔者认为,应该加强对商业银行法人在其工作人员违法犯罪情况下的处罚力度,以加强商业银行自身监管体系的建设。

案例 7 李舒亚受贿案②

【案情介绍】

公诉机关:义马市人民检察院

被告人:李舒亚

辩护人:黄爱萍

被告人因涉嫌受贿于 2011 年 8 月 10 日经义马市人民检察院决定,同日被义马市公安局刑事拘留,因涉嫌受贿犯罪,于 2011 年 8 月 23 日经三门峡市人民检察院批准,

---

① 参见白波:金融监管与商业银行内部管理协调问题探讨,《兰州学刊》2012 年第 S1 期。
② 案件来源:义马市人民法院刑事判决书(2011)义刑初字第 129 号,北大法律信息网—北大法宝 http://www.pkulaw.cn/CLI.C.913334,最后访问日期 2012 年 2 月 23 日。

同日被义马市公安局执行逮捕。

　　被告人李舒亚在任中国工商银行陕县支行客户部副经理期间,利用其履行企业贷款调查、审查、发放和贷后检查职责的便利,收受三门峡诚佑商贸有限公司高永良现金2万元,后为其企业贷款提供帮助。在任中国工商银行陕县支行客户部经理期间,利用其履行企业贷款调查、审查、发放和贷后检查职责的便利,收受三门峡昌鑫矿产品有限公司党树功现金1万元,后给其企业贷款提供帮助。收受陕县华海矿业有限公司郭斌现金2万元,承诺为其提供帮助。收受刘忠韶现金3万元,后给其企业贷款提供帮助。

　　公诉机关当庭出示并提供了被告人的供述和辩解、证人高永良等人的证言;书证:工作简历、年龄证明及罚没收据等。公诉机关认为被告人李舒亚身为国家工作人员,利用职务之便,非法收受他人财物,为他人谋取利益,其行为已触犯刑律,应当以受贿罪追究其刑事责任。被告人李舒亚对起诉书指控的犯罪事实及证据无异议,当庭表示认罪,并书写悔过书以示悔罪。

　　被告人李舒亚的辩护人对起诉书指控李舒亚犯受贿罪的罪名及数额提出异议。(1)中国工商银行股份有限公司陕县支行是2005年12月29日成立的,有营业执照,是独立的用人单位,李舒亚与该支行签订劳动合同,是一名普通职工,当经理也只是陕县支行聘任的,并不是中国工商银行股份有限公司任命的,不属于受贿罪的国家工作人员主体,应按非国家工作人员受贿定罪量刑。(2)李舒亚收受郭斌的2万元,已经退还且没有为郭斌谋取利益,不能认定为受贿数额。(3)李舒亚2011年8月10日11时10分以证人身份在义马市人民检察院询问室接受询问时,即如实地将其收受他人现金的全部犯罪事实如实主动供述,应认定其有自首情节,应当减轻处罚。(4)李舒亚到案后能认罪悔罪,全部退赃,又是初犯、偶犯,无前科,可以从轻或者减轻处罚。

　　被告人李舒亚于2008年11月24日被中国工商银行股份有限公司陕县支行聘任为陕县支行客户部副经理;2011年5月4日被中国工商银行股份有限公司陕县支行聘任为陕县支行客户部经理,聘期三年。期间多次利用职务便利,收受多家企业贿赂,为企业贷款提供帮助。

　　2011年8月5日义马市人民检察院接到举报线索,反映中国工商银行陕县支行客户部经理李舒亚涉嫌分三次收受高永良13万元,2011年8月10日依法对李舒亚进行询问,该线索未落实,但李舒亚主动交代了其所涉嫌受贿的全部犯罪事实。

　　被告人李舒亚的辩护人辩称的:"中国工商银行股份有限公司2005年改制为股份有限公司,是非国有公司、企业。中国工商银行股份有限公司陕县支行对李舒亚的聘任,是在李舒亚与中国工商银行股份有限公司陕县支行签订劳动合同的基础上,2011年5月4日受聘任为陕县支行客户经理部经理,聘期三年,不属于受国家机关、国有公司任命、委派等在国有控股公司及其他分支机构中从事公务的人员,2010年11月至2011年5月收受他人财物的行为不构成受贿罪"。法院审理认为中国工商银行股份有限公司原为国有独资商业银行,2005年10月25日改制后,为国有控股的股份制商业银行。李舒亚在工商银行改制以前系在国有公司中从事公务的人员。在工商银行改制后,李舒亚担任中国工商银行股份有限公司陕县支行客户经理部经理,系中国工商银行股份有限公司陕县支行党委研究决定聘任,任职性质是受委派从事公务,应以国家工作人员论。

【处理结果】

义马市人民法院审理认为:被告人李舒亚身为国家工作人员,利用职务上的便利,非法收受他人财物,为他人谋取利益,其行为已构成受贿罪。

被告人李舒亚身为国家工作人员,利用职务上的便利,非法收受他人财物8万元,为他人谋取利益,依法应在上述量刑幅度内判处刑罚。在量刑时考虑以下量刑情节:(1)被告人李舒亚在办案机关所掌握的收受高永良13万元犯罪线索未落实的情况下,主动交代了司法机关尚不掌握的其在任陕县工行客户部经理期间的受贿犯罪事实,应认定为自首,可以从轻或者减轻处罚。(2)被告人李舒亚到案后,认罪态度较好,并积极退交全部违法所得,量刑时可酌情予以考虑。

根据《中华人民共和国刑法》第三百八十五条第一款、第三百八十六条、第三百八十三条第一款第二项、第六十七条第二款、第六十四条、第六十一条之规定,判决如下:

一、被告人李舒亚犯受贿罪,判处有期徒刑三年,宣告缓刑五年。(缓刑考验期自判决确定之日起计算);

二、扣押在案的赃款8万元,予以没收,上缴国库。

【争议焦点】

一、作为国有商业银行委派从事公务的李舒亚是否是国家工作人员?

二、李舒亚受贿的金额应该如何认定?

 【法理分析】

一、作为国有商业银行委派从事公务的李舒亚是否是国家工作人员?

本案中被告人李舒亚于2008年11月24日被中国工商银行股份有限公司陕县支行聘任为陕县支行客户部副经理;2011年5月4日被中国工商银行股份有限公司陕县支行聘任为陕县支行客户部经理。法院审理认为中国工商银行股份有限公司原为国有独资商业银行,2005年10月25日改制后,为国有控股的股份制商业银行。李舒亚在工商银行改制以前系在国有公司中从事公务的人员。在工商银行改制后,李舒亚担任中国工商银行股份有限公司陕县支行客户经理部经理,系中国工商银行股份有限公司陕县支行党委研究决定聘任,任职性质是受委派从事公务,应以国家工作人员论。

商业银行法规定,商业银行的工作人员应当遵守法律、行政法规和其他各项业务管理的规定,不得利用职务上的便利,索取、收受贿赂或者违反国家规定收受各种名义的回扣、手续费。对违反该规定,尚不构成犯罪的,应当给予纪律处分;构成犯罪的,应当依照刑法金融机构工作人员受贿犯罪的规定追究刑事责任。刑法第一百八十四条规定:银行或者其他金融机构的工作人员在金融业务活动中索取他人财物或者非法收受他人财物,为他人谋取利益的,或者违反国家规定,收受各种名义的回扣、手续费,归个人所有的,依照刑法第一百六十三条的规定定罪处罚。

国有金融机构工作人员和国有金融机构委派到非国有金融机构从事公务的人员有前款行为的,依照刑法第三百八十五条、第三百八十六条的规定定罪处罚。

二、李舒亚受贿金额的应该如何认定?

金融机构工作人员受贿有以下特征:(1)主体是银行或者其他金融机构的工作人员,其他人员不能成为本罪行为的主体。(2)行为人在办理金融业务中有索取、收受贿赂的行为。本条所称"金融业务",是指银行办理的吸收公众存款,发放短期、中期和长期贷款,办理国内外结算,办理票据贴现,发行金融债券,代理发行、代理兑付、承销政府债券,买卖政府债券,从事同业拆借,买卖、代理外汇,提供信用证服务及担保,代理收付款项及代理保险业务,提供保管箱服务等业务,以及其他金融机构办理的保险、信托投资、证券、外汇、期货、融资、租赁等业务。① "索取"贿赂,是指行为人公开向对方索要财物,或者以各种方式提示对方行贿。所谓"收受贿赂",是指行为人接受对方给予的财物。本条所称"违反国家规定收受各种名义的回扣、手续费",是指银行或者其他金融机构的工作人员违反国家规定,以收取回扣或者其他各种名义的手续费的形式变相收取贿赂的行为。近年来,一些银行、金融机构工作人员将自己手中的贷款权、结算权视为特权,公然向贷款申请人索取、收受贿赂,也有的在发放贷款时,不按应付的贷款金额发放,而是予以克扣;还有的在贷款利率之外,或者在国家规定收取的手续费之外,又额外地收取费用归个人所有;有的公然向贷款人、客户要房子、车子等归个人使用。这些行为严重破坏了正常的金融秩序,败坏了金融机构的声誉,损害了国家和人民的利益,应当予以严厉打击。刑法第一百八十四条规定,对银行或者其他金融机构的工作人员索取、收受贿赂,或者收受各种名义的回扣、手续费的,依照刑法第一百六十三条的规定定罪处罚,即定公司、企业人员受贿罪,对于数额较大的,处五年以下有期徒刑或者拘役;数额巨大的,处五年以上有期徒刑,可以并处没收财产。

商业银行工作人员利用职务上的便利,索取、收受贿赂或者违反国家规定收受各种名义的回扣、手续费,构成犯罪的,依法追究刑事责任;尚不构成犯罪的,应当给予纪律处分。有前述行为,发放贷款或者提供担保造成损失的,应当承担全部或者部分赔偿责任。商业银行工作人员利用职务上的便利,贪污、挪用、侵占本行或者客户资金,构成犯罪的,依法追究刑事责任;尚不构成犯罪的,应当给予纪律处分。商业银行工作人员违反本法规定玩忽职守造成损失的,应当给予纪律处分;构成犯罪的,依法追究刑事责任。违反规定徇私向亲属、朋友发放贷款或者提供担保造成损失的,应当承担全部或者部分赔偿责任。商业银行工作人员泄露任职期间知悉的国家秘密、商业秘密的,应当给予纪律处分;构成犯罪的,依法追究刑事责任。② 单位或者个人强令商业银行发放贷款或者提供担保的,应当对直接负责的主管人员和其

---

① 参见解读:金融机构工作人员受贿罪,中顾法律网,http://news. 9ask. cn/xsbh/zmjd/zmfx/201002/315777. html,最后访问日期2012年2月23日。
② 参见《中华人民共和国商业银行法》第85-90条的规定。

他直接责任人员或者个人给予纪律处分;造成损失的,应当承担全部或者部分赔偿责任。商业银行的工作人员对单位或者个人强令其发放贷款或者提供担保未予拒绝的,应当给予纪律处分;造成损失的,应当承担相应的赔偿责任。商业银行违反本法规定的,国务院银行业监督管理机构可以区别不同情形,取消其直接负责的董事、高级管理人员一定期限直至终身的任职资格,禁止直接负责的董事、高级管理人员和其他直接责任人员一定期限直至终身从事银行业工作。商业银行的行为尚不构成犯罪的,对直接负责的董事、高级管理人员和其他直接责任人员,给予警告,处五万元以上五十万元以下罚款。商业银行工作人员对国务院银行业监督管理机构、中国人民银行的处罚决定不服的,可以依照《中华人民共和国行政诉讼法》的规定向人民法院提起诉讼。

刑法第三百八十五条规定:"国家工作人员利用职务上的便利,索取他人财物的,或者非法收受他人财物,为他人谋取利益的,是受贿罪。

国家工作人员在经济往来中,违反国家规定,收受各种名义的回扣、手续费,归个人所有的,以受贿论处。"受贿罪是指国家工作人员利用职务上的便利,索取他人财物,或者非法收受他人财物,为他人谋取利益的行为。具备以下条件的,构成受贿罪:(1)犯罪的主体是国家工作人员,即刑法第九十三条规定的范围。(2)在行为上主要表现为利用职务上的便利,索取他人财物,或者非法收受他人财物为他人谋取利益。利用职务上的便利,是指利用本人职务范围内的权力,即自己职务上主管、分管某种公共事务的职权所形成的便利条件。索取他人财物主要是指行为人在职务活动中以公开或暗示的方式主动向他人索要财物。索贿是主动索要财物,比一般收受贿赂具有更大的主观恶性和社会危害性,因此刑法该条规定对索取他人财物的,不以"为他人谋取利益"为必要条件。即不论是否为他人牟取利益,只要是向他人索要贿赂的,均可构成受贿罪。"非法收受他人财物",是指行贿人主动送钱送物,受贿人非法收受,同时又"为他人谋取利益"的行为。即为他人办事,进行"权钱交易"。至于为他人谋取的利益是否正当,为他人谋取的利益是否实现,不影响受贿罪的成立。对国家工作人员在经济往来中,违反国家规定收受各种名义的回扣、手续费,归个人所有的,以受贿论处。对犯受贿罪的,根据受贿所得数额及情节及索贿的行为从重处罚。由于受贿罪在性质上与贪污罪一样,都是利用职权谋取非法利益,刑法对受贿罪的处罚没有再单独规定法定刑,而是依照刑法第三百八十三条关于贪污罪的处罚规定处罚,同时鉴于索贿罪主观恶性大,情节较为恶劣,规定了对索贿者予以从重处罚。对商业银行工作人员有利用职务上的便利,索取、收受贿赂或者违反国家规定收受各种名义的回扣、手续费的行为,发放贷款或者提供担保造成损失的,还应当承担全部或者部分赔偿责任。

综上所述,本案被告人李舒亚身为国家工作人员,利用职务上的便利,非法收受他人财物,为他牟取利益,其行为已构成受贿罪。其所收受贿赂金额应该按照累计金额计算。

【掩卷沉思】

　　商业银行工作人员犯罪因其主体的特殊性备受关注,商业银行工作人员个人的违法行为也暴露出商业银行内部监管制度缺位,对商业银行工作人员的违法行为仅仅处罚违法人员本身是不够的,还应该强调监管责任,以期从源头杜绝工作人员的违法行为,减少商业银行工作人员违法行为给商业银行带来的损失。本案中被告人李舒亚持续 3 年,多次收受贿赂,造成恶劣影响。而银行监管部门在长时间内未发现该类违法行为,说明内部监管体系的不完善,是造成商业银行工作人员违法行为的推手。① 因此,在思考商业银行工作人员违法行为及其违法责任等问题时,内部监管也是我们需要考虑的问题。

---

① 参见王艳:我国商业银行监管现状分析,《商业文化(上半月)》2012 年第 2 期。

第三章 证券机构法律制度

第一节 证券公司

案例8 河北证券武铁锁案①

【案情介绍】

当事人:

武铁锁,河北证券有限责任公司(以下简称河北证券)董事长

谢春民,河北证券副总经理

唐乾山,河北证券财务中心主任

王树江,河北证券唐山新华西道营业部总经理

李彦彬,河北证券总裁助理兼上海营业部总经理

王志刚,河北证券保定向阳南路营业部总经理

周天雷,河北证券青岛福州南路营业部总经理

刘东辉,河北证券北京首体南路营业部总经理

一、河北证券挪用客户交易结算资金

自2002年1月14日至2005年12月31日,河北证券累计挪用客户交易结算资金570458763.15元。其中:河北证券直接挪用客户交易结算资金291559130.11元,2002年以前历史遗留占用客户交易结算资金99700000.00元,涉嫌个人犯罪挪用93000000.00元,透支占用86199633.04元。截至2006年1月13日,河北证券客户交易结算资金缺口数为3.47亿元。

二、河北证券保定向阳南路营业部融资交易

从1999年10月26日至2005年12月31日,河北证券保定向阳南路营业部存在为客户北京永昊公司证券交易融资的行为,融资金额24619623元。

三、河北证券青岛福州南路营业部融资交易、假借他人或个人名义进行自营以及透支挪用客户交易结算资金

从2003年2月18日至2003年12月22日,河北证券青岛福州南路营业部存在为

---

① 案件来源:中国证监会行政处罚决定书,[2008]38号,中国证监会证券期货监督管理信息公开目录,http://www.csrc.gov.cn/pub/zjhpublic/G00306212/200812/t20081212_36306.html,最后访问日期为2013年1月23日。

客户卢文杞证券交易融资的行为。2003 年 12 月 22 日,最高融资额达 4,662434.26 元。2003 年 12 月 23 日至 2005 年 1 月 27 日,河北证券青岛福州南路营业部利用杨伟的账户以透支的方式进行自营,存在假借他人或个人名义进行自营的行为。2004 年 4 月 16 日,最大透支额达 7966485.37 元。截至 2005 年 12 月 31 日,杨伟的账户中透支 4326515.91 元。

四、河北证券北京首体南路营业部融资交易、承诺保底收益、假借他人或个人名义进行自营,以及透支挪用客户交易结算资金

1. 营业部通过相关账户为客户证券交易提供资金。2000 年 2 月 15 日至 2005 年 12 月 31 日,河北证券北京首体南路营业部存在为客户证券交易融资的行为。截至 2005 年 12 月 31 日,共向 14 名客户提供融资,金额 40688814.22 元。

2. 承诺保底收益问题。从 1998 年 7 月 31 日至 2004 年 8 月 4 日,河北证券北京首体南路营业部共 5 次与北京博尔节能技术开发有限责任公司签订国债投资合作协议,约定金额 2 次 8000000.00 元、约定年回报率 9.6%;3 次 10000000.00 元、约定年回报率 7.6%,存在承诺收益的行为。

3. 假借他人或个人名义进行自营的问题。河北证券北京首体南路营业部自 2002 年 7 月 4 日、2002 年 7 月 10 日、2002 年 8 月 5 日起分别在 3 个资金账户下挂个人股东账户进行自营,存在假借他人或个人名义进行自营的行为。

截至 2005 年 12 月 31 日,河北证券北京首体南路营业部华船账户等共计透支占用客户交易结算资金 23847314.34 元。

【处理结果】

中国证券监督委员会根据当事人违法行为的事实、性质、情节与社会危害程度及依据相关的法律作出以下决定:

一、鉴于河北证券已撤销,我会不再对河北证券给予责令关闭的处罚;

二、吊销武铁锁、谢春民、唐乾山、王树江、李彦彬的从业资格证书;

三、对王树江给予警告,并处以 5 万元的罚款;

四、对周天雷、刘东辉分别给予警告,并各处以 3 万元的罚款,同时分别吊销从业资格证书。上述当事人应自收到本处罚决定书之日起 15 日内,将罚款汇交中国证券监督管理委员会(开户银行:中信银行总行营业部、账号 7111010189800000162,由该行直接上缴国库),并将注有当事人名称的付款凭证复印件送中国证券监督管理委员会稽查局备案。

【争议焦点】

一、河北证券挪用客户交易结算资金的行为是否合法?

二、河北证券各营业部从事的融资交易、承诺保底收益、假借他人或个人名义进行自营的活动是否合法?

 【法理分析】

本案中主要涉及的就是证券公司从事挪用客户交易结算资金、融资交易、假借他人或个人名义进行自营、承诺保底收益等行为的合法性的问题。

一、河北证券挪用客户交易结算资金的行为是否合法？

证券公司是指依照《公司法》和《证券法》的规定设立的并经国务院证券监督管理机构审查批准而成立的专门经营证券业务,具有独立法人地位的有限责任公司或者股份有限公司。一般证券公司就是经主管机关批准并到有关工商行政管理局领取营业执照后专门经营证券业务的机构。它具有证券交易所的会员资格,可以承销发行、自营买卖或自营兼代理买卖证券。普通投资人的证券投资都要通过证券商来进行。

我国对证券公司实行分业监管原则,即证券公司根据自身具备的条件向国务院证券监督管理机构申请各单项业务许可证。设立证券公司基本条件:(1)有符合法律、行政法规规定的公司章程;(2)主要股东具有持续盈利能力,信誉良好,最近3年无重大违法违规记录,净资产不低于人民币2亿元;(3)有符合《证券法》规定的注册资本;(4)董事、监事、高级管理人员具备任职资格,从业人员具有证券从业资格;(5)有完善的风险管理与内部控制制度;(6)有合格的经营场所和业务设施;(7)法律、行政法规规定的和经国务院批准的国务院证券监督管理机构规定的其他条件。[1]

由于证券公司挪用客户证券交易结算资金行为屡禁不止,2005年10月27日,重新修订颁布的《证券法》规定了客户交易结算资金第三方存管制度。客户证券交易结算资金(俗称"保证金")第三方存管制度是指证券公司将客户证券交易结算资金交由银行等独立第三方存管。《证券法》的立法宗旨是保护投资者利益、促进证券市场健康发展,并且《证券法》第111条中也规定了投资者应当与证券公司签订证券交易委托协议,并在证券公司开立证券交易账户,以书面、电话以及其他方式,委托该证券公司代其买卖证券,其中证券交易账户既包括证券账户也应包括资金账户,因此从《证券法》第111条来看是肯定了证券公司作为客户资金托管主体的法律地位。从银行角度而言,银行内部为其客户开立的账户有两大类:一类是单位或个人结算账户或存款账户,另一类是管理类账户,广泛应用于集团公司类客户中。有学者认为,商业银行为证券公司的每个客户设立交易结算资金明细簿记账户并与证券公司端的客户资金账户形成一一对应关系,这样有利于通过引入商业银行的外部监督核查机制来保障证券交易结算资金的安全性。所以,客户交易结算资金第三方存管制度是符合《证券法》保护投资者利益的立法宗旨的。[2]

本案中河北证券挪用客户交易结算资金的行为违反了《证券法》第一百三十九条规定,即证券公司客户的交易结算资金应当存放在商业银行,以每个客户的名义单独立户管理。具体办法和实施步骤由国务院规定。证券公司不得将客户的交易

---

① 参见汪鑫著:《金融法学》,中国政法大学出版社2011年版,第190页。
② 参见田婕:关于我国证券市场客户交易结算资金存管模式的探讨,《世界经济情况》2007年第2期。

结算资金和证券归入其自有财产。禁止任何单位或者个人以任何形式挪用客户的交易结算资金和证券。证券公司破产或者清算时，客户的交易结算资金和证券不属于其破产财产或者清算财产。非因客户本身的债务或者法律规定的其他情形，不得查封、冻结、扣划或者强制执行客户的交易结算资金和证券。这一规定也从法律层面对客户交易结算资金第三方存管制度作出了明确的规定。从而证券公司将不再接触客户保证金，而由存管银行负责投资者交易清算与资金交收，从根本上杜绝券商挪用客户保证金的行为。

二、河北证券各营业部从事的融资交易、承诺保底收益、假借他人或个人名义进行自营的活动是否合法？

经国务院证券监督管理机构批准，证券公司主要可经营下列部分或全部业务：

1. 证券经纪。证券经纪业务又称代理买卖证券业务，是指证券公司接受投资者（客户）的委托代投资者（客户）买卖有价证券的行为，是证券公司最基本的一项业务。由于我国证券交易所实行会员制，只有成为证券交易所会员才能取得交易席位，即进行证券交易的操作资格，一般投资者不能直接进入场内进行交易，只能通过拥有席位的证券公司作为中介来完成交易

2. 证券自营。证券自营业务是指证券公司以自己的名义和合法资金进行证券买卖的业务，自行决定证券买卖的时机、价格、数量等，由此而产生的收益和损失也由证券公司承担。其与经纪业务的区别在于证券自营产生的风险由证券公司承担，而经纪业务中证券买卖的风险由客户承担。

3. 融资融券业务。融资融券业务是指证券公司向客户出借资金供其买入证券或出具证券供其卖出证券的业务。由融资融券业务产生的证券交易称为融资融券交易。融资融券交易分为融资交易和融券交易两类，客户向证券公司借资金买证券叫融资交易，客户向证券公司借入证券并卖出为融券交易。

4. 证券投资咨询。证券投资咨询业务是指从事证券投资咨询业务的机构及其咨询人员为证券投资人或者客户提供证券投资分析、预测或者建议等直接或间接有偿咨询服务的活动。

5. 与证券交易、证券投资活动有关的财务顾问。财务顾问业务是指与证券交易、证券投资活动有关的咨询、建议、策划业务。

6. 证券承销与保荐。证券承销是指证券公司接受发行人的委托，借助自己在证券市场上的信誉和营业网点，根据与发行人确定的发售方式，在规定的发行有效期限内代理发行人发行证券的活动。发行人申请公开发行股票、可转换为股票的公司债券，依法采取承销方式的，或者公开发行法律、行政法规规定实行保荐制度的其他证券的，应当聘请具有保荐资格的机构担任保荐机构。

7. 证券资产管理。证券资产管理业务是指证券公司作为受托投资管理人（以下简称"受托人"），依据有关法律、法规和投资委托人（以下简称"委托人"）的投资意愿，与委托人签订资产管理合同，把委托人委托的资产在证券市场上从事股票、债券

等金融工具的组合投资,以实现委托资产收益最优化的行为。①

在本案中所涉及的河北证券证券公司从事的活动就不在其可以从事的业务范围之内。首先,假借他人或个人名义进行自营的行为违反了《证券法》第一百三十七条的规定证券公司的自营业务必须以自己的名义进行,不得假借他人名义或者以个人名义进行。证券公司的自营业务必须使用自有资金和依法筹集的资金。证券公司不得将其自营账户借给他人使用。河北证券青岛福州南路营业部和河北证券北京首体南路营业部假借他人或个人名义进行自营严重违法了法律规定。其次,河北证券北京首体南路营业部承诺保底收益的行为违反了《证券法》第一百四十四条的规定证券公司不得以任何方式对客户证券买卖的收益或者赔偿证券买卖的损失作出承诺。

对于以上违法行为,时任董事长武铁锁是对河北证券挪用客户交易结算资金等违法行为直接负责的主管人员;时任副总经理谢春民、时任财务中心主任唐乾山、时任河北证券唐山新华西道营业部总经理王树江、时任总裁助理兼河北证券上海营业部总经理李彦彬参与了河北证券挪用客户交易结算资金的违法行为,是其他责任人员;时任河北证券廊坊新华路证券营业部总经理孙宏光挪用客户资金,是对营业部挪用客户资金直接负责的主管人员;时任河北证券保定向阳南路营业部总经理王树江是对营业部融资交易直接负责的主管人员;时任河北证券青岛福州南路营业部总经理周天雷是对营业部融资交易、透支挪用客户交易结算资金直接负责的主管人员;时任河北证券北京首体南路营业部总经理刘东辉是对营业部融资交易、承诺保底收益、假借他人或个人名义进行自营以及透支挪用客户交易结算资金直接负责的主管人员。

谢春民、李彦彬、刘东辉在听证及申辩材料中提出减轻或免予行政处罚理由。王树江提交申辩材料。经审理,中国证监会认为,谢春民确有一定消除和减轻河北证券违法行为危害后果的行为,应承担一定违法责任,但责任较轻;王树江、李彦彬所提申辩理由不成立;刘东辉确有事后积极减轻违法行为危害后果的事实,依法予以采纳,但不足以免除其行政违法责任。②

【掩卷沉思】

针对本案中杜绝券商挪用客户交易结算资金的第三方存管制度,有的学者提出这个制度存在一定的问题。依照第三方存管制度的设计和银行法原理,银行和投资者之间形成存款合同关系,基于存款合同关系,客户交易结算资金安全保障将产生以下缺陷:客户交易结算资金所有权属于银行,银行有权对其自由运用。当银行破产时投资者对客户交易结算资金不享有优先受偿权。而我国目前银行资信同样不容乐观的现状和

---

①参见范健、王建文著:《证券法》,法律出版社 2010 年版,第 180 页。
②参见中国证监会行政处罚决定书,2008 年第 38 号,中国证监会证券期货监督管理信息公开目录,http://www.csrc.gov.cn/pub/zjhpublic/G00306212/200812/t20081212_36306.htm,最后访问时间为 2013 年 2 月 18 日。

存款保险制度的缺位加大了客户交易结算资金银行存管的风险。这些缺陷导致第三方存管制度缺乏保障客户交易结算资金安全的制度基础。[①]

第三方存管制度的确存在一定问题。首先,依照第三方存管制度,客户资金作为银行存款,其所有权发生转移,则将出现存管银行的支付风险和违规风险,而且风险更加集中,银行与证券分业经营、分业管理难以继续,银行的信用风险将会波及证券市场,引发股市波动。其次,存管银行可能会借客户资金第三方存管之机逐步介入证券行业。对于银行而言,虽然可以实现全能银行目标和多样化经营战略,但同时也增加了银行的日常经营风险源,银行的风险预测能力和评估效果下降,经营风险造成的破坏力剧增,进而危及银行的安全稳健经营。再次,银行目前的基金代销、债券承销、本外币理财服务以及银证通等业务,不仅与券商的经纪业务存在着竞争关系,而且也与银行的传统零售业务存在着利益冲突。银行凭借资源和信息优势追求自身利益最大化的同时,很难保证第三方存管客户的利益不受损害。

针对上述问题,提出以下几点建议。第一,允许客户有多银行存管选择。采用"多银行存管＋多银证转账"方案,不仅可以保障客户交易结算资金的安全,也为客户的资金存取提供方便。当某家银行出现问题时,为客户提供了备选银行,从而减轻了某一银行出现问题时所产生的风险和交易纠纷。第二,切实加强金融监管工作。鉴于目前银行、证券、保险行业关系日益密切,部分业务出现交叉甚至竞争,特别是银证合作是大势所趋,从长远发展来看,应该尽快建立金融监管协调机制,强化综合监管,防止新的金融风险发生。第三,切实保障投资者合法权益。有关部门应进一步建立和完善客户交易结算资金有关制度,明确银行、证券机构和投资者之间的法律关系和应承担的责任,确保投资者的资金安全和合法权益。

第二节　证券交易所

案例9　贺初开诉国信证券股份有限公司等证券交易所财产损害赔偿纠纷案[②]

【案情介绍】

原告:贺初开

被告:国信证券股份有限公司、上海证券交易所、南航集团

2007 年 4 月 23 日,中国南方航空股份有限公司发布《股权分置改革说明书》,提示

[①]参见武安江、安启雷:完善证券交易保证金银行第三方存管制度改革探析,《金融会计》2009 年第 10期。

[②]案件来源:上海市第一中级人民法院(2009)沪一中民三(商)初字第 44 号判决,北大法律信息网——北大法宝 http://www.pkulaw.cn/cluster_call_form.aspx? menu_item＝case&EncodingName＝&key_word＝,最后访问日期为 2013 年 1 月 23 日。

被告南航集团以支付认沽权证作为股权分置改革方案的执行对价安排。同年5月14日，国务院国资委批复同意中国南方航空股份有限公司的股权分置改革方案。同年5月31日，被告上交所同意中国南方航空股份有限公司实施股权分置改革方案。同年6月7日，被告上交所核准南航认沽权证上市交易。同年6月14日，案外人发布《关于中国南方航空股份有限公司人民币普通股股票之认沽权证上市公告书》，公告称，发行人无偿派发备兑认沽权证14亿份，认沽权证交易代码"580989"，权证交易简称："南航JTP1"，权证存续期间为2007年6月21日至2008年6月20日，权证行权日为2008年6月20日，上市时间为2008年6月21日，行权价为7.43元，行权比例为2∶1，结算方式为现金结算方式；风险因素第6条提示：权证上市后，如果其他机构以A股股票为标的证券发行备兑权证，或其他机构按照交易所有关规则创设权证，可能会对权证的交易价格产生影响。

2004年12月，经中国证券业协会评审，被告国信证券等证券公司取得从事相关创新活动的试点资格。2005年11月21日，被告上交所发布《关于证券公司创设武钢权证有关事项的通知》，通知称，取得中国证券业协会创新活动试点的证券公司（以下简称"创设人"）可按照本通知的规定创设权证，创设人创设的权证应与武钢认购或认沽权证相同，并使用同一交易代码和行权代码；创设认沽权证的，创设人应在中国证券登记结算有限责任公司上海分公司（以下简称"中登公司上海分公司"）开设权证创设专用账户和履约担保资金专用账户，并在履约担保资金专用账户全额存放现金，用于行权履约担保。创设人应将上述账户报上交所备案；创设人向上交所申请创设权证的，应提供中登公司上海分公司出具的其已提供行权履约担保的证明，经上交所审核同意，通知中登公司上海分公司在权证创设专用账户生成次日可交易的权证。权证创设后，创设人可向上交所申请注销权证，创设人每日申请创设或注销权证不得超过一次，每次创设或注销数量均不低于100万份。该通知自2005年11月28日起施行。2007年6月18日，被告上交所发布《关于证券公司创设南航权证有关事项的通知》，通知称：有资格的证券公司可比照已发布的《关于证券公司创设武钢权证有关事项的通知》创设同种南航认沽权证，创设的权证可于2007年6月26日开始交易，创设权证行权具体事项根据上交所和中登公司相关规则办理。

2007年6月26日、6月29日、7月24日、8月2日、8月28日，被告国信证券五次向被告上交所申请创设南航认沽权证并获审核通过，同时被告国信证券亦向中登公司上海分公司办理了权证创设履约担保资金的交收。2007年6月27日、7月2日、7月25日、8月3日、8月29日，被告国信证券五次发布《关于创设南航认沽权证的公告》，并于公告当日起上市交易，合计创设南航认沽权证6.64亿份。

南航认沽权证上市及创设公告后，原告通过其指定交易在被告国信证券广州营业部的证券账户于2007年8月2日起买入南航认沽权证，依照被告国信证券广州营业部客户基本情况表的记载，原告买卖系争权证亏损计125388.98元。

另查明，根据被告国信证券广州营业部提供的客户基本情况表显示，原告自在国信证券广州营业部开户（2002年11月6日）后至2009年9月期间，多次买卖各类权证。

【处理结果】

上海市第一中级人民法院经过审理认为,原告贺初开的交易风险显然与三名被告的上述行为不存在必然的、直接的因果关系,故原告要求三名被告连带赔偿权证交易差价损失,没有法律依据。所以,原告贺初开针对三名被告提起侵权之诉,没有事实和法律的依据,不予支持,原告应自行承担权证交易的风险损失。据此,上海市第一中级人民法院依照《中华人民共和国民法通则》第一百零六条第二款的规定,判决如下:

驳回原告贺初开的全部诉讼请求。本案案件受理费人民币 5200 元,由原告贺初开负担。

【争议焦点】

一、原告诉请指向的被告上海证券交易所是否具有过错或侵权事实?

二、原告投资权证产生的损失与被告上海证券交易所的监管审核行为等是否存在法律上的因果关系?

【法理分析】

一、原告诉请指向的被告上海证券交易所是否具有过错或侵权事实?

关于上海证券交易所是否具有过错,是否构成侵权的问题就需要分析我国关于证券交易所的具体法律理论。权证产品系证券衍生产品,根据证券法第二条第三款的规定,证券衍生产品的发行、交易的管理办法,由国务院依照证券法的原则规定。依此规定,权证的发行和交易行为可纳入证券法的调整范围。

证券法对证券交易所、证券登记结算机构的性质和地位作了明确规定,根据证券法第一百零二条第一款规定,证券交易所是为证券集中交易提供场所和设施,组织和监督证券交易,实行自律管理的法人。其特点如下①:

第一,证券交易所是证券交易的固定场所。该特点使证券交易所与证券公司营业柜台等场外交易场所区别开来。各国法律均要求证券交易所拥有固定场所和完善设施,以安全、合理、迅捷的服务来完成证券交易活动。

第二,它为证券交易提供集中竞价服务。集中竞价是当前各国证券交易所采取的基本交易规则,它依照时间优先、价格优先等原则,合理确定证券交易价格,最大限度地实现着证券的流通性。

第三,它是特许法人。我国证券法明确规定证券交易所是法人,其设立必须经国务院批准。事实上,将证券交易所确定为法人是各国的普遍做法。

第四,它具有非营利性。证券交易所本身不参与证券买卖,也不决定证券交易价格,只是提供相关服务。

证券交易所的作用主要表现在两个方面:

---

①参见董妮:论我国证券交易所的自律监管职能,对外经济贸易大学硕士学位论文,2007 年,第 2 页。

1. 服务作用,证券交易所为发行公司提供上市服务,只有满足上市条件的发行公司才能在证券交易所挂牌;证券交易所减少了投资者的交易成本;证券交易所推动股票流通,从而可以增加股票的价值。

2. 监管作用,即证券交易所通过监管维护交易秩序。首先要为每一个会员公司进入证券交易所提供均等的机会;其次,公正地对待进入证券交易所交易的每一个会员公司,为每个会员公司提供同样的规则、物质条件和信息条件;再次,严格地始终如一地执行法律、行政法规和章程;最后,为会员达到交易目的创造条件。

证券交易所具有自律性管理的特征。(1)补充性。即是政府监管职能的延伸与发展的细化在自律性管理中的直接体现。政府监管一般采取经济和法律手段,由于证券市场自身的复杂性使证券市场存在的问题不能够通过以上方式得以完全解决。证券交易所等自律性组织通过自身的组织机构与行业管理,将国家的有关证券管理的法律法规落实到每个证券公司及其从业人员中。(2)督导性。这是自律性管理功能的内在要求,证券交易所等自律性组织通过对会员的监督、指导,引导会员自觉遵守证券法律法规,通过对会员提供全面、系统的服务,不断提高证券从业人员的职业道德水准和业务水平,自觉防范证券市场风险。这种监督、指导是建立在会员公司和自律组织间平等、协商、协调、协作基础上的。(3)传导性。在政府的宏观管理和券商的微观经济活动之间,需要有一个组织将二者有机联系起来,以此为桥梁,在证券监管部门与证券公司之间建立起上传下达、下情上知的双向交流机制。证券交易所等自律性组织就发挥了这种作用。一方面,传达政府的意图,把券商及其整体的行业发展纳入国民经济发展的总体规划之中,实现行业发展的正规化、长期性和稳定性;另一方面,协调券商的行为,反映券商的要求,使券商监管部门能够随时了解证券市场发展中存在的各种问题,使各项措施的出台更加具有科学性、针对性和可操作性。①

第一百一十八条规定,证券交易所依照证券法律、行政法规制定上市规则、交易规则、会员管理规则和其他有关规则,并报国务院证券监督管理机构批准。普通投资者应当遵循交易所制定的各项交易规则,通过交易所会员进场交易,因此投资者与交易所之间不存在直接的交易合同关系,投资者因交易结果发生损失,交易所对投资者不承担契约上的义务。关于权证产品的发行和交易,上交所根据证券法的规定和证监会的授权制定的业务规则即权证管理办法对权证的发行、交易等进行业务规范,上述权证管理办法已得到中国证监会批复同意,所以该规则是合法有效。而本案涉及的权证创设问题,也仅有权证管理办法第二十九条作了授权性规定,即对于已上市交易的权证,上交所可以允许合格机构创设同种权证。具体的权证创设规则也是由交易所根据权证管理办法的规定在某一具体的权证产品的上市公告中予

---

① 参见王晓川:论我国证券交易所的自律监管职能,对外经济贸易大学硕士学位论文,2006年,第5页。

以确定。因此,本案中,原告诉请指向的被告上海证券交易所的权证创设行为,系证券交易所根据国务院证券监管部门批准的业务规则作出的履行自律监管行为,具有合法性,证券交易所不具有过错或侵权事实。

二、原告投资权证产生的损失与被告上海证券交易所的监管审核行为等是否存在法律上的因果关系?

上交所系根据权证管理办法第二十九条的规定,审核合格券商创设南航认沽权证,该审核行为符合业务规则的具体要求,属于履行证券法赋予其自律监管职能的行为,具有合法性。因此原告的交易损失与上海证券交易所的上述行为之间就没有因果关系。①

【掩卷沉思】

长期以来,我国的证券交易所受制于政府的严格控制,是行政主导力量下的交易管理体制,自身缺乏独立的法律地位和自治空间,市场化色彩较为淡化,完全是作为行政机构的附属机构而进行运作,交易所自身具有非常明显的行政性和官方性。同时,证券市场的发展完全是由政府推动,因此,在市场的发育过程中,我国的证券市场融入了更多的政府色彩,包括监管结构模式等。

首先,证券交易所自律监管手段缺失,监管力度有待加强。我国的证券交易所虽然处于"一线监管"的地位,但实际监管力量、监管手段、处分权力明显不足。

其次,中国证监会的行政监管与证券交易所的自律监管界限仍然模糊不清。

再次,证券交易所缺乏应有的独立性。这是目前阻碍我国交易所自律监管职能发挥的主要局限。在成熟的证券市场,证券交易所和政府证券监管机构各自独立,二者是一线监管者和监督者关系,不是领导和被领导的关系,也不存在直接的隶属关系。因此,我国的证券交易所主要是置于行政力量下,作为行政监管触角的延伸,并不具有市场化意义下的自律组织的色彩。虽然立法者和法学专家已经意识到了这个问题,在新证券法中对证券交易所的性质作出了明确的界定,但历史积累下来的问题并非一朝一夕就能彻底得到解决。②

---

① 参见上海市第一中级人民法院(2009)沪一中民三(商)初字第 44 号判决书,北大法律信息网—北大法宝,http://www.pkulaw.cn/cluster_call_form.aspx,最后访问日期为 2013 年 1 月 23 日。
② 参见车宁:略论我国证券交易所自律监管的制度局限与突破,《中国商界》2009 年第 4 期。

第三节　证券登记结算机构

案例10　甲住房公积金管理中心某办事处诉中国证券登记结算
有限责任公司某分公司国债交易纠纷案①

【案情介绍】

原告：甲住房公积金管理中心某办事处

被告：中国证券登记结算有限责任公司某分公司

2004年12月22日，原告与被告某证券有限责任公司签订《国债托管协议》和《国债托管协议之补充协议》，约定原告在被告某证券有限责任公司指定的某证券有限责任公司武汉桃山新村证券营业部（以下简称桃山新村营业部）开立资金账户，并在该营业部办理全部证券账户指定手续。原告将其持有的21国债(7)、03国债(3)托管在该营业部，数量分别为74000和96950张，面值合计1709.5万元。托管期限为一年，自2004年12月22日起至2005年12月22日止。某证券有限责任公司承诺在托管期内补贴原告托管国债面值的1‰年收益率，协议对双方的其他权利义务亦作了约定。托管协议签订后，原告又于2005年1月24日在桃山新村营业部购买了本案系争国债。

被告中国证券登记结算有限责任公司某分公司出具的记录显示，上述两份协议签订当日，被告某证券有限责任公司即以原告持有的已办妥指定交易的证券账户"B880985987"向上海证券交易所申报并在被告中国证券登记结算有限责任公司某分公司处办理了账户回购登记，直至2006年5月26日，该证券账户始终处于回购登记状态。回购登记成功后，被告某证券有限责任公司便挪用了原告证券账户内的国债开展国债回购业务。后因某证券有限责任公司发生连续交收透支，被告中国证券登记结算有限责任公司某分公司遂将本案系争国债予以质押转移。

另查明，2005年6月30日，证监会作出证监罚字[2005]19号《行政处罚决定书》，决定取消某证券有限责任公司的证券业务许可，并责令关闭。同日，证监会作出《关于委托金杜律师事务所成立某证券有限责任公司清算组的决定》，委托金杜律师事务所成立某证券有限责任公司清算组，负责某证券有限责任公司清算工作。2007年11月30日，广州市中院作出(2007)穗中法民破字第4号《民事裁定书》，裁定宣告某证券有限责任公司破产，并于2007年12月18日发布破产公告。2008年1月11日，原告向某证券有限责任公司管理人递交了债权申报材料，明确在取回权不成立时申报债权。某证券有限责任公司管理人对原告的债权进行了确认，确认的债权金额为20756550.77元。

原告甲住房公积金管理中心某办事处诉称，被告中国证券登记结算有限责任公司某分公司系与被告某证券有限责任公司串通，擅自以该国债作为担保物向被告某证券

①案件来源：上海市第一中级人民法院(2010)沪一中民六(商)初字第5号判决，北大法律信息网——北大法宝 http://www.pkulaw.cn/cluster_call_form.aspx,最后访问日期为2013年1月23日。

有限责任公司放贷,某证券有限责任公司无力偿还后,中国证券登记结算有限责任公司某分公司非法处置原告国债券,将资金据为己有。原告认为,以记名方式登记并由被告中国证券登记结算有限责任公司某分公司存管的国债是原告所有的合法财产,被告中国证券登记结算有限责任公司某分公司擅自处置原告全部国债,将所得款项据为己有构成侵权,故应当赔偿原告经济损失。被告某证券有限责任公司依法负有连带责任。据此,原告诉请判令:(1)被告中国证券登记结算有限责任公司某分公司赔偿原告经济损失人民币4578711.23元;(2)被告某证券有限责任公司对上述债务承担连带赔偿责任;(3)诉讼费用由两被告承担。

被告中国证券登记结算有限责任公司某分公司答辩称,(1)被告作为证券法规定的履行法定结算职能的机构,地位和职能由法律直接规定。其与原告间不存在任何直接的法律关系,也没有义务审查投资者的授权及委托交易指令,完全是根据证券交易所的交易结果办理结算与交收,是遵循各项业务规则将已作回购登记的证券账户内的国债登记为质押券,故行为合法、合规,不存在任何过错和侵权。(2)证券账户回购登记成功后,质押关系成立,该账户内的国债属于回购质押券,账户持有人对国债的处置权受到约束和限制,依法成立的质押非经撤销登记不能被认定为无效。(3)原告系自愿委托某证券有限责任公司进行国债回购交易,并收取了额外的固定收益,故对系争国债回购交易所造成的损失也应自行承担。并且,原告作为债权人已向某证券有限责任公司破产管理人申报债权,其主张的债权应依照破产法规定在破产程序中处理,而不能另行主张。综上,被告中国证券登记结算有限责任公司某分公司认为,其系依法履行职能,在本案中没有任何过错,不构成任何侵权,不应承担任何法律责任。

【处理结果】

上海市第一中级人民法院审理后认为,由于实行二级托管和二次结算制度,被告中国证券登记结算有限责任公司某分公司对回购账户的申报登记是否为客户的真实意思表示以及融资额度是否为客户享有均不负有核实义务。被告中国证券登记结算有限责任公司某分公司为履行中央担保交收清算职能,有权将某证券有限责任公司结算席位的全部标准券包括原告购买的国债实施非交易过户。因此,被告中国证券登记结算有限责任公司某分公司在整个交易流程中依法履行其法定职能,不存在过错,不应承担任何法律责任,相应回购登记及非交易过户行为合法有效,原告要求被告承担赔偿责任的主张,缺乏事实与法律依据,故判决驳回原告甲住房公积金管理中心某办事处的全部诉讼请求。

【争议焦点】

一、是否对回购账户的申报登记是否为客户的真实意思表示以及融资额度是否为客户享有,是否负有核实义务?

二、被告中国证券登记结算有限责任公司某分公司对原告持有的国债实施非交易过户是否构成侵权?

【法理分析】

　　本案的主要问题在于中国证券登记结算有限责任公司的行为是否构成对原告的侵权,该问题涉及证券登记结算机构的职能问题。

　　一、对回购账户的申报登记是否为客户的真实意思表示以及融资额度是否为客户享有,被告中国证券登记结算有限责任公司某分公司是否负有核实义务?

　　根据《证券法》、《公司法》等有关法律法规的规定,证券登记结算机构是指为证券的发行和交易活动办理证券登记、存管、结算业务的中介服务机构,是不以营利为目的的法人。设立证券登记结算机构必须经国务院证券监督管理机构批准。中国证券登记结算有限责任公司为中国的证券市场提供集中统一的证券登记服务。中国证券登记结算有限责任公司(以下简称"中证登")作为我国唯一的证券登记机构,其特点主要为:(1)"中证登"集证券登记、存管和结算职能于一体,既是中央证券登记机构,同时也是中央证券存管机构,一体化程度高,中国的证券登记结算业务集中由"中证登"承担。(2)"中证登"设立电子化证券登记簿记系统,实行证券的无纸化管理。因此,业务处理数据化、自动化程度相当高,效率在同行业中处于领先地位。(3)"中证登"受证券发行人的委托,将其证券持有人的证券进行注册登记。①

　　中国证券登记结算公司是我国证券市场重要的组成部分,是证券无纸化推动下我国证券交易的核心机构之一。国债回购案件的发生与中登公司的托管职能有极其密切的联系。

　　根据证券登记结算管理办法第八条的规定,证券登记结算机构履行下列职能:(一)证券账户、结算账户的设立和管理;这是专门为投资者买卖证券而设立的,证券账户用于记录投资者的买卖证券情况,结算账户的作用在于证券交易中为买卖双方清算交收服务。(二)证券的托管和过户;(三)证券持有人名册登记及权益登记;(四)证券和资金的清算交收及相关管理;(五)受发行人的委托派发证券权益;(六)依法提供与证券登记结算业务有关的查询、信息、咨询和培训服务。投资者应当委托证券公司托管其持有的证券,证券公司应当将其自有证券和所托管的客户证券交由中国登记结算公司存管;中国登记结算公司为证券公司开立客户证券总账和自有证券总账,用以统计证券公司交存的客户证券和自有证券,证券公司应当委托中国登记结算公司维护其客户及自有证券账户。②

　　中国证券登记结算公司的托管职能因为涉及多方主体,而在实践中争讼频繁。具体而言,托管是指投资者委托特定机构,对其证券资产的所有权、转移权以及与此相关的收益权进行保存管理和权益监护的一种资产管理业务形式。随着电子计算

----

① 参见《证券登记结算管理办法肯定中国结算多角色》,《上海证券报》2006年5月12日A4版,中国证券网,http://www.cnstock.com/paper_new/html/2006-05/12/content_32183.htm,最后访问日期为2013年2月12号。

② 参见陶广峰著:《金融法》,中国人民大学出版社2009年版,第101页。

机技术的迅猛发展,大多数证券市场尤其是新兴市场都已经实现了无纸化交易。在此情况之下,流通证券实行中央托管,无论是实物证券凭证还是无纸化的虚拟证券,都不再保留在投资者手中,而是由托管机构代为存管,投资者不再直接持有证券实物本身,转而通过在自己托管机构开立的证券账户来持有证券。

证券托管模式,基本上有两种,一种是集中管理的中央托管模式,一种是多层次的中央存管托管体系。如果一个人持有的股票,即股民持有的股票放在参与人处,参与人又将其持有的所有的投资者的股票放在中央存管机构,即中国证券登记结算公司,就是所谓的二级托管。①

证券结算是指证券市场上的交易双方根据证券交易系统的成交结果确定和履行相应权利义务的过程。具体而言,证券结算包括清算和交收两个步骤。清算是指按照事先确定的规则计算交易双方证券和资金的应收应付数额的过程,其结果是确定交易双方的履约责任。交收是指根据清算结果,交易双方通过转移证券和资金来履行相关债权债务的过程。新《证券法》规定了货银对付原则、登记结算机构有权收取交收担保、有权处置违约参与人财产等内容,而《证券登记结算管理办法》对这些规定进一步细化,确立了包括分级结算原则、货银对付原则、结算财产履约优先原则,以及交收担保、证券结算互保金在内的证券结算风险防范机制。分级结算原则规定证券登记结算机构的交收对手是结算参与人,而不是结算参与人的客户;证券登记结算机构负责办理其与结算参与人之间的集中清算交收;结算参与人负责办理自己与客户之间的清算交收。基于二级结算的制度安排,投资者并不直接参与中央证券登记结算公司的结算流程,而只是与接受其委托的结算参与人进行二级结算。②

上海证券交易所国债交易就实行二级托管和二次结算制,即投资者购买的国债托管在证券公司,证券公司负有妥善保管责任,而证券公司所托管的投资者国债,则统一托管登记在中国证券登记结算有限责任公司某分公司;中国证券登记结算有限责任公司某分公司仅与作为结算参与人的证券公司进行结算,证券公司再与指定交易的客户进行结算。即对于投资者而言,证券登记账户指向的是中国证券登记结算有限责任公司某分公司,而证券托管账户指向的则是证券公司,依据的是其与证券公司之间的托管协议。两个账户虽然从技术角度看是重合的,但具有不同的法律内涵,投资者不能根据登记账户向中登公司主张托管关系的存在,而根据托管账户主张权利时的对象也只能是证券公司。

国债质押回购交易则是一种将一定时间的资金使用作为交易标的、将融资证券公司结算席位登记回购的国债折合成标准券作为担保品的融资行为,在交易制度和流程上同样实行二级托管和二次结算。中国证券登记结算有限责任公司某分公司

---

① 参见陈伟:中国证券登记结算有限责任公司诉讼地位探讨,《法制博览》2012年第4期。
② 参见郭雳、廖凡:我国证券登记结算法律的进展与疑惑,《证券市场导报》2007年第2期。

系整个证券市场集中统一的服务机构,依法履行登记、存管、结算以及中央担保交收等法定职能。原告证券账户被某证券有限责任公司擅自申报登记为回购账户时,其证券账户内的国债即被自动折合成标准券登记到某证券有限责任公司国债结算席位上,成为某证券有限责任公司的可融资额度。由于实行二级托管和二次结算制度,被告中国证券登记结算有限责任公司某分公司对回购账户的申报登记是否为客户的真实意思表示以及融资额度是否为客户享有均不负有核实义务。

二、被告中国证券登记结算有限责任公司某分公司对原告持有的国债实施非交易过户是否构成侵权?

某证券有限责任公司连续交收透支,其结算席位上的标准券已不足以担保其已发生的融资额度,导致欠库。被告中国证券登记结算有限责任公司某分公司为履行中央担保交收清算职能,有权将某证券有限责任公司结算席位的全部标准券包括原告购买的国债实施非交易过户。况且,原告作为掌管巨额社会公众托管资产的具有国有法人资格的证券交易参与者,在与相关券商签订证券交易委托协议时,理应依照协议中有关风险指示等规定精神,为规避风险充分了解并知晓上述交易法规和行业规则及相应的风险。同时,被告中国证券登记结算有限责任公司某分公司亦有理由相信原告已知晓相关交易和清算规则及相应风险,故被告中国证券登记结算有限责任公司某分公司在整个交易流程中依法履行其法定职能,不存在过错,不应承担任何法律责任,相应回购登记及非交易过户行为合法有效,不构成侵权。

【掩卷沉思】

现实中证券登记结算公司在处理其与投资者之间的关系上,心态是矛盾的。一方面,为提升自己的市场形象,登记结算公司推出了投资者证券账户信息查询等业务;另一方面,在办理结算业务时,登记结算公司又打出效率的旗号,不愿意直接面对投资者,但当经纪商沦落为高风险券商时,登记结算公司又想通过自己对证券账户的控制而直接处置投资者的资产。这是一种患得患失的心态,而这种虚拟的两段式法律结构、二级清算体制也注定将在实践中不会一帆风顺。也许我们应当跳出这种二级体制的框框,但无论如何,完善中国证券市场后台系统的运作,理顺相关参与人之间的法律关系,中国证券市场的参与各方还有很多工作要做。[1]

---

① 参见范中超:证券结算的法律构造及其在中国的实践,《太平洋学报》2007 年第 10 期。

第四节 证券服务机构

案例11 汪建中北京首放投资顾问有限公司操纵市场案①

【案情介绍】

原告:北京市检察院

被告:汪建中北京首放投资顾问有限公司

北京首放投资顾问有限公司是经中国证监会批准,具备证券投资咨询业务资格的专业咨询公司(资格证书编号:ZX0010)。2001年8月,汪建中注册成立了北京首放,初始注册资本金为100万元,其中汪建中投资80万元,持股比例为80%;赵玉玲投资20万元,持股20%。2002年10月,北京首放进行增资扩股,注册资本金达到1000万元,汪建中和赵玉玲分别出资800万元和200万元,持股比例维持不变。汪建中为中级经济师,曾任中央电视台二套《中国证券》栏目特约嘉宾,撰写《炒股看大势》目前正在主编"首放实战系列丛书"第一部"首放板块实战技法",曾被安徽电视台选为"资本市场的安徽七大名人"之一。②

由于涉嫌操纵市场,证监会于2008年5月对"北京首放"、汪建中立案调查。调查发现,"北京首放"的法定代表人、执行董事、经理汪建中利用"北京首放"及其个人在投资咨询业的影响,借向社会公众推荐股票之际,通过"先行买入证券、后向公众推荐、再卖出证券"的手法操纵市场,并非法获利。2007年1月1日至2008年5月29日期间,"北京首放"向社会公众发布咨询报告,方式包括在首放证券网上发布名为"掘金报告"的咨询报告,并提供给东方财富网、新浪网、搜狐网、全景网、《上海证券报》《证券时报》发布或刊载,在"北京首放"的咨询报告发布前,汪建中利用其实际控制的账户买入咨询报告推荐的证券,并在咨询报告向社会公众发布后卖出该种证券,实施了操纵证券市场的违法行为。汪建中实际控制的账户包括其本人及汪公灿、汪小丽、段月云、汪伟、何玉文、吴代祥、汪建祥、汪谦益等九人资金账户17个、银行账户10个,并下挂以上述个人名义开立的股票账户进行股票、权证交易,上述账户由汪建中管理、使用和处置,汪建中为上述账户的实际控制人,在以上买卖证券行为中,买入证券金额累计52.60亿元,卖出金额累计53.86亿元,根据统计,上述账户买卖证券行为合计55次,其中45次合计获利1.50亿元;十次合计亏损0.25亿元,累计净获利1.25亿元。

【处理结果】

中国证券监督管理委员会经过调查对汪建中、北京首放投资顾问有限公司的行政

---

① 案件来源:中国证监会行政处罚决定书(汪某某),中国证监会证券期货监督管理信息公开目录,http://www.csrc.gov.cn/n575458/n776436/n3376382/n3418730/n9800198/11032342.html,最后访问日期为2013年2月3日。

② 参见北京首放董事长汪建中简介,和讯网,http://news.hexun.com/2008-11-21/111517721.html,最后访问日期为2013年2月17日。

违法行为作出处罚,认定汪建中操纵证券市场,决定没收违法所得1.25亿元,并处罚款1.25亿元,同时撤销北京首放的证券投资咨询业务资格,决定对汪建中采取终身证券市场禁入措施。2011年8月3日,前期由中国证监会处罚认定的汪建中又获刑事判决,北京市第二中级人民法院对汪建中的违法行为作出一审判决,认定其犯操纵证券市场罪,判处有期徒刑7年,罚金1.25亿元。

【争议焦点】

一、证券投资咨询机构的法律地位及从业人员的资格条件?

二、汪建中、北京首放投资顾问有限公司的行为是否属于市场操纵行为? 如何认定?

【法理分析】

一、证券投资咨询机构的法律地位及从业人员的资格条件是什么?

证券投资咨询机构是指通过对有价证券投资价值的分析判断,以分析报告、报刊、电台、电话、证券投资讲座等多种形式,向他人提供买卖有价证券的分析及建议,并从中获取报酬的服务性中介机构。我国《证券投资咨询管理办法》明确对证券投资咨询机构的业务作了界定,明确了服务方式,规定了从事业务的条件和禁止的行为。

证券投资咨询机构设立条件:(1)分别从事证券或者期货投资咨询业务的机构,有5名以上取得证券、期货投资咨询从业人员资格的专职人员;同时从事证券和期货投资咨询业务的机构,有10名以上取得证券、期货投资咨询从业人员资格的专职人员,其高级管理人员中,至少有一名取得证券或期货投资咨询从业人员资格。(2)有100万元人民币以上的注册资本。(3)有固定的业务场所和与业务相适应的通讯及其他信息传递设施。(4)有公司章程。(5)有健全的内部管理制度。(6)业务人员必须具备证券专业知识和从事证券业务二年以上经验。

证券投资咨询机构的禁止义务:(1)不得代理委托人从事证券投资。(2)不得与委托人约定分享证券投资收益或者分担证券投资损失。(3)不得买卖本咨询机构提供服务的上市公司的股票。(4)不得从事法律、行政法规禁止的其他行为,如利用咨询服务与他人合谋操纵市场或者进行内幕交易等。违反上述禁止义务的,应依照证券监管法规,承担相应的行政性责任,包括责令停止违法行为、吊销业务许可和处以罚款;构成犯罪的,还应承担相应的刑事责任。

证券投资咨询机构的业务范围:(1)接受政府、证券管理机关、有关业务部门和境内外机构的委托,提供宏观经济及证券市场方面的研究分析报告和对策咨询服务。(2)接受境内外证券投资者的委托,提供证券投资、市场法规等方面的业务咨询。(3)接受公司委托,策划公司证券的发行与上市方案。(4)接受证券经营机构的委托,策划有关的证券事务方案,担任顾问。(5)编辑出版证券市场方面的资料、刊物和书籍等。证券投资咨询行业特点:第一、在证券市场中扮演中介机构的角色。证券投资咨询业作为联系投资者与融资者的中介机构,把证券市场、投资融资双方与整个国家的社会经济运行紧密地连接起来,成为推动证券市场发展的重要中介力量;第二、具有服务型行业的特征。证券投资咨询业主要是通过对有价证券投资价值的分析判断,通过各种形式,向他人提供分析和建议,其提供的内容是以信息资源为基础的,具有无形性和易逝性特征。

二、汪建中、北京首放投资顾问有限公司的行为是否属于市场操纵行为?

上述规定要求投资咨询机构和人员做到"独立诚信、谨慎客观、勤勉尽责、公平公正"地开展业务活动。但汪建中却利用北京首放常年在各大证券报刊、知名金融网站刊发咨询报告并推荐相关股票的信息优势和在市场具有较高的知名度,受到投资者的广泛关注与信任的影响力,通过其本人及亲友的账户实施交易,操纵证券市场,获取非法利益,严重破坏了证券市场的"公开、公平、公正"的原则,损害了其他投资者的利益。汪建中还利用其决策控制地位,使北京首放参与到操纵市场行为中,最终公司被撤销资格,本人被处罚并被判处有期徒刑。① 本案中,汪建中的行为属于新型市场操纵行为,与传统的连续交易、对倒、洗售交易操纵等表现形式不同,但欺诈市场投资者的本质却相同。首先,汪建中的操纵行为是通过撰写、发布分析文章,借助有广泛影响力的媒体,改变市场投资者的心理预期,引诱投资者参与交易,而汪建中本人则在股价得到推高后趁机卖出。其次,汪建中在大力推荐他人买入证券的同时,自己却进行反向交易,其欺诈投资者显而易见。试想,如果汪建中在向公众推荐某只证券的同时,告知其已先行买入并将在推荐报告发布后将迅速卖出的真相,普通投资者自然不会听从其荐股建议,汪建中也就很难通过抢先交易达到非法获利的目的。

汪建中和北京首放利用市场影响力操纵证券市场的行为危害严重。一是北京首放为知名投资咨询机构,市场关注度高,其操纵市场行为客观上利用了良好的群众基础,具有较强的欺骗性,也侵害了更多的投资者的合法权益。二是汪建中、北京首放的操纵行为隐蔽,其交易行为表面上看是短线交易,但实质却是在正常业务掩盖下进行的违法行为,荐股与交易结合,普通投资者难以识别其陷阱。② 三是对投资咨询行业的诚信和声誉产生了负面影响,影响了证券投资咨询行业的形象,损害了投资者信心。

【掩卷沉思】

本案显示我国证券投资咨询市场及其监管尚存在很多的问题。

第一,对证券投资咨询机构及从业人员违法行为打击力度还是不够的。证监会对"北京首放"及汪建中的行政罚款,网上大多评价说是"证监会开出天价罚款",和同时期证监会对其他违规的证券投资咨询机构开出的罚款相比较,1.25亿的行政罚款确实算

---

① 参见陶广峰著:《金融法》,中国人民大学出版社 2009 年版,第 102 页。
② 参见汪建中:北京首放操纵市场案剖析,和讯网,http://stock.hexun.com/2011-12-05/135965944.html,最后访问日期 2013 年 2 月 20 日。

是巨额罚款,甚至纵观证监会对证券投资咨询机构的所有处罚中,对"北京首放"和汪建中的行政罚款也是最高的。但是从总体上看来,证监会对证券投资咨询机构及其从业人员违法行为的打击力度仍然是不够的。虽然《证券法》规定了证券投资咨询机构和从业人员操纵市场的刑事责任、行政责任和民事责任,但在实践中,证监会主要是通过行政罚款方式进行惩罚,并没有将证券投资咨询机构的责任人员移交司法机关追究刑事责任,且罚款数额相对较小,纵观这些年证监会对证券投资咨询机构及其从业人员违法现象的处理情况,大多数是处以行政罚款或者市场禁入处罚,汪建中也是数个违法人员中首位被移交司法机关的证券投资咨询机构从业人员,因此证监会对证券投资咨询机构及从业人员违法行为的打击力度是远远不够的,由此也导致了证券投资咨询机构及从业人员的违法成本低廉,所以很多咨询机构及人员为了高额的利润都愿意铤而走险。①

第二,证监会对证券投资咨询机构的监管重视程度不够。自证券投资咨询机构在我国建立以来,其违法行为就经常发生,资本市场及中小股民对证券投资咨询机构的违法行为都感受颇深,而唯独证券监管机构对此视而不见,主要原因在于证监会对证券投资咨询行业监管的重视程度不够。其实证券投资咨询机构和证券公司、投资者一同构成了证券市场的主体,且作为中介机构,其通过咨询人员的专业知识与技能可以增加证券市场的透明度,为市场上的发行人、投资人出谋划策,减少盲目性和浪费性,同时我国证券市场建立的时间还不算长、散户投资者欠缺股市基本知识和操作经验,始终存在一个巨大的技术和经验需求市场,证券投资咨询机构及其从业人员可以通过事实、数据来引导投资者树立理性的投资态度,增强投资者的风险意识,因此如果证监会忽视了对证券投资咨询行业的监管,会不利于对中小投资者利益的保护,容易引发系统性危险。②

第三,证券投资咨询机构及从业人员自身存在很大的问题。首先,证券投资咨询行业市场准入机制不健全。(1)证券投资咨询机构:我国证券投资咨询机构的市场准入制度采取严格的许可制,证监会对证券投资咨询机构的市场准入有很大的自由裁量权,监管的重点主要是事前防范,虽然对保障投资者利益有利,但对证券投资咨询机构的营业自由有一定限制。(2)证券投资咨询人员:一是从业标准不高,导致很多咨询机构的从业人员专业水平低下。在我国,要从事证券投资咨询行业,必须经过全国统一的证券从业资格考试,参加考试的基本条件为:"报名截止日年满18周岁;具有高中或国家承认相当于高中以上文凭;具有完全民事行为能力"。其中对文化水平要求的最低起点为高中,这样导致很多从业人员的学历水平不高,而学历水平偏低会导致其文化程度不高,专业素质很难提升。并且该考试针对所有证券、期货、基金从业人员,未实行专业分类和等级划分,缺乏应有的针对性和区分度。

在高风险的证券市场,由于证券投资咨询行业专业性强的特点,从业人员的专业素

---

① 参见给股市黑嘴贴上封条,新浪网,http://news.sohu.com/20041123/n223141459.shtml,最后访问日期2013年2月21日。
② 参见祝涛:谈证券投资咨询机构在构建和谐股市中的功能,《财税与金融》2006年第6期。

质和职业操守显得尤为重要。而现阶段我国对从业人员准入的门槛太低,致使从业人员的整体素质不高,违规情况时有发生,股市"黑嘴"充斥市场。我国股票市场流行一种说法,只要不是哑巴就可以做股评。这种说法未免有些极端,但从另一个角度反映了证券咨询业"谁都可以说"的混乱状况。个别从业者甚至利用股评和荐股行为操纵市场,从中牟利,汪建中正是其中代表。其次是缺乏执业行为约束,执业人员部分道德水平低下。根据规定,证券投资咨询机构及其执业人员从事证券投资咨询活动必须客观公正、诚实守信,不得以虚假信息或市场传言向客户或投资者提供分析预测或建议。但由于缺乏执业行为约束,一些从业人员不讲职业道德,随意向股民发布虚假信息,有的甚至向中小散户推荐自己持有的股票,从中牟利。①

　　第四,证券投资咨询机构缺少健全的法人治理结构。在"首放案"中,由于汪建中的操纵市场行为,证监会在对汪建中及"北京首放"的行政处罚决定书中写到:"北京首放"在汪建中的控制下,参与了汪建中操纵市场的违法行为;汪建中系"北京首放"的大股东、法定代表人、执行董事和经理,在"北京首放"的主要业务——个股推荐中参与决策过程并拥有最终决策权,其最终决定公开发布咨询报告行为同时也是"北京首放"个股推荐行为的一部分,因此,"北京首放"涉案的推荐股票行为构成对汪建中操纵市场的参与。"根据我国《公司法》的规定,公司一旦成立即有其独立的人格,并独立承担法律责任。同时,公司高管人员违反法律行为也应严格同公司违法行为相区分。在"首放案"中,证监会认为汪建中作为大股东、法定代表人、执行董事和经理,对"北京首放"有最终的决策权,因此认定"北京首放"构成对汪建中操纵市场行为的参与。很明显,证监会在对"北京首放"进行行政处罚时采取刺破公司面纱,将汪建中的行为也认定为"北京首放"的行为。通过证监会对"北京首放"的行政处罚决定,我们可以看出现阶段大部分证券投资咨询公司的治理结构不健全,法定代表人可利用公司从事违法行为,监事会并没有发挥相应的监督作用。

案例 12　华寅会计师事务所有限责任公司违规案②

【案情介绍】

　　当事人:

　　华寅会计师事务所有限责任公司(以下简称华寅所)

　　刘文俊,男,1964 年 9 月出生,为北海银河高科技产业股份有限公司(以下简称银河科技)2004 年年度财务报告出具审计报告的签字注册会计师,华寅所董事兼广西分所所长

---

① 参见檀越:证券法修改能否封住股市黑嘴,《中国商界》2008 年第 7 期。
② 案件来源:中国证监会行政处罚决定书,〔2011〕20 号,中国证监会证券期货监督管理信息公开目录http://www.csrc.gov.cn/pub/zjhpublic/G00306212/201107/t20110707_197224.htm,最后访问日期为 2013 年 1 月 23 日。

　　黄贻帅,男,1957 年 12 月出生,为银河科技 2004 年年度财务报告出具审计报告的签字注册会计师,华寅所董事兼广西分所副所长

　　2005 年 4 月,华寅所为银河科技 2004 年年度财务报告出具了标准无保留意见的审计报告,签字注册会计师为刘文俊、黄贻帅。

　　一、华寅所在知悉银河科技虚增收入且未进行重大差错更正的情况下,仍然出具了标准无保留意见审计报告

　　2005 年 2 月,华寅所及其会计师在实施银河科技 2004 年年度财务报告审计时,对银河科技被财政部广西专员办于 2004 年下半年检查并发现的虚增 2002—2003 年销售收入的行为和被北海市政府处罚的情况知情,仍然出具了标准无保留意见审计报告。刘文俊称,华寅所原计划要出具有保留意见的审计报告,但是在出具 2004 年年度审计报告前,北海市政府对银河科技的处罚为内部不公开处罚;银河科技董事长潘琦和总裁王国生向华寅所保证 3 年内把存在的财务问题调整到位,保证 3 年内不会再有新的检查,华寅所同意出具无保留意见的审计报告。

　　二、华寅所未对银河科技明显的舞弊迹象实施必要的审计程序

　　华寅所审计银河科技 2004 年年度财务报告的审计工作底稿显示,银河科技本部 2004 年销售收入 1.35 亿元,而经营费用——运杂费发生额为 0 元;银河电气 2004 年销售收入 2.23 亿元,经营费用——运杂费 138 万元。审计工作底稿收录的银河科技本部及银河电气的销售合同第 4 点显示:"运杂费由销货方承担,其中运输费按实际发生费用开运输发票,其余按设备款开增值税发票。"部分合同显示公司应提供工程劳务。部分销售合同显示购货方遍布全国各地,银河科技本部销售额 1.35 亿元没有发生的运杂费、银河电气的运杂费全部为公路货运发票,金额也明显偏低。对这些明显有悖常理的情况,会计师将运输费用在营业费用中一并审计,工作底稿中对此可能发生的舞弊没有实施任何相应审计程序的记载。

　　三、华寅所未对函证程序保持合理控制

　　华寅所会计师在审计银河科技 2004 年度应收账款时,审计工作底稿显示,审计据以确认当年应收账款余额真实性的依据一是函证,二是替代审计程序(抽查凭证及查验销售合同),三是核对财务报告截止日后的回款情况。注册会计师从当年 2553 个客户中选取了 574 家客户进行了函证,函证金额 695015181.07 元,占 2004 年应收账款余额的 87%,回函客户 50 户,回函确认金额 43753536.61 元,占 2004 年应收账款余额的 5%,对未回函的客户,会计师未选择继续函证或其他替代程序。注册会计师在发出应收账款询证函的同时根据应收账款明细账抽查了记账凭证 441099441.03 元,占年度财务报告合并销售收入 1182285133.35 元的 37%。

【处理结果】

　　中国证券监督管理委员会认定华寅所及其注册会计师刘文俊、黄贻帅的行为,违反了《股票发行与交易管理暂行条例》第三十五条,《证券法》第一百六十一条,华寅所未按规定审计银河科技会计报表的违法行为事实清楚,证据确凿,当事人辩解的"处罚的指控事实不清"和"指控证据不足"的理由不能成立,当事人提出的处罚时效和重复处罚的

理由不能成立。根据当事人违法行为的事实、性质、情节与社会危害程度,依据《股票发行与交易管理暂行条例》第七十三条的规定,中国证券监督管理委员会作出如下决定:

一、对华寅所给予警告,并没收违法所得 40 万元;

二、对刘文俊、黄贻帅分别处以 10 万元罚款。

【争议焦点】

一、会计师事务所对股份公司出具审计报告应当遵循什么样的规则?

二、对财务报表主要项目的审计应按照何种要求进行?

三、华寅所对银河科技舞弊迹象应当实施怎样的审计程序?

四、华寅所对函证程序应保持怎样的控制?

【法理分析】

本案主要的问题在于会计师事务所在出具审计报告应当遵循什么样的规则,以及审计程序等问题。

一、会计师事务所对股份公司出具审计报告应当遵循什么样的规则?

会计师事务所要从事证券服务业务,必须是依法设立的法人机构,同时按照《关于调整证券资格会计师事务所申请条件的通知》的规定,会计事务所申请证券资格,应当满足以下条件:(1)依法成立 5 年以上,组织形式为合伙制或特殊的普通合伙制;由有限责任制转制为合伙制或特殊的普通合伙制的会计师事务所,经营期限连续计算。(2)质量控制制度和内部管理制度健全并有效执行,执业质量和职业道德良好;会计师事务所设立分所的,会计师事务所及其分所应当在人事、财务、业务、技术标准和信息管理等方面做到实质性的统一。(3)注册会计师不少于 200 人,其中最近 5 年持有注册会计师证书且连续执业的不少于 120 人,且每一注册会计师的年龄均不超过 65 周岁。(4)净资产不少于 500 万元。(5)会计师事务所职业保险的累计赔偿限额与累计职业风险基金之和不少于 8000 万元。(6)上一年度业务收入不少于 8000 万元,其中审计业务收入不少于 6000 万元,本项所称业务收入和审计业务收入均指以会计师事务所名义取得的相关收入。(7)至少有 25 名以上的合伙人,且半数以上合伙人最近在本会计师事务所连续执业 3 年以上。(8)不存在下列情形之一:在执业活动中受到行政处罚、刑事处罚,自处罚决定生效之日起至提出申请之日止未满 3 年;因以欺诈等不正当手段取得证券资格而被撤销该资格,自撤销之日起至提出申请之日止未满 3 年,申请证券资格过程中,因隐瞒有关情况或者提供虚假材料被不予受理或者不予批准的,自被出具不予受理凭证或者不予批准决定之日起至提出申请之日止未满 3 年。①

证券交易市场涉众广泛,各种经济主体参与其中从事直接融资、投资,是一个利益、风险交织并存的场所,在这复杂关系当中毫无例外地各方当事人的利益依法都

---

① 参见中国证券业协会:《证券市场基础知识》,中国财政经济出版社 2011 年版,第 303 页。

应当受到保护。作为保障证券市场参与者利益的重要环节,我国 2005 年 10 月修订的《证券法》第 3 条规定,证券的发行、交易活动,必须实行公开、公平、公正原则,也就是所谓的"三公原则"。其中,公开原则处于首要地位。公开原则指的是发行人应当就证券的发行、交易和其他事项,向投资人披露业务资料、财务资料及其他资料,使得投资人能够了解发行人的经营状况、发展前景等。"信息的公开成为证券市场吸引投资人的前提条件,没有公开原则,投资人无从判断证券的价值,势必会使证券市场的流动性与市场效率大大降低,甚至整个证券的发行与交易都将成为无源之水,无本之木。"而且,只有公开,才能最大限度地防范乃至杜绝证券市场中的舞弊行为。

信息披露是公开原则的体现,也是公开原则合法性的基础。由于证券市场上通常存在信息不完全或不对称状态,公众投资者相对于上市公司来说处于绝对的信息弱势地位。信息资源分布的不均衡,会导致证券市场上的"逆向选择"和"道德风险"。正是为了消减这种信息不对称状态所可能造成的证券市场的无序和低效,信息披露制度应运而生,广泛地被各国证券市场所采用。在证券市场披露的信息中"由于会计信息集中反映了公司运行状况、财务状况、经营成果等重要指标,清晰昭示着公司运营的好坏,与公司股票在证券市场上的命运息息相关,因此会计信息是公开发行公司信息披露的核心内容。"[1]上市公司会计信息披露是指股份有限公司通过招股说明书(或债券募集说明书)、上市公告书、定期报告、临时报告及其他披露文件,向广大投资者、债权人及其他信息使用者披露公司财务状况、经营成果、现金流量等诸多有助于判断决策的信息。按照时间顺序,上市公司会计信息披露包括两个大的方面:证券发行市场信息披露(上市前的信息披露)和证券交易市场信息披露(股票上市交易后的信息披露)。前者是以招股说明书和上市公告书的形式对外披露拟发行证券的公司信息。后者主要包括定期报告(年度、中期、季度报告)和临时报告。大体而言,公司在招股说明书中披露的会计信息主要涉及财务会计资料、盈利预测信息;在上市公告书和年度报告、中期报告、季度报告以及临时报告中,则主要是公司的财务会计资料。[2]

为了保护投资者利益并维护正常的市场经济秩序,防止由于披露信息缺乏正确性和可靠性导致证券交易呈现混乱无序状态,《证券法》明确规定了证券发行和交易中对外披露的财务报告必须经由注册会计师审计。"一般来说,会计信息到达信息使用者需要经过四道关卡,即公司内部管理制度、内部控制制度、内部审计及外部独立审计。"注册会计师履行审计职能独立于被审计对象,构成公司的外部防线,是反舞弊的最后一道防线,也是会计信息到达外部信息使用者的最后一道关卡。财务报告经由注册会计师的鉴证,提高了财务报告的公信力,能够为投资者、债权人、公司

---

①参见文建秀著:《证券市场信息披露中注册会计师的法律责任》,法律出版社 2003 年版,第 11 页。
②参见中国证券业协会:《证券市场基础知识》,中国财政经济出版社 2011 年版,第 353 页。

管理当局及政府机关投资或者管理提供可靠的决策信息。与此同时,审计作为一种强有力的威慑力量,担负着证券市场经济警察的职责。美国某学者曾说过,"证券法中实施信息披露的一个基本机制就是让独立的会计师审查公司的财务信息。会计师与 SEC 携手一起共同保证真实完整的信息披露,这是会计师的公众责任。"①

按照信息披露涉及的阶段,可将其划分为证券发行信息披露和持续经营性信息披露。在不同的信息披露阶段,注册会计师的执业内容也有所变化。证券发行信息披露"侧重于为一般投资者在对发行证券投资价值作出合理判断时提供基础条件"。注册会计师在证券发行信息披露中需要对招股说明书、上市公告书等文件出具鉴证报告,注册会计师签署的无保留意见的审计报告是公司上市发行证券的法定条件。注册会计师在持续性信息披露中的作用主要体现在为中期和年度财务报告出具审计报告,为临时重大事项出具鉴证报告,为所涉及的财务预测的依赖基础出具鉴证报告。根据我国证券法、公司法及相关法规的规定,发行公司在招股说明书中披露的财务会计信息,必须经过审计并出具书面审计报告;对盈利预测报告则是自愿披露,但如果披露,必须由注册会计师对盈利预测基础进行审核并出具书面意见;上市公告书中的财务报告及配股说明书中涉及的财务报告均须经过注册会计师的审计;上市公司发布的年度报告必须审计,中期报告原则上自愿审计,只有特殊情况下要求法定审计;临时公告中涉及财务报告的内容必须审计。

二、对财务报表主要项目的审计应按照何种要求进行?

《证券法》第一百七十三条规定"证券服务机构为证券的发行、上市、交易等证券业务活动制作、出具审计报告、资产评估报告、财务顾问报告、资信评级报告或者法律意见书等文件,应当勤勉尽责,对所依据的文件资料内容的真实性、准确性、完整性进行核查和验证。其制作、出具的文件有虚假记载、误导性陈述或者重大遗漏,给他人造成损失的,应当与发行人、上市公司承担连带赔偿责任,但是能够证明自己没有过错的除外"。这表明对证券中介服务机构及其直接责任人员采取的是过错推定归责原则。为证券发行、上市或者证券交易活动出具审计报告,资产评估报告或者法律意见书等文件的专业机构和人员,必须按照执业规则规定的工作程序出具报告,对其所出具报告内容的真实性,准确性和完整性进行核查和验证。若专业机构人员与发行人串通起来欺诈投资者,致使投资者作出错误的投资判断,遭受损害,无疑专业机构和人员应承担连带赔偿责任。但是,如果没有串通行为,发行人交付的供专业机构和人员据以评估、审计、出具意见书的资料具有瑕疵,专业机构和人员能够证明自己尽了相当注意义务而不知情,只是在错误信息的基础上按照执业规则要求出具报告,导致提供给投资者虚假、致人误解或重大遗漏的信息,那么责任在于发行人,而非专业机构和人员。

---

① 参见毛燕著:《证券市场中注册会计师虚假陈述对第三人民事责任的评析》,华东政法大学硕士毕业论文,2007 年,第 5 页。

《独立审计具体准则第 18 号——违反法规行为》第二十一条规定"如果被审计单位的违反法规行为对会计报表有重大影响,并且未能在会计报表中恰当反映,注册会计师应当发表保留意见或否定意见"。华寅所及其注册会计师刘文俊、黄贻帅在发现银河科技未对虚增 2002 年、2003 年度收入问题进行披露的情况下,仍对银河科技 2004 年年度财务报告出具无保留意见的审计报告,违反了《独立审计具体准则第 18 号——违反法规行为》第二十一条关于出具审计报告的要求。

三、华寅所对银河科技舞弊迹象应当实施怎样的审计程序?

《独立审计具体准则第 8 号——错误与舞弊》第十三条规定"注册会计师在审计过程中发现错误或舞弊可能存在的迹象时,应当对其重要性进行评估,并确定是否修改或追加审计程序"。华寅所及其注册会计师刘文俊、黄贻帅未对银河科技明显的舞弊行为实施必要的审计程序,在未获取充分适当的审计证据情况下,对银河科技虚增销售收入 1.79 亿元和虚增利润 6900 万元的报表予以确认,违反了《独立审计具体准则第 8 号——错误与舞弊》第十三条对舞弊迹象实施必要的审计程序的规定。

四、华寅所对函证程序应保持怎样的控制?

《独立审计具体准则第 27 号——函证》第十七条"在实施函证时,注册会计师应当对被询证者的选择、询证函的设计、发出以及收回保持控制",第十八条"注册会计师应当采取以下措施对函证实施过程进行控制"之(五)"将发出询证函的情况记录于工作底稿"和(六)"将收到的回函形成工作底稿,并汇总统计函证结果",第十九条"如果被询证者以传真、电子邮件等方式回函,注册会计师应当直接接收,并要求被询证者寄回询证函原件",第六条"注册会计师应当对银行存款、借款(包括零余额账户和在本期内注销的账户)及与金融机构往来的其他重要信息进行函证"。

华寅所及其注册会计师刘文俊、黄贻帅未对函证程序进行合理控制,对银河科技隐瞒关联方资金往来发生额 5.44 亿元、隐瞒对外担保 3.42 亿元和隐瞒银行借款 9000 万元的报表予以确认,违反了法律法规对于函证程序保持合理控制的规定。华寅所在银河科技审计风险极高且审计过程中已发现其舞弊的情况下,仍然依据银河科技的内部控制,仅通过检查发货单、销售发票等内部证据等方法执行替代性程序,违反了《独立审计具体准则第 5 号——审计证据》第十五条的规定。

综合以上情况,华寅所及其注册会计师刘文俊、黄贻帅的行为,违反了《股票发行与交易管理暂行条例》第三十五条"为上市公司出具文件的注册会计师及其所在事务所、专业评估人员及其所在机构、律师及其所在事务所,在履行职责时,应当按照本行业公认的业务标准和道德规范,对其出具文件内容的真实性、准确性、完整性进行核查和验证",以及 1999 年 7 月 1 日起施行的《证券法》第一百六十一条"为证券的发行、上市或者证券交易活动出具审计报告、资产评估报告或者法律意见书等文件的专业机构和人员,必须按照执业规则规定的工作程序出具报告,对其所出具报告内容的真实性、准确性和完整性进行核查和验证，并就其负有责任的部分承担连带责任"规定的会计师事务所对股份公司出具审计报告应当遵循的规则以及程序。①

 【掩卷沉思】

　　本案针对会计师事务所的处罚，正如有的学者所言，注册会计师违法的成本太低，会助长注册会计师不认真履行职责，甚至提供虚假会计信息，从而破坏证券市场的秩序，损害投资者的利益。保护投资者合法权益是证券立法的首要目标，"三公"原则是实现这一目标的根本保证，信息披露制度是实现这一目标的基础，也是证券市场监管制度的基石。在各个国家的证券法律中，完全、真实和明白无误的信息披露都成为证券法律的基本原则。

　　强制性信息披露制度的确立，为投资者获取充分的投资信息提供了法制保障，为了实现这一点，前提是信息的可靠性，而虚假信息的存在将会侵蚀信息披露的健康肌体，损害投资者的经济利益并挫伤其投资信心。不幸的是，在涉及虚假信息披露的案件中，注册会计师往往充当相当重要角色。国内比较著名的案例如红光实业、琼民源、银广厦等案，都有会计师事务所参与其中。这些案件的发生就是因为我国法律环境不健全，注册会计师违法的法律责任成本低，大部分只是处以行政处罚，而很少追究刑事责任，这无疑将助长注册会计师违法行为。②

①参见中国证监会行政处罚决定书（华寅所、刘振杰、黄某某），2011年第20号，中国证监会证券期货监督管理信息公开目录 http://www.csrc.gov.cn/pub/zjhpublic/G00306212/201107/t20110707_197224.htm 最后访问日期为2013年1月23日。
②参见白岱恩著：《注册会计师虚假陈述民事责任研究》，中国检察出版社2006年版，第67页。

第四章　保险机构法律制度

第一节　保险公司

案例13　中国保险监督管理委员会行政处罚决定书
（保监罚〔2011〕14号）①

【案情介绍】

当事人:苏黎世保险公司北京分公司(以下简称苏黎世北分)

住所:北京市朝阳区东三环北路霞光里18号佳程广场A座21层

负责人:林唯(副总经理,主持工作)

当事人:林唯

职务:时任苏黎世北分副总经理,主持工作

2010年9月14日至10月9日,根据相关举报,中国保险监督管理委员会对苏黎世北分进行了调查。调查发现,苏黎世北分存在以下违法违规行为:

1. 超出核定范围从事保险业务活动。自2009年1月1日至2010年9月13日,苏黎世北分超出核定的业务地域范围,承保北京行政辖区以外、不符合大型商业保险和统括保单条件的异地业务。

2. 未经核准擅自任命公司高级管理人员。2009年6月,苏黎世北分在向保监会递交任职资格申请之前,即任命林唯为公司副总经理。此后,在保监会尚未核准的情况下,公司岗位职责说明文件显示,林唯的职位是总经理,公司网站也作了宣称。

当事人苏黎世北分、林唯在申辩材料中辩称:(1)已按照相关规定及时递交了任职报告和申请。(2)岗位职责描述文件为该公司人力资源部内部参考文件,从未对外发布,且不具有法律效力。(3)在发现公司网站中的问题后第一时间进行了纠正,客观上未造成危害后果。

针对当事人的申辩意见,中国保险监督管理委员会认为,在未经核准的情况下,苏黎世北分通过内部邮件任命林唯为副总经理;以及之后岗位职责说明文件和公司网站宣称林唯为总经理,都证明其存在违规任命高管行为。该违规行为已成立且对外披露,造成危害后果,因此,当事人申辩理由不成立。

---

①案例来源:中国保险监督管理委员会行政处罚决定书(保监罚〔2011〕14号),中国保险监督管理委员会网 http://www.circ.gov.cn/web/site0/tab3050/i183441.htm,最后访问日期2013年1月21日。

上述违法事实有现场检查事实确认书、相关保单清单、内部邮件、职责描述文件、网站截图等证据在案证明,足以认定。

苏黎世北分超出核定范围从事保险业务活动的行为,违反了《中华人民共和国外资保险公司管理条例》第十八条的规定。根据该条例第三十二条的规定,中国保险监督管理委员会决定对苏黎世北分作出罚款 10 万元的行政处罚。

苏黎世北分未经核准擅自任命公司高级管理人员的行为,违反了《保险公司董事和高级管理人员任职资格管理规定》(2006 年)第六条、第三十条以及《保险机构董事、监事和高级管理人员任职资格管理规定》(2010 年,以下简称《规定》)第五条、第三十一条的规定。根据《规定》第四十六条的规定,中国保险监督管理委员会决定对苏黎世北分予以警告并罚款 1 万元的行政处罚。

【处理结果】

综合前述,中国保险监督管理委员会决定对苏黎世北分给予警告,并罚款 11 万元的行政处罚。

苏黎世北分副总经理(主持工作)林唯,对在未经核准的情况下,公司岗位职责说明文件及公司网站宣称其为公司总经理的违规行为负有直接责任,依据《规定》第四十六条的规定,中国保险监督管理委员会决定对林唯予以警告并罚款 1 万元的行政处罚。

当事人应当在接到保监会该处罚决定书之日起 15 日内将罚款缴至中国保险监督管理委员会(开户银行:中信银行万达广场支行,账号 7112410189800000130),并将注有当事人名称的付款凭证复印件送中国保险监督管理委员会稽查局备案。逾期,将每日按罚款数额的 3‰加处罚款。

当事人如对保监会的上述处罚决定不服,可在收到本处罚决定书之日起 60 日内向中国保险监督管理委员会申请行政复议,也可在收到本处罚决定书之日起 3 个月内直接向有管辖权的人民法院提起行政诉讼。复议和诉讼期间,上述决定不停止执行。

【争议焦点】

一、苏黎世北分是否构成超出核定范围从事保险业务活动?

二、苏黎世北分未经核准擅自任命公司高级管理人员是否违反法律规定?

【法理分析】

> 一、苏黎世北分是否构成超出核定范围从事保险业务活动?
>
> 保险公司是指经保险监管部门批准设立,并依据公司法和保险法登记注册的以盈利为目的的企业法人。[①] 根据我国《保险法》的规定,我国保险公司的组织形式主要有两种,即股份有限公司和国有独资公司。对于这两类公司,除《保险法》有特别规定之外,适用《公司法》的有关规定。对于保险公司的其他组织形式,如相互保险公司等,可以根据保险业改革发展的情况,另行规定。

---

①参见朱崇实著:《金融法教程》(第三版),法律出版社 2011 年版,第 305 页。

(一) 保险公司应当具备的特征

第一,依法成立。保险公司的设立,必须符合公司法关于公司设立的条件,并符合保险法关于保险公司设立的规定。公司法关于公司设立的规定属于一般性规定,对所有公司的设立都适用。保险公司作为经营保险业务的经济组织,保险法对其设立作了特别规定,并且保险公司的设立以经过保险监督管理机构的批准为必要条件。

第二,经营保险业务,以盈利为目的。保险业作为金融产业之一份子,决定了保险公司同其他的金融公司一样,通过开展保险业务获取利润是其主要目的。

第三,是企业法人。保险公司如同其他类型公司一样,仍然是企业法人,对外以自身所有资产承担独立责任,公司股东则以对公司的出资为限承担责任。

本案中苏黎世系依法设立的,经营保险业务,以盈利为目的的企业法人,苏黎世北分是其依法设立的分公司,符合保险公司的特征。

(二) 保险公司的设立条件和程序

1. 设立条件。我国《保险法》第72条规定,设立保险公司,应当具备下列条件:(1) 有符合保险法和公司法规定的章程。公司章程是设立保险公司的必要条件,是公司组织和行为的基本准则。保险公司的章程对公司、股东、监事、高级管理人员具有约束力。保险公司的章程是保险公司赖以设立、存续和开展保险业务的基本文件。(2) 有符合保险法规定的最低注册资本限额。注册资本是保险公司设立和运作的基础,是保险公司经营所需要的资本,也是保险公司承担亏损风险的一种担保。而且,注册资本还是确定股东权利、义务的主要标准。根据《保险法》第73条的规定,设立保险公司,其注册资本的最低限额为人民币2亿元。保险公司注册资本最低限额必须为实缴货币资本。保险监督管理机构根据保险公司业务范围、经营规模,可以调整其注册资本的最低限额。但是,不得低于前述限额。(3) 有具备任职专业知识和业务工作经验的高级管理人员。保险公司的经营具有高度专业化的特点,要求保险公司的高级管理人员必须具有一定的专业知识和业务工作经验,以保持保险公司的正常经营,促进保险业的健康发展。[1]《保险公司管理规定》第6条第4项规定,保险公司的高级管理人员必须符合保监会的任职资格。(4) 有健全的组织机构和管理制度。保险公司作为专业从事保险业务的公司,其内部的组织机构应与社会经济发展相适应。从内部机构的组成来看,应由股东大会(国有独资保险公司不设股东大会)、董事会、监事会三个机构组成。股东大会是公司的权力机构,负责决定公司的重大事项;董事会是公司的经营决策和执行机构,由创立大会或股东大会选举的董事组成,对股东大会负责;监事会是公司内部的监督机构,由全体监事组成,行使对经营管理者的监督权。保险公司还必须具备完善的管理制度,如财务会计制度、人事管理制度、劳动工资制度以及劳动福利制度等。(5) 有符合要求的营业

---

[1] 参见陶文峰著:《金融法》人民大学出版社2009年版,第113页。

场所和与业务有关的其他设施。保险公司必须具有与其规模相适应的营业场所，以及与其经营范围和规模相适应的办公设备。

2. 设立程序。保险公司的设立，必须履行法定的程序。我国对保险公司的设立，实行许可设立主义，即设立保险公司，以经过保险监督管理机构的批准为必要条件。

第一，申请设立保险公司，申请人必须提交申请书、可行性研究报告等一系列的文件材料进行设立初审。

第二，初审合格后，申请人应当依照保险法和公司法等法律规定筹建拟设立的保险公司。具备了有关条件后，申请人应当向保险业监督管理机构提交正式申请表及拟设立保险公司的公司章程、股东名册、验资证明等一系列文件资料，申请设立许可审查。

第三，保险业监督管理机构自收到设立保险公司的正式申请之日起6个月内，应当作出批准或者不批准的决定。

第四，经批准设立的保险公司，由批准部门颁发经营保险业务许可证书，并凭经营保险业务许可证书向工商行政管理机关办理工商登记领取营业执照。

（三）保险公司的变更与终止

1. 变更。保险公司经保险业监督管理机构批准而成立，不得随意变更经过批准的事项。保险公司在设立后有下列事项之一需要变更的，必须经保险机构批准：(1) 保险公司名称；(2) 注册资本；(3) 保险公司或者其分支机构的营业场所；(4) 业务范围；(5) 保险公司分立或者合并；(6) 保险公司章程；(7) 保险公司的出资人或者持有保险公司10%以上股份的股东；(8) 保险业监督管理机构规定的其他事项。保险公司更换董事长、总经理，应当报经保险业监督管理机构审查其任职资格。

2. 终止。保险公司因法定原因或者经保险业监督管理机构批准，关闭其营业机构而停止从事保险业务。保险公司因经保险业监督管理机构批准、被吊销经营保险业务许可证、被依法宣告破产的，应终止保险业务。

经营人寿保险业务的保险公司被依法撤销或者被依法宣告破产的，其持有的人寿保险合同及准备金，必须转移给其他经营人寿保险业务的保险公司；不能同其他保险公司达成转让协议的，由保险业监督管理机构指定经营人寿保险业务的保险公司接受。

（四）保险公司的业务范围及其限制

保险公司的业务范围由保险监督管理机构依法核定。保险公司只能在被核定的业务范围内从事保险经营活动。

1. 财产保险业务。包括财产损失保险、责任保险、信用保险等保险业务。《保险公司管理规定》第47条规定，经保监会核定，财产保险公司可以经营下列全部或者部分保险业务：(1) 财产损失保险；(2) 责任保险；(3) 法定责任保险；(4) 信用保险和保证保险；(5) 农业保险；(6) 经中国保监会批准的其他财产保险业务；(7) 短期健康保险和意外伤害保险；(8) 上述保险业务的再保险。

2. 人身保险业务。包括人寿保险、健康保险、意外伤害保险等保险业务。《保险公司管理规定》第48条规定,经保监会核定,人寿保险公司可以经营下列全部或者部分保险业务:(1) 意外伤害保险;(2) 健康保险;(3) 传统人寿保险;(4) 人寿保险新型产品;(5) 传统年金保险;(6) 年金新型保险;(7) 经中国保监会批准的其他人身保险业务;(8) 上述保险业务的再保险业务。

3. 再保险业务。经保险监督管理机构核定,保险公司可以经营前述保险业务的下列再保险业务:(1) 分出保险;(2) 分入保险。

4. 保险公司业务范围的限制。财产保险业务和人身保险业务的保险对象不同,因而在保险期限、赔付方式、风险核算、准备金的提取等方面存在很大不同。保险公司对于财产保险业务和人身保险业务应当分业经营。故同一保险公司不得同时兼营财产保险业务和人身保险业务;但是经营财产保险业务的保险公司经保险监督管理机构的核定,可以经营短期健康保险业务和意外伤害保险业务。保险公司不得兼营保险法及其他法律法规规定外的业务。

本案中,苏黎世北分经依法核准从事保险业务的地域范围为北京行政辖区范围内,然而自2009年1月1日至2010年9月13日,苏黎世北分超出该核定的业务地域范围,承保经核准的地域范围以外的保险业务,即承担保北京行政辖区以外,不符合大型商业保险和统括保单条件的异地业务,明显违反了有关保险法规的规定,该行为已超出其经核准从事保险业务的活动范围。

二、苏黎世北分未经核准擅自任命公司高级管理人员是否违反法律规定?

保险业是国民经济的重要组成部分,其健康发展,需要政府介入保险市场,通过保险监管来维护保险市场的正常运行,促进保险业的发展。保险业监管是指国家保险监督管理机构依法对本国保险业的监督管理。[1]

根据《保险公司管理规定》第88条的规定,中国保监会对保险公司的监督管理,遵循偿付能力监管和市场行为监管相结合的原则。过去由于我国保险市场发育尚不成熟,保险法制尚不健全,保险企业自我约束能力不强,我国保监会监管保险业采取实质监管的体制,对保险业实行严格的监管,奉行"以市场行为监管为重心"的原则。自2000年以来,随着保险公司自律能力的增强和市场秩序的好转,我国保险监管正逐步从以市场行为监管为重心向以偿付能力监管为重心的监管原则过度,以确保保险公司具有充足的偿付能力,保护被保险人的合法权益。

根据前文述及的保险公司设立条件中对保险公司任命高管人员的有关规定,2009年6月,苏黎世北分在向保监会递交任职资格申请之前,即任命林唯为公司副总经理。此后,在保监会尚未核准的情况下,公司岗位职责说明文件显示,林唯的职位是总经理,公司网站也作了宣称。苏黎世北分违反规定程序和条件,在未向有关的监管机构申请并且未经审核高管的任职资格的情况下,擅自任命的行为不符合有关的法律规定。

---

[1] 王蓉梅著:我国保险公司治理法律问题研究,北方工业大学博士学位论文,2011年,第77-83页。

【掩卷沉思】

据商务部资深保险专家介绍,过去 10 年,美国保险业发展过程中面临的最主要问题是确保保险公司的偿付能力,保护客户的权益。① 这个问题已经得到了较好的解决,现在基本上不存在无偿还能力的情况。美国解决这个问题的法宝是各州保监机构有一套行之有效的"报警"机制。美国是由各州负责管理保险,即管理权不在联邦政府。保险公司必须按季度和年度把财务情况报告给州保监机构,财务报表经"保险监管信息系统"进行统计处理。在处理过程中,有问题的公司则进入质量分析阶段,自动给出评级结果。另外,加上实施"早期预警技术"和"现场检查制度"可以及时发现有问题的公司,进行重点监控,防患于未然。

对保险业出现的问题,原来州保监机构多采用谨慎从事和严格的管理方式。虽然管理严格,市场井然有序,但把市场管得太死。因此,出现了后来的放松市场管制。目前,美国的整个保险业较为成熟,保险企业自律能力很强,能与保监机构密切合作,共同保护客户利益。美国保险公司深刻认识到,对保险法规的挑战,只会是自食其果,面临受罚。

由是观之,鉴于我国保险业的发展现状,在我国保险业的未来发展过程中,中国保险监督管理委员会短期内还不能简单地放松保险市场管制,而应着重关注"确保保险公司的偿付能力"和"保护客户的权益",并兼顾市场行为监管。

第二节　保险代理人、经纪人和公估人

案例 14　肖坤全诉中国人民财产保险股份有限公司永川支公司确认劳动关系纠纷案②

【案情介绍】

原告:肖坤全

委托代理人:蒋中学,重庆进明律师事务所律师

被告:中国人民财产保险股份有限公司永川支公司

负责人:罗江友,总经理

委托代理人:刘宏

委托代理人:张和全,重庆市永川区昌州法律服务所法律工作者

---

①参见边疆:美国保险法现状、问题及发展趋势,http://www. qzr. cn/newsfile/hwsc/hwscmg/20031206202534_3694. shtml,最后访问日期 2013 年 2 月 16 日。

②案例来源:重庆市永川区(县)人民法院(2010)永民初字第 5026 号,北大法律信息网—北大法宝 http://www. pkulaw. cn/fulltext_form. aspx? Db=pfnl&Gid=117768993,最后访问日期 2013 年 1 月 21 日。

原告肖坤全与被告中国人民财产保险股份有限公司永川支公司确认劳动关系纠纷一案，重庆市永川区（县）人民法院于2010年8月23日立案受理后，依法由代理审判员龙锋独任审判，适用简易程序于2010年9月19日公开开庭进行了审理。原告肖坤全的委托代理人蒋中学，被告中国人民财产保险股份有限公司永川支公司的委托代理人刘宏、张和全到庭参加诉讼。本案现已审理终结。

原告肖坤全诉称，1985年12月下旬，原告经原永川县双石区区长付中桂推荐，被告公司原经理谢应啄面试合格，被应聘到被告公司工作，并签订了聘用协议，协议约定从1986年1月1日起原告在被告公司工作，月工资为30元，以后每年增加5元。被告为其办理了养老保险。1997年6月开始，被告不再向其支付固定工资，而将其变更为保险代理人，根据业务提成由被告发放工资。现起诉要求确认从1986年1月至今，原、被告具有事实劳动关系，并要求被告与原告签订无固定期限劳动合同。

被告中国人民财产保险股份有限公司永川支公司辩称，原、被告之间不存在劳动关系，是保险业务委托代理关系，不属于劳动法和劳动合同法调整的范畴。原、被告之间没有签订聘用协议，被告也没有为原告购买养老保险，从1986年1月开始，原告就是公司的业务代办员，被告公司只是根据其业务，按月向其支付委托代办的手续费，由原告写具领条后领取。原告的请求没有事实和法律依据，故要求驳回原告的诉讼请求。

经审理查明，原告肖坤全于1986年被被告聘用为保险业务代办员，被告按其业务向原告支付代办费。1997年，原告肖坤全取得了保险营销员展业证书。2002年11月原告取得保险代理从业人员展业证书。2008年8月25日，原、被告签订保险营销员保险代理合同书。2010年1月1日，原、被告再次签订保险营销员保险代理合同书。2010年8月16日，原告向重庆市永川区劳动争议仲裁委员会申请仲裁。2010年8月18日，重庆市永川区劳动争议仲裁委员会作出渝永劳仲不字(2010)第217号不予受理案件通知书，以原、被告之间系委托代办关系，不属于劳动法和劳动合同法调整为由，对原告的仲裁申请不予受理。原告不服，于2010年8月23日向重庆市永川区（县）人民法院提起诉讼。

另查明，因永川行政区划调整及被告改制，被告的名称由原中国人民保险公司永川市支公司，先后更名为中保财产保险有限公司永川市支公司、中国人民财产保险股份有限公司永川支公司。

上述事实，有原告及其代理人、被告代理人的陈述、肖坤全的身份证复印件、中国人民财产保险股份有限公司永川支公司的企业法人营业执照、组织机构代码证、负责人身份证明、重庆市永川区劳动争议仲裁委员会不予受理案件通知书、证明、保险费收据、永川县双石区公所文件、调查笔录、保险营销员展业证书、领条、员工工资表、业务代办手续费支付情况、中国人民保险公司永川市支公司文件、中国人民财产保险股份有限公司永川支公司文件、保险营销员保险代理合同书、证人谢应啄、任在平、尹宗书出庭作证的证言及庭审笔录等在卷佐证，经庭审质证，可以作为认定本案事实的依据。

【处理结果】

综合前述，原告与被告之间没有形成《中华人民共和国劳动法》和《中华人民共和国劳动合同法》规定的用工关系,即原告与被告之间不存在劳动关系。原告要求确认其与被告从 1986 年 1 月至今存在事实劳动关系并要求被告与其签订无固定期限劳动合同的请求,于法无据,重庆市永川区(县)人民法院依法不予支持。据此,依照《中华人民共和国民法通则》第六十三条、《中华人民共和国劳动法》第二条、第十六条、《中华人民共和国劳动合同法》第二条、第七条、《中华人民共和国保险法》第三条、第一百一十七条、第一百二十二条、第一百二十六条、第一百二十七条、第一百三十四条之规定,判决如下:

驳回肖坤全的诉讼请求。

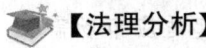【争议焦点】

一、保险代理人与保险公司之间是什么关系,是否是劳动合同关系?

二、保险人、保险代理人根据保险代理协议分别享有和承担哪些权利与义务?

【法理分析】

一、保险代理人与保险公司之间是什么关系? 是否劳动合同关系?

保险代理人是根据保险人的委托,向保险人收取代理手续费,并在保险人授权的范围内代为办理保险业务的单位或个人。

保险人委托保险代理人代为办理保险业务的,应当与保险代理人签订委托代理协议,依法约定双方的权利和义务及其他代理事项。① 保险代理人的行为除了保险法有特别规定之外,适用民法上关于代理的规定。但保险代理人是代理经营保险业务的主体,与民法上的代理人存在区别,其代理经营保险业务需要经过保险监督管理机构的批准。

(一) 保险代理人的分类和作用

1. 分类。保险代理人分为专业代理人、兼业代理人和个人代理人三种。其中,专业保险代理人是指专门从事保险代理业务的保险代理公司;兼业保险代理人是指受保险人委托,在从事自身业务的同时,指定专用设备专人为保险人代办保险业务的单位,主要有行业兼业代理、企业兼业代理和金融机构兼业代理、群众团体兼业代理等形式。个人代理人是指根据保险人的委托,在保险人授权的范围内代办保险业务并向保险人收取代理手续费的个人。个人保险代理人又分为保险代理从业人员和保险营销员。

2. 作用。纵观西方发达国家保险业的发展史,保险代理人在其中扮演了重要的角色。他们为保险市场的开拓、保险业务的发展起到了功不可没的作用。例如,在英、美、日等国约有 80% 以上的保险业务是通过保险代理人和经纪人招揽的。在我国,《保险法》专门以一章的形式阐述了有关保险代理人和保险经纪人的问题,并且于 1996 年 2 月和 1997 年 12 月两次出台了"保险代理人管理规定",这些无不说明保险代理人在保险业发展中的地位和作用。实际上,保险代理制的实施,保险代理人的出现,为完善保险市场,沟通保险供求,促进保险业发展发挥了重要作用。

---

①参见李秀芬:我国保险代理人监管制度存在的问题与对策,《东岳论丛》2005 年第 6 期。

第一，直接为各保险公司收取了大量的保险费，并取得了可观的经济效益。据有关资料介绍，目前，我国通过各种保险代理人所获得的分散性保险业务收入占保险业务总收入的50%左右，而湖北省保险费收入的60%是通过保险代理人获得的。

第二，保险代理人的展业活动渗透到各行各业，覆盖了城市乡村的各个角落，为社会各层次的保险需求，提供了最方便、最快捷、最直接的保险服务，发挥了巨大的社会效益。

第三，直接、有效地宣传和普及了保险知识，对提高和增强整个社会的保险意识起到了积极的作用，进一步促进了我国保险事业的发展。

第四，保险代理人的运行机制，对国有独资保险公司的机制转换有着直接和间接的推动作用。大家都从中深刻地认识到，国有独资公司必须建立起适应市场需求的营销机制。另外，保险代理作为一个新兴的行业，它的发展能容纳大批人员就业。日本从事保险代理的人，约占国民的1%，随着我国保险事业的不断兴旺发达，保险代理人的队伍将日益扩大，从而在安置就业方面，将发挥一定的积极作用。

而劳动关系是指用人单位与劳动者依法明确双方权利义务，使劳动者成为用人单位成员，接受用人单位管理，从事用人单位安排的工作并获得劳动报酬和有关福利待遇所产生的法律关系。

本案中，原、被告虽具备建立劳动关系的主体资格，但原告并不完全是被告单位的成员，双方不具有劳动关系中的身份从属性。被告虽然以工资的形式向原告发放劳动报酬，但原告的劳动报酬是根据以费养人的原则，取决于保险业务的完成情况，均源于原告保险业务返还的手续费。原、被告签订的保险营销员保险代理合同书，也明确约定原、被告之间系保险代理关系，不存在劳动关系或劳务关系。

二、保险人、保险代理人根据保险代理协议分别享有和承担哪些权利与义务？

保险代理机构可以采取以下组织方式：合伙企业、有限责任公司和股份有限责任公司。根据保监会《保险代理机构管理规定》，设立保险代理机构，应当具备下列条件：(1) 注册资本或者出资达到该规定的最低限额；(2) 公司章程或者合伙协议符合相关法律规定；(3) 高级管理人员符合该规定的任职条件；(4) 持有"保险代理从业资格证书"的员工人数在2人以上，并不得低于员工总数的二分之一；(5) 具备健全的组织机构和管理制度；(6) 有固定的、与业务规模相适应的住所或者经营场所；(7) 有与开展业务相适应的计算机软硬件设施；(8) 至少取得一家保险公司出具的委托代理意向书。

保险代理人经保险公司的授权，从事保险代理业务，不论其行为或结果是否有利于保险公司，保险公司均应对保险代理人的行为承担责任。[1] 我国《保险法》第128条规定，"保险代理人根据保险人的授权代为办理保险业务的行为，由保险人承

---

[1] 参见姜南：论保险代理人的义务，《河北经贸大学学报》2006年第3期。

担责任。"保险代理人在代理权限范围内,以保险人的名义所从事的行为,对保险人发生效力。所以,保险代理人在保险公司的业务范围内的行为,不论是否经过保险公司的指示,凡在规定的合理限度内,均对保险人具有法律约束力。

保险代理人为保险人代为办理保险业务,有超越代理权限的行为,投保人有理由相信该行为为有权代理的,并已签订了保险合同,保险人应当承担保险责任。但是,保险公司可以在事后依法追究越权的保险代理人的相应责任。

为了规范保险代理人的行为,加强对保险代理人的监管,保险代理人应当具有保险监督管理机构规定的资格条件,并取得保险监督管理机构颁发的经营保险代理业务许可证,向工商行政管理机关办理登记,领取营业执照,并缴存保证金或者投保职业责任保险。保险公司应当设立本公司保险代理人登记簿。个人保险代理人在代为办理人寿保险业务时,不得同时接受两个以上保险人的委托。保险公司应当加强对保险代理人的培训和管理,提高保险代理人的职业道德和业务素质,不得唆使、误导保险代理人进行违背诚信义务的活动。

保险代理人在办理保险业务活动时不得有下列行为:(1) 欺骗保险人、投保人、被保险人或者受益人;(2) 隐瞒与保险合同有关的重要情况;(3) 阻碍投保人履行《保险法》规定的如实告知义务;(4) 承诺向投保人、被保险人或者受益人给予保险法规定以外的其他利益;(5) 利用行政权力、职务或者职业便利以及其他不正当手段,如强迫、引诱或者限制投保人订立保险合同。

保险代理人是根据保险人的委托,向保险人收取代理手续费,并在保险授权范围内代为办理保险业务的单位和个人。保险代理人与保险公司是一种民事委托法律关系,保险代理人在委托人(保险公司)的授权范围内,以委托人名义向第三人(投保人)销售保险产品,签署保险合同,并且合同中的保险责任由委托人承担。这种法律关系明显区别于用人单位、劳动者间产生的劳动关系,保险代理人在保险公司中不具有为劳动法所调整的劳动者身份。保险代理人的佣金是根据其业务量的多少来确定的,保险公司不支付保险代理人的其他任何费用,也不为其交纳养老保险、医疗保险、住房公积金等费用。① 保险代理人一般都是独立地完成自己的劳动或工作,保险公司一般没有定量的工作任务,工作时间也由保险代理人自由决定,甚至于保险代理人可以随时脱离保险公司,终止代理合同。

【掩卷沉思】

与保险代理人作为保险公司代理人的角色相对应的另一类保险中介机构,是在一定程度上作为投保人等利益代表者的保险经纪人。保险经纪机构基于投保人的利益开展活动。保险经纪人为投保人和保险公司提供订立保险合同的中介服务,成为从事保险辅助业务的一种独立形式,并有权依法收取佣金。不论保险经纪人事实上是否受投

---

① 参见莫革:保险代理手续费和佣金支出存在的问题和建议,《广西会计》2003 年第 2 期。

保人或保险公司的委托,均以其自己的名义独立承担民事责任。

根据保险法律的有关规定,保险经纪人是基于投保人的利益,为投保人与保险人订立保险合同提供中介服务,并依法收取佣金的单位。保险经纪人是为保险合同的订立提供中介服务的人,既非投保人的代理人,也非保险公司的代理人。[1] 依据我国《保险法》规定保险经纪人以单位为限,个人不得为保险经纪人。这就有别于保险代理人可以为单位或个人的规定。保险经纪人同保险代理人相像的另一点是,保险经纪机构及其分支机构从事保险经纪业务,应当与委托人签订书面委托合同,依法约定双方的权利义务及其他委托事项。

此外,保险公估人是专门从事评估等业务的保险中间业务提供单位。根据《保险法》等法律规定,保险公估人是指,经保险监督管理机构批准设立的,受保险当事人委托,专门从事保险标的的评估、勘验、鉴定、估损、理算等业务的单位。保险公估人依法可以经营保险标的的检验、评估、理算等业务。保险公估人应当与委托人签订书面委托合同,按双方当事人的事先约定收取报酬。如果保险公估机构因为自身过错给当事人造成损害,应当依法承担相应责任。

---

[1]参见刘雅:保险经纪人的法律研究,外交学院博士学位论文,2005 年,第 99 - 102 页。

第五章　其他金融机构法律制度

第一节　金融资产管理公司法律制度

案例15　中国东方资产管理公司福州办事处等与清流县交通开发公司债权转让合同纠纷上诉案①

【案情介绍】

上诉人(原审被告):中国东方资产管理公司福州办事处

负责人:丁宁,总经理

委托代理人:江小金、林举东,福建至理律师事务所律师

上诉人(原审被告):DAC 中国特别机遇(巴巴多斯)有限公司[DAC China SOS (Barbados)SRL]

法定代表人:高飞,董事长

委托代理人:李春建、林映辉,福建天凯律师事务所律师

被上诉人:(原审原告)清流县交通开发公司

法定代表人:杨明荣,经理

委托代理人:陈彪,福建陈彪律师事务所律师

原审判决查明:各方当事人对下列事实没有异议,一审法院予以确认

2006 年 7 月 13 日,清流县工商行政管理局作出注销核准内字(2006)第 3504231000120 号企业注销核准通知书,将清流交通公司核准注销。2008 年 12 月 15 日,清流县工商行政管理局作出清工商注纠字[2008]01 号行政处理决定纠正决定书,撤销了注销核准内字(2006)第 3504231000120 号企业注销核准通知书。

清流交通公司属国家投资设立的全资国有企业;清流电力有限公司系国家投资占 99.5%的国有公司;福建省清流县供电有限公司的股东之一福建省电力有限公司系国有独资公司;清流氨盛公司系国有控股的企业。

2007 年 8 月 27 日,东方公司福州办以特快专递方式分别寄给清流交通公司、清流县人民政府《东方公司福州办拟公开转让债权的通知》各一份,通知清流交通公司和清流县人民政府,东方公司福州办拟公开出售包括本案讼争债权在内的债权资产。

---

① 案例来源:福建省高级人民法院(2010)闽民终字第 662,北大法律信息网—北大法宝 http://www. pkulaw. cn/fulltext_form. aspx? Db=pfnl&Gid=118317737,最后访问日期 2013 年 1 月 21 日。

2008 年 2 月 20 日，东方公司福州办向财政部驻福建省财政监察专员办事处上报《关于对福建中贸船舶进出口有限公司等 652 户企业可疑类债权进行公开整体打包转让的请示》，财政部驻福建省财政监察专员办事处经审核主要意见为：本次组包你办是依据会计师事务所评估、律师尽职调查等因素进行定价，并已有多家意向投资人通过竞价来实现市场价值，故原则同意你办此次打包转让。

2008 年 4 月 22 日，东方公司福州办在《福建日报》上发布《中国东方公司福州办事处资产包公开竞争性报价公告》，向全社会和国内外投资者公告将采用公开竞争性报价方式打包出售不良资产。

2008 年 5 月 1 日，东方公司福州办在《福建日报》上发布《中国东方公司福州办事处关于再次举行公开竞争性报价的公告》，再次向全社会和国内外投资者公告将举行公开竞争性报价会处置不良资产包。

2008 年 6 月 13 日，东方公司福州办与 DAC 公司订立《资产转让协议》，约定：2008年 9 月 22 日，东方公司福州办将其拥有的四笔金融不良债权转让给 DAC 公司。该债权总金额为 29733990.83 元，其中借款本金 22840000 元，利息 6893990.83 元。借款人为清流交通公司，担保人分别为福建省清流县水电有限责任公司、清流电力有限公司和清流氨盛公司。

2008 年 7 月 17 日，中华人民共和国国家发展和改革委员会（以下简称"国家发改委"）向中国东方资产管理公司出具《对外转让不良债权备案确认书》（编号：2008009），确认：此次对外转让不良债权的基本情况如下：境外投资者：DAC 公司。对外转让债权总额：23.16 亿元人民币。其中，本金总额 12.67 亿元人民币，利息总额 10.49 亿元人民币。不良债权所在地域：福建。转让价格 24000 万元人民币。现予以备案。请据此备案确认书到外汇管理局办理债权转让备案登记。抄送：财政部金融司、银监会监管四部、外汇管理局资本项目司。

2008 年 8 月 14 日，国家外汇管理局向中国东方资产管理公司作出《国家外汇管理局关于中国东方资产管理公司对外转让福建地区不良资产包有关外汇管理问题的批复》（汇复[2008]165 号），批复内容为：(1) 国家外汇管理局同意东方资产公司以直接卖断方式对外转让该笔不良债权。(2) 中国东方资产管理公司应到国家外汇管理局北京外汇管理部办理出售福建地区不良债权组合所得等值 2.4 亿元人民币的外汇收入及相关处置费用的结汇核准手续。(3) 中国东方资产管理公司应通知 DAC 公司或其境内代理人到国家外管局福建省分局办理备案登记和收益汇出核准等手续，并按时报送对外处置不良资产的进展情况。

2008 年 9 月 2 日，国家外汇管理局福建省分局就东方公司福州办将包括本案债权在内的债权资产包转让给 DAC 公司进行了外汇备案登记，出具了《金融资产管理公司对外处置不良资产备案登记表》，该登记表载明，转让标的：(1) 资产账面价值：23.16 亿元人民币。(2) 资产转让价格：2.4 亿元人民币，占账面价值的 10.36%；关于转让价格的说明：以评估价为基础，通过公开市场询价、竞价方式确定价格。

【处理结果】

经一审法院审判委员会研究,判决:

一、确认被告中国东方资产管理公司福州办事处与被告DAC中国特别机遇(巴巴多斯)有限公司签订的《资产转让协议》(编号548)无效;

二、驳回原告清流县交通开发公司的其他诉讼请求。案件受理费194252元,由被告中国东方资产管理公司福州办事处、DAC中国特别机遇(巴巴多斯)有限公司负担。

二审法院则认为,原审对本案不良资产转让的效力进行审查并无不当,但原审认定本案不良资产转让无效错误,应予纠正。上诉人东方公司福州办、DAC公司上诉请求成立,予以支持。依照《最高人民法院关于审理涉及金融不良债权转让案件工作座谈会纪要》第六条、《最高人民法院关于民事诉讼证据的若干规定》第二条、《中华人民共和国民事诉讼法》第一百五十三条第一款第(一)项、第(二)项、第(三)项之规定,判决如下:

一、维持三明市中级人民法院(2009)三民初字第31号民事判决第二项;

二、撤销三明市中级人民法院(2009)三民初字第31号民事判决第一项;

三、驳回被上诉人清流县交通开发公司请求确认上诉人中国东方资产管理公司福州办事处与上诉人DAC中国特别机遇(巴巴多斯)有限公司签订的《资产转让协议》(编号548)无效的诉讼请求。

【争议焦点】

一、关于一审对本案不良债权转让合同效力进行审查是否正确以及确认本案不良债权转让是否无效的法律依据问题?

二、关于一审判决认定导致本案不良债权转让合同无效的理由是否正确问题?

三、关于被上诉人认为导致本案不良债权转让合同无效的其他理由是否成立问题?

【法理分析】

一、关于一审对本案不良债权转让合同效力进行审查是否正确以及确认本案不良债权转让是否无效的法律依据问题?

在我国,金融资产管理公司是指经国务院决定设立的收购国有银行不良贷款,管理和处置因收购国有银行不良贷款形成的资产的国有独资非银行金融机构。它是在我国上个世纪末集中对国有银行和国有企业进行改革和转型的过程中产生的一种非银行金融机构,属于国家全资投资的特定政策性金融机构。

国有商业银行是我国金融体系的主体,是企业、尤其是国有企业筹措、融通和配置资金的主要渠道之一。但是,大量的不良贷款已经成为威胁我国金融体系稳定的重大隐患,如果不及时采取措施,不仅难以化解信贷风险,国家也将蒙受重大损失。① 1999年,国务院决定建立华融、长城、东方、信达四家金融资产管理公司,分别收购、管理、处置从中国工商银行、中国农业银行、中国银行和中国建设银行中剥离

---

① 参见朱学实、刘志云主编:《金融法教程》,法律出版社2011年版,第169页。

的不良资产,以解决现有四大国有商业银行不良资产问题。

本案中,参与诉讼的主体之一便是上诉人——中国东方资产管理公司南京办事处。中国东方资产管理公司(以下称"东方公司")是经国务院批准设立的国有独资金融企业,于1999年10月18日正式挂牌成立,注册资本金100亿元人民币。作为中国四大金融资产管理公司之一,东方公司成立之初的主要任务是收购、管理和处置国有银行剥离的不良资产。成立以来,先后收购、管理和处置了中国农业银行、中国工商银行、中国银行和其他各类商业银行剥离的不良资产近7000亿元,圆满完成了国家赋予的"化解金融风险,支持国有银行和国企改革,最大限度保全资产、减少损失"的历史使命。

(一) 金融资产管理公司的业务范围和经营管理

我国成立金融资产管理公司后,在不良资产的管理和处置方面取得了一些成绩,但还存在一些突出问题。设立金融资产管理公司是为了处理国有银行不良贷款,促进国有银行和国有企业的改革、发展。金融资产管理公司的主要经营目标便是最大限度地保全资产,减少损失。①

金融资产管理公司在其收购的国有银行不良贷款的范围内,管理和处置因收购国有银行不良贷款形成的资产时,可以从事下列业务活动:追偿债务;对所收购的不良贷款形成的资产进行租赁或者以其他形式转让、重组;债权转股权,并对企业阶段性持股;资产管理范围内公司的上市推荐及债券、股票承销;发行金融债券,向金融机构借款;财务及法律咨询,资产及项目评估;中国人民银行、证监会批准的其他业务活动。

金融资产管理公司的任务是在国务院指定的范围和额度内收购、处置国有商业银行的不良贷款,处置不良资产主要是通过债权转股权的方式。收购不良贷款的资产来源:一是从中国人民银行发放给国有独资商业银行的部分再贷款划转而来的资金;二是经中国人民银行会同财政部审批的由金融资产管理公司发行的金融债券。

(二) 具体分析

最高人民法院《关于审理涉及金融不良债权转让案件工作座谈会纪要》第二条规定,……案件存在下列情形的,人民法院不予受理:……(七) 在不良债权转让合同无效之诉中,国有企业债务人不能提供相应担保或者优先购买权人放弃优先购买权的。本案经审查被上诉人清流交通公司一审已提供了有关单位的担保函,根据上述规定,一审予以立案受理,并无不当。上诉人东方公司福州办和DAC公司以清流交通公司一审未提供相应担保为由,认为一审违法立案,与事实不符,不能成立。

《纪要》第六条规定,金融资产管理公司转让不良债权存在下列情形的,人民法院应当认定转让合同损害国家利益或社会公共利益或者违反法律、行政法规强制性规定而无效。(八) 根据有关规定应当向行政主管部门办理相关报批或者备案、登记

---

① 参见朱崇实著:《金融法教程》(第三版),法律出版社2011年版,第171页。

手续而未办理，且在一审法庭辩论终结前仍未能办理的。本案不良资产转让虽经国家发改委、国家外汇管理局备案确认，但因《纪要》已经赋予国有企业债务人提起确认不良债权转让合同无效之诉的诉权，且《纪要》第六条规定人民法院认定不良债权转让合同损害国家利益或社会公共利益或者违反法律、行政法规强制性规定而无效的第八种情形并不排除不良债权转让已经国家发改委、国家外汇管理局备案确认这种情况，故一审对本案不良债权转让协议的效力进行判定，并无不当。上诉人以本案不良资产转让已经国家发改委、国家外汇管理局备案确认为由，认为一审处理超越司法权限，依据不足，不能成立。对于认定本案不良债权转让无效事由的法律依据问题。因在金融不良资产处置领域，国家发展改革委员会、财政部、国家外汇管理局等有关部委颁发的《国家发展改革委、国家外汇管理局关于规范境内金融机构对外转让不良债权备案管理的通知》（以下简称《通知》）等有关文件所规定的内容涉及国家利益的保护，故可依据上述部委颁发的文件来判定不良债权转让是否损害国家利益。据此，一审依据《通知》等部委的规定来判断不良债权转让的效力，并无不当。上诉人认为"一审简单以部门规章的管理性规定来讨论合同的效力"的质疑，不能成立。

二、关于一审判决认定导致本案不良债权转让合同无效的理由是否正确问题

《通知》第四条规定，按照《金融资产管理公司条例》（国务院令第297号）和财政部、银监会等部门有关规定，境内金融机构转让不良债权应遵循公开、公正、公平的原则，对外转让行为发生前，对外转让不良债权的境内金融机构应在省级及省级以上经济类或综合类新闻媒体发布明确的处置公告，原则上所有转让应当采取招标、拍卖、公开竞价等公开方式进行交易。第七条规定，境内金融机构应在对外转让不良债权协议签订后20个工作日，将对外转让债权有关情况报送国家发展改革委备案（一式三份），同时抄报财政部、银监会。本案中，东方公司福州办为处置不良资产已先行采取了公开竞价方式，但在公开竞价过程中，由于DAC公司与嘉沃环球基金（香港）资产管理投资有限公司的报价低于底价，竞价流标后改为议标谈判，最终由东方公司福州办与DAC公司达成协议予以转让。《通知》规定的是原则上所有转让应当采取招标、拍卖、公开竞价等公开方式，而非绝对禁止其他方式，因此，该方式并未违反《通知》的规定。而且，该转让行为已经有权管理机关——国家发展改革委员会备案确认且已抄报财政部、银监会，上述机构均未对转让事实提出异议，故应认定该转让合法有效。

《金融资产管理公司吸收外资参与资产重组与处置的暂行规定》第八条规定："资产管理公司重组与处置的资产出售、转让前须由有资格的资产评估机构进行评估"。本案财政部驻福建省财政监察专员办事处审核东方公司福州办打包转让请示后的意见已经载明组包是依据会计师事务所评估、律师尽职调查等因素进行定价的。国家外汇管理局福建省分局出具的《金融资产管理公司对外处置不良资产备案登记表》也已说明转让价格以评估为基础，并通过公开市场询价、竞价方式确定价格。据此，清流交通公司认为东方公司福州办不良资产转让前未经评估程序，违反了上述规定,与事实不符,不能成立。

《通知》第八条规定,国家发展改革委如认为备案材料不全或者不符合有关要求,应在收到备案材料5个工作日内一次性告知对外转让不良债权的境内金融机构,要求澄清、补充相关情况和文件,或对相关内容进行调整。经告知后境内金融机构在20个工作日内不能提供完整备案材料,或者违反本通知规定进行转让的,国家发展改革委应向对外转让不良债权的境内金融机构出具不予备案通知书,说明不予备案的理由。国家发展改革委在收到完整备案材料后20个工作日内,向对外转让不良债权的境内金融机构出具备案确认书。本案不良资产转让行为已经有权管理机关——国家发展改革委员会备案确认且已抄报财政部、银监会,至今上述机构都未对转让事实提出异议,根据上述规定,在被上诉人清流交通公司未提供证据证明上述机构违法备案或不当备案的情况下,应认为上述机构已妥尽义务审查了上诉人东方公司福州办为转让不良资产所必须报送的有关备案材料,上诉人东方公司福州办也已按有关规定向上述机构报送了为取得不良资产转让备案确认书所必须报送的有关备案材料。据此,在被上诉人清流交通公司至今未能向法庭提供证据证明财政部驻福建省财政监察专员办、财政部以及银监会等有关机构并未收到东方公司福州办为处置不良资产必须报送的发布资产处置公告的媒体、不良资产打包的必要性和适当性以及对外转让债权有关材料的情况下,应认为上诉人东方公司福州办主张已向有关机构分别报送了发布资产处置公告的媒体、不良资产打包的必要性和适当性以及对外转让债权有关情况的事实成立。综上,一审法院认定本案不良债权转让合同无效的理由不能成立。

三、关于被上诉人认为导致本案不良债权转让合同无效的其他理由是否成立问题

笔者认为,本案被上诉人清流交通公司二审仍就其一审主张合同无效的其他诉由提出抗辩,由于无效合同涉及国家利益和社会公共利益的保护问题,合同无效问题是国家干预的范畴,而非当事人意思自治的范畴,故本院二审仍对被上诉人主张转让无效的其他诉由一并予以审查,以确认不良资产转让是否损害国家利益或社会公共利益。《金融资产管理公司资产处置公告管理办法(修订)》第八条规定:"……报纸公告的内容。……资产包项目的报纸公告可仅公告资产包总体情况,但应在公告中注明"请投资者登录资产公司对外网站查询或与资产公司有关部门接洽查询"等字样,以便投资者了解单个项目情况……"

2008年3月11日、2008年4月22日、2008年5月1日东方公司福州办已在《福建日报》上发布资产处置公告,并在报纸公告中载明"逐户逐笔信息,详见东方公司福州办",可见案涉不良资产处置公告并不违反上述管理办法的规定。此外,虽然东方公司福州办转让前公告的资产包与实际转让的资产包内容不符,但减少的债权项目并不能导致实际转让的资产包与转让前公告的资产包内容严重不符,故被上诉人以东方公司福州办违反不良资产处置的公告程序和披露的资产与最后转让的资产不符为由,认为不良资产转让无效的主张,与事实和《纪要》规定不符,不能成立。因本案 DAC 公司从东方公司福州办受让取得的系对债务人清流交通公司、清流电力有限公司和清流氨盛公司的不良债权,清流交通公司自 2006 年 7 月 13 日至本案不良债权转让时一直处于注销状态,且东方公司福州办已以特快专递方式向清流交通公司、清流县人民政府通知东方公司福州办拟公开出售包括本案讼争债权在内的债权资产,清流交通公司等债务人在不良资产转让前并未提出行使优先购买权。清流交通公司至今亦未能提供证据证明东方公司福州办与 DAC 公司恶意串通转让不良债权或者东方公司福州办与评估机构恶意串通,低估、漏估不良债权,故被上诉人清流交通公司认为本案不良资产转让存在国有资产流失问题,理由不能成立,不能支持。

 【掩卷沉思】

　　国外金融资产管理公司的发展,主要有以下三个模式①:(1) 由政府出资设立金融资产管理公司,并为其设定一个存续期限,不良资产处置完毕后该公司即解散清算。(2) 由政府出资设立金融资产管理公司,但不良资产处置完毕后,该公司并不解散,而是转型为商业性金融资产管理公司或者投资银行。(3) 政府注资成立一家永久性的金融资产管理公司,在此基础上再设立一项银行不良资产处置基金,随后根据处置的需要,适时委托金融资产管理公司运用该基金对政府指定的银行进行处置,该指定的处置业务完成后,金融资产管理公司运用该基金的权利即被撤销。

　　我国金融资产管理公司是经济发展下的政策产物。② 从其产生之日起,就被设定了死亡日期,即所成立的金融资产管理公司都只有 10 年的存续期。如上述第一种模式。随着 2009 年的逼近,我国金融资产管理公司为了把握机遇、迎接挑战和与世界接轨,早在 2004 年初,我国就明确了金融资产管理公司的改革和发展方向,即建立政策性收购不良资产处置目标责任制,允许资产管理公司开展商业化收购和接受委托代理处置不良资产业务,走市场化、商业化的路子。

---

① 参见梅兴保编著:《金融资产管理公司的的改革转型与发展》,经济科学出版社 2009 年版,第 228 - 229 页。
② 参见王楚男著:金融资产管理公司转型的法律分析,中国政法大学博士学位论文,2011 年,第 189 - 196 页。

第二节 外资金融机构法律制度

案例16 香港上海汇丰银行有限公司上海分行诉万轩置业有限公司等金融借款合同纠纷案①

🔍 【案情介绍】

原告:香港上海汇丰银行有限公司上海分行

负责人:甘琨亮,该分行行长

委托代理人:钟人鉴,上海虹桥正瀚律师事务所律师

委托代理人:王正,上海虹桥正瀚律师事务所律师

被告:万轩置业有限公司

法定代表人:李垠某

被告:景轩大酒店(深圳)有限公司

法定代表人:李垠某,该公司董事长

委托代理人:高文辉,广东嘉盛律师事务所律师

委托代理人:曹叠云,广东华商律师事务所律师

原告诉称:1997年4月23日,香港上海汇丰银行有限公司深圳分行(以下简称汇丰深圳分行)与被告万轩置业签署银行授信函,约定由汇丰深圳分行向被告万轩置业提供定期贷款最高不超过港币150000000元及透支额度港币45000000元的授信,银行授信函同时对利息、手续费、提款方式、还款方式、担保以及其他内容进行了约定。银行授信函签署后汇丰深圳分行根据被告万轩置业的指示,按约发放了相应贷款。此后,汇丰深圳分行与被告万轩置业多次分别签订补充银行授信函,约定在已有授信额度内提供100万美元的进口授信;约定在已有授信范围内给予展期,确定在补充银行授信函签署之时被告万轩置业尚拖欠贷款本金港币126337000元,同时约定对透支额度和贷款余额进行重组并设定还款计划。但被告万轩置业始终未根据相关贷款函的约定及时还款,截至2009年5月31日(包括当日)被告万轩置业仍拖欠贷款本金港币118354000元及借款利息港币64346398.72元。

汇丰深圳分行与被告景轩公司分别多次签订经深圳市公证处公证的《房产抵押合同》(一)、(二)及《房产抵押确认合同》,约定由被告景轩公司就上述贷款进行抵押担保。上述抵押合同已由深圳市国土资源和房产管理局进行抵押登记,并由国家外汇管理局深圳市分局对该对外担保进行登记。

汇丰深圳分行原为外资银行香港上海汇丰银行有限公司(以下简称汇丰银行)在我

---

① 案例来源:上海市高级人民法院(2009)沪高民四(商)初字第2号,北大法律信息网—北大法宝 http://www.pkulaw.cn/fulltext_form.aspx? Db=pfnl&Gid=117757230,最后访问日期2013年1月21日。

国境内的分支机构,后因 2006 年 12 月 11 日起《中华人民共和国外资银行管理条例》及《中华人民共和国外资银行管理条例实施细则》开始实施,汇丰银行进行改制,改制后汇丰银行在我国境内设立独立法人,并将原有的分支机构除保留香港上海汇丰银行有限公司上海分行外全部撤销,故本案系争的授信及担保业务已经自然转移至同一法人主体的原告名下,原告为被告万轩置业保留账户。根据以上事实,原告认为,被告万轩置业拖欠贷款拒不返还已构成违约,应承担相应责任,被告景轩公司作为担保人亦应承担相应担保责任。据此,原告提起诉讼,请求判令:(1) 被告万轩置业向原告返还贷款本金及借款利息;(2) 被告万轩置业赔偿原告为本案支出的律师费人民币 10 万元;(3) 二被告承担本案案件受理费、保全费等全部诉讼费用;(4) 原告对被告景轩公司所有的位于深圳市彩田路福华路交叉路口西南角的景轩酒店 1 至 11 层、13 至 30 层享有优先受偿权,并判令被告景轩公司以该抵押物折价或者拍卖、变卖,并以该财产的处置后的价款优先偿还原告的上述第 1、2、3 项债权。

被告景轩公司未在答辩期内提交答辩状,其当庭发表意见认为,根据最高人民法院《关于适用〈中华人民共和国担保法〉若干问题的解释》第六条规定,未经国家有关主管部门批准或登记,为境外机构向境内债权人提供担保的,对外担保合同无效,故景轩公司为万轩置业对原告借款提供的抵押担保无效。景轩公司公章于 2006 年年底被盗,至今未予补办,法定代表人李某从 2006 年至今一直在境外养病,原告提交的证据《对外担保登记表》未加盖法人公章,负责人处亦非法定代表人签署。系争贷款系 1997 年 4 月 23 日发生,而原告提交的证据《资本项目外汇业务核准通知书》的时间为 2008 年 11 月 29 日,补登记批复违反国家外汇管理局关于转发和执行《最高人民法院关于适用〈中华人民共和国担保法〉若干问题的解释》的通知第五条规定。开庭审理后,被告景轩公司于 2009 年 12 月 11 日向本院递交中止诉讼申请书,理由是案外人杨俊泰已向深圳市罗湖区人民法院提起行政诉讼,诉请法院确认国家外汇管理局深圳市分局同意为被告景轩公司办理对外担保补登记的行为违法,并责令国家外汇管理局深圳市分局撤销该对外担保补登记,故请求二审法院依照《中华人民共和国民事诉讼法》第一百三十六条的规定中止本案诉讼。

【处理结果】

二审法院认为,被告万轩置业未按照贷款合同的约定按期返还本金和支付利息,构成违约,应承担相应的法律责任。被告景轩公司作为抵押人,在主债务人不履行到期债务的情况下,应以其抵押的房产承担相应的抵押担保责任。原告的诉讼请求合法有据,本院予以支持。但原告诉请第三项及第四项中有关案件受理费等的主张,属应由法院依法决定的诉讼费用的范围,相关诉请内容本院不予支持。判决如下:

一、被告万轩置业有限公司应于本判决生效之日起十日内向原告香港上海汇丰银行有限公司上海分行返还贷款本金并支付相应利息;

二、被告万轩置业有限公司届期不履行上述义务的,原告香港上海汇丰银行有限公司上海分行可以与被告景轩大酒店(深圳)有限公司协议将前述抵押房产折价,或者申请以拍卖、变卖上述房产所得价款在本金及相应利息和实现抵押权的费用的总额范围内优先受偿。房产折价或者拍卖、变卖后,其价款超过债权数额的部分归被告景轩大酒店(深圳)有限公司所有,不足部分由被告万轩置业有限公司继续清偿。被告景轩大酒店(深圳)有限公司承担了抵押担保责任后,有权向被告万轩置业有限公司追偿。

【争议焦点】

一、汇丰银行改制后在我国境内设立独立法人是否符合我国的相关法律规定?

二、本案系争的授信及担保业务是否原告香港上海汇丰银行已经自然转移至同一法人主体的原告名下?

三、境内机构为作为外资金融机构的汇丰银行提供担保是否符合我国法律规定?

【法理分析】

一、汇丰银行改制后在我国境内设立独立法人是否符合我国的相关法律规定?

外资金融机构是指依法在我国设立和营业的外国独资或合资的外资银行及其代表机构。外资金融机构包括:外国银行单独出资或者与其他外国金融机构共同出资设立的外商独资银行;外国金融机构与中国的公司、企业共同出资设立的中外合资银行;外国银行分行;外国银行代表处。这些外资金融机构按照是否在我国范围内从事营利性金融业务,可分为两类①:一是营业性的外资金融机构,它是指外国金融机构依照我国法律的规定,独资或参与部分股本,经我国金融主管部门批准,在我国境内设立的从事营利性金融业务的金融机构;二是非营利性的外资金融机构,即外资金融机构的代表机构。调整外资金融机构的法律规范主要有2006年12月11日起施行的《中华人民共和国外资银行管理条例》及其实施细则。

(一)营业性外资金融机构的设立法律制度

外商独资银行的注册资本最低限额为10亿元人民币或者等值的自由兑换货币。注册资本应当是实缴资本。外商独资银行在中华人民共和国境内设立的分行,应当由其总行无偿拨给不少于1亿元人民币或者等值的自由兑换货币的营运资金。外商独资银行拨给各分支机构营运资金的总和,不得超过总行资本金总额的60%;外国银行分行应当由其总行无偿拨给不少于2亿元人民币或者等值的自由兑换货币的营运资金。国务院银行业监督管理机构根据外资银行营业性机构的业务范围和审慎监管的需要,可以提高注册资本或者营运资金的最低限额,并规定其中的人民币份额。

拟设立营业性外资金融机构的申请人还应当具备下列条件:具有持续盈利能力,信誉良好,无重大违法违规记录;具有从事国际金融活动的经验;具有有效的反洗钱制度;拟设营业性外资金融机构的申请人受到所在国家或者地区金融监管当局的有效监管,并且其申请经所在国家或者地区金融监管当局同意,银监会规定的其他审慎性条件。拟设营业性外资金融机构的申请人所在国家或者地区应当具有完善的金融监督管理制度,并且其金融监管当局已经与国务院银行业监督管理机构建

---

① 参见李佳梅、黄莉:试述对外资银行监管的构想,《济南金融》2002年第4期。

立良好的监督管理合作机制。

拟设立外商独资银行的股东应当为金融机构,其中唯一或者控股股东还必须为商业银行,在我国境内已经设立代表处 2 年以上,提出设立申请前一年年末总资产不少于 100 亿美元,资本充足率符合所在国家或者地区金融监管当局以及中国银监会的规定。

拟设分行的外国银行还应当具备下列条件:提出申请前一年年末总资产不少于 200 亿美元;资本充足率符合所在国家或者地区金融监管当局以及中国银监会的规定;初次设立分行的,应在我国境内已经设立代表处 2 年以上。

可见,汇丰银行改制后在我国境内设立独立法人是符合我国的有关外资金融机构设立的法律规定的。

二、本案系争的授信及担保业务是否原告香港上海汇丰银行已经自然转移至同一法人主体的原告名下?

外商独资银行按照国务院银行业监督管理机构批准的业务范围,可以经营以下部分或者全部外汇业务和人民币业务:吸收公众存款;发放短期、中期和长期贷款;办理票据承兑与贴现;买卖政府债券、金融债券,买卖股票以外的其他外币有价证券;提供信用证服务及担保;办理国内外结算;买卖、代理买卖外汇;代理保险;从事同业拆借;从事银行卡业务;提供保管箱服务;提供资信调查和咨询服务;经国务院银行业监督管理机构批准的其他业务。外商独资银行、中外合资银行经中国人民银行批准,可以经营结汇、售汇业务。

外商独资银行可以经营前段所述业务,除不可以经营"信用卡业务"外,部分或者全部外汇业务以及对除中国境内公民以外客户的人民币业务。外国银行分行经中国人民银行批准,可以经营结汇、售汇业务。

营业性外资金融机构经营规定业务范围内的人民币业务的,应当具备下列条件,并经国务院银行业监督管理机构批准:提出申请前在中华人民共和国境内开业 3 年以上;提出申请前 2 年连续盈利;国务院银行业监督管理机构规定的其他审慎性条件。外国银行分行该职位由其总行单独出资的外商独资银行的,期限自外国银行分行设立之日起计算。汇丰深圳分行原为外资银行香港上海汇丰银行有限公司(以下简称汇丰银行)在我国境内的分支机构,后因 2006 年 12 月 11 日起《中华人民共和国外资银行管理条例》及《中华人民共和国外资银行管理条例实施细则》开始实施,汇丰银行进行改制,改制后汇丰银行在我国境内设立独立法人,并将原有的分支机构除保留香港上海汇丰银行有限公司上海分行外全部撤销,故本案系争的授信及担保业务已经自然转移至同一法人主体的原告名下。

根据以上事实,笔者认为,被告万轩置业拖欠贷款拒不返还已构成违约,应承担相应责任,被告景轩公司作为担保人亦应承担相应担保责任。

三、境内机构为作为外资金融机构的汇丰银行提供担保是否符合我国法律规定?

营业性外资金融机构应当建立与其中国业务发展相适应的内部控制制度和业务操作规程,并于每年3月末前将内部控制制度和业务操作规程的修订内容报送所在地银监会派出机构。外商独资银行、中外合资银行应当设置独立的风险管理部门、合规管理部门和内部审计部门。外国银行分行应当指定专门的部门或者人员负责合规工作。

营业性外资金融机构因解散、关闭、依法被注销或者被宣告破产而终止的,其清算的具体事宜,依照中华人民共和国有关法律法规进行办理。营业性外资金融机构清算终结,应当在法定期限内向原登记机关办理注销登记。

自外国银行分行清算结束之日起2年内,银监会及其派出机构不受理该外国银行在中国境内同一城市设立营业性机构的申请。

对非营业性外资金融机构即外资银行的代表机构,包括外资银行在中国境内设立和从事咨询、联络及市场调查等非营业性活动的代表处、总代表处。外国银行代表处的行为所产生的民事责任,由其所代表的外国银行承担。

拟设代表处的外国银行应当具备与拟设营业性外资金融机构的申请人相同的条件。设立外国银行代表处,应当向拟设代表处所在地的银行业监督管理机构报送符合条件的申请材料。接受申请的地方银行业监督管理机构应当将有关材料及审核意见,及时报送国务院银行业监督管理机构,由其作出批准或不批准的决定,并书面通知申请人。如果决定不批准的,应当同时说明理由。经批准设立的外国银行代表处,应当凭批准文件向工商行政管理机关办理登记,领取登记证。如果此后发生更名、变更办公场所等变更事项,应当在办理变更工商登记手续后在所在地银监会派出机构指定的地方性报纸上公告。若被代表的外国银行发生诸如章程、注册资本或者注册地址变更等重大事项,外国银行代表处应当及时向所在地银监会派出机构报告。外资银行代表处可以从事与其代表的外国银行业务相关的联络、市场调查、咨询等非营业性活动。

外国银行代表处自行终止活动的,应当经银监会批准予以关闭,并在法定期限内向原登记机关办理注销登记。

由此可知,境内机构景轩公司为作为外资金融机构的汇丰银行提供担保的行为本身是符合我国法律规定的。但是,景轩公司提供对外担保未到所在地外汇局办理担保登记手续,则违反《境内机构对外担保管理办法实施细则》第三十九条的规定。2008年11月20日,国家外汇管理局深圳市分局根据被告景轩公司的申请,向其发出编号为资字〔2008〕040号的《资本项目外汇业务核准通知书》,内容为关于景轩公司对外担保补登记的批复则支持了景轩公司担保合法的论点。

【掩卷沉思】

外资银行主要可以通过6种组织形式在美国从事银行或其他业务活动,即代表处、代理行、分行、法人行、《埃奇法》及协议(Edge Act and Agreement)国际银行公司以及商业贷款公司。① 由于外资银行的特殊性,如何防控随之而来的金融风险引起各国政府的高度关注。无论是立法还是在法的实施方面,监管机构或是银行自身,"加强风险防范的原则在美国成熟的外资银行法律体制中到处有着充分体现"②,事实也证明了风险防范是到目前为止避免大规模外资金融风险产生的最为合理的办法。

美国对外资银行监管制度框架的形成不是一蹴而就的,而是在不断修改中完善的,特别是结合了美国自身利益和世界经济的局势发展。客观而言,美国对外资银行监管总的来讲是朝着比较平等的方向发展,但是,我们同样可以看到这种比较平等的发展背后是要求更为严厉的监管条件。美国在市场进入上放宽了,但在市场监管上加强了。美国对外资银行监管的一些监管制度是可以借鉴的。美国的经验也说明,越是在经济开放和服务贸易自由化的条件下,越是需要监管措施的完善,这一点对于发展中国家尤为重要。③

当前我国经济形势严峻,尤其是需要金融系统的安全与稳定来保障国民经济的持续高速发展,所以如何结合我国实际情况、健全以风险防范为指导原则的现代金融体制,具体化金融监管内容,维护金融市场的安全,尤其是与境外资本市场紧密联系的外资金融机构,还需要更进一步的探索与研究。

第三节　信托公司法律制度

案例17　桂林旅游股份有限公司与庆泰信托投资有限责任公司债权纠纷上诉案④

【案情介绍】

上诉人(原审被告):桂林旅游股份有限公司

法定代表人:陈青光,该公司董事长

委托代理人:谢襄郁,该公司副总经理

委托代理人:高翔,桂林远兴律师事务所律师

被上诉人(原审原告):庆泰信托投资有限责任公司

负责人:康进,该公司停业整顿工作组副组长

---

① 参见《外资银行监管立法程度研究》,http://business.sohu.com/20061215/n247071968.shtml,最后访问日期2013年2月16日。
② 参见姜枢锴著:《中美外资银行监管法律制度比较研究:以风险防范为视角》,吉林大学博士学位论文,2010年,60—77页。
③ 参见张娥、李燕燕,美国对外资银行监管制度框架的演进,http://topic.yingjiesheng.com/jingji/guomao/04254SO92012.html,最后访问日期2013年2月16日。
④ 案例来源:青海省高级人民法院(2008)青民二终字第2号,北大法律信息网—北大法宝http://www.pkulaw.cn/fulltext_form.aspx?Db=pfnl&Gid=117771248,最后访问日期2013年1月21日。

委托代理人:王伦,天阳(北京)律师事务所律师

委托代理人:张保华,天阳(北京)律师事务所律师

原审第三人:青海省创业(集团)有限公司

法定代表人:马建光,该公司董事长

委托代理人:张县利,树人律师事务所律师

法院审理后查明,2002年7月,庆泰信托依法被重新登记,该公司的《公司章程》记载,青创集团出资6000万元,占注册资本金18.29%;桂林旅游出资4000万元,占注册资本金的12.20%。章程还约定,单一股东增持出资比例5%以上需经出资额三分之二以上股东同意,同时须报中国人民银行批准;股东依法转让出资后,由公司将受让人材料报中国人民银行批准方为有效。

2004年7月6日,一审法院确认同德投资控股有限公司(以下简称同德投资)将其持有的三亚西岛旅游开发有限公司5000万股的股权及井冈山旅游发展股份有限公司(以下简称井冈山旅游)1320万股的股权,用于抵偿青创集团2257万元的欠款。

2004年11月2日,青创集团同意将公司取得的井冈山旅游的1320万股股份与桂林旅游持有的庆泰信托4000万元出资置换;11月3日,青创集团股东会决议批准与桂林旅游签订《股份置换合同》。

2004年11月5日,桂林旅游与青创集团签订了《股份置换合同》。约定,桂林旅游以其在庆泰信托持有的全部股份与青创集团在井冈山旅游取得的全部股份置换;从青创集团在井冈山旅游的股份全部过户至桂林旅游名下之日起,青创集团有权按自定的价格将青创集团依本合同取得的庆泰信托股份向第三方转让;桂林旅游有义务积极配合和支持青创集团的再转让行为;合同另约定,合同经双方法定代表人或授权代表签署并报青海省银监局后,经青创集团股东会、桂林旅游董事会通过生效;涉及庆泰信托股份的转让过户事项,由双方持本合同和庆泰信托股东会决议向青海省银监局办理批准手续。

同日,桂林旅游与青创集团还签订了《关于〈股份置换合同〉的补充协议》。约定,井冈山旅游的2004年及历年可分配利润,在2004年10月31日以前的部分按1320万股对应的分配权归青创集团所有,在此时间之后的部分归桂林旅游所有;井冈山旅游1320万股份对应的2004年10月31日以前及历年可分配利润总额为330万元。

2004年11月8日,庆泰信托就桂林旅游所持4000万元出资额转让给青创集团事项,向股东发出《关于对公司股东转让股份进行通讯表决的通知》、《关于股东股权转让提案表决表》。2004年11月22日,庆泰信托作出《庆泰信托投资有限责任公司临时股东会关于股东股权转让决议》,表决同意股权转让。12月3日,桂林旅游作出《桂林旅游股份有限公司第三届董事会2004年第三次会议决议》,审议通过了与青创集团进行股权置换的议案。

2004年12月1日,同德投资就其持有井冈山旅游股份转让给青创集团的事宜向井冈山旅游股东会发出《关于转让我公司所持贵司股权的提案》,经股东审议同意青创集团从同德投资取得的1320万股股份转让给桂林旅游。此后,井冈山旅游就上述

股份变更事项获得江西省企业上市工作领导小组办公室的批准,并获得江西省工商行政管理局的核准。2004年12月16日,井冈山旅游1320万股股份变更到桂林旅游名下。

2004年12月9日,桂林旅游按照青创集团的委托,将《股份置换合同》项下应付的转让款300万元汇入海南同德旅游投资控股有限公司账户;12月16日,桂林旅游按《关于支付562.08万元的协议》的约定,向井冈山旅游发展总公司支付562.08万元;12月17日,桂林旅游根据青创集团要求支付转让余款的函件,向西宁市城中区人民法院指定账户支付人民币2065.92万元。

2004年12月3日,中国银行业监督管理委员会青海监管局下发通知,明确庆泰信托重组期间暂停一切股权转让审批。

2004年12月9日,青海省银监局向桂林旅游发出青银监办函告桂林旅游对庆泰信托前述两次《报告》予以退回;同时告知桂林旅游目前不宜在庆泰信托关联企业之间进行庆泰信托股权转让,否则后果自负。

2007年1月18日,青创集团与庆泰信托签订《债权转让协议》,约定,鉴于原青创集团持有的井冈山旅游的股权已经过户给桂林旅游,但由于庆泰信托股权变更事宜未获青海省银监局的同意,未能转让过户给青创集团;青创集团由此对桂林旅游享有相应的债权。将《股份置换合同》项下青创集团对桂林旅游享有的返还股权折价款4000万元的债权转让给庆泰信托。同年1月25日,青创集团通过公证机关向桂林旅游邮寄送达了债权转让通知。桂林旅游认可收到该通知。

【处理结果】

二审法院认为,2007年1月18日青创集团与庆泰信托签订《债权转让协议》,将《股份置换合同》在履行中因交易受阻,青创集团对桂林旅游要求返还4000万元股权折价款的请求权以债权形式转让给庆泰信托是否有效,是基于青创集团与桂林旅游股权置换协议的法律效力而产生的,这是本案的关键问题。该协议签订后,虽然青创集团向桂林旅游履行了债权转让告知义务,由于《债权转让协议》中的债权是直接来源于2004年11月5日《股份置换合同》中股权置换交易的法律后果,该置换股权的行为是否在青创集团与桂林旅游之间形成新的债权关系是本案另一关键问题。

根据《中华人民共和国民事诉讼法》第一百五十三条第一款第(二)项之规定,判决如下:

一、撤销西宁市中级人民法院(2007)宁民二初字第25号民事判决;

二、驳回庆泰信托投资有限责任公司的诉讼请求。

【争议焦点】

一、桂林旅游向青创集团转让庆泰信托股份的相关约定,是否需要获得主管机关的批准?

二、庆泰信托公司变更股东或者调整股权结构,可能涉及那些法律问题?

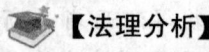**【法理分析】**

2007年1月18日青创集团与庆泰信托签订《债权转让协议》,将《股份置换合同》在履行中因交易受阻,青创集团对桂林旅游要求返还4000万元股权折价款的请求权以债权形式转让给庆泰信托是否有效,是基于青创集团与桂林旅游股权置换协议的法律效力而产生的,这是本案的关键问题。该协议签订后,虽然青创集团向桂林旅游履行了债权转让告知义务,由于《债权转让协议》中的债权是直接来源于2004年11月5日《股份置换合同》中股权置换交易的法律后果,该置换股权的行为是否在青创集团与桂林旅游之间形成新的债权关系是本案另一关键问题。

一、桂林旅游向青创集团转让庆泰信托股份的相关约定,是否需要获得主管机关的批准?

（一）信托公司的社会发展

在现代经济生活中,信托与金融的结合日益紧密。特定的金融机构,以收取报酬为目的,以受托人的身份,取得信托资金或者其他信托财产,转而以贷款、投资、同业拆放等金融方式以及出售、租赁等其他方式加以运用、处分,在实现信托目的的同时,也实现了资金的融通,促进了资源的重新配置。[1] 信托公司(原称信托投资公司)是依法成立的、主要经营信托业务的非银行金融机构。

自1979年10月中国国际信托投资公司成立以来,我国的信托业在机构数量上一度迅猛增长。但总体而言问题不少,多次成为政府重点整治的对象。1999年2月7日,在整个信托业总体资产质量极度低下、面临5400亿元人民币偿债危机、广东国际信托投资公司被依法宣告破产的形势下,国务院转发了中国人民银行《整顿信托投资公司方案》,部署对信托业进行清理整顿,并重新予以登记。

我国信托业发展历经曲折,与我国的信托立法的高度欠缺有着极大关系。直到2001年,仍然缺乏系统的业务规则,特别是缺少从风险管理角度制定的完善制度规范。也是从2001年,这种局面才开始逐渐有所改观。现在,我们已经初步建立起了一套系统、完整的信托制度规范体系,使众多信托公司的信托业务活动等都"有法可依"。

（二）信托公司的经营范围及经营规则

1. 经营范围。信托公司可以申请经营下列部分或者全部本外币业务:资金信托;动产信托;不动产信托;有价证券信托;其他财产或者财产权信托;作为投资基金或者基金管理公司的发起人从事投资基金业务;经营企业资产的重组、购并及项目融资、公司理财、财务顾问等业务;受托经营国务院有关部门批准的证券承销业务;办理居间、咨询、资信调查等业务;代保管及保管箱业务;法律法规规定或者中国银监会批准的其他业务。

---

①王连洲:中国信托制度发展的困境与出路,《法学》2005年第1期。

2. 经营规则。关于信托公司的业务经营，《信托公司管理办法》重申和细化了《信托法》的相关内容，但也同时结合信托公司的特点就以下方面作出了特殊规定：(1)利益冲突管理。信托公司在处理信托事务时应当避免利益冲突，在无法避免时，应向委托人、受益人予以充分的信息披露，或拒绝从事该项业务。① 信托公司的信托业务部门应当独立于公司的其他部门，其人员不得与公司其他部门的人员相互兼职，业务信息不得与公司的其他部门共享。(2)固有业务中的禁止行为。不得向关联方融出资金或者转移资产，不得为关联方提供担保，不得以股东持有的本公司股权作为质押进行融资。(3)信托业务中的禁止行为。不得利用受托人地位牟取不正当利益，不得将信托财产挪用于非信托目的的用途，不得承诺信托财产不受损失或者保证最低收益，不得以信托财产提供担保，不得实施法律法规和中国银监会禁止的其他行为。(4)关联交易规则。信托公司开展关联交易，应以公平的市场价格进行，逐笔向中国银监会事前报告，并按照规定进行信息披露。

2004年11月5日，青创集团与桂林旅游在平等、自愿、协商一致的基础上签订了《股份置换合同》及其补充协议，约定桂林旅游以其持有庆泰信托的股权与青创集团持有的井冈山旅游的股权进行置换。该协议的内容是双方当事人经协商后真实意思表示的记载，青创集团已向桂林旅游交割了井冈山旅游股权，桂林旅游向青创集团已支付了股权置换交易中应补偿的差价款及利润，但桂林旅游交割庆泰信托股权部分的协议依法应当取得政府主管部门的批准。

二、庆泰信托公司变更股东或者调整股权结构，可能涉及哪些法律问题？

(一)信托公司设立

设立信托公司，应当采取有限责任公司或者股份有限公司的形式，并具备下列条件：(1)有符合《中华人民共和国公司法》和中国银监会规定的公司章程；(2)有具备中国银监会规定的入股资格的股东；(3)具有规定的最低限额以上的注册资本；(4)有具备中国银监会规定的任职资格的董事、高级管理人员和与其业务相适应的信托从业人员；(5)具有健全的组织机构、信托业务操作规则和风险控制制度；(6)有符合要求的营业场所、安全防卫措施和与业务有关的其他设施；(7)中国证监会规定的其他条件。

设立信托公司，必须经中国证监会批准，并领取金融许可证。未经中国证监会批准，任何单位和个人不得经营信托业务，任何经营单位不得在其名称中适用"信托公司"字样，法律法规另有规定的除外。未经中国银监会批准，信托公司不得设立或者变相设立分支机构。

(二)信托公司变更

信托公司有下列情形之一的，应当经中国证监会批准：(1)变更名称；(2)变更注册资本金；(3)变更公司住所；(4)改变组织形式；(5)调整业务范围；(6)更换董

---

①参见王凯著：信托公司风险控制问题研究，中南大学博士学位论文，2012年，第77-89页。

事或高级管理人员;(7)变更股东或者调整股权结构,但持有上市股份公司流通股份未达到公司总股份5%的除外;(8)修改公司章程;(9)合并或者分立;(10)中国银监会规定的其他变更事项。

(三)信托公司终止

信托公司因分立、合并或者出现公司章程规定的解散事由申请解散的,经中国银监会批准后解散,并依法组织清算组进行清算。信托公司不能清偿到期债务,且资产不足以清偿债务或者明显缺乏清偿能力的,该信托公司或者其债权人经中国银监会同意,可向人民法院提出破产申请;中国银监会也可以向人民法院直接提出对该信托公司进行重整或破产清算的申请。信托公司终止时,其管理信托事务的职责同时终止;清算组应当妥善保管信托财产,作出处理信托事务的报告并向受托人班里信托财产的移交,信托文件另有约定的,从其约定。

本案中,青创集团与桂林旅游的协议内容是双方当事人经协商后真实意思表示的记载,青创集团已向桂林旅游交割了井冈山旅游股权,桂林旅游向青创集团已支付了股权置换交易中应补偿的差价款及利润,但桂林旅游交割庆泰信托股权一事因未获得政府监管部门的批准而尚未完成。至于该协议最终能否获得政府监管部门的批准,因庆泰信托目前还处于整顿阶段,政府监管部门暂停股权转让的审批,尚未最终作出是否同意桂林旅游与青创集团互相置换各自原持有股权的审批结论,而青创集团是否依法享有向桂林旅游主张追索的权利,又必须以政府监管部门的审批结论为事实依据。故法院不能在民事审判过程中代行政府监管部门的权力而直接作出认定。青创集团与桂林旅游在履行股权置换协议的过程中,无论是否获得政府监管部门的最终批准,其法律后果只是各自持有的股权是维持在交易之后的状态或交易之前的状态,即双方各自原持有的不同公司的股权进行互换或保持不变,如果该交易行为被政府监管部门否决,股权置换合同的法律效力即不存在。青创集团依法享有请求桂林旅游返还其已取得井冈山旅游的股权,法律强制双方恢复到交易开始前的状态,青创集团对桂林旅游只享有股权返还请求权而非债权追索权,青创集团与庆泰信托于2007年1月18日所签协议中,将股权返还请求权转变为股权折价款是与事实不符的,在双方之间不会形成单纯的债权请求权,青创集团向庆泰信托转让的债权也是不存在的,一审法院完全割裂股权置换合同的交易关系进行判决,实质是把股权互换的法律关系认定为股权买卖法律关系,这是错误的。青创集团将并不存在的债权转让给庆泰信托,双方形成的《债权转让协议》因无转让标的而不发生法律效力,庆泰信托虽以股权转让纠纷起诉,因其并不是股权置换协议的当事人,而只是债权转让协议的受让方,一审法院将本案确定为股权转让纠纷是不准确的,现庆泰信托作为债权受让人主张权利,本院不予支持。桂林旅游要求撤销这一原判,驳回庆泰信托的诉讼请求是应当被支持的。

【掩卷沉思】

　　由于信托投资公司管理、运用、处分信托财产并不以"投资"为限，所以我们对其"信托投资公司"的法定称谓其实并不准确。① 为了改变这一尴尬现状，中国银监会在2007年1月发布的相关规定中，就已经将"信托投资公司"的法定称谓改变为"投资公司"了。这样更加符合我们的信托社会实践，也不容易引人误解。也有利于改变过去可能给人们留下的"信托"公司就是利用信托财产进行投资的公司，进而减少由于相关误解而导致的纠纷。

　　从美国信托业业务模式的特点可以看出，在美国，信托业和银行业、证券业、保险业是高度融合的。② 首先，最早的法人信托起源于保险公司；其次，有价证券信托是信托业最主要的业务；再次，信托业和银行业相互兼营。当然，在美国金融业混业——分业——混业的发展历程当中，上述特点在不同的历史阶段有着不同的表现形式。问题的关键在于，在我国目前金融分业经营、分业监管的现实情况下，美国经验的借鉴意义何在？有没有实现银信、证信、保信新型合作的可能性？努力探索银信、证信、保信之间合作的新模式会不会是我国信托公司进一步发展壮大和服务经济发展的契机？这都有待我们在信托制度研究过程中的进一步创新。

第四节　期货公司法律制度

案例18　江苏期望期货经纪有限公司与中国证券监督管理委员会期货行政监管纠纷上诉案③

【案情介绍】

　　原告：江苏期望期货经纪有限公司

　　被告：中国证券监督管理委员会

　　2005年1月24日，上海期货交易所、郑州商品交易所和大连商品交易所向各会员单位发布通知，将期货经纪公司会员结算准备金最低余额由50万元调整为200万元。

　　2005年3月31日，中国证券监督管理委员会(以下简称证监会)向江苏期望期货经纪有限公司(以下简称江苏期望公司)颁发许可证，允许其从事的经营范围为：期货经纪业务；期货信息咨询、培训。

　　2005年4月，江苏省证券监督管理局(以下简称江苏监管局)在对江苏期望公司进

---

① 参见何旭艳：信托业在中国的兴起和初步发展(1921-1937年)，《中国经济史研究》2005年第1期。

② 袁江天、黄图毅：透过历史、现实与国际经验看中国信托公司的功能定位，《广西大学学报》(哲学社会科学版)2006年第2期。

③ 案例来源：江苏期望期货经纪有限公司与中国证券监督管理委员会期货行政监管纠纷上诉案，北大法律信息网——北大法宝 http://www.pkulaw.cn/fulltext_form.aspx? Db=pfnl&Gid=118296553，最后访问日期2013年1月21日。

行年度检查时发现该公司存在结算准备金不足的问题,遂于同年5月17日针对江苏期望公司作出苏证监函字〔2005〕55号《监管意见函》,通知江苏期望公司对结算准备金和自有货币资金不足的问题尽快进行整改,并及时报送;否则,2004年检将不予通过。

2005年6月29日,江苏监管局向上海期货交易所、大连商品交易所、郑州商品交易所作出苏证监函〔2005〕94号《关于商请配合控制江苏期望期货经纪有限公司风险的函》(以下简称94号《函》),主要内容:鉴于目前江苏期望公司在三个交易所的结算准备金和交易保证金均系客户保证金,为防止风险,确保市场和社会稳定,现商请贵所立即配合采取以下措施:(1)停止江苏期望公司开设新仓,以防止发生新的风险和纠纷;(2)为防止客户保证金被挪用,请立即暂停江苏期望公司所有出金。针对该《函》,江苏期望公司已向南京市中级人民法院提起行政诉讼,并且认为该《函》是造成其停业的真正原因,其停业并非无正当理由。现该案已经法院终审判决,驳回了江苏期望公司的起诉。

2005年7月、8月,江苏期望公司先后被大连商品交易所、郑州商品交易所、上海期货交易所停止交易。

2005年11月26日,江苏期望公司在《新华日报》上发布"公告",其内容为:"本公司因不符合交易所关于'期货经纪公司会员结算准备金最低余额为200万元',以期货经纪公司会员自有资金足额缴纳的要求,已经被三家交易所停开新仓。请仍未办理退付手续的客户于2006年2月28日前每周三上午携带开户合同、身份证件等相关证明材料至南京市工商银行新街口支行二楼办理退付。保证金退付期间,本公司暂停经营期货经纪业务。"

2005年6月30日,江苏期望公司向上海期货交易所提交了《退出交易席位申请》,主要内容为:我公司于2005年6月中旬召开了股东会议,会议决定公司停业整顿,停止开新仓,会议决议已报江苏监管局备案;现向上海期货交易所申请退出交易席位,并清退我公司所有资金。

2008年3月20日,证监会作出〔2008〕4号行政监管措施告知书(以下简称被诉告知书),内容为,"鉴于江苏期望公司已不符合持续性经营规则,且无正当理由停业连续3个月以上,根据《期货交易管理条例》(以下简称《条例》)第21条的规定,证监会决定依法注销该公司《期货经纪业务许可证》。并将有关事项告知如下:(1)江苏期望公司的许可证自本告知书发布之日起失效。江苏期望公司应及时向江苏证监局缴回该许可证(正副本)。(2)江苏期望公司应在江苏证监局的监督指导下,尽快与一家资质较好的期货公司签订客户资金托管协议,妥善处理客户的保证金和其他资产,切实维持投资者的合法权益,并做好相关信息公告工作。(3)江苏期望公司应在本告知书发布之后立即办理名称、营业范围和公司章程等工商变更登记,且该公司不得继续以期货公司名义从事期货业务,变更后的名称中不得有'期货'或者近似字样,并将变更结果报证监会备案。(4)江苏期望公司应认真配合监管部门和司法机关做好有关违法违规问题的责任追究工作"。

2008年3月20日,证监会向江苏期望公司送达被诉告知书,江苏期望公司拒绝签收。2008年3月25日,证监会在《期货日报》上向江苏期望公司公告送达了被诉告知书。江苏期望公司不服被诉告知书,在法定期限内向人民法院提起行政诉讼。

【处理结果】

一审法院经审理认为,本案中,对江苏期望公司作出限制交易或停止交易决定的原因是其自有资金不足,不符合交易所关于"期货经纪公司会员结算准备金最低余额为200万元,以期货经纪公司会员自有资金足额缴纳"的要求。而且,江苏期望公司自被停止或限制交易后,一直没有向其在交易所的账户中补充注入过任何资金,没有向交易所提出过复业申请。因此,江苏期望公司停业是因其自身一直未解决相关资金不足、不符合持续性经营条件而被交易所限制或停止交易,其认为江苏监管局的94号《函》构成其停业的"正当理由"明显缺乏事实及法律依据。

此外,被诉告知书是证监会针对江苏期望公司出现不符合持续性经营条件的事实状态后而作出的监管措施,其并不具备认定许可证的颁发行为违法或江苏期望公司存在某种违法行为的否定性评价之属性,因此,期望公司江苏期望公司认为被诉告知书的作出应当履行行政处罚的程序,缺乏事实及法律依据。

综上,证监会在履行相关调查手续等程序的基础上,作出的被诉告知书证据充分,江苏期望公司的诉讼理由缺乏事实及法律依据,对其诉讼请求不予支持。据此,依照《行诉法解释》第56条第(4)项之规定,判决驳回江苏期望公司的诉讼请求。

江苏期望公司不服一审判决提起上诉。

二审法院经审理,判决驳回上诉,维持一审判决。

【争议焦点】

一、期货公司需要具备哪些法定条件?

二、证监会因期货公司开业后无正当理由连续停业3个月以上而注销其期货业务许可证的,该注销行为是否应当遵循行政处罚的程序?

【法理分析】

> 一、期货公司需要具备哪些法定条件?
>
> 期货经纪,是指接受客户的委托指令,以自己的名义为客户进行期货交易并收取期货交易手续费,交易结果由客户承担的经营活动。经营期货经纪业务的必须是依法设立或者注册的期货经纪商,即期货公司。因此,期货公司是指依法设立的以自己的名义代理客户进行期货交易并收取一定手续费的中介组织。[①] 目前我国法律不允许个人作为期货经纪商,仅承认以公司为组织形式的期货经纪商。期货经纪商公司名称在2007年前后发生了一些变化,之前成为"期货经纪公司",之后则称为"期货公司"。尽管省略了"经纪"二字,但期货公司只能从事期货经纪业务、不得从事期货自营业务并没有发生变化。
>
> 作为交易者和期货交易所之间的桥梁,期货公司通常具有如下职能:根据客户

---

① 参见吴志攀著:《金融法概论》,北京大学出版社2011年版,第421页。

指令代理买卖期货合约、办理结算和交割手续;对客户账户进行管理,控制客户交易风险;为客户提供期货市场信息,进行期货交易咨询,充当客户的交易顾问。我国不允许期货公司从事期货自营业务。即期货公司除接受客户委托,从事期货交易所上市期货合约的买卖、结算、交割和相关服务业务外,不得从事或者变相从事期货自营业务和其他业务。

客户参加期货交易只能通过期货公司进行。由于期货公司代理客户进行交易,向客户收取保证金,因此,期货经纪商还有保管客户资金的职责。[1] 为了保护投资者利益,增加期货公司的抗风险能力,各国期货监管部门及期货交易所都制定有相应的规范机制,对期货公司的行为进行约束和规范。

我国对期货公司的监管实行许可证制度,凡从事期货经纪业务的机构必须经中国证监会严格审核,取得经营许可证,并在国家工商行政管理局登记注册。我国设立期货公司,必须符合《公司法》的规定,并应当具备下列条件:(1) 注册资本最低限额为人民币 3000 万元;(2) 主要管理人员和业务人员必须具有任职资格或期货从业资格;(3) 有符合法律、行政法规规定的公司章程;(4) 主要股东及实际控制人具有持续盈利能力,信誉良好,最近三年无重大违法违规记录;(5) 有固定的经营场所和合格的交易设施;(6) 有健全的风险管理和内部控制制度;(7) 符合证监会规定的其他条件。期货交易所的结算实行保证金制度、每日无负债制度和风险准备金制度等。其中,保证金制度,是指期货交易者按照规定交纳的资金或者提交的价值稳定、流动性强的标准仓单、国债等有价证券,用于结算和保证履约。期货公司存入交易所的保证金,已经被合约所占用的为交易保证金;尚未被合约所占用的为结算准备金。

《条例》第十二条规定,当期货市场出现异常情况时,期货交易所可以按照其章程规定的权限和程序,决定采取下列紧急措施,并应当立即报告国务院期货监督管理机构:(一) 提高保证金;(二) 调整涨跌停板幅度;(三) 限制会员或者客户的最大持仓量;(四) 暂时停止交易;(五) 采取其他紧急措施。

前款所称异常情况,是指在交易中发生操纵期货交易价格的行为或者发生不可抗拒的突发事件以及国务院期货监督管理机构规定的其他情形。

二、证监会因期货公司开业后无正当理由连续停业 3 个月以上而注销其期货业务许可证,该注销行为是否应当遵循行政处罚的程序?

中国证监会依法对全国的期货公司实行集中统一的监管。不但期货公司的设立、变更和终止需要经过审查,而且日常的期货经纪业务也要接受监督。[2] 从事期货经纪业务必须遵守以下的一般规定:(1) 遵守有关的法律、法规、规章和中国证监会的规定;禁止操纵期货价格、内幕交易和欺诈客户的行为;(2) 遵循公开、公平、公正和诚实信用原则,维护客户的合法权益,保障市场稳健运行;(3) 遵循诚实信用原

---

[1] 见吴志攀著:《金融法概论》,北京大学出版社 2011 年版,第 421 页。
[2] 参见吴崎右著:我国期货公司监管制度体系研究,中国科学技术大学博士学位论文,2010 年,第 99 - 113 页。

则,以专业的技能,勤勉尽责地执行客户的委托,维护客户的合法权益;(4)应当避免与客户的任何利益冲突,保证公平对待所有客户,为每一个客户单独开立专门账户,设置交易编码,不得混码交易;(5)应当持续拥有符合法定要求的从业人员、技术设备,执行内部规章制度,确保稳健、合法经营;(6)应当向客户说明期货交易的风险,并在营业场所置备期货交易相关法律法规、期货交易所规则、经纪业务规则及其细则供客户查询。

同时,《期货公司管理办法》还在第六章专门详细地规定了对期货经纪公司的监督与管理,包括财务管理、许可证管理、日常监督和检查、年度检查以及保证金退付危机的特别处理程序等。

《条例》第二十一条规定,期货公司或者其分支机构有《行政许可法》第七十条规定的情形或者下列情形之一的,国务院期货监督管理机构应当依法办理期货业务许可证注销手续:(一)营业执照被公司登记机关依法注销;(二)成立后无正当理由超过3个月未开始营业,或者开业后无正当理由停业连续3个月以上;(三)主动提出注销申请;(四)国务院期货监督管理机构规定的其他情形。因此,证监会因期货公司开业后无正当理由连续停业3个月以上而注销其期货业务许可证,该注销行为属于《期货交易管理条例》规定的监管措施,不构成对期货公司的行政处罚,因此该注销行为不需要遵循行政处罚的程序。而原告江苏期望公司所认为的,"其无法经营均是因为江苏证监局冻结原告账户造成的,由于江苏证监局无限期冻结,导致原告即使筹集了资金也无法运行,因此原告公司停业理由是正当的"说法是根本站不住脚的。因为江苏期望公司停业的原因并非不可抗力等不能避免、不能抗拒、不能克服的客观情况,属于无正当理由停业。其停业的根本原因是自有资金不足,无力交纳结算准备金。证券监督机构在发现原告自有资金不足的情况后,积极督促原告整改,原告却一拖再拖,没有见到原告采取有效措施恢复经营,而且股东放弃经营努力不再投资。证监会的行为维护了期货秩序,对于原告采取的行政监管措施适当,所以原告江苏期望公司的诉讼理由不能成立。故此,两级法院都"维持被诉决定,驳回原告诉讼请求"也完全在意料之中。

《条例》第八十一条规定:"对本条例规定的违法行为的行政处罚,除本条例已有规定的外,由国务院期货监督管理机构决定;涉及其他有关部门法定职权的,国务院期货监督管理机构应当会同其他有关部门处理;属于其他有关部门法定职权的,国务院期货监督管理机构应当移交其他有关部门处理。"所以,证监会作为有权主体,其对江苏期望公司的处罚权是符合法律规定和具有法定效力的。

因此,在本案中,2005年6月29日江苏证监局在发现原告江苏期望公司自有资金严重不足,无法满足期货交易所最低结算准备金后,根据前述法律的规定"向上海等三家期货交易所发出公函,要求无限期停止给原告开新仓,停止原告在三家交易所一切活动,冻结原告公司在三个交易所的经营资金账户,以维护期货市场的稳定和广大期货投资者的利益"完全符合法律的规定。

【掩卷沉思】

　　期货行业是一个有利于社会经济发展的重要行业,在我国必将有一个重大发展。早期,我们对期货缺乏引导和管理,缺乏法制规划,致使交易所和期货公司鱼龙混杂,管理混乱,甚至有的海外期货公司打着期货的幌子、利用对赌期货和地下期货进行行骗,严重地污染了襁褓中的中国期货市场。① 我们必须针对这些症结,采取积极的对策,加强对期货的法制化管理,健康发展我国期货事业。

　　鉴于我国期货市场发展初期境外期货代理鱼龙混杂、投资者损失惨重的教训,1999年的法规将期货公司的业务范围局限于"境内期货经纪"一项。实践中,这种限制也在一定程度上束缚了正规期货公司的发展,同时也无法遏制境外期货代理的地下蔓延。2007年的法规修订体现了我国期货公司发展壮大的诉求,同时也呼应了中国加入WTO后企业走向国际化经营,在境外期货市场套期保值的需要。这也是为什么,相较1999年的《期货交易管理暂行规定》,现行期货法规扩大了期货公司的业务范围。这也对期货行业相关法律规则的完善及理论研究提出了进一步要求。

①参见祁国中著:我国期货市场功能有效性研究,华东师范大学博士学位论文,2005年,第88-92页。

第二编

金融市场业务法

第六章　货币市场业务法

第一节　同业拆借市场法律制度

案例 19　奎屯信用社与乌鲁木齐市商行同业拆借案①

🔍 【案情介绍】

原告:奎屯市城市信用社(有限公司)(以下简称奎屯信用社)

被告:乌鲁木齐市商业银行股份有限公司(以下简称乌市商行)

奎屯信用社诉称:1996 年 2 月 12 日,乌市开发信用社(以下简称开发信用社)与奎屯市通达城市信用社(以下简称通达信用社)签订《拆借合同》,约定:由通达信用社向开发信用社拆借资金 300 万元,期限六个月,月利率 11.55‰,如不能按期归还则每逾期一日,支付本金万分之三的滞纳金。同日,开发信用社与奎屯融盛城市信用社亦签订了 500 万元的《拆借合同》。1996 年 2 月 14 日,经双方协商,由通达信用社将两笔拆借款共 800 万元通过一张电汇单汇至乌市开发信用社,其中 500 万元为奎屯融盛城市信用社向开发信用社支付的资金拆借款,300 万元为通达信用社向开发信用社支付的资金拆借款。合同到期后,开发信用社未按合同约定向通达信用社归还拆借款。1997 年末,通达信用社认为开发信用社将其所有的工程机械数台抵偿给通达信用社用以清偿上述债务。通达信用社遂将上述机械变卖。1997 年 12 月 26 日,中国人民银行乌鲁木齐市分行以乌人管(1997)299 号文件批复,同意乌鲁木齐市 37 家城市信用社在乌市商行成立后自动解散,并改建为乌市商行的 37 家支行,全部债权债务由乌市商行承继。故《拆借合同》的权利义务由本案原、被告承继。2005 年 7 月,被告以侵权为由将原告诉至新疆维吾尔自治区高级法院伊犁哈萨克自治州分院,否认其以工程机械抵债的事实,要求原告赔偿因变卖工程机械而产生的损失。2006 年 9 月 8 日,新疆维吾尔自治区高级法院伊犁哈萨克自治州分院作出(2006)伊州民一初字第 0022 号民事判决书,确认原告变卖工程机械行为系侵权行为,并判令原告向被告赔偿 2441600 元损失及利息,该判决已发生法律效力。原告认为,既然以物抵债的事实不存在,则被告未清偿《拆借合同》中 300 万元债务的义务,故被告应当按照合同约定履行还款义务并承担违约责任。且原告在收到上述判决书时才知道被告并未清偿 300 万元债务,则原告的起诉未超过诉讼时效。

---

①案件来源:新疆维吾尔自治区乌鲁木齐市中级人民法院(2009)乌中民二初字第 25 号,北大法律信息网—北大法宝 http://vip.chinalawinfo.com/Case/Result.asp 最后访问日期为 2013 年 01 月 18 日。

为此,向法院请求:(1) 判令被告支付拆借资金 300 万元;(2) 判令被告支付拆借资金利息 211365 元;(3) 判令被告支付拆借资金的逾期利息 4347420 元;(4) 判令被告支付逾期付款违约金 3387600 元;(5) 被告承担本案诉讼费。乌市商行口头答辩称:(1) 两份《拆借合同》属实,原告也的确向我行发放了 800 万元资金,其中 500 万元已归还,但 1995 年 12 月 30 日,原告委托我行向新疆富丽华娱乐有限公司(以下简称富丽华公司)发放贷款 300 万元,该款由我行垫付,原告至今未向我行偿还。双方于 1996 年 2 月 12 日签订《拆借合同》约定由原告向我行发放拆借资金 300 万元实际是用于归还我行垫付的委托存款 300 万元,故我行并未实际向原告借款,不应承担还款义务;(2) 原告依双方于 1996 年 2 月 12 日签订的《拆借合同》起诉,该合同于 1996 年 8 月 12 日到期,故该债权已超过诉讼时效。综上,原告的诉讼请求不成立,请求法院驳回原告的诉讼请求。

根据原告的陈述、被告的答辩及双方举证、质证,形成了如下的法律事实:

1995 年 12 月 30 日,开发信用社与通达信用社签订《委托存款协议书》,约定通达信用社委托开发信用社向富丽华公司发放贷款 300 万元。协议签订后,开发信用社按约向富丽华公司发放了贷款。

1996 年 2 月 12 日,开发信用社与通达信用社签订《拆借合同》,约定:由通达信用社向开发信用社拆借资金 300 万元,期限六个月,月利率 11.55‰,如不能按期归还则每逾期一日,支付本金万分之三的滞纳金。同日,开发信用社与奎屯融盛城市信用社亦签订了 500 万元的《拆借合同》。1996 年 2 月 14 日,经双方协商,由通达信用社将两笔拆借款共 800 万元通过一张电汇单汇至开发信用社,其中 500 万元为奎屯融盛城市信用社向开发信用社支付的资金拆借款,300 万元为通达信用社向开发信用社支付的资金拆借款。1997 年末,通达信用社将开发信用社所有的工程机械变卖。

1997 年 12 月 26 日,中国人民银行乌鲁木齐市分行以乌人管(1997)299 号文件批复,同意乌鲁木齐市 37 家城市信用社在乌市商行成立后自动解散,并改建为乌市商行的 37 家支行,全部债权债务由乌市商行承继。故《拆借合同》的权利义务由本案原、被告承继。

【处理结果】

根据《最高人民法院关于民事诉讼证据的若干规定》第二条关于"当事人对自己提出的诉讼请求所依据的事实或者反驳对方诉讼请求所依据的事实有责任提供证据加以证明。没有证据或者证据不足以证明当事人的事实主张的,由负有举证责任的当事人承担不利后果"之规定,本案中,奎屯信用社欲证明《委托存款协议书》所产生债务已清偿完毕,其应就此进行证明。但就其所出示 1995 年 12 月 29 日电汇凭证这一证据而言,不能证明开发信用社已收到该款,故法院对其主张不予支持。综上,法院依照《最高人民法院关于民事诉讼证据的若干规定》第二条之规定,判决如下:

驳回奎屯信用社的诉讼请求。本案应收一审案件受理费 65152.93 元(奎屯信用社已预交),由奎屯信用社负担。

【争议焦点】

一、银行改组后,原拆借合同的效力如何?

二、改组后的乌鲁木齐市商业银行是否符合银行业同业拆借的法律规定？

【法理分析】

一般来说，外部负债，特别是客户存款，是形成银行运转资金的主要来源。不过，银行要能够保证资金的足够运转，还需要其他来源的辅助，同业拆借就是其中的一个重要组成部分。同业拆借是金融机构彼此间同舟共济的一种资金调剂活动，由于其期限较短，拆借主体的资信较好，所以其利率水平、融资对象、数额都较灵活，这些特点也使它成为金融机构补充自身准备金临时性短缺的常用办法。

要认定其资金拆借行为是否有效，就需要着重审查两个主体是否具有同业拆借的资格。问题的关键也就在于法律对同业拆借作了怎么样的限定，什么样的金融机构才能进行同业拆借。

一、银行改组后，原拆借合同的效力如何？

从法律层面来看，根据中国人民银行在 1990 年 3 月颁布的《同业拆借管理试行办法》的规定，同业拆借，是指银行、非银行金融机构之间相互融通短期资金的行为。实际上可以认为，"同业拆借是银行同业（包括符合规定的非银行金融机构）之间为弥补暂时资金余缺，利用资金融通过程中的时间差、空间差和行际差来进行的短期借贷活动。"[1]

我们知道，当银行之间进行票据交换或联行结算时，有些银行会出现头寸不足，另一些银行则可能出现头寸盈余，为了实现资金平衡，调剂余缺，保证资金的正常周转，头寸不足的银行就需要从头寸盈余的银行临时拆入资金；而头寸盈余银行也乐于将暂时富余的资金拆借出去，以获得利息收入。所以一般来说，同业拆借都是短期的，甚至是一天或者一夜，故又有"隔日或隔夜放款"之称。尽管拆借时间较短，却可以维持资金的正常运转，实现资金流动的需要，从而能够避免或减少出售资产而发生的损失。[2]

另外，在资金市场上还有众多的非银行金融机构，它们也会经常碰到急需资金的时候，同业拆借作为资金市场的组成部分，在这些时候就能够提供急需的资金，维持金融市场的稳定，促进多余资金的融通。当然，同业拆借这种借贷行为只能是暂时的、短期的，否则就成了单位贷款了。[3]

由此看来，同业拆借可以被认为是金融机构之间的临时借款，主要是为解决金融机构本身资金周转的需要。但是，到这里我们不得不提出一个问题，银行等金融机构既然作为一般市场主体的贷款人，而本身又可以同其他金融机构进行借贷，在这二者之间会不会发生冲突呢？从理论和实践来看，这方面冲突不但存在，还会产生许多问题。比如，同业拆借的利率一般没有严格限制，那么就会面临急需用款方不惜以高利息来获取借款的情况，这就会对一般贷款人获得资金造成不良影响。为

----

① 李玉锁、齐中英：银行间同业拆借利率的复杂性研究，《管理工程学报》2008 年第 1 期。
② 参见李清池：什么样的主体可以进行同业拆借，《金融法苑》2002 年第 4 期。
③ 参见刘琪：浅析我国同业拆借市场的缺陷，《中国高新技术企业》2008 年第 4 期。

了避免可能的冲突和减少问题,法律法规必须对同业拆借进行严格的条件限定。这些条件的限定,最直接体现的就是同业拆借的主体资格。

根据法律的规定,同业拆借只能在银行以及少数的非银行金融机构之间进行,参加资金拆借市场的主体必须是金融业。这也是"同业"的应有之义,同业指的就是金融业,主要是银行业。那么,如何确定可以参加同业拆借的金融机构的具体范围呢?在《同业拆借管理试行办法》中,凡经中国人民银行批准,并在工商行政管理机关登记注册的银行和非银行金融机构均可以参加同业拆借。特别是,对不能参加同业拆借的对象进行了明确的限定,包括人民银行、保险公司、非金融机构和个人。但是,在1994年中国人民银行颁布的《信贷资金管理暂行办法》中,又允许保险公司参加拆借。所以,总体看来,具有同业拆借主体资格的金融机构包括商业银行、政策性银行、信托投资公司、融资租赁公司、企业集团财务公司、证券交易机构、保险公司、信用社以及人民银行批准的金融市场等。

可见,本案中奎屯市城市信用社与乌市开发信用社于1996年2月12日通过协商达成一致签订的《拆借合同》是符合我国法律有关金融机构从事同业拆借的主体资格规定的。即该合同于签订时符合法律规定,当事人由此获得的权益受法律的保护。1997年12月26日原乌市开发信用社解散并改建为乌市商行的37家支行之一,其全部债权债务亦由乌市商行概括承受。根据前文所述法律规定,改组后的乌市商行仍然属于金融机构同业拆借市场的合格主体。所以,乌市开发信用社改组后,其原与本案原告奎屯市城市信用社签订的《拆解合同》仍为有效。

二、改组后的乌鲁木齐市商业银行是否符合银行业同业拆借的法律规定?

"法规虽然明确了可以拆借市场的主体范围,但是由于拆借主体的差异,特别是在资信能力方面,相关法规和监管机关没有对其拆借能力'一视同仁',而是进行了区别对待。"[1]这里面有其具体原因,如就我国目前的拆借市场来看,国有商业银行的资信能力明显的比证券公司要强大得多,如果给予证券公司与商业银行同等的拆借能力,可以进行同等的拆借行为,则很可能造成额外的风险,出现金融市场的逆向选择和道德风险现象,影响到拆借市场的有效运作。所以,考虑到拆借市场作为金融市场所面临的风险,这种带有"歧视"的做法并不违背市场的自由竞争原则。

知名证券投资学者认为,上述因素的结果是,对非银行金融机构进行同业拆借能力的限制要比银行更加严格。《信贷资金管理暂行办法》规定,商业银行向证券公司、信托投资公司、企业集团财务公司和金融租赁公司拆出资金的期限不得超过7天。同时,政策性银行、证券公司、保险公司在同业拆借市场上只能拆入7天以内的头寸资金。而且,为了加强对同业拆借市场的规范管理,降低拆借风险,《办法》还规定,短期拆借(7天之内)要通过人民银行牵头的融资中心主要采用同业融通票据、贴现和转贴现的方式办理;商业银行分支机构在同业短期拆借市场拆入资金的数额由

---

①参见巴曙松:中圈金融衍生品发展路径:从国际比较看中国的选择,《经济观察》2007年第2期。

其总行规定。对于融资中心，因其是人民银行牵头的，视为独立的非银行金融机构，可向所有的金融机构拆入四月以内的资金，可以向银行(政策性银行除外)拆出四月以内资金，这实际上给予融资中心相当于商业银行的地位。①

乌鲁木齐市 37 家城市信用社在乌市商行成立后自动解散，并改建为乌市商行的 37 家支行，性质上属于法人合并中的新设合并，其全部债权债务由乌市商行承继。《拆借合同》的权利义务由本案原、被告承继，所以银行改组后，原来的拆借合同效力依然存在，并且改组后的乌鲁木齐市商业银行符合银行业同业拆借的法律规定。

【掩卷沉思】

我国的同业拆借市场发展至今，已经初具规模。参与机构类型较市场成立之初也更加丰富，证券公司、保险公司、信托投资公司、财务公司、证券投资基金和基金管理公司等主体进一步增加，多层次的市场需求日渐形成，市场流动性进一步提高，形成的利率也将更加合理，但是存在的问题也不可小觑。

目前我国推出了统一的国内外币拆借市场，但拆借币种仅限于美元、日元、港元以及欧元。随着中国经济国际化程度的提高，国内外的资金交流会更加频繁，数额会更加巨大，币种单一势必会影响拆借市场的发展。

我国地域广阔，金融机构规模相差悬殊，因此迫切需要建立市场交易的中介组织。这种中介组织的功能包括：为金融机构提供信息中介服务；组织调剂当地中小金融机构之间资金，使其完成在本地融资活动；融通大银行和中小金融机构的短期资金。原来这些功能基本由各地的融资中心承担，融资中心撤销后，由于缺乏这类交易中介组织，带来了两个问题：一是市场信息不畅通，由于缺乏集中交易的载体，金融机构间很难了解其他机构的供需情况，从而出现了一方面资金供给过剩，有资金拆不出，另一方面资金供给不足，有需求拆不到资金的情况，这也导致同业拆借市场资源配置效率的下降。

由于同业拆借市场信息的不对称性，资金拆出者对资金拆入者资信状况了解不够或尚未了解对方真实的资信状况，而且缺乏有效的诚信评估标准或经纪人担保制度，因而各主体不敢轻易将资金拆给对方，尤其是中小银行和其他金融机构。这表明同业拆借市场现行的直接交易方式在实际操作中不太合理。

缺乏有效监管，银行间市场在为金融机构提供短期融资平台的同时，不可避免地也为一些偏离拆借本身临时性头寸调剂基本职能的违规行为提供了某种契机。比如市场成员用拆入的资金进行其他方面投资或弥补贷款缺口、拆放资金套取高利、某些外资银行与其他金融机构组织大量资金外逃等。这严重影响了拆借市场的正常运行和健康发展。

针对这些问题，应该相应地去完善现行的法律规定。比如可以丰富同业拆借的品种，改进同业拆借市场的交易方式，建立经纪人制度，完善同业拆借市场的法律法规。

---

①参见霍文文：《金融市场学》，复旦大学出版社 2005 年版，第 139 页。

第二节　票据市场法律制度

案例20　达洋电器诉博西家用电器票据纠纷案①

【案情介绍】

原告：长治市达洋电器有限公司

被告：博西家用电器（中国）有限公司

原告达洋公司、被告博西公司双方有长期业务合作关系。2010年3月6日，达洋公司与博西公司分别签订了2010年西门子冰箱/洗衣机销售合同、2010年西门子热水器/厨房电器销售合同、2010年博世冰箱/洗衣机/酒柜销售合同。由达洋公司给付博西公司预付款，博西公司再根据达洋公司订单供应家用电器。

2010年7月，原告达洋公司向郭鹏飞支付29万元，取得一份出票人为山西潞安环保能源开发股份有限公司、出票日期为2010年6月22日、票号为GA0101930426、票面金额为30万元、到期日为2010年12月22日的银行承兑汇票。该银行承兑汇票记载的达洋公司的直接前手（背书人）为长治市鸿腾商贸有限公司（以下简称鸿腾公司）。2010年7月5日，达洋公司为向被告博西公司支付预付款，将其持有的该银行承兑汇票背书给博西公司。博西公司在收到该银行承兑汇票后，又将其背书给博西华公司。2010年7月23日，博西华公司与滁州中行签订了汇票贴现协议，其主要内容为：贴现利率为4%，无论何种原因导致退票或滁州中行不能按时收到汇票款项的，滁州中行对博西华公司享有追索权，博西华公司同意滁州中行从博西华公司开立在滁州中行的账户中扣收未付的汇票金额及延误收款期间的利息和有关费用。滁州中行经对该银行承兑汇票的真实性、合法性、有效性进行审查核实无误，并于当日给付博西华公司贴现款294833.33元。

在滁州中行持有该银行承兑汇票，并给付博西华公司贴现款后，鸿腾公司以遗失了票号为GA0101930426的银行承兑汇票为由，向太原市杏花岭区人民法院（以下简称杏花岭法院）申请公示催告，该法院受理后，于2010年8月6日在人民法院报进行了公告。2010年10月9日，杏花岭法院作出（2010）杏民催字第34号民事判决，宣告上述票据无效，并于2010年10月20日在人民法院报进行了公告。

滁州中行于2010年11月得知上述情况后，将该银行承兑汇票退还给博西华公司，博西华公司后又退还给被告博西公司。2010年12月7日，滁州中行向博西华公司出具了"关于贴现银承被挂失作退票处理的说明"，其主要内容为：博西华公司在滁州中行贴现的票号为GA0101930426金额为30万元的银行承兑汇票，已被中间背书人于2010年8月2日挂失，滁州中行已于2010年11月30日接中国银行股份有限公司安徽省分行法院挂失清单发现此情况，并于当日通知博西华公司，该票据已作退票处理。2010年

---

① 案件来源：南京市鼓楼区人民法院（2011）鼓商初字第133号，北大法律信息网—北大法宝 http://vip.chinalawinfo.com/Case/Result.asp 最后访问日期为2013年01月18日。

12月13日,博西公司再将该银行承兑汇票退还给原告达洋公司。2010年12月22日,滁州中行从博西华公司账户划款30万元。

2010年12月22日,博西华公司向被告博西公司发函,其主要内容为:博西华公司于2010年7月21日从博西公司取得票号为GA0101930426、票面金额为30万元的银行承兑汇票已被法院于2010年10月20日公告了除权判决,宣告该票据无效,并确认鸿腾公司对该票据项下的30万元款项有权请求支付;基于此原因,滁州中行根据贴现协议的约定,于2010年12月22日从博西华公司账户扣划了与该银行承兑汇票票面金额等额的30万元。博西华公司要求博西公司将该汇票项下未能给付的30万元款项退还。

2010年12月23日,被告博西公司向原告达洋公司出具了退票说明,主要内容为:根据双方销售合同,达洋公司曾经背书转让一张票号为GA0101930426银行承兑汇票,作为支付的30万元货款;但该票据中的第三背书人鸿腾公司向法院申请公示催告,在法院作出了除权判决后,进行了公告,宣告该票据无效并确认鸿腾公司对该票据项下的30万元款项有权请求支付;该票据项下博西公司的后手从博西公司索回款项并退还该票据;博西公司决定从达洋公司预付款中予以扣除30万元作为2010年销售合同项下的货款支付。达洋公司、博西公司由此产生纠纷。

另查明,博西华公司已确认被告博西公司退还了30万元货款,博西公司也已实际从原告达洋公司预付款中扣除30万元。

上述事实,有家用电器销售合同三份、票号为GA0101930426银行承兑汇票一份、被告博西公司收条一份、贴现协议一份、贴现凭证一份、滁州中行贴现退票处理说明一份、博西华公司退票说明一份、博西华公司退票后回款说明一份、博西公司退票说明一份、杏花岭法院公告两份及庭审笔录等予以证实,法院予以确认。

【处理结果】

法院认为,达洋公司背书给博西公司票号为GA0101930426、票面金额为30万元的银行承兑汇票被法院判决除权而无效,博西公司基于基础关系实现民事权利并退回该银行承兑汇票,并不违反法律规定。达洋公司主张博西公司从其预付款账款中扣除30万元构成侵权,无事实和法律依据,法院不予采纳。博西公司的抗辩理由成立,法院予以采纳。因此,达洋公司请求法院判决博西公司不得扣除其相应货款,并要求博西公司继续履行货物供应义务的诉讼请求,不能成立,法院不予支持。达洋公司如确有基础民事交易关系,持有该银行承兑汇票仍可向交易相对人主张权利,以获得法律上的救济。据此,依照《中华人民共和国票据法》第十八条,《最高人民法院关于审理票据纠纷案件若干问题的规定》第十六条,《中华人民共和国合同法》第六十条、第九十九条、第一百零七条,《中华人民共和国民事诉讼法》第一百二十八条的规定,判决:

驳回达洋公司的诉讼请求。

【争议焦点】

一、银行在公示催告期间未申报票据权利,导致法院对该银行承兑汇票作出除权判决,银行可否向公司追索贴现所得?

二、博西公司将该银行承兑汇票退还达洋公司并从其预付款中扣除 30 万元是否损害达洋公司合法权益？

三、除权判决能否同时保证票据活动的流畅性和安全性？

【法理分析】

一、银行在公示催告期间未申报票据权利,导致法院对该银行承兑汇票作出除权判决,银行可否向公司追索贴现所得？

首先,达洋公司持有的票号为 GA0101930426、票面金额为 30 万元的银行承兑汇票记载事项符合法律规定,背书连续,反映的票据关系明确,其在向博西公司付款时,有权将该银行承兑汇票背书给博西公司。博西公司有权将该银行承兑汇票背书给予其有真实交易关系的博西华公司。博西华公司亦有权向滁州中行申请贴现。滁州中行在公示催告前取得该银行承兑汇票,其应系最后合法持票人。

其次,票据自法院除权判决公告之日起即丧失效力,持票人即丧失票据权利。除权判决系对权利的重新确认,既非创设新的票据权利,也非恢复票据上的实质权利,除权判决所确认的票据权利内容应与被宣告无效的票据权利相一致,不具有优于原票据上记载的权利,使原来结合于票据中的权利人从票据中分离出来,公示催告申请人即有权依据除权判决请求付款人付款。① 但是,持票人丧失票据权利,并不意味着基础民事权利丧失,其仍有权依据基础合同主张民事权利。就本案而言,滁州中行在公示催告期间内未申报票据权利,导致法院对该银行承兑汇票作出除权判决,其已丧失票据权利,但仍可依据基础关系即贴现合同约定向博西华公司追索贴现所得。

再次,博西华公司亦因该银行承兑汇票被法院判决除权而丧失票据权利,但其亦并不丧失基础民事权利,其有权依据与博西公司之间的基础法律关系,主张博西公司付款行为无效,而要求博西公司重新履行付款义务。同理,博西华公司已向博西公司主张了基础民事权利,博西公司虽不得再依据该银行承兑汇票主张票据权利,但仍有权依其与达洋公司之间的买卖合同而行使民事权利,而向达洋公司索要 30 万元。在本案中,博西公司从达洋公司预付款中扣除 30 万元,退还该银行承兑汇票,并向其出具退票说明,系其为解决与达洋公司之间买卖合同履行中的问题而行使债务抵销权,符合我国《合同法》的相关规定。因此,博西公司从达洋公司预付款中扣除 30 万元,并不损害达洋公司的合法权益。

博西公司的做法符合法律规定,并不侵犯达洋公司的合法权益,那么银行追索贴现亦符合法律规定。

二、博西公司将该银行承兑汇票退还达洋公司并从其预付款中扣除 30 万元是否损害达洋公司合法权益？

本案例另一个关键点就是鸿腾公司的除权判决申请。除权判决,立法原意是为

---

① 参见马作彪:汇票恶意除权时真正权利人可提起民事侵权之诉,《人民司法》2011 年第 14 期。

了保证票据的无因性和流通性,有利于商品交易和融通资金,但是除权判决的可能会遇到被滥用的情形。除权判决适用民事诉讼特别程序,法院作出除权判决,仅是根据公示催告申请人的申请和无人申报权利的事实,推定该申请人为票据权利人。在诉讼中,除申请人外没有其他确定的争议当事人,没有经过举证、质证、辩论等程序,这种推定可能与事实不符,不一定反映票据关系的真实情况。① 即在除权判决作出之前没有申报权利的利害关系人,有时可能在事实上享有票据权利,只是因为正当原因耽误而没有及时申报;或者存在申请人伪报票据丧失,骗取除权判决,真正的持票人并不知道法院受理公示催告,而损害的是真正持票人的票据权利。

我国《民事诉讼法》规定,利害关系人因正当理由不能在判决前向人民法院申报的,自知道或者应当知道判决公告之日起一年内,可以向作出判决的人民法院起诉。利害关系人向人民法院起诉的,人民法院可按票据纠纷适用普通程序审理。在立法本意上,该条款设立的目的是为了保护那些有正当理由而未申报权利的利害关系人的合法权利,而采取的一种法律救济措施。

从上述规定可以看出,在除权判决作出后,只有最后合法持票人才可提起除权判决撤销之诉。但是,并不意味着仅有最后持票人才有权提起民事诉讼。若其他相关利害关系人权益受到损害,且该权益应受到法律保护,则仍可依法提起民事诉讼,或以正当方式行使救济权利。② 具体而言,其他相关利害关系人虽不能提起除权判决撤销之诉,但仍可主张票据损害赔偿请求权、票据利益返还请求权等票据法上的非票据权利,提起侵权之诉,而要求恶意公示催告申请人赔偿票据权利损失或返还不当得利。此外,除权判决也不影响其他相关利害关系人依据基础关系,向与其有对价关系的交易相对人主张权利,以获得法律救济。

本案原告达洋公司虽曾提及公示催告人恶意申请公示催告,致使票据被除权,但其持有被告博西公司退还的票据,可向恶意公示催告申请人主张权利,亦可依据基础关系向交易相对人主张权利。而事实上,达洋公司依据基础关系却作出起诉其后手博西公司的不当选择。无论从票据法还是从合同法角度,均无法受到法律的支持与保护。

三、除权判决能否同时保证票据活动的流畅性和安全性?

除权判决,是指宣告票据无效的判决。本案中,达洋公司在没有实际业务往来的情况下,和郭鹏飞进行了银行承兑汇票的交易,并且因此而受到损失,这是本案的隐形原因。私下交易银行承兑汇票本身就是非法的,非法之因当然会带来非法之果。

第一,通过私下交易,而非正常贸易行为取得银行承兑汇票存在较大风险。我国《票据法》规定,票据的签发、取得和转让,应该遵循诚实信用的原则,具有真实的交易关系和债权债务关系,票据的取得,必须给付对价,即应当给付票据双方当事人

---

① 参见张旭:票据除权后合法持票人行使权利之途径,《人民司法》2011年第14期。
② 参见姜丽丽、刘刚:票据除权判决能否对抗普通程序,《人民司法》2010年第16期。

认可的相对应的代价。① 本案原告达洋公司取得该 30 万元银行承兑汇票,虽然支付给了郭某 29 万元资金,但没有对价给付真正的持票单位鸿腾公司。因此,本案原告达洋公司取得银行承兑汇票的风险确实较大。

第二,私下交易银行承兑汇票,造成损失后,较难通过刑事途径得到有效保护。随着经济活动的日趋增多,社会上出现了一些所谓做银行承兑汇票的生意人,他们以中间人的形式出现,通过倒买倒卖银行承兑汇票或介绍他人进行不合法的票据私下交易,从中赚取差价,使得票据市场鱼目混珠。出现上述情况,对中间人较难以涉嫌诈骗罪进行处理,因其并未采取虚构事实、隐瞒真相的方法获取资金。

第三,通过民事途径追索损失,困难重重。有关单位或个人在收取银行承兑汇票时,应遵循《票据法》的有关规定,杜绝收取来路不明和没有经营关系的银行承兑汇票,并禁止私下买卖银行承兑汇票。即使收取了对方单位或个人给付的银行承兑汇票,双方应签订相关书面手续,由对方对银行承兑汇票的真实性负责,并承诺对该票据相关之商品交易各方发生纠纷承担相应责任,或由对方提供书面担保,以便因该票据发生纠纷时,可有书面证据提供。

达洋公司私下交易银行承兑汇票,不按法律规定处理经济事务,所以其诉讼请求无法得到法院的支持。

【掩卷沉思】

鸿腾公司以遗失了票号为 GA0101930426 的银行承兑汇票为由,向太原市杏花岭区人民法院(以下简称杏花岭法院)申请公示催告,2010 年 10 月 9 日,杏花岭法院作出(2010)杏民催字第 34 号民事判决,宣告上述票据无效,并于 2010 年 10 月 20 日在人民法院报进行了公告。

本案中杏花岭法院在决定是否受理公示催告时,主要进行形式审查。这是立法和实践中都存在的问题。由于票据具有无因性,权利人转让票据系单方法律行为,出票人、付款人、背书人等票据关系人,并不知道票据最终持有人的身份。法院在受理此类案件时,通过审查很难确定申请人是否就是票据被盗、遗失或灭失前的最后持有人。因此,伪报者有利用公示催告程序达到非法目的的可乘之机。即使利害关系人请求恢复票据权利而提起撤销除权判决之诉,由于此前除权判决已确认公示催告申请人为持票人,但究竟谁系真正的持票人,还须经过司法确认。

公示催告程序作为特别程序,法院除权判决作为形成判决,其效力与普通程序作出的判决效力应有别,不应具有既判力,而不应追溯到公示催告程序开始之初即让票据无效,除权判决之前所失票据应为有效票据。因此,若善意第三人合法取得票据,且对除权判决的作出不存在任何过错,不宜将申请人遗失票据造成的后果由善意第三人承担,应优先保护善意第三人的权益。而且,若公示催告申请人伪报票据丧失,恶意申请除权

---

① 参见杨忠孝:论票据公示催告程序的制度完善,《政治与法律》2009 年第 6 期。

判决,则除权判决所确定内容自然不具有拘束力,票据权利不应因除权判决而与票据分离,亦应认定合法持票人仍享有票据权利。同时,恶意申请人伪报票据丧失并申请公示催告的行为,不但使利害关系人支出大量人力物力来维权,而且扰乱市场经济秩序,浪费司法资源。

案例21　沈阳市卡安特电缆诉悦康药业票据返还请求权纠纷案[①]

【案情介绍】

原告:沈阳市卡安特电缆材料销售有限公司(以下简称卡安特公司)

被告:悦康药业集团有限公司(以下简称悦康公司)

2007年7月2日,苏州东瑞化工有限公司作为出票人,出具一张号码为 BB/0101883112、收款人为石药集团河北中润制药有限公司、承兑人为中国工商银行、票面金额为378600元、汇票到期日为2007年12月31日的银行承兑汇票。现该汇票票面背书转让栏显示:该汇票由出票人苏州东瑞化工有限公司背书转让给石家庄供电公司,并在石家庄供电公司、石家庄思凯电力建设有限公司物资销售分公司、沈阳电缆厂石家庄销售处、沈阳电缆有限责人公司、沈阳沈缆四环电缆制造有限公司、广东悦康药业有限公司、北京悦康北卫医药有限公司、悦康药业集团有限公司、齐鲁安替制药有限公司、洪泽大洋化工有限公司、新浦化学(泰兴)有限公司、中国银行泰兴经济开发区支行之间顺次进行背书转让。原告卡安特公司与被告悦康公司均认可该汇票票面形式无任何瑕疵,且背书连续。

2007年11月,该汇票第五手被背书人沈阳沈缆四环电缆制造有限公司给原告卡安特公司出具《证明》,证明其将该汇票背书签章后,交付给了原告卡安特公司。后因原告卡安特公司将该汇票丢失(其尚未在该汇票上加盖被背书人签章),原告卡安特公司遂持该《证明》向苏州市吴中区人民法院申请公示催告。在该法院进行公示催告的公告期间,该汇票第八手被背书人被告悦康公司向该法院申报权利,该法院遂依法裁定终结公示催告程序。

被告悦康公司在本案诉讼期间,向法院提交了其与该汇票第七手被背书人北京悦康北卫医药有限公司之间签订的买卖合同、增值税发票,证明其与其票据前手之间存在基础合同关系,且支付了对价,以此取得该汇票。同时,被告悦康公司又提交了其票据后手,即该汇票第九手被背书人齐鲁安替制药有限公司出具的《证明》,证明:该汇票的最后一手被背书人中国银行泰兴经济开发区支行持票向该汇票的承兑付款银行要求汇票兑付时,却被承兑银行告知该汇票已被挂失止付,因而被承兑银行拒绝承兑付款。后被告悦康公司之后的该汇票各被背书人、背书人经逐级追索至被告悦康公司。现被告悦康公司已将票面款项退还给齐鲁安替制药有限公司,齐鲁安替制药有限公司遂将该

---

①案件来源:北京市大兴区人民法院(2008)大民初字第5916号北大法律信息网—北大法宝 http://vip. chinalawinfo. com/Case/Result. asp 最后访问日期为2013年01月18日。

汇票返还给被告悦康公司,故该汇票的票据权利未由被告悦康公司享有。

原告卡安特公司诉称:我公司于 2007 年 11 月 12 日因买卖合同关系收到沈阳沈缆四环电缆制造有限公司给付的工商银行承兑汇票一张,号码为 BB/0101883112,票面金额人民币 378600 元,支付日期为 2007 年 12 月 31 日。该汇票已背书转让 6 次,背书人分别为:石药集团河北中润制药有限公司、石家庄供电公司、石家庄思凯电力建设有限公司物资销售分公司、沈阳电缆厂石家庄销售处、沈阳电缆有限责任公司、沈阳沈缆四环电缆制造有限公司;被背书人分别为:石家庄供电公司、石家庄思凯电力建设有限公司物资销售分公司、沈阳电缆厂石家庄销售处、沈阳电缆有限责任公司、沈阳沈缆四环电缆制造有限公司。我公司收到该承兑汇票后尚未背书。该承兑汇票于 2007 年 11 月 12 日遗失,我公司经寻找无果后向苏州市吴中区人民法院提请公示催告。现被告悦康公司向苏州市吴中区人民法院提出权利申报。故此,卡安特公司认为,被告悦康公司在该汇票丢失后,系非法取得该汇票,不应享有票据权利,故请求法院确认:(1)被告悦康公司对该汇票不享有票据权利,原告卡安特公司为该汇票的票据权利人;(2)被告悦康公司承担票面金额的相应利息及公示催告的通知费用 1000 元,并赔偿经济损失 2 万元;(3)由被告悦康公司承担本案全部诉讼费用。

被告悦康公司辩称:原告卡安特公司无权提起诉讼,我公司于 2007 年 11 月依法经背书转让取得付款人为中国工商银行苏州市吴中支行、出票人为苏州东瑞化工有限公司,票面金额为 378600 元之银行承兑汇票,取得该汇票时,我公司检查了票据背书情况,发现票据背书连贯,符合法律要求,故我公司取得该汇票的行为合法。之后,我公司将该汇票依法背书转让给其他方。但该票据最后一手被背书人持票向银行要求承兑时,却被银行告知该汇票已被挂失止付、被拒绝付款。各被背书人、背书人经逐级追索,将票据权利返还至我公司。故我公司系合法取得该汇票,合法拥有该汇票的票据权利。我公司认为原告卡安特公司的诉讼主张不能成立,请求法院依法驳回原告卡安特公司的诉讼请求。

【处理结果】

北京市大兴区人民法院依据《中华人民共和国票据法》第 31 条第 1 款和第 13 条第 1 款之规定,原告卡安特公司在没有证据证明被告悦康公司明知其前手与原告卡安特公司之间存在抗辩事由取得票据的情况下,不能以与被告悦康公司前手之间的事由对抗持票人。综上所述,原告卡安特公司要求确认被告悦康公司对号码为 BB/0101883112 的中国工商银行的银行承兑汇票不享有票据权利、原告卡安特公司为该汇票的票据权利人以及要求被告悦康公司承担相应利息及公示催告的通知费用,并赔偿经济损失的诉讼请求,法院不予支持。据此,依照《中华人民共和国票据法》第十三条第一款、第三十一条第一款之规定,判决:

驳回原告卡安特公司的全部诉讼请求。

【争议焦点】

一、卡安特公司是否为本案的合格当事人?

二、悦康公司是否享有票据权利?

【法理分析】

　　本案中的这张票据,原告卡安特公司未在汇票中签章或记载任何票据行为,原告卡安特公司与被告悦康公司均认可该汇票票面形式无任何瑕疵,且背书连续,既然双方都认可这张汇票的真实性和合法性,那么卡安特还有权提起对悦康公司的诉讼吗?

　　一、卡安特公司是否为本案的合格当事人?

　　我国法律关于承兑汇票的规定是这样的:《票据法》第 19 条规定:"汇票是出票人签发的,委托付款人在见票时或者在指定日期无条件支付确定的金额给收款人或者持票人的票据。汇票分为银行汇票和商业汇票。"第 38 条规定:"承兑是指汇票付款人承诺在汇票到期日支付汇票金额的票据行为。"《支付结算办法》第 73 条规定:"商业汇票分为商业承兑汇票和银行承兑汇票。商业承兑汇票由银行以外的付款人承兑。银行承兑汇票由银行承兑。"据此,银行承兑汇票是商业汇票的一种,属于远期汇票,且承兑人只能是银行。①

　　票据当事人是指在票据上明确记载的享有票据权利、承担票据义务以及与票据权利义务有密切关系的法律主体。汇票当事人是指在汇票中记载的享有票据权利或承担票据义务或与汇票权利义务有密切关系的法律主体。根据上述银行承兑汇票的含义可知,银行承兑汇票的当事人应当包括:出票人、承兑银行、背书人、被背书人、保证人和持票人。②

　　本案中,有资格做汇票当事人的应当包括:出票人苏州东瑞化工有限公司、承兑银行中国工商银行、包括被告悦康公司在内的 12 个背书人和被背书人,以及最后持票人被告悦康公司。由于原告卡安特公司未在汇票中签章或记载任何票据行为,因此,原告卡安特公司不能成为汇票当事人,也就当然不能享有汇票的票据权利。但是,由于汇票第五手被背书人沈阳沈缆四环电缆制造有限公司出具《证明》,证实其曾将汇票背书签章后交付给了原告卡安特公司,而原告卡安特公司在尚未进行被背书人签章时就将汇票丢失,所以,原告卡安特公司有请求法院确认其为汇票的票据权利人的诉权,能够成为本案当事人,主体适格。

　　二、悦康公司是否享有票据权利?

　　卡安特公司是合法的持票人,那么悦康公司是否为合法的持票人? 悦康公司能否享受该票据所指向的权利?

　　我国法律有如下规定:

　　《票据法》第 10 条第 2 款规定:"票据的取得,必须给付对价,即应当给付票据双方当事人认可的相对应的代价。"

①参见孟磊:银行承兑汇票业务风险点及防范措施,《内蒙古金融研究》2011 年第 2 期。
②参见姜玉芝:对银行承兑汇票业务具有真实贸易背景问题的几点看法,《吉林金融研究》2009 年第 9 期。

《票据法》第12条第1款规定:"以欺诈、偷盗或者胁迫等手段取得票据的,或者明知有前列情形,出于恶意取得票据的,不得享有票据权利。"

《票据法》第13条规定:"票据债务人不得以自己与出票人或者与持票人的前手之间的抗辩事由,对抗持票人。但是,持票人明知存在抗辩事由而取得票据的除外。票据债务人可以对不履行约定义务的与自己有直接债权债务关系的持票人,进行抗辩。本法所称抗辩,是指票据债务人根据本法规定对票据债权人拒绝履行义务的行为"

《票据法》第31条第1款规定:"以背书转让的汇票,背书应当连续。持票人以背书的连续,证明其汇票权利;非经背书转让,而以其他合法方式取得汇票的,依法举证,证明其汇票权利。"

上述法律规定,都是针对票据权利的取得条件,即认定是否是合法持票人、是否享有票据权利的要件的规定。包括:形式要件,即持票人取得票据必须给付相应的对价、持票人取得票据的手段必须合法;实质要件,即持票人取得票据时主观上应当具备善意。[1]

本案中,(1) 被告悦康公司取得汇票的方式是汇票的背书转让。在案件审理过程中,原告卡安特公司与被告悦康公司均认可汇票的票面形式无任何瑕疵,而且背书连续;(2) 被告悦康公司在本案诉讼期间,不仅向法院提交了其与汇票第七手被背书人北京悦康北卫医药有限公司之间签订的买卖合同、增值税发票,证明其与其票据前手之间存在基础合同关系,且支付了相应的对价,以此取得汇票,同时,被告悦旗公司也提交了其票据后手,即汇票第九手被背书人齐鲁安替制药有限公司出具的《证明》,证实汇票被承兑银行拒绝承兑付款后,被告悦康公司之后的汇票各被背书人、背书人经逐级追索至被告悦康公司,被告悦康公司已将票面款项退还给齐鲁安替制药有限公司,齐鲁安替制药有限公司遂将汇票返还给被告悦康公司的事实。因此,被告悦康公司取得汇票的形式要件合法。

被告悦康公司作为本案汇票的第八手被背书人,是从汇票第七手被背书人(背书人)北京悦康北卫医药有限公司处取得的汇票,而原告卡安特公司在汇票丢失前,是从汇票第五手被背书人(背书人)沈阳沈缆四环电缆制造有限公司处取得汇票,且没有完成其被背书签章和向下一手背书签章的票据行为,而且没有证据证明被告悦康公司是以欺诈、偷盗或者胁迫等手段取得票据或者明知有前列情形或者出于恶意取得票据,因此,被告悦康公司取得汇票的实质要件亦合法。

本案应适用无因性原则。

票据无因性原则是指票据如果具备票据法上的条件,票据权利就成立,至于票据行为赖以发生的原因,在所不问。也就是说持票人不必证明其取得票据的原因,仅依票据上所载的文义就可请求给付一定的金额。[2] 在票据仅凭交付的转让中(不一定是背书转让),只要受让人取得票据时是善意的,并向转让人支付了对价,受让

---

[1]参见叶永禄:论票据丧失司法救济制度之完善,《法学家》2007年第3期。
[2]参见张旭:票据除权后合法持票人行使权利之途径,《人民司法》2011年第14期。

人即获得票据权利。在票据的背书转让中,只要票据上的背书符合法律规定的连续性,持票人即享有票据权利。对于票据无因性原则的法律适用,也同时存在例外情形。《最高人民法院关于审理票据纠纷案件若干问题的规定》第10条规定:"票据债务人依照票据法第13条的规定,对与其有直接债权债务关系的持票人提出抗辩,人民法院合并审理票据关系和基础关系的,持票人应当提供相应的证据证明已经履行了约定义务。"第14条规定:"票据债务人以票据法第10条、第21条的规定为由,对业经背书转让票据的持票人进行抗辩的,人民法院不予支持。"据此,对于已经背书转让票据的票据当事人之间,一律应当适用票据无因性原则,如果认为持票人是以欺诈、偷盗或者胁迫等手段取得票据或者明知有前列情形或者出于恶意取得票据的,主张者应对此负有举证责任。只有对于存在直接债权债务关系的票据当事人之间,才不考虑适用票据无因性原则,即要进行票据原因关系和票据基础关系的实质性审查。

本案汇票已经进行多手背书转让,且被告悦康公司的票据前手和后手都已经举证证明被告悦康公司取得汇票的合法性。因此,对于原告卡安特公司提出的被告悦康公司系在汇票丢失后非法取得汇票的质疑,不应进行考虑和审查。

综合以上分析,可以认定被告悦康公司是汇票的合法持票人,其理应享有汇票的票据权利。因此,法院判决驳回原告卡安特公司的全部诉讼请求,是正确和妥当的。

【掩卷沉思】

虽然原告卡安特公司可以提起票据确权之诉,但是由于其根本不是本案汇票当事人,因此,其无从享有票据权利,也就是说其以票据纠纷提起诉讼,是不能享有胜诉权的。但是,由于卡安特公司曾经拥有过本案汇票,可能其还为此支付了相应对价,本案的判决最终没有支持卡安特公司的诉讼请求,现行的《票据法》无法保护卡安特公司以及和卡安特有相似情况的公司。如何保护"卡安特们"的合法权益是我国现行立法应该面临的问题。在目前的现实状况下,卡安特公司只能通过提起其他民事法律关系(如合同关系)的诉讼,或者通过刑事报案、刑事追究等方式,向真正非法取得汇票,并向非法转让汇票权利的当事人主张和追究相应的法律责任,补偿自身的经济损失,维护合法权益。

案例 22 王璟非法经营案[①]

【案情介绍】

公诉机关:江苏省无锡市南长区人民检察院

被告人:王璟,南京景芊贸易有限公司法定代表人

---

①案件来源:江苏省无锡市南长区人民法院(2010)南刑初字第297号,北大法律信息网—北大法宝 http://vip.chinalawinfo.com/Case/Result.asp 最后访问日期为2013年01月18日。

2009 年上半年,国家审计署驻上海特派员办公室在对上海金融行业例行审计时,发现有关商业银行在票据结算中有异常大额的不正常支出情况。办公室对此类异常给予了高度关注。一个小小的贸易公司,在短短时间内,贸易额竟然有上千万,上亿元的进出?而且,在不到两年的时间内,有几十亿元的进出,这一罕见现象引起了审计人员的高度关注!谁在挪动那么多资金!这些资金从何而来,又流向了何方?

审计人员找到留在银行的合同副本和税务发票的复印件,却一应俱全。查看合同内容,标的清清楚楚!他们再查,这些从银行流出的款项的出处,都到了两个不知名小公司,"南京巨欧贸易公司""南京圣郎贸易公司"。他们通过内部查找这两家公司的基本面,发现更诡异了。从工商得到的信息是,这两家公司是注册资金仅有 50 万元的小公司,根本不具备从事这样大额的贸易往来的条件。贸易合同、税务发票居然都是伪造。经验丰富的审计特派员,从他们多年从事审计的职业角度,敏锐地感觉到,用虚假的贸易掩盖真正贴现的目的的可能性最大。有人利用这两家公司进行非法票据贴现!

江苏省无锡市南长区人民法院经公开开庭审理查明:2006 年 4 月至 2008 年 5 月间,被告人王璟为了办理"票据贴现"等业务,以自己或借用他人的名义,先后注册成立了景芊公司、助禾公司、基山公司、巨欧公司、圣郎公司等多家空壳公司。上述公司成立后,被告人王璟又以上海融兰投资咨询有限公司、上海融兰企业管理咨询有限公司等公司的名义积极对外宣传可以办理"票据贴现"、"保证金"、"短存短贷"等业务。2009 年 3 月至 6 月间,被告人王璟与广东发展银行无锡永乐路支行和梁溪支行、招商银行无锡分行、南京银行西康路支行、烟台市商业银行西大街支行相关工作人员合作,以巨欧公司、圣郎公司的名义,取得他人未到期银行承兑汇票,并采用伪造贸易合同和增值税专用发票复印件等方法,以巨欧公司、圣郎公司作为贴现申请人通过上述金融机构将未到期银行承兑汇票进行贴现,贴现金额计人民币 10 亿余元。被告人王璟从中非法获利人民币 6 万余元。

中国银行业监督管理委员会政策法规部于 2009 年 11 月 17 日作出《关于对王璟等人行为性质认定意见的函》,该函明确认定:根据《刑法修正案(七)》第 5 条等法律法规的规定,王璟等人的行为可以认定为非法从事资金支付结算业务。

2010 年 9 月 21 日,江苏省无锡市南长区人民检察院以被告人王璟犯非法经营罪向江苏省无锡市南长区人民法院提起公诉。

被告人王璟辩解:其仅在贴现银行与需进行贴现的持票人之间从事中介业务,未取得、经手、占有过银行承兑汇票,其所从事的并非资金结算业务。且在贴现过程中,其均按贴现银行要求办理,如认定其有罪,那么贴现银行是主犯,其是从犯。

辩护人张震方辩护:被告人王璟仅是介绍持票人将手中的票据流转至贴现银行,并在持票人及贴现银行的监督下由银行将贴现资金划转给持票人,所有的票据贴现业务均由银行操作,被告人王璟仅是介绍票据贴现业务的中介,不具有非法经营的主观故意,其行为不构成非法经营罪。中国银行业监督管理委员会政策法规部出具的函不具有法律效力。

被告人王璟以自己或借用他人的名义,先后注册成立多家空壳公司,由其本人实际控制,并积极对外宣传可以办理票据贴现业务。2009年3月至6月间,被告人王璟以巨欧公司、圣郎公司的名义,取得他人未到期银行承兑汇票,并采用伪造贸易合同和增值税专用发票复印件等方法,以巨欧公司、圣郎公司作为贴现申请人,通过金融机构将未到期银行承兑汇票进行贴现,贴现金额计人民币10亿余元。

【处理结果】

江苏省无锡市南长区人民法院认为:被告人王璟以自己或借用他人的名义,先后注册成立多家空壳公司,由其本人实际控制,并积极对外宣传可以办理"票据贴现"业务。2009年3月至6月间,被告人王璟以巨欧公司、圣郎公司的名义,取得他人未到期银行承兑汇票,并采用伪造贸易合同和增值税专用发票复印件等方法,以巨欧公司、圣郎公司作为贴现申请人通过金融机构将未到期银行承兑汇票进行贴现,贴现金额计人民币10亿余元。被告人王璟的行为严重扰乱了正常的国家金融秩序,属于《刑法》第225条第(3)项规定的"非法从事资金支付结算业务"的行为,应以非法经营罪追究其刑事责任。考虑到相关银行(包括承兑行、贴现行)为了追求业绩、利润而只注重确保银行承兑汇票的真实性,对于相关交易背景的真实性却不作审查、审查不严或者怠于审查,属违规放纵,使得整个贴现过程最终完成,以及被告人王璟的行为并未造成承兑银行、贴现银行、持票人直接经济损失等情况,在量刑时可对被告人王璟酌情从轻处罚。被告人王璟归案后能如实供述自己的犯罪事实,可酌情从轻处罚。辩护人提出的被告人王璟的行为不构成非法经营罪的辩护意见不能成立,不予采纳。依照《中华人民共和国刑法》第二百二十五条第(三)项、第六十四条之规定,以被告人王璟犯非法经营罪,判处有期徒刑一年五个月,并处罚金人民币二十五万元。被告人王璟违法所得人民币六万元予以没收,上缴国库。

宣判后,被告人王璟未提出上诉,公诉机关亦未提起抗诉。

【争议焦点】

一、中国银行业监督管理委员会政策法规部出具的《关于对王璟等人行为性质认定意见的函》是否具有法律效力?

二、被告人王璟办理票据贴现的行为是否属于非法从事资金支付结算业务的行为?

【法理分析】

一、中国银行业监督管理委员会政策法规部出具的《关于对王璟等人行为性质认定意见的函》是否具有法律效力?

2009年2月28日通过并实施的《中华人民共和国刑法修正案(七)》对刑法第二百二十五条规定的非法经营罪进行了修正,将"非法从事资金支付结算的业务"列入了刑法予以规制。中国银行业监督管理委员会成立后,原由中国人民银行履行的对存款类金融机构的监督管理工作职责改由中国银行业监督管理委员会履行。[1] 本

---

[1]参见魏丽、朱炜:对商业银行有效防范商业汇票贴现业务风险的思考,《新疆金融》2009年第10期。

案中,中国银行业监督管理委员会政策法规部出具的对于被告人王璟的行为性质认定的函是其履行相应职责的体现,而非对刑法的解释。被告人王璟及其成立的多个空壳公司与相关银行人员结合,由其向银行提供银行承兑汇票、增值税专用发票及其合同复印件,由银行将银行承兑汇票贴现后将款项汇至王璟控制的公司,再由王璟控制的公司将款项支付给持票人,在此过程中,贴现银行获取利息,被告人王璟获取相应的费用,被告人王璟的行为是一种经营行为,而这种经营行为既不符合我国票据法规定的商业汇票持票人向银行办理贴现必须具备的"与出票人或者直接前手之间具有真实商品交易关系"这一条件,又会造成金融秩序的严重混乱,使国家对宏观金融政策的出台、执行造成偏差,对金融管理制度亦造成损害,扰乱了市场秩序,具有社会危害性,应予惩处。考虑到相关银行(包括承兑行、贴现行)的管理制度的不完备造成放纵行为,使得整个贴现最终完成,以及被告人王璟的行为并未能造成承兑行、贴现行、持票人直接经济损失,故量刑时可酌情从轻考虑。

中国银行业监督管理委员会成立后,原由中国人民银行履行的对存款类金融机构的监督管理职责改由中国银行业监督管理委员会履行。本案中,中国银行业监督管理委员会政策法规部出具的对于被告人王璟的行为性质认定的函,是其履行金融监管职责的体现,而非对刑法所作的解释。因而,中国银监会政策法规部《关于对王璟等人行为性质认定意见的函》具有法律效力,可以作为证据采纳。

二、被告人王璟办理票据贴现的行为是否属于非法从事资金支付结算业务的行为?

被告人王璟及其成立的多个空壳公司与相关银行工作人员结合,由其向银行提供银行承兑汇票、增值税专用发票及合同复印件,由银行将银行承兑汇票贴现后将款项汇至王璟控制的公司,再由王璟控制的公司将款项支付给持票人。在此过程中,贴现银行获取贴现利息、被告人王璟获取相应的费用。被告人王璟的行为是一种经营行为,而这种经营行为既不符合我国《票据法》规定的商业汇票持票人向银行办理贴现必须具备的与出票人或者直接前手之间具有真实的商品交易关系这一条件,又会造成金融秩序的严重混乱,使国家对宏观金融政策的出台、执行造成偏差,对金融管理制度亦造成损害,扰乱了市场秩序,具有严重的社会危害性。此种行为应属于《刑法》第 225 条第(3)项规定的非法从事资金支付结算业务,故对被告人王璟应以非法经营罪定罪处罚。

票据贴现中问题的出现并不是一个犯罪分子所可以造成的,动辄上亿或者几十亿的违规贴现数额,原因是复杂的。① 主要包括以下几种:

1. 部分银行在办理贴现业务时只注重汇票本身的真实性,放松对企业提交的增值税发票、商品交易合同的审查,导致为大量没有真实贸易背景的银行承兑汇票办理了贴现,大量贴现资金用于非生产经营领域,有的资金甚至流入股票市场,严重扰

---

① 参见汪办兴:2009~2010 年中国票据市场发展:回顾与展望,《金融论》2010 年第 4 期。

乱了正常的生产经营秩序和票据市场秩序。①

2. 部分银行与企业相互勾结,联手"包装"票据问题严重。一些银行在经营过程中,对一些大客户办理贴现的票据放松审查,对贴现企业由于各种原因不能提供增值税发票、商品交易合同复印件的票据,也违规受理其贴现业务。为了逃避监管和套取人民银行再贴现资金,银行与一些企业相互勾结,进行票据"包装":即由银行将票据背书转让给与其有信贷关系、信用度较好的企业,由这些企业提供与该汇票无关的增值税发票、商品交易合同(复印件),到银行办理贴现后,再将资金转回到真正的贴现企业账户之内。

3. 违规降低贴现利率。银行在经营票据贴现业务过程中,为了争抢票源,展开恶性竞争,纷纷降低贴现利率,有的银行将贴现利率降到低于人民银行的再贴现利率,严重扰乱了正常的利率市场秩序,同时少收贴现利息收入也给银行的资产带来了一定的损失。

4. 违反人民银行有关结算纪律和账户管理的规定办理贴现业务。部分银行为一些没有在本行开立存款账户的企业办理贴现;有的银行违规将贴现资金转入企业在证券公司开设的账户,有的银行将贴现资金转入融资公司、投资公司账户;有的银行则将贴现资金转入个人储蓄存款账户,等等。

5. 违法违规经营问题依然存在。部分商业银行与票据掮客内外勾结,在办理贴现时为其提供贴现利率、资金划转等多项优惠条件,为其不法经营提供方便,从中收取回扣、好处费;有的银行采取降低贴现利率、压低账内贴现利息收入、账外收取好处费私设"小金库";有的银行职工则利用工作之便,以自己或其亲属名义成立"票据包装公司",充当票据掮客,牟取暴利。

违法票据贴现,更多是因为银行方面出的问题,银行作为国家的金融机构,经营管理的漏洞是此等经济犯罪的罪魁祸首。部分银行为了追求业绩和利润,违反《票据法》、《中国人民银行商业汇票承兑、贴现与再贴现管理暂行办法》中关于持票人必须与出票人或其前手之间具有真实的商品交易关系的规定,纵容票贩子作为中介办理票据贴现业务的违规经营问题。②

王璟案中,众多银行涉嫌违规办理票据贴现,不仅有南京银行、徽商银行、烟台银行等地方性商业银行,还有广发银行、民生银行、招商银行等全国性商业银行,甚至连工商银行、农业银行、中国银行等大型国有银行也牵涉其中。涉案银行违规办理票据贴现涉案金额巨大,违规办理票据贴现的总金额高达80多亿,其中单笔贴现业务达千万元以上的情形非常普遍。很多涉案银行对违规办理贴现的行为性质及危害性认识不到位,有很多银行人员认为该行为只是违规而已,并未认识到该行为亦属于《刑法》第225条第(3)项规定的非法从事资金支付结算业务。

---

① 参见王洪辰:我国票据贴现市场发展问题研究,《辽宁师专学报》2009年第1期。
② 参见刘涛:票据贴现法律实务问题探究,《西南政法大学学报》2008年第4期。

【掩卷沉思】

　　本案的审结,可以看到被告人王璟受到了应有的惩罚,付出了不小的代价,但在此后的报端媒体上,我们并未看到涉案银行被惩治的有关信息。因此,与其说犯罪分子罪大恶极,不如说是一个又一个银行把犯罪分子推向了违法的深渊。对于商业银行的此种违规经营行为,我国相关的《票据法》、《刑法》等并没有列入惩治范围,而是通过金融监管部门的行政处罚和日常监管进行打击防范,对于畸轻的惩罚,银行违规票据贴现带来的黑暗好处是巨大的。通过违规办理贴现,贴现银行能够获取贴现利息,承兑银行能够完成吸收存款指标,票贩子可获取相应费用,持票人可快速变现,出票人或者持票人的业务人员则可私匿好处费,等等,而国家的金融秩序则被严重扰乱。银行违规办理票据贴现业务,不仅严重影响国家宏观金融调控政策的执行,破坏银行间正常的竞争秩序和健康的金融秩序,还为洗钱等违法犯罪活动提供转移资金的便利。

　　关于票据犯罪,不只是在贴现环节银行具有很大的责任,在票据签发之时也会有很多问题,如商业银行对企业提供的商品交易合同或增值税发票未加严格审查,就为其签发无贸易背景的银行承兑汇票,部分商业银行为了掩盖不良资产,对于无力支付到期票据款项的企业,继续为其签发银行承兑汇票,由企业用贴现资金归还到期的银行承兑汇票款,有的银行将收取的保证金不入大账核算,设置账外账户用于发放贷款等等;有的银行与证券公司私下签订协议,以签发银行承兑汇票的形式向证券公司融资,等等。此中间问题可见一斑。

　　如果银行从签发汇票到票据贴现的过程中都认真把关严格按照法律处理业务,就算有犯罪分子多么周详的犯罪活动都不会造成巨大的经济犯罪问题。现行立法应该进一步完善,加大对银行等金融机构犯罪的惩罚力度才是解决问题的方向。

第七章　外汇市场法律制度

第一节　外汇市场主体制度

案例23　沙田富诉益海天等委托理财合同纠纷案①

🔍 【案情介绍】

原告:沙田富

被告:益海天、沙五经

原告沙田富与被告沙五经系兄弟关系,而被告益海天系名为"某会社"的外汇保证金交易操盘手。被告沙五经与"某会社"的刘振杰相识,并将其兄沙田富介绍给刘振杰认识。通过刘振杰,原告沙田富认识了被告益海天。原告与上述人员就其参与投资外汇保证金交易事宜协商达成一致后,于2007年9月17日至某支行以其本人名义开设了银行账户,并且为账户设定了密码。原告办完开户手续后,即于当日向该账户内存入了8万元人民币,并将其中的75395元兑换成1万美元交由两被告进行外汇保证金交易操作,余款4605元则随即予以取出。之后,原告至"某会社"与该公司签订了关于外汇保证金交易的开户合同,并且与被告益海天一起在作为开户合同附件的《委托交易书》上签了字。次日,原告与两被告又一起签订了一份关于由原告委托两人进行外汇保证金交易操作的《合作协议》。该协议约定:原告出资1万美元于"某交易平台"开设账户交由两被告进行操作;两被告于每月22日支付原告人民币3000元,其余盈亏与原告无关;原告的外汇账户必须在两被告处停留一年(自2007年9月22日起至2008年9月22日止),不能动用本金;原告不能对两被告所进行的外汇保证金交易操作加以干预;两被告每月应支付原告的3000元人民币和其余盈亏由其两人分担(包括每月的佣金);原告账户内的本金最多亏损20%,由两被告予以承担,与原告无关等。原、被告双方并在该协议中约定:以上协议纯属个人行为,与公司无关,如出现问题,由三人通过协商解决。

上述协议签订后,原告即将其通过"某交易平台"获知的交易密码告知了两被告,两被告随即从2007年9月24日开始为原告进行外汇保证金交易操作。不久,原告即发现其银行账户内的本金出现亏损,于是向两被告提出不要再继续进行操作的要求,但是

---

① 案件来源:上海市宝山区人民法院(2008)宝民二(商)初字第1230号,北大法律信息网—北大法宝 http://vip.chinalawinfo.com/Case/Result.asp 最后访问日期为2013年01月18日。

两被告以双方所签协议没有到期为由不予同意,要求继续按协议进行操作,为此原告不再坚持其请求。其后,虽然原告得知其账户内的本金亏损在继续扩大,但是并未再对两被告的行为加以阻挠。期间,两被告从 2007 年 9 月至同年 12 月合计支付给原告人民币 9000 元,但从 2008 年开始便不再按约支付款项。原告为此找到被告益海天进行催讨。2008 年 3 月 8 日,被告益海天向原告出具了一份欠条,写明:"本人益海天欠沙田富一万美金,折合人民币 75900 元,于 2008 年 3 月 15 日前归还于沙田富。",但嗣后并未按其承诺履行还款义务。同年 5 月 29 日,原告至"某会社"调取了两被告的账户操作记录,发现其账户内的本金 1 万美元已经亏损成仅剩余 698 美元。同年 7 月中旬,原告将该款按当时的汇率兑换成 4655.66 元人民币予以取出。

另查明:(1) 2008 年 4 月 11 日,原告曾经以益海天一人为被告向法院提起诉讼,案号为(2008)宝民一(民)初字第 2271 号,要求被告益海天归还其欠款人民币 75900 元,但嗣后于同年 10 月 7 日以遗漏被告及需要进一步核实诉请金额为由向法院申请撤诉,法院于同日裁定予以准许;(2) 2008 年 12 月 3 日,法院向上海市宝山区工商行政管理局查询"某会社"的工商注册登记信息,据该局联网上海市工商行政管理局档案登记信息管理系统进行查找,未发现有该公司或类似名称公司的注册登记信息;(3) 1994 年 10 月 28 日,中国证券监督管理委员会、国家工商行政管理局、国家外汇管理局及公安部四部委联合发出证监发字(1994)165 号《关于严厉查处非法外汇期货和外汇按金交易活动的通知》,通知规定:"凡未经中国证监会和国家外汇管理局批准,且未在国家工商行政管理局登记注册的金融机构、期货经纪公司及其他机构擅自开展外汇期货和外汇按金交易,属于违法行为;客户(单位和个人)委托未经批准和登记的机构进行外汇期货和外汇按金交易,无论以外币或人民币作保证金也属违法行为。依据《违反外汇管理处罚施行细则》的规定,组织和参与这种交易,属于私自经营外汇业务和私自买卖外汇,构成扰乱金融行为。未经批准,擅自从事外汇期货和外汇按金交易的双方不受法律保护。"。

【处理结果】

依照《中华人民共和国民事诉讼法》第一百三十条,《中华人民共和国外汇管理条例》第二十七条第二款、《中华人民共和国合同法》第七条、第五十二条第(五)项、第五十六条及第五十八条之规定,判决如下:

一、确认原告沙田富与被告益海天、沙五经于 2007 年 9 月 18 日签订的《合作协议》无效;

二、被告益海天、沙五经于本判决生效之日起十日内共同赔偿原告沙田富损失人民币 49391.47 元;

三、对原告沙田富其余的诉讼请求不予支持。

【争议焦点】

一、被告是否为外汇市场的合格主体?

二、《合作协议》是否有法律效力?

三、委托理财合同双方是否受法律的保护?

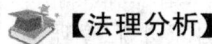【法理分析】

一、被告是否为外汇市场的合格主体?

国际经济和贸易的往来形成外汇的供给和需求,外汇的供求导致外汇交易,而外汇买卖的交易行为和进行的场所则构成了外汇市场。因此,外汇市场是指由外汇需求者和供给者及其买卖的中介者组成的买卖外汇的行为、交易场所和网络。①

外汇市场,通常是由中央银行、商业银行非金融性公司企业、证券经营者、外汇经纪人及其外汇供求者(包括外汇个人投资者)等所构成。

中央银行是外汇市场的重要参与者。其作用主要有两个方面:其一,在外汇市场作为政府和重要的国有企进行外汇交易;其二,作为管理者介入外汇市场,买卖外汇,干预外汇市场。

商业银行是外汇市场的主要参加者。它在外汇市场上主要从事两方面的外汇经营活动:一是代客户进行市场交易、这时银行作为中介入进行外汇卖买活动,二是以自己的账户直接从事外汇交易活动。

非金融性公司企业进入外汇市场主要是因为两方面的业务关系:一是贸易进出口的外汇收入和支付货款需要在外汇市场上兑换;二是对外投资活动既涉及对外国资产的购买,又会产生外币债权或债务关系,这都需要通过外汇市场外汇交易公司进行清算。

证券经营者主要是指从事外国有价证券买卖、赚取外币利息、红利和股息的人。

外汇经纪人,是指通过平衡买卖双方外汇供求获取利润的外汇买卖中间人。可以分为两类;一类是跑衍经纪人,仅以收取佣金为目的,代客进行外汇:买卖,自己不承担任何风险;一类是一般经纪人,既代客买卖,也常以自己的资金参与外汇交易,自负盈亏。

其他外汇供求者,主要产生于非贸易因素的国际收支行为和投机行为的供求者。

金融机构经营外汇业务必须符合法定的条件。金融机构经营外汇业务须经国家外汇管理部门审批并经中国人民银行及其分支机构颁发营业许可证。经批准经营外汇业务的金融机构,其经营外汇业务的范围不得擅自变更。具体而言,申请经营外汇业务的银行应当符合法定的条件,主要包括:(1)具有规定数额的外汇实收资本金或者营运资金;(2)具有经国家外汇管理部门确认资格的、与申报外汇业务相应数量的外汇业务人员;(3)具有适合开展外汇业务的场所和设备;(4)国家外汇管理部门要求的其他条件。申请经营外汇业务的非银行金融机构应当具备的条件除了"具有法定数额的外汇现汇实收资本金"以外,其他条件与前者相同。②

无论是金融机构或是非金融机构从事外汇交易,都必须在国家工商行政管理局登记注册、并取得中国证监会和国家外汇管理局批准,否则属于违法行为。本案中,"某会社"显然不属于外汇市场的合格主体。首先,其未在工商行政管理机关登记注

---

① 参见刘少军著:《金融法学》,人民大学出版社2009年版,第127页。
② 参见陶广峰著:《金融法》,人民大学出版社2009年版,第163页。

册;其次,"某会社"从事外汇交易的行为也并未取得中国证监会和国家外汇管理局的批准。所以,"该会社"擅自经营外汇保证金交易的行为违法。委托该未经批准和登记的"某会社",进行外汇交易亦属违法,不管其是以外币或人民币作保证金。

根据相关法律规定,组织和参与上述外汇交易,属于私自从事外汇交易业务的行为,这是一种严重扰乱金融秩序的行为。当事人未经批准,擅自经营外汇交易的行为也不受法律的保护。可见,本案中被告益海天和沙五经违反法律规定,在不符合外汇交易市场主体资格的情况下,擅自组织和参与外汇交易的行为,不受法律的保护。其与原告所签订的协议也由于违反国家法律的规定而不当然无效,并需承担由此给原告沙田富所造成损失的损害赔偿责任。

二、《合作协议》是否有法律效力?

公民、法人等民事主体之间进行民事行为必须遵循合法性原则,非法的民事行为不仅不能产生当事人预期的法律后果,而且自始不能得到法律的保护,由此引起的民事责任应当由当事人自行承担。① 本案中,根据上述已经查明的事实,原、被告双方所签订之《合作协议》的性质为一委托理财合同,但委托理财的内容系国家明令禁止的非法外汇保证金交易活动,违反了有关法律和行政法规的强制性规定,应属无效。由此,该《合作协议》不受法律保护,对双方当事人均不具有法律约束力。故原告据此要求确认上述《合作协议》无效的诉讼请求于法有据,法院应予以支持。

三、委托理财合同双方是否受法律的保护?

1. 合同依法被认定为无效后,因该合同取得的财产应当予以返还,有过错的一方应当赔偿对方因此所受到的损失,双方均有过错的,应当各自承担相应的责任。本案中,原告在与两被告签订《合作协议》之前,理应对外汇保证金交易活动的合法性及相关投资风险加以了解,但其疏于注意,盲目信任。而在两被告的操作产生亏损之后,原告虽然向两被告提出了不再继续进行操作的要求,但其并未采取控制风险的措施,利用其本人对银行账户的掌握权及时将资金予以取出,而是听之任之,仍然为两被告的操作提供条件,故其本人对最终损失结果的形成也具有一定过错。因此,原告对本案委托理财所造成的损失也应当承担其相应的责任。

2. 而就两被告而言,两人均为该行业的从业人员,故对国家有关该行业管理的法律、法规应当具有详细的了解,同时也应当明知相关投资存在高风险,然而仍因自身利益的驱使,利用保本固定收益的承诺来引诱原告投资,故在主观上具有更加明显的过错。客观上,两被告作为受托人,均为本案非法外汇保证金交易的实际操作人,原告交付资金亏损的结果与两人的操作密切相关,故与原告相比较,两被告对损失的造成应当承担主要责任。

3. 被告益海天辩称其在《合作协议》上进行签字的行为系其职务行为,而其在为原告操盘三个月后即离开了"某会社",因此不应由其承担责任,但是原告对此不予

---

①参见韦国猛:违约金性质浅析——兼论《合同法》第114条违约金的性质,《金陵法律评论》2007年第1期。

认可,而其对此亦未能提供证据加以佐证,所以对其抗辩意见不可信赖。而被告沙五经经法院合法传唤,无正当理由拒不到庭应诉,故视为其放弃抗辩权利。因此,对原告交付两被告用于非法外汇保证金交易的资金所造成的损失,应当由两被告共同向原告承担赔偿责任。

4. 审理中,虽然原告表示自愿对损失承担 10% 的责任,但根据上述已查明的事实,其对本案责任分配的意见与其过错程度并不相适应,故法院对其主张不予采纳。根据本案的具体情况,法院确定原告在本案中的过错责任大小为 20%,而两被告的过错责任大小为 80%。经法院核算,原告关于本案委托理财的损失为人民币 61739.34 元的计算结果无误,法院对此予以确认。据此,对其中 12347.87 元的损失应当由原告自行承担,而对其余 49391.47 元的损失应当由两被告共同负责赔偿予原告。

 【掩卷沉思】

银行间外汇市场还远不能适应人民币汇率形成机制市场化和有管理的浮动汇率制的要求。为了完善外汇市场的交易主体制度,扩大外汇交易的主体范围,必须作出一些政策和法律上的努力。那么应该怎么做呢? 概括而言,可以从以下三个层面逐步进行完善:

一是培育更多有实力的商业银行。商业银行是外汇市场上主要的交易主体。应进一步允许国外大银行投资入股,加快境内中资银行的股份制改造步伐,迅速发展其外汇业务,改变一两家银行在外汇市场居绝对主导地位的局面,促进公平竞争。

二是允许更多的非银行金融机构进入外汇市场。尽管外汇市场通常被称为银行间市场,但从国际经验看,非银行金融机构在市场上的作用越来越大。从中国的情况看,部分实力较强、风险管理机制较完善的非银行金融机构可望成为外汇市场上重要的新兴力量。为拓宽居民投资渠道,防止金融风险过于集中,应适当分流银行储蓄,大力培育商业保险公司、养老基金、共同基金等机构投资者。同时,在渐进、可控的前提下,允许部分境内资金通过境内合格机构投资者制度进行境外证券投资。境内投资者的出资和获取收益都应该以人民币计价,在额度内,由 QDII 集中办理购汇和结汇。尽管投资的汇率风险由投资者自行承担,但为了提高投资绩效,吸引更多的投资者,境内合格机构投资者将有动力规避境外投资的汇率风险。因此,应允许它们进入外汇市场,通过各种金融工具进行套期保值,这将有利于增加外汇市场的交易主体,提高外汇市场的深度和广度。为了增加这些机构的资金实力,应允许它们进入货币市场进行短期的人民币和外币拆借。

三是允许更多的大型非金融企业进入外汇市场。对进出口企业和其他类型企业保留外汇的限制大大放松甚至取消后,应允许少数大企业直接进入外汇市场进行资产组合管理和规避外汇风险,降低交易成本,提高资金利用效率。

第二节　外汇市场交易制度

案例 24　刘振杰骗购国家外汇案①

【案情介绍】

公诉人：北京市人民检察院

被告人：刘振杰

被告人：赵某某

被告人：孙某某

被告人：张云龙

2004 年 10 月，被告人刘振杰为非法骗取国家外汇额度，兑换美元，通过倒卖获取非法利润，采用私刻国家外汇管理局中央外汇业务中心用汇审批专用章，伪造国家外汇管理局外汇额度支付书等手段，自 2004 年 11 月至 2008 年 8 月，先后从中国银行骗兑 1.4 亿余美元的外汇额度。同期，被告人刘振杰通过刘凤坤和被告人赵某某、孙某某、张云龙等人联系用汇单位并使用用汇单位所提供的人民币资金，陆续将非法骗取的美元额度按国家外汇牌价分 199 笔兑成现汇，后以美元外汇市场调剂价格倒卖给中国对外贸易开发总公司、广东中山华粤贸易公司、中国华信电子企业集团、中国惠通（集团）总公司、广州对外经济发展电子公司等 59 家单位，从中牟取暴利 4400 余万美元和 4600 余万元人民币。被告人刘振杰将所获美元转移至孙明为其提供的澳大利亚和美国银行账户内藏匿，将所获人民币 4600 余万元转移至常可负责经管的中国农业银行学院路分理处第二流动服务所的账户内藏匿。案发后，境内外的赃款大部分被迫缴，少部分被他人占用或挥霍。

被告人赵某某、孙某某在被告人刘振杰非法倒卖外汇的活动中，不仅向刘介绍买汇单位，而且将刘振杰提供的外汇比价再次加价后卖给买汇单位，从中牟取暴利。被告人赵某某通过刘振杰为中国黑色金属进出口总公司、中国农业信托投资公司等单位及孙某某调汇计 4200 余万美元，非法经营额计人民币 3.88 余亿元；被告人孙某某为非法倒卖外汇，在中国银行设立了专门账号，以供倒汇使用，并通过赵某某、刘振杰为北京瑞得实业总公司、北京海淀区先锋电子技术公司等单位调汇 2000 余万美元，非法经营额计人民币 1.94 余亿元。被告人赵某某、孙某某将所获暴利均汇入本公司账上，并用于公司经营活动；被告人张云龙通过刘振杰为广东省中山市对外贸易总公司、中国华阳技术贸易总公司调汇 160 万美元，并通过他人为北京市崇文区华扬精纸公司调汇 11.7 万美元，非法经营额计人民币 1880 万元，获利 55 万元人民币。

被告人刘振杰的辩护人陈谷文辩护意见认为，被告人刘振杰伪造国家机关公文、印章的目的，就是为了从中牟利而触犯了其他刑事法律条文，符合牵连犯的成立条件，因

---

①案件来源：北京市高级人民法院，北大法律信息网—北大法宝 http://vip.chinalawinfo.com/Case/Result.asp 最后访问日期为 2013 年 01 月 18 日。

此对刘振杰不应适用数罪并罚,应按从一重处原则处罚,且其所获暴利大部分被收缴,请求对其从轻处罚;被告人赵某某在法庭审理中辩解称,其调汇是为本公司利益所为,其辩护人张燕生、邢凤桂辩护意见认为,被告人赵某某在刘振杰倒卖外汇活动中仅起居中介绍作用,且是单位授权行为,不构成投机倒把罪和非法经营罪,请求法庭根据赵某某系投案自首及个人未获得利益等情节依法予以从轻或减轻处罚;被告人孙某某在法庭审理中辩称,其未加价倒卖外汇,调汇是为本公司利益。其辩护人陈少先辩护意见认为,被告人孙某某的行为不构成非法经营罪;被告人张云龙对起诉书指控的事实没有提出异议,其辩护人高一之辩护意见认为,被告人张云龙未直接参与倒卖外汇,仅起居中介绍作用,未扰乱市场秩序,其行为不构成非法经营罪。

被告人赵某某、孙某某积极参与被告人刘振杰非法倒卖外汇活动,合谋使用孙某某在中国银行开立的供倒汇使用的峻峰公司账户。2005年3月4日至同年8月6日,被告人赵某某、孙某某将中国黑色金属进出口总公司、北京瑞得实业总公司等34家用汇单位按外汇市场调剂价格所提供的人民币资金,陆续汇入峻峰公司账户,通过被告人刘振杰按国家外汇牌价非法配兑现汇共计4200余万美元。在刘振杰将其获利部分,即略低于外汇市场调剂价与国家外汇牌价之间的价差划走后,被告人赵某某、孙某某将现汇按外汇市场调剂价非法倒卖给用汇单位。其中被告人赵某某倒卖给中国黑色金属进出口总公司等12家单位2100余万美元;被告人孙某某倒卖给北京瑞得实业总公司、北京市海淀区先锋电子技术公司等22家单位2080余万美元。被告人赵某某、孙某某将所获非法利润均汇入各自所在公司账内并用于公司经营,案发后均被收缴;被告人张云龙通过刘振杰倒卖给广东省中山市对外贸易总公司、中国华阳技术贸易总公司160万美元,并通过他人倒卖给北京市崇文区华扬精纸公司11.7万美元,非法获利55万元人民币,案发后大部分被收缴。被告人刘振杰、孙某某、张云龙作案后被抓获归案。被告人赵某某到公安机关投案自首。

【处理结果】

北京市高级人民法院根据《中华人民共和国刑法》第十二条第一款、第二百二十五条第(三)项、第二十五条第一款、第五十六条第一款、第五十九条、第六十七条第一款、第六十八条第一款、第六十一条、第六十四条和《中华人民共和国刑事诉讼法》第一百八十九条第(一)项、第(二)项的规定,2009年3月15日判决:

一、被告人刘振杰犯非法经营罪,判处有期徒刑14年,剥夺政治权利2年,没收全部财产;

二、被告人赵某某犯非法经营罪,判处有期徒刑10年,剥夺政治权利2年,没收全部财产;

三、被告人孙某某犯非法经营罪,判处有期徒刑11年,剥夺政治权利2年,没收全部财产;

四、被告人张云龙犯非法经营罪,判处有期徒刑5年,剥夺政治权利2年,没收全部财产。

五、扣押在案的款物,发还北京峻峰电子工程公司人民币418604.39元。

【争议焦点】

一、行为人以非法牟利为目的,非法买卖外汇,扰乱金融市场秩序的行为应当适用什么法律?

二、骗购外汇额度大小对定罪量刑的影响?

【法理分析】

一、行为人以非法牟利为目的,非法买卖外汇,扰乱金融市场秩序的行为应当适用什么法律?

骗购外汇罪,是指违反国家外汇管理法规,使用伪造、变造的海关签发的报关单、进口证明、外汇管理部门核准件等凭证和单据,或者重复使用海关签发的报关单、进口证明、外汇管理部门核准件等凭证和单据,或者以其他方式骗购外汇,数额较大的行为。骗购外汇行为,极易酿成本外币兑换的盲目与失控,造成外汇流失,影响国际收支,扭曲货币信息,进而动摇国家金融、经济的稳定。伪造,是仿造真的海关签发的凭证、单据的形状、色彩、字样等制作的假的海关凭证、单据。变造,是将海关签发的凭证、单据,采用挖、补、涂改等方法,改变其日期、币种、增加币量等制作出来的海关凭证、单据。

骗购外汇罪侵犯的客体是国家外汇管理制度。外汇管制,是指一个国家为了防止外汇资金自由输出输入,平衡国际收支,增强本币信誉,稳定汇率,而对外汇买卖、国际结算以及外汇汇率实行的政策措施。在我国,一般不称外汇管制而称外汇管理。① 我国自1994年起实行有管理的浮动汇率制,同时实行放松经常项目和严格资本项目"一松一紧"的外汇管理制度。外汇储备是国家经济实力的象征之一,也是国家对外贸易发展的后劲所在。实施外汇管理,有利于国家外汇资金的集中使用,保护我国贸易的发展;有利于防止资本逃避,维持国际收支平衡;有利于增强人民币信誉,加强我国的经济地位;有利于稳定国内物价,促进经济平衡、协调发展。本罪的对象是外汇。外汇是指以外国货币表示的用于国际收付、国际结算的支付手段。它具有动态和静态双重含义。通常情况下所指的外汇,是从静态角度来考虑的②。对静态意义之外汇,国际货币基金组织定义为"货币行政当局(中央银行、货币机构、外汇平准基金组织及财政部)以银行存款、国库券、长短期政府债券等形式所保有的在国际收支逆差时可以使用的债权。"1997年修正的《外汇管理条例》第3条列举了外汇的表现形式:(1) 外国货币,包括纸币、铸币;(2) 外币支付凭证,包括票据、银行存款凭证、邮政储蓄凭证等;(3) 外币有价证券,包括政府债券、公司债券、股票等;(4) 特别提款权、欧洲货币单位;(5) 其他外汇资产。我们认为,骗购外汇罪的对象从理论上而言当包括静态意义外汇之全部外延,但目前我国司法实践中多表现为外国货

---

① 参见刘舒年主编:《国际金融》(修订版),对外经济贸易大学出版社1991年版,第195页。

② 参见曹建明主编:《国际经济法概论》,法律出版社1994年版,第109页。

币、特别提款权、欧洲货币单位等易于转手倒卖的外汇。①

本罪在客观方面的表现为：(1) 实施了伪造海关凭证、单据的行为；(2) 实施了变造海关凭证、单据的行为；(3) 骗购国家外汇，达到数额较大的程度。其行为方式有如下几种形式：(1) 使用伪造的报关单、进口证明、外汇管理部门的核准件等骗购外汇；(2) 重复使用报关单、进口证明、外汇管理部门的核准件骗购外汇；(3) 以其他方式使用伪造、变造的报关单、进口证明、外汇管理部门的核准件骗购外汇。

骗购外汇罪的主体为一般主体，自然人和单位均可构成。司法实践中，单位主体多为拥有进出口经营权的外贸公司、企业或者其他单位，但不排除无进出口经营权的公司、企业假称其具有进出口经营权或寻求具有进出口经营权的单位共谋实施骗购外汇行为的情形。

骗购外汇罪的主观特征表现在：本罪在主观方面表现为故意。即行为人明知以虚假、无效的凭证、合同、单据骗购外汇会发生破坏外汇管理制度的结果且追求其发生的心理态度。过失不构成本罪。实践中多出自牟利动机。骗购外汇罪是法定犯、行政犯。对骗购外汇罪违法性认识中的"明知"，当理解为明知骗购外汇行为的违法性、骗购外汇行为结果的社会危害性以及二者之间的因果关系。《决定》第 1 条第 3款明确规定："明知用于骗购外汇而提供人民币资金的，以共犯论处。"仅就认识因素而言，两处"明知"不存在区别。深究意志因素，则前者为"希望并追求"、后者为"放任"。这同时说明骗购外汇罪的帮助犯罪形式中可能存在间接故意。

二、骗购外汇额度大小对定罪量刑的影响？

何谓违反国家外汇管理规定？目前我国实行的是结售汇管理制度，②关于该制度的行政法律法规主要包括《外汇管理条例》、《结汇、售汇及付汇管理规定》、《出口收汇核销管理办法》等。根据外汇管理行政法律法规的规定，售汇一般包括贸易及非贸易经营性支付的售汇、非贸易非经营性质的售汇、个人的非贸易非经营性支付的售汇、驻华机构及来华人员的售汇以及资本项目下的售汇。售汇行为的对向性行为即购汇行为。对正当购汇行为，外汇管理行政法律法规作出了明确规定：其一，购汇场所的限定。外商投资企业可以在外汇指定银行办理结汇和售汇，也可以在外汇调剂中心买卖外汇，而境内机构、居民个人、驻华机构及来华人员只能在外汇指定银行办理结汇和售汇。其二，购汇单证的限定。外汇管理部门依购汇主体的不同、资本项目与经常项目的不同、进出口项下贸易结算方式的不同，规定了必须具有的商业单据和有效凭证。例如，适用跟单信用证\保函方式结算的贸易进口，如需在开证时购汇，持进口合同、进口付汇核销单、开证申请书；如需在付汇时购汇，还应提供信用证结算的有效商业单据。又如，专利权、著作权、商标、计算机软件等无形资产的进口，持进口合同或协议；出口项下对外退赔外汇，持结汇单、索赔协议、理赔证明及退汇证明。其三，购汇手续的限定。例如，财政预算内的境内机构非贸易非经营性

①参见陶文峰著：《金融法》，人民大学出版社 2009 年版，第 169 页。
②参见刘舒年主编：《国际金融》（修订版），对外经济贸易大学出版社 1991 年版，第 20 页。

用汇实行人民币预算限额控制购汇。各用汇单位凭"非贸易外汇支出申请书"和人民币支票,在核准限额下到外汇指定银行购汇;外汇指定银行根据申请书,经核对开户证件和填写金额无误后售汇,同时消减用汇单位账户内购汇人民币限额;用汇单位不得超过限额购汇,外汇指定银行不得超过限额售汇。违反国家外汇管理规定是构成骗购外汇罪的前提条件。①

【掩卷沉思】

骗购外汇罪与其他经济类犯罪之间常常界限不清,很难定罪,那么骗购外汇罪如何与其他罪名区分定罪呢?

1. 骗购外汇罪与敲诈勒索罪的界限。骗购外汇罪与敲诈勒索罪在行为方式上有诸多相同之处,但二者之间有严格区别:(1)客体不同。骗购外汇罪侵犯的客体是复杂客体,即市场交易秩序和他人的人身权、财产权或其他合法权益;而敲诈勒索罪侵犯的客体是简单客体,即公私财产的所有权。(2)客观方面不同。骗购外汇罪行为人对被害人可使用暴力、威胁方法,而敲诈勒索罪则只能使用威胁、要挟方法,若行为人当面对被害人使用暴力,则超出了敲诈勒索罪的范围,此其一。其二,骗购外汇罪行为人在强迫对方达成交易后一般会给付对方一定数额的货币或商品作为代价,而敲诈勒索罪的行为人则完全是无偿占有被害人财物。(3)主观方面不同。骗购外汇罪行为人实施强迫交易行为主观上是为了达成交易,牟取不法利益,而敲诈勒索罪行为人主观上则是为了非法占有公私财物。(4)主体不同。骗购外汇罪自然人和单位均可构成,而敲诈勒索罪只能由自然人构成。

2. 骗购外汇罪与寻衅滋事罪的界限。寻衅滋事罪在客观方面也可表现为强拿硬要行为,两罪区别在于:(1)客体不同。强迫交易罪侵犯的客体是复杂客体,即市场交易秩序和他人的人身权、财产权或其他合法权益,而寻衅滋事罪侵犯的则是简单客体,即社会管理秩序。(2)客观方面不同。强迫交易罪行为人在强迫对方达到交易后一般会给付对方一定数额的货币或商品,而寻衅滋事罪的行为人则多是无偿占有被害人财物。(3)主观方面不同。强迫交易的行为人主观上是为了达成交易,牟取不法利益。而寻衅滋事罪行为人主观上则是为了寻欢作乐,无事生非。(4)主体不同强迫交易罪可由单位构成,而寻衅滋事罪只能由自然人构成。

案例 25　张云龙与百汇公司外汇买卖委托合同纠纷案②

【案情介绍】

原告(被上诉人):张云龙

---

①参见刘少军著:《金融法学》,中国政法大学出版社 2008 年版,第 122 页。
②案件来源:上海市第一中级人民法院(2007)沪一中民五(商)初字第 177 号,北大法律信息网——北大法宝 http://vip.chinalawinfo.com/Case/Result.asp 最后访问日期为 2013 年 01 月 18 日。

委托代理人:倪永明,上海市申光律师事务所律师

被告(上诉人):百汇公司(BACERA CORPORATION)

委托代理人:戴建方,上海市锦天城律师事务所律师

委托代理人:席春明,上海市锦天城律师事务所律师

1. 原告张云龙诉称,原告与被告上海代表处签订"外汇资金账户委托管理合同",双方约定,原告将系争款项交由被告管理,被告保证原告年收益20%。2007年6月10日,原告至被告代表处后得知,原告委托被告管理的30000美元仅剩6929.66美元,原告遂要求被告返还27000美元,但被告仅返还原告6929.66美元,剩余款项迄今未还。因双方签订的委托合同违反我国相关外汇管理的禁止性规定,应依法认定无效,故诉请判令被告返还原告20070.34美元。且被告实际并未将原告交付的资金委托金融机构入市交易,且未能举证证明其所主张的外汇交易损失数额,故其应全额返还原告资金。

2. 被告百汇公司辩称,(1)双方间的委托合同关系合法、有效,并未违反中国境内法律或法规的禁止性规定。(2)原、被告从未签订过"外汇资金账户委托管理合同",亦未承诺过原告20%的保底收益,原告提交的该委托管理合同上加盖的被告上海代表处的印章是伪造的。双方系依据2006年10月25日签订的开户协议履行各自的权利、义务,被告仅为原告提供外汇买卖交易平台,并遵循美国外汇交易规则进行交易,交易风险应该由原告自行承担。(3)对原告诉称的其交付被告的资金总额及被告已返还资金的数额,被告均予以确认。

3. 一审事实和证据。上海市第一中级人民法院经公开审理查明:2006年10月25日,经百汇公司委托的中国境内公民叶汇陶的介绍及百汇公司上海代表处的参与和联系,张云龙与百汇公司签订协议一份,该协议载明:鉴于张云龙要求在百汇公司处开设一个或更多的账户,张云龙可不时决定以现行汇率销售或购买某些货币,且张云龙要求百汇公司为其维护一个或更多个账户,以便进行外汇交易,百汇公司同意不时应张云龙的要求及其自行决定,允许张云龙在百汇公司处开设一个或多个账户,接受和维护此等由姓名、数字或其他方式指定的账户,并将执行张云龙因外汇销售和购买而提供或授权的所有指令。张云龙承认外汇交易投资的波动性非常高,对于所有或任何合约,尽管张云龙可能已经或被视为已经得到百汇公司及其代理人或职员的建议,但张云龙应被视为已根据其自己的判断自行承担风险并进行交易。所有指令应由张云龙使用清晰、毫无含糊的语言向百汇公司提供,一旦提供,这些指令未经百汇公司的书面同意或确认不得解除或撤销。张云龙承认外汇投资现货价格在各个机构间会有所不同,且每分钟都会发生变化,因而可能无法保证某项特定的交易被成功执行,即使交易价格是当时公布的价格。因此,张云龙同意接受百汇公司不时向他提供的价格即系当时的最佳价格。百汇公司给张云龙指定一个可识别的特定密码和账号,客户保证严格保密密码,并对任何的密码泄露负完全责任。如果双方发生争议或分歧,张云龙接受且同意百汇公司的交易记录复印件在任何法院或仲裁法庭均可接纳,无须另外的交易记录证据。双方另就交易、结算分配、费用及违约等方面作出约定。

张云龙分别于2006年10月25日、11月9日共汇入百汇公司账户30000美元。此

后,百汇公司曾支付张云龙 3000 美元。双方因故终止委托关系后,百汇公司仅返还张云龙 6929.66 美元,其余 20070.34 美元迄今未还。现双方均确认本案系争 20070.34 美元系外汇买卖交易中实际产生的损失。

二审诉辩主张

1. 上诉人百汇公司诉称。开户协议有效。即使协议无效,原判判令百汇公司承担 80％的责任与事实不符。据此,请求撤销原判,将本案发回重审或依法改判。

2. 被上诉人张云龙辩称。系争协议违反了我国强制性的法律规定。百汇公司的业务员怂恿张云龙投资,张云龙是基于百汇公司的怂恿才签订了协议。百汇公司的行为严重侵害了我国公民的合法权益,应由百汇公司全额返还收取的全部资金。据此,请求驳回上诉,维持原判。

【处理结果】

张云龙作为中国境内公民,其委托境外机构买卖外汇的行为违反了中国现行外汇管理制度,损害了我国国家利益,故张云龙与百汇公司于 2006 年 10 月 25 日签订的协议应依法认定无效。合同无效后,双方均有过错的,应根据过错大小各自承担相应的责任。本案中,张云龙、百汇公司违反中国外汇管理制度签订并履行了系争协议,双方对该协议无效所产生的法律后果均负有一定的过错责任:张云龙承担 20％的责任,即 4014.068 美元。百汇公司承担 80％的责任,即 16056.272 美元。

上海市第一中级人民法院依照《中华人民共和国合同法》第五十二条第四款、第五十八条之规定,作出如下判决:

一、张云龙和百汇公司于 2006 年 10 月 25 日签订的协议无效;

二、百汇公司于判决生效之日起 10 日内偿付张云龙 16056.272 美元。

【争议焦点】

一、中国境内公民与境外机构签订的买卖外汇的协议是否有效?

二、我国对非银行金融机构外汇业务的监管现状如何?地下炒汇市场的特点?

【法理分析】

一、中国境内公民与境外机构签订的买卖外汇的协议是否有效?

中国人民银行颁布的《个人外汇管理办法》第三十条规定,境内个人从事外汇买卖等交易,应当通过依法取得相应业务资格的境内金融机构办理。由此,中国境内的公民,委托境外机构买卖外汇的行为违反了中国现行外汇管理制度。当事人委托外汇买卖的交易行为严重扰乱了我国市场经济管理秩序,损害了我国国家利益。根据《合同法》第五十二条第(四)项之规定,损害社会公共利益的合同应认定为无效。因此,双方签订的协议无效。合同无效后,依据《合同法》第五十八条的规定,当事人因该合同取得的财产应当予以返还;有过错的一方应当赔偿对方因此所受到的损失;双方均有过错的,则应根据过错大小各自承担相应的责任。

本案系涉外委托合同纠纷,百汇公司作为受托人,其住所地在美国,根据最密切联系原则,本案应适用美国法律,但由于双方当事人间委托外汇交易的行为违反了我国外汇管理制度中的强制性规定,适用美国法律将损害我国国家利益,故本案纠纷的处理应直接适用中华人民共和国法律。①

张云龙作为中国境内公民,其委托境外机构买卖外汇的行为违反了中国现行外汇管理制度,损害了我国国家利益,故张云龙与百汇公司于 2006 年 10 月 25 日签订的协议应依法认定无效。合同无效后,双方均有过错的,应根据过错大小各自承担相应的责任。本案中,张云龙、百汇公司违反中国外汇管理制度签订并履行了系争协议,双方对该协议无效所产生的法律后果均负有一定的过错责任。

中国人民银行颁布的《个人外汇管理办法》第三十条规定,境内个人从事外汇买卖等交易,应当通过依法取得相应业务资格的境内金融机构办理。百汇公司为境外机构,张云龙作为中国境内公民,其委托境外机构买卖外汇的行为违反了中国现行外汇管理制度。因此,张云龙、百汇公司委托外汇买卖的交易行为严重扰乱了我国市场经济管理秩序,损害了我国国家利益。根据《中华人民共和国合同法》第五十二条第(四)项之规定,损害社会公共利益的合同应认定为无效。故张云龙、百汇公司于 2006 年 10 月 25 日签订的协议应依法认定无效。

根据《中华人民共和国合同法》第五十八条之规定,合同无效后,当事人因该合同取得的财产应当予以返还;有过错的一方应当赔偿对方因此所受到的损失;双方均有过错的,则应根据过错大小各自承担相应的责任。张云龙、百汇公司违反中国外汇管理制度签订并履行了系争协议,双方对该协议无效所产生的法律后果均负有一定的过错责任。关于过错责任的大小,则应根据已查明的事实予以认定。本案中,百汇公司作为境外机构,其委托中国境内公民叶汇陶介绍外汇交易客户的行为系引发本案纠纷的起因。而在诉争外汇交易委托业务中,百汇公司上海代表处又违反中国现行外汇管理制度的禁止性规定,积极参与并促使了系争协议的签订及履行,故百汇公司对本案纠纷的产生应承担主要过错责任。相对而言,张云龙承担次要过错责任。

二、我国对非银行金融机构外汇业务的监管现状如何? 地下炒汇市场的特点?

随着我国金融体制改革的不断深入,非银行金融机构得到了较大发展,但我国对非银行金融机构的外汇业务监管尚存在诸多问题。②

非银行金融机构主要包括存款类机构(如企业集团财务公司、汽车金融公司),证券类机构(如证券公司、基金管理公司、信托公司),保险类机构以及其他类机构(如金融租赁公司等)。作为我国金融体系的有机组成部分,非银行金融机构经营方式灵活、业务种类繁多、服务范围广泛,在外汇资金融通方面发挥着重要作用。③ 但

---

① 参见周畅:我国外汇储备增长原因分析及规模控制建议,《辽宁税务高等专科学校学报》2006 年第 6 期。
② 参见张亚宁:外汇储备持续增长背景下的金融政策研究,《商业文化》(学术版)2008 年第 11 期。
③ 参见孙卓智:外汇理财业务制约因素与发展策略,《武汉金融》2010 年第 12 期。

与此同时,我国非银行金融机构发展时间普遍较短,相关法制建设滞后,行业自律管理尚不健全,隐藏的外汇风险不容忽视。因此,加强对非银行金融机构外汇业务的监管十分必要。

现行的外汇监管法规和监管现状。目前,对非银行金融机构外汇业务管理的法规依据主要有 2008 年修订并颁布的《中华人民共和国外汇管理条例》、1993 年颁布的《非银行金融机构外汇业务管理规定》以及补充规定、《保险外汇业务管理暂行规定》(2002 年)、《保险业务外汇管理操作规程》(2003 年)、《保险外汇资金境外运用管理办法》等。在分业监管的模式下,我国对非银行金融机构外汇业务监管的职责,分别由外管局、银监会、保监会和证监会行使。总体来说,外汇管理部门对非银行金融机构的外汇管理主要包括相关外汇业务市场准入管理、开展外汇业务所涉及到的账户及汇兑管理等方面。

近年来,由于我国银行的外汇衍生交易发展滞后,一些境外金融机构乘机大肆吸引我国居民参与外汇期货和保证金交易,形成了庞大的地下炒汇市场,导致不少的外汇资金流出。① 境外机构"坐大"地下汇市 境外机构吸引我国居民参与地下炒汇由来已久,而随着我国民间外汇储备的增长,一些国际金融机构加快了非法渗透入境的步伐,大肆吸金,并在我国内持续"坐大"地下汇市。地下炒汇市场呈现如下特点:

其一,境外机构开户全凭虚拟网络,隐蔽性强。在一家正在我国境内活动、名为嘉盛集团的境外外汇交易机构中文网站发现,该机构声称是一家于美国纽约证券交易所上市的网上交易商。事实上,目前,该机构连同其开展的所有外汇商业业务完全被国家有关部门明令禁止。但其网站发布消息说,2011 年 3 月已在北京设立了联络处。该机构针对中国内地的投资者的网络服务器设在香港,网上开户完毕后,只要从网上下载交易平台软件即可开展外汇交易。

其二,赌性浓厚,参与者众,赚钱者少。近年来,福建私人从事外汇保证金交易的以有海外经历的群体为主,多在日本开户,参与人数达上万人。外汇保证金交易最刺激投资者的是杠杆比率,境外机构动辄提供 1:100 乃至 1:300 的高杠杆,赌性浓厚,而参与者能够赢利的不足 10%。

其三,地下炒汇规模庞大,主要集中在东南沿海城市。至少有 20 家境外机构活跃在网上招揽我国内地居民参与炒汇,广州、福州、温州等地成为境外机构地下外汇交易的大本营。地下外汇规模一直以来是个难解的谜团,据福州市多位参与炒汇人士估计,福州居民在境外外汇市场的年交易总额,超过福建省内实盘外汇交易总额 2 倍以上,目前规模在 200 亿到 300 亿美元。另据某国有银行一位不愿透露姓名的交易员保守估计,地下炒汇市场规模远比我国银行机构合法开办的外汇市场规模要大,我国民间已知的流动外汇量有 1000 亿美元,其中超过一半的金额在地下汇市进出。

---

① 参见方上浦:外汇管理要抓好五个环节,《中国外汇》2011 年第 7 期。

【掩卷沉思】

不少境内人士冒充"洋和尚"行骗，更多的是境外不法分子渗入境内从事金融犯罪活动，此类金融犯罪案件已在全国多地出现，影响十分恶劣，也对我国金融监管提出了严峻考验。

境外机构在境内非法从事金融业务的新型金融犯罪案件呈现出四大特点。一是非法从事金融业务活动的种类较多，有的高息揽存放贷，有的进行信用卡代理，有的从事跨境汇兑业务，有的吸引国内投资者到境外进行外汇、黄金保证金交易，有的开设地下钱庄，逃避有关职能部门的监管。二是不法分子要么来自境外，要么打着境外机构的旗号。三是作案手法多样，有的犯罪嫌疑人利用国内公司和个人为其招揽客户，有的利用互联网招揽客户，有的则通过随机拨打电话方式招揽客户。四是受害者众多且损失难以挽回，且犯罪嫌疑人非法牟利后大肆挥霍，追赃难度很大。

大量案件的事后调查表明，巨款都是通过各种金融机构、在不受任何监控的情况下被转移到境外的，这说明我国对金融诈骗、侵占、骗税、骗汇贪污、受贿等严重经济犯罪的侦办，目前仍处于一种较为被动、滞后的状态。现在整治这些问题的方法就是加强事前监管，做好制度建设，工商、银监、司法等部门应加强协作，完善监管体制。

第八章　信贷法律制度

第一节　存款法律制度

案例 26　ATM 机取款后卡内 3 万余元存款不翼而飞 银行支行被判赔偿相应损失①

【案情介绍】

上诉人(原审原告):张某

被上诉人(原审被告):银行某支行

2009 年 6 月 4 日,公民张某通过其在某银行办理的银行理财宝理财卡先后两次在另外两家银行的 ATM 机取款。之后,在云南丽江该银行再次取钱而检查余额时发现其卡内的 3 万多元存款不翼而飞。张某当时即向当地公安部门报了案。丽江公安局在调查之后发现,该银行支行黄某等人通过在银行 ATM 机上安装摄像头和读卡器等方式,窃取了张某卡上的信息后伪造了信用卡取走了张某的钱款。

事发之后,张某曾多次与该银行某支行就关于被盗钱款的事情进行协商,可无奈双方始终在具体赔偿问题上达不成一致意见。所以张某在与银行某支行交涉被盗的存款未果后,将银行某支行诉至法院。张某的诉讼请求为要求该支行兑付其存款本金及利息 3 万余元;赔偿损失 6000 元、赔偿证人出庭的往返机票、食宿费损失 5000 元;并承担诉讼费。

银行某支行答辩称:原告在另外两家银行取款时被盗取个人信息,因此应当由取款行承担责任,且认为原告本身未尽到注意义务,也有责任,故不同意原告诉求。

一审宣判后张某不服,上诉至北京市第二中级人民法院。

二中院经审理认为,商业银行有条件、有机会、有能力、也有义务防范犯罪分子利用自助银行和 ATM 机犯罪,以确保金融管理秩序和正常运转,确保储户的存款安全,维持储户的合法权益。张某作为普通的借记卡持有人,对自助银行的 ATM 机不具有专业知识。在张某的借记卡和密码未丢失,也未委托他人使用的情况下,张某对借记卡信息和密码被窃取,没有过错,不应承担责任。支行未能及时履行告知犯罪手段和保障交易场所安全的义务,是犯罪分子使用盗码器得逞的主要原因,支行应当承担责任。密码

---

① 案例来源:北京市第二中级人民法院(2011)二中民终字第 238 号判决书,北大法律信息网—北大法宝 http://vip.chinalawinfo.com/Case/Result.asp 最后访问日期 2013 年 1 月 20 日。

是由储户拟定并存入金融机构网络系统内在保密状态下由本人持有和使用的专用号码,因此当密码成为支取存款的唯一方式时,金融机构对因第三人冒领存款的情况下所负的是否合理履行合同义务的举证责任为:金融机构网络系统内储存的储户密码或者密码在金融机构负有安全保障义务的场合内是否被第三人窃取,而且兑付存款的行为方式是否符合法律、法规规定及合同约定。支行向张某发行了借记卡,与张某存在储蓄合同关系。案件中,是犯罪分子利用窃取的借记卡信息和密码伪造成借记卡到ATM机上取款,而作为储蓄合同凭证的真借记卡并没有用于交易,这是犯罪分子利用伪卡欺骗支行,不能视作支行与张某成就一笔交易。支行在储蓄合同中,负有保障交易场所安全、防范犯罪发生、向储户及时通知犯罪手段和保障存款人合法权益不受侵犯的义务,支行未尽相关义务,导致张某借记卡内的资金短少,应向张某承担赔偿借记卡中短少的储蓄本金及相应利息损失的责任。但因借记卡中未被盗取的其他金额,张某可自行支取,故张某关于该部分金额的诉讼请求,不予支持。张某要求支行赔偿的其他损失,亦缺乏依据,不予支持。

【处理结果】

北京市第二中级人民法院在审理后认为该银行支行在储户张某丢失密码之后所为的交易方面存在疏漏,最终法院根据《民法通则》关于民事合同的基本原则、《合同法》对合同订立、履行以及责任分担等方面的基本规定以及《商业银行法》、《储蓄管理条例》及其实施细则的具体规定,判决如下:

一、该银行支行赔偿张某存款本金3万余元,并赔偿相应利息损失;

二、上诉人张某提出的赔偿损失6000元,由于借记卡中未被盗取的其他金额,张某可自行支取,故张某该请求不予支持;

三、上诉人张某提出的赔偿证人出庭的往返机票、食宿费损失5000元的请求,由于缺乏法律依据,所以不予支持。

【争议焦点】

一、银行的答辩理由成立吗?
二、二审法院判决的合理之处在哪里?

【法理分析】

一、银行的答辩理由成立吗?
本案是一起因储蓄存款被冒领而引起的储户与银行之间的纠纷。
本案在张某向法院提起诉讼时,该银行提出的答辩理由为原告张某由于是在另外两家银行取款时被盗取的个人信息,因此应当由取款行承担责任,且认为原告张某本身并未尽到注意义务,也有责任,故不同意原告诉求。
银行在此时提出的答辩理由基本可以概括为两点:一是原告张某在丢失个人信息时并不是在其自己的银行ATM机前丢失的,在哪儿丢失就应该由谁负责。由于张某是在另外两家银行取款时被盗取个人信息的,理应由取款行担责;二是原告张某自己在保存个人信息方面也存在过错,也有责任,因此更不应该由本行来承担张某丢失的 3 万余款。

储户张某在发生个人信息被盗取的情况之后,之所以能够找到银行并要求其赔偿相应损失,其原因就在于银行与储户之间存在着一种法律上承认的并且应该受到法律保护的储蓄存款合同关系。当银行和储户之间就某种原因而导致一方的损失,我们称之为储蓄存款合同纠纷。

储蓄存款合同纠纷是司法实践中较为多见的一种合同纠纷。由于我国《合同法》对存款合同没有专门规定,给这类纠纷案件的法律适用带来了一定的难度,而其中尤以因存款被冒领所引发的纠纷案件的责任认定最具争议性和典型性。储蓄存款被冒领后引起的储蓄存款纠纷的民事责任是需要重点探讨的问题。存款被冒领是此类储蓄存款纠纷的原因行为,对于由此引发的民事责任的认定有直接的影响。"从存款得以冒领的原因上,可将存款冒领行为分为利用真实的存款信息伪造凭证冒领存款、利用真实的存款信息和凭证冒领存款及利用不当挂失冒领存款等三大类。而由此引发的纠纷具有主体的多元性、法律关系的双重性、程序上的交叉性、因果联系的重合性等特性,表明此类纠纷所涉及的责任问题较为复杂。"①

根据 1993 年 3 月 1 日开始实施的《储蓄管理条例》之规定,银行储蓄是指个人将属于其所有的人民币或者外币存入银行,银行开具存折或存单作为凭证,个人凭存折或存单可以支取存款本金和利息,银行依照规定支付存款本金和利息的活动。② 本案中,储户张某在该银行支行办理了存款手续,这是合法且正当的,所以在当储户的利益受到非储户之外的相关人员的损害之后,作为银行支行,是有责任赔偿储户的损失的。正如二审法院所说的:案件中,是犯罪分子利用窃取的借记卡信息和密码伪造了一个借记卡然后到 ATM 机上取款,而作为储蓄合同凭证的真借记卡并没有用于交易,这是犯罪分子利用伪卡欺骗支行,不能视作支行与张某成就一笔交易。支行在储蓄合同中,负有保障交易场所安全、防范犯罪发生、向储户及时通知犯罪手段和保障存款人合法权益不受侵犯的义务,支行未尽相关义务,导致张某借记卡内的资金短少,应向张某承担赔偿借记卡中短少的储蓄本金及相应利息损失的责任。

由于储户与金融机构之间已经建立了储蓄合同关系,这种合同关系是先于第三人的冒领行为而建立的,不会影响到储蓄合同关系的成立。第三人的冒领行为侵犯的是金融机构对其保管款项所拥有的所有权,不能因为第三人的冒领行为而否认储蓄合同关系的真实性。第三人及其他嫌疑人除被追究刑事责任外,还应当承担侵权的民事赔偿责任。③ 因储蓄合同关系引发的存款冒领纠纷诉讼案件,均是由于金融机构拒付存款引起的,金融机构应对其拒付行为负担举证责任。即当储户持真实存

---

① 参见吴纲要:储蓄存款冒领后的民事责任研究,《湘潭大学学报》2008 年第 7 期。
② 参见陶广峰著:《金融法》,中国人民大学出版社 2009 年版,第 180 页。
③ 参见符望:银行卡内存款被冒领案件中的法律问题,《上海金融》2006 年第 9 期。

单、存折、银行卡或者其他证明存款关系的凭证以及正确的密码信息、身份证件或者预留印鉴向金融机构主张权利时,金融机构应当按照实际存款的数额履行兑付的责任。如果金融机构以存款已经正确兑付为由拒绝向持有真实存款关系凭证的权利人或者其代理人支付的,金融机构应当举证证明其兑付行为符合法律、法规及合同约定的义务,否则应当承担兑付责任或者赔偿由此造成的损失。

从前面的分析,我们可以看到:储户最初在银行开立账户申领储蓄卡等银行业务时,都会与银行签订储蓄卡领用合约,该合约正是我们一直在强调的银行与储户之间的储蓄合同关系。根据主流观点,金钱是一种特殊的替代物,其特殊性体现在除非当事人之间有特别的约定将其特定化,否则对金钱的占有发生移转就是金钱所有权的移转。因此储户将自己的货币存入银行,这时候就是一种对金钱占有的移转,同时也是金钱所有权的移转,所以该货币的所有权就从储户转移到了银行。根据这一主流观点发散思维,便是当犯罪分子冒领储户的存款时,侵犯的是银行对这一货币的所有权。而储户要求取回存款及其相应利息只能是基于其与银行之间的储蓄存款合同关系,因此储蓄存款被冒领纠纷应当被认定为违约责任纠纷。

回归本案,张某作为合法储户,在利益受到损失之后理应根据其与该银行支行之间形成的储蓄存款合同关系,要求取回相应存款和利息。至于银行辩称的第二个理由说储户自己也有错误,二审法院在判决理由中也说得很清楚:张某作为普通的借记卡持有人,对自助银行的 ATM 机不具有专业知识。在张某的借记卡和密码未丢失,也未委托他人使用的情况下,张某对借记卡信息和密码被窃取,没有过错,不应承担责任。支行未能及时履行告知犯罪手段和保障交易场所安全的义务,是犯罪分子使用盗码器得逞的主要原因,支行应当承担责任。

综上所述,银行的两点答辩理由是不能成立的。

二、二审法院判决的合理之处在哪里?

二审法院根据案件事实依法作出二审判决:

1. 该银行支行赔偿张某存款本金 3 万余元,并赔偿相应利息损失;

2. 上诉人张某提出的赔偿损失 6000 元,由于借记卡中未被盗取的其他金额,张某可自行支取,故张某该请求不予支持;

3. 上诉人张某提出的赔偿证人出庭的往返机票、食宿费损失 5000 元的请求,由于缺乏法律依据,所以不予支持。

二审法院共作出三项判决结果,接下来我们将一一分析这些判决的合理之处。

1. 该银行支行赔偿张某存款本金 3 万余元,并赔偿相应利息损失。正如前文所分析到的那样,银行与张某之间是银行与储户的关系,也就是说银行与张某之间存在着合理合法的储蓄合同关系。银行在储户存款被盗这一事件中,是存在相应过错的,所以储户张某当然可以根据这个储蓄合同关系向该银行支行要求支行赔偿其存款本金 3 万元及其相应利息。

2. 上诉人张某提出的赔偿损失 6000 元,由于借记卡中未被盗取的其他金额,张某可自行支取,故张某该请求不予支持。储户张某与银行之间是一种储蓄合同关系,这就必然要遵循一定的规则。① 存款按多种方式分类,如按产生方式可分为原始存款和派生存款,按期限可分为活期存款和定期存款,按存款者的不同(以中国为例),则可划分为单位存款和个人存款。个人储蓄存款是指个人将自己合法拥有或持有的货币资金存入储蓄机构而形成的存款。② 与本案联系比较密切的就是居民个人存款和定期、活期存款。定期存款和活期存款是根据存款期限的不同而划分的。之所以银行会有如此多的存款形式,正是为了满足不同客户的不同需求而设计的。本案中张某在该银行支行办理的理财卡正是活期存款的一种形式,储户无需任何事先通知即可随时存取和转让的一种银行存款,其形式有支票存款账户、保付支票、本票、旅行支票、信用证等。储户张某在这次存款被冒领事件中只是损失了本金3万元及其相应利息,至于他提到的额外的6000元损失,在这一法律关系中是没有法律根据的,所以法院当然会驳回。

3. 上诉人张某提出的赔偿证人出庭的往返机票、食宿费损失5000元的请求,由于缺乏法律依据,所以不予支持。储户张某与该银行支行之间存在着合理合法的储蓄合同法律关系,根据法律关系的相对性原则,不应该在赔偿问题上出现违背这一法律关系的赔偿请求。上诉人张某提出的证人出庭的往返机票、食宿费的损失不是由这一相应法律关系所涵盖的,所以法院当然有理由拒绝这一赔偿请求。

【掩卷沉思】

实践中一般认为,在储蓄合同中因债权人的原因,即储户对其享有严格保密和妥善保管义务的存款关系凭证、密码、身份证件等重要取款资料的丢失或者故意出错、过失泄露给第三人,导致存款被冒领,债务人将被免除或者部分免除存款被冒领的赔偿责任。但是由违约方金融机构举证证明由于储户的过错导致了存款被冒领是有较大难度的,有时需要借助公安机关的刑事调查才能确定。

所以,只要金融机构证明自己的兑付行为符合法律、法规的操作规程和合同约定的义务,如密码的真实性以及身份证件中记载的相关信息的真实性,就可以推定储户的过错存在,而免除金融机构相应赔偿责任。对存折、存单或者银行卡进行挂失后,金融机构未尽谨慎合理的注意义务,致使存款被冒领的,金融机构应当承担赔偿责任。储户如有过错的,可以减轻金融机构的赔偿责任。所以在储户出现存款被冒领情况之后,银行并不必然承担相应赔偿责任。

---

① 参见徐孟州著:《金融法》,高等教育出版社2007年版,第76页。
② 参见朱崇实著:《金融法教程》(第三版),法律出版社2011版,第255页。

第二节 贷款法律制度

案例 27 阳利云与中国工商银行股份有限公司 柳州分行借款合同纠纷上诉案①

【案情介绍】

上诉人(一审被告):阳利云

被上诉人(一审原告):中国工商银行股份有限公司柳州分行

一审被告:柳州市某某投资有限公司

2003 年 7 月 10 日,工行柳州分行与阳利云、柳州市某某房地产开发有限公司(以下简称某德力公司)签订了《个人购房借款合同》。合同约定:阳利云向工行柳州分行借款150000 元,用于购买位于柳州市文惠路 55 号文惠商住楼 8—3 室房屋,并将该房屋抵押给工行柳州分行作为借款的担保,借款期限为 20 年,即从 2003 年 7 月 10 日至 2023 年7 月 9 日止;月利率为 4.2‰,如遇人民银行贷款利率调整,按规定执行,贷款人不再另行通知借款人;还款方式为等额本息还款法;借款人如未能按时还款付息,贷款人对逾期部分每日计收万分之二点一罚息,并可计收复利,如借款人连续三个付款期或在本合同期内累计六个付款期未按时还款付息,贷款人有权宣布合同提前到期;某德力公司作为保证人自愿为借款人提供连带责任保证,保证期限自本合同签订之日起至借款人持《房屋所有权证》办理正式抵押登记手续之日止;本合同履行过程中如发生纠纷,可向贷款人所在地法院提起诉讼。合同签订后同月 17 日,工行柳州分行向阳利云发放借款150000 元,并于 2004 年 7 月 8 日以工行柳州分行作为抵押权人办理了预购商品房贷款抵押登记。某德力公司于 2006 年 6 月 10 日更名为广惠公司。在借款合同履行过程中,阳利云从 2004 年 2 月开始未能按约还款付息,陆续出现拖欠现象,累计逾期数达 81期,截至 2011 年 12 月 21 日尚欠工行柳州分行借款本金 121857.40 元、利息 18261.81元。工行柳州分行多次催款未果,广惠公司也未履行担保责任。故发生纠纷成讼。

一审法院审理认为:工行柳州分行依约向阳利云发放了贷款,并无过错行为。但阳利云借款后却未能按约还款付息,多次出现拖欠现象,且从 2009 年 9 月起便停止还款付息至今,其行为属违约行为,已达到合同约定的解除条件。故工行柳州分行的起诉有理,且证据充分确实,其要求按合同约定解除合同,并要求阳利云偿还借款、清偿利息及广惠公司承担连带保证责任的诉讼请求,该院应予支持。广惠公司作为借款合同的连带责任保证人,在保证期间即抵押房屋未办理正式抵押登记尚未取得《房屋他项权证书》时,当债务人阳利云未履行债务时,应在抵押物不足清偿范围内承担保证责任,并可

①案例来源:广西壮族自治区柳州市中级人民法院(2012))柳市民二终字第 149 号判决书,北大法律信息网—北大法宝 http://vip. chinalawinfo. com/Case/Result. asp 最后访问日期 2013 年 1 月 30日。

在承担清偿责任后对阳利云依法享有追偿权。阳利云关于中国人民银行调整贷款利率工行柳州分行未及时通知,导致其未足额还款的辩称,该院认为,双方在合同已约定如遇人民银行贷款利率调整,贷款人不再另行通知借款人,且人民银行调整贷款利率采取公布形式,借款人也应尽注意义务,该条款并没有免除工行柳州分行的责任、加重阳利云的责任或排除阳利云主要权利,故对于阳利云这一无事实依据及法律依据的辩称,该院不予采信。

上诉人阳利云不服一审判决,上诉称:(1) 不存在违约的问题。(2) 关于本案的事实认定问题有误。(3) 一审法院曲解法律,适用法律错误。(4) 在被上诉人违约的前提下,上诉人愿意在双方将账目核对清楚后继续履行借款合同。被上诉人工行柳州分行口头答辩称:一审判决认定事实清楚,适用法律正确,上诉人的上诉请求不能成立,请求二审驳回上诉,维持原判。

二审法院认为:上诉人阳利云与被上诉人工行柳州分行签订《个人购房借款合同》后,被上诉人工行柳州分行按约向上诉人阳利云发放了贷款,上诉人阳利云亦应当按约履行还款付息的义务。但从 2004 年 2 月开始,上诉人阳利云多次未能足额还款付息,上诉人阳利云的行为构成违约。由于上诉人阳利云在本案的《个人购房借款合同》履行期间多次出现拖欠现象,且从 2009 年 10 月开始,上诉人阳利云便拒绝还款付息至今。根据合同的履行情况,已经达到双方约定的合同解除条件,因此,被上诉人工行柳州分行要求解除借款合同提前收回贷款本息的诉讼请求合法有据,上诉人阳利云的上诉请求不能成立,本院不予支持。

【处理结果】

原审法院判决如下:

一、工行柳州分行与阳利云、广惠公司于 2003 年 7 月 10 日签订的《个人购房借款合同》从本案判决生效之日起解除,终止履行;

二、阳利云偿还工行柳州分行借款 121857.40 元、利息 18261.81 元(利息暂时计算至 2011 年 12 月 21 日止,2011 年 12 月 22 日至本案生效判决规定的履行期限之日止的利息按照有关规定另行计算);

三、若阳利云在本判决书规定的履行期间内不能履行上述债务,工行柳州分行有权以其抵押担保的房屋进行折价或者以拍卖、变卖所得价款优先受偿;

四、广惠公司对上述款项在抵押物不足清偿范围内承担连带清偿责任。案件受理费 2983 元(工行柳州分行已预交),由阳利云、广惠公司共同负担。

二审法院广西壮族自治区柳州市中级人民法院认为,一审判决认定事实清楚,判决结果正确。依照《中华人民共和国民事诉讼法》第一百五十三条第一款第(一)项的规定,判决如下:

驳回上诉,维持原判。二审案件受理费 2983 元(上诉人阳利云已预交),由上诉人阳利云自行负担且为终审判决。

【争议焦点】

一、工行柳州分行与阳利云、柳州市某某房地产开发有限公司签订了《个人购房借款合同》属于何种贷款类别？我国对于此种贷款方式有何规定？

　　二、我国对于银行贷款利率的规定是怎样的？

【法理分析】

　　一、工行柳州分行与阳利云、柳州市某某房地产开发有限公司签订了《个人购房借款合同》属于何种贷款类别？我国对于此种贷款方式有何规定？

　　1. 工行柳州分行与阳利云、柳州市某某房地产开发有限公司签订了《个人购房借款合同》由于涉及了房屋抵押，即在向银行借款的同时，又将该房屋抵押给工行柳州分行作为借款的担保，故构成法律上规定的担保贷款。

　　"以贷款有无担保及担保的形式为标准，贷款可分为信用贷款、担保贷款和票据贴现贷款。而本案所涉及的担保贷款是指以一定的担保为条件的贷款，又包括保证贷款、抵押贷款和质押贷款。保证贷款是指第三人以保证的形式承诺在借款人不能偿还贷款时，按约定承担一般保证责任或者连带责任而发放的贷款。抵押贷款是指以借款人抵押方式或第三人的财产作为抵押物而发放的贷款。质押贷款是指以借款人质押方式或第三人的动产或权利作为质押物发放的贷款。"[1]例如，个人住房贷款和汽车消费贷款，都是以住房或汽车为抵押发放的贷款。[2] 本案中的担保贷款又可细分为抵押贷款。

　　2. 根据中国《中华人民共和国担保法》(以下简称《担保法》)第七条至第十一条规定：具有代为清偿债务能力的法人、其他组织或者公民，可以作保证人。但是国家机关不得为保证人(经国务院批准为使用政府或者国际经济组织贷款进行转贷的除外)；学校、幼儿园、医院等以公益为目的的事业单位、社会团体不得为保证人；企业法人的分支机构、职能部门不得为保证人。企业法人的分支机构有法人书面授权的，可以在授权范围内提供保证。任何单位和个人不得强令银行等金融机构或者企业为他人提供保证；银行等金融机构或者企业对强令其为他人提供保证的行为，有权拒绝。[3]

　　同一债务有两个以上保证人的，保证人应当按照保证合同约定的保证份额，承担保证责任。没有约定保证份额的，保证人承担连带责任，债权人可以要求任何一个保证人承担全部保证责任，保证人都负有担保全部债权实现的义务。已经承担保证责任的保证人，有权向债务人追偿，或者要求承担连带责任的其他保证人清偿其应当承担的份额。[4]

　　《担保法》第十三条同时还规定，保证人与债权人应当以书面形式订立保证合同，保证人与债权人可以就单个主合同分别订立保证合同，也可以协议在最高债权额限度内就一定期间连续发生的借款合同或者某项商品交易合同订立一个保证合

①参见陶广峰著：《金融法》，中国人民大学出版社 2009 年版，第 187 页。

②参见朱崇实著：《金融法教程》(第三版)，法律出版社 2011 年版，第 270 页。

③参见吴志攀著：《金融法概论》，北京大学出版社 2011 年版，第 203 页。

④参见朱崇实著：《金融法教程》(第三版)，法律出版社 2011 年版，第 270 页。

同。合同应当包括:(1) 被保证的主债权种类、数额;(2) 债务人履行债务的期限;(3) 保证的方式;(4) 保证担保的范围;(5) 保证的期间;(6) 双方认为需要约担保贷款文件定的其他事项。

无论何时,担保保证人的风险都是非常大的。首先需要从《中华人民共和国担保法》的相关章节弄清楚何谓保证、保证人以及保证的方式。

《中华人民共和国合同法》第六条规定:"本法所称保证,是指保证人和债权人约定,当债务人不履行债务时,保证人按照约定履行债务或者承担责任的行为。""具有代为清偿债务能力的法人、其他组织或者公民,可以作保证人。"本案中柳州市广惠投资有限公司就充当了保证人的角色。我国法律对于保证人的相关规定如下:

《担保法》第十六条规定:保证的方式有:1. 一般保证;2. 连带责任保证。"当事人在保证合同中约定,债务人不能履行债务时,由保证人承担保证责任的,为一般保证。一般保证的保证人在主合同纠纷未经审判或者仲裁,并就债务人财产依法强制执行仍不能履行债务前,对债权人可以拒绝承担保证责任。""有下列情形之一的,保证人不得行使前款规定的权利:(一) 债务人住所变更,致使债权人要求其履行债务发生重大困难的;(二) 人民法院受理债务人破产案件,中止执行程序的;(三) 保证人以书面形式放弃前款规定的权利的。"

当事人在保证合同中约定保证人与债务人对债务承担连带责任的,为连带责任保证。连带责任保证的债务人在主合同规定的债务履行期届满时没有履行债务的,债权人可以要求债务人履行债务,也可以要求保证人在其保证范围内承担保证责任。当事人对保证方式没有约定或者约定不明确的,按照连带责任保证承担保证责任。

从以上条款不难看出,无论是哪种形式的保证,一旦被保证人债务人发生经济恐慌,保证人都要承担替被保证人偿还债务的风险。

保证人与债权人可以就单个主合同分别订立保证合同,也可以协议在最高债权额限度内就一定期间连续发生的借款合同或者某项商品交易合同订立一个保证合同。

当事人在保证合同中约定,债务人不能履行债务时,由保证人承担保证责任的,为一般保证。一般保证的保证人在主合同纠纷未经审判或者仲裁,并就债务人财产依法强制执行仍不能履行债务前,对债权人可以拒绝承担保证责任。当事人在保证合同中约定保证人与债务人对债务承担连带责任的,为连带责任保证。连带责任保证的债务人在主合同规定的债务履行期届满没有履行债务的,债权人可以要求债务人履行债务,也可以要求保证人在其保证范围内承担保证责任。当事人对保证方式没有约定或者约定不明确的,按照连带责任保证承担保证责任。

二、银行贷款利率的规定

贷款利率是指借款期限内利息数额与本金额的比例。我国的利率由中国人民银行统一管理。银行贷款利率参照中国人民银行制定的基准利率,实际合同利率可在基准利率基础上上下一定范围内浮动。贷款人应当按照中国人民银行规定的贷款利率的上下限,确定每笔贷款的利率,并在贷款合同中载明。① 我国的利率由中国人民银行统一管理,中国人民银行确定的利率经国务院批准后执行。贷款利率的高低直接决定着利润在借款企业和银行之间的分配比例,因而影响着借贷双方的经济利益。贷款利率因贷款种类和期限的不同而不同,同时也与借贷资金的稀缺程度相联系。贷款利率是借款合同双方当事人计算借款利息的主要依据,贷款利率条款是借款合同的主要条款。以银行等金融机构为出借人的借款合同的利率的确定,当事人只能在中国人民银行规定的利率上下限范围内进行协商。如果当事人约定的贷款利率高于中国人民银行规定利率的上限,则超出部分无效;如果当事人约定的利率低于中国人民银行规定的利率下限,应当以中国人民银行规定的最低利率为准。此外,如果贷款人违反了中国人民银行规定,在计收利息之外收取任何其他费用的,应当由中国人民银行进行处罚。

贷款利率政策是我国信贷政策的一个重要组成部分,利率是国家调节经济活动的一个重要杠杆。

1. 法定贷款利率。法定贷款利率是指经国务院批准和国务院授权中国人民银行制定的各种贷款利率。法定贷款利率一经确定,任何单位和个人均无权变动。法定贷款利率的公布、实施均由中国人民银行负责。

2. 浮动利率。浮动利率是指金融机构在人民银行总行规定的浮动幅度内,以法定贷款利率为基础自行确定的贷款利率。它高于或低于法定贷款利率。若高于法定贷款利率称为利率上浮,低于法定贷款利率称为利率下浮。利率上浮和下浮的幅度和范围由中国人民银行总行规定。

3. 优惠利率。优惠利率,是指发放贷款时所收取的比一般同类贷款利率较低的利率。我国的优惠利率主要适用于按照国家经济政策需要特别扶持的贷款项目,以及对因客观条件较差,急需发展而收益较低的一些企业所给予的低息优惠照顾。优惠贷款利率比一般同档次普通利率要低一到两个百分点。

4. 罚息政策及其规定比例。中国人民银行规定,金融机构对客户的逾期贷款和挤占挪用贷款实行罚息,即按罚息利率计收利息,计息幅度、范围和条件,必须由中国人民银行总行确定。

【掩卷沉思】

一审法院在认定银行在贷款利率应否及时通知贷款人的问题上认为双方在合同已约定如遇人民银行贷款利率调整,贷款人不再另行通知借款人,且人民银行调整贷款利率采取公布形式,借款人也应尽注意义务,从而判定银行不存在过错。而二审法院也认可了这一判决。可在现实生活中,像被告阳某这样由于银行未能及时通知贷款人,导致未能及时还贷的情况还是很多见的。"银行个贷都是在每年一月进行调整的,所以每年一月还款前要打一下还款计划,客户经理通知当然是好的,可不通知在贷款合同里是有

---

① 参见朱崇实著:《金融法教程》(第三版),法律出版社2011年版,第278页。

相关条款的,在签约时银行已经免责了。"这是很多客户都反映的一点。虽然一审法院、二审法院都支持了银行的这一做法,但在实际生活中,还是给客户带来了很多的不便。

不得不说这又是另一个霸王条款所引发的问题,在交易双方当事人看来,地位的不平等将会导致信息的不对等,也会给社会带来更多的纠纷和隐患,所以在此建议法院和相关部门可以更好地维护弱势一方,真正实现社会的公平正义。

案例28　中国建设银行股份有限公司岳阳市分行诉湖南德力汽车玻璃有限公司等金融借款合同纠纷案①

【案情介绍】

原告:中国建设银行股份有限公司岳阳市分行

被告:湖南德力汽车玻璃有限公司

被告:岳阳博大科技有限公司

被告:岳阳市正恒饲料有限公司

被告:杨某

德力公司与建设银行岳阳市分行于2011年11月30日签订编号为KFQ(2011)10号《人民币流动资金贷款合同》,约定鉴于德力公司归还福亚公司所欠建设银行岳阳市分行1000万元贷款本息的需要,德力公司向建设银行岳阳市分行申请借款。合同还约定:(1)借款金额970万元;(2)借款期限12个月,即自2011年11月30日起至2012年11月29日止,借款期限起始日与贷款转存凭证不一致时,以其所载实际放款日期为准,借款到期日作相应调整;(3)利率为固定年利率7.872%,逾期罚息利率为贷款利率上浮50%,未按合同约定的结息日付息则自次日起计收复利;(4)按月结息,结息日为每月第20日;(5)若德力公司违反合同约定或法定义务、存在法定代表人无法正常履行职责或者抵押财产被查封等可能危及债权安全的,贷款银行可宣布贷款立即到期,要求立即偿还贷款本金、利息及费用;(6)借款逾期,对未按时还清的借款本息,自逾期之日起至本息全部清偿之日止按罚息利率和本合同约定的结息方式计收利息和复利;借款到期前,对未按时还清的利息按合同约定的贷款利率和结息方式计收复利;(7)建设银行岳阳市分行有权委托建行其他分支机构发放合同项下贷款并行使、履行合同项下的权利义务,德力公司不持异议。

建设银行岳阳市分行于2011年12月21日向德力公司下发970万元的贷款指标通知,并于同年12月27日发放等额贷款,德力公司及法定代表人杨某在建设银行岳阳市分行当日签发的117号贷款转存凭证上分别加盖了公司财务及个人印鉴。贷款发放后,德力公司按借款合同约定将此款用于归还福亚公司所欠建行岳阳市分行的原贷款,且自2012年1月21日起开始逐月偿还利息,至2012年8月21日止清偿利息合计

---

①案例来源:湖南省岳阳市中级人民法院(2012)岳中民二初字第98号民事判决书,北大法律信息网—北大法宝 http://vip.chinalawinfo.com/Case/Result.asp 最后访问日期2013年1月31日。

504813.88 元。此后,德力公司仅偿还利息 297.42 元,未足额清偿贷款利息,且公司法定代表人杨某隐匿,不知去向。

原告建设银行岳阳市分行与被告德力公司签订的共 3 份最高额抵押合同,与杨某签订的自然人保证合同,均系在平等、自愿的基础上签订的,各方意思表示真实,亦不违反法律规定,对前述 4 份协议应确认其合法、有效。借款合同签订后,原告建设银行岳阳市分行依约发放了相应贷款,德力公司在按合同约定用途使用贷款后,却未能按照合同约定偿还借款利息,且公司法定代表人杨某隐匿,德力公司已构成对借款合同的预期违约,应承担相应的违约责任,故原告建设银行岳阳市分行诉请被告德力公司提前偿还借款本息,应予支持。原告建设银行岳阳市分行与被告博大公司、正恒公司、杨某签订了 3 份最高额抵押合同,合同各方对约定的相关抵押物均在相应权属登记部门办理了设定抵押权的他项权利登记,对其分别设定的抵押权依法确认其法律效力。被告德力公司不能履行到期债务,原告建设银行岳阳市分行可以就被告博大公司、正恒公司、杨某提供的物的担保实现债权,也可以要求被告人杨某承担保证责任,提供担保的第三人承担担保责任后,有权向债务人追偿。庭审中,被告德力公司、博大公司、杨某均提出银行贷款没有真实发放,且原告建设银行岳阳市分行采用欺骗手段并逼迫签订借款及担保合同,该抗辩没有事实依据。

德力公司用涉案贷款为福亚公司偿还银行原贷款,是基于借款合同的约定,各被告为德力公司贷款提供担保,是当事人的真实意思表示,不存在因原告建设银行岳阳市分行欺骗而意思表示不真实的问题。博大公司为德力公司贷款提供担保,抵押物已在房地产部门办理了抵押登记手续,担保贷款已实际发放并按合同约定用途实际使用,主债务人、抵押人、抵押权人三方均未违反民事交往中的诚信、等价等原则,也未突破平等主体之间的民事交往惯例,不存在恶意串通的情形,故博大公司关于提供抵押时尚有债务未清偿,但将企业全部资产抵押给一个债权人,应认定抵押合同无效的抗辩,于法无据。

【处理结果】

岳阳市中级人民法院判决如下:

一、限被告湖南德力汽车玻璃有限公司在本判决生效后 10 日内偿还原告中国建设银行股份有限公司岳阳市分行借款本金 970 万元及相应利息;

二、对被告湖南德力汽车玻璃有限公司所欠判决前项的借款本息,原告中国建设银行股份有限公司岳阳市分行有权选择以被告岳阳博大科技有限公司、岳阳市正恒饲料有限公司、杨某提供的抵押登记财产协议折价或者拍卖、变卖所得的价款优先受偿,也可以要求被告杨某承担连带保证责任;提供担保的前述抵押人、保证人在承担担保责任后,有权向债务人追偿。

【争议焦点】

一、本案中中国建设银行股份有限公司岳阳市分行与湖南德力汽车玻璃有限公司等签订的金融借款合同,我国法律对此是如何规定的?

二、本案中贷款双方的法律关系是什么?双方各自的权利义务是怎样的?

【法理分析】

一、本案中中国建设银行股份有限公司岳阳市分行与湖南德力汽车玻璃有限公司等签订的金融借款合同,我国法律对此是如何规定的?

（一）金融借款合同的分析

金融借款合同,又称金融机构借款合同,是指办理贷款业务的金融机构作为贷款人一方,向借款人提供贷款,借款人到期返还借款并支付利息的合同。金融机构借款合同为借款合同的一种,具有有偿性、要式性、诺成性。该合同主要调整金融机构与自然人、法人和其他组织以及自然人之间的借款合同关系。对借款合同的概念、合同的形式及内容、合同的担保、贷款人和借款人双方的权利和义务以及当事人违反合同的责任等内容作出规定。① 我国《合同法》第一百九十六条规定:借款合同是借款人向贷款人借款,到期返还借款并支付利息的合同。

（二）金融机构借款合同的法律效力

贷款反映的是贷款人与借款人之间的债权债务关系。② 借款合同是借款人向贷款人借款,到期返还借款并支付利息的合同。而借款合同纠纷,则表现为借款合同成立后,合同双方当事人因合同的效力、履行、变更或者解除等等因素而引起的纠纷。根据最高院《民事案件案由规定》的规定,将借款合同纠纷案件分为以下几种类型:(1)金融借款合同纠纷(2)同业拆借纠纷(3)企业借贷纠纷(4)民间借贷纠纷。③

借款合同是合同的一种,对其效力的审查认定原则上应与其他合同一样,即按照《合同法》第52条规定确定合同的效力。但在司法实践中应当注意,金融机构违反《商业银行法》规定签订的借款合同效力的认定。

《商业银行法》是由全国人民代表大会常务委员会制定的法律规范,其目的之一就是规范商业银行的行为、提高信贷资产质量、加强监督管理,所以其中有较多的强行性规定,另外,《商业银行法》的规定还有大量使用"应当"、"必须"、"不得"等强行性词语。违反上述《商业银行法》的规定时,是否属于《合同法》第五十二条第五项"违反法律、行政法规的强制性规定"的无效合同范畴,对此,我们认为不能一概认定借款合同无效,而应区别不同情况处理:④

1. 合同订立前的审查规范对借款合同的效力的认定的影响。我们认为,《商业银行法》第三十五条的规定并不是关于合同效力的强行性规范,《合同法》中也未对此作出规定。至于《合同法》第一百九十九条关于"订立借款合同,借款人应当按照贷款人的要求提供与借款有关的业务活动和财务的真实情况"的规定,是以借款人的义务作出规定的,而不是贷款人的义务。从后法优于前法的法律适用原则出发,

---

① 参见汪鑫著:《金融法学》(第四版),中国政法大学出版社 2011 年版,第 166 页。
② 参见徐孟州著:《金融法》,高等教育出版社 2007 年版,第 83 页。
③ 参见汪鑫著:《金融法学》(第四版),中国政法大学出版社 2011 年版,第 174 页。
④ 参见盛学军:《金融法学》,中国政法大学出版社 2007 年版,第 123 页。

即使贷款人未进行相关的审查,也不能认定合同无效。故此,《商业银行法》第三十五条规定,显然不属于强行性规范的范畴。

2. 借款人未提供担保是否影响借款合同的效力。虽然《商业银行法》规定借款人应当提供担保,但是《合同法》第一百九十八条的规定:"订立借款合同,贷款人可以要求借款人提供担保。"即使作出任意性规范规定,也不能因此而认定借款合同无效。故此,《商业银行法》的此条规定,亦不属于强行性规定。

3. 合同形式的规范对借款合同的影响。依据《合同法》的精神,关于合同形式的强行性规定,不影响对合同效力的认定,所以不能仅因此认定合同无效。

4. 合同内容的规范对借款合同效力的影响。《商业银行法》中关于借款合同内容的强行性规定中,除了关于合同利率应当符合中国人民银行规定外,其余内容在《合同法》的规定中均未有所体现。所以一般而言,违反中国人民银行利率规定的约定条款属于部分无效条款,即约定利率超出中国人民银行规定部分无效,在规定范围内的利率仍然有效。《最高人民法院关于人民法院审理借贷案件的若干意见》〔1991 年 8 月 13 日法(民)〔1991〕21 号〕人民法院审理借贷案件,应按照自愿、互利、公平、合法的原则,保护债权人和债务人的合法权益,限制高利率。根据审判实践经验,现提出以下意见,供审理此类案件时参照执行:

1. 公民之间的借贷纠纷,公民与法人之间的借贷纠纷以及公民与其他组织之间的借贷纠纷,应作为借贷案件受理。

2. 因借贷外币、台币和国库券等有价证券发生纠纷诉讼到法院的,应按借贷案件受理。

3. 对于借贷关系明确,债权人申请支付令的,人民法院应按照民事诉讼法关于督促程序的有关规定审查受理。

4. 人民法院审查借贷案件的起诉时,根据民事诉讼法第一百零八条的规定,应要求原告提供书面借据;无书面借据的,应提供必要的事实根据,对于不具备上述条件的起诉,裁定不予受理。

债权人起诉时,债务人下落不明的,由债务人原住所地或其财产所在地法院管辖。法院应要求债权人提供证明借贷关系存在的证据,受理后公告传唤债务人应诉,公告期限届满,债务人仍不应诉,借贷关系明确的,经审理后可缺席判决;借贷关系无法查明的,裁定中止诉讼。

在审理中债务人出走,下落不明,借贷关系明确的,可以缺席判决;事实难以查清的,裁定中止诉讼。

一方以欺诈、胁迫等手段或者乘人之危,使对方在违背真实意思的情况下所形成的借贷关系,应认定为无效。借贷关系无效由债权人的行为引起的,只返还本金;借贷关系无效由债务人的行为引起的,除返还本金外,还应参照银行同类贷款利率给付利息。

出借人明知借款人是为了进行非法活动而借款的,其借贷关系不予保护。对双方的违法借贷行为,可按照民法通则第一百三十四条第三款及《关于贯彻执行〈中华人民共和国民法通则〉若干问题的意见(试行)》[以下简称《意见(试行)》]第163条、164条的规定予以制裁。①

本案中的当事人双方签订的金融借款合同是符合上文所述的规定内容的,因而也是受到法律保护的法律关系。

二、本案中贷款双方的法律关系是什么?双方各自的权利义务是怎样的?

银行与储户的关系,是由国家认可的具有法律约束力的权利义务关系。银行与储户双方当事人互有权利和义务,双方既是权利主体,又是义务主体。②

(一) 贷款人的合同义务

1. 按期、足额提供借款。贷款人应当按照约定的日期提供借款,未按照约定的日期提供借款,造成借款人损失的,应当赔偿损失。贷款人还应当按照合同约定的数额足额提供借款,借款的利息不得预先在本金中扣除。利息预先在本金中扣除的,借款人有权按照实际借款数额返还借款并计算利息。由于贷款人未足额提供借款给借款人造成损失的,应赔偿损失。该项义务系贷款人的主合同义务。

2. 保密义务。作为贷款人一方的金融机构,对于其在合同订立和履行阶段所掌握的借款人的各项商业秘密有保密义务,不得泄密或进行不正当使用。该项义务系贷款人的附随义务。

(二) 借款人的合同义务

1. 依约提供担保。借款人应依据金融机构的要求提供担保,该项义务常发生在借款合同的主要内容生效之前。

2. 如实申报义务。订立借款合同,借款人应当按照贷款人的要求提供与借款有关的业务活动和财务状况的真实情况。该项如实申报义务也常发生在借款合同的主要义务生效之前。

3. 容忍义务。在贷款人按照约定检查、监督借款的使用情况时,借款人应当按照约定向贷款人定期提供有关财务会计报表等资料。该项义务基于约定产生,未作约定的,借款人有权拒绝贷款人对借款使用状况进行检查、监督的请求。

4. 按照约定用途使用借款。借款人应当按照约定的借款用途使用借款,借款人未按照约定的借款用途使用借款的,贷款人可以停止发放借款、提前收回借款或者解除合同。

5. 按期支付利息。金融机构借款合同作为有偿合同,借款人有义务按照约定的期限支付利息。双方当事人对支付利息的期限没有约定或者约定不明确的,可以协议补充,不能达成补充协议的,按照合同有关条款或者交易习惯确定。依据前述方法仍不能确定的,借款期间不满1年的,应当在返还借款时一并支付;借款期间在1年以上的,应当在每届满1年时支付,剩余期间不满1年的,应当在返还借款时一并

---

① 参见盛学军著:《金融法学》,中国政法大学出版社2007年版,第126页。
② 参见吴志攀著:《金融法概论》,北京大学出版社2011年版,第137页。

支付。利息数额的确定,应当按照中国人民银行规定的贷款利率的上下限确定。

6. 按期返还借款。借款人应当按照约定的期限返还借款。双方当事人对借款期限没有约定或者约定不明确,可以协议补充,不能达成补充协议的,按照合同有关条款或者交易习惯确定。依据前述方法不能确定的,借款人可以随时返还;贷款人可以催告借款人在合理期限内返还。借款人未按照约定的期限返还借款的,应当按照约定或者国家有关规定支付逾期利息。但借款人在还款期限届满之前向贷款人申请展期,贷款人同意的,可依照新确定的期限返还借款。借款人提前偿还借款的,除非当事人另有约定,借款人有权按照实际借款的期间计算利息。

本案中,借款合同的当事人双方应当严格履行法律规定的义务,享有法律规定的权利,中国建设银行股份有限公司岳阳市分行与湖南德力汽车玻璃有限公司等签订的金融借款合同是合法且正当的,因此双方当事人就应当维持法律的公平正义,履行自己应尽的义务。

【掩卷沉思】

由于目前我国经济形势的发展,越来越多的公司企业在壮大自己规模的同时,都会向银行借款以扩充资本,所以银行借款的用途也越来越多样化。本案中正是别样的借款模式:为了另一公司的欠债而借款还债。无论公司企业借款的目的是什么,但当事双方的法律关系是依然受到法律保护的。如果银行通过一些格式条款限制借款人的权利,法律当然不会予以保护;如果借款人以不法的手段获得银行贷款,法律同样也不会予以保护。法院在审理类似纠纷时应当客观、公正地对待两者的地位,不能厚此薄彼。

案例 29 吴英集资诈骗案①

【案情介绍】

一审公诉机关浙江省金华市人民检察院,二审、重审公诉机关浙江省人民检察院。

一审被告人、二审上诉人、重审被告人,吴英,女,1981 年 5 月 20 日出生于浙江省东阳市,汉族,中专文化,浙江本色控股集团有限公司法定代表人,捕前住东阳市本色概念酒店 913 房间,户籍所在地浙江省东阳市歌山镇塘下村余店。因涉嫌犯非法吸收公众存款罪于 2007 年 2 月 7 日被东阳市公安局刑事拘留,同年 3 月 16 日被逮捕。

一审

浙江省金华市人民检察院以金市检刑诉(2008)114 号起诉书指控被告人吴英犯集资诈骗罪一案,于 2009 年 1 月 4 日向金华市中级人民法院提起公诉。该院依法组成合议庭,于 2009 年 4 月 16 日公开开庭审理了本案。金华市人民检察院指派检察员卢岩修、许达出

---

① 根据浙江省金华市中院吴英案一审刑事判决书(2009)浙金刑二初字第 1 号、浙江省高级人民法院刑事裁定书(2010)浙刑二终字第 27 号及最高人民法院关于吴英案死刑复核的裁定、浙江省高级人民法院重审吴英集资诈骗案的终审判决等文献摘编。

庭支持公诉,被告人吴英及其辩护人杨照东、张雁峰到庭参加诉讼。现已审理终结。

金华市人民检察院指控,2005年5月至2007年2月间,被告人吴英以非法占有为目的,用个人或企业名义,采用高额利息为诱饵,以注册公司、投资、借款、资金周转等为名,从林卫平、杨卫陵、杨卫江等11人处非法集资,所得款项用于偿还本金、支付高息、购买房产、汽车及个人挥霍等,集资诈骗达人民币38985.5万元。为证明上述事实,公诉机关当庭宣读了未到庭的被害人林卫平、杨卫陵、杨卫江等人的陈述,证人金华芳等人的证言,被告人吴英的供述及借款协议书、借条、投资协议、银行汇票、购房合同、扣押物品清单、价格鉴定结论书等书证。公诉机关认为,被告人吴英集资诈骗数额特别巨大并造成特别重大损失,其行为已触犯《中华人民共和国刑法》第一百九十二条、一百九十九条之规定,构成集资诈骗罪。提请本院依法惩处。

被告人吴英对公诉机关指控的犯罪事实提出,其向本案被害人借钱数额和未归还的数额无异议。但其主观上无非法占有的故意,借的钱也是用于公司的经营活动,并未用于个人挥霍。认为其行为不构成犯罪。

辩护人张雁峰、杨照东提出,被告人吴英的行为不构成集资诈骗罪。理由:

1. 被告人吴英主观上无非法占有的目的。

(1) 公诉机关指控被告人吴英"明知没有归还能力而大量骗取资金"没有事实依据。

(2) 吴英所借款项用于公司经营有关的房产、汽车、购买股权等活动,只有小部分购买了珠宝,且购买珠宝的目的也是为了经营。

(3) 吴英不具有"其他非法占有资金、拒不返还的行为",其所借款项由于种种原因客观上无力返还,而不是有能力归还故意霸占不予返还。

2. 被告人吴英在借款过程中没有使用虚构事实等手段骗取他人财物。

3. 本案所涉被害人均属亲戚朋友和熟人,不属"社会公众",不能以非法集资论。

4. 本案被指控的行为属公司行为,被告人吴英系本色集团有限公司的董事长,所得借款也用于公司活动。

5. 本案被告人吴英系本色集团有限公司的法定代表人,其向本案被害人借款时,有的是以单位的名义,有的虽然以个人名义,但所借款均用于单位的经营活动,根据法律规定,属单位行为。

6. 公诉机关指控事实不清、证据不足。

(1) 本案集资款的数额、还款数额有的只是按照当事人的陈述,没有客观、翔实的证据。

(2) 集资款具体去向未经司法鉴定。

(3) 现公诉机关提供的对吴英公司的财产鉴定结论书不公正、不客观、不准确、不全面。

综上,吴英的行为属于一种民间借贷行为,不符合《中华人民共和国刑法》关于集资诈骗罪的规定,请求对被告人吴英作出无罪判决。

经审理查明,被告人吴英于2003年8月在浙江省东阳市开办东阳吴宁贵族美容美体沙龙;2005年3月开办东阳吴宁喜来登俱乐部,同年4月开办东阳市千足堂理发休闲屋,同年10月开办东阳韩品服饰店;2006年4月成立东阳市本色商贸有限公司,后注资人民币5000万元(下均为人民币)成立本色控股集团有限公司,同年7月成立东阳开发区本色汽车美容店、东阳开发区布兰奇洗衣店,同年8月先后成立浙江本色广告有限公司、东阳本色洗业管理服务有限公司、浙江本色酒店管理有限公司、东阳本色电脑网络有限公司、东阳本色装饰材料有限公司、东阳本色婚庆服务有限公司,同年9月成立东阳本色物流有限公司,同年10月组建本色控股集团,子公司为本色广告公司、本色酒店管理公司、本色洗业管理公司、本色电脑网络公司、本色婚庆公司、本色装饰材料公司、本色物流公司等。公司股东工商登记为吴英及其妹吴玲玲,但吴玲玲并未实际出资和参与经营。自2005年3月开始,被告人吴英就以合伙或投资等为名,向徐玉兰、俞亚素、唐雅琴、夏瑶琴、竺航飞、赵国夫等人高息集资。至2006年4月本色集团成立前,吴英已负债1400余万元。为能继续集资,吴英用非法集资款先后虚假注册了上述众多公司,成立后大都未实际经营或亏损经营,但吴英采用虚构事实、隐瞒真相、虚假宣传等方法,给社会造成其公司具有雄厚经济实力的假象,以骗取更多的社会资金。

2005年5月至2007年2月间,被告人吴英以高额利息为诱饵,以投资、借款、资金周转等名义,先后从林卫平、杨卫凌、杨志昂、杨卫江、蒋辛幸、周忠红、叶义生、龚益峰、任义勇、毛夏娣、龚卫平等11人处非法集资77339.5万元,用于偿还集资款本金、支付高额利息、购买房产、汽车及个人挥霍等,至案发尚有38426.5万元无法归还。

此外,被告人吴英还用非法集资所得资金购买的房产于2006年11月至2007年1月向王香镯、宋国俊、卢小丰、王泽厚、陈庭秀抵押借款共计6619万元,案发前已归还1000万元,尚欠5619万元。因公司装修、进货、发售洗衣卡、洗车卡等,由相关单位和个人向公安机关申报债权总计2034万余元。2006年10月,吴英以做珠宝生意为名从方黎波处购进标价12037万元的珠宝,支付货款2381万元,其中大部分珠宝被吴英直接送人或抵押借款。案发后,公安机关依法查封和冻结了被告人吴英及相关公司和相关人员名下的财产和银行存款,经鉴定,总计价值17164万元。

一审法院认为,被告人吴英以非法占有为目的,隐瞒事实真相,虚构资金用途,以高额利息或高额投资回报为诱饵,骗取集资款人民币77339.5万元,实际集资诈骗人民币38426.5万元,数额特别巨大,其行为不仅侵犯了他人的财产所有权;而且破坏了国家的金融管理秩序,已构成集资诈骗罪。公诉机关指控罪名成立,本院予以支持。被告人吴英及其辩护人提出,被告人吴英的行为属正常的民间借贷,不构成集资诈骗罪的要件,与本院查明的事实及法律规定不符,本院不予采纳。鉴于被告人吴英集资诈骗数额特别巨大,给国家和人民利益造成了特别重大损失,犯罪情节特别严重,应依法予以严惩。为保护公民的财产不受非法侵犯,维护国家正常的金融管理秩序,依照《中华人民共和国刑法》第一百九十二条、第一百九十九条、第五十七条第一款、第六十四条之规定,于2009年10月29日作出(2009)浙金刑二初字第1号刑事判决:

一、被告人吴英犯集资诈骗罪,判处死刑,剥夺政治权利终身,并处没收其个人全部财产。

二、被告人吴英违法所得予以追缴,返还被害人。

二审

被告人吴英不服一审判决,提出上诉。浙江省高级人民法院依法组成合议庭,公开开庭审理了本案。浙江省人民检察院指派检察官戴贤义、代理检察员徐激浪出庭执行职务,被告人吴英及其二审辩护人杨照东、张雁峰到庭参加诉讼。本案现已审理终结。

被告人吴英上诉称,其没有非法占有的目的,主观上没有诈骗故意,所借资金大部分用于经营,没有肆意挥霍;客观上没有实施欺诈行为,没有用虚假宣传欺骗债权人;本案债权人不属社会公众,自己也不是向社会非法集资;本色集团合法注册,非为犯罪成立,也不是以犯罪为主要活动,本案是单位借款行为,而非个人行为,要求宣告无罪。

吴英的二审辩护人以相同的理由为其辩护,要求宣告吴英无罪。同时又称,吴英即使构成犯罪,也不属犯罪情节特别恶劣、社会危害性极其严重,一审量刑显属不当;吴英检举揭发他人犯罪的行为,构成重大立功。吴英在本院二审开庭审理中又称自己的行为已构成非法吸收公众存款罪。

出庭检察员认为,被告人吴英集资诈骗的犯罪事实清楚,证据确实充分;吴英使用诈骗的方法面向社会公众非法集资,有非法占为己有的主观故意和随意处置、挥霍集资款的行为,其行为构成集资诈骗罪,且系个人犯罪,原判定罪准确、量刑适当;上诉理由和辩护人的辩护意见均不能成立,建议驳回上诉、维持原判。

本院二审开庭审理后,被告人吴英又提出书面申请,要求撤回上诉。

经审理查明,原判认定被告人吴英集资诈骗的事实,有证言等证据证实。被告人吴英亦供认在案,所供与上述证据反映情况相符。

关于上诉理由和辩护意见,经查:

1. 吴英自2006年4月成立本色控股集团公司前已负巨额债务,其后又不计条件、不计后果地大量高息集资,根本不考虑自身偿还能力,对巨额集资款又无账目、记录;同时,吴英将非法集资所得的资金除少部分用于注册传统微利行业的公司以掩盖真相外,绝大部分集资款未用于生产经营,而是用于支付前期集资款的本金和高额利息、大量购买高档轿车、珠宝及肆意挥霍;案发前吴英四处躲债,根本不具偿还能力,原判据此认定吴英的行为具有非法占有的目的并无不当。

2. 在案的被害人陈述和吴英的供述证实,吴英均系以投资商铺、做煤和石油生意、合作开发酒店、资金周转等各种虚假的理由对外集资,同时,吴英为给社会公众造成其具有雄厚经济实力的假象,采用短时间大量虚假注册公司,并用这些公司装扮东阳市本色一条街;经常用集资款一次向一个房产公司购买大批房产、签订大额购房协议;买断东义路广告位集中推出本色宣传广告,制作本色宣传册向社会公众虚假宣传;将骗购来的大量珠宝堆在办公室炫富;在做期货严重亏损情况下仍以赚了大钱为由用集资款进行高利分红,吴英的上述种种行为显系以虚构事实、隐瞒真相、向社会公众虚假宣传的欺骗方法集资。

3. 吴英除了本人出面向社会公众筹资,还委托部分不明真相的人向社会公众集资,虽原判认定的直接受害人仅为11人,但其中林卫平、杨卫陵、杨志昂、杨卫江四人的集资对象就有120多人,受害人涉及浙江省东阳、义乌、奉化、丽水、杭州等地,大量的是普通群众,且吴英也明知这些人的款项是从社会公众吸收而来,吴英显属向不特定的社会公众非法集资,有公众性。

4. 本色集团及各公司成立的注册资金均来自于非法集资,成立后大部分公司都未实际经营或亏损经营;吴英用非法集资来的资金注册众多公司的目的是为虚假宣传,给社会公众造成本色集团繁荣的假象,以骗得更多的社会资金。而且吴英大量集资均以其个人名义进行,大量资金进入的是其个人账户,用途也由其一人随意决定。故本色集团及所属各公司实质上是吴英非法集资的工具,原判认定本案为吴英个人犯罪准确。

综上,吴英上诉及其二审辩护人辩称吴英没有非法占有的目的、主观上没有诈骗故意、客观上没有实施欺诈行为、没有用虚假宣传欺骗社会公众、本案属于单位犯罪等理由均不能成立,不予采信。原判认定的事实清楚,证据确实、充分。

吴英所谓检举揭发他人犯罪,经查,均系其为了获取非法利益而向他人行贿,依法不构成重大立功。

本院认为,被告人吴英以非法占有为目的、采用虚构事实、隐瞒真相、向社会公众作虚假宣传等诈骗方法非法集资,其行为已构成集资诈骗罪。

吴英在二审庭审中辩称其仅构成非法吸收公众存款罪,二审辩护人提出吴英的行为不构成犯罪及要求改判无罪的理由,均与查明的事实及法律规定不符,不予采纳。吴英集资诈骗数额特别巨大,并给国家和人民利益造成了特别重大损失,犯罪情节特别严重,应依法予以严惩。

二审辩护人要求对吴英从轻改判的理由亦不能成立,不予采纳。出庭检察员的意见成立,应予采纳。根据《最高人民法院、最高人民检察院关于对死刑判决提出上诉的被告人在上诉期满后宣判前提出撤回上诉人民法院是否准许的批复》之规定,吴英在二审庭审之后要求撤回上诉的请求,依法不予准许。原判定罪和适用法律正确,量刑适当,审判程序合法。依照《中华人民共和国刑法》第一百九十二条、第一百九十九条、第五十七条第一款、第六十四条、《中华人民共和国刑事诉讼法》第一百八十九条第(一)项之规定,2012 年 1 月 6 日裁定如下:

驳回上诉,维持原判。

本裁定为终审裁定,根据《中华人民共和国刑事诉讼法》第一百九十九条之规定,对被告人吴英的死刑判决由本院依法报请最高人民法院核准。

死刑复核

最高人民法院受理被告人吴英集资诈骗死刑复核案后,依法组成合议庭,审查了全部卷宗材料,提讯了被告人。2012 年 4 月 20 日,最高人民法院依法裁定不核准吴英死刑,将案件发回浙江省高级人民法院重新审判。

最高人民法院经复核认为,被告人吴英集资诈骗犯罪事实清楚,证据确实、充分,一审判决、二审裁定定性准确,审判程序合法。吴英主观上具有非法占有的目的。吴英在早期高息集资已形成巨额外债的情况下,明知必然无法归还,却使用欺骗手段继续以高息(多为每万元每天 40～50 元,最高年利率超过 180%)不断地从林卫平等人处非法集资。吴英将集资款部分用于偿付欠款和利息,部分用于购买房产、车辆和个人挥霍,还对部分集资款进行随意处置和捐赠。吴英个人购买服装、化妆品、吃喝等花费集资款逾1000万元，拥有4辆宝马车，还花费375万元为自己购买法拉利跑车1辆。吴英取得集资款项后，为了炫富，以骗取更多的资金而出手大方，在向杨卫陵等人借款3300万元炒期货全部亏损后，却谎称赢利，竟另筹资分给杨等"红利"1600万元，后又陆续从杨处骗得资金5000多万元；公司员工外出办事结余90万元，吴英主动要其不必上交财务，等等，最终导致3.8亿元集资款无法归还。吴英在集资过程中使用了诈骗手段。为了进行集资，吴英隐瞒其资金均来源于高息集资并负有巨额债务的真相，并通过短时间内注册成立多家公司和签订大量购房合同等进行虚假宣传，为其塑造"亿万富姐"的虚假形象。集资时，其还向被害人编造欲投资收购商铺、烂尾楼和做煤、石油生意等"高回报项目"，骗取被害人的信任。吴英非法集资对象为不特定公众。吴英委托杨某等人为其在社会上寻找"做资金生意"的人，事先并无特定对象，事实上，其非法集资的对象除林卫平等11名直接被害人，还包括向林卫平等人提供资金的100多名"下线"，也包括俞亚素等数十名直接向吴英提供资金因先后归还或以房产等抵押未按诈骗对象认定的人。在集资诈骗的11名直接被害人中，除了蒋辛幸、周忠红2人在被骗之前认识吴英外，其余都是经中间人介绍而为其集资，并非所谓的"亲友"。林卫平等人向更大范围的公众筹集资金，吴英对此完全清楚。

最高人民法院认为，被告人吴英集资诈骗数额特别巨大，给受害人造成重大损失，同时严重破坏了国家金融管理秩序，危害特别严重，应依法惩处。吴英归案后，如实供述所犯罪行，并供述了其贿赂多名公务人员的事实，综合全案考虑，对吴英判处死刑，可不立即执行。根据《中华人民共和国刑事诉讼法》第一百九十九条和《最高人民法院关于复核死刑案件若干问题的规定》第四条的规定，裁定不核准被告人吴英死刑，发回浙江省高级人民法院重新审判。

重审改判

2012年5月21日，浙江省高级人民法院经重新审理后，对被告人吴英集资诈骗案作出终审判决，以集资诈骗罪判处被告人吴英死刑，缓期二年执行，剥夺政治权利终身，并处没收其个人全部财产。

【处理结果】

浙江省高级人民法院经重新审理后认为，被告人吴英集资诈骗数额特别巨大，给受害人造成重大损失，且其行为严重破坏了国家金融管理秩序，危害特别严重，应依法惩处。鉴于吴英归案后如实供述所犯罪行，并主动供述了其贿赂多名公务人员的事实，其中已查证属实并追究刑事责任的3人，综合考虑，根据《中华人民共和国刑事诉讼法》第一百八十九条第(二)项和《最高人民法院关于复核死刑案件若干问题的规定》第九条、第十一条的规定，判处吴英死刑，缓期二年执行。

【争议焦点】

一、吴英究竟有罪还是无罪？

二、民营企业的融资路径？

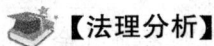 【法理分析】

一、吴英究竟有罪还是无罪？

吴英上诉认为自己的行为并不构成集资诈骗罪，请求依法改判。主要理由是：第一，主观上没有诈骗的故意。所借资金大部分用于公司经营，只有极少部分用于购买个人用品，不存在肆意挥霍。第二，没有实施欺诈行为。没有对公司进行虚假宣传，欺骗债权人。用借款偿还公司经营债务，也是经营行为。没有虚构借款用途。第三，债权人都是亲朋好友，不属于社会公众，借贷行为不是集资行为。第四，借款行为是法人行为，不是吴英的个人行为。第五，本案的林卫平等所谓被害人，已被法院判决犯有非法吸收公众存款罪。而一审判决明显是在保护非法吸收公众存款的犯罪行为。

浙江高院重审最终认定被告人吴英集资诈骗数额特别巨大，给受害人造成重大损失，且其行为严重破坏了国家金融管理秩序，危害特别严重，应依法惩处。鉴于吴英归案后如实供述所犯罪行，并主动供述了其贿赂多名公务人员的事实，判处吴英死刑，缓期二年执行。

得知干姐徐玉兰重获自由后，在看守所的吴英曾通过明信片袒露自己的内心世界。她写道：如果有机会重新让她选择，她会选择做一个平凡的人，选择平平凡凡过一生。她还特地告诉干女儿吴晓丹："我和你妈妈虽然出了这事，但你要记住，我们并不是十恶不赦的人，我们只是人生道路上犯了一点点错误。"

在二审被判处死刑之后最高人民法院死刑复核期间，吴英案曾引起社会的广泛关注和民间热议，舆论集中在当前中国正势图突破、但困难重重的金融体制改革上。法学家、经济学家和一些企业家认为，计划经济时代不会有"吴英案"，完善的市场经济时代也不会有"吴英案"，"吴英案"是当前改革过渡期的产物，需要在改革中给予足够的重视并加以解决。北京浙江商会副会长陈俊认为：浙江95％以上都是中小企业，都是草根浙商，无背景、无靠山、无资金实力发展起来的。我从事商会工作18年，从来没有听说过哪个小企业靠国家贷款干出来的，正是民间借贷成就了浙商。若以这样来给吴英定罪，你架起一架机枪，去浙江扫射，做企业的全都该被扫射而死！著名经济学家张维迎说，吴英的死刑是中国改革的倒退。吴英案意味着中国公民没有融资的自由。在中国获得融资仍然是一种特权，而不是一种基本的权利。一些知名学者和律师为吴英求情，认为吴英的犯罪行为背后有着深刻的制度原因，而且很多网友认为吴英罪不至死，"呼吁放生"。专家们认为，企业对资本的渴求和现有资金供给体制的矛盾已经成为当前经济领域的主要矛盾之一，把吴英判死刑，似乎难以帮助解决这个矛盾。对"吴英案"议论的理性民意集中体现在对现行法律制度、金融制度改革和社会公平的期盼。

2012年3月14日，温家宝在人民大会堂金色大厅与采访大会的中外记者见面并回答记者提问。他称吴英案给我们的启示是：第一，对于民间借贷的法律关系和处置原则应该做深入的研究，使民间借贷有明确的法律保障。第二，对于案件的处理一定要坚持实事求是。第三,这件事情反映了民间金融的发展与我们经济社会发展的需求还不适应。现在的问题是,一方面企业,特别是小型微型企业需要大量资金,而银行又不能满足,民间又存有不少的资金。我们应该引导,允许民间资本进入金融领域,使其规范化、公开化,既鼓励发展,又加强监管。中国人民银行和中国银监会正在积极考虑将温州的民间金融作为综合改革的试点之一。

我们认为,如果吴英被终审判决无罪,估计那些因参加集资而损失惨重的人们绝不会兴高采烈,相反会聚众抗议,甚至绝望自尽。这种场景实际上在之前一些类似的案件中曾不止一次地呈现过。其原因并不在于集资者的有罪或无罪,而在于参与集资者在击鼓传花的冒险游戏中不幸成为最终的受害者,几十年省吃俭用、辛苦积攒的金钱甚至养老或医疗的基金鸡飞蛋打,不仅没有带来被许诺的高额收益,而且血本无归,跌入深渊和绝境,心中的怨气和怒气无从发泄。

虽然没有充分的证据证明吴英借贷的对象是判决书所认定的不特定公众,但证据充分证明了是长期"做资金生意"的林卫平等11名资金"掮客"将大量非法集资而来的资金高利贷给了吴英所控制的公司。最高院的司法解释认为,所谓非法集资,是未经批准向社会公众募集资金的行为。检察机关认为,吴英与大部分集资对象之前并不认识,应该归入"社会公众"的范畴。我们认为,吴英几乎所有的资金都来自民间高利贷,已知的银行贷款,只有工商银行东阳支行一笔1550万元的短期贷款。这些人大多系吴英在宁波慈溪认识的朋友,或此后经人介绍。吴英最先认识的是1979年出生的义乌人杨军,然后通过杨军认识了杨卫江,并借到了首批资金600万元。杨军与骆华梅认识,而原义乌市文化局文化稽查中队长林卫平正是骆华梅的表哥,吴英就此认识林卫平。而林卫平借给吴英的钱,都是向社会非法集资得来。林卫平的借贷生态,揭示了当地这种借贷关系不仅仅是上下级黏合那么简单,而是盘根错节,层层交叠。林卫平的链条是借贷人数最多的,有71人和1个单位。整个借贷的生态,滋生了"中介层"。在吴英的借贷链条上,一个重要的中间层就是杨军和骆华梅。没经这层黏合剂,吴英可能很难跨进这个借贷圈。而这些资金"掮客"的资金既不是专为或全为吴英公司集资,也不是受吴英指使或控制,因此判决或裁定将他们认定为吴英的"下线",将他们的集资行为混同为吴英公司的借贷行为,在法理上和事实上着实难以令人信服。当然,林卫平等人向更大范围的公众筹集资金,判决书认定吴英对此完全清楚。因此,吴英对这些集资受害者的损失负有间接而非直接的责任。当然这种责任是欺诈责任还是风险责任,是另一个层面的问题。

本案检察院指控吴英以非法占有为目的,明知本色集团的经营状况不可能负担如此高额利息,仍向债权人大量借贷用于偿还利息,明显属于诈骗。本色集团旗下产业不过是吴英非法集资的工具。而吴英和其辩护律师予以否认,举证证明全部都用于公司经营或归还本色集团经营所欠债务,并承诺归还,没有虚构集资用途,也没有编造虚假证明文件,不构成使用诈骗方法。法院则最终认定了吴英的集资诈骗性质。

我们认为,如果说吴英在高利借贷活动中对贷款人是完全诚实守信的,恐怕没有人会相信。但即使吴英有虚假宣传、隐瞒事实等行为,但借贷关系中的这些行为是构成刑法上的诈骗犯罪还民法上的民事欺诈,如果构成诈骗罪,那么究竟构成合同诈骗还是集资诈骗,也不无疑问。欺诈的故意是指行为人在实施欺诈行为时的主观心理状态,应从行为人实施行为时的资产、经营状况等客观情况综合判定,而不能事后论英雄,凡无法偿还债务的就认定为欺诈。即使构成欺诈,公安或司法机关也不应在最终判决确定之前,置破产法、拍卖法和债权人的利益于不顾,粗暴地依靠行政手段,强制秘密变卖犯罪嫌疑人的资产甚至贱卖给地方政府控制或独资设立的企业或内部人。

此外,在吴英案中,无论是民间借贷还是集资诈骗,其行为主体是否无一例外的都是吴英个人? 吴英和其投资、控制的公司之间是否真的像公诉方指控和法院认定的那样,本色集团旗下产业不过是吴英非法集资的工具? 即使如此,也需要运用公司法上的法人格否认原理和规则,分析和证明后才能得出相应的结论。在刑事案件的侦查、公诉和审理过程中,公权力无视私权利和私法原理与规则的现象,由来已久、屡见不鲜,应当引起我们足够的重视和深刻的反思。

二、民营企业的融资路径?

从法律制度的设计上看,民营企业的融资路径至少有以下几种:

一是向股东或合伙人筹集资本。如果民营企业采取了公司的形式,无论是有限公司还是股份有限公司,都可以通过订立发起人协议、制定公司章程、向创立人或认股人筹集资本,设立公司。采取发起方式设立的公司由发起人认购公司发行的股本。采取募集方式设立的公司在发起人认购公司资本总额法定最低比例后,可以向发起人之外的其他人募集股本。根据我国《公司法》的规定,有限公司只能采取发起设立的方式,筹集资本的外在形式是有限公司制作的股单或出资证书。股份有限公司可以发起设立,也可以募集设立,筹集资本的外在形式是股份有限公司制作的股票。但无论发起设立或募集设立,都不同于 IPO,即公司成立后在证券市场上的首次公开募集股份。IPO 对公司的要求很高,程序非常复杂,募集股份的成本也较高,作为公众公司,其负有广泛和严格的信息披露义务。因此,民营企业要通过这一方式增加资本、扩张公司,难度是相当大的。

如果民营企业采取了合伙企业的形式,则无论普通合伙、有限合伙或特殊的普通合伙,都只能向合伙人筹集资本。至于合伙人的资本来源是自有资本还是借贷资本,则并不重要。由于合伙企业不同于公司企业,不像公司企业那样具有独立的法人人格,合伙人也不像股东那样都仅仅承担有限责任,因此,合伙企业没有最低注册资本的要求,设立门槛低,设立手续简便。①

---

① 2013 年 12 月 28 日,十二届全国人大常委会第六次会议审议通过,并自 2014 年 3 月起施行的《关于修改中华人民共和国公司法的决定》取消了公司最低注册资本、实收资本、首次出资、货币资本、验资证明等规定,进一步降低了公司设立的门槛,但这并不意味着公司发起人或股东可以"白手起家,空手套白狼"。因为注册资本仍是公司登记的重要事项,任何公司的创设或经营都是有成本的,公司发起人和股东负有认购和缴纳出资的义务,公司资本与资产是公司信用的一个重要方面。公司设立环节的宽进实际上意味着公司成立后的严管。

二是发行债券。发行债券主要是公司企业特别是公众公司募集中长期资金的方式。根据我国《公司法》关于公司债券发行的条件和程序,经批准后可依法发行公司债券。公司债券与公司股票不同,公司股票筹集的是公司的永久性资本,而公司债券筹集的是公司的中长期资金。公司需要根据公司经营业绩对股东分配利润,股东享有参与公司经营决策、利润分配和剩余财产分配请求权等,可以依法转让股份,但原则上不能请求公司退股。债券持有人享有请求公司还本付息的权利,无权参与公司经营决策、红利分配及剩余财产分配。因此,相对而言,债券持有人的风险要小于股东。

三是向金融机构的借贷。民营企业可以向银行或其他金融机构申请贷款,用以满足短期经营的资金需求。但这种融资方式因银行或金融机构信贷额度和政策的限制,或民营企业自身的信用状况等原因,实务操作上难度较大,很难满足民营企业的贷款需求。

四是通过民间借贷筹集短期资金。民营企业不是银行机构,不能吸收公众存款,非依法定条件和程序也不能向社会公众进行募集股份、发行公司债券,银行贷款也很难得到或额度有限。民营企业的融资路径远不止上述的四种,但实际上一些信奉"撑死胆大的,饿死胆小的"信条的民营企业家的扩张之路最后大多走上了高利借贷的断头桥、不归路。民间高利借贷成了民营企业扩张的最无奈的选择。

2002年下发的《中国人民银行关于取缔地下钱庄及打击高利贷行为的通知》所明确的定义:民间个人借贷利率由借贷双方协商确定,但双方协商的利率不得超过中国人民银行公布的金融机构同期、同档次贷款利率(不含浮动)的4倍。超过上述标准的,界定为高利借贷行为。但民营企业的民间借贷通常伴随着高利息,非如此很难吸引社会公众参与,并采取借新债还旧债的形式。根据吴英案有关判决书,资金七掮客中,除了吴英的干姐徐玉兰吸存利率基本符合法定外,其他6名吸存或者放贷的月利率基本上达到4分以上,高者甚至超出一角。而一旦出现经营危机或资金链断裂,则风吹草动,风声鹤唳,必然形成挤兑风潮或集会抗议,政府干预、息事宁人的最简单有效的不得已的办法就是把民营企业的老板控制起来,非法集资、非法吸收公众存款或集资诈骗等罪名不一而足,民营企业家最后的下场多是牢狱之灾或家破人亡,很少能幸免于难。吴英案既不是第一例,也不是最后一例。为什么民营企业的老板会如此不长记性、前赴后继呢?我们固然可以反思民营企业家的个人素质,但更应该反思的是我们现行的金融法律制度有无无意中设置陷阱、诱人犯罪或逼良为娼、秋后算账之嫌呢?当我们的领导人讲话或政府政策大讲特讲扶持民营企业发展的时候,是否口惠而实不至,有多少政策或措施落到了实处、起到了实效?

【掩卷沉思】

北京邦和财富研究所所长韩志国说:"吴英案在中国改革最重要的节点上出现,体现了三大对决:一是多元经济与国有垄断的对决已经到了转折点;二是发展的诉求与制度僵化的对决到了转折点;三是正义的观念与威权观念的对决到了转折点。三大转折点,使得此案的发展决定着中国的今天,决定着中国的明天,也决定着我们每个人的命运和每个人的未来。"

　　经济学家茅于轼(微博)曾在多个场合表示,谁都有权利集资,尤其现在银行贷款这么难。诈骗是犯罪,但是借贷是合法的。应该取消非法集资这个说法。民间融资要合法化,国家应大力支持。"在一个成熟的市场经济中,是不存在集资非法一说的。在这样一个过渡与转型时期,如果中小企业需要大量的流动资金而国家又没有为其提供足够的贷款,集资就应当重新还原为民间的权利。"

　　"非法集资罪的刑名,本身即带有浓厚的计划经济色彩,甚至垄断色彩,会逐渐随着时代的变化慢慢从刑法中淡出,国家也终将由严禁民间集资转为对其监管",财经作家吴晓波(微博)亦认为,"一个很可能的情况是,再过若干年,随着中国金融体制的市场化改革,吴英们的行为竟是符合商业规律和合法的。"

　　从一个成功的企业家,到一个"非法集资"嫌疑人,其人生几乎在一夜之间逆转。民间集资活动,似乎本来就是游走于罪与非罪边缘的危险游戏。吴英案在公知和社会各界,特别是国家高层的关注和干预下,最高法院不核准改判、发回重审,浙江高院最终判判处被告人吴英死刑,缓期二年执行,剥夺政治权利终身,并处没收其个人全部财产。应该说这是不幸中的万幸。2013年7月12日,湘西被法院认定为集资34亿案的主犯曾成杰被执行死刑,其女曾珊称,家属连他最后一面也没见到,一句遗言也没有,甚至连正式通知也没有。与吴英相比,曾成杰及其遗属才是最大的不幸。

　　民间借贷,在我国不仅自古有之,而且源远流长。合理的民间融资可以增强经济活力,促进经济发展,为何在新中国的经济生活中却命运多舛? 朱嘉明在其《从自由到垄断:中国货币经济两千年》一书的序言"广袤又迷人的货币经济花园"中的分析或许可以为我们提供某种答案。他认为:货币经济是一种依靠货币形态、价格机制、资本市场、信用体系和金融机构的制度性组合。自先秦到21世纪的中国货币经济史可以划分为两个阶段:金属货币经济(即传统货币经济阶段)和以信用货币为主体的现代货币经济。如果以1935年南京国民政府废除实行不足两年的"银本位",在中国历史上第一次建立具有法律意义的法币体系作为中国传统货币经济和现代货币经济的分界,则中国传统货币经济至少有两千年的历史;而现代货币经济的阶段还很短暂,至今不足80年。在中国历史上,货币经济基本上是自组织的,是市场的、社会的,是民间和政府分享货币"铸造权"的,是藏富于民的。至于资本市场和金融机构,向来是由民间而不是政府控制,国家只是货币的参与者。所以,基本上不存在君主对货币权力的绝对垄断,货币经济的非国家化是常态。1935年的中国"法币改革"是国家现代化和货币国家化的里程碑。实行白银国有化,政府以国家的名义剥夺了民众和商家的白银财富积累,开了剥夺民间财产的先河;建立货币金融垄断和无限政府,民众的货币财富不再是可以兑换的白银,而是依赖政府发行和管理的纸币;中国的私有经济传统从此遭到动摇和颠覆;改变了金融生态,改变了民营金融机构的发展,自由的银行券遭到废止,中小型金融机构和私人信用体系遭受打击,民营银行丧失了发展成长的历史时机。在计划经济时代的中国,货币经济的现代化过程被中断,国民经济倒退到"半"货币经济和非货币经济时期。人民币成了完全依赖于政府和国家信用的纸币。人民币为国家垄断,国家透过人民币供给数量和物价的不断变动,实现国民财富的重新分配。而在过去的 30 余年,大体完成了货币经济的重建。因为超常的"货币化"不仅是中国高速增长的"发动机",而且触发了中国历史上最大的一次财富"大爆炸"。与此同时,人民币完成了"蜕变",从无价值基础到形成价值基础,实现了中国货币经济和金融制度与世界的"接轨"。在过去 20 年间,中国的市场是政府干预的市场;私有或民营经济受国有经济压迫,在夹缝中生存。近年来,人民币问题被高度政治化和意识形态化,与民族主义挂钩,在国家安全和国家利益的名义下,形成人民币与国家垄断的超常关系,由此加剧了社会财富的不公正分配和贫富差别的扩大。①

曹惺璧在采访继《激荡三十年》、《跌荡一百年》之后再次推出"中国企业史三部曲"完结之作《浩荡两千年》的著名财经作家吴晓波时,美国学者费正清曾经在其《中国与美国》一书中,充满困惑地写道:"一个西方人对于全部中国历史所要问的最迫切的问题之一是,中国商人阶级为什么不能摆脱对官场的依赖,而建立一支工业的或经营企业的独立力量?"请你对费正清先生的问题作一个回答。吴晓波说,费正清提出的是一个"历史性的中国问题"。费正清在他的其他著作中其实对此间接地作出过回答,他发现"中国商人具有一种与西方企业家完全不同的想法:中国的传统不是制造一个更好的捕鼠机,而是从官方取得捕鼠的特权"。中国商人如果没有获得捕鼠的特权,再高效的捕鼠机都无法工作。在中国由于一个超级强大的集权型政府的存在,它控制着关键生产资料的配置,甚至一些时刻亲自"下场比赛",因而逼迫着民间资本只能在夹缝中生存,民间商人要想生存发展,就必须托庇于政治权力之下。2011 年,乔布斯去世,国内政商界曾经提出过一个非常有趣的问题,"为什么中国出不了乔布斯?"在我看来,答案其实也在这里——中国存在着太多、大大小小的、争取捕鼠特权的"乔布斯",因而抑制了发明捕鼠器的"乔布斯"的诞生。② 这一回答也深刻地揭示了政府对经济和金融垄断带来的严重后果。

在我国金融改革的大背景下,民间金融的改革的目标应当是金融市场化、阳光化、规范化,民间借贷也不例外。我国应大力借鉴域外民间金融规制的经验,推进民间金融改革,促进民间金融发展。香港特区《放债人条例》规定,任何人经过注册都可以从事放债业务,利率、金额、借款时间和偿还方式由借放款双方自行约定。其实际利率如超过年息六分,即属违法。违者则有关偿还贷款或支付贷款利息之借约,与任何就该借约或货款而给予之抵押,均不得予以执行,并可罚款十万元及监禁两年。③ 该条例旨在对放债人及放债交易的管制和规范、放债人注册处处长的委任以及经营放债人业务的人领牌事宜订定条文;为对付过高的贷款利率及敲诈性的贷款规定而提供保障及济助;订定罪行及对与以上各项相关及附带引起的事宜订定条文。南非金融机构贷款利率超过21%是违法的,国家有相应惩戒措施。但其《高利贷豁免法》规定,机构或个人只要是发

---

① 朱嘉明:《从自由到垄断:中国货币经济两千年》,远流出版事业股份有限公司 2012 年版,第 12-28 页。
② 曹惺璧:吴晓波:政商博弈两千年,《经济观察报》2012 年 1 月 30 日第 41 版。
③ 参见香港特区《放债人条例》第 24 条规。

放 5000 美元以下的贷款,不管其利率高低,到管理机构登记就算合法。在美国,不吸收公众存款的财务公司暨放贷机构有 1 万多家,资产总计超过两万亿美元。放贷机构类型主要有:抵押贷款放贷人、汽车金融公司、助学贷款公司、应收账款质押融资公司、人寿保险公司、信用卡公司,很多放贷机构还同时从事租赁、典当业务。放贷机构的放贷对象主要有:小型商业者、专卖店所有者、希望通过融资购买大型家庭用品、改善居住条件、为小额债务再融资的消费者以及准备购房的消费者等。几乎每个州都有针对放贷机构的法律(除阿肯色州外),有专门的机构或部门负责发放牌照和监管放贷机构。监管理念比较宽松,仅在州的层面上进行管制,不存在联邦管制。许可过程和检查过程都比较短,也更简便;在审慎性管制方面较弱,不限制放贷机构对单一借款人的贷款额,不限制其与会员之间的交易。除不能接受来自一般公众的存款,在融资方面仍有较大灵活性,例如,可以通过向金融机构贷款、发行债券或股票、资产证券化等方式获取资金。

在国内民间金融改革方面,早在 2005 年底,山西平遥的日升隆和晋源泰作为中国人民银行首批小额贷款试点挂牌,2006 年央行在山西、四川、陕西、贵州、内蒙古 5 个省、自治区开展了小额贷款组织的试点,成立了 7 家小额贷款公司。2008 年 5 月,在前期试点的基础上,央行和银监会经过充分协商联合发布了《关于小额贷款公司试点的指导意见》,为小额贷款公司正名。2008 年 11 月,由央行起草的《放贷人条例》草案提交国务院法制办,但至今没有下文。2010 年 5 月,《国务院关于鼓励和引导民间投资健康发展的若干意见》出台。2012 年 3 月初,全国人大代表、富润控股集团董事局主席赵林中向十一届全国人大五次会议提交议案。他建议,要尽快出台《放贷人条例》,放宽民间资金进入金融机构的条件,打破金融垄断;设立民间借贷和民间融资的交易平台;设立专门监管民间融资的部门;拓宽中小企业融资渠道,放宽中小企业发行股票和债券的条件;放宽民间资本的投资领域,落实开放民资的"新 36 条",尽快出台细则;放宽民间资金进入金融机构的条件,打破金融垄断;非法集资罪在量刑上应该谨慎,在资可抵债的情况下,以及出借人不追究的情况下,是否可以减轻刑罚;非法集资案应慎用死刑,地方政府对当事人的财产不能贱价处理,应该由当事人自己或委托中介机构处理。① 2012 年 3 月 28 日召开的国务院常务会议,决定设立温州市金融综合改革试验区,并确定了 12 项主要任务。2012 年 4 月 26 日,温州民间借贷登记服务中心正式挂牌,该平台集聚了民间融资中介服务、备案管理及监测体系等功能,有望推动民间借贷阳光化、规范化,通过市场竞争有效地降低利率、遏制高利贷投机行为。2012 年 11 月 23 日《浙江省温州市金融综合改革试验区实施方案》正式向社会公布。依据该方案,温州将在 5 年时间内,将金融业打造成国民经济的重要支柱产业。具体内容主要是:规范发展民间融资;加快发展新型金融组织;发展专业资产管理机构;开展个人境外直接投资试点;深化地方金融机构改革;创新发展金融产品与服务;培育发展地方资本市场;积极发展各类债券产品;拓宽保险服务领域;加强社会信用体系建设;强化地方金融管理机制。2013 年 7 月 19 日,我国央行公布,将从 2013 年 7 月 20 日起取消贷款利率下限(此前为基准利率下浮 30%)。

---

① 赵林中:尽快出台《放贷人条例》打破金融垄断,http://finance. qq. com/a/20120303/001412. htm,最后访问日期:2013 年 5 月 21 日。

这是利率市场化改革的又一重要举措,我们有理由相信在不久的将来,存款利率的限制也将逐步放宽,包括民间借贷在内的民间金融将会朝着规范化、阳光化、市场化的方向健康发展。

民间金融制度改革固然意义重大和深远,但民营企业家在民营企业的创办、经营和扩张过程中,在利用商法的集权制度的优势的同时,也应牢固树立风险意识和信托观念。陈醇认为,财产权的集中是商法之中的常见现象。集中和整合财产权,可以改变财产权的数量和结构,进而可以改变财产权的功能和性质。这一方面使财产权由"死"变"活",即由一般财产权质变为具有增值功能的资本性财产权;另一方面使财产权由弱变强,即由一般财产权质变为权力化权利。集中财产权本身就是一种极为关键的权利,它一直是少数人的"专利"。① 民营企业应对证券交易、金融衍生品交易等风险较大的金融行为和劳动者职业侵害责任、产品责任、企业经营的各种违约责任等资不抵责风险较大的领域特别重视,并切实建立商事责任的事先预防制度。"权利安排实际上是商事责任的重要预防方法,这包括设立储备性财产权、控制金融债权的过度衍生、分业经营、设立担保物权、分权制约等方法。"②民营企业家要牢固树立信托观念,对股东、合伙人、债权人要忠诚和谨慎,像电视剧《蜗居》中的马克照顾海藻那样,即使宋思明已经死于非命,仍忠实地履行其信托的义务,而不能抱着"拿投资者的钱玩一把,赚了是自己的,亏了是他人的"心态,对投资者毫无敬畏之心。

第三节 银行卡法律制度

案例 30 韦冠美诉中国建设银行股份有限公司南宁医科大支行储蓄合同纠纷案③

【案情介绍】

原告:韦冠美

被告:中国建设银行股份有限公司南宁医科大支行

2007年7月4日,原告韦冠美在被告中国建设银行股份有限公司南宁医科大支行处申请开立一张储蓄卡(借记卡)(户名:韦冠美,卡号为:xxxxxxxx),并开通了取款短信提醒功能。2009年7月23日,原告韦冠美因向被告书面挂失该卡,被告遂向原告换发借记卡一张,户名为韦冠美,卡号:xxxxxxxx。2009年11月7日,原告再次向被告书面挂失该卡,被告向原告换发借记卡一张,户名为韦冠美,卡号为:xxxxxxxx,存款支取

---

① 陈醇:《商法原理重述》,法律出版社2010年版,前言第2页。
② 陈醇:《商法原理重述》,法律出版社2010年版,第229页。
③ 案例来源:广西壮族自治区南宁市青秀区人民法院(2012)青民二初字第200号判决书,北大法律信息网——北大法宝 http://vip.chinalawinfo.com/Case/Result.asp,最后访问日期2013年1月31日。

方式为凭密码支取。该卡一直由原告持有,从未出借给他人使用,也未丢失。2011年6月8日14点30分,正在医科大学内的原告手机开机后看到建设银行95533客户服务的几条短信,称原告建行卡尾号为xxxx的储蓄卡账户在ATM柜员机上分4次支取了17500元,卡内余额为88.55元。原告储蓄卡就在自己身上,可自己并没有取款。原告立即前往被告网点反映上述情况,该银行网点工作人员使用原告的银行卡查询后,告知原告2011年6月8日14时11分至14时13分,原告存在卡号为xxxxxxxx的储蓄卡内的存款在南宁市星湖路北一里上的建设银行自助柜员机上被人分4次盗领,共计17500元,卡内余额为88.55元。同时,被告的工作人员指引原告前往星湖派出所报案,原告便立即赶往南宁市公安局星湖派出所报案。星湖派出所接到原告报案后于2011年6月8日16时受理原告报案,并前往星湖路上的建设银行自助柜员机调取了原告存款被盗时的监控录像,该录像清楚地显示犯罪嫌疑人于2011年6月8日14时至14时13分在星湖北一里建设银行自助柜员机上盗领了原告的存款。原告认为,被告有义务保障原告的存款安全,原告的储蓄卡内的存款被犯罪嫌疑人盗取,正是由于被告未尽到保障储户存款安全的义务所致,遂诉至法院,请求法院判令:(1)被告赔付原告存款损失17500元及利息1647元(利息按中国人民银行同期流动资金贷款利率计算,从2010年6月8日暂计至2012年2月8日);(2)本案诉讼费用由被告承担。

被告辩称:(1)本案原告储蓄卡内存款被他人冒领系原告未尽合同约定的妥善保管银行储蓄卡密码及个人信息的义务所致,按照合同约定,后果由其自行承担。在储蓄合同关系中,储户应当承担谨慎的注意义务以及相关信息的妥善保管义务。(2)根据合同约定,原告应承担违约责任及后果。原告承担违约责任的依据为双方协议约定。根据约定,凡储户因密码保管不善造成经济损失的,由储户自负。本案中,被告已尽了充分提示的义务,根据合同约定所产生的后果由原告自行承责。

法院认为,被告经原告的申请,向原告发放中国建设银行借记卡,双方之间存在存款储蓄合同关系,应受法律保护。在储蓄合同中,金融机构负有对储户资金支付安全保障义务,该义务在使用银行卡这一电子支付工具而进行的电子化交易中相应扩张至对储户信息和密码的保障。因此,金融机构应当按照我国相关法律的规定,承担重要的责任,保证银行卡的交易安全,杜绝不合理的业务风险。银行卡、卡号和密码共同构成一个完整的储户身份标志,只有三者一致时,金融机构才允许交易。在银行卡被伪造而导致存款被冒领的案件中,不管冒领人是如何获得持卡人的密码,金融机构未能识别伪造的银行卡,允许三者不一致的情况下进行交易,导致冒领发生,对自己发行的银行卡没有能力鉴别其真伪,应对由此产生的损失承担责任。本案中被告向原告发行借记卡,是被告出具给原告的债权凭证,被告对自己出具的债权凭证负有识别的义务,但其未能识别犯罪嫌疑人使用的伪造的银行卡,计算机处理系统从技术上尚不能充分保障储户资金安全而导致原告所持借记卡账户内存款被他人利用伪造的银行卡冒领,其过错明显,由此产生的交易风险应由被告承担主要责任,被告应对原告遭受的损失承担70%的责任,即被告应赔偿原告存款损失17500元×70%=12250元。原告主张被告应赔偿利息的损失亦属存款损失的范畴,应予支持。另一方面,原告作为借记卡的持有人,也应妥善保管所持借记卡和密码。本案犯罪嫌疑人凭密码取现，原告虽称其并未泄露密码，但无法解释密码如何为他人所知晓，客观上增加了银行付款的风险，因此原告亦应对本案损失承担一定的过错责任，即应自行承担 30% 的责任。

【处理结果】

法院判决如下：

一、被告中国建设银行股份有限公司南宁医科大支行应向原告韦冠美赔付存款12250 元；

二、被告中国建设银行股份有限公司南宁医科大支行应向原告韦冠美赔付存款利息(利息的计算：以 12250 元为本金，自 2011 年 6 月 8 日起计至本案生效判决规定的履行期限最后一日止，按照中国人民银行规定的同期存款利率分段计付)；

本案案件受理费 279 元，由被告中国建设银行股份有限公司南宁医科大支负担 195元，由原告韦冠美负担 84 元。

【争议焦点】

一、在银行卡法律关系中，发卡银行如何管理银行卡风险？其权利义务如何？

二、发卡银行在电子交易中的通知义务有什么法律意义？

【法理分析】

一、在银行卡法律关系中，发卡银行如何管理银行卡风险？其权利义务如何？

（一）银行卡的风险管理

"银行卡(Bank Card)是指由商业银行(含邮政金融机构)向社会发行的，具有消费信用、转账结算、存储现金等全部或部分功能的信用支付工具。"[1]银行卡按照是否可以透支，分为信用卡和借记卡。

"我国各银行发行的银行卡种类繁多，卡数现已超过五亿张。此前，我国立法及法律实践倾向于保护作为发卡人的银行的利益及减轻银行的法律责任，相应的金融及法学研究亦偏重于如何保护银行的利益。对持卡人风险防范与法律责任的研究是薄弱环节，网络、报刊和杂志鲜见该类专题论文。而持卡人利益受损事件却屡屡发生，且处理结果大多不利于持卡人。因此，导致社会不公现象及怨恨情结的存在，有损法律尊严、社会稳定、银行形象及良好的用卡环境的形成，致使最佳社会效益未能达成。"[2]

信用卡以安全、快捷的优势在逐步取代着现金，成为最有前途的消费支付工具。"根据 AC 尼尔森公司发布的中国 2004 年个人金融综合研究报告，信用卡(包括准贷记卡)渗透率已从 2003 年的 18% 增长到 2004 年的 22%，我国开始从'现金付款时代'向'信用卡时代'转型。而随着我国加入世界贸易组织，外资信用卡机构也开始

---

① 参见陶广峰著：《金融法》，中国人民大学出版社 2009 年版，第 204 页。

② 参见林鸿：银行卡持卡人风险防范与相关法律责任思考，《福建政法管理干部学院学报》2004 年第10 期。

在国内市场跑马圈地。信用卡业务无疑将成为又一个充满竞争与机遇的金融新产业。但是信用卡消费在我国尚处于起步阶段,诸多问题阻碍着该产业的迅速发展,信用卡安全问题则是关注的焦点。"[1]

从消费者角度而言,信用卡安全问题主要是指信用卡被盗用的风险。由于我国目前仅有的规范性文件—《银行卡业务管理办法》将挂失责任视作银行与持卡人之间意思自治的范畴,并授权信用卡章程或协议来规定。而任何一家银行的信用卡章程和领用合同都明确表示,银行对挂失之前发生的损失不承担责任,对于特约商户的责任承担更是没有任何规定。也就是说,现有规范是将持卡人视作挂失前损失的唯一承担者。

《银行卡业务管理办法》第五十六条明确规定,"银行卡申请表、领用合同是发卡银行向持卡人提供的明确双方权责的契约性文件,持卡人签字,即表示接受其中各项约定。""发卡银行应当本着权利与义务对等的原则制定银行卡申请表及信用卡领用合约。"由于格式合同制定者考虑的是维护和扩大自己的利益,所以在没有强制性规范约束的情况下,权利与义务对等的原则在信用卡协议性文件中很难实现。结果是,发卡行和特约商户一方面通过协议合作,另一方面又利用经济优势通过格式合同将各种风险转嫁到持卡人身上,逃避应有的义务和责任。

(二) 银行卡发卡银行的权利与义务

根据陶广峰先生的观点,发卡银行应当享有如下权利、履行如下义务。[2]

1. 发卡银行的权利。(1) 发卡银行有权审查申请人的信用状况,索取申请人的个人资料,并有权决定是否向申请人发卡及确定信用卡持卡人的透支额度。(2) 发卡银行对持卡人透支有追偿权。对持卡人不在规定期限内归还透支款项的,发卡银行有权申请法律保护并依法追究持卡人或相关当事人的法律责任。(3) 发卡银行对不遵守其章程规定的持卡人,有权取消其持卡人的资格,并可授权有关单位收回其银行卡。(4) 发卡银行对储值卡和 IC 卡内的电子钱包可不予挂失。

2. 发卡银行的义务。(1) 发卡银行应当向银行卡申请人提供有关银行卡的使用说明资料,包括章程、使用说明及收费标准。现有持卡人也可索要上述资料。(2) 发卡银行应当设立针对银行卡服务的公平、有效的投诉机制,并公开投诉程序和投诉电话。发卡银行对持卡人关于账单的查询和改正请求应当在 30 天内给予答复。(3) 发卡银行应当向持卡人提供对账服务,按月向持卡人提供账户接单。(4) 发卡银行向持卡人提供的银行卡对账单应当列出如下内容:交易金额、账户余额、交易日期等等信息。(5) 发卡银行应当向持卡人提供银行卡挂失服务,应当设立 24 小时挂失服务电话,并提供挂失方式。(6) 发卡银行应当在有关卡的章程或使用说明中向持卡人说明密码的重要性及丢失的责任。(7) 发卡银行对持卡人的资信资料负有保密的责任。

---

[1]参见何颖:论信用卡被盗用的风险责任承担,《金融法苑》2005 年第 4 期。
[2]参见陶广峰:《金融法》,中国人民大学出版社 2009 年版,第 205 页。

显然,在现实生活中,发卡银行一方一般可以做到享有权利,可是在履行义务方面存在延迟和不尽责。很多银行卡内资金被盗案件都是由于发卡银行一方没有高度重视储户的密码信息而导致。在发卡时,认真核对申请人的申请是必不可少的,也是银行保护自己的方式。一旦当银行与储户之间存在合理合法的储蓄合同关系之后,银行应当最大限度地维护储户的利益。在储蓄合同中,金融机构负有对储户资金支付安全保障义务,该义务在使用银行卡这一电子支付工具而进行的电子化交易中相应扩张至对储户信息和密码的保障。因此,金融机构应当按照我国相关法律的规定,承担重要的责任,保证银行卡的交易安全,杜绝不合理的业务风险。①

二、发卡银行在电子交易中的通知义务有什么法律意义?

以本案为例,客户第一次办理银行卡时,会得到银行卡使用须知;客户持银行卡在银行柜台或 ATM 上取现或转账时,当时就会收到交易通知书;此外,客户还会收到银行定期寄来的交易清单。银行的上述这些行为,其法律意义何在呢?我国《银行卡管理办法》和各个银行的银行卡章程对此规定均不够具体详尽。在此,我们借鉴了美国的一些做法,希望可以有助于对这一问题的理解。②

1978 年,美国国会颁布《电子资金划拨法》后,授权美联储发布 E 条例具体实施该法案。根据上述法案条例和美联储的有关解释,银行在电子交易中负有三项通知义务:第一,银行提供电子交易服务前,必须将电子交易服务相关的信息告知客户;第二,当客户使用电子交易终端时,银行必须即时提供交易通知单;第三,银行必须定期向客户提供交易记录。

同样,在规定了如此翔实的义务之后,发卡银行如果没有履行相应的通知义务,根据美国电子资金划拨法的规定,银行违反通知义务可能要承担民事和刑事两方面的责任。

美国电子资金划拨法规定了两种民事责任:一是银行未能执行履行或者停止履行资金划拨指令的责任;二是银行未能遵守法律条款的责任。银行没有履行通知义务,属第二种责任。美国电子资金划拨法第 915 条规定,银行没有遵守法律条款的规定,应对客户承担如下赔偿责任:(1)赔偿客户因此遭受的实际损失;(2)在个体诉讼中,赔偿数额应在 100 美元以上,1000 美元以下。在集团诉讼中,赔偿数额不超过50 万美元或者银行净资产的 1%。(3)如果原告胜诉,银行应赔偿原告的诉讼费用和法院认可的合理的律师费用。

美国电子资金划拨法第 916 条规定了刑事责任。如果银行明知并有意提供虚假或者不准确的信息,或者不按照法定要求履行通知义务,将被处以 5000 美元以下罚款,或 1 年以下监禁,可以两者并处。

总而言之,通过明确详尽地规定电子交易双方的权利义务,可以在很大程度上避免纠纷的产生。即使发生纠纷,也由于有法可依而能够迅速予以平息。此外,银

---

① 参见吴志攀著:《金融法概论》(第五版),北京大学出版社 2011 年版,第 139 页。
② 参见郑顺炎:银行在电子交易中的通知义务,《金融法苑》2001 年第 5 期。

行履行对客户的通知义务,对于解决客户与第三方的支付纠纷也可以发挥重要作用。例如,银行提供的交易通知书可以作为客户已经向第三方债权人付款的表面证据。假如债权人无法提供相反证据,法院将认定客户已经支付款项。可见,银行的通知义务也是电子交易规则的组成部分,它可以促进金融电子交易的效率。

【掩卷沉思】

储户与银行之间存在着合理合法的储蓄合同,这种法律关系理所应当受到法律保护。在银行卡纠纷越来越多的今天,我们应该运用法律的公平和正义来维护双方的利益。发卡银行应当认真履行自己的义务,减少一些格式合同的严苛规定来规避自身的责任。

由于电子交易在我国还属于一个新鲜事物,我国一些相配套的制度还没有完善,这时就需要我们多向发达国家学习新的经验和技巧,来完善和充实我们的电子交易制度。

案例31　中国建设银行股份有限公司横县支行与 张瑞坤储蓄存款合同纠纷上诉案①

【案情介绍】

上诉人(一审被告):中国建设银行股份有限公司横县支行

被上诉人(一审原告):张瑞坤

2001年8月14日,张瑞坤在工行横县支行处开办了一张活期储蓄存折账户,2002年5月29日,就该存折账户张瑞坤申请办理了一张中国建设银行储蓄卡,卡折合一,卡号为:43674233704XXXXXXXX,后来该卡失磁,张瑞坤就向建行横县支行申请换取一张新的储蓄卡,新卡号为:43674233714XXXXXXXX。2010年10月11日晚20时47分,张瑞坤在宾阳县黎塘镇中国建设银行的自动取款机取款2000元,扣除手续费4元后,卡内余额为34020.76元。次日即10月12日凌晨0时45分,张瑞坤的手机收到短信提示其账户中的存款已于2010年10月11日23时47分起至次日凌晨0时19分止,共分14次被支取了33928元。其中,前13次的取款金额均为2500元/次,共计32500元,第14次的取款金额为1400元,前七次取款扣除的手续费4元/次,共计28元。交易后卡内余额为92.76元。14条短信显示提醒的时间均为10月12日凌晨0时45分。在收到手机短信提醒存款被支取后,张瑞坤于2010年10月12日凌晨1时30分27秒通过拨打110报案。2010年10月15日黎塘派出所出具《接警情况说明》载明:"2010年10月12日02时30分,张瑞坤。到我所报称:2010年10月11日21时至10月12日00时许,其在宾阳县黎塘镇铁道饭店402号房休息时,接到其本人的手机反馈信息:其本人的中国建设银行银联卡(卡号为43674233714XXXXXXXX)被人分十四次领取了叁万肆仟圆(34000.00元)人民币存款,但其本人的中国建设银行卡还带在身上,银行卡没

---

① 案例来源:广西壮族自治区南宁市中级人民法院(2011)南市民二终字第363号民事判决书,北大法律信息网—北大法宝 http://vip. chinalawinfo. com/Case/Result. asp 最后访问日期2013年1月31日。

有被调包或丢失的情况,因此认为其的存款是被他人盗领了,请求我所调查。接到报警后我所立即受案进行初查。"

2011年3月31日黎塘派出所出具《情况说明》载明:"2010年10月12日约00时03分,张瑞坤因被他人盗领银行存款,到我所报案,初步了解情况后,因案发时张瑞坤住宿在黎塘铁道饭店402号房,而其住宿的地点属于铁路派出所管辖范围,所以告知其到铁路派出所报案。约1时30分许,张瑞坤再次来到我所报称,铁路派出所告知其此案不属于他们派出所管辖,应为地方派出所管辖,再次了解情况后,于2时30分正式做报案笔录。张瑞坤报案时持有其住宿饭店的402号房间卡、银行卡(卡号:43674233714XXXXXXXX)、手机收到的银行存款领取的信息。"张瑞坤经查询得知其存款是在南宁被支取后,于2010年10月16日向案发地(南宁)报案,根据南宁市公安局江南分局五一派出所出具的《接受案件回执单》,载明:"2010年10月11日,张瑞坤。和十几个同事出差到南宁市宾阳县黎塘镇,当天20时47分许,张瑞坤来到工商银行黎塘分行的取款机取出现金2000元人民币。2010年10月12日00时45分许,张瑞坤的手机收到工商银行95533发来的十四条提醒短信,经查看,发现在工商银行的存款被人在2010年10月11日23时47分至2010年10月12日00时19分领走,其中七次在南宁市江南区五一中路工商银行取款机取走;被盗存款的银行账号是:43674233714XXXXXXXX,是工商银行的,开户行:南宁市横县公园路工商银行,户名:张瑞坤;被盗存款33928元人民币;涉案总值达:33928元人民币。"现该案的侦破未有结果。张瑞坤认为,张瑞坤将钱存入建行横县支行处,建行横县支行有义务保管好张瑞坤的存款,张瑞坤的密码并未泄露,且银行卡一直带在身上,张工商银行卡中的存款被盗取系建行横县支行未妥善保管所致。张瑞坤请求建行横县支行支付被盗取的存款33928元未果,遂向一审法院起诉,请求建行横县支行支付赔偿其存款损失33928元。

一审法院认为张瑞坤在建行横县支行处申请办理了个人银行结算账户,建行横县支行也向张瑞坤发放了存折及储蓄卡,双方据此建立了储蓄合同关系,该储蓄存款合同关系合法有效,应受法律保护。存折、储蓄卡是双方储蓄存款合同的凭证,存折、储蓄卡验证、密码验证是储户交易缺一不可的条件,少了任何一个条件,银行都不应兑付,识别伪造的存折、储蓄卡是银行应尽的合同义务。

上诉人建行横县支行不服一审判决,上诉称:一审法院没有查清案件事实,而以任意推定来认定本案事实,缺乏法律依据,并作出了错误判决。

【处理结果】

一审结果:依照《中华人民共和国合同法》第六十条第一款、第一百零七条,《中华人民共和国商业银行法》第六条、第二十九条第一款的规定,判决:

建行横县支行向张瑞坤支付存款本金33928元;案件受理费648元,由建行横县支行承担。

二审判决:上诉人中国建设银行股份有限公司横县支行赔偿被上诉人张瑞坤存款损失27142.4元。本案二审案件受理费648元,此款中国建设银行股份有限公司横县支行已预交,由中国建设银行股份有限公司横县支行负担518元,张瑞坤负担130元。

一审案件受理费 648 元,此款张瑞坤已预交,由中国建设银行股份有限公司横县支行负担 518 元,张瑞坤负担 130 元。

【争议焦点】

一、我国法律对于银行卡制度的相关规定是怎么样的?

二、银行卡持卡人的法律地位如何确定? 其权利与义务是怎样的?

【法理分析】

一、我国法律对于银行卡制度的相关规定是怎么样的?

(一)何谓银行卡

"银行卡(Bank Card)是指由商业银行(含邮政金融机构)向社会发行的,具有消费信用、转账结算、存储先进等全部或部分功能的信用支付工具。"[1]银行卡按照是否可以透支,分为信用卡和借记卡。

(二)国家对银行卡发卡的规制

1. 切实规范银行卡发卡行为。[2] (1)认真落实银行卡账户实名制。发卡机构应严格遵守《中华人民共和国反洗钱法》、《个人存款账户实名制规定》(国务院令第 285 号发布)、《人民币银行结算账户管理办法》(中国人民银行令〔2003〕第 5 号发布)、《金融机构客户身份识别和客户身份资料及交易记录保存管理办法》(中国人民银行令〔2007〕第 2 号发布)、《中国人民银行关于进一步落实个人人民币银行存款账户实名制的通知》(银发〔2008〕191 号)等法规制度要求,切实履行客户身份识别义务,确保申请人开户资料真实、完整、合规。要充分利用联网核查公民身份信息系统,验证客户身份信息。未履行责任导致匿名、假名账户开立的,要按反洗钱法予以处罚,造成客户资金损失的,要依法承担责任。联网核查公民身份信息系统运行前开立的银行卡存量账户要逐步进行联网核查,未经核实的,发卡机构要专门标识,采取更严格的风险控制措施。个人代理他人办卡的,发卡机构必须同时核对代理人和被代理人的真实身份。无正当理由不允许个人代理多人办卡。对已在银行大量开户或申卡的持卡人申请办卡,要从严审查,并加强风险防控。[3] (2)控制信用卡发卡风险。发卡机构可通过查询人民银行征信系统、中国银联银行卡风险信息共享系统、资信调查等方式分析申请人的资信状况,合理确定授信额度。对申领首张信用卡的客户,发卡机构要对客户亲访亲签,不得采取全程自助发卡方式。谨慎发展无稳定工作、收入的客户群体,从严授信。发卡机构不得将信用卡发卡营销业务外包,不得擅自对信用卡透支利率、计息方式、免息期计算方式等进行调整。禁止单位代办信用卡,法律法规另有规定的除外。[4]

①参见陶广峰著:《金融法》,中国人民大学出版社 2009 年版,第 204 页。
②参见《中国人民银行中国银行业监督管理委员会、公安部、国家工商总局关于加强银行卡安全管理预防和打击银行卡犯罪的通知》银发 2009 年第 142 号。
③参见吴志攀著:《金融法概论》(第五版),北京大学出版社 2011 年版,第 262 页。
④参见吴志攀著:《金融法概论》(第五版),北京大学出版社 2011 年版,第 274 页。

2. 加强银行卡交易监测和使用管理。(1)保护持卡人信息安全。发卡机构应建立有效的信息安全防护系统,保护持卡人信息安全。要为申请人提供安全可靠的密码设置和修改服务,密码应能通过柜台、电话银行等渠道快速、安全修改。(2)实善对交易信息的动态监测。发卡机构要建立和完善银行卡交易监测系统,建立持卡人主体交易信息数据库,实现对持卡人信息的风险防控。

3. 进一步强化对受理市场的风险控管。

4. 提高中国银联防风险服务水平。张瑞坤在建行横县支行处申请办理了个人银行结算账户,建行横县支行也向张瑞坤发放了存折及储蓄卡,双方据此建立了储蓄合同关系,该储蓄存款合同关系合法有效,应受法律保护。存折、储蓄卡是双方储蓄存款合同的凭证,存折、储蓄卡验证、密码验证是储户交易缺一不可的条件,少了任何一个条件,银行都不应兑付,识别伪造的存折、储蓄卡是银行应尽的合同义务。

二、银行卡持卡人的法律地位如何确定?其权利与义务是怎样的?

(一)银行卡持卡人的法律地位

"信用卡诈骗罪中的'持卡人',包括规范意义上的持卡人(即申领人)和事实意义上的持卡人两种。恶意透支只能是前者实施的,以非法占有为目的,透支后不归还的行为。规范意义上的持卡人以外的任何持有该卡的人透支信用卡,都不构成恶意透支形式的信用卡诈骗罪。但是,信用卡申领人同意并授权他人透支自己信用卡,以非法占有为目的,经催收不归还银行钱款的,实际使用人的透支视为申领人的透支,申领人可以成立恶意透支形式的信用卡诈骗罪。"[1]

"持卡人"分为信用卡申领人和信用卡使用人两种,前者是规范意义上而言的,后者是事实意义上而言的。经过信用卡申领人的同意,实际使用信用卡的人也属于事实意义上的持卡人;这种类型的实际用卡人和之前学者们所定义的非法持卡人是不同的,这种用卡人的用卡行为经过申领人同意、建立在申领人信用基础之上,其法律效果归属于信用卡申领人。规范意义上的持卡人仅指金融法上规定的和相关银行形成委托关系或者消费借贷关系的信用卡申领人。通常银行系统的相关管理规定和信用卡章程中适用的"持卡人"概念就是这里所说的规范意义上的持卡人概念。按照银行卡相关规定,银行卡分为信用卡和借记卡两大类;信用卡又分为贷记卡和准贷记卡两类,借记卡又分为储蓄卡、转账卡、专用卡、储值卡几类。

(二)根据陶广峰先生的观点,持卡人权利义务如下[2]:

1. 持卡人的权利。(1)持卡人享有发卡银行对其银行卡所承诺的各项服务的权利,有权监督服务质量并对不符服务质量进行投诉。(2)申请人、持卡人有权知悉其选用的银行卡的功能、使用方法、收费项目、收费标准、适用利率及有关的计算公式。(3)持卡人有权在规定时间内向发卡银行索取对账单,并有权要求对不符账务的内容进行查询和改正。(4)借记卡的挂失手续办妥之后,持卡人不再承担相应卡

---

①参见谢望原、王波:论信用卡诈骗罪中的"持卡人",《人民检察》2011年第17期。
②参见陶广峰著:《金融法》,中国人民大学出版社2009年版,第205页。

账户资金变动的责任,司法机关、仲裁机关另有判决的除外。(5)持卡人有权索取信用卡"领用合约",并应妥善保管。

2. 持卡人的义务。(1)申请人应当向发卡银行提供真实的申请资料并按照发卡银行的规定向其提供符合条件的担保。(2)持卡人应当遵守发卡银行的章程及"领用合约"的有关条款。(3)持卡人或保证人的通讯地址、职业等发生变化,应当及时书面通知发卡银行。(4)持卡人不得以和商户发生纠纷为由拒绝支付所欠银行款项。

目前储户信用卡被盗用的纠纷多数都是由于储户密码信息被泄露所致。虽然这当然会有犯罪分子越来越"高超"的犯罪手法,也与储户自身没有高度重视自己的密码信息有关。在 ATM 机取款时,没有严格按照相应的防范措施进行操作,这也增加了信用卡的风险。

本案中,法院最终认定张瑞坤的存款于 2010 年 10 月 11 日 23 时 47 分至次日凌晨 0 时 19 分期间分 14 次在南宁市内被取走,并非张瑞坤本人,也并非张瑞坤持有的真实银行卡,而是他人伪造的银行卡,因此,本案实为银行卡被伪造而导致存款被冒领的案件。银行卡、卡号和密码共同构成一个完整的储户身份标志,只有三者一致时,金融机构才允许交易。在银行卡被伪造而导致存款被冒领的案件中,不管冒领人是如何获得持卡人的密码,金融机构未能识别伪造的银行卡,允许在三者不一致的情况下进行交易,导致冒领发生,这表明金融机构的交易安全系统存在着重大缺陷。也就是说,金融机构没有按有关规定建立"安全、高效的计算机处理系统",对自己发行的银行卡没有能力鉴别其真伪,其对由此产生的损失应当承担责任。具体到本案,建行横县支行作为储蓄合同的发卡银行,未能尽其保障储户资金支付安全之义务,因交易安全系统存在不能识别真伪的严重缺陷而致张瑞坤所持储蓄卡账户内存款被他人利用伪造的银行卡冒领,其应对张瑞坤遭受的存款损失承担主要的赔偿责任。张瑞坤所持有的银行卡是凭密码取款的,即在建行横县支行交易安全系统存在不能识别真伪卡的严重缺陷的情况下,他人不掌握银行卡的密码亦是不能支取的。张瑞坤作为持卡人对银行卡密码有谨慎保护的义务。张瑞坤没有证据证明系建行横县支行泄露了密码信息,故张瑞坤对于银行卡密码信息的丢失,亦负有一定责任。

【掩卷沉思】

银行卡在当今快捷的社会中,被越来越广泛地使用着。但由于一些相配套的机制还没有完善地建立起来,所以出现的纠纷也越来越多,当事人受损失的可能性及程度也越来越大。银行与储户之间存在着合理的储蓄合同关系,当纠纷发生时,可以从合同关系的角度来解决问题。银行卡持有人与银行之间由于不对等的法律地位和维护银行卡安全方面的知识的不对等,导致持有人明显处于弱势的法律地位。最经常遇到的案件就是客户因银行卡密码丢失而导致利益受损。一般情况下,银行都会辩驳是客户自己泄露了密码信息,而让储户自己承担损失。储户只有诉至法院,请求法院主持公道。本案中一审二审法院都支持了储户的诉求,有理有据,充分维护了储户的利益。

案例 32　许霆盗窃案①

【案情介绍】

公诉机关:广东省广州市人民检察院。

被告人:许霆,男,1983 年 2 月出生,汉族,出生地山西省襄汾县,文化程度高中,住山西省临汾市尧都区郭家庄社区向阳路。因涉嫌犯盗窃罪于 2007 年 5 月 22 日被羁押,同年 7 月 11 日被逮捕。

一审

广东省广州市人民检察院以穗检公二诉[2007]176 号起诉书指控被告人许霆犯盗窃罪,于 2007 年 10 月 15 日向广州市中级人民法院提起公诉。法院依法组成合议庭,公开开庭进行审理。广州市人民检察院指派代理检察员 * * * 出庭支持公诉,被告人许霆及其辩护人到庭参加诉讼。现已审理终结。

广东省广州市人民检察院指控:2006 年 4 月 21 日 22 时,被告人许霆伙同郭安山(另案处理)窜至本市天河区黄埔大道西平云路的广州市商业银行 ATM 提款机,利用银行系统升级出错之机,多次从该提款机取款。至 4 月 22 日晚 23 时 30 分止,被告人许霆共提取现金人民币 175000 元。之后携款潜逃。

公诉机关认为,被告人许霆以非法占有为目的,盗窃金融机构,数额特别巨大,其行为已构成盗窃罪,提请广东省广州市中级人民法院依法判处,并提交了相关证据。

被告人许霆对公诉机关的指控不持异议。

辩护人杨振平、吴义春辩护认为,被告人许霆的行为应当构成侵占罪而非盗窃罪。

经审理查明:2006 年 4 月 21 日 22 时许,被告人许霆伙同同案人郭安山(已判刑)②到本市天河区黄埔大道西平云路的广州市商业银行离行式单台柜员机提款。当被告人许霆用自己的广州市商业银行银行卡(该卡内余额 170 多元)提取工资时,发现银行系统出现错误,即利用银行系统升级出错之机,分 171 次恶意从该柜员机取款共 175000元。得手后携款潜逃,赃款被花用光。

上述事实,有公诉机关在庭审中出示,并经控辩双方质证,法院予以确定的证据证实。

法院认为,被告人许霆以非法占有为目的,伙同同案人采用秘密手段,盗窃金融机构,数额特别巨大,其行为已构成盗窃罪。公诉机关指控被告人的犯罪事实清楚,证据

---

① 根据广东省广州市中级人民法院刑事判决书(2007)穗中法刑二初字第 196 号、广东省高级人民法院刑事裁定书(2008)粤高法刑一终字第 5 号、广东省广州市中级人民法院刑事判决书(2008)穗中法刑二重字第 2 号、广东省高级人民法院刑事裁定书(2008)粤高法刑一终字第 170 号、最高人民法院刑事裁定书(2008)刑核字第 18 号摘编。

② 广州市天河区人民法院于 2007 年 5 月 21 日作出的(2007)天法刑初字第 560 号刑判决书,证实:郭安山与许霆于 2006 年 4 月 21 日至 22 日期间,利用广州市商业银行自动柜员机系统出错之机,连续多次分别提取银行款项 19000 元和 17 万余元,事后郭安山向公安机关自首并退出赃款 18000 元,天河区人民法院以盗窃罪判处郭安山有期徒刑一年,并处罚金 1000 元。

确实、充分,予以支持。对于辩护人关于被告人的行为不构成盗窃罪的辩护意见,经查,现有证据足以证实被告人主观上有非法占有的故意,被告人的银行卡内只有170多元,但当其发现银行系统出现错误时即产生恶意占有银行存款的故意,并分171次恶意提款17万多元而非法占有,得手后潜逃并将赃款挥霍花光,其行为符合盗窃罪的法定构成要件,当以盗窃罪追究其刑事责任。辩护人提出的辩护意见,与本案的事实和法律规定不相符,法院不予采纳。

2007年11月20日法院作出如下判决:

一、被告人许霆犯盗窃罪,判处无期徒刑,剥夺政治权利终身,并处没收个人全部财产;

二、追缴被告人许霆的违法所得175000元,发还广州市商业银行。

发回重审

被告人许霆不服一审判决,提出上诉。广东省高级人民法院于2008年1月9日作出(2008)粤高法刑一终字第5号刑事裁定,撤销原判,发回重审。

重审

广州市中级人民法院依法另行组成合议庭,公开开庭审理了本案。广州市人民检察院指派检察员谭海霞、代理检察员王烨出庭支持公诉,被告人许霆及其辩护人杨振平、吴义春到庭参加诉讼。现已审理终结。

广东省广州市人民检察院的指控,同一审(略)。

被告人许霆在本次庭审中对公诉机关指控的事实无异议,但辩解:(1)其发现自动柜员机出现异常后,为了保护银行财产而把款项全部取出,准备交给单位领导。(2)自动柜员机出现故障,银行也有责任。

辩护人提出的辩护意见是:一、本案事实不清,证据不足。理由如下:(1)被告人许霆只记得其银行卡内有170多元,具体数额记不清楚,证实其账户余额为176.97元的证据只有银行出具的账户流水清单,无其他证据印证。(2)账户流水清单记录的时间、次序有误。(3)银行的自动柜员机为何出现错误、出现何种错误不明确。因此,本案无法得出许霆账户只有176.97元及其每取款1000元账户仅扣1元的必然结论。二、被告人许霆的行为不构成犯罪,重审应当作出无罪判决。理由如下:(1)许霆以实名工资卡到有监控的自动柜员机取款,既没有篡改密码,也没有破坏机器功能,其行为对银行而言是公开而非秘密。许霆取款是经柜员机同意后支付的,其行为是正当、合法和被授权的交易行为。因此,许霆的行为不符合盗窃罪的客观方面特征,不构成盗窃罪。(2)许霆通过柜员机正常操作取款,在物理空间和虚拟空间上都没有进入金融机构内部,因此,许霆的行为不可能属于盗窃金融机构。(3)许霆的占有故意是在自动柜员机错误程序的引诱下产生的,有偶然性;自动柜员机出现异常的概率极低,因而许霆的行为是不可复制、不可模仿的;本案受害单位的损失已得到赔偿,许霆的行为社会危害性显著轻微;现有刑法未对本案这种新形式下出现的行为作出明确的规定,法无明文规定不为罪,应对其作出无罪判决。(4)许霆的行为是民法上的不当得利,因该不当得利行为所取得财产的返还问题,应通过民事诉讼程序解决。

经审理查明的事实,与一审相同(略)。

另查明,2006年4月21日17时许,运营商广州某公司对涉案的自动柜员机进行系统升级。4月24日上午,广州市商业银行对全行离行式自动柜机进行例行检查时,发现该机出现异常,即通知运营商一起到现场开机查验。经核查,发现该自动柜员机在系统升级后出现异常,1000元以下(不含1000元)取款交易正常;1000元以上的取款交易,每取款1000元按1元形成交易报文向银行主机报送,即持卡人输入取款1000元的指令,自动柜员机出钞1000元,但持卡人账实际扣款1元。

上述事实,有公诉机关提交,并经法庭质证、认证的证据予以证实。①

对被告人许霆及其辩护人的辩解、辩护意见,重审法院评判如下:(1)关于辩护人提出本案事实不清,证据不足的意见,不能成立。(2)关于辩护人提出被告人许霆的行为不构成盗窃罪,是民法上的不当得利,应对其作出无罪判决以及许霆提出其是保护银行财产而取款的意见,亦不能成立。(3)关于辩护人提出被告人许霆的行为不属于盗窃金融机构的意见,二审法院认为,自动柜员机是银行对外提供客户自助金融服务的专有设备,机内储存的资金是金融机构的经营资金,根据最高人民法院,《关于审理盗窃案件具体应用法律若干问题的解释》第八条的规定,许霆的行为属于盗窃金融机构。辩护人关于许霆的行为不属于盗窃金融机构的辩护意见于法无据,不予采纳。

重审法院认为,被告人许霆以非法占有为目的,采用秘密手段窃取银行经营资金的行为,已构成盗窃罪。许霆案发当晚21时56分第一次取款1000元,是在正常取款时,因自动柜员机出现异常,无意中提取的,不应视为盗窃,其余170次取款,其银行账户被扣账的174元,不应视为盗窃,许霆盗窃金额共计173826元。公诉机关指控许霆犯罪的事实清楚,证据确实、充分,指控的罪名成立。许霆盗窃金融机构,数额特别巨大,依法本应适用"无期徒刑或者死刑,并处没收财产"的刑罚。鉴于许霆是在发现银行自动柜员机出现异常后产生犯意,采用持卡窃取金融机构经营资金的手段,其行为与有预谋或者采取破坏手段盗窃金融机构的犯罪有所不同;从案发具有一定偶然性看,许霆犯罪的主观恶性尚不是很大。根据本案具体的犯罪事实、犯罪情节和对于社会的危害程度,对许霆可在法定刑以下判处刑罚。依照《中华人民共和国刑法》第二百六十四条、第六十三条第二款、第六十四条和最高人民法院《关于审理盗窃案件具体应用法律若干问题的解释》第三条、第八条的规定,于2008年3月31日判决如下:

一、被告人许霆犯盗窃罪,判处有期徒刑五年,并处罚金二万元;

(刑期从判决执行之日起计算。判决执行以前先行羁押的,羁押一日折抵刑期一日,即自2007年5月22日起至2012年5月21日止。罚金自本判决发生法律效力的第二日起一个月内向本院缴纳)。

二、追缴被告人许霆的犯罪所得173826元,发还受害单位;

如不服本判决,可在接到判决书的第二日起十日内提出上诉。

本判决依法报请最高人民法院核准后生效。

①详细证据参见广东省广州市中级人民法院刑事判决书(2008)穗中法刑二重字第2号。

终审

原审被告人许霆不服重审判决,提出上诉。广东省高级人民法院院依法组成合议庭,于 2008 年 5 月 22 日公开开庭审理了本案。广东省人民检察院指派代理检察员黄蕾、李和亮出庭履行职务,上诉人许霆及其委托辩护人张新强、郭向东到庭参加诉讼。现已审理终结。

许霆上诉提出:(1) 原判认定柜员机异常是因计算机系统升级造成,该事实没有证据证实,缺乏升级记录等证据,故认定柜员机异常的事实不清,证据不足;(2) 原判定性错误。上诉人实施的是交易行为,不是"秘密窃取",不符合盗窃罪的客观构成要件。故上诉人的行为不构成盗窃罪。

其辩护人提出:(1) 原判依然存在事实不清,证据不足的情形。原判认定涉案柜员机发生故障,却没有对柜员机进行司法鉴定,故申请对涉案柜员机进行司法鉴定,以证实柜员机确实发生了故障及发生什么故障,从而进一步证实许霆确实是取 1000 元而银行卡账户只扣款 1 元的事实;(2) 许霆的取款行为不符合盗窃罪的犯罪构成要件。因许霆的取款行为是完全公开的,不具备"秘密性",许霆取款并没有违背银行的意志,是按照柜员机操作程序的提示经银行许可才取到款的,其行为没有侵犯银行对财产的处分权,不是"窃取",故许霆的取款行为不属于"秘密窃取",不构成盗窃罪;(3) 许霆虽是恶意取款,但系柜员机的故障所造成,许霆的取款行为是与柜员机的双向交易行为,现行法律对这种行为是否构成犯罪没有明文规定,依照"法无明文规定不为罪"、"疑罪从无"的刑事基本原则,应当判处许霆无罪才能取得良好的法律效果和社会效果;(4) 本案属于电子支付差错,属于民事纠纷。辩护人还向本院提供了《广州市商业银行羊城借记卡章程》,其中第四条规定了"凡密码相符的交易均视为持卡人的合法交易,持卡人须对该交易负责",辩护人并据此认为由于许霆取款时使用的是正确的密码,故其取款行为不具有刑事违法性。

广东省人民检察院出庭履行职务的代理检察员认为,上诉人许霆恶意取款的行为在主观上具有非法占有的目的,客观上采取了秘密窃取的手段取得银行财产,其行为符合盗窃罪的构成要件,且属于盗窃金融机构,数额特别巨大。原判认定事实清楚,证据确实、充分,定罪准确。原判还考虑到许霆盗窃行为的特殊情况,对许霆在法定刑以下判处刑罚,量刑适当。故建议驳回上诉,维持原判。

经审理查明的事实,与重申相同(略)。上述事实有相关证据证实。①

广东省高级人民法院认为,本案事实清楚,证据确实、充分。

广东省高级人民法院对于许霆及其辩护人提出的本案事实不清、证据不足的意见不予采纳。

广东省高级人民法院还认为,许霆恶意取款的行为已经构成了犯罪,触犯了刑法第二百六十四条第(一)项的规定,应当按照盗窃罪予以处罚。其理由如下:

(一) 许霆恶意侵犯公共财产所有权的行为具有严重的社会危害性

---

① 详细证据参见广东省高级人民法院刑事裁定书(2008)粤高法刑一终字第 170 号。

许霆第一次在柜员机取款并多占有银行999元的利益属于民法上的不当得利,不是盗窃行为。但是,许霆通过第一次无意的多取款并查询余额后,明知柜员机出现了异常并能够多占有银行资金,连续取款170次,取款金额达174000元,非法占有银行财产173826元,尔后又携款潜逃,至今都未能退赃。许霆的上述行为已经属于一种严重侵权行为,不仅严重侵犯了公共财产的所有权,给国家财产造成了巨大损失,还危害了国家金融机构正常的金融秩序,损害了金融安全,具有严重的社会危害性。

(二)上诉人许霆恶意取款的行为具有刑事违法性,符合盗窃罪的犯罪构成要件

首先,许霆主观上具有非法占有银行财产的故意。许霆在明知柜员机出现上述异常后,竟然在3个多小时内连续170次恶意取款,其行为相对第一次无意多取款的行为发生了本质的变化,从没有犯罪意图到临时产生了非法占有银行资金的故意。第一,许霆在第一次取款并通过查询银行卡余额后,已经明知柜员机出现了异常,能够超出余额取款且不能如实扣账,每次取款都能非法占有银行资金;第二,许霆利用柜员机的异常,主动多次实施取款行为,积极追求非法占有银行财产的目的;第三,许霆在取款后为逃避法律责任,又携款潜逃,最终实现非法占有银行财产的目的。上述事实充分说明了许霆主观上具有侵犯公共财产所有权的故意,其取款行为的目的就是为了非法占有银行财产。

其次,许霆客观上实施的非法取款的手段符合"秘密窃取"的特征。本案中,柜员机只是银行用于经营、保管资金的智能工具,当柜员机出现故障时,已不能正确执行和代表银行的意志。许霆利用银行柜员机出现的故障,并趁银行工作人员尚未及时发觉柜员机的故障并对该柜员机采取有效保护措施之机,连续170次恶意取款。许霆取款时不仅明知柜员机出现了故障,而且通过第一次取款的成功,知道银行工作人员不会当场察觉到其恶意取款行为,且事实上银行也是直到许霆作案后第三天才发觉。上述事实足以说明许霆主观上产生了其非法占有银行财产的行为不会被银行工作人员当场发觉的侥幸心理,虽然许霆持有的是其本人的银行卡,柜员机旁亦有监控录像,这些都只是使银行事后能够查明许霆的身份,但不足以使银行能够当场发觉并制止许霆的恶意取款行为,所以许霆的行为具有"秘密性"特征;许霆持不具备透支功能的银行借记卡超余额取款,且每次取款银行卡账上都不能如实扣款,其恶意取款的行为之所以能够实现,是因为柜员机出现了异常,不能正确执行银行的指令,所导致出现的不如实扣账等故障情况违背了银行的真实意思,故许霆非法占有银行资金的行为显然违背了银行的意志。

最后,许霆的行为属于盗窃金融机构,且数额特别巨大。根据最高人民法院《关于审理盗窃案件具体应用法律若干问题的解释》第八条规定,本案中自动柜员机是银行对外提供客户自助金融服务的设备,机内储存的资金是金融机构的经营资金,许霆盗窃自动柜员机中资金的行为依法属于"盗窃金融机构"的行为;许霆实际非法占有银行资金173826元,依法属于数额特别巨大。

(三)许霆的恶意取款行为具有应受刑罚处罚性

许霆的行为已经构成盗窃罪,且属盗窃金融机构,数额特别巨大,许霆没有法定减轻处罚情节,如仅适用刑法分则关于盗窃罪的规定,应当判处无期徒刑以上刑罚。但是,许霆的犯罪对象、犯罪手段、犯罪条件等具有特殊性:第一,许霆取款的柜员机出了

故障,已非正常的"金融机构"。许霆并无犯罪预谋,正是偶然发现了柜员机的异常情况才临时产生犯意,许霆的盗窃行为之所以得逞,除了其本人主动实施恶意取款行为外,柜员机的故障客观上提供了便利。许霆的犯罪是一个从量变到质变的发展过程,随着许霆不停的恶意取款,柜员机的故障亦助使其得逞,导致许霆的主观恶性越来越大,社会危害性越来越严重;第二,许霆的行为虽然构成了盗窃罪,但其采取的犯罪手段在形式上合乎柜员机取款的要求,与采取破坏柜员机或进入金融机构营业场所内部盗窃等手段相比,其社会危害性要小;第三,许霆的犯罪极具偶然性,是在柜员机出现故障这样极为罕见和特殊的情形下诱发的犯罪,类似情况难以复制和模仿,对许霆科以适度的刑罚就能够达到刑罚的预防目的,没有必要对其判处无期徒刑以上刑罚。考虑到上述特殊情况,许霆具有可以减轻处罚的酌定情节,如果仅适用刑法分则的规定,对许霆在法定量刑幅度内判处最低刑罚仍属过重,有违刑法总则中所规定的罪责刑相适应的基本原则。故对于许霆可以依照刑法总则第六十三条的规定,鉴于本案有可以在法定刑以下量刑的特殊情况,尽管许霆至今未退赃,但仍然可以在法定刑以下判处刑罚。

综上所述,上诉人许霆以非法占有为目的,秘密窃取金融机构的经营资金,数额特别巨大,其行为侵害了刑法所保护的社会关系即公私财产的所有权,具有严重的社会危害性、明显的刑事违法性和应受刑罚处罚性,已构成盗窃罪。对于许霆及其辩护人提出不构成犯罪的上诉理由及辩护意见均不予采纳。但鉴于许霆是在偶然发现柜员机出现异常后临时起意犯罪、只是利用柜员机的故障通过持卡取款的方式实施犯罪等特殊情况,其犯罪的主观恶性、犯罪情节和社会危害性的严重程度要比有预谋盗窃或采取破坏性手段盗窃柜员机内的资金轻,虽然许霆没有减轻处罚的法定情节,但依照刑法罪责刑相适应的基本原则,仍可对其在法定刑以下量刑。原判认定事实清楚,证据确实、充分,定罪准确,量刑适当,审判程序合法。依照《中华人民共和国刑事诉讼法》第一百八十九条第(一)项及《中华人民共和国刑法》第六十三条第二款的规定,于2008年5月23日裁定如下:

驳回上诉,维持原判。本裁定依法报请最高人民法院核准。

最高法院核准

广东省高级人民法院经依法公开开庭审理,于2008年5月23日以(2008)粤高法刑一终字第170号刑事裁定,驳回上诉,维护原判,并依法报请最高人民法院核准。最高人民法院依法组成合议庭,对本案进行了复核。现已复核终结。

经复核确认的事实,与终审相同(略)。

【处理结果】

最高法院认为,被告人许霆持不具有透支功能的银行借记卡在银行的自动柜员机取款时,发现自动柜员机发生故障,在明知自己的银行卡内只有170多元的情况下,乘银行工作人员尚未发现之机,非法取款174825元,并携款潜逃的行为,已构成盗窃罪。许霆盗窃金额机构,数额特别巨大,依法本应判处无期徒刑以上刑罚。但考虑到许霆是在发现自动柜员机发生故障的情况下临时起意盗窃,其行为具有一定的偶然性,与有预谋、有准备盗窃金融机构的犯罪相比,主观恶意性相对较小;许霆是趁自动柜员机发生故障之机,采用输入指令取款的方法窃取款项,与采取破坏手段盗取钱财相比,犯罪情节相对较轻,对许霆可以适用刑法第六十三条第二款的规定,在法定刑以下判处刑罚。第一审判决、第二审裁定认定的事实清楚,证据确实、充分,定罪准确,量刑适当。审判程序合法。依照《中华人民共和国刑法》第六十三条第二款和《最高人民法院关于执行〈中华人民共和国刑事诉讼法〉若干问题的解释》第二百七十条的规定,于 2008 年 8 月 20 日裁定如下:核准广东省高级人民法院(2008)粤高法刑一终字第 170 号维持第一审以盗窃罪在法定刑以下判处被告人许霆有期徒刑五年,并处罚金人民币二万元的刑事裁定。

 【争议焦点】

许霆究竟是有罪还是无罪?

【法理分析】

许霆究竟是有罪还是无罪?

我们注意到,许霆案无论是一审、重审还是终审或最高法院的核准,都无一例外地认定许霆的行为构成盗窃罪,而且是盗窃金融机构。只是一审判处无期徒刑,剥夺政治权利终身,并处没收个人全部财产,追缴被告人许霆的违法所得 175000 元发还广州市商业银行。重审判处许霆有期徒刑五年,并处罚金二万元,追缴被告人许霆的犯罪所得 173826 元,发还受害单位。终审驳回上诉,维持原判。最高法院则裁定:核准广东省高级人民法院(2008)粤高法刑一终字第 170 号判决,维持以盗窃罪在法定刑以下判处被告人许霆有期徒刑五年,并处罚金人民币二万元的刑事裁定。最高法院一方面没有核准"追缴被告人许霆的犯罪所得 173826 元,发还受害单位",另一方面,认定的盗窃金额由"173826 元"变为"174825 元"。

2007 年 12 月底,许霆还在服刑期时,许霆的父亲就去最高人民法院申诉过一次,但一直没有得到答复。2010 年 7 月,许霆因狱中表现良好被假释出狱。2013 年 5 月 13 日,许霆正式向广东省高级人民法院递交了申诉材料。许霆称,当年他用银行卡取钱的行为是"透支",而非盗窃,要"退还"所取的十七万多元。广东高院 2013 年 6 月 24 日向记者证实,该院确已收到许霆的申诉,并表示将依法公正处理。

法院在判决中认为,许霆以非法占有为目的,采用秘密手段窃取银行经营资金的行为,已构成盗窃罪。我们认为,许霆的行为不符合盗窃罪的构成要件。

首先,从盗窃罪的犯罪客体上看,盗窃金融机构的犯罪客体是银行等金融机构的经营资金等财产,但办公设备、车辆等除外。表面上看,银行自动柜员机内存放的现金确实是银行的经营资金,但许霆并非撬开或破坏柜员机后,或使用伪造的银行卡,或类似黑客攻击银行 ATM 机计算机程序等方法,窃取银行资金,而是使用其合法开设和持有的银行卡从自己的银行卡账户中取款。正如储户拿着自己只有 20 元余额的存折到银行柜台取款,要求取 10 元,误填写为 1000 元,银行付给 1000 元,但错误地在存折上记载取现 1 元一样,不能认定储户构成盗窃银行。当然,这并不意味着储户实际上仅取款1元,也不意味着银行无权请求储户更正记载,或要求储户返还多领取的 990 元现金。这样的行为,即使未被银行发现,储户贪图利益再重复一次或多次,性质也应当是一样的。

其次,从盗窃罪的客观方面看,行为人应有秘密窃取数额较大的公私财物或者多次秘密窃取公私财物的行为。而本案中,许霆没有采取秘密或非法手段,而是按正常方式操作取款。如果没有银行柜员机因计算机升级所造成的程序错误,他不仅不能多次超出自己的账户余额取现,而且第一次取现也不会成功。

再次,从盗窃罪的主体上看,盗窃金融机构的主体为一般主体,并不要求为银行或金融机构内部人员,许霆符合主体要件。但仅具备盗窃罪的主体要件,不具备其他犯罪构成要件,不可能构成盗窃罪。

最后,从盗窃罪的主观方面看,行为人须为故意。本案中许霆在取款后没有主动交给银行,并有躲回老家的行为,被抓获后虽未实际还款但有还款的意愿和表示。许霆还声称其原打算报告其供职的单位领导并将款项上交单位,我们无法证实许霆是否真的有过这一打算。但从其后来的行为中,我们很难说许霆未尝没有占有该笔款项的意图,这可能出于其在巨大的利益诱惑面前贪利的动机。但是,这种贪利的动机或故意与盗窃罪行为人盗窃的故意是有本质区别的,不能将此故意混同于彼故意。

综上所述,我们认为,许霆的行为不构成盗窃罪。是否构成侵占罪呢? 侵占罪是指以非法占有为目的,将他人的交给自己保管的财物、遗忘物或者埋藏物非法占为己有,数额较大,拒不交还的行为。我国《刑法》第 270 条规定:"将代为保管的他人财物非法占为己有,数额较大,拒不退还的,处二年以下有期徒刑、拘役或者罚金;数额巨大或者有其他严重情节的,处二年以上五年以下有期徒刑,并处罚金。""将他人的遗忘物或者埋藏物非法占为己有,数额较大,拒不交出的,依照前款的规定处罚。""本条罪,告诉的才处理。"本案中许霆愿意还款,不存在拒不退还的问题。许霆占有的该笔款项也不符合侵占罪规定的保管物、遗忘物或者埋藏物。

许霆案虽不构成犯罪,但依我国《民法通则》第九十二条的规定:"没有合法根据,取得不当利益,造成他人损失的,应当将取得的不当利益返还受损失的人。"我们认为,应构成民法上的不当得利之债,银行有权请求更正账户的错误,要求许霆返还多得到的款项。实际上在本案的重申判决中,法院对首笔款项的性质就是这样认定的,后续其他款项的总额中每笔扣除 1 元或 2 元,在一定意义上也体现了法官适用不当得利之债基本原理的思路。但遗憾的是这一思路未能贯彻全案和始终,因此作出了不被社会舆论认可的盗窃金融机构犯罪成立,但又在法定刑之下量刑的终审判决。更为遗憾的是,最高法院在核准终审判决时对许霆盗窃金额的认定又否定了终审实际上也是重申的认定。令人匪夷所思的是,最高法院既核准盗窃罪成立和量刑适当,又不维持终审判决追缴赃物、发还受害单位的内容,典型地体现了其自相矛盾的逻辑和心态。

一个公正、合理的判决应当是合法、合理、合情。曾对许霆决意申诉起到促成作用的、曾在香港和新加坡银行系统工作过的一位网友认为，对许霆案，大多数人是从许霆一方来说，而忽略了这个案子的另一方银行。在这位网友看来，许霆案的本质是银行卡和银行审核。许霆所持的银行卡不是储值卡，而是银联卡。银联卡关联的是一个银行账户，没有储值功能，仅作为记录和统计交易的凭证。虽然许霆取款时余额不足，但实际办理的取款确是 1000 元，账户中就要如实记为"取款 1000 元"。若因程序故障错记了交易，银行发现错误后应当更正账户记录。银行实际上是自己记错了账，导致给一张余额不足的银联卡多发放了款项，这种关系是银行和储户的债务关系，银行误将一张不能透支的银行卡进行了透支。而银行所谓借记卡"不具备透支功能"仅是一种用户体验，实现方式是银行拒付透支取款的请求；若银行因错未能拒付透支取款，也就无法避免借记卡账户透支。就好像你拿着一套市值 10 万元的房产抵押在银行，正常情况最多可以贷出 10 万元。但如果银行审核的人或设备出了错，给你贷出了 100 万元，只要你提供的资料没造假，没有主观恶意，这就是银行的失误，不是个人的盗窃。①

银行直接将其定为盗窃罪是没有依据的，法院不能依据未经差错处理的账单，作为审判的依据。按照许霆的理解，这只能算一起银行操作事故，应该被认定为"不当得利"，由银行追索其不当得利的金额。另外，由于 ATM 机出错在先，银行也应该为这件事负责。银行应该用合法的依据给许霆发一个追款通知单，说明许霆多取了银行多少钱，限三个月之内归还，这才是银行合法、正确处置的措施。绝大部分网友也认为许霆是无罪的，一个基本的逻辑是，许霆利用柜员机出错多次取款的行为，虽然本身有错，但是不应该定性为盗窃，因为是银行的 ATM 机出问题在先，银行自身是需要承担责任的，许霆充其量就是经受不住诱惑不当得利而已，只能算是一个民事案件而非刑事案件。另外，这个情况也不符合交易双方的权责对等的原则，假如 ATM 机少吐钱了，或者说吐出假钱，银行是"离柜概不负责"，民事赔偿都不给，更不用说被追究刑事责任。前段时间还发生了银行柜员机少给顾客钱的事件，顾客打电话，工作人员却无动于衷，最后顾客假称是 ATM 机多吐钱，结果银行方面马上就过来处理。②

【掩卷沉思】

许霆案申诉的结局如何，我们不好妄加猜测，但许霆案令我们反思的问题，远非许霆有罪或无罪的问题。正如陈光武律师在其博客中在转载"许霆申诉案：再次拷问中国刑法的伦理精神"一文的按语所言，"长期以来'左倾'的道德标准和刑法理念，确实应当反思。我们鼓励人们讲道德，但不可用刑罚惩处那些不道德的行为……"该文作者写道，

---

① 许霆提起申诉要求旧案重审，http://news. china. com. cn/live/2013-05/22/content_20097641. htm，最后访问日期：2013 年 5 月 26 日。

② 岳旭辉：许霆申诉旧案重审称多取钱系"不当得利"而非"盗窃"，http://money. 163. com/13/0602/13/90CB7QVV00254TI5. html，最后访问日期：2013 年 6 月 5 日。

英国伦敦一家银行也发生了类似情况，一台自动取款机出了故障，导致数十名取款人恶意多取款，但这些人并不必紧张，事发后，银行主动承担全部责任，发出公告，多取款者不必向银行退钱，那些损失由银行埋单。同样的情况，在中国和英国处遇截然不同。这其实是两国刑法伦理精神差异造成的。中国刑法不承认性本恶，主张人性是利他的，而西方刑法认为人性天然是自私、自爱的，只要这种自私、自爱能够为社会所容忍，刑法就不应当干预。刑法伦理精神的差异，导致刑法立法和司法的差异。应当说，许霆是茫茫人海中很平凡的一个，他既称不上是好人，也称不上是坏人，和绝大部分人一样，属于不好不坏的人。他平常是遵纪守法的，能够坚守法律底线，但为何在反复取款的那一刻突然变成了"罪人"？一个不好不坏的人不可能突然间变成罪人，所以原因就在于：他那一刻遭受了巨大的诱惑，一种常人难以经受的诱惑。如果许霆恶意取款仅仅是暴露了一个常人的自私、自爱本性，那么刑法上定罪就是有疑问的，因为如果这种定罪是正确的，那就意味着全中国所有的常人都是潜在的"罪人"。许霆是个常人，却一不小心掉进了"犯罪的漩涡"，而这个漩涡是银行无意中设置的，所以主要责任在银行，银行应当为它的粗心大意和工作失误埋单。许霆案还在继续，一个普通中国人的司法命运，将中国刑法伦理精神的反思更加引入深入。承认社会上所有人都有利己主义的情感和欲求，承认每个常人都有自私、野心和虚荣心，以宽容的眼光看待人性，而不是希望通过刑法的控制，彻底消除人性中的恶劣天性，抑制个人欲望，推入"道德的斗争"，这，或许是中国刑法走向现代化的必由之路。① 正如法律不是万能的一样，刑法当然也不是万能的，法律万能论实际上不是对法律的信仰和尊崇，而是对法律的亵渎和庸俗化。

此外，反思许霆案的前后相差悬殊的判决及其在社会上引发的长期争执不休的舆论，如果我们有英美司法的陪审制度，是否可以避免类似的结局出现？是否会对民众的法律信仰产生积极的引导作用？为什么法院的判决中会出现"每次盗窃的千元中，都有一元合法"的中国式的哥德巴赫猜想？不改变柜员机的出钞性能，不破坏百元大钞的物理结构，怎样从中分离出千分之一的合法成分？法律的实施效果为何会与民众朴素的法感情有如此大的差距？被称为中国特色的人民陪审员制度在许霆案的审理中未被采用，如果采用，结局真的会不同吗？

---

① 许霆申诉案：再次拷问中国刑法的伦理精神，http://blog.sina.com.cn/s/blog_63aeaff70102eedj.html，最后访问日期：2013 年 7 月 4 日。

第九章 支付结算法律制度

第一节 银行结算账户管理制度

案例 33 乙银行等与丙公司等储蓄存款合同纠纷上诉案①

【案情介绍】

上诉人(原审原告):罗某

上诉人(原审原告):乙银行

被上诉人(原审被告):丙公司

被上诉人(原审被告):丁公司

2008 年 7 月 14 日,罗某在乙银行处填写了"牡丹灵通卡/活期一本通存折/个人银行结算账户/电子银行开户(注册)申请书",申请办理中国乙银行的牡丹灵通卡(卡号为6220081001001582620,性质为借记卡),同时开通了网上银行和电话银行业务。在前述业务申请表后的"填写说明"之"特别提示"部分中载明"客户应妥善保管牡丹灵通卡及存折,银行工作人员无权代客户保管,密码请牢记,切勿泄露"。《中国乙银行牡丹灵通卡章程》第四条规定,"申请牡丹灵通卡必须设定密码。凡使用密码进行的交易,发卡银行均视为持卡人本人所为。依据密码等电子信息办理的各类交易所产生的电子信息记录均为该项交易的有效凭证,持卡人须妥善保管牡丹灵通卡和密码。因持卡人保管不当而造成的损失,银行不承担责任"。

2010 年 6 月 13 日,罗某所有的前述银行卡在浙江省宁波市发生四笔交易,总共产生交易金额为人民币 456850 元(以下币种同),具体分别为:12 时 26 分在丙公司购买黄金刷卡消费 227048 元;12 时 31 分在丁公司购买黄金刷卡消费 224800 元;12 时 32 分在中国乙银行宁波市鄞州支行 ATM 机取现两笔连同手续费共 5002 元。

2010 年 6 月 13 日 12 点多时,罗某陆续收到乙银行的 95588 短信通知,告知其所有的前述银行卡发生四笔刷卡交易。罗某立刻拨打乙银行 95588 客服电话询问,客服工作人员告知,上述全部交易均发生在浙江省宁波市。罗某随即前往上海市公安局长宁分局报案,后又于当晚赶往案发地浙江省宁波市报案。宁波市公安局海曙分局江厦派出所作为涉嫌刑事案件受理了此案,并对罗某以及丙公司和丁公司的收银员进行了询

---

①案例来源:上海市第一中级人民法院(2011)沪一中民六(商)终字第 198 号判决书,北大法律信息网—北大法宝 http://vip. chinalawinfo. com/Case/Result. asp 最后访问日期 2013 年 1 月 31 日。

问。丙公司收银员称,持卡人使用本案系争银行卡在该商城进行交易过程中,由于该商城工作人员在持卡人刷卡付款时,发现持卡人所持的中国乙银行借记卡卡号与 POS 机签购单显示的卡号不符,因此未让持卡人提货(即已扣款但未交货)。丁公司相关人员称,持卡人使用本案系争银行卡在该公司进行交易时,工作人员对银行卡卡号和 POS 机上显示的卡号进行了核对,两者显示一致,并且卡后签名和签单上签名一致,故交付货物交易成功。

后经查明该两笔交易的签购单上所签姓名均非罗某本人的姓名。罗某以资金遗失并非由其本人原因所致要求本案三名被告进行赔偿,遭拒后提起本案诉讼,请求判令:(1) 乙银行和丁公司赔偿罗某银行卡遗失资金 224800 元;(2) 乙银行和丙公司返还罗某银行卡遗失资金 227048 元;(3) 乙银行返还罗某银行卡遗失资金 5000 元及 456848 元所对应的利息(自 2010 年 6 月 13 日起算至判决生效之日止,计算标准为罗某所持银行卡对应的利率)。

一审判决后,上诉人罗某不服,向本院提起上诉。二审法院认为,上诉人罗某与上诉人乙银行双方之间就罗某向乙银行申请办理牡丹灵通卡(借记卡)所形成的储蓄存款合同法律关系,合法有效,该合同关系应当受到法律的保护。罗某作为乙银行的牡丹灵通卡(借记卡)储户,在其得知所持银行卡于异地发生涉案四笔非正常交易后,立即与银行方面取得联系,并及时赶往事发地向当地公安机关报案。上述一系列行为表明,当不法侵害发生后,上诉人罗某作为储户已尽到了其基本的注意义务。上诉人乙银行认为在相关刑事案件尚未结案的前提下,涉案四笔交易行为所涉及的银行卡尚处于真伪不明的状态,故不能排除该储户罗某的道德风险。

被上诉人丙公司在犯罪分子盗刷罗某银行卡购买黄金的大额交易过程中,严守商家的审慎注意义务,发现了伪卡卡号与签购单上卡号的差异,适时阻止了犯罪行为的继续,减少了合法储户的资金损失。本案中,罗某的该笔资金 224800 元损失还涉及案发后当事人与银行联系并向公安机关报案后,上诉人乙银行与被上诉人丁公司之间就该笔款项的后台交割等细节。

【处理结果】

一审法院:

一、丙公司应返还罗某 227048 元;

二、乙银行应赔偿罗某损失 114900 元;

三、乙银行应支付罗某自 2010 年 6 月 13 日起至本判决生效之日止的利息的 50%(以 456848 元为本金,按同期中国人民银行颁布的活期存款利率计算);

四、驳回罗某的其余诉讼请求。案件受理费 8152 元,由罗某负担 2152 元,乙银行负担 6000 元。

二审法院:

一、维持上海市浦东新区人民法院(2010)浦民六(商)初字第 6072 号民事判决第一项,即被上诉人丙公司应返还上诉人罗某人民币 227048 元;

二、撤销上海市浦东新区人民法院(2010)浦民六(商)初字第 6072 号民事判决第

二、第三、第四项,即上诉人乙银行应赔偿上诉人罗某损失人民币 114900 元,以及上诉人乙银行应支付上诉人罗某自 2010 年 6 月 13 日起至本判决生效之日止的利息的 50%(以人民币 456848 元为本金,按同期中国人民银行颁布的活期存款利率计算);

三、上诉人乙银行应于本判决送达之日起十日内赔偿上诉人罗某损失人民币 229800 元;

四、上诉人乙银行应于本判决送达之日起十日内支付上诉人罗某自 2010 年 6 月 13 日起至本判决生效之日止的利息(以人民币 456848 元为本金,按同期中国人民银行颁布的活期存款利率计算);

五、驳回上诉人罗某的其余诉讼请求。

【争议焦点】

一、我国关于银行结算账户的规定是怎样的? 分类如何?

二、开立个人银行结算账户的程序及变更和撤销的程序如何?

【法理分析】

一、我国关于银行结算账户的规定是怎样的? 分类如何?

(一) 银行结算账户

1. 银行结算账户(Bank settlement accounts),是指银行为存款人开立的办理资金首付结算的人民币活期存款账户。① 银行结算账户按存款人不同分为单位银行结算账户和个人银行结算账户。存款人以单位名称开立的银行结算账户为单位银行结算账户。存款人以个人名义开立的银行结算账户为个人银行结算账户。

2. 银行结算账户的特点。(1) 办理人民币业务。这与外币存款账户不同,外币存款账户办理的是外币业务,其开立和使用要遵守国家外汇管理局的有关规定。(2) 办理资金收付结算业务。这是与储蓄账户的明显区别。储蓄的基本功能是存取本金和支取利息,但是不能办理资金的收付。(3) 活期存款账户。这与单位的定期存款账户不同,单位的定期存款账户不具有结算功能。②

3. 银行结算账户的管理。(1) 中国人民银行的管理。中国人民银行负责监督、检查银行结算账户的开立和使用,对银行结算账户的开立和使用实施监控和管理,负责基本存款账户、临时存款账户和预算单位专用存款账户开户登记证的管理,对存款人、银行违反银行结算账户管理规定的行为予以处罚。(2) 开户银行的管理。银行负责所属营业机构银行结算账户开立和使用的管理,监督和检查其执行法律法规的情况,纠正违规开立和使用银行结算账户的行为。③

(二) 银行结算账户的分类

银行结算账户按存款人不同,分为单位银行结算账户和个人结算账户。其中:

---

① 参见陶广峰著:《金融法》,中国人民大学出版社 2009 年版,第 196 页。
② 参见朱崇实著:《金融法教程》(第三版),法律出版社 2011 年版,第 289 页。
③ 参见朱崇实著:《金融法教程》(第三版),法律出版社 2011 年版,第 290 页。

单位银行结算账户按用途不同,分为基本存款账户、一般存款账户、专用存款账户、临时存款账户。银行结算账户根据开户地的不同,分为本地银行结算账户和异地银行结算账户。

（三）个人银行账户

1. 个人银行结算账户是存款人以身份证或是相应的证件以自然人的名字来进行开立的银行结算账户,可以是以个人的为使用的借记卡或是信用卡,银行或是邮政储蓄机构所设立的结算类的账户,可以归纳为个人银行结算账户进行全面的管理。个人银行结算账户用于办理个人转账收付和现金存取。

2. 个人银行结算账户实际有三个功能:(1) 活期储蓄功能,可以通过个人结算存取存款本金和支付利息,该账户的利息按照活期储蓄利息计算;(2) 普通转账功能,通过开立个人银行结算账户,办理汇款、支付水、电、气等基本日常费用、代发工资等转账结算服务,使用汇兑、委托收款、借记卡、定期借记、定期贷记、电子钱包(IC卡)等转账工具;(3) 通过个人银行结算账户使用支票、信用卡等信用支付工具。

3. 个人银行结算账户开户要求。存款人申请开立个人银行结算账户,应向银行出具下列证明文件:(1) 中国居民,应出具居民身份证或临时身份证。(2) 中国人民解放军军人,应出具军人身份证件。(3) 中国人民武装警察,应出具武警身份证件。(4) 香港、澳门居民,应出具港澳居民往来内地通行证;台湾居民,应出具台湾居民来往大陆通行证或者其他有效旅行证件。(5) 外国公民,应出具护照。(6) 法律、法规和国家有关文件规定的其他有效证件。

银行为个人开立银行结算账户时,根据需要还可要求申请人出具户口簿、驾驶执照、护照等有效证件。

罗某通过填写系争银行卡的申请材料,经乙银行核准后,双方之间形成了储蓄存款合同关系,该合同关系是双方当事人的真实意思表示,且于法无悖,故合法有效。罗某作为本案系争银行卡的合法持有人,对卡内资金享有相应的使用权利。乙银行辩称四笔涉案交易均是凭密码交易,不能确认非罗某本人交易,但其对此并未提供充分证据证明本案系争四笔交易行为是罗某本人或其授权之人所为,亦无证据证明罗某遗失系争银行卡同时泄露了银行卡密码导致系争四笔款项交易。更为重要的是,从系争交易发生所在的丙公司和丁公司两家商场的实际距离及交易签单时间来看,两家商场之间距离较远,而交易签单时间仅相隔5分钟,无论持卡人使用何种交通工具,均不可能是使用本案同张系争银行卡发生之交易行为,且签单姓名与罗某姓名亦不一致,因而由案外犯罪嫌疑人使用克隆卡进行涉案消费的事实更具有高度盖然性。

根据《中华人民共和国商业银行法》第二十九条第一款规定,"商业银行办理个人储蓄存款业务,应当遵循存款自愿、取款自由、存款有息、为存款人保密的原则"。因此保障存款人的存款权益不受任何单位和个人的侵犯,是商业银行的法定义务。这就要求商业银行承担对储户存款的安全保障义务,还包括为储户的信息保密、提供安全交易设备、环境等义务。因此,乙银行为罗某提供银行卡服务就应当确保该银行卡内的数据信息不被非法窃取并加以使用。本案中罗某与乙银行之间建立了储蓄合同关系。根据储蓄合同的性质,乙银行负有按照罗某的指示,将存款支付给罗某或者罗某指定的代理人,并保证罗某借记卡内存款安全的义务。当罗某将钱款存入乙银行的银行卡账户,乙银行就应当向罗某按约支付利息、归还本金,罗某也因此享有对乙银行的请求按约给付利息及本金的债权。对于导致系争银行卡被犯罪分子克隆以后进行消费取现产生之损失,罗某抑或乙银行存有过错的判断,应根据当事人各自承担法律义务以及举证责任的分配等因素综合认定。本案中,对举证责任的分配,通过对乙银行作为专业金融机构相对于罗某普通个人身份的比较考量,鉴于罗某作为普通储户的弱势地位以及其相关金融、技术信息的不对称等因素,应由乙银行对其已尽交易安全保障义务而不存在过错并且罗某存在过错的法律事实承担举证责任。但乙银行提供的证据难以证明罗某没有妥善保管银行卡而导致该卡内的数据信息被窃取和使用,故乙银行应就此承担举证不能的相应法律后果。由于犯罪分子能够使用系争银行卡的克隆卡通过银行交易系统进行四笔交易活动,说明真正的银行卡内数据信息可以被复制并存储(克隆)到其他的卡内,并且克隆卡输入密码后还可以进行正常的消费和取现活动,因此乙银行制发的系争银行卡以及交易系统存在技术缺陷,乙银行未能充分尽到对于系争银行卡的交易安全保障义务,违反前述法律和合同约定,给罗某造成了经济损失,因此应当承担相应的法律责任。

二、开立个人银行结算账户的程序及变更和撤销的程序如何?

(一)银行结算账户的开立

1. 需要人民银行核准的账户包括(核准制):(1)基本存款账户;(2)临时存款账户(因注册验资和增资验资开立的除外);(3)预算单位专用存款账户;(4)合格境外机构投资者在境内从事证券投资开立的人民币特殊账户和人民币结算资金账户(简称"QFII 专用存款账户")。

2. 备案类账户包括(备案制):(1)一般存款账户;(2)个人银行结算账户;(3)其他专用存款账户

3. 存款人开立单位银行结算账户,自正式开立之日起 3 个工作日后,方可使用该账户办理付款业务。但注册验资的临时存款账户转为基本存款账户和因借款转存开立的一般存款账户除外。①

(二)银行结算账户的变更

1. 存款人更改名称,但不改变开户银行及账号的,应于 5 个工作日内向开户银行提出银行结算账户的变更申请,并出具有关部门的证明文件。

2. 单位的法定代表人或主要负责人、住址以及其他开户资料发生变更时,应于 5 个工作日内书面通知开户银行并提供有关证明。

---

① 参见汪鑫著:《金融法学》(第四版),中国政法大学出版社 2011 年版,第 314 页。

（三）申请撤销银行结算账户的要求

银行账户是客户与银行建立联系的纽带并接受服务的纽带,当发生撤销银行账户的情形时,将终止银行与客户之间的合同关系。① 对于银行不进行垫款这个原则来说,主要的作用就是为了能够全面地划清银行与存款人之间的权责关系,可以说是为了双方能够更好地划清界限,这个原则就是银行在办理结算业务的过程中,只要为存款人办理结算业务,或是对当事人之间的资金进行转移的业务,不能作为结算的过程,更不能以垫付资金来进行财务管理,对于这个原则来说,必须要确保银行资金的所有权以及经营权的管理,同时还是促进企业或是个人对于自己经营管理的财产进行直接的承担的债务,并对自己所承担的债务进行责任区分,主要是为了能够确保银行资金的安全。

然而存款人如果申请撤销银行结算账户时,首先要做的就是要与开户行核对结算账户的存款数额,在经过开户行审核同意以后,才可以办理相应的销户手续,同时还要把各种重要的空白票据或是结算凭证以及开户登记证明交回开户行,如果存款人还没有还完开户行的债务的款项时,是不能办理相应的撤销手续的,开户行可以对一年内所发生的业务,自存款人发出通知 30 日内来办理相应的销户手续,如果是过期没有办理,可以视同为自愿销户处理,未划转的款项可以列入专项账户来进行管理。

【掩卷沉思】

本案与前几个案例有相似之处:都是银行卡在电子交易过程中造成密码泄露,从而导致储户卡内金额被盗,经济利益受到损失。但本文将焦点放到了个人银行结算账户的管理制度上。相对于单位银行结算账户而言,个人银行结算账户的管理制度与百姓的生活更为密切。尤其是在如何开立,如何变更和撤销,并且在这样一整个过程中,我们作为一般的储户应该注意些什么,应该有哪些背景知识。在遇到自己利益受到损害时,要敢于拿起法律的武器保护自己。由于储户和银行之间不对等的信息保有量,储户难以真正获得公正合理的对待。法院在审理类似案例时,应当做到公平合理看待双方当事人,认真分析现有证据,做到公平审判。本案中,一审和二审都在客观公正的基础上维护了储户的利益,是合理且合法的判决。

---

①参见吴志攀著:《金融法概论》,北京大学出版社 2011 年版,第 130 页。

第二节 非票据支付结算方式及结算规则

案例34 某某文化艺术公司等与某某城乡某某开发总公司 委托合同纠纷上诉案①

【案情介绍】

上诉人(原审被告):某某文化艺术公司

上诉人(原审被告):林某某

上诉人(原审第三人):徐某

被上诉人(原审原告):某某城乡某某开发总公司

2003年11月10日,某文化艺术公司代某城乡某某开发总公司(乙方)与李某某(甲方)签订了一份《中国北京毓秀园别墅认购合同》,约定:甲方决定购买乙方坐落在北京顺义区河南村毓秀园东园16号别墅壹栋,户型建筑面积为283平方米。房价全款共计88万元。2003年11月10日,李某某向某文化艺术公司交付8万元定金,于2003年12月28日交付房款80万元。在某文化艺术公司出具的收据中注明:某城乡某某开发总公司承诺出示销售许可证及该房屋产权证后互付,某文化艺术公司暂存。后李某某以某城乡某某开发总公司未向其交付房屋,不为其办理房屋所有权证和土地使用权证为由,起诉至一审法院,要求某城乡某某开发总公司履行认购合同,交付别墅,办理房屋所有权证和土地使用权证,并承担违约金及经济损失等。后经终审判决:确认李某某与某城乡某某开发总公司于2003年11月10日签订的《中国北京毓秀园别墅认购合同》无效;某城乡某某开发总公司于判决生效后10日内退还给李某某定金8万元、购房款80万元,合计人民币88万元及利息(其中8万元利息自2003年11月10日起、80万元利息自2003年12月28日起,均至实际退还之日止,按照中国银行同期个人存款利率计算);驳回李某某其他诉讼请求。案件受理费3350元,由某城乡某某开发总公司负担,于判决生效后7日内交纳。2009年10月14日,某城乡某某开发总公司将此案的全部款项交至法院(包括定金、购房款、利息、迟延利息、案件受理费、执行费等),此案已经执行完毕。

2006年11月17日,中和正信会计师事务所有限公司受北京市第二中级人民法院的委托,对某文化艺术公司进行了专项审计,并出具了审计报告。在该份审计报告中显示:某文化艺术公司注册资金为50万元,其中法定代表人林某某占出资比例的60%。现金日记账中,毓秀园别墅东园项目相关的资金均未存银行,由林某某总经理保管。全部收支均以现金方式结算。本案审理中,某文化艺术公司提供了交接单、林某某提供了收据,以证明因某文化艺术公司出纳人员外出学习,将公司保险柜钥匙暂交由总经理林

---

① 案例来源:北京市第二中级人民法院(2011)二中民终字第11575号判决书,北大法律信息网—北大法宝,http://vip.chinalawinfo.com/Case/Result.asp 最后访问日期2013年2月11日。

某某接管。2003 年 11 月 30 日,林某某已将暂时保管的现金保险柜钥匙、余款及票证全部交由公司出纳记账并保管。

坐落在北京市顺义区毓秀东园 5 号别墅原为林某某所有。2009 年 9 月 18 日,林某某与徐某结婚。2009 年 9 月 21 日,林某某与徐某签订《夫妻间房屋所有权归属协议》,双方约定坐落在北京市顺义区毓秀东园 5 号别墅归徐某单独所有。2009 年 10 月 9 日,徐某取得了北京市顺义区毓秀东园 5 号别墅的房屋所有权。2010 年 4 月 30 日,该院依某城乡某某开发总公司的申请作出裁定,对位于北京市顺义区毓秀东园 5 号楼 1 至 2 层 5 的别墅予以查封。

林某某不服一审法院判决向本院提起上诉,主要上诉理由是:一审判决由林某某与某文化艺术公司承担连带责任是认定事实和适用法律错误。本案是两个法人之间的民事纠纷。一审将本案的案由确定为"委托合同纠纷",根据本案纠纷所涉的法律关系,本案是某城乡某某开发总公司与某文化艺术公司两个法人之间的民事纠纷,林某某只是某文化艺术公司的法定代表人,其相关行为是代表某文化艺术公司的法人行为,不是其个人行为。某文化艺术公司的经济性质是集体所有制,根据《城镇集体所有制企业条例》第六条第一款的规定:"集体企业依法取得法人资格,以其全部财产独立承担民事责任。"本案的合同双方是某城乡某某开发总公司和某文化艺术公司。某文化艺术公司对其行为独立承担民事责任。林某某与某城乡某某开发总公司没有任何合同上的法律关系,也没有其他经济往来。一审判决林某某与某文化艺术公司承担连带责任没有事实和法律依据。

二审法院认为,某文化艺术公司认可其根据《委托协议书》代某城乡某某开发总公司收取了购房人李某某和林某某的定金和购房款,该款项应为某城乡某某开发总公司所有,某城乡某某开发总公司向购房人返还后有权向某文化艺术公司索要。无论《委托协议书》是否有效,某文化艺术公司都无权占有该笔款项。某文化艺术公司也未提供证据证明双方互负债务且已经抵销,故某文化艺术公司应向某城乡某某开发总公司返还其收取的购房人的定金、购房款和利息。

【处理结果】

一审判决:

一、某文化艺术公司向某城乡某某开发总公司返还定金、购房款及利息(李某某一案),合计 1020121 元,于判决生效之日起 7 日内执行,林某某对上述款项承担连带给付义务;

二、某文化艺术公司向某城乡某某开发总公司返还定金、购房款及利息(林某某一案),合计 1020184.49 元,于判决生效之日起 7 日内执行,林某某对上述款项承担连带给付义务;

三、徐某对上述第一项及第二项债务承担连带给付义务,其承担义务的范围以位于北京市顺义区毓秀东园 5 号楼的别墅价值为限;

四、驳回某城乡某某开发总公司的其他诉讼请求。

二审判决:驳回上诉,维持原判。

【争议焦点】

一、我国关于委托收款是如何规定的？其程序如何？

二、公司受他人委托代收款项后，未存入公司账户而是由公司法定代表人个人保管的，如果公司未将代收款支付给委托人的，公司法定代表人是否需要承担赔偿责任？

【法理分析】

一、我国关于委托收款是如何规定的？其程序如何？

支付结算，在我国《票据法》和《支付结算办法中》规定，支付结算是指单位、个人在社会经济活动中使用票据、信用卡和汇兑，托收承付、委托收款等结算方式进行货币给付及资金结算的行为。①

按照我国《支付结算办法》规定，我国支付结算方式主要有汇兑、托收承付、委托收款、信用卡和票据五种。

（一）委托收款

委托收款是指收款人委托银行向付款人收取款项的结算方式。② 委托收款分邮寄和电报划回两种，由收款人选用。前者是以邮寄方式由收款人开户银行向付款人开户银行转送委托收款凭证、提供收款依据的方式，后者则是以电报方式由收款人开户银行向付款人开户银行转送委托收款凭证，提供收款依据的方式。③

（二）委托收款的适用范围

委托收款的适用范围十分广泛，凡在银行或其他金融机构开立账户的单位和个体经济户的商品交易，公用事业单位向用户收取水电费、邮电费、煤气费、公房租金等劳务款项以及其他应收款项，无论是在同城还是异地，均可使用委托收款的结算方式。可以使用委托收款结算方式的凭证有已承兑商业汇票、债券、定期储蓄存款、定活两便储蓄存款、活期储蓄存款。

（三）委托收款的基本规定

1. 委托收款结算不受金额起点限制。

2. 委托，这是指收款人向银行提交委托收款凭证和有关债务证明并办理委托收款手续的行为。委托收款凭证即是如前所述的按规定填写凭证；有关债务证明即是指能够证明付款到期并应向收款人支付一定款项的证明。

3. 付款。这是指银行在接到寄来的委托收款凭证及债务证明，并经审查无误后向收款人办理付款的行为。根据《支付结算办法》的规定，银行可根据付款人的不同而在不同的时间付款，从而改变了原《银行结算办法》统一 3 天的付款期。具体而言：

（1）以银行为付款人的，银行应在当日将款项主动支付给收款人；

---

① 参见盛学军著：《金融法学》，中国政法大学出版社 2007 年版，第 213 页。
② 参见盛学军著：《金融法学》，中国政法大学出版社 2007 年版，第 213 页。
③ 参见盛学军著：《金融法学》，中国政法大学出版社 2007 年版，第 214 页。

（2）以单位为付款人的，银行应及时通知付款人，按照有关办法规定，需要将有关债务证明交给付款人的应交给付款人，并签收。付款人应于接到通知的当日书面通知银行付款；如果付款人未在接到通知日的次日起 3 日内通知银行付款的，视同付款人同意付款，银行应于付款人接到通知日的次日起第 4 日上午开始营业时，将款项划给收款人。

4. 付款人拒绝付款。付款人审查有关债务证明后，对收款人委托收取的款项需要拒绝付款的，可以办理拒绝付款。付款人对收款人委托收取的款项需要全部拒绝付款的，应在付款期内填制"委托收款结算全部拒绝付款理由书"，并加盖银行预留印鉴章，连同有关单证送交开户银行，银行不负责审查拒付理由，将拒绝付款理由书和有关凭证及单证寄给收款人开户银行转交收款人。需要部分拒绝付款的，应在付款期内出具"委托收款结算部分拒绝付款理由书"，并加盖银行预留印鉴章，送交开户银行，银行办理部分划款，并将部分拒绝付款理由书寄给收款人开户银行转交收款人。

5. 无款支付的规定。付款人在付款期满日、银行营业终了前如无足够资金支付全部款项，即为无款支付。银行于次日上午开始营业时，通知付款人将有关单证（单证已作账务处理的，付款人可填制"应付款项证明书"），在两天内退回开户银行，银行将有关结算凭证连同单证或应付款项证明单退回收款人开户银行转交收款人。

6. 付款人逾期不退回单证的，开户银行应按照委托收款的金额自发出通知的第 3 天起，每天处以 0.5‰但不低于 50 元的罚金，并暂停付款人委托银行向外办理结算业务，直到退回单证时为止。①

（四）委托收款的程序

1. 签发委托收款凭证。签发委托收款凭证必须记载下列事项：表明"委托收款"的字样、确定的金额、付款人名称、收款人名称、委托收款凭据名称及附寄单证张数、委托日期、收款人签章。

委托收款以银行以外的单位为付款人的，委托收款凭证必须记载付款人开户银行名称；以银行以外的单位或在银行开立存款账户的个人为收款人的，委托收款凭证必须记载收款人开户银行名称；未在银行开立存款账户的个人为收款人的，委托收款凭证必须记载被委托银行名称。

2. 委托。收款人办理委托收款应向银行提交委托收款凭证和有关的债务证明。

3. 付款。付款银行接到寄来的委托收款凭证及债务证明，审查无误后办理付款。

（1）以付款银行为付款人的，银行应当在当日将款项主动支付给收款人。

（2）以单位为付款人的，付款银行应及时通知付款人，需要将有关债务证明交给付款人的，应交给付款人。付款人应于接到通知的当日书面通知银行付款。付款人

---

①参见朱崇实著：《金融法教程》（第三版），法律出版社 2011 年版，第 314 页。

未在接到通知日的次日起 3 日内通知银行付款的,视同付款人同意付款,银行应于付款人接到通知日的次日起第 4 日上午开始营业时,将款项划给收款人。银行在办理划款时,付款人存款账户不足以支付的,应通过被委托银行向收款人发出未付款项通知书。①

(3) 拒绝付款。付款人审查有关债务证明后,对收款人委托收取的款项需要拒绝付款的,可以办理拒绝付款。以银行为付款人的,应自收到委托收款及债务证明的次日起 3 日内出具拒绝证明,连同有关债务证明、凭证寄给被委托银行,转交收款人;以单位为付款人的,应在付款人接到通知日的次日起 3 日内出具拒绝证明,持有债务证明的,应将其送交开户银行。银行将拒绝证明、债务证明和有关凭证一并寄给被委托银行,转交收款人。②

二、公司受他人委托代收款项后,未存入公司账户而是由公司法定代表人个人保管的,如果公司未将代收款支付给委托人的,公司法定代表人是否需要承担赔偿责任?

根据《中华人民共和国公司法》第二十条第一款规定:公司股东应当遵守法律、行政法规和公司章程,依法行使股东权利,不得滥用股东权利损害公司或者其他股东的利益;不得滥用公司法人独立地位和股东有限责任损害公司债权人的利益。第三款规定:公司股东滥用公司法人独立地位和股东有限责任,逃避债务,严重损害公司债权人利益的,应当对公司债务承担连带责任。根据审计部门的审计报告显示,某文化艺术公司收取的毓秀园别墅东园项目相关的资金均未存入银行,而是由法定代表人林某某保管。也就是说,林某某个人占有了某城乡某某开发总公司的资金,林某某与某文化艺术公司构成了资金上的混同。从这一点考虑,林某某应与某文化艺术公司共同承担返还定金及购房款的义务。林某某虽称其已经将暂时保管的资金交至某文化艺术公司,但其提交的证据均为事后制作,故不能依此来支持其上述辩解理由。

《中华人民共和国婚姻法》第十九条规定:夫妻可以约定婚姻关系存续期间所得的财产以及婚前财产归各自所有、共同所有或部分各自所有、部分共同所有。坐落在北京市顺义区毓秀东园 5 号楼的别墅原为林某某所有,2009 年 9 月 21 日,林某某与徐某签订《夫妻间房屋所有权归属协议》,双方约定此套别墅归徐某单独所有,此约定不违反法律规定。但此协议的签订发生在本案诉讼期间,某城乡某某开发总公司此前对此协议的内容不知悉,且并不认可。根据相关司法解释的规定,如果一方婚前所欠债务与婚后夫妻共同生活期间具有必然的因果联系,且婚前所欠债务的资金、财务已转化为婚后共同财产或已成为婚后夫妻共同的物质生活条件的,婚前一方所欠的个人债务即转为夫妻共同债务,应当由夫妻双方共同偿还。因徐某取得了林某某婚前所有的位于北京市顺义区毓秀东园 5 号楼的别墅一套,故其有义务在接

---

① 参见汪鑫著:《金融法学》(第四版),中国政法大学出版社 2011 年版,第 341 页。
② 参见陶广峰著:《金融法》,中国人民大学出版社 2009 年版,第 204 页。

受此别墅实际价值内对林某某的涉诉债务承担共同返还义务。

某文化艺术公司作为独立的企业法人,其财产应是单独运营核算的。本案中根据中和正信会计师事务所有限公司出具的《专项审计报告》记载:某文化艺术公司关于毓秀园别墅东园项目的相关资金均未存银行,由林某某保管,全部收支以现金方式结算。由此可见某文化艺术公司在履行《委托协议书》期间,其财务活动是有违法律规定,相关费用的收支均由大股东及法定代表人林某某个人支配。根据公司法第二十条的规定,林某某应当对某文化艺术公司此间产生的债务承担连带责任。林某某提交的资金保管方面的证据为自行制作,其未提供其他相反证据足以推翻《专项审计报告》的认定,故法院不支持对林某某的该项上诉理由。

某文化艺术公司认可其根据《委托协议书》代某城乡某某开发总公司收取了购房人李某某和林某某的定金和购房款,该款项应为某城乡某某开发总公司所有,某城乡某某开发总公司向购房人返还后有权向某文化艺术公司索要。无论《委托协议书》是否有效,某文化艺术公司都无权占有该笔款项。某文化艺术公司也未提供证据证明双方互负债务且已经抵销,故某文化艺术公司应向某城乡某某开发总公司返还其收取的购房人的定金、购房款和利息。

【掩卷沉思】

委托收款作为非票据支付结算方式的一种,已经越来越广泛地被采用。由于其本身的主体特殊性,要求交易主体必须在签发委托收款凭证的时候严格按照相关规定记载相应事项,对于重要事项,欠缺之一的,银行可不予受理。本案中,该文化艺术公司委托银行收款就是作为非票据支付结算方式的一种方式来结算其与某某开发公司之间的账务,由于相关《公司法》《金融法》和《婚姻法》司法解释的规定,二审法院驳回了一审原告的上诉,是合理且合法的。

第十章　金融担保法律制度

第一节　保　　证

案例 35　王某某与中国农业银行股份有限公司北京宣武支行金融借款合同纠纷上诉案[①]

【案情介绍】

　　上诉人(原审被告):王某某

　　被上诉人(原审原告):中国农业银行股份有限公司北京宣武支行

　　原审被告:中汽顺达汽车贸易有限责任公司

　　2004 年 2 月 11 日,农业银行与王某某签订了《汽车消费借款合同》,约定农业银行向王某某发放贷款 30200 元,用于王某某购买汽车,借款期限 60 个月,还款方式为等额本息按月还款;中汽顺达公司作为担保人签署了合同,对王某某的上述借款承担连带保证责任。农业银行根据《汽车消费借款合同》发放贷款,王某某自 2004 年 3 月起每月向农业银行按月还款。合同履行过程中,王某某未能依约还款,中汽顺达公司亦未履行担保义务。故农业银行诉至法院,请求判令:(1) 王某某偿还借款本金 9914.29 元及截至 2011 年 12 月 20 日的利息 516.23 元、罚息 2871.80 元,复利 160.68 元;并给付自 2011 年 12 月 21 日起至实际给付之日止的利息、罚息和复利;(2) 中汽顺达公司对上述付款义务承担连带清偿责任;(3) 王某某、中汽顺达公司承担本案诉讼费用。

　　王某某在一审中答辩称:对于借款的事实、金额及欠款均无异议,但是不同意农业银行的诉讼请求,理由如下:(1) 农业银行在王某某 2007 年没有正常还款的情况下,未及时通过法院诉讼的方式向其主张欠款,相应后果应当由农业银行自负;(2) 农业银行将王某某列入黑名单超出了双方的合同约定,导致其不能在银行办理贷款,因此无力偿还此笔欠款;(3) 农业银行曾经在 2011 年 1 月 13 日起诉过王某某和中汽顺达公司,但后来又撤诉了,其撤诉行为应视为农业银行已经败诉,现农业银行在一年后又再次起诉,目的是为了追索利息;(4) 中汽顺达公司是保证人,农业银行应当向中汽顺达公司追要此笔欠款而不应当向没有偿还能力的王某某主张欠款。

　　原审法院判决认定:农业银行与王某某、中汽顺达公司签订的《汽车消费借款合同》

[①] 案件来源:北京市第一中级人民法院(2012)一中民终字第 11768 号,北大法律信息网—北大法宝 http://vip.chinalawinfo.com/Case/Result.asp,最后访问日期为 2013 年 1 月 16 日。

是各方当事人的真实意思表示,其内容不违反我国现行法律、行政法规的强制性规定,应属合法有效,各方当事人均应按照约定行使权利和履行义务。农业银行依约发放贷款后,王某某未能按合同约定还本付息,现借款合同履行期限已经届满,王某某仍有义务偿还拖欠农业银行的借款本金及相应利息、罚息和复利,故农业银行要求王某某给付借款本金9914.29元及借款期限届满前相应利息、罚息和复利的诉讼请求一审法院予以支持。根据农业银行提交的农业银行综合应用系统显示,农业银行主张的截至2012年12月20日的利息、罚息、复利实为截至借款期限届满之日止的利息、罚息、复利,故农业银行主张王某某支付利息516.23元,罚息2871.80元及复利160.68元及自2011年12月21日起至实际清偿之日止的罚息的诉讼请求一审法院予以支持。因《汽车消费借款合同》已于2009年2月11日到期,故农业银行要求王某某给付合同到期后的利息、复利的诉讼请求一审法院不予支持。

中汽顺达公司作为保证人,其保证期间为借款合同项下债务履行期届满之日起2年,即至2011年2月11日止,农业银行曾于2011年1月13日向一审法院起诉王某某及中汽顺达公司,应视为其向中汽顺达公司主张了债权,债权人在保证期间届满前要求连带责任保证人承担保证责任的,从债权人要求保证人承担保证责任之日起,开始计算保证合同的诉讼时效,故关于中汽顺达公司的保证期间应当适用诉讼时效制度的有关规定。因中汽顺达公司在王某某未能依约履行还款义务时,亦未按照约定履行连带保证责任。故农业银行要求中汽顺达公司对王某某的债务承担连带保证责任的诉讼请求,理由正当,一审法院予以支持。中汽顺达公司承担保证责任后,有权在其已承担的保证责任范围内向王某某追偿。王某某的答辩意见,没有事实和法律依据,一审法院不予支持。综上,依据《中华人民共和国合同法》第八条、第一百零七条、第二百零七条、《中华人民共和国担保法》第十八条、第二十五条第二款、第三十一条、《中华人民共和国民事诉讼法》第一百三十条之规定,判决:

一、王某某自判决生效后十日内给付农业银行借款本金余额9914.29元,利息516.23元,罚息2871.80元、复利160.68元,以及自2011年12月21日起至实际清偿之日止的罚息(按照中国人民银行同期逾期贷款利率的有关规定计算);

二、中汽顺达公司对王某某的上述付款义务承担连带清偿责任;

三、中汽顺达公司承担连带清偿责任后,有权向王某某进行追偿;

四、驳回农业银行的其他诉讼请求。

王某某不服一审法院上述民事判决,提起上诉请求:(1)撤销一审判决中关于罚息的内容;(2)在判决书中写明农业银行对王某某还款后应尽的义务。

【处理结果】

北京市第一中级人民法院二审期间依法对一审法院(2012)西民初字第4003号民事判决书中的错误予以纠正:一、第6页第9行、第12行的两处"2012年"错误,正确的年度为"2011年"。二、本案中,农业银行主张王某某偿还截至2011年12月20日的利息、罚息、复利,一审判决认为其主张应系截至借款期限届满之日至的利息、罚息、复利。对此,本院经审理认为农业银行主张的利息、罚息、复利正确的截止时间应为2011年12

月20日。

二审法院在二审期间依法补充查明以下事实：

1. 在诉讼过程中农业银行负责人变更为魏向东。

2. 中汽顺达公司于2007年被吊销营业执照。

综上，一审法院判决处理结果并无不当，适用法律正确，应予维持。依照《中华人民共和国民事诉讼法》第一百五十三条第一款第（一）项之规定，判决如下：

驳回上诉，维持原判。

【争议焦点】

一、法人丧失民事行为能力，能否承担保证责任？

二、担保是否超过保证期间？

【法理分析】

一、法人丧失民事行为能力，能否承担保证责任？

我国《担保法》第7条规定："具有代为清偿能力的法人、其他组织或者公民，可以作保证人。"最高人民法院《关于适用〈中华人民共和国担保法〉若干问题的解释》第14条规定："不具有完全代偿能力的法人、其他组织或者自然人，以保证人身份订立保证合同后，又以自己没有代偿能力要求免除保证责任的，人民法院不予支持。"根据我国《担保法》第8条，国家机关不得为保证人，但经国务院批准为使用外国政府或者国际经济组织贷款进行转贷的除外。根据我国《担保法》第9条，学校、幼儿园、医院等以公益为目的的事业单位、社会团体不得为保证人。根据我国《担保法》第10条，企业法人的分支机构、职能部门不得为保证人。企业法人的分支机构有法人书面授权的，可以在授权范围内提供保证。① 从我国《担保法》的相关规定中不难看出，保证人必须是有代为清偿能力的法人、其他组织或者公民。由于保证人是以其信誉为借款人担保的，所以，保证人的资格非常重要。因而，不具有完全代偿能力的法人、其他组织或者自然人，以保证人身份订立保证合同后，又以自己没有代偿能力要求免除保证责任的，人民法院不予支持。

而在本案当中，作为保证人的中汽顺达公司已于2007年被吊销了营业执照，那么其保证资格是否仍然存在呢？因为保证责任的性质仍是属于一种民事责任，就企业法人的民事责任而言，如果该企业法人对外负债，上级主管部门未经清产核资，清理债权债务，亦未经破产程序，而同意注销该企业，则违反了法定的清算义务，该被注销企业的民事责任应由其主管部门在接收被注销企业的财产范围内承担。② 因此，尽管中汽顺达公司已经被吊销营业执照，但是其保证责任并不因其法人资格的丧失而消灭，仍然应该以其自身的财产由违反清算义务的上级主管部门或清算人来承担保证责任。

---

① 参见吴志攀著：《金融法概论》，北京大学出版社2011年版，第203页。

② 王石柱：企业法人注销登记后责任的承担，《江西师范大学学报》2005年第5期。

二、担保是否超过保证期间？

保证期间是保证人承担保证责任的期间，在保证期间内，债权人没有行使保证债权的，保证人的保证责任即告消灭。由于一般保证人与连带责任保证人承担责任的顺序不同，我国《担保法》及其司法解释区分了以下情况：(1) 关于一般保证的保证责任期间，如果保证合同约定了保证期间的，按照其约定。我国《担保法》第 25 条第 1 款规定："一般保证的保证人与债权人未约定保证期间的，保证期间为主债务履行期届满之日起六个月。"在上述保证期间，债权人未对债务人提起诉讼或者申请仲裁的，保证人免除保证责任；债权人已提起诉讼或者申请仲裁的，保证期间适用诉讼时效中断的规定。(2) 关于连带责任保证的保证责任期间，如果保证合同约定了保证期间的，按照其约定。我国《担保法》第 26 条第 1 款规定："连带责任保证的保证人与债权人未约定保证期间的，债权人有权自主债务履行期届满之日起六个月内要求保证人承担保证责任。"在上述保证期间内，如果债权人未要求连带保证人承担保证责任的，保证人免除保证责任。(3) 约定不明确或者视为约定不明确的情形。① 例如，保证合同中这样约定："保证人的保证期间从主债务到期开始，到该债务本金加利息和有关费用还清为止。"这种写法在许多贷款保函中都被采纳，《担保法》司法解释视这种情况为约定不明，保证期间为主债务履行期届满之日起 2 年。再如，保证合同约定的保证期间早于或者等于主债务履行期限的，视为没有约定，保证期间为主债务履行期届满之日起 6 个月。此外，保证人依照我国《担保法》第 14 条规定就连续发生的债权作保证，又未约定保证时间的，保证人随时可以书面通知债权人终止保证合同。但是保证人对于通知到债权人之前所发生的债权，仍然承担保证责任。

在本案中，借款合同的截止期限为 2009 年 2 月 11 日，约定保证人的保证期间为主债务履行期届满之日起 2 年，即中汽顺达公司的保证期间应当为 2009 年 2 月 11 日至 2011 年 2 月 11 日，在此期间内，农业银行已于 2011 年 1 月 13 日向一审法院起诉主张债权。《担保法》司法解释第三十四条第二款的规定，连带责任保证的债权人在保证期间届满前要求保证人承担保证责任的，从债权人要求保证人承担保证责任之日起，开始计算保证合同的诉讼时效。因此，中汽顺达公司是在保证期间内行使权人对保证人的债权，既未超过保证期间，也未超过诉讼时效期间，应予支持。

【掩卷沉思】

涉及保证债务诉讼时效时，由于保证债务同时适用诉讼时效和保证期间两个期间制度，故首先要注意区分诉讼时效和保证期间这两个不同的概念。保证期间，又称保证责任期间，债权人在此期间内未向保证人主张权利的，保证人不再承担保证责任。保证期间在性质上属于除斥期间的性质。有学者认为，担保债务最终能否形成取决于两个方面的因素：一是债务人到期是否履行债务，如果债务人在债务到期时依法履行了合同

---

① 陶文峰著：《金融法》，人民大学出版社 2009 年版，第 220 页。

义务,则保证人的保证债务就不会形成;二是在保证期间内债权人是否向保证人主张权利,如果债权人未在保证期间内向保证人主张权利,则保证人的保证债务并未最终形成,保证人不承担保证责任。①

保证期间和保证债务的诉讼时效期间,都是重要的法律事实,在两者所确定的期间范围内如果债权人没有及时行使权利,都将导致保证人不再承担保证责任。有学者认为,对债权人而言,其向保证人主张权利,一方面因保证债务属于债权请求权的范畴,而受诉讼时效制度的限制,即如果债权人未在担保债务到期之日起2年内向人民法院提起诉讼,则其权利将丧失法律强制力的保护,成为自然权利;另一方面,因保证债务的这种或然性,其权利的真正形成还受保证期间的限制,即债权人必须在保证期间内向保证人主张权利,否则其保证债权无法最终形成,也就是说债权人对保证人的实体权利根本就未能形成,保证人不承担保证责任。②

正因为保证债务的这种双重性,在实践中对保证债务的诉讼时效和保证期间的起算和适用问题存在一些混乱。笔者认为,应严格按照《担保法》司法解释第32-36条的规定,正确处理二者的关系:

第一,保证合同约定的保证期间早于或者等于主债务履行期限的,视为没有约定,保证期间为主债务履行期届满之日起六个月。

第二,保证合同约定"保证责任直至主债务本息还清时为止"等类似内容的,视为保证期间约定不明,保证期间为主债务履行期届满之日起二年。

第三,主合同对主债务履行期限没有约定或者约定不明的,保证期间自债权人要求债务人履行义务的宽限期届满之日起计算。

第四,一般保证的债权人在保证期间届满前对债务人提起诉讼或者申请仲裁的,从判决或者仲裁裁决生效之日起,开始计算保证合同的诉讼时效。连带责任保证的债权人在保证期间届满前要求保证人承担保证责任的,从债权人要求保证人承担保证责任之日起,开始计算保证合同的诉讼时效。

第五,主债务的诉讼时效届满时,保证人可以援用主债务诉讼时效届满的事由,拒绝履行自己的保证责任。保证人对已经超过诉讼时效期间的债务承担保证责任或者提供保证的,又以超过诉讼时效为由抗辩的,人民法院不予支持。

第六,一般保证中,主债务诉讼时效中断,保证债务诉讼时效中断;连带责任保证中,主债务诉讼时效中断,保证债务诉讼时效不中断。一般保证和连带责任保证中,主债务诉讼时效中止的,保证债务的诉讼时效同时中止。

---

① 参见曹士兵、李琦主编:《金融审判与银行债权保护》,法律出版社2007年版,第44页。
② 参见曹士兵、李琦主编:《金融审判与银行债权保护》,法律出版社2007年版,第113页。

案例36 邓吉宏与广西兴安农村合作银行等金融借款合同纠纷上诉案①

【案情介绍】

上诉人(一审被告):邓吉宏

被上诉人(一审原告):广西兴安农村合作银行

被上诉人(一审被告):何跃

被上诉人(一审被告):刘济灵

何跃因购车向原告广西兴安合作银行申请借款,邓吉宏、刘济灵作为借款保证人。三方于2007年6月8日签订《保证担保借款合同》,约定借款金额为30000元,借款期限自2007年6月8日至2009年6月1日。借款月利率为5.625‰,上浮70%,按月结息,到期还清。保证人对借款人的债务承担连带保证责任;保证期间自借款之日起至借款到期后二年。如贷款展期后,保证人继续承担保证责任,保证期限延至展期借款到期日之后二年;保证范围包括贷款本金、利息、贷款人实现债权的费用。合同签订后,原告依约向被告何跃发放贷款30000元。被告何跃借款后,却未依约按期偿还借款本息。截至2011年2月22日,被告何跃已尚欠原告借款本金30000元,利息19999.71元。故原告请求依法判令三被告及时偿还借款本息,并承担本案的诉讼费用。

原审法院审理认为,原告广西兴安合作银行与被告何跃、邓吉宏、刘济灵签订的《保证担保借款合同》,系当事人真实意思的表示,合同内容未违反法律、行政法规的强制性规定,该合同合法有效,合同当事人应当按照约定全面履行各自的义务。合同签订后,原告依约履行了向被告提供贷款的义务,但被告未按期偿还借款本息。根据《保证担保借款合同》第二条第(一)项和第五条第(一)项的规定,被告何跃的行为已构成违约,保证人邓吉宏、刘济灵应当承担连带保证责任。原告要求三被告及时偿还借款本息的请求,理由正当,证据充分,予以支持。被告邓吉宏辩称,担保已超过保证期间,担保人依法应当免除保证责任。根据《中华人民共和国担保法》第二十六条"连带责任保证的保证人与债权人未约定保证期间的,债权人有权自主债务履行期届满之日起六个月内要求保证人承担保证责任。在合同约定的保证期间和前款规定的保证期间,债权人未要求保证人承担保证责任的,保证人免除保证责任。"的规定,本案原、被告签订的《保证担保借款合同》第五条第(二)项明确约定"保证期间自借款之日起至借款到期后二年。"因此,债权人要求保证人承担保证责任没有超过约定的保证期间。被告邓吉宏的抗辩理由不能成立,不予支持。依据《中华人民共和国合同法》第六十条、第二百零五条、第二百零六条、第二百零七条、《中华人民共和国担保法》第十八条、第二十一条第一款、第二十六条和《中华人民共和国民事诉讼法》第一百三十条之规定,判决:

一、被告何跃偿还原告广西兴安农村合作银行借款30000元及计算至2011年2月22日的利息19999.71元。之后的利息按照合同约定的利率计算到借款还清之日止;

① 案件来源:广西壮族自治区桂林市中级人民法院(2012)桂市民二终字第97号,北大法律信息网——北大法宝 http://vip.chinalawinfo.com/Case/Result.asp 最后访问日期为2013年1月16日。

二、被告邓吉宏、刘济灵对上述债务承担连带清偿责任。案件受理费 916 元，公告费 800 元，合计 1716 元，由何跃、邓吉宏、刘济灵负担。

上诉人邓吉宏不服一审判决，上诉称，一审判决认定被上诉人何跃向广西兴安农村合作银行借款，并由邓吉宏、刘济灵提供担保的事实属实。但上诉人为何跃借款担保期限仅为一年，而何跃借款至今已过三年，已超过担保期限。现何跃已有偿还能力，并承诺由其全部承担偿还义务。一审法院仍判决上诉人邓吉宏承担连带责任错误。请求改判由被上诉人何跃承担全部借款本息。诉讼费用由广西兴安农村合作银行和何跃负担。

被上诉人广西兴安县农村合作银行在法庭上口头辩称，依据合同约定，担保期限为借款期满后二年，因此没有超过担保期限。故一审判决正确，请求维持一审判决。被上诉人何跃在法庭上口头辩称，其现在已有偿还能力，应承担本案债务。不再需要邓吉宏、刘济灵承担责任。

【处理结果】

二审法院审理认为，广西兴安合作银行与何跃、邓吉宏、刘济灵签订的《保证担保借款合同》，是当事人的真实意思表示，主体合格，内容没有违反法律法规的规定，为有效协议。合同当事人均应按照合同约定全面履行各自的义务。上诉人广西兴安合作银行依约履行了向被上诉人何跃提供贷款的义务，但被上诉人何跃未按期偿还借款本息已构成违约。本案《保证担保借款合同》第五条约定"保证人对借款人的债务承担连带保证责任；保证期间自借款之日起至借款到期后二年。如贷款展期后，保证人继续承担保证责任，保证期限延至展期借款到期日之后二年"，故上诉人邓吉宏上诉提出其担保期限仅为一年的主张，没有事实和法律依据，不予采纳。

综上，一审判决认定事实清楚，适用法律正确，应予维持。上诉人的上诉请求不能成立，不予支持。据此，依照《中华人民共和国民事诉讼法》第一百三十条、第一百五十三条第一款第（一）项之规定，判决如下：

驳回上诉，维持原判。

【争议焦点】

一、贷款展期后保证期间的计算？
二、债务人具有偿还能力，保证人是否仍需承担保证责任？

【法理分析】

一、贷款展期后保证期间的计算？

本案中，债权人广西兴安农村合作银行与保证人邓吉宏、刘济灵明确约定其对借款人何跃的债务承担连带保证责任；保证期间自借款之日起至借款到期后二年。如贷款展期后，保证人继续承担保证责任，保证期限延至展期借款到期日之后二年；保证范围包括贷款本金、利息、贷款人实现债权的费用。原借款期限为 2007 年 6 月 8 日至 2009 年 6 月 1 日，保证人的保证责任应当自 2009 年 6 月 1 日至 2011 年 6 月 1 日，因为债权人于 2011 年 3 月向法院提起诉讼，造成诉讼时效的中断，保证人的保证责任也应当一并重新起算。

对于《担保法》第 25 条第 2 款的规定:"债权人已向债务人提起诉讼或申请仲裁的,保证期间适用诉讼时效中断,"学术界存在质疑。因为保证期间是适用于债权人和保证人之间的一种期限,目的是通过债权人对保证人在保证期间内主张权利从而将保证债务固定下来,所以说,保证人保证责任是否产生应当基于债权人是否在保证期间内向保证人主张权利,而与其是否向主债务人主张权利没有必然的因果关系。而上述规定以债权人是否在保证期间内向主债务人提起诉讼或者申请仲裁来确定保证人保证责任的免除与否,法理不通。同时,保证期间作为除斥期间的一种,其系不变期间,不因任何事由而发生中止、中断或者延长的法律后果,《担保法》上述关于"保证期间适用诉讼时效中断的规定"直接与其除斥期间属性相矛盾,但这一规定实属无奈之举。① 应当注意的是,债权人在保证期间内不论是向连带保证责任的保证人主张权利,还是向一般保证责任的保证人主张权利,均不以是否提起诉讼或者申请仲裁的方式为必要。只要债权人有证据证明其在保证期间内向保证人主张了权利,其保证债权即已形成。

二、债务人具有偿还能力,保证人是否仍需承担保证责任?

保证责任分为一般保证和连带责任保证。

一般保证是指当事人在保证合同中约定,债务人不能履行债务时,由保证人承担保证责任的保证方式。简单地说,就是与主债务没有连带关系的保证。在一般保证中,主合同的债务人是履行债务的第一顺序人,保证人在债务人不能或者不能完全承担责任时,对债务承担补充责任,即仅在债务人不能履行债务的范围内承担保证责任。这里所说的"不能履行债务",是指债务人在客观上无法履行债务或者没有履行债务的能力,而不是指债务人主观上不愿履行或拒绝履行债务。

由于担保是从属于主合同债务的,保证人所承担责任的范围和标准与主债务合同的范围和标准相同。例如,主债务无效、主债务已履行、债权人违约等情况下主债务人享有的抗辩权,保证人也享有。债务人放弃对债务的抗辩权的,保证人仍然享有抗辩权。一般保证债务具有补充性,在未就主债务的财产先为执行且无效果之前或者设有物的担保时先执行担保物权以前,债权人无权要求保证人履行保证责任;否则,保证人有权拒绝。法律上将这种权利称为先诉抗辩权,又称为检索抗辩权,它是一般保证的保证人所特有的一项权利,也是与连带责任保证的最主要区别。但是,保证人行使抗辩权也要受到限制,《担保法》第 17 条规定,有下列情形之一的,保证人不得行使先诉抗辩权:(1) 债务人住所变更,致使债权人要求其履行债务发生重大困难的;(2) 人民法院受理债务人破产案件,中止执行程序的;(3) 保证人以书面形式放弃先诉抗辩权的。②

连带责任保证是指当事人在保证合同中约定保证人与债务人对债务承担连带责任的保证方式,即当债务履行期届满后债务人没有履行债务的,债权人既可以要

---

① 参见曹士兵、李琦主编:《金融审判与银行债权保护》,法律出版社 2007 年版,第 116 页。
② 参见朱崇实著:《金融法教程》(第三版),法律出版社 2011 年版,第 335 页。

求债务人履行债务,也可以要求保证人在保证范围内履行债务,没有先后顺序的限制。这里的"没有履行"与一般保证中的"不能履行"有着严格的区别,既包括债务人因客观原因无法履行,也包括其由于主观过错不履行。连带责任保证人也享有抗辩权,其内容与债务人的抗辩权相同,但不包括先诉抗辩权。①

本案中,保证人邓吉宏、刘济灵所承担的是连带责任保证,因此,尽管债务人合跃具有偿还债务的能力,其保证人仍不能免除其保证责任。在实践中,为了维护金融安全,贷款银行在签订借款保证合同时,均明确约定借款合同保证人对主合同债务承担连带责任,所以借款担保合同虽然具有从属性的特点,但是保证人所承担的代偿责任却与主债务人相同。贷款银行这样约定是由于借款合同标的物的特殊性和风险性,其实质是限制借款合同的保证人不得行使先诉抗辩权。贷款银行不必像其他从属性担保合同那样首先向主债务人要求清偿,而是可以直接向保证人要求清偿,且没有先后顺序限制。这是我国借款合同保证的一个显著特点。

【掩卷沉思】

保证是我国民事、经济交往过程中的一项重要的担保制度,是指保证人(债务人以外的第三人)和债权人约定,当债务人不能履行债务时,由保证人按照约定履行债务或者承担责任的行为。保证责任是指基于保证合同,而在保证人与债权人之间产生的一种民事责任。

本案中涉及了保证责任免除这一问题,那么在什么样的情况下,保证人的保证责任才能得以免除呢?我们不妨来思考一下。所谓保证责任免除,是指在保证合同成立以后,保证责任关系存续期间,因债权人一方的行为或因法定事由的出现,而使保证责任归于消灭的行为。保证责任的免除,一般不涉及已履行的部分,其效力仅及于未履行的部分。②

保证责任免除的条件可以归纳为两个方面:一是债权人放弃保证的,其保证责任免除;二是有关免除保证责任的法定事由出现,使保证责任得以免除。其具体形式有:

(1)在保证有效期间内债权人未要求保证人承担保证责任的,保证责任免除。(2)在保证有效期间内,债权人放弃保证的,保证责任免除。(3)债权人在保证责任期间内,无正当理由拒绝被保证人履行债务的,保证人的责任得以免除。(4)在债权人未与保证人约定保证期间的合同中,根据有关法规应认定其保证期间为主债务履行期满之日起六个月,在这期间,债权人未对保证人主张权利的,免除其保证责任。(5)在同一债权中,既有保证又有物的担保的,债权人放弃担保物权和优先权的,保证人就债权人放弃的部分,不再承担保证责任。(6)对一定期间内连续发生的债务订立的保证合同,未约定保证期间的,保证人可以随时通知债权人终止保证合同。终止保证合同的书面通知到达债权人以后发生的债权,保证人不再承担保证责任。(7)主合同发生变更时,有四种情况使保证人的责任得以免除。①保证期间,债权人许可债务人转让债务的,应当取

---

① 参见朱崇实著:《金融法教程》(第三版),法律出版社2011年版,第336页。
② 张新国:保证责任的免除,《山东审判》(司法论坛版)2004年第17期。

得保证人的书面同意,保证人对未经同意转让的债务,不承担保证责任。②债权人与债务人协议变更主合同的,应当取得保证人的书面同意,保证人对未经同意转让的债务,不承担保证责任。保证合同另有约定的,按照约定。③保证人对约定有偿付期限的债务进行保证的,如果债权人允许主债务人延期清偿,保证人在自己所同意的延长期限外,不再承担保证责任。④债权人与债务人未经保证人同意,在主合同履行期限内变更合同主要内容,而使保证人债务增加的,保证人对增加的债务不承担保证责任。(8) 主合同无效时,保证合同亦无效,如果保证人对造成合同无效没有过错责任,那么保证人的保证责任得以免除。(9) 主合同双方当事人相互串通,骗取保证人提供保证的,其保证责任免除。(10) 主合同债权人采取欺诈、胁迫等手段,迫使保证人在违背真实意思的情况下提供保证的,其保证责任免除。(11) 由于不可抗力原因致使主合同的全部义务不能履行,造成合同的解除,保证人的责任可因主债务人责任的免除而免除。(12) 保证合同成立后,保证人被宣告破产时的情况:①若是一般保证责任,因其本身补偿性的特点,主债务人还没有履行债务,其保证责任免除。②若是连带责任保证,因保证人与被保证人处在同等的位置上,则债权人可以参加破产程序,以其全部债权额作为破产债权申报并参加债权分配,其不足部分另向被保证人追偿。(13) 保证责任的免除因保证关系的解除而免除。①

在本案中,保证人邓吉宏、刘济灵并没有发生上述所阐述的这些免除保证人责任的情形,但是通过对该案件的思考,进行法理上的深入探析,仍然会对司法实践具有巨大的指导意义。

第二节　抵　　押

案例37　招商银行股份有限公司北京分行与刘某金融借款合同纠纷上诉案②

【案情介绍】

上诉人(原审原告):招商银行股份有限公司北京分行

被上诉人(原审被告):刘某

2010 年 7 月 23 日,招商银行与刘某签订编号为 2010 年房字第 1292 号的《招商银行个人授信协议》。根据协议约定,招商银行向刘某提供总额为 40 万元的循环授信额度,授信期限为 288 个月。为保证债权的实现,同日招商银行与刘某签订《招商银行个人授信最高额抵押合同》,以刘某名下位于北京市丰台区造甲街北里 7 号楼 6 层 1—602

①黄仁成:免责的保证人,《当代广西》2005 年第 2 期。
②案件来源:北京市第一中级人民法院(2012)一中民终字第 13605 号,北大法律信息网—北大法宝 http://vip.chinalawinfo.com/Case/Result.asp,最后访问日期为 2013 年 1 月 16 日。

号房产向招商银行提供最高额抵押。招商银行现已取得编号为"X京房他证丰字第069895号"的《房屋他项权证》。2010年8月2日,招商银行与刘某又签订《个人贷款消费易协议书》,协议约定刘某于2010年8月自招商银行处获得消费贷款共计399500元,消费贷款期限120个月,还款方式为等额还款。此后,刘某未能按照协议约定偿还欠款,截至2012年1月31日,刘某已经连续3期、累计9期出现还款逾期。依据《招商银行个人授信协议》约定,招商银行有权宣布债权提前到期,并提前收回授信额度内的全部贷款本息及相关费用。现招商银行起诉至法院,要求:(1)依法宣告编号为2010年房字第1292号的《招商银行个人授信协议》提前到期,并按照合同的约定依法行使处分权;(2)刘某偿还借款本金363833.95元,相应利息6293.02元、罚息120.34元、复息94.42元(截至2012年3月11日),共计370341.73元,及自2012年3月12日开始计算至实际给付之日的利息(以实际欠款数额为基数,按照《招商银行个人授信协议》的约定计算)、罚息、复息(以实际欠款数额为基数,按照中国人民银行同期逾期贷款利率计算);(3)招商银行对刘某所有的位于北京市丰台区造甲街北里7号楼6层1—602房产享有优先受偿权;(4)刘某承担招商银行因本次诉讼所支付的律师费及案件受理费等相关诉讼费用。

原审法院判决认定:招商银行与刘某签订的《招商银行个人授信协议》、《招商银行个人授信最高额抵押合同》、《个人贷款消费易协议书》均为双方当事人的真实意思表示,且未违反国家法律、行政法规的强制性规定,系有效合同,各方当事人均应按照合同履行各自义务。招商银行已经按照双方约定向刘某发放贷款,履行了放款义务。刘某应当按照约定按期足额还款。依照《中华人民共和国合同法》第八条、第一百零七条、第二百零五条、第二百零六条、第二百零七条,《中华人民共和国物权法》第一百七十九条第一款、第二百零三条第一款、第二百零七条、《中华人民共和国民事诉讼法》第六十四条第一款之规定,判决:

一、招商银行与刘某签订的编号为"2010年房字第1292号"《招商银行个人授信协议》项下债权提前到期;

二、刘某自判决生效之日起十日内偿还招商银行借款本金三十六万三千八百三十三元九角五分,截止二〇一二年三月十一日的利息六千二百九十三元零二分、罚息一百二十元三角四分、复息九十四元四角二分,及自二〇一二年三月十二日起至实际清偿之日止的利息、罚息和复息(以实际欠款本金为基数,按《招商银行个人授信协议》、《个人贷款消费易协议书》的约定计算);

三、刘某自判决生效之日起十日内向招商银行支付律师费五千元;

四、招商银行对刘某名下位于北京市丰台区造甲街北里7号楼6层1—602的房屋有优先受偿权;

五、驳回招商银行的其他诉讼请求。

招商银行不服一审法院上述民事判决,向本院提起上诉。其主要上诉理由是:一审判决认定事实不清。一审判决未明确赵春玲的抵押人身份,刘某和赵春玲已经离婚,且各拥有本案所涉抵押房屋北京市丰台区造甲街北里7号楼6层1—602号房屋50%的产权,一审判决未明确赵春玲的抵押人身份,必然对招商银行抵押房产主张抵押权造成障碍。一审判决审理程序不当。一审中,招商银行认为赵春玲为本案所涉房屋的抵押人,应当参加庭审,招商银行曾书面申请追加赵春玲为本案被告,刘某陈述所借款项给前妻赵春玲一半,为查明事实,理应追加赵春玲为被告。一审判决适用法律不当,一审判决还应适用《担保法》及相关司法解释,判决招商银行对刘某和赵春玲名下的抵押房屋有优先受偿权。

【处理结果】

北京市第一中级人民法院审理认为:招商银行上诉称其在一审中提出追加赵春玲为被告,一审法院未予准许,经核查,一审卷宗中并无招商银行的申请书,庭审笔录中亦无相关事实的记载,故招商银行的该项上诉理由,无证据支持。《招商银行个人授信协议》与《招商银行个人授信最高额抵押合同》系招商银行与刘某签订,根据合同的相对性原则,一审判决根据招商银行的起诉请求,判决刘某承担还款责任,并判决招商银行对抵押房屋享有优先受偿权,该处理结果并无不当。综上,招商银行的上诉理由,均无事实与法律依据,二审法院不予采信,对其上诉请求,不予支持。一审判决认定事实清楚,适用法律正确,处理结果并无不当。依照《中华人民共和国民事诉讼法》第一百五十三条第一款第(一)项的规定,判决如下:

驳回上诉,维持原判。

【争议焦点】

一、关于最高额抵押合同?
二、招商银行对抵押房屋的优先受偿权如何得到保障?

【法理分析】

一、关于最高额抵押合同?

最高额抵押是指为担保债务的履行,债务人或者第三人对一定期间内将要连续发生的债权提供担保财产的,债务人不履行到期债务或者发生当事人约定的实现抵押权的情形,抵押权人有权在最高债权额限度内就该担保财产优先受偿的抵押。按照《担保法》的规定,在我国,可以附有最高额抵押合同的主合同有两种:一种是借款合同;二是债权人与债务人就某项商品在一定期间内连续发生交易而签订的合同,如长期供应合同等。①

借款合同可以附最高额抵押合同。债权人与债务人就某项商品在一定期间内连续发生交易而签订合同,可以附最高额抵押合同。我国《物权法》第204条修改了《担保法》第61条的规定,允许最高额抵押的主合同债权按照当事人意思自治的原则,由债权人自主决定是否转让,以及转让多少。不过,最高额抵押担保的债权确定前,部分债权转让的,通常最高额抵押权不得转让,除非当事人之间另有约定。最高额抵押有以下特征:(1)最高额抵押权成立时,所担保的债权尚未发生或者尚未确

①参见朱崇实著:《金融法教程》(第三版),法律出版社2011年版,第349页。

定,将留待将来确定;(2)被担保的是不确定的连续发生的债权;(3)抵押权人在最高额限度内有权就抵押物优先受偿。最高额抵押还有一个特点,因为最高额抵押担保的数额与实际发生的数额可能不同,如果最高额抵押担保的数额高于实际发生的数额,只能就实际发生的数额担保;反之,如果最高额抵押担保的数额少于实际发生的数额时,该差额没有担保。①

最高额抵押担保的债权确定前,抵押权人与抵押人可以通过协议变更债权确定的期间、债权范围以及最高债权额,但变更的内容不得对其他抵押权人产生不利影响。有下列情形之一的,抵押权人的债权确定:(1)约定的债权确定期间届满;(2)没有约定债权确定期间或者约定不明确,抵押权人或者抵押人自最高额抵押权设立之日起满两年后请求确定债权;(3)新的债权不可能发生;(4)抵押财产被查封、扣押;(5)债务人、抵押人被宣告破产或者被撤销;(6)法律规定债权确定的其他情形。②

本案中,根据债权人招商银行与债务人刘某于 2010 年 7 月 23 日签订的《招商银行个人授信最高额抵押合同》和 2010 年 8 月 2 日签订的《个人贷款消费易协议书》,其授信期限为 288 个月,消费贷款期限为 120 个月,刘某的消费贷款已达 399500 元,而抵押的最高额为 40 万元,虽然该债务尚未达到抵押期限,但是因为在该抵押额债权额度内不可能发生新的债务,同时,刘某未能按照协议约定偿还欠款,截至 2012 年 1 月 31 日,刘某已经连续 3 期、累计 9 期出现还款逾期。因此,根据当事人自治原则,《招商银行个人授信协议》约定,招商银行有权宣布债权提前到期,并提前收回授信额度内的全部贷款本息及相关费用的诉讼请求应当受到支持。

二、招商银行对抵押房屋的优先受偿权如何得到保障?

在本案中,债权人招商银行认为该房屋的优先受偿权因其为共有财产而难以得到保障。优先受偿权,是指在债权人为二人以上,而债务人的财产不是以清偿全部债权人的债权时,有财产担保的债权人就该担保物具有优先得到偿还的权利。即具有财产担保的债权人,可以根据担保的方式,在破产程序外行使其权利。抵押权人的优先受偿权应当如何得到保障?《民法通则》第 89 条规定,债务人或者第三人可以提供一定的财产作为抵押物。债务人不履行债务的,债权人有权依照法律的规定以抵押物折价或者以变卖抵押物的价款优先得到偿还。按照合同约定一方占有对方的财产,对方不按照合同给付应付款项超过约定期限的,占有人有权留置该财产,依照法律的规定以留置财产折价或者以变卖该财产的价款优先得到偿还。《民诉法》第 203 条规定,作为银行贷款债权的抵押物或者其他担保物的财产,银行和其他债务人享有就该抵押物或者其他担保物优先受偿的权利。抵押物或者其他担保物的价款超过其所担保的债务数额的,超过部分属于破产还债的财产。《最高人民法院关于适用〈中华人民共和国民事诉讼法〉若干问题的意见》第 102 条规定,人民法院对抵押物、留置物可以采取财产保全措施,但抵押权人、留置权人有优先受偿权。

①吴志攀:《金融法概论》,北京大学出版社 2011 年版,第 212 页。
②参见王利军等编著:《金融法实施中的疑难问题》,中国人民公安大学出版社 2009 年版,第 138 页。

第282条还规定,被执行人的财产不能满足所有申请执行人清偿要求的,执行时可以参照民事诉讼法第204条的规定处理。① 由此可见,优先受偿权是一种别除权,即在债务人有两个或两个以上债权人而其财产不足以清偿全部债务时,有抵押权、留置权的债权自然应当先得到受偿,只有在清偿了有抵押权、留置权的债权人的债务后,其他债权人才可以受偿。

从以上立法规定可以看出,优先受偿权具有下列特征:其一,优先受偿权的成立必须以担保债权的合法存在为前提。如果当事人所设立的担保不符合我国法律的规定,该担保关系则属无效,并因此得不到法律的保护,因而也就谈不上优先受偿的问题。其二,优先受偿权是在债权人为二人以上,一旦债务人的财产不足以清偿全部债务的情况下派生的。如果债权人是单一的,也谈不上优先权。其三,优先受偿权所指向的对象仅限于当事人双方设立的担保物的范围及其所担保的价值。

假如优先受偿权的对象不限于担保物的范围及其担保的价值,具有担保的债权人或其他债权人、债务人的利益都有可能受到损害,因此,我国企业破产法和民事诉讼法企业法人破产还债程序中均规定,已作为抵押物或者其他担保物的财产,债权人享有就该抵押物或者其他担保物优先受偿的权利。抵押物或者其他担保物的价款超过其所担保的债务数额的,超过部分属于破产财产。抵押物或其他担保物的价值不足其担保的债务的,不足部分作为破产债权。优先受偿的权利人在行使其优先受偿的权利时,应当符合以下条件:第一,行使优先受偿权必须以客观存在的担保物的范围及其担保的价值为对象。第二,行使优先受偿权的主张,必须向受理该案件的人民法院提出。

【掩卷沉思】

《民法通则》第89条关于担保抵押关系债权人有优先受偿权的规定,该条款在适用时,应根据不同的具体情况具体适用,如设定抵押的债权成立在前,未设定抵押的债权成立在后,则设定抵押的债权应当优先受偿;当一个债务人已经有多个债权人,债务人而将全部财产抵押给其中一个债权人,或抵押给一个新的债权人,因而丧失了履行其他债务的能力,也就损害了其他债权人的合法权益。这种情况下再强调抵押权人的优先受偿权,对其他债权人是不公平的,因此,根据《民法通则》公平原则的规定,应当认定该抵押协议无效。

债是按照合同的约定或者按照法律的规定,在当事人之间产生的特定权利义务关系。在债的法律关系中,债权人要实现自己的权利,必须依靠债务人积极行为的协助,否则债权人就无法实现自己的权利。依照法律的规定或者按照当事人的约定,债务人可以采用抵押、留置方式担保债务的履行。但现行法律对抵押、留置的规定比较粗糙。一是在抵押、留置的设定上无时间限制,使债务人有机可乘,以抵押、留置的形式规避到

---

① 周国平:设定抵押财产的优先受偿权,《中国律师》2004年第7版。

期债务的履行。二是无抵押公证、登记的强制性规定,使一些别有用心的债务人利用抵押的合法形式谋取非法利益的行为屡屡得逞。如在经济生活中常有一部分债务人利用抵押获得大额银行贷款,由于经营管理不善负债累累,却凭借已抵押的庞大资产形成的虚假优势,诱使他人尤其是外地客户与之进行经济往来;致债权人的款物有去无回,损失惨重。又如有的债务人利用重复抵押到多家银行获取贷款或进行经营活动,从表面上看企业机构健全、设施齐备、繁荣兴旺,但早已资不抵债,实无履行能力,使抵押权人和其他债权人深受其害,叫苦不迭。三是不论债权性质,抵押权、留置权一律优先受偿,排斥了一部分生产生活陷于困境的债权人及时获得受偿的权利,有损社会安定。四是优先受偿权在不同债权上分布不平衡,并存在明显的地域性。在一定程度上损害了无优先受偿权的债权人尤其是外地债权人的利益,有碍于市场大流通大交换的形成,也不利于公平竞争。① 最高人民法院《关于贯彻执行〈中华人民共和国民法通则〉若干问题的意见(试行)》第 106 条规定,有要求清偿银行贷款和其他债权等数个债权人的,有抵押权的债权人应享有优先受偿的权利;法律法规另有规定的除外。这一司法解释在肯定优先受偿权的同时,考虑到了法律法规另有规定的除外情况,及对特定条件下的其他债权的保护,对司法实践中解决合法债权清偿冲突,无疑具有突破性的指导意义。

案例 38　何良朋等与中国农业银行股份有限公司郴州分行金融借款合同纠纷上诉案②

【案情介绍】

上诉人(原审被告):何良朋

上诉人(原审被告):何辉

被上诉人(原审原告):中国农业银行股份有限公司郴州分行(以下简称农行郴州分行)

原审被告:郴州市恒发房地产开发有限责任公司

2000 年 7 月 5 日,被告何良朋代理被告何辉与农行郴州分行营业部郴江分理处及被告恒发房产公司签订《住房按揭贷款合同》,合同约定:何辉向农行郴州分行营业部郴江分理处借款 90000 元;借款期限从 2000 年 7 月 5 日至 2005 年 7 月 5 日;利率按月利率 4.425‰计算,随国家调整利率调整;还款方式为分期,即首期还款 2000 年 12 月 20 日还本金 10000 元,剩余贷款本金分五期并于当年 7 月 5 日前偿还,贷款利息同期结算一并偿付;如未按规定时间偿还本息,贷款行按逾期天数和逾期额每天加收万分之四的罚金;何辉向恒发房产公司购买的坐落于郴州市同心路 16 号住宅 B 栋 4—1 房为借款提供抵押担保;被告恒发房产公司作为该笔借款的保证人(发展商),保证金额为借款本金和利息以及相关费用;保证期限为借款本息及其他相关费用还清时止。同日,被告何

---

① 于海寅:破产案件中的优先受偿权,《法学》2003 年第 4 期。

② 案件来源:湖南省郴州市中级人民法院(2012)郴民二终字第 16 号,北大法律信息网—北大法宝 http://vip.chinalawinfo.com/Case/Result.asp,最后访问日期为 2013 年 1 月 16 日。

良朋还向农行郴州分行郴江分理处出具一份承诺书,自愿为被告何辉的按揭借款承担一切经济责任。农行郴州分行营业部郴江分理处以何良朋、何辉为借款人出具了借款凭证。之后,原告依约将借款 90000 元以借款人何良朋、何辉的名义,划入开发商恒发房产公司在原告处开立的账号上。但双方没有按约定到房地产管理部门办理期房抵押登记手续。借款逾期后,被告何良朋、何辉未依约还款。经原告催收,截止 2011 年 9 月 15 日,被告尚欠原告借款本金 90000 元及利息 53997.62 元。

原审法院认为:原告农行郴州分行所辖的营业部郴江分理处与被告何良朋、何辉签订的《借款凭证》,以及与恒发房产公司签订的《住房按揭贷款合同书》系双方当事人真实意思的表示,且未违反法律、行政法规的强制性规定,合法有效,应受法律保护,双方当事人均应按合同约定履行义务。原告已依约向被告何良朋、何辉发放了借款,被告何良朋、何辉未依约偿还原告借款本息,依法应承担违约责任。被告何良朋在《住房按揭贷款合同》中并未注明是以何辉法定代理人的身份签名,结合同日农行郴州分行营业部郴江分理处出具的借款凭证及被告何良朋向该分理处出具的承诺,可认定何良朋、何辉为本案共同借款人。被告何良朋、何辉辩称该借款已于 2008 年 11 月剥离给财政部,农行郴州分行丧失了作为原告的主体资格。根据财政部财金(2011)12 号文件,财政部已委托农业银行处置股改剥离的不良资产,被告主张原告不具有主体资格的理由不成立。被告恒发房产公司作为保证人,约定的保证方式、保证期限均不明,其保证期间为主债务履行期届满之日起二年。但在保证期间内,原告农行郴州分行并未要求被告恒发房产公司承担保证责任,致使被告恒发房产公司的连带保证责任依法得以免除。被告何良朋、何辉提出本案已过诉讼时效,经查,原告于 2009 年 9 月 21 日向被告何良朋催收,何良朋在催收通知单上签字,被告何良朋、何辉作为共同借款人,为该借款承担连带清偿责任,任何一人签字即可导致诉讼时效的中断,截至原告起诉之时,本案未超过诉讼时效。被告何良朋、何辉辩称已偿还部分贷款,因其未举证证实,原告亦未认可,不予认定。

据此,依照《中华人民共和国合同法》第二百零五条、第二百零六条、第二百零七条、第一百零七条,《中华人民共和国担保法》第十九条、第二十六条第二款、《最高人民法院关于适用若干问题的解释》第三十二条第二款,及《中华人民共和国民事诉讼法》第一百三十条之规定,原审法院判决:

一、被告何良朋、何辉在判决生效之日起十日内偿还原告中国农业银行股份有限公司郴州分行借款本金 90000 元;

二、被告何良朋、何辉在判决生效之日起十日内偿还原告中国农业银行股份有限公司郴州分行上述借款至 2011 年 9 月 15 日止的利息 53997.62 元,后段利息按合同约定计算至借款本息全部清偿之日止;

三、驳回原告中国农业银行股份有限公司郴州分行要求被告郴州市恒发房地产开发有限责任公司偿还借款的诉讼请求。如果被告未按判决指定的期限履行给付金钱义务,则应当依照《中华人民共和国民事诉讼法》第二百二十九条之规定,加倍支付迟延履行期间的债务利息。案件受理费 3180 元,由被告何良朋、何辉承担,限于本判决生效之日起十日内交纳。

上诉人何良朋、何辉不服湖南省郴州市苏仙区人民法院上述民事判决向本院提起上诉称：原审判决认定事实错误，适用法律错误，审判程序违法，被上诉人的主体资格不适格，本案超过了诉讼时效。请求：(1)依法撤销湖南省郴州市苏仙区法院(2011)苏民初字第1310号民事判决；(2)依法驳回被上诉人在原审提出的诉讼请求；(3)依法判令被上诉人承担本案全部诉讼费。

【处理结果】

郴州市中级人民法院审理认为：上诉人何良朋、何辉的上诉理由均不能成立，对其上诉请求予以驳回。原审判决认定事实清楚，适用法律正确，处理得当，予以维持。依据《中华人民共和国民事诉讼法》第一百三十条、第一百五十三条第一款(一)项之规定，判决如下：驳回上诉，维持原判。

【争议焦点】

一、未办理期房抵押登记手续的效力应当如何认定？
二、被上诉人农行郴州分行主张权利的主体资格是否适格？

【法理分析】

一、未办理期房抵押登记手续的效力应当如何认定？

楼花按揭是20世纪60年代兴起于香港的一种房地产市场的新型融资出售方式。"楼花"是指预售的待建商品房，"按揭"是香港人对英美法上物的担保"mortgage"的翻译，而内地法学家习惯将"mortgage"译为"抵押"或者"抵押权"。在英美法中，所有权分法定财产权(legal title)和衡平法财产权(equitable title)。依照英美成文法及普通法原则，只有取得物的法定财产权后才能被认为真正拥有了所有权。这是因为，按照英美普通法理论，将客观上不存在的标的物，如楼花，作为合同标的物并取得所有权(包括部分所有权)是缺乏条件的。但依衡平法原则这种产权却是有效的，楼花买卖同样应当受到保护，这种保护是出于公平、正义的考虑。依照这种法律观念与规定，尽管楼花并非客观存在的物，仍可进行买卖，也可以(未来取得的所有权)作为抵押。所以，楼花按揭就是房屋预售时，买受人以待建房屋的所有权为担保，向银行取得贷款、用于支付购楼所需款项的融资方式。①

楼花在我国是否可以办理抵押？《担保法》第三十四条以列举性和概括性的方式规定了可以抵押财产的范围，抵押财产的范围包括不动产、不动产权利和动产。但可以抵押的不动产是否包括楼花没有明确规定。《担保法司法解释》第四十七条规定："以依法获准尚未建造的或者正在建造中的房屋或者其他建筑物抵押的，当事人办理了抵押物登记，人民法院可以认定抵押有效。"据此，在我国楼花(未建造或者正在建造房屋)是可以进行抵押的。依据最高人民法院《担保法司法解释》第四十七条的规定，楼花按揭登记的方式与一般抵押不同。一般抵押合同应当办理抵押物登

---

① 参见吴志攀主编：《金融法典型案例解析(第二辑)》，中国金融出版社2004年版，第124页。

记,抵押权自登记之日起设定;而楼花按揭应将预售买卖合同或者抵押贷款合同向房地产登记部门备案或者预告登记。由于抵押权是存在于特定物上的权利,未来可以取得的不动产尚未存在,未取得所有权的建筑物因缺乏权利凭证或者法律文件而无法进行抵押登记。① 然而这是抵押登记的效力问题,并不影响按揭合同的成立。因此为其设定的抵押权,应当在该不动产实际存在时发生设定抵押权的法律效力。

抵押登记,是指由主管机关根据当事人的申请,依法在登记簿上就抵押物的抵押权状态予以记载的行为。抵押权是物权的一种,为避免第三人遭受损害并保护交易安全,物权的变动,必须采取公示方式,使物权变动的事实能够为第三人知晓,以免给第三人造成难以预测的损害。就抵押权而言,由于设定抵押权时不转移对于抵押物的占有,因而以登记作为其公示方法。②

《城市房地产抵押管理办法》第30条规定,房地产抵押合同自签订之日起30日内,抵押当事人应当到房地产所在地的房地产管理部门办理房地产抵押登记。抵押合同发生变更或者抵押关系终止时,抵押当事人应当在变更或者终止之日起15日内,到原登记机关办理变更或者注销抵押登记。因依法处分抵押房地产而取得土地使用权和土地建筑物、其他附着物所有权的,抵押当事人应当自处分行为生效之日起30日内,到县级以上地方人民政府房地产管理部门申请房屋所有权转移登记,并凭变更后的房屋所有权证书向同级人民政府土地管理部门申请土地使用权变更登记。

当事人设定抵押财产时,对于须登记才能确权的抵押物,例如建筑物及其他土地附着物、建设用地使用权、正在建造的建筑物等,必须办理抵押登记,且抵押权自登记时起设立。对于生产设备、原材料、半成品、交通工具、正在建造的船舶或航空器等不要求通过登记确权的抵押物,抵押权自抵押合同生效时设立,但未经登记,抵押权不得对抗善意第三人。③

二、被上诉人农行郴州分行主张权利的主体资格是否适格?

上诉人何良朋、何辉在2000年向被上诉人农行郴州分行借款事实清楚,该借款于2008年11月被剥离到财政部,根据财政部财金(2011)12号文件和《最高人民法院关于审理涉及中国农业银行股份有限公司处置股改剥离不良资产案件适用相关司法解释和司法政策的通知》,财政部委托农业银行处置股改剥离的不良资产,可作为人民法院确认农业银行处置的不良资产属于受财政部委托处置资产的依据。本案财政部驻湖南省财政监察专员办事处委托农行郴州分行处置涉案的借款,农行郴州分行主张权利的主体资格适格。因此,上诉人何良朋、何辉提出的被上诉人农行郴州分行的主体资格不适格没有依据。上诉人何朋良、何辉认为在2009年9月21日签收农行郴州分行的《债务逾期催收通知书》之前本案借款已超过了诉讼时效。

---

① 参见吴志攀主编:《金融法典型案例解析(第二辑)》,中国金融出版社2004年版,第127页。
② 参见朱崇实著:《金融法教程》(第三版),法律出版社2011年版,第347页。
③ 参见吴志攀著:《金融法概论》,北京大学出版社2011年版,第209页。

但根据《最高人民法院关于超过诉讼时效期间借款人在催款通知单上签字或盖章的法律效力问题的批复》，债务人在催收通知书签字的视为对债权债务的重新确认，诉讼时效重新计算。本案上诉人何良朋、何辉于 2009 年 9 月 21 日签收《债务逾期催收通知书》，自此，诉讼时效应重新计算，至 2011 年 9 月 15 日农行郴州分行提起本案诉讼，未超过诉讼时效期间。因此，上诉人何良朋、何辉认为本案超过诉讼时效期间的理由不能成立。

 【掩卷沉思】

在房屋买卖合同中，房屋所有权的转移是合同各方当事人实现的经济目的内容之一，卖方的权利是取得对价、同时转移其房屋的所有权，买方的权利是取得房屋所有权，同时付出对价。显然，房屋所有权转移是合同的履行内容，同时也是房屋买卖合同履行的结果。由于房屋产权变更登记是房屋所有权变动的生效条件，是房屋所有权转移的标志，因此办理房屋产权变更登记手续是履行房屋买卖合同的行为。在实际经济生活中，办理房屋产权变更登记手续通常需要提交房屋买卖合同、公民身份或法人单位的证明文件、卖方出具的购房款发票或收据，且是在房款已基本付清（少数分期付款除外），房屋已交付使用，合同已基本履行完毕的情况下办理产权变更登记的。

合同当事人订立合同的主要目的是利用合同的法律约束力来保障其经济行为的完成和经济目的的实现，合同最重要的就是其法律约束力。如果认为房屋产权变更登记是房屋合同的成立要件，由于房屋产权变更登记是合同的履行内容和履行后果同时成就，将合同的三个阶段集中在办理登记的一瞬间，合同的法律约束力形同虚设，房屋买卖合同也就失去存在的必要了。综上所述，房屋产权变更登记既非合同成立阶段的内容，亦非对房屋买卖合同的审批，也不是房屋买卖合同的生效要件，而是对合同履行的一种公示，因而它不是要式合同中的"要式"。那种将房屋产权变更登记解释为要式合同中的"要式"，认为房屋买卖合同是要式合同，房屋产权变更登记是合同的生效要件的观点，其实是对法律的误解。[1] 房屋买卖合同是一般合同而非要式合同，房屋产权变更登记不是房屋买卖合同的生效要件，在审判实践中，也不应因未办理产权变更登记而确认房屋买卖合同无效。

尽管我国法律对楼花按揭未作规定，但司法实践中法院通常是确认其效力的，本案便可见一斑。实践中，楼花按揭案件大量出现，如果司法解释不作规定，将造成法律与实践的脱节。因此，本案判决后不久，最高人民法院在《担保法司法解释》中，根据抵押制度的法理对楼花按揭作了原则性规定。尽管如此，有关楼花按揭的条文和规定尚未形成系统一致的法律规定，仍需要进一步完善。楼花按揭从权利的标的物范围、设定的方式、实现的方式和标的物风险承担等方面冲击了我国的抵押权理论，给司法实践带来了一定的问题，这需要理论研究与法律实践作出积极的回应。

---

①谢庄、王彤：产权变更登记不应是商品房买卖合同成立的要件，《法学评论》2001 年第 4 期。

案例39 毛某某诉周某某担保合同纠纷案①

【案情介绍】

原告:毛某某

被告:周某某

原告毛某某为与被告周某某抵押担保合同纠纷一案,于2012年8月7日向浙江省江山市人民法院起诉,法院于同日以简易程序立案受理后,于2012年8月30日公开开庭进行了审理,原告和被告各自的代理人到庭参加了诉讼。因本案的事实认定及法律适用存在较大争议,法院决定转为普通程序审理,并依法组成合议庭,于2012年12月27日再次公开开庭审理了本案,代理人均到庭参加了诉讼,本案现已审理终结。

原告诉称:原被告系朋友关系。2011年1月27日,案外人王某某、郭某某夫妻向原告借款850000元,借款期限为7个月,并由被告提供担保,同日双方签订了抵押借款协议书一份,并经江山市公证处办理了公证手续。原告依约以转账的形式向借款人提供了850000元借款。2011年1月28日,被告以其个人所有的一套房屋对上述借款在450000元范围内提供抵押担保,并办理了抵押登记。借款期限届满后,借款人向原告归还了借款400000元,但被告经原告多次催款后,仍未归还剩余的450000元本金及利息。现要求被告承担担保责任,代借款人归还借款本金450000元及从2011年1月27日至法院判决确定履行之日止按人民银行同期贷款基准利率四倍计算的利息,承担本案的诉讼费用。

被告辩称:原告未出示以银行转账方式借款给债务人的任何证据,不能证明原告履行了提供借款的义务;三方没有达成按份担保的协议,协议中的担保关系不属于按份担保。涉案的850000元借款,以借款人及被告的房产共同提供抵押担保。依照原告的诉讼主张,应认为原告自愿放弃了400000元债权物的担保权利,默认了借款人及被告用两处房产共同担保450000元债权。在债务人和担保人同时为债务提供抵押时,不存在按份抵押的问题。三方的担保关系不是法律意义上的按份担保关系,按份担保不可能发生在债务人和第三人之间。原告在借款人未完全清偿自己债务的情况下,解除对债务人财产的抵押,实属对自己债权的放弃;原告要求被告承担担保责任有违民法的公平合理原则。请求法院驳回原告的所有诉讼请求。

经审理,法院认定事实如下:

2011年1月27日,毛某某与借款人王某某、郭某某及被告三方签订了《抵押借款协议书》一份,就抵押借款事项各方的权利、义务等均作了明确的约定。同日原告由其母亲依约向借款人王某某通过银行汇款交付了借款800000元,现金支付50000元。借款人向毛某某的母亲出具了收条一张,确认收到借款的事实。次日,三方到江山市公证处办理了公证手续,并就抵押事项经房管部门办理了抵押登记手续。以被告房产抵押的他项权证中登记载明的债权额为450000元,以借款人王某某、郭某某房产抵押的他项

①浙江江山市人民法院民事判决书(2012)衢江商初字第1938号。

权证中登记载明的债权额为400000元。借款人王某某于2012年6月21日向原告归还了借款本金400000元,借期内的40000。元借款本金相应的利息,也由王某某清结。原告于2012年6月21日向房管部门申请注销了借款人王某某、郭某某名下的房屋抵押登记。庭审中,原告自认借款后被告向原告支付了另450000元借款本金的一个月的利息。

上述事实有抵押借款协议书、公证书、他项权证书、银行转账凭证、收据、原告当庭自认等证据证明。

【处理结果】

法院认为,本案为抵押担保合同纠纷,抵押借款协议和抵押登记合法有效。原告有权在借款人未依约归还借款时要求处置被告的抵押财产,并优先受偿。本案中,原被告及借款人之间订立的抵押借款协议载明850000元借款由被告和借款人以各自房产共同提供抵押担保,但房管部门抵押登记记载的被告与借款人各自抵押担保的债权额分别为450000元和400000元。根据相关法律规定,抵押登记记载的内容与抵押合同约定不一致的,以登记记载内容为准。据此,法院认定原告对被告的抵押房产在债权额450000元范围内享有抵押款,对借款人的抵押房产在债权额400000元范围内享有抵押权。原告在借款人归还了以其房产提供抵押担保的400000元借款后,向房管部门办理了借款人的房产注销抵押手续,应认定为原告对借款人的房产抵押权利已得到实现。被告关于涉案借款未实际交付,原告注销借款人的房产抵押登记属放弃对借款人享有的抵押权,要求驳回原告诉讼请求等抗辩主张,因缺乏事实和法律依据,法院不予采纳。原告要求被告对借款人尚欠的借款本息承担担保责任的诉请,合法有据,依法确认被告以其抵押房产对借款人尚未清偿原告的450000元借款及其合理的利息承担抵押担保责任。依照《合同法》第八条、《担保法》第三十四、四十一、四十二、四十六条,《物权法》第一百九十五条、《最高人民法院关于适用担保法若干问题的解释》第六十一条、《民事诉讼法》第六十四条之规定,判决如下:

拍卖、变卖被告的抵押房产一套,原告对所得价款在价值为借款本金450000元及自2011年2月28日起至本判决确定履行之日止按人民银行公布的同期同类贷款基准利率四倍据实计算的利息范围内优先受偿,案件受理费8050元,由被告承担。

【争议焦点】

一、一审法院认定债务人还款40万元的行为是履行抵押担保义务是否妥当,为什么?

二、原告未对其剩余债权就债务人的抵押财产行使抵押权的情况下就办理对债务人房产抵押的注销登记,其行为的后果应如何认定,为什么?

【法理分析】

一、一审法院认定债务人还款40万元的行为是履行抵押担保义务是否妥当,为什么?

一审法院认为:"原告在借款人归还了以其房产提供抵押担保的40万元借款后,向房管部门办理了借款人的房产注销抵押手续,应认定为原告对借款人的房产抵押权利已得到实现。"

笔者认为,法院的这一认定缺乏事实和法理依据,混淆了债权的实现与抵押权的实现两个不同的概念。诚如判决书所言,债务人确实偿还了原告40万元的债务,但这一事实并不意味着"原告对借款人的房产抵押权利已得到实现",而仅仅意味着原告对债务人享有的40万元的债权因债务人的清偿而消灭。因为,抵押权的实现是指债权人通过行使抵押权而实现其债权的结果。我国《物权法》第一百九十五条规定:"债务人不履行到期债务或者发生当事人约定的实现抵押权的情形,抵押权人可以与抵押人协议以抵押财产折价或者以拍卖、变卖该抵押财产所得的价款优先受偿。协议损害其他债权人利益的,其他债权人可以在知道或者应当知道撤销事由之日起一年内请求人民法院撤销该协议。""抵押权人与抵押人未就抵押权实现方式达成协议的,抵押权人可以请求人民法院拍卖、变卖抵押财产。""抵押财产折价或者变卖的,应当参照市场价格。"因此,"抵押权的实现方式包括折价、拍卖、变卖等三种方式。具体以何种方式实现抵押权,可由当事人协商。在抵押权实现时,抵押合同中明确约定有抵押权实现方式的,应依其约定为之。抵押合同中没有约定的,抵押权人可与抵押人协商,依双方协议确定的方式实现抵押权;抵押权人与抵押人协商达不成协议的,抵押权人可请求人民法院拍卖、变卖抵押财产。"[①]本案中,虽有债务人偿还其债务的事实,但并无债权人对债务人行使抵押权的事实,因此,其导致的法律后果仅仅是债权人即原告对债务人85万元债权中的40万元债权的实现或消灭,而非债权人对债务人抵押权的实现。

法院认为,"原告向房管部门办理了借款人的房产注销抵押手续应认定为原告对借款人的房产抵押权利已得到实现。"笔者认为,法院的这一认定实际上也混淆了抵押权消灭与抵押权实现两个不同的概念。我国《物权法》第一百七十七条规定:"有下列情形之一的,担保物权消灭:(一)主债权消灭;(二)担保物权实现;(三)债权人放弃担保物权;(四)法律规定担保物权消灭的其他情形。"固然,抵押权会因为抵押权的实现而消灭,但抵押权消灭的原因具有多样性,抵押权的实现是抵押权消灭的一种原因,而非唯一原因。严格而言,本案可以认定原告的抵押权因向房管部门办理了借款人的房产注销抵押手续即放弃抵押权而消灭,但不能因此认定原告实现了对债务人的抵押权。

二、原告未对其剩余债权就债务人的抵押财产行使抵押权的情况下就办理对债务人房产抵押的注销登记,其行为的后果应如何认定,为什么?

如上所述,原告在未对其剩余45万元债权就债务人的抵押财产行使抵押权的情况下就向房管部门办理了对债务人房产抵押的注销登记,应属于对债务人抵押权的放弃。对此,虽然法院将其表述为"抵押权的实现"不合法理,但结合其他表述,实质上认可该行为为放弃抵押权的行为,而原告和被告对此亦无异议。原被告和法院

---

①王利明主编:《物权法》,中国人民大学出版社2010年版,第265页。

都不否认原告放弃抵押权行为对原告和债务人的法律效力,即抵押权因此而消灭,但问题的关键并不在此,而在于该放弃抵押权的行为对被告的效力。被告辩称:"原告要求被告承担担保责任有违民法的公平合理原则,要求驳回原告诉讼请求。"法院认为:"被告的主张缺乏事实和法律依据,不予采纳。原告要求被告对借款人尚欠的借款本息承担担保责任的诉请,合法有据,依法确认被告以其抵押房产对借款人尚未清偿原告的 450000 元借款及其合理的利息承担抵押担保责任。"

笔者注意到,法院和被告均认为债务人与被告对原告债务的抵押担保为共同抵押担保。在抵押借款合同和该合同的公证书中并未对被告和债务人抵押担保的债权额有不同的约定,而是双方对债权总额 85 万元分别用各自的房产为债权人即原告提供抵押担保。由此可见,这种抵押担保为共同担保和连带担保。后来在办理抵押登记时,对抵押房产担保的债权额有了特别的、不同于抵押合同和公证书的约定和记载,被告房产抵押的他项权证中登记载明的债权额为 450000 元,债务人房产抵押的他项权证中登记载明的债权额为 400000 元。按照我国《物权法》第一百八十七条的规定:"以本法第一百八十条第一款第一项至第三项规定的财产或者第五项规定的正在建造的建筑物抵押的,应当办理抵押登记。抵押权自登记时设立。"《最高人民法院关于适用〈中华人民共和国担保法〉若干问题的解释》第六十一条曾规定:"抵押物登记记载的内容与抵押合同约定的内容不一致的,以登记记载的内容为准。"因此,应当认定,被告房产抵押担保的债权限额为 45 万元,债务人房产抵押担保的债权限额为 40 万元。史尚宽先生认为,共同担保"为同一债权之担保,于数个不动产或不动产物权上设定抵押权。共同抵押,按标的物之个数,成立复数抵押权,故与以财团为一体设定一个抵押权之财团抵押,不同。"[1]"共同抵押,以各抵押不动产担保债权全部为目的,然当事人得依契约限定各不动产所负担之金额,并为登记。"[2]因此,本案中债务人与被告二者的房产抵押对原告而言性质上应为共同抵押,虽限定了各不动产所负担之金额,但仍在限定金额内构成对原告债权的共同连带抵押,而非共同按份抵押。史尚宽先生认为,共同抵押,数个抵押权全部,无须为同一次序,数个抵押权亦无须同时成立。本案中的共同抵押,则是同一次序、同时成立的共同抵押。

如果本案的抵押人均为债务人之外的第三人,当债务人偿还 40 万元债务后,债权人即原告放弃对任一抵押人的抵押权,都不会对另一抵押人产生影响。在债权未受完全清偿的情况下,抵押权人都有权请求另一抵押人在其抵押担保的债权限额内继续承担担保责任。但本案并非上述情形,而是债务人和第三人同为抵押人。我国《物权法》第一百九十四条第二款规定:"债务人以自己的财产设定抵押,抵押权人放弃该抵押权、抵押权顺位或者变更抵押权的,其他担保人在抵押权人丧失优先受偿权益的范围内免除担保责任,但其他担保人承诺仍然提供担保的除外。"《最高人

---

①史尚宽著:《物权法论》,中国政法大学出版社 2000 年版,第 318 页。
②史尚宽著:《物权法论》,中国政法大学出版社 2000 年版,第 319 页。

民法院关于适用〈中华人民共和国担保法〉若干问题的解释》第七十五条第一款曾规定："同一债权有两个以上抵押人的,债权人放弃债务人提供的抵押担保的,其他抵押人可以请求人民法院减轻或者免除其应当承担的担保责任。"由此可见,《物权法》的上述规定实际上是对《担保法》司法解释的进一步完善和修正,是为了平衡债权人、债务人和第三人的利益,减少债权实现的成本,提高交易的效率,特别保护物上保证人的利益。笔者认为,被告援引该条规定对原告对其行使抵押权进行抗辩,既有事实依据,又有法律依据。但法院在未能依法认定事实的情况下,对《物权法》的上述规定视而不见,武断地否定了被告的抗辩,支持了原告的诉求,判令被告败诉。

【掩卷沉思】

本案看似简单,实际上非常复杂。如果说第一个争议问题有一定的形式意义,但实质意义不大的话,那么第二个问题的争议就不仅具有形式意义,而且具有实质意义。我国《物权法》第一百九十四条第二款规定体现的法理,如果从 2000 年 9 月 29 日《担保法》司法解释的颁布算起,迄今已有十余年的历史。即使从《物权法》颁布算起,也有 6 年多了。为何一审法院的法官在被告提出明确的抗辩后未能审慎地思考,并作出正确的认定呢?如果仅仅是由于基层法院法官业务水平或无知的原因,那倒不难解决,加强业务培训即可立马见效。如果不是如此,而是由于其他原因,那要解决此类问题,恐怕就不是简单的教育培训能够奏效的了。

法官应该忠实地执行法律,正确理解和不懈追求法条所体现的立法精神。《物权法》第一百九十四条第二款的规定,体现了立法者追求债权人、债务人与第三人在抵押关系中的利益平衡的良苦用心,旨在节省交易成本,提高交易效率,特别保护物上保证人的利益。与此规定不同但立法精神相似的规定还有:我国《担保法》第二十八条的规定:"同一债权既有保证又有物的担保的,保证人对物的担保以外的债权承担保证责任。""债权人放弃物的担保的,保证人在债权人放弃权利的范围内免除保证责任。"《担保法》司法解释第三十八条第三款的规定:"债权人在主合同履行期届满后怠于行使担保物权,致使担保物的价值减少或者毁损、灭失的,视为债权人放弃部分或者全部物的担保。保证人在债权人放弃权利的范围内减轻或者免除保证责任。"《物权法》第一百七十六条的规定:"被担保的债权既有物的担保又有人的担保的,债务人不履行到期债务或者发生当事人约定的实现担保物权的情形,债权人应当按照约定实现债权;没有约定或者约定不明确,债务人自己提供物的担保的,债权人应当先就该物的担保实现债权;第三人提供物的担保的,债权人可以就物的担保实现债权,也可以要求保证人承担保证责任。提供担保的第三人承担担保责任后,有权向债务人追偿。"这些规定,既有物的担保优先于人的担保的理论依据,又有平衡债权人、保证人利益的立法精神。

我国《担保法》赋予一般保证合同中的保证人以先诉抗辩权,在抵押人有债务人又有物上保证人的情况下,无论是《担保法》还是《物权法》,亦未赋予物上保证人以先诉抗辩权。郭明瑞先生认为:因债务人毕竟为责任的最终承担者,物上保证人在承担担保责任后有权向债务人追偿。因此,为保障物上保证人追偿权的实现,一般规定共同抵押权人应当先就债务人提供的抵押物优先受偿,此称为"债务人优先负担主义"。如我国台湾地区"民法·物权编"修正后的第875条之一明确规定:"为同一债权之担保,于数不动产上设定抵押权,抵押物全部或者部分同时拍卖时,拍卖之抵押物中有为债务人所有者,抵押权人应先就该抵押物卖得之价金受偿。"《担保法解释》第75条第1款的规定虽未明确"债务人优先负担"但体现了"债务人优先负担主义"。不论在何种情形下,在共同抵押权人行使抵押权时,物上保证人虽不享有先诉抗辩权,但如果共同抵押权人放弃债务人提供的抵押担保的,则物上保证人在抵押权人放弃的利益范围内不再承担担保责任。[1]

如果法官不顾明文的法律条文及其背后的立法精神,傲慢地、武断地裁判案件,使本应在一审中即可解决的问题,非要上诉到二审中才能解决,则无疑给当事人双方带来了不必要的讼累,浪费了宝贵的司法资源。笔者认为,本案被告的抗辩成立,原告在其债权未全部实现的情况下放弃对债务人的抵押权,被告可以援引《物权法》第一百九十四条第二款的规定,主张原告在丧失对债务人的40万元债权的优先受偿权的范围内免除被告的担保责任,即被告仅继续承担剩余的5万元债权本息的抵押担保责任。

第三节　质　押

案例40　上海家化(集团)有限公司与某股份有限公司等金融借款合同纠纷案[2]

🔍【案情介绍】

上诉人(原审被告):上海家化(集团)有限公司(以下称家化集团)

被上诉人(原审原告):某股份有限公司(以下称上海银行)

原审被告:中国某集团有限公司(以下称华源集团)

原审被告:某药业有限公司(以下称华源药业公司)

原审被告:中国某投资发展有限公司(以下称高新技术公司)

2005年9月5日,上海银行与华源集团签订编号为1600051164的借款合同一份,约定华源集团向上海银行借款人民币5000万元,借款期限为2005年9月5日起至2006年5月24日止;借款月利率为4.8825‰,逾期罚息日利率为万分之二点一一五七五;如借款人构成违约,贷款人有权宣布贷款提前到期,提前收回已发放的贷款本息等。同日,上海银行与家化集团签订编号为1600051164的借款保证合同一份,家化集团约定自愿为华源集团上述借款提供连带责任保证;保证期间为借款人履行债务期限届满

---

[1]郭明瑞:关于共同抵押权的若干问题,《北方法学》2012年第1期。

[2]案件来源:上海市高级人民法院(2012)沪高民五(商)终字第56号,北大法律信息网—北大法宝http://vip.chinalawinfo.com/Case/Result.asp 最后访问日期为2013年1月16日。

之日起 2 年。同年 8 月 29 日,上海银行与华源药业公司签订编号为 1600051187 的最高额借款质押合同一份,约定华源药业公司对上海银行与华源集团之间自 2005 年 1 月 1 日起至 2006 年 8 月 31 日止的最高债权余额不超过人民币 1 亿元的借款提供质押担保;质押物为上海华源集团天然药物开发有限公司的股权(占注册资本的 47.5%),双方办理了质押登记手续。同日,上海银行与高新技术公司签订编号为 1600051188 的最高额借款质押合同一份,约定高新技术公司对上海银行与华源集团之间自 2005 年 1 月 1 日起至 2006 年 8 月 31 日止的最高债权余额不超过人民币 1 亿元的借款提供质押担保;质押物为上海华源集团天然药物开发有限公司的股权(占注册资本的 32.5%),双方办理了质押登记手续。上述合同签订后,上海银行依约向华源集团发放了贷款。现华源集团因卷入或即将卷入重大诉讼,且目前其财务状况恶化,丧失偿还能力,将直接危及到上海银行的贷款安全,故上海银行认为其根据合同和法律的规定,有权宣布提前收回贷款。上海银行诉请判令:(1) 华源集团提前偿还上海银行借款本金 5000 万元、借款利息 89512.50 元(自 2005 年 9 月 6 日起至同年 9 月 16 日止)及逾期利息(自 2005 年 9 月 17 日起至实际清偿日止);(2) 家化集团对上述借款本息承担连带保证责任;(3) 华源药业公司以其在上海华源集团天然药物开发有限公司的 47.5% 股权承担质押担保责任;(4) 高新技术公司以其在上海华源集团天然药物开发有限公司的 32.5% 股权承担质押担保责任。

另查明:2005 年 8 月 30 日,高新技术公司召开临时股东会,并通过决议,同意将其拥有的上海华源集团天然药物开发有限公司 32.5% 的股权质押给上海银行,作为对华源集团 1 亿元贷款质押担保。

原审法院依照《中华人民共和国合同法》第二百零五条、第二百零六条、第二百零七条和《中华人民共和国担保法》第十八条、第三十一条、第六十三条第一款、第七十五条第(二)项、第八十一条的规定,判决华源集团归还上海银行借款 5000 万元并偿付借款利息 89512.50 元和自 2005 年 9 月 17 日起至实际清偿之日止的逾期利息(以 50089512.50 元为基数,按日利率万分之二点一一五七五计付);家化集团对华源集团履行上述判定债务承担连带保证责任,并在承担连带保证责任后,有权向华源集团追偿;如华源集团不履行上述判定债务,上海银行有权以华源药业公司持有的上海华源集团天然药物开发有限公司 47.5% 股权折价或者以拍卖、变卖该财产权益的价款优先受偿;如华源集团不履行上述判定债务,上海银行有权以高新技术公司持有的上海华源集团天然药物开发有限公司 32.5% 股权折价或者以拍卖、变卖该财产权益的价款优先受偿。

上诉人家化集团不服原审判决,提起上诉称:一审法院程序违法,判决有失公正。一审法院受理本案后,在长达近 5 年的时间内未对本案判决,直至 2010 年 8 月才作出判决。一审法院对本案的久拖不决让华源集团有充足的时间处理或转移其有效资产,从而将债务偿还责任全部压向相关担保人。在一审审理过程中,上海银行曾对已查封的华源集团的资产申请解封,从而导致华源集团资产转移,家化集团在承担担保责任后已无法向华源集团进行追偿,上海银行应对其解封行为承担相应责任。

【处理结果】

上海市高级人民法院审理认为,本案系争保证合同合法有效,各方当事人应予恪守。上海银行已经履行了合同义务,鉴于华源集团卷入或即将卷入重大诉讼、财务状况恶化、丧失偿还能力,将直接危及上海银行的贷款安全,上海银行提起本案之诉主张提前收贷并无不当。至一审判决,借款合同履行期限早已届满,华源集团仍未按约归还欠款,已构成违约,家化集团应按约对华源集团的还款义务承担连带保证责任。家化集团对一审法院的审理时间过长提出质疑,但一审法院的延长审限是基于案件实际审理情况而定,于法有据,程序并无任何不当之处。至于家化集团主张上海银行曾对已查封的华源集团的资产申请解封,从而导致华源集团资产转移,但家化集团对该主张并无证据予以证明,家化集团据此主张不承担担保责任没有任何法律依据。原审判决事实认定清楚,程序合法,适用法律正确,应当予以维持。据此,依据《中华人民共和国民事诉讼法》第一百三十条、第一百五十三条第一款第(一)项、第一百五十八条之规定,判决:驳回上诉,维持原判。

【争议焦点】

一、最高额借款质押合同是否成立?

二、家化集团是否应当承担担保责任?

【法理分析】

一、最高额借款质押合同是否成立?

在传统的担保法领域,我们仅有保证、抵押、质押等这一系列概念。关于传统的质押,是指债务人或者第三人将其财产交付给债权人占有或者在自己的可转让的财产权利上设质,在债务人不履行债务或者当事人约定的情形出现时,债权人可以该财产或者该财产权利优先受偿的行为。我国《物权法》第 223 条规定:"债务人或者第三人有权处分的下列权利可以出质:(一)汇票、本票、支票;(二)债券、存款单;(三)仓单、提单;(四)可以转让的基金份额、股权;(五)可以转让的注册商标专用权、专利权、著作权等知识产权中的财产权;(六)应收账款;(七)法律、行政法规规定可以出质的其他财产权利。"[①]

在本案中,上海银行分别与华源药业公司、高新技术公司签订了最高额借款质押合同,约定其对上海银行与华源集团之间自 2005 年 1 月 1 日起至 2006 年 8 月 31 日止的最高债权余额不超过人民币 1 亿元的借款提供质押担保;质押物为上海华源集团天然药物开发有限公司的股权,双方已经办理了质押登记手续。根据相关法律,以有限公司的股权出质的,适用公司法股权转让的有关规定。《公司法》第 72 条对有限责任公司股东股权转让作了如下规定:"股东之间可以互相转让其全部或者部分股权。股东向股东以外的人转让股权,应当经其他股东过半数同意。其他股东半数以上不同意转让的,不同意的股东应当购买该转让的股权;不购买的,视为同意转让。经股东同意转让的股权,在同等条件下,其他股东有优先购买权。由此可见,以有限责任公司股东的股权出质,须订立书面质押合同,需取得其他股东过半数同

---

①陶文峰著:《金融法》,人民大学出版社 2009 年版,第 225 页。

意,并将出质情况记载于股东名册,质权自股份出质记载于股东名册之日起设立。"

现如今,越来越多的银行格式合同文本里出现了最高额质押,有人对最高额质押的有效性产生了疑问。笔者认为这是当然有效的,可以用担保法关于最高额抵押制度的规定类推适用。因为质押本身就是法律认可的担保方式,当事人对最高额的约定属于意思自治,本身不构成新的担保方式,最高额质押还是质押方式。当事人在合同中约定了最高额质押,实际就是对该质押权行使的条件作的特殊约定,完全可以类推适用最高额抵押处理,即比照适用《担保法》59 条至 62 条和《物权法》203 条至 207 条的规定。最高额质押的概念是指为担保债务的履行,债务人或者第三人对一定期间内将要连续发生的债权提供担保财产的,债务人不履行到期债务或者发生当事人约定的实现抵押权的情形,抵押权人有权在最高债权额限度内就该担保财产优先受偿。① 因此,本案中的质押担保合同应当为合法有效。

综上,最高额质押是《物权法》对原有担保物权制度的完善和突破。在物权法定原则的理念之下,担保物权的种类越多,当事人可以选择的担保手段也越多,信用的授受也就越容易达成。《物权法》第 222 条作出了有关"出质人和质权人可以协议设定最高额质权"的规定,这就突破了《担保法》的规定,赋予了最高额质权合法地位。由此,银行业可大幅提高最高额抵押、质押贷款所占的比例,在客户办理登记的前提下一次核定授信额度,客户在授信额度内循环使用贷款,可以简化银行贷款手续,提高效率。②

二、家化集团是否应当承担保证责任?

在本案中,家化集团作为保证人,承担连带保证责任。同时,华源药业集团和高新技术公司已经分别和上海银行签订了最高额质押合同,那么,同一债权既有物的保证,又有"人的保证",应该如何进行选择呢?《担保法》第 28 条规定:"同一债权既有保证又有物的担保的,保证人对物的担保以外的债权承担保证责任。债权人放弃物的担保的,保证人在债权人放弃权利的范围内免除保证责任。"然而,我国《物权法》修改了《担保法》第 28 条的内容,其第 176 条规定:"被担保的债权既有物的担保又有人的担保的,债务人不履行到期债务或者发生当事人约定的实现担保物权的情形,债权人应当按照约定实现债权;没有约定或者约定不明确,债务人自己提供物的担保的,债权人应当先就该物的担保实现债权;第三人提供物的担保的,债权人可以就物的担保实现债权,也可以要求保证人承担保证责任。提供担保的第三人承担担保责任后,有权向债务人追偿。"

虽然家化集团一审法院的审理时间过长提出质疑,并且主张上海银行曾对已查封的华源集团的资产申请解封,从而导致华源集团资产转移,债权人的权利无法得到实现。但家化集团作为连带责任保证人据此主张不承担担保责任没有任何法律依据。其作为保证人所享有的两项特殊补偿权利:一为追偿权,即保证人承担保证

---

① 曹士兵、李琦主编:《金融审判与银行债权保护》,法律出版社 2007 年版,第 92 页。
② 朱崇实著:《金融法教程(第三版)》,法律出版社 2011 年版,第 356 页。

责任后,有权向债务人追偿;二为代位追偿权,即债权人在法院受理债务人破产案件后,当债权人未申报债权的,保证人可以参加破产财产的分配,预先行使追偿权。同时,在审判实践中,在连带保证的情形下,借款人不偿还贷款本息的,法院可以强制执行作为第一被告的借款人的财产,也可以强制执行作为第二被告的保证人的财产。从理论上讲,贷款人既可以将借款人作为第一被告,保证人作为第二被告,也可以将借款人、保证人单独作为被告向法院提起诉讼。但事实上,除非出现借款人破产、撤销、注销、下落不明等情况,贷款人不宜起诉保证人,仍应将借款人作为第一被告,保证人作为第二被告提起诉讼。① 这是因为,法院在审理担保融资合同纠纷时,要查清某些案件的事实,如贷款人是否按时汇付贷款、借款人是否已归还借款本金和利息、主合同是否合法有效、主合同当事人是否存在相互串通、骗取保证人提供担保等,都应有借款人参加。否则,不利于查清事实,正确裁判案件。

【掩卷沉思】

金融机构办理担保业务时,对保证人是否具备法定资格和是否有必要授权极为关注。因为保证人是否有资格进行担保,是否经过授权和批准,以及保证人的资金能力直接关系到债权能否得到实现。因此,在保证合同中通常都列有此条款。根据我国法律和有关司法解释:具有民事权利能力和民事行为能力的法人、其他组织或者公民,可以作保证人(法律另有规定的除外)。其他组织主要包括:依法登记领取营业执照的独资企业、合伙企业;依法登记领取营业执照的联营企业;依法登记领取营业执照的乡镇、街道、村办企业;从事经营活动的事业单位、社会团体、经国务院批准对特定事项做保证人的国家机关;经企业法人书面授权提供保证的分支机构。

因此,保证人通常应具备的基本条件是:(1) 具备符合法律规定的经营资格。金融机构能否从事担保业务,取决于其《金融业务许可证》是否规定有此项业务;其分支机构能否从事担保业务,取决于其上级行或母公司是否授予了此项权力。同样,金融机构要求债务人提供担保时,也要作上述审查。如担保人的章程或营业执照上没有注明此种业务范围,则应由其母公司或者主管部门作出承诺。否则,金融机构就不能接受此类担保。(2) 保证人必须具有足够代偿借款的财产。这些担保财产必须是归保证人所有,在保证期间一般应当保持在约定的银行账户上,并且保持足够的数额。②

外国金融机构要求我国金融机构签署的保证合同中,往往还有诸如“保证人是依据中国法律成立的一个独立的法律实体”、“保证人已完成国内一切法定审批手续并符合中华人民共和国法律的规定”、“该保证合同的生效和履行将不违反任何中国的法律和规定”等条款,以此来确认和保证担保主体的合法性。

---

①陈朝阳:保证人诉讼地位探究,《司法实践》2004年第14期。
②陈平安、李群星:保证人探究,《法学评论》2004年第17期。

第四节　对外担保

案例41　某建设集团股份有限公司诉某银行股份有限公司
某分行保证合同纠纷案①

【案情介绍】

　　原告：某建设集团股份有限公司（以下简称某市政公司）

　　被告：某银行股份有限公司某分行（以下简称某行）

　　第三人：厦门某建设投资有限公司（以下简称厦门某公司）

　　2007年1月15日，厦门某公司作为厦门市某大桥工程的项目业主，向某市政公司发出《中标通知书》，称："根据评标委员会提出的书面报告和推荐的候选人及定标条件，确定某市政公司为本项目的中标单位……请中标人收到中标通知书后，于2007年1月25日前到厦门某公司与招标人签订承包合同。"2007年1月18日，业主厦门某公司与中标人某市政公司在厦门市公路局五楼会议室就某大桥（东段）工程的有关事宜进行澄清、洽谈。同日，厦门某公司作为发包方正式与某市政公司签订《建设工程施工合同》，决定由某市政公司承建厦门市某工程，合同第8条约定："本协议书在承包人提供履约担保及低价风险金后，由双方法定代表人或其授权的代理人签署与加盖公章后生效。"同时，厦门某公司在《某大桥工程施工招标文件》投标人须知中规定："中标人在收到中标通知书后10天内，并在签订合同协议书之前，应按合同条款规定的形式和额度，向业主（招标人）提交一份履约担保"，并在该招标文件中附有履约银行保函格式。

　　2007年1月19日，某市政公司向某银行股份有限公司某分公司提交承诺函，称："我公司在贵行开具的以厦门某建设投资有限公司为受益人的履约保函，金额为人民币（大写）玖佰壹拾贰万元（￥9120000.00元）。我公司已知晓该保函是见索即付的效期敞口保函，特承诺在此保函正本未退回或未给贵行保函失效通知书之前，我公司承担该保函下的一切责任和费用。"2007年1月22日，某市政公司向某行提交《关于开具银行履约保函/备用信用证的申请书》，向其申请开具担保金额为912万元、受益人为厦门某公司的履约保函，其申请书中写明："保函/备用信用证有效期：开证之日起到2008年1月30日（预计）"。同日，某市政公司将招标文件中的履约保函格式样本盖上公章后提交给某行，并在该样本中承诺："请贵行严格按此格式开具履约保函，如由此引起的任何经济纠纷或损失概由我公司承担"。某市政公司提交的履约保函样本中明确表示："本保函的义务是：我行在接到业主提出的因承包人在履行合同过程中未能履约或违背合同规定的责任和义务而要求索赔的书面通知付款凭证后的14天内，在上述担保金额的限额内向业主支付任何数额的款项，无须业主出具证明或陈述理由"，该保函格式样本中没

---

①案件来源：长沙市中级人民法院（2009）长中民二初字第0296号，北大法律信息网—北大法宝 http://vip.chinalawinfo.com/Case/Result.asp 最后访问日期为2013年1月16日。

有关于保函有效期的约定。2007年1月25日，某行严格按照某市政公司提交的格式样本开具编号为 LGC700700085、受益人为厦门某公司的履约保函，担保金额为912万元。

2009年6月19日，厦门某公司向某行发函称："2009年春节前，因某市政公司拖欠某大桥的农民工工资，导致发生多起农民工群体上访事件，严重影响社会稳定⋯⋯要求贵行在接到通知后的14天内向我司支付人民币玖佰壹拾贰万元整（￥9120000.00元）的担保金额⋯⋯"2009年7月6日，某行回复称："⋯⋯由于贵公司提交的书面通知中的相关内容不符合上述要求且未向我行递交付款凭证，因此贵公司的索赔不符合保函规定的付款条件，我行不能支付。"2009年7月17日，厦门某公司严格按照履约保函的要求再次向某行发出复函，要求其支付保证金912万元。后因某市政公司向本院提出财产保全，法院经审查作出(2009)长中民二初字第0296-1号裁定书，裁定某行中止支付编号为 LGC700700085 履约保函项下的912万元。2009年7月31日，某市政公司向法院提起诉讼，某市政公司认为：某行在未与其协商的基础上，私自开具独立担保性质的履约保函，超出了某市政公司的授权范围，而且目前国内独立担保并不具备法律效力。因此，某行开具的见索即付独立担保保函系无效保函，某行一旦依据厦门某公司的索赔请求而不顾客观事实直接向其支付保证金，势必损害某市政公司的合法权益。特具状起诉，请求判令：确认某行于2007年1月25日开具的编号为 LGC700700085、受益人为厦门某公司的履约保函无效，并判令某行终止向厦门某公司支付履约保函下912万元保证金。

【处理结果】

某银行股份有限公司的营业执照中明确表明该行有权开展"提供信用证服务及担保"业务，某行的营业范围中未列明此项业务，但列明其有权开展"母公司在中国银行业监督管理委员会批准的业务范围内授权的业务"。经某银行股份有限公司某银结[2005]XX号文件授权，某行有权对外直接开立外汇保函和人民币保函。

长沙市中级人民法院走访某银行业监督管理委员会某监管局，经该局书面回复，并未明确禁止银行经营国内保函业务。法院认为：依照《最高人民法院关于适用〈中华人民共和国合同法〉若干问题的解释(一)》第十条、《中华人民共和国担保法》第十三条、第十八条、第二十八条、第三十一条、《中华人民共和国民事诉讼法》第一百二十八条之规定，判决如下：驳回原告某建设集团股份有限公司的诉讼请求。

【争议焦点】

一、某行是否有权接受某市政公司的申请开具本案诉争的履约保函？
二、某行开具的履约保函是否超出了某市政公司的授权范围？
三、某市政公司是否有权主张本案诉争的履约保函无效？

【法理分析】

一、某行是否有权接受某市政公司的申请开具本案诉争的履约保函？

保函是指金融机构与委托人约定，当委托人到期不能偿还某项合同债务，或者因违约等原因不能支付款项时，由银行代其向债权人偿还债务或代为付款，银行收取一定的委托费用的业务。它是外汇担保业务的主要形式之一。目前国际金融业务中大都由债务方商请一家银行向债权人或者其他受益人开立保函(或称银行保证书)。保函一经出具,即具有法律约束力。在保函履行期间,只有发生了法律规定或者双方约定的情况,才允许变更或者撤销。被担保的事项完成,受托银行应当及时将出具的保函收回并注销。① 保函属于信用担保的一种方式。虽然信用担保可以由政府、国际金融组织、公司及其他组织或者个人提供,但由于银行具有资金雄厚、业务广泛和经营灵活等特点,使银行担保在国际担保市场中占据很大的优势。而银行担保最主要的形式就是由银行向受益人出具银行保函。本案中,某行接受某市政公司的申请并为其开具本案诉争的履约保函的行为并未违反国家限制经营、特许经营以及法律、行政法规禁止经营的规定,根据《最高人民法院关于适用〈中华人民共和国合同法〉若干问题的解释(一)》第十条之规定,不应当据此认定某市政公司与某行之间的委托担保合同关系无效,其与某市政公司之间的委托担保合同关系依法成立并生效。

二、某行开具的履约保函是否超出了某市政公司授权范围?

某行接受某市政公司的申请,并为其开具本案诉争的履约保函,双方已形成事实上的委托担保合同关系。某市政公司诉称其在《关于开具银行履约保函/备用信用证的申请书》请求某行"按国际惯例及国家有关法规以及贵行的有关规定办理",但经查,在某市政公司提交的履约保函格式样本中又称:"请贵行严格按此格式开具履约保函,如由此引起的任何经济纠纷或损失概由我公司承担。"某行严格按照某市政公司提供的格式样本开具本案诉争的履约保函,并未违反法律、法规的强制性规定,也未超出某市政公司的授权范围。同时,某行开具的履约保函虽未对有效期做出相关约定,但某市政公司所提交的申请书中要求的并不是确定期限,其提供的格式样本也未对履约保函的有效期进行约定,且其亦在 2007 年 1 月 19 日提交的承诺函中称"我公司已经知晓该履约保函是见索即付的有效期敞口保函……"。故此,某市政公司诉称某行在未与其协商的基础上,私自开具独立担保性质的履约保函超出了其授权范围,该诉讼主张不能成立。

三、关于某市政公司是否有权主张本案诉争的履约保函无效?

本案中,某市政公司与某行之间系典型的委托担保合同关系,双方意思表示真实,未违反法律、法规的强制性规定,均应严格履行合同义务。某行接受某市政公司的申请后,依法按其要求开具了编号为 LGC700700085、受益人为厦门某公司履约保函,从而与厦门某公司之间形成保证合同关系。虽然该履约保函约定:"本保函的义务是:我行在接到业主提出的因承包人在履行合同过程中未能履约或违背合同规定的责任和义务而要求索赔的书面通知付款凭证后的 14 天内,在上述担保金额的限额内向业主支付任何数额的款项,无须业主出具证明或陈述理由,"但该约定系保证人某行与被保证人厦门某公司的真实意思表示,未违反法律、法规的强制性规定。

① 参见朱崇实著:《金融法教程》(第三版),法律出版社 2011 年版,第 366 页。

如前所述,某行的行为未超出某市政公司的授权范围,故某市政公司无权基于其与某行之间的委托担保合同关系主张该履约保函无效。

【掩卷沉思】

本案中,最大的争议在于保函的效力问题。自 20 世纪 60 年代以来,随着国际商事交往的频繁开展,跨国商业交易的信用危机越来越凸显,传统的保证制度由于其从属性的本质很不利于债权人债权的实现,所以在克服跨国信用危机方面显得无能为力。鉴于此,在国际商事交易实践中逐渐创立了一种完全不同于传统从属保证制度的独立保证制度,并取代传统从属性保证制度在国际商事交易担保中占据了主导地位。[①]

在现实生活中,人们往往无法清晰区分担保和保函这两个概念。担保是担保人以自己的信誉为基础,用保证、抵押或质押等方式保证某种事件发生或不发生。保函是指保证人与债权人之间的保证合同的书面表现形式,是一种以款项支付为手段所作出的信誉承诺,是一种货币支付保证书。在日常业务习惯中,人们往往是将这两个名词相混淆使用而不加以区分的。保函与担保是存在一定的相似性的,表现在:签署的主体中都有金融机构,且都以第三人身份进行的;内容都是为某合同当事人提供担保的法律文件;债务的性质都从属于基础经济合同;在效力上都具有法律约束力。[②]

然而,严格地说,"保函"却不完全等同于"担保",它们之间还是有所差异的。这种差异主要表现为:首先,"担保"的概念要远远大于"保函",担保既包括保函业务,又可以包括其他诸如票据保付、信用证保兑等等,即使信用证本身也可以被视为一种担保手段,因此,"担保"并非只有"保函"这一形式;其次,"担保"既可以书面形式,也可以采用口头的方式作成,而绝非局限于文字这一种生成方法;第三,"担保"既可以是以支付手段来表达的信用,也可以是不做任何付款保证的一般性的信用承诺,也就是说,在"担保"项下,担保人既可以作出支付的承诺,但也可以不作这样的承诺而仅仅成为一种道义上的保证而已。作为银行对外保函,它包含四层意思:(1) 银行对外保函是以文字所体现的付款保证承诺方式,不包括抵押、质押、留置及定金方式;(2) 是以书面形式保证,所谓书面形式,是指不论它是以函件,还是以电报、电传缮制而成,它首先是一种书面的法律文件;(3) 对外保函的债权人是有限定的,仅限于中国境外机构和境内外资金融机构,因而被纳入我国的外债管理;(4) 是一种以保证支付的形式来体现和表达信用的手段和方式,而绝非一般道义上的担保承诺。由此可见,对外保函与一般担保有着明显的区别。[③] 它是一项具备鲜明的法律规定性和政策规定性、对操作水平有较高的要求、风险性很大的业务,其主要风险也可以归纳为有关当事人信用风险、法律政策性风险,以及保函本身的条款风险。

此外,银行保函可以分为从属保函和独立保函。从属保函是指从属于主合同的保

---

①参见陶文峰著:《金融法》,人民大学出版社 2009 年版,第 226 页。
②黄斌、陈平:浅谈有关银行保函中的法律问题,《司法实务》2006 年第 3 期。
③张石:银行对外保函及其风险防范,《经济理论与经济管理》2008 年第 2 期。

函,其在成立、范围、转移、消灭等方面都从属于主合同。而独立保函是指为了担保债务的履行,保证人应基础交易债务人的委托,向基础交易债权人作出的只要该债权人提出索款要求并提交符合规定的单据,保证人不得援引源于基础交易的任何抗辩就向其支付约定金额或约定金额以内的款项的承诺。[1] 银行独立保函还具有独立性的原则,根据有关国际惯例及有关判例独立性原则的含义可以概括为以下几个方面:第一,就保证人与受益人之间的关系来说,独立性原则包括两方面内容:其一,该关系不受保证人与申请人之间的委托关系影响。其二,保证人的付款义务和受益人要求付款的权利都由保函中规定的条件和条款决定,而不是由保函提及的基础交易关系来决定。第二,就申请人与保证人之间的关系而言,独立性意味着付款义务和赔偿权利不受来源于基础合同的权利和义务或来自基础合同的有关赔偿的抗辩的影响。因此,保证人不能牵涉进可能发生在基础交易关系当事方的争端中。第三,就基础交易当事人之间的关系而言,独立性常被发现在他们的协议"先付款,后争论"的表述中,即基础交易当事人经常在协议中规定,一旦保证协议中的条款得到满足,他们通过补偿方式获得付款的协议必须实施。独立性原则也存在例外情形,从已经作出的法院判例来看,独立性原则的例外主要有三种情形:(1) 违反国际义务;(2) 欺诈;(3) 当事人通过合同明确排除独立性原则。

---

[1]参见周辉斌著:《银行保函与备用信用证法律实务》,中信出版社 2003 年版,第 35 页。

第十一章　证券法律制度

第一节　证券发行制度

案例 42　中国建银投资有限责任公司诉江西省投资集团公司证券包销协议纠纷案①

【案情介绍】

原告(被上诉人):中国建银投资有限责任公司(以下简称建银公司)

被告(上诉人):江西省投资集团公司(以下简称投资公司)

1992 年 6 月 30 日中国人民银行作出《关于发行江西省地方投资公司债券的批复》(证管办[1992]第 25 号),同意被告投资公司发行江西省地方投资公司债券。同年 10 月 10 日投资公司(甲方)与中国人民建设银行江西省分行信托投资公司(乙方)(以下简称江西建行)签订《债券承购包销和兑付协议书》。

该协议签订后,江西建行按协议履行了自己的义务,如期支付承购包销和兑付债券本息 34820 万元。被告投资公司截至 1998 年 8 月底只归还江西建行 15057.10275 万元债券本息。

1998 年 9 月 2 日,被告投资公司在给江西建行《关于申请建行贷款的补充报告》中明确表示:截至 1998 年 8 月底被告投资公司共欠债券本息 19762.89725 万元,欠垫付资金利息 956.95 万元,两项共计 20719.85 万元,并承诺于 1998 年底前偿还全部欠款。截至 2003 年江西建行调账回收 112.967 万元(已作为利息扣减),故被告投资公司欠本金 2990.57 万元及利息。

根据 2004 年 9 月 14 日中国银行业监督管理委员会给中国建设银行的批复(银监复[2004]144 号),原告建银公司依法成立并承继该债权。

2006 年 3 月 24 日,原告建银公司就与被告投资公司证券包销协议纠纷一案,向江西省高级人民法院提起诉讼要求投资公司归还欠款及利息。

江西省高级人民法院审理认为,1992 年 10 月 10 日投资公司与江西建行根据中国人民银行(证管办[1992]第 25 号)的批复签订《债券承购包销和兑付协议书》,系双方当事人真实意思表示,内容不违反法律、行政法规的禁止性规定,应认定合法有效。双方

---

① 案件来源:最高人民法院(2006)民二终字第 224 号,北大法律信息网——北大法宝 http://www.pku-law.cn/cluster_call_form.aspx/最后访问日期 2013 年 1 月 15 日。

虽对如何计息没有形成一致意见,但对应该计息和不计罚息取得了一致意见。故被告投资公司答辩称即使未过诉讼时效,也不应计算利息及原告建银公司诉请要求判令被告投资公司支付罚息的理由因无事实依据,不予支持。依照《中华人民共和国合同法》第四十四条第一款第六十条第一百零七条之规定,一审判决:

一、投资公司在本判决生效后 10 日内偿还所欠建银公司债券二千九百九十点五七万元及利息(2005 年 12 月 31 日前利息为九百二十一点零三三万元);

二、2006 年 1 月 1 日起至还清之日止,以二千九百九十点五七万元为本金按同期中国人民银行一年期贷款利率计算利息)。

一审判决后,被告投资公司不服,上诉称:

(1) 一审判决认定事实错误。首先,一审法院对于被上诉人超过举证期限提交而且上诉人拒绝质证的证据材料,违法作为定案依据。再次,原审法院对上诉人 2004 年财务审计报告的关联性也存在认识错误。(2) 一审判决认定未超过诉讼时效期间是不正确的。(3) 上诉人应享有胜诉抗辩权,不应继续承担还款责任。本案适用有关诉讼时效的法律规定。

一审关于债权范围、本金数额及是否计息的认定有误。

被上诉人建银公司答辩称:

(1) 一审认定事实清楚,证据确实充分。被上诉人提交的证据具有法律上的证明效力,应作为本案的定案依据。(2) 本案的诉讼时效持续中断。被上诉人一审向法院提交了充分的证据,证明从债券到期之日起,江西建行和建银公司从未放弃对江西投资公司的债权,并且一直都在积极地以电话、传真、谈判等多种方式向上诉人主张债权,上诉人也与江西建行一直在协商、核对账目。(3) 上诉人不讲诚信,恶意拖欠债务。江西建行及建银公司从未放弃对投资公司的债权,而是一直都在积极地主张债权,本案债务久拖不决的原因在于上诉人不讲诚信,恶意拖欠债务。(4) 一审判决对被上诉人所继承的债权范围及计息的认定正确。

【处理结果】

经最高人民法院主持调解,投资公司与建银公司自愿达成调解协议。建银公司承继原中国建设银行江西省分行与投资公司证券包销协议项下的权利,向投资公司主张 39819080.86 元债权,经最高人民法院二审期间主持调解,双方协商一致达成如下和解协议:

一、投资公司于 2009 年 7 月 15 日前向建银公司一次性支付二千三百七十五万元人民币,以清偿建银公司诉请投资公司承担的本案全部债券债务,双方权利义务就此终结;

二、投资公司应当将清偿款项按时划付建银公司指定的银行账户,全款到账即为履行完毕;

三、由于本案争讼的企业债券涉及原中国建设银行重组分立后的债权转移事宜,建银公司承诺已经从中国建设银行江西省分行承继的该笔企业债券,今后中国建设银行江西省分行向投资公司主张本案涉及的企业债券兑付或兑付垫付款返还责任的,一概由建银公司承担;

四、本案一审、二审双方各自向法院缴纳的诉讼费用,由双方各自承担,互不求偿;

五、若投资公司未按本协议规定履行义务,建银公司有权向法院申请执行,并按照中国人民银行的有关规定按日计收罚息。

根据和解协议,一审案件受理费三十八万一千八百八十八元、财产保全费三十七万二千三百九十八元,共计七十五万四千二百八十六元,由建银公司承担;二审案件受理费减半收取十九万零九百四十四元,由投资公司承担。

最高人民法院经审查认为,以上双方和解协议系当事人自愿达成,内容不违反法律和行政法规的禁止性规定,依法予以确认。

【争议焦点】

一、公开发行债券的性质?什么是包销?

二、对于公开发行认购的债券,债券发行人能否以债券兑付请求超过兑付期限两年,而主张适用诉讼时效驳回债券持有人的兑付请求?

【法理分析】

> 本案尽管以调解方式结案,但是在查明事实、厘清法律关系和分清责任的基础上取得的。不仅法律效果和社会效果显著,案结事了,而且还为诉讼时效的司法解释提供了案例素材。
>
> 本案争议的焦点乃证券发行中债权请求权是否适用诉讼时效,围绕该焦点又产生了如何认定当事人债权的性质、包销、公开发行债券的性质、该债券兑付请求权是否适用诉讼时效几个问题。
>
> 一、公开发行债券的性质?什么是包销?
>
> 《证券法》第十条规定:"公开发行证券,必须符合法律、行政法规规定的条件,并依法报经国务院证券监督管理机构或者国务院授权的部门核准;未经依法核准;任何单位和个人不得公开发行证券。
>
> 有下列情形之一的,为公开发行:
>
> 1. 向不特定对象发行证券;
>
> 2. 向特定对象发行证券累计超过二百人的;
>
> 3. 法律、行政法规规定的其他发行行为。"
>
> "股票和公司债券是最主要的债券形式。"[1]根据证券法律规定,证券发行分为公开发行和非公开发行。证券公开发行销售须受到中国证监会、国家发改委和中国银监会等部门的监管。
>
> 公开发行的方法也是法定的,有包销和代销两种。"所谓证券包销是指证券发行时,承销商以自己的资金购买计划发行的全部或部分债券,然后向公众出售,承销期满后未售出部分仍由承销商自己持有的一种承销方式。"[2]

---

① 吴志攀著:《金融法概论》,北京大学出版社 2011 年版,第 280 页。
② 盛学军著:《金融法学》,中国政法大学出版社 2007 年版,第 259 页。

　　包销方式又分为全额包销和余额包销。全额包销是指承销商按协议约定先将发行人所发行的债券全部购入,而后再向社会销售。承销商能否全部向社会销售与发行人无关,故全额包销协议对发行人有利,保证了发行人的债券全部发行成功、募集资金目的完全实现。至于承销商是否已向社会公开销售与发行人无关,不影响承销商所承销的证券是公开发行的性质。在我国,凡向社会公开发行的债券一般均需证券公司承销。

　　债券包销协议使得承销商具有了双重身份。如果债券已经向社会公众销售,承销商则履行了承销商的职责,对债券投资人而言,其与发行人要共同承担兑付到期债券本息的义务;如果发行人在债券兑付期限届满前没有足额预付兑付款,承销商兑付后则转变为债券持有人;如果债券没有或者部分没有销售公众投资人,则承销商成为债券持有人,具有了债券投资人的身份。

　　只要发行人于债券到期后没有足额支付债券本息兑付款,无论承销商兑付了投资人多少债券,承销商作为剩余债券的持有人有权到期后向发行人主张兑付债券的本息。

　　承销商将按合同约定支付给发行人证券的资金总额。这种方式包销可使发行人及时得到所需资金,而不必承担市场风险。但因承销商承担较大风险,要求发行人和支付的承销费用也较高。定额包销使承销商承购发行人的部分债券。

　　"承销商没有包销的部分可通过协议由承销商代销。对于发行人来说,采用全额包销方式既能保证如期取得所需的资金,又不必承担发行过程中价格变动的风险。"①

　　根据协议约定内容和实际履行情况,当事人之间确立的是债券发行承销民事法律关系。中国人民银行针对投资公司发行企业债券作出的批复,是本案双方当事人签订《承购包销和兑付协议》的合法依据。双方协议约定的内容没有违反法律规定,也不损害他人合法权益,故本案《承购包销和兑付协议》合法有效。江西建行已按约定全额包销了投资公司发行的债券并将购券款全部付给了发行人,完全履行了协议约定的承销义务,投资公司则必须按约定履行兑付到期债券本息的义务。但投资公司未能将全部债券本息拨付给江西建行,到期后也未能全部兑付债券本息,对承销商江西建行及其权利继受人建银公司构成违约,故建银公司有向发行人投资公司主张兑付债券本息的权利。

　　民事法律关系的变更,除了要有各民事主体的共同真实意思表示为前提外,还必须要有共同的民事行为,才能产生。本案兑付债券债权债务关系是否转化为单纯的欠款债权债务关系,仅依据当事人双方往来确认债券本金和债券利息如何计算的函件,是远远不够的。况且双方往来函件中就债券本金数额、利息如何计算并没有取得一致意见,更没有达成共同的约定。所以,本案仍是基于《承购包销和兑付协议》

---

① 盛学军著:《金融法学》,中国政法大学出版社 2007 年版,第 260 页。

产生的债券发行承销兑付民事法律关系,债权的性质仍是债券本息兑付请求权。一审判决将当事人之间的民事法律关系认定为金融债权债务关系不当,二审支持上诉人关于本案是债券兑付请求纠纷的上诉主张。

债券本息兑付权尽管属于金融债权范畴,债券兑付请求权与金融债权的实现均以一方给付另一方一定数量的货币为表现形式,但二者存在差异。债券兑付请求权基于债券发行和认购的基础法律关系产生,金融债权则产生于资金拆借或者由其他民事法律关系转化而来。例如,债券本息兑付请求权是否适用诉讼时效制度这点,就与金融债权请求权并不完全一致。

二、对于公开发行认购的债券,债券发行人能否以债券兑付请求超过兑付期限两年,而主张适用诉讼时效驳回债券持有人的兑付请求?

"诉讼时效是指权利人于法定期间内不行使其权利,该期间届满后,将产生义务人可以拒绝履行给付义务的民事法律制度。"[1]适用诉讼时效的法律后果是债权人丧失胜诉权,而债务人因此直接受益。确立诉讼时效制度的目的在于促使权利人及时主张权利,达到促进民事流转和维护交易安全的目的。就诉讼时效适用范围而言,债权请求权适用诉讼时效是法律的一般规定,但法律没有具体规定哪些债权请求权适用诉讼时效,哪些债权请求权不适用诉讼时效。当特殊的债权请求发生时,则应当有诉讼时效适用范围例外的情形。

公开发行企业债券具有以下法律特征:(一)是经过监管部门核准的合法民事法律行为;(二)是资本市场上发行人募集资本金的一种方法;(三)按照证券法律规定,发行人不得亲自向投资人发售,必须通过债券承销商以包销或代销方式向社会公开发售;(四)通过承销商发售,在发行人与众多债券投资人之间建立了债券投资民事法律关系;(五)发行人在一定期限内有偿使用投资人认购债券的资本金;(六)债券记载的期限到期后,发行人应当无条件兑付债券本息,如果没有兑付投资人持有的债券,意味着发行人持续占有和使用投资人的资本金。上述公开发行债券的法律特征决定了债券兑付请求权不同于一般请求债权,一是发行人持续占有和使用资本金,构成了民法上的事实持续发生;二是特定的发行人与众多投资人之间发生的民事法律关系,如果以超过债券兑付期限两年而适用诉讼时效驳回兑付请求,势必在发行人与社会众多投资人之间重大利益平衡上偏向了发行人,这将不利于社会重大利益的保护,也不利于资本市场的发展壮大。

诉讼时效产生于实体经济基础之上,调整和规范的是特定民事主体之间的社会关系,平衡特定当事人之间的权利义务,不直接涉及众多不特定民事主体的权益。[2]如在社会重大民事法律关系中适用诉讼时效制度时,则应当考虑是否对众多民事主体的权益产生影响甚至损害,如果一方单个主体受益而可能损害众多民事权益,那么该民事法律关系就不应当在诉讼时效的适用范围之内。资本市场为基础的虚拟

---

[1] 参见龙卫球著:《民法总论》(第二版),中国法制出版社2002年版,第612页。
[2] 参见龙卫球著:《民法总论》(第二版),中国法制出版社2002年版,第613页。

经济,同时参与其间的民事主体众多,他们通过虚拟的市场交换着虚拟的商品,从而获取投资收益或发生亏损。

资本市场公开发行债券,发行人面对的是众多不特定的债券投资人,从而形成一个民事主体将对众多不特定民事主体的民事法律关系。债券发行完成,众多投资人履行了债券发行认购的义务,将资金交付给发行人占有和使用至债券约定的期限届满。发行人必须按照约定到期兑付债券本息,如果债券持有人在兑付期限内没有主动兑付到期债券本息,发行人可以向有关部门提存相关应兑付的债券本息。如果发行人没有提存相关债券本息,仍继续占有该部分债券本息,则基于债券发行认购发生的法律关系和事实将持续存在。发行人就不得以超过诉讼时效而抗辩债券持有人的兑付请求,从而免除其应兑付到期债券本息的义务。反之,如果诉讼时效适用于债券兑付请求权,势必在以万亿计算的债券市场上,发行人对众多不特定的投资人之间产生的利益将产生失去平衡的法律后果。所以,基于债券公开发行认购民事法律关系产生的债券兑付请求权不适用诉讼时效。

【掩卷沉思】

最高人民法院认识到本案将会对资本市场的发展产生重大影响,在制定《关于审理民事案件适用诉讼时效制度若干问题的规定》时吸收采纳了二审观点,在该司法解释的第1条规定了兑付国债、金融债券以及向不特定对象发行的企业债券本息请求权,人民法院不支持以诉讼时效抗辩。向不特定对象发行债券是《证券法》第十条规定的公开发行的一种表现方式,它更典型也更能体现该请求权不适用诉讼时效制度的精髓。

案例43　姚庆燕与华闻传媒投资集团股份有限公司证券虚假陈述责任纠纷上诉案①

【案情介绍】

上诉人(原审原告):姚庆燕

被上诉人(原审被告):华闻传媒投资集团股份有限公司

上诉人姚庆燕因其诉被上诉人华闻传媒投资集团股份有限公司(以下简称华闻传媒)证券虚假陈述责任纠纷一案,不服海南省海口市中级人民法院(2011)海中法民二初字第437号民事判决,向海南省高级人民法院提起上诉。海南省高院于2012年3月21日立案受理后,依法组成合议庭,并于2012年4月25日公开开庭审理了本案。姚庆燕的委托代理人张洪明,华闻传媒的委托代理人刘旭日、廖波到庭参加诉讼,本案现已审理终结。

原审法院审理查明:华闻传媒于1991年9月13日注册登记成立,1997年7月29

---

① 案件来源:海南省高级人民法院(2012)琼民二终字第123号,北大法律信息网——北大法宝 http://www.pkulaw.cn/cluster_call_form.aspx/最后访问日期2013年1月16日。

日在深圳证券交易所上市 A 股,证券代码 000793,证券简称"华闻传媒"。

2007 年 4 月 19 日,华闻传媒在《证券时报》发布 2006 年年报、2007 年一季报。

2008 年 10 月 31 日,财政部驻海南省财政监察专员办事处(以下简称专员办)向华闻传媒发出财驻琼监[2008]132 号文件《检查结论和处理决定》一份,信息公开选项为不予公开,并抄报财政部监督检查局。根据《中华人民共和国行政处罚法》第三十二条、四十二条的规定,该单位有陈述和申辩的权利;如对专员办拟作出的行政处罚决定有异议,可自收到本告知书之日起 30 日内向财政部申请复议,也可直接向人民法院提起诉讼;复议或诉讼期间,本处理决定照常执行。华闻传媒公司在收到上述《检查结论和处理决定》后调整了相关账务及补缴了相关款项。

2009 年 3 月 3 日,华闻传媒在中国证监会指定的信息披露网站等媒体上发布《关于财政部驻海南省财政监察专员办事处对公司 2007 年度会计信息质量检查结论和处理决定暨前期重大会计差错更正的公告》。同时,华闻传媒公司在与公告同时发布的 2008 年度财务报告中已经充分考虑到该账务调整内容,2008 年度财务报告中所涉及的 2007 年度数据均为该账务调整后的准确数据。

姚庆燕系证券投资者,在深圳证券交易所开设证券账户。自 2007 年 4 月 19 日起至 2009 年 3 月 3 日止以及 2009 年 3 月 3 日以后,姚庆燕陆续买入、卖出或持有"华闻传媒"股票。2009 年 3 月 3 日,"华闻传媒"股票没有停止交易。根据 2009 年 3 月 3 日至 5 月 18 日期间"华闻传媒"股价的走势图与深证 A 股指数走势图对比,华闻传媒公司的股价没有下跌,而是在上涨。

2009 年 11 月 17 日,财政部发布《中华人民共和国财政部会计信息质量检查公告(第十五号)》。

依照最高人民法院《关于审理证券市场因虚假陈述引发的民事赔偿案件的若干规定》第一条、第六条、第十七条、第二十条及《中华人民共和国民事诉讼法》第六十四条之规定,判决如下:

驳回姚庆燕的诉讼请求。本案案件受理费 6791 元,由姚庆燕负担。

姚庆燕不服上述判决,向海南省高院提起上诉称:

1. 一审判决故意曲解《若干规定》的内容和精神,无中生有地要求作为前置程序的行政处罚的对象必须是信息披露行为,从而错误认定华闻传媒的信息披露行为不构成证券虚假陈述。

2. 一审判决在缺乏证据和论证的前提下,违背和否定《若干规定》的内容,错误认定华闻传媒的信息披露行为与姚庆燕的损失之间没有因果关系。

3. 一审法院存在偏听偏信、偏袒一方的情况,受到地方保护等案外因素的不当影响。

综上所述,姚庆燕上诉请求:(1)依法撤销一审判决;(2)判令华闻传媒赔偿因虚假陈述行为给姚庆燕造成的损失共计 366064.8 元;(3)本案一、二审诉讼费用由华闻传媒承担。

华闻传媒公司答辩称:第一、审理本案最重要且最明确的法律规定是《若干规定》,

能否正确审理关键在于对该司法解释的解读。第二,本案争议的陈述更正日和揭露日,在司法解释的二十条。该条中有虚假陈述揭露日、更正日的定义,结合该规定,两种方式截然不同,一种被揭露,一种自行主动公开,我们采取后者。其中重要的形式要件是必须履行停牌手续,自颁布以来从来没有得到修改,不能自行修改随意歪曲。

二审期间双方未向法院提供新证据。

经二审审理查明,一审查明的事实属实,本院予以确认。

【处理结果】

经审理,早审法院认为:华闻传媒 2007 年度会计信息质量、信息披露行为虽然存在问题和错误,但这些问题和错误均不属于违反证券法律规定,均不属于在证券发行或者交易过程中,对重大事件作出违背事实真相的虚假记载、误导性陈述或者在披露信息时发生重大遗漏、不正当披露信息的行为。华闻传媒公司会计上的错误行为,与姚庆燕投资华闻传媒公司股票的损失之间不存在因果关系,姚庆燕的损失系由证券市场系统风险等其他因素导致,华闻传媒公司不应对其承担赔偿责任。一审判决认定事实清楚,证据充分,适用法律正确,程序合法,应予维持。姚庆燕的上诉主张缺乏事实和法律依据,二审法院不予支持。依照《中华人民共和国民事诉讼法》第一百五十三条第一款第(一)项之规定,经本院审判委员会讨论决定,判决如下:

驳回上诉,维持原判。

二审案件受理费 6791 元,由姚庆燕负担。

本判决为终审判决。

【争议焦点】

一、什么是虚假陈述? 信息披露行为是否构成虚假陈述?

二、华闻传媒公司被处罚的信息披露行为与姚庆燕投资华闻传媒公司股票上的投资损失是否存在因果关系? 若处罚的是信息披露行为且与姚庆燕投资损失存在因果关系,姚庆燕损失如何计算?

【法理分析】

一、什么是虚假陈述? 信息披露行为是否构成虚假陈述?

"虚假陈述是指对证券发行、交易及其相关活动的事实、性质、前景、法律等虚假事项作出不实、严重误导或者含有重大遗漏的、任何形式的虚假陈述或者诱导,致使投资者在不了解事实真相的情况下作出证券投资决定的行为以及未按规定披露信息的行为。"[1]包括:

1. 发行人、上市公司和其他信息披露人在招股说明书、公司债券募集办法、上市公告书、公司定期报告及其他文件中作出虚假陈述;

2. 律师事务所、会计师事务所资产评估等专业性证券服务机构在其出具的法律

---

[1]参见吴志攀著:《金融法概论》,北京大学出版社 2011 年版,第 343 页。

意见书、审计报告、资产评估报告中作出虚假陈述;

3. 上述人在向证券监管部门提交的各种文件、报告说明中作出虚假陈述;

4. 发行人、上市公司和其他信息披露人未按照规定披露信息,包括未按照规定的方式披露和未及时进行披露等;

5. 在证券发行、交易及其相关活动中的其他虚假陈述。①

构成虚假陈述的前提是要"违反证券法律",而且要具体针对"重大事件"。何为"重大事件",《若干规定》第十七条规定:"对重大事件,应当结合证券法及相关规定的内容认定。"②因此本案应重点审查华闻传媒公司年报中存在的问题是否属于对"重大事件"的虚假陈述。

根据《检查结论和处理决定》,华闻传媒公司年报中被查处的错误是:(1)新会计准则执行存在的问题,主要是应当作为年利润处理的没有作为年利润处理。(2)会计核算及财务管理存在的问题,主要是应当确认为收入的却没有确认;不该计提坏账却计提了坏账;多列了权责发生制的费用;记账原始凭证不合规定;会计科目使用错误。这些错误,既不属于违反证券法律规定的错误,也不属于对《证券法》所规定的"重大事件"作出的违背事实真相的虚假记载、误导性陈述或者在披露信息时发生重大遗漏、不正当披露信息的行为,而是违反了会计、税收法律、法规或者规章。

而且,从华闻传媒公司按《检查结论和处理决定》在 2008 年年报中调整的数据来看,其资产总额除归属于母公司所有者的净利润和利润总额调整的幅度较大以外,其余科目调整幅度均很微小,难以影响股票市场,且不符合《证券法》第五十九条(现在第六十三条)、第六十条(现在第六十五条)、第六十一条(现在第六十六条)、第六十二条(现在第六十七条)、第七十二条(现在第七十七条)规定的"重大事件"的构成条件。此外,就投资者的心理而言,证券市场的一般规律是"大盘看走势,个股看业绩",即上市公司的业绩是投资者选择股票时考量的重要元素,上市公司的业绩越好,越能吸引投资者的投资。2006、2007 年华闻传媒公司少报了企业利润,年报中披露的业绩比实际业绩差。2009 年 3 月 3 日,华闻传媒公司在中国证监会制定的信息披露网站等媒体上发布的《会计差错更正公告》中,调整后的资产总额、归属于母公司股东权益、少数股东权益、利润总额、所得税、归属于母公司所有者的净利润,少数股东损益等均比原来公布的增加而负债总额是减少的。这些纠错后的客观调整,增加了华闻传媒公司资产利润总额。这对投资者而言,无疑是利好消息,而非利差消息;对华闻传媒公司而言,也是正面信息,而非负面信息。

综上所述,专员办查处的华闻传媒公司错误的信息披露,不是《若干规定》所指的违反证券法律规定在证券发行或者交易过程中,对重大事件作出违背事实真相的虚假记载、误导性陈述或者在披露信息时发生重大遗漏、不正当披露信息的行为,也

---

① 朱崇实著:《金融法教程》,法律出版社 2011 年版,第 435 页。
② 参见汪鑫著:《金融法学》,中国政法大学出版社 2007 年版,第 276 页。

不会对投资者起错误诱导的作用,故华闻传媒公司年报信息披露行为中存在的错误,不构成虚假陈述。

二、关于华闻传媒公司被处罚的信息披露行为与姚庆燕投资华闻传媒公司股票上的投资损失是否存在因果关系以及华闻传媒公司是否应赔偿姚庆燕的投资损失问题?

民事确定因果关系不能从抽象的概念出发,应当依照法律的规定作客观的具体分析。第一,要重视因果关系的时间连续性。因果关系的时间连续性表现为原因在前,结果在后。前一现象是原因,后一现象是结果。从因果性上说,总是一定的原因引出一定的结果的,但从我们分析案件的具体情况说,一般是从损害事实开始,将损害事实作为结果,去探索引起这一结果的原因中有无当事人的行为。这时我们应当注意,不能把当事人的违法行为实施前已存在的现象作为结果。第二,要注意因果关系的客观性。因果关系是客观存在的,是不以人的主观意志为转移的,也不是由常人的观念所决定的。所以对因果关系的认定,必须建立在对实际情况的客观调查研究上,反映事实的真相,而不能建立在主观臆断上。[1]

由于华闻传媒公司被处罚的信息披露行为不构成虚假陈述,所以该行为与姚庆燕投资华闻传媒公司股票上的投资损失之间不存在因果关系,也就不存在如何计算姚庆燕损失的问题。

据中国证券市场行情显示,2007 年上海、深圳两个交易所的所有股票价格曾全线上扬,2007 年 10 月,上证指数最高达 6124.04 点,深圳成指最高达 19600.03 点,其后开始下滑,到 2008 年 10 月,上证指数最低滑落到 1664.93 点,深圳成指亦曾滑落到 5577.23 点。华闻传媒同样水涨船高,2007 年最高价为 16.29 元;水落船低,2008 年最低价为 2.60 元。姚庆燕起诉称其在 2007 年 4 月 19 日以后、2009 年 3 月 3 日以前买进华闻传媒股票,于 2009 年 3 月 3 日后仍然持有或卖出,给其造成了损失。"股市有风险,入市需谨慎"是股票市场的常识,大盘的急跌就是证券市场的系统风险。姚庆燕投资华闻传媒股票的损失是由证券市场系统风险等其他因素导致。因此姚庆燕投资华闻传媒股票的损失与华闻传媒公司被专员办检查处理的会计错误没有关联。

综上,华闻传媒 2007 年度会计信息质量、信息披露行为虽然存在问题和错误,但这些问题和错误均不属于违反证券法律规定,均不属于在证券发行或者交易过程中,对重大事件作出违背事实真相的虚假记载、误导性陈述或者在披露信息时发生重大遗漏、不正当披露信息的行为。华闻传媒公司会计上的错误行为,与姚庆燕投资华闻传媒公司股票的损失之间不存在因果关系,姚庆燕的损失系由证券市场系统风险等其他因素导致,华闻传媒公司不应对其承担赔偿责任。

①参见龙卫球著:《民法总论》(第二版),中国法制出版社 2002 年版,第 357 页。

【掩卷沉思】

根据上述我国禁止不实陈述行为的法律法规来看,证券发行中应当承担法律责任的虚假陈述行为主要包括以下三种:

1. 虚假记载。所谓虚假记载,是指在信息披露的文件上作出与事实真相不符的记载,即客观上没有发生或无合理基础的事项被信息披露文件加以杜撰或未予剔除。虚假记载的方式很多,尤其在财务报表中经常出现。

2. 误导性陈述。所谓误导性陈述,是指信息披露文件中的某事项的记载虽为真实但由于表示存在缺陷而易被误解,致使投资者无法获得清晰、正确的认识。"误导性陈述的类型有:(1)语义模糊歧义型,这种陈述使公众有不同理解;(2)语义难以理解型,这种陈述的语句晦涩难懂,虽从文义上看是正确的,但对于一般投资公众而言则不知所云,不可理解;(3)半真陈述型,即部分遗漏型,这种没有表述事实全部情况,遗漏了相关条件,误导投资者。误导性陈述既可表现为积极作为的方式,也可表现为消极不作为的方式。"①

3. 重大遗漏。所谓重大遗漏,指信息披露文件未记载依法应当记载的事项或为避免文件不致被误解所必须记载的重大事项。重大遗漏是一种消极的不实陈述,是以不作为的方式进行的。如某股份公司对其涉及的对公司有重大影响的诉讼案件在招股说明书上只字未提,使投资者难以了解资金投向的风险,这种行为就属于重大遗漏。在主观上,可以是故意和过失,故意遗漏的称为隐瞒,过失遗漏的称为疏漏。

根据信息披露制度要求,凡对投资者判断证券投资价值有影响的信息应全部公开,即应包括"充分详情及资料,使一个具有理性的人对于在公开文件发出时的公司股份或债权证,及公司的财务状况与盈利能力,达到一个确切而正当的结论。"②公开文件中应当披露的内容不以法定表格所列举的事项为限,证券发行人尤其要注意法定表格以外的信息,因为对法定表格以外的信息,可能被投资者期待、信赖,并以此为根据作出投资决策,而义务人往往最容易在这方面造成遗漏。

案例44 海富公司与世恒公司、迪亚公司、陆波增资纠纷案③

【案情介绍】

申请再审人(一审被告、二审被上诉人):甘肃世恒有色资源再利用有限公司(以下简称世恒公司)。

住所地:甘肃省定西市安定区凤翔镇友谊村。

法定代表人:陆波,该公司总经理。

---

①汪鑫著:《金融法学》,中国政法大学出版社2011年版,第214页。
②参见周盈作:论我国证券业虚假陈述民事责任的不足与完善,《法制与社会》2012年第10期。
③根据兰州市中级人民法院民事判决书(2010)兰法民三初字第71号、甘肃省高级人民法院民事判决书(2011)甘民二终字第96号、最高人民法院民事判决书(2012)民提字第11号摘编。

委托代理人:孙庚,甘肃德合律师事务所律师。

申请再审人(一审被告、二审被上诉人):香港迪亚有限公司(以下简称迪亚公司)。

住所地:香港特别行政区尖沙咀九龙广东道7号新电信中心705室。

法定代表人:陆波,该公司总经理。

委托代理人:孙靡,甘肃德合律师事务所律师。

被申请人(一审原告、二审上诉人):苏州工业园区海富投资有限公司(以下简称海富公司)。

住所地:江苏省苏州工业园区唯亭镇星澄路9号青剑湖商业广场B-216号。

法定代表人:张亦斌,该公司执行董事。

委托代理人:计静怡,北京市法大律师事务所律师。

委托代理人:涂海涛,北京市法大律师事务所律师。

一审被告、二审被上诉人:陆波,女,汉族,1963年1月24日出生,住上海市杨浦区仁德路,现住甘肃省定西市安定区凤翔镇友谊村。

委托代理人:孙赓,甘肃德合律师事务所律师。

一审

2009年12月30日,海富公司诉至兰州市中级人民法院,请求判令世恒公司、迪亚公司和陆波向其支付协议补偿款1998.2095万元并承担本案诉讼费及其他费用。

甘肃省兰州市中级人民法院一审查明:2007年11月1日前,甘肃众星锌业有限公司(以下简称众星公司)、海富公司、迪亚公司、陆波共同签订一份《甘肃众星锌业有限公司增资协议书》(以下简称《增资协议书》),约定:众星公司注册资本为384万美元,迪亚公司占投资的100%。各方同意海富公司以现金2000万元人民币对众星公司进行增资,占众星公司增资后注册资本的3.85%,迪亚公司占96.15%。依据协议内容,迪亚公司与海富公司签订合营企业合同及修订公司章程,并于合营企业合同及修订后的章程批准之日起10日内一次性将认缴的增资款汇入众星公司指定的账户。合营企业合同及修订后的章程,在报经政府主管部门批准后生效。海富公司在履行出资义务时,陆波承诺于2007年12月31日之前将四川省峨边县五渡牛岗铅锌矿过户至众星公司名下。募集的资金主要用于以下项目:(1)收购甘肃省境内的一个年产能大于1.5万吨的锌冶炼厂;(2)开发四川省峨边县牛岗矿山;(3)投入500万元用于循环冶炼技术研究。第七条特别约定第一项:本协议签订后,众星公司应尽快成立"公司改制上市工作小组";着手筹备安排公司改制上市的前期准备工作,工作小组成员由股东代表和主要经营管理人员组成。协议各方应在条件具备时将公司改组成规范的股份有限公司,并争取在境内证券交易所发行上市。第二项业绩目标约定:众星公司2008年净利润不低于3000万元人民币。如果众星公司2008年实际净利润完不成3000万元,海富公司有权要求众星公司予以补偿,如果众星公司未能履行补偿义务,海富公司有权要求迪亚公司履行补偿义务。补偿金额=(1−2008年实际净利润/3000万元)×本次投资金额。第四项股权回购约定:如果至2010年10月20日,由于众星公司的原因造成无法完成上市,则海富公司有权在任一时刻要求迪亚公司回购届时海富公司持有之众星公司的全部股权,迪亚公司应自收到海富公司书面通知之日起 180 日内按以下约定回购金额向海富公司一次性支付全部价款。若自 2008 年 1 月 1 日起,众星公司的净资产年化收益率超过 10%,则迪亚公司回购金额为海富公司所持众星公司股份对应的所有者权益账面价值;若自 2008 年 1 月 1 日起,众星公司的净资产年化收益率低于 10%),则迪亚公司回购金额为(海富公司的原始投资金额—补偿金额)×(1+10%×投资天数/360)。此外,还规定了信息披露约定、违约责任等,还约定该协议自各方授权代表签字并加盖于公章,于协议文首注明之签署日期生效。协议未作规定或约定不详之事宜,应参照经修改后的众星公司章程及股东间的投资合同(若有)办理。

2007 年 11 月 1 日,海富公司、迪亚公司签订《中外合资经营甘肃众星锌业有限公司合同》(以下简称《合资经营合同》),有关约定为:众星公司增资扩股将注册资本增加至 399.38 万美元,海富公司决定受让部分股权,将众星公司由外资企业变更为中外合资经营企业。在合资公司的设立部分约定,合资各方以其各自认缴的合资公司注册资本出资额或者提供的合资条件为限对合资公司承担责任。海富公司出资 15.38 万美元,占注册资本的 3.85%;迪亚公司出资 384 万美元,占注册资本的 96.15%。海富公司应于本合同生效后十日内一次性向合资公司缴付人民币 2000 万元,超过其认缴的合资公司注册资本的部分,计入合资公司资本公积金。在第六十八条、第六十九条关于合资公司利润分配部分约定:合资公司依法缴纳所得税和提取各项基金后的利润,按合资方各持股比例进行分配。合资公司上一个会计年度亏损未弥补前不得分配利润。上一个会计年度未分配的利润,可并入本会计年度利润分配。还规定了合资公司合资期限、解散和清算事宜。还特别约定:合资公司完成变更后,应尽快成立"公司改制上市工作小组",着手筹备安排公司改制上市的前期准备工作,工作小组成员由股东代表和主要经营管理人员组成。合资公司应在条件具备时改组成立为股份有限公司,并争取在境内证券交易所发行上市。如果至 2010 年 10 月 20 日,由于合资公司自身的原因造成无法完成上市,则海富公司有权在任一时刻要求迪亚公司回购届时海富公司持有的合资公司的全部股权。合同于审批机关批准之日起生效。《中外合资经营甘肃众星锌业有限公司章程》(以下简称《公司章程》)第六十二条、六十三条与《合资经营合同》第六十八条、六十九条内容相同。

之后,海富公司依约于 2007 年 11 月 2 日缴存众星公司银行账户人民币 2000 万元,其中新增注册资本 114.7717 万元,资本公积金 1885.2283 万元。2008 年 2 月 29 日,甘肃省商务厅甘商外资字【2008】79 号文件《关于甘肃众星锌业有限公司增资及股权变更的批复》同意增资及股权变更,并批准"投资双方于 2007 年 11 月 1 日签订的增资协议、合资企业合营合同和章程从即日起生效"。随后,众星公司依据该批复办理了相应的工商变更登记。2009 年 6 月,众星公司经甘肃省商务厅批准,到工商部门办理了名称及经营范围变更登记手续,名称变更为甘肃世恒有色资源再利用有限公司。另据工商年检报告登记记载,众星公司 2008 年度生产经营利润总额 26858.13 元,净利润 26858.13 元。

一审法院认为,根据双方的诉辩意见,案件的争议焦点为:(1)《增资协议书》第七条第(二)项内容是否具有法律效力;(2)如果有效,世恒公司、迪亚公司、陆波应否承担补偿责任。

经审查,《增资协议书》系双方真实意思表示,但第七条第(二)项内容即世恒公司2008年实际净利润完不成3000万元,海富公司有权要求世恒公司补偿的约定,不符合《中华人民共和国中外合资经营企业法》第八条关于企业利润根据合营各方注册资本的比例进行分配的规定,同时,该条规定与《公司章程》的有关条款不一致,也损害公司利益及公司债权人的利益,不符合《中华人民共和国公司法》第二十条第一款的规定。因此,根据《中华人民共和国合同法》第五十二条(五)项的规定,该条由世恒公司对海富公司承担补偿责任的约定违反了法律、行政法规的强制性规定,该约定无效,故海富公司依据该条款要求世恒公司承担补偿责任的诉请,依法不能支持。由于海富公司要求世恒公司承担补偿责任的约定无效,因此,海富公司要求世恒公司承担补偿责任失去了前提依据。同时,《增资协议书》第七条第(二)项内容与《合资经营合同》中相关约定内容不一致,依据《中华人民共和国中外合资经营企业法实施条例》第十条第二款的规定,应以《合资经营合同》内容为准,故海富公司要求迪亚公司承担补偿责任的依据不足,依法不予支持。陆波虽是世恒公司的法定代表人,但其在世恒公司的行为代表的是公司行为利益,并且《增资协议书》第七条第(二)项内容中,并没有关于由陆波个人承担补偿义务的约定,故海富公司要求陆波个人承担补偿责任的诉请无合同及法律依据,依法应予驳回。至于陆波未按照承诺在2007年12月31日之前将四川省峨边县五渡牛岗铅锌矿过户至世恒公司名下,涉及对世恒公司及其股东的违约问题,不能成为本案陆波承担补偿责任的理由。

综上,一审法院认为海富公司的诉请依法不能支持,世恒公司、迪亚公司、陆波不承担补偿责任的抗辩理由成立。依照《中华人民共和国合同法》第五十二条(五)项、《中华人民共和国公司法》第六条第二款、第二十条第一款、《中华人民共和国中外合资经营企业法》第二条第一款、第二款、第三条、《中华人民共和国中外合资经营企业法实施条例》第十条第二款之规定,该院于2010年12月31日作出(2010)兰法民三初字第71号民事判决,驳回海富公司的全部诉讼请求。

二审

海富公司不服一审判决,向甘肃省高级人民法院提起上诉。

二审查明的事实与一审一致。

二审法院认为:当事人争议的焦点为《增资协议书》第七条第(二)项是否具有法律效力。本案中,海富公司与世恒公司、迪亚公司、陆波四方签订的协议书虽名为《增资协议书》,但纵观该协议书全部内容,海富公司支付2000万元的目的并非仅享有世恒公司3.85%的股权(计15.38万美元,折合人民币114.771万元),期望世恒公司经股份制改造并成功上市后,获取增值的股权价值才是其缔结协议书并出资的核心目的。基于上述投资目的,海富公司等四方当事人在《增资协议书》第七条第(二)项就业绩目标进行了约定,即"世恒公司2008年净利润不低于3000万元,海富公司有权要求世恒公司予以补偿,如果世恒公司未能履行补偿义务,海富公司有权要求迪亚公司履行补偿义务。

补偿金额＝(1－2008年实际净利润/3000万元)×本次投资金额"。四方当事人就世恒公司2008年净利润不低于3000万元人民币的约定,仅是对目标企业盈利能力提出要求,并未涉及具体分配事宜;且约定利润如实现,世恒公司及其股东均能依据《中华人民共和国公司法》、《合资经营合同》、《公司章程》等相关规定获得各自相应的收益,也有助于债权人利益的实现,故并不违反法律规定。而四方当事人就世恒公司2008年实际净利润完不成3000万元,海富公司有权要求世恒公司及迪亚公司以一定方式予以补偿的约定,则违反了投资领域风险共担的原则,使得海富公司作为投资者不论世恒公司经营业绩如何,均能取得约定收益而不承担任何风险。参照《最高人民法院〈关于审理联营合同纠纷案件若干问题的解答〉》第四条第二项关于"企业法人、事业法人作为联营一方向联营体投资,但不参加共同经营,也不承担联营的风险责任,不论盈亏均按期收回本息,或者按期收取固定利润的,是明为联营,实为借贷,违反了有关金融法规,应当确认合同无效"之规定,《增资协议书》第七条第(二)项部分该约定内容,因违反《中华人民共和国合同法》第五十二条第(五)项之规定应认定无效。海富公司除已计入世恒公司注册资本的114.771万元外,其余1885.2283万元资金性质应属名为投资,实为借贷。虽然世恒公司与迪亚公司的补偿承诺亦归于无效,但海富公司基于对其承诺的合理依赖而缔约,故世恒公司、迪亚公司对无效的法律后果应负主要过错责任。根据《中华人民共和国合同法》第五十八条之规定,世恒公司与迪亚公司应共同返还海富公司1885.2283万元及占用期间的利息,因海富公司对于无效的法律后果亦有一定过错,如按同期银行贷款利率支付利息不能体现其应承担的过错责任,故世恒公司与迪亚公司应按同期银行定期存款利率计付利息。

因陆波个人并未就《增资协议书》第七条第(二)项所涉补偿问题向海富公司作出过承诺,且其是否于2007年12月31日之前将四川省峨边县五渡牛岗铅锋矿过户至世恒公司名下与本案不属同一法律关系,故海富公司要求陆波承担补偿责任的诉请无事实及法律依据,依法不予支持。

关于世恒公司、迪亚公司、陆波在答辩中称《增资协议书》已被之后由海富公司与迪亚公司签订的《合资经营合同》取代,《增资协议书》第七条第(二)项对各方已不具有法律约束力的主张。因《增资协议书》与《合资经营合同》缔约主体不同,各自约定的权利义务也不一致,且2008年2月29日,在甘肃省商务厅甘商外资字【2008】79号《关于甘肃众星锌业有限公司增资及股权变更的批复》中第二条中明确载明"投资双方2007年11月1日签订的增资协议、合资企业合营合同和章程从即日起生效"。故其抗辩主张不予支持。该院认为一审判决认定部分事实不清,导致部分适用法律不当,应予纠正。依照《中华人民共和国民事诉讼法》第一百五十三条第(二)项、第(三)项、第一百五十八条之规定,该院判决:

一、撤销兰州市中级人民法院(2010)兰法民三初字第71号民事判决;

二、世恒公司、迪亚公司于判决生效后30日内共同返还海富公司1885.2283万元及利息(自2007年11月3日起至付清之日止按照中国人民银行同期银行定期存款利率计算)。

再审

世恒公司、迪亚公司不服甘肃省高级人民法院(2011)甘民二终字第96号民事判决,向最高法院申请再审。最高人民法院以(2011)民申字第1522号民事裁定书决定提审本案,并依法组成合议庭于2012年4月10日公开开庭进行了审理。世恒公司、迪亚公司、陆波的委托代理人孙庚,海富公司的委托代理人计静怡到庭参加了诉讼,本案现已审理终结。

世恒公司、迪亚公司申请再审的理由是:(1)海富公司的诉讼请求是要求世恒公司、迪亚公司和陆波支付利润补偿款19982095元,没有请求将计入合资公司资本金的18852283元及利息返还。因此二审判决判令世恒公司、迪亚公司共同返还18852283元及利息超出了海富公司诉讼请求和上诉请求,程序违法。同时,18852283元及利息已超过2200万元,明显超出诉讼标的。(2)二审判决将海富公司缴付并计入合资公司资本公积金的18852283元认定为"名为投资实为借贷",没有证据证明,也违反法律规定。(3)二审判决参照最高人民法院《关于审理联营合同纠纷案件若干问题的解答》,适用法律错误。海富公司与迪亚公司、世恒公司之间不存在联营关系。(4)《合资经营合同》第九十七条约定:该合同取代双方就上述交易事宜作出的任何口头或书面的协议、合同、陈述和谅解。所以《增资协议书》对各方已不具有约束力。迪亚公司并未依照《增资协议书》第7.2条或《合资经营合同》取得任何款项,判令迪亚公司承担共同返还本息的责任没有事实根据。

海富公司答辩称:(1)《增资协议书》是四方当事人为达到上市目的而签订的融资及股份制改造一揽子协议书,不是《合资经营合同》所能容纳得了的。(2)二审法院判令世恒公司和迪亚公司返还的是股本金之外的有特别用途的溢价款,不涉及抽逃出资问题。(3)陆波在《增资协议书》中只代表其个人,是合同当事人的个人行为,因其违反《增资协议书》的约定应承担补偿责任。(4)陆波的行为涉嫌刑事犯罪,其采取虚报注册资本的手段诱使海富公司误信其公司的经济实力,骗取海富公司资金。请求调取证据、查证事实或将此案移交公安机关侦查。

最高人民法院审查查明的事实与一、二审查明的事实一致。

【处理结果】

最高人民法院认为:2009年12月,海富公司向一审法院提起诉讼时的诉讼请求是请求判令世恒公司、迪亚公司、陆波向其支付协议补偿款19982095元并承担本案诉讼费用及其他费用,没有请求返还投资款。因此二审判决判令世恒公司、迪亚公司共同返还投资款及利息超出了海富公司的诉讼请求,是错误的。

海富公司作为企业法人,向世恒公司投资后与迪亚公司合资经营,故世恒公司为合资企业。世恒公司、海富公司、迪亚公司、陆波在《增资协议书》中约定,如果世恒公司实际净利润低于3000万元,则海富公司有权从世恒公司处获得补偿,并约定了计算公式。这一约定使得海富公司的投资可以取得相对固定的收益,该收益脱离了世恒公司的经营业绩,损害了公司利益和公司债权人利益,一审法院、二审法院根据《中华人民共和国公司法》第二十条和《中华人民共和国中外合资经营企业法》第八条的规定认定《增资协议书》中的这部分条款无效是正确的。但二审法院认定海富公司18852283元的投资名为联营实为借贷,并判决世恒公司和迪亚公司向海富公司返还该笔投资款,没有法律依据,最高法院予以纠正。

《增资协议书》中并无由陆波对海富公司进行补偿的约定,海富公司请求陆波进行补偿,没有合同依据。此外,海富公司称陆波涉嫌犯罪,没有证据证明,本院对该主张亦不予支持。但是,在《增资协议书》中,迪亚公司对于海富公司的补偿承诺并不损害公司及公司债权人的利益,不违反法律法规的禁止性规定,是当事人的真实意思表示,是有效的。迪亚公司对海富公司承诺了众星公司 2008 年的净利润目标并约定了补偿金额的计算方法。在众星公司 2008 年的利润未达到约定目标的情况下,迪亚公司应当依约应海富公司的请求对其进行补偿。迪亚公司对海富公司请求的补偿金额及计算方法没有提出异议,最高法院予以确认。

根据海富公司的诉讼请求及本案《增资协议书》中部分条款无效的事实,最高法院依照《中华人民共和国合同法》第六十条、《中华人民共和国民事诉讼法》第一百五十三条第一款第二项、第一百八十六条的规定,于 2012 年 11 月 7 日判决如下:

一、撤销甘肃省高级人民法院(2011)甘民二终字第 96 号民事判决;

二、本判决生效后三十日内,迪亚公司向海富公司支付协议补偿款 19982095 元。如未按本判决指定的期间履行给付义务,则按《中华人民共和国民事诉讼法》第二百二十九条的规定,加倍支付延迟履行期间的债务利息;

三、驳回海富公司的其他诉讼请求。

一审案件受理费 155612.3 元、财产保全费 5000 元、法院邮寄费 700 元、二审案件受理费 155612.3 元,合计 316924.6 元,均由迪亚公司负担。

【争议焦点】

一、对赌协议的性质应如何界定?为什么?
二、对赌协议的效力应如何认定?为什么?

【法理分析】

一、对赌协议的性质应如何界定?为什么?

海富公司增资纠纷案,从一审到二审,再到最高法院的提审,可谓是一波三折、死去活来,并一直受到社会各界特别是 PE 界的热切关注,媒体更是浓墨重彩地将其称为"国内对赌协议第一案"。但实际上,"对赌协议"并非准确的表述,有误导视听之嫌。"对赌"虽然简明易懂但含有贬低的价值判断。例如,当"对赌令太子奶创始人李纯途失去控制权(高盛等投资太子奶)"、"对赌逼得牛根生痛哭并发出拯救民族乳品企业的万言书(摩根等投资蒙牛)"这类标题见诸报端时,很容易引起人们的情感共鸣并获得关注。但不论"对赌"还是"群赌",赌之本身,在不考虑税收和交易费用的情况下,是"零和"博弈,一方之所得即为另一方之所失,总有赢家和输家。而股权投资是合作不是赌博,PE/VC 与企业家合作,通过价值创造来实现双赢。赌和股权投资之间是风马牛不相及的两回事。

至于"对赌"条款,业内正式的提法是"估值调整机制(Valuation Adjustment

Mechanism，VAM)"，是投资方(如 PE 或 VC)与被投资公司原股东对于企业未来经营绩效的不确定性"暂不争议"，而在投/融资协议中约定：未来根据运营的实际绩效，调整企业的估值并重新划定双方的股权比例。在此定义下，VAM 被用来协调投资后的公司股东(包括投资方与原股东)之间的关系。VAM 常见于创投资本和成长资本等不以取得被投资公司控股权为目的的投资案例中。VAM 的目的主要是正激励原企业股东(往往也是企业运营的控制者)为企业效力。VAM 可以被视为对未来不确定性的争议的妥协，否则就没有该笔投资。PE 投资过程中，"估值调整机制"通常是在 PE 投资者以溢价方式增资的情况下作出的约定。在溢价方式增资的情况下，原股东因新股东的溢价增资而按其持股比例分享了溢价部分的股东权益，如果不能实现预期的盈利目标，就意味着目标公司增资时的实际股权价值远低于约定价值。PE 投资方与原股东达成的估值调整机制，其目的一是降低投资方错误判断公司股权价值的投资风险，二是投资方以此对融资方进行激励和约束。因此，应当认为，在目标公司不能实现盈利目标的情况下，约定原股东将错误估值而分享的权益以自有财产通常即现金方式补偿给 PE 投资人，并不会损害公司及其他股东、债权人利益，也不存在违反法律、行政法规等强制性规定。相反，该约定恰恰将 PE 投资者此前因溢价增资所承担的高风险，通过与股东对赌以将来可能获得现金补偿的方式而实现了商事交易的公平、合理。

对赌协议在西方资本市场及法律框架下早已获得承认，法律规制也较为完善。但在我国，对赌协议尚缺乏明确的成文法规范，目前我国法律条文中没有明确规定对赌协议是否合法有效，而证监会在新股发行中对于对赌协议持'零容忍'的态度，要求上市前清理对赌协议。在这种制度背景下，投资双方简单套用西方资本市场成熟的操作方式，在我国公司法体制以及严格的金融监管制度下，易遭遇水土不服，面临非法或无效的法律风险。

细读最高法院的终审判决书，本案的关键点应是"(现金)补偿"而非"对赌"。判决书中只字未提"对赌"，外界对"对赌"的关注似有欠妥当。从公司法和证券法的视角看，该纠纷本质上应属公司增资纠纷的范畴，涉及到增资公司、增资公司原股东、增资公司新股东甚至增资公司债权人多方的利益平衡问题。

二、对赌协议的效力应如何认定？为什么？

最高法院对海富投资案作出再审判决，纠正了一、二审法院完全否认对赌协议效力的认定，区别对待与公司"对赌"和与股东"对赌"的协议效力，肯定股东与股东之间对赌条款的合法有效性。最高法院的再审判决无疑将对富有争议的对赌条款效力问题起到示范、参考作用，并对 PE 投资者保护投资权益具有重要启示作用。

其实，在海富公司增资纠纷案曝光以前，蒙牛乳业与摩根士丹利、太子奶与高盛、永乐电器与鼎辉投资等都采取了所谓的对赌协议。除了 PE 投资，对赌协议还在其他领域应用。在中国上市公司的重组中，就经常用到单向约定的对赌协议。比如在上市公司以定向发行方式收购资产的大量案例中，都有被收购资产的原所有者要求作出业绩承诺,如果达不到承诺的业绩,则应该对上市公司进行补偿。"对赌协议"是投资协议的常见条款,是基于公司业绩在投融资双方进行股权调整的约定,常见的业绩指标包括年度利润、利润增长率和市场占有率等。PE给企业估值,是基于企业未来的收益,但企业未来收益是不确定的。PE与被投资方签订对赌协议,目的是确保企业价值的可信度,因此,对赌协议是PE锁定投资风险的一种手段,是PE利益的保护伞。

在本案中,PE与被投资企业之间的对赌协议,违反《公司法》关于利润分配原则的规定,被认定为无效,但PE与被投资公司原股东之间的对赌协议,并未违反法律规定,被认定为有效。最高法院对此案的判决明确表明法律立场,为对赌协议合法有效提供了判例依据,既符合当前各方之需,也有利于PE行业的发展。最高法院在同类案件的判决结果对各级法院具有参照效应。

【掩卷沉思】

在国外,对赌协议可以是PE与被投资公司原股东之间的约定,也可以是PE与被投资公司之间的约定。根据PE投资的目的及被投资公司的具体情况,对赌协议的类型也不同。基于业绩考虑进行对赌,即要求被投资公司在某一时间点之内实现一定业绩;有的对赌协议是赌上市的时间点,即要求被投资公司在某一时间点内上市;如果被投资公司是技术性很强的公司,有些PE还会对技术人员的离职率进行对赌,要求被投资公司的技术人员离职率不能高于某一水平。如果被投资公司无法在规定时间内实现业绩目标或上市,PE一般会在对赌协议中约定不同的条款。如股权调整型条款,即条件满足,投资方向原始股东低价或无偿转让一定股权,反之由原始股东向投资方低价或无偿转让股权;再如货币补偿型条款,即条件不满足时,由被投资公司及其原始股东向投资方补偿现金,海富增资案即为如此;还有股权回购型条款,即要求如果被投资公司无法满足条件,由原始股东溢价回购投资者股份。

"估值调整机制"在我国还是新生事物,不同于传统的、单纯的增资协议,因此,司法机关在处理类似纠纷时不应简单套用公司法、证券法关于公司增资的实体与程序规定否定其效力或价值,更不应将其误认为借贷关系或联营协议。理论是灰色的,而生活之树常青。我们应当以发展的眼光看问题,不能简单地用既有的甚至滞后的法律规则去裁剪或阉割鲜活和复杂的经济生活。即使"估值调整机制"涉及的主体是融资公司与投资方,也不能一概否定其效力。法官在处理此类纠纷时,最为重要的是内心始终保有一颗利益平衡之心,在忠实地执行现行法律规范的前提下,尊重当事人之间的契约,运用利益平衡规则,在融资公司、新股东、老股东、债权人多方利益的冲突中,优先保护债权人的利益,公平保护股东利益和投融资双方的利益,实现利益平衡和合作共赢。

第二节　证券交易法律制度

案例45　上海一百(集团)有限公司等诉国元证券股份有限公司上海中山北路证券营业部证券交易代理合同纠纷案①

【案情介绍】

申请再审人(一审原告、二审上诉人):上海一百(集团)有限公司

被申请人(一审被告、二审被上诉人):国元证券股份有限公司上海中山北路证券营业部

被申请人(一审被告、二审被上诉人):国元证券股份有限公司

原审第三人:上海星恒实业有限公司

申请再审人上海一百(集团)有限公司(以下简称一百集团公司)因与被申请人国元证券股份有限公司上海中山北路证券营业部(以下简称国元证券营业部)、国元证券股份有限公司(以下简称国元证券公司)、原审第三人上海星恒实业有限公司(以下简称星恒公司)证券交易代理合同纠纷一案,不服上海市第二中级人民法院(2006)沪高民二(商)终字第168号民事判决,向最高人民法院提出再审申请。最高人民法院于2008年12月1日作出(2008)民二监字第62号民事裁定,指令上海市第二中级人民法院再审本案。上海市第二中级人民法院依法另行组成合议庭,公开开庭审理了本案。申请再审人一百集团公司的委托代理人,被申请人国元证券营业部的委托代理人,国元证券公司的委托代理人,原审第三人星恒公司的法定代表人到庭参加诉讼。本案现已审理终结。

上海市第二中级人民法院一审查明,2001年4月17日,经案外人陶×介绍,一百集团公司至国元证券营业部开户,并存款5000万元。一百集团公司于当日从国元证券营业部收取息差229.45万元。次日,一百集团公司的上述资金被用于购买99国债(8)。此后,星恒公司原法定代表人谈××对一百集团公司账户进行国债回购操作,并实际使用该项国债进行回购融资。至2003年1月,谈××向一百集团公司累计支付息差7991226元。

2001年12月28日,谈××以虚假授权委托书分别从开设在国元证券营业部的案外人中国木材华东公司和上海奥伯实业公司(以下简称奥伯公司)资金账户划转款项1000万元和4000万元,通过国元证券营业部做成银行本票两张(申请人为国元证券营业部,出票人为中国工商银行上海市分行,收款人为一百集团公司)共计5000万元,交由陶×交付给一百集团公司。

2002年12月30日,谈××以虚假授权委托书从开设在河南证券有限责任公司上海大连西路证券营业部(以下简称河南证券营业部)的案外人上海永益实业投资有限公

---

①案件来源:上海市高级人民法院(2009)沪高民二(商)再终字第1号,北大法律信息网—北大法宝 http://www.pkulaw.cn/cluster_call_form.aspx/最后访问日期2013年1月17日。

司(以下简称永益公司)资金账户内划取款项 2275 万元,并要求河南证券营业部将该笔资金转给一百集团公司。河南证券营业部遂从其开户行作成相应金额银行本票一张(收款人为一百集团公司)交给谈××,一百集团公司收取了该银行本票并获得了兑付。

2003 年 4 月 9 日,一百集团公司向国元证券营业部出具情况说明一份,双方之间无债权债务关系。次日,一百集团公司在国元证券营业部办理了撤销指定交易和清户手续,并转户至其他证券公司。

2004 年 5 月 25 日,郑州市中级人民法院裁定宣告河南和正实业有限责任公司破产并指定成立清算组。经审理裁定一百集团公司偿还清算组 2275 万元及利息。此后一百集团公司被扣划款项 2403.87 万元。

上海市第二中级人民法院一审认为,一百集团公司办理撤销指定交易和销户手续,表明双方之间的证券交易代理合同关系及保证金存款关系相应终止。本院二审经审理认为,一百集团公司的上诉理由不成立。遂作出(2006)沪高民二(商)终字第 168 号判决,驳回了一百集团公司的上诉。

一百集团公司申请再审称:(1)一百集团公司是在受到蒙骗和基于错误认识的情况下出具的情况说明,且系争的 2275 万被郑州市中级人民法院裁定归还给第三人,故基于证券代理合同关系,不能免除国元证券营业部返还该款的责任。(2)一百集团公司与星恒公司在 2001 年 12 月 28 日、2002 年 1 月 4 日发生的融资行为与本案无关。(3)国元证券营业部在证券交易中存在重大过错而未予追究。综上,国元证券营业部及国元证券公司应当承担还款责任。国元证券营业部、国元证券公司辩称,一百集团公司与国元证券营业部确认双方无任何债权债务关系,双方证券代理委托关系已终止。一百集团公司与星恒公司之间发生过两次资金借用事实,星恒公司分别将两次借用的 5000 万资金归还给一百集团公司,一百集团公司所诉的经济损失,是基于 2002 年 1 月 4 日第二次直接向星恒公司提供借款而产生,国元证券营业部与一百集团公司之损失无因果关系,一百集团公司应向星恒公司进行主张。据此,请求法院依法驳回其再审请求。

本院再审查明,原一、二审查明的事实属实。再审又查明:

一百集团公司 16428 资金账户显示,2001 年 10 月 19 日以内部转账方式转出资金 48651300 元。同日星恒公司 13832 账户显示,以内部转账式转入相同金额的资金。

一百集团公司上述资金账户在 2002 年 12 月 24 日、25 日并无抛售 99 国债及回款 49995756.51 元之记录。

【处理结果】

综上,一百集团公司再审中的主张与事实不符,亦无法律依据,本院不予支持。据此,依照《中华人民共和国民事诉讼法》第一百八十六条第一款、第一百五十三条第一款第(一)项之规定,判决如下:

对一百集团公司的诉讼请求不予支持。案件受理费 131321 元,财产保全费 121831 元,共计 253152 元,由一百集团公司负担。

本判决为终审判决。

【争议焦点】

一、关于证券交易代理关系是否终结的问题？

二、国元证券营业部是否应对一百集团公司的资金损失承担民事责任？

【法理分析】

一、关于证券交易代理关系是否终结的问题？

"证券有广义和狭义之分,广义的证券包括无价证券和有价证券,而有价证券又包括商品证券、货币证券和资本证券。资本证券是筹资者向投资者发行的、证明投资者对其享有权益的各种凭证。"①本案中,国元证券有限公司发行的就是资本证券。证券发中所说的证券仅指资本证券。依据不同发行的主体,可以分为政府证券、金融证券、公司证券;依据上市与否,可以分为上市证券、非上市证券;依据证券所代表的权利性质不同,可以分为股票、债券、基金券、衍生券等。

股票和债券是证券的最重要的两种形式。股票是公司依法发行的,表明股东所持股份的享有权利和承担义务的可转让的书面凭证。② 股票的主要特征是:

1. 股票是股东权凭证,它表明股东的合法持有者是公司的股东,依法享有股东权益和承担相应的义务。

2. 股东具有不可返还性,股东不能在股份有限公司存续期间退股索要本金,只能依法转让。

3. 股东具有流通性,可以依法转让、赠与、设定质权。

4. 股票具有收益性。股东可以从公司领取股息红利。

5. 股票具有风险性,股票的市场价格可能出现不利于持有人的变化,而发行公司也可能经营不善,出现亏损甚至破产,致使股东不能实现预期收益的甚至不能收回自己的投资。

债券是政府公司为了筹集资金,依照法定程序发行的一种借款凭证。债券主要有一下特征:

1. 债券是债权、债务关系的凭证,表明发行者对投资者负有债务,投资者对发行人享有债权。

2. 债券具有期限性,债券到期时,发行人应当还本付息,投资者有权收回本息。

3. 债券具有流通性,债券持有人可以在债券到期之前依法进行转让。

4. 债券的收益相对稳定,利率一般根据法律规定和市场的资金供求状况确定,有固定利率和浮动利率之分。

"证券交易是指依法对发行并认购的证券在证券交易市场进行买卖的行为。"③证券交易是一种买卖性质的合同关系,实质上是证券权利的转让和受让。

---

① 汪鑫著:《金融法学》,中国政法大学出版社 2011 年版,第 181 页。

② 参见盛学军著:《金融法学》中国政法大学出版社 2007 年版,第 218 页。

③ 汪鑫著:《金融法学》,中国政法大学出版社 2011 年版,第 199 页。

《证券法》第42条规定:"证券交易以现货和国务院规定的其他方式进行交易。"证券交易一般分为两种形式:一种形式是上市交易,是指证券在证券交易所集中交易挂牌买卖。凡经批准在证券交易所内登记买卖的证券称为上市证券;其证券能在证券交易所上市交易的公司,称为上市公司。另一种形式是上柜交易,是指公开发行但未达上市标准的证券在证券柜台交易市场买卖。[①]

证券交易的特点:

1. 证券交易是特殊的证券转让。证券转让是指证券持有人依转让意思及法定程序,将证券所有权转移给其他投资者的行为,其基本形式是证券买卖。根据《证券法》第30条,证券交易主要指证券买卖,即依照转让证券权利意思而发生的转让行为。

2. 证券交易是反映证券流通性的基本形式。流通性是确保证券作为基本融资工具的基础。

3. 证券转让须借助证券交易场所完成。证券交易场所是依法设立、进行证券交易的场所,包括进行集中交易的证券交易所以及依照协议完成交易的无形交易场所。我国场外交易场所主要包括原有的 STAQ 和 NET 两个交易系统。

4. 证券交易须遵守相应交易规则。为确保证券交易的安全与快捷,维护资本市场的稳定与发展,我国颁布和制定了一系列法律法规。《证券法》是调整证券交易的特别法,《公司法》对股份及公司债券转让也规定有原则性规则,《合同法》作为调整交易关系的一般法律规范,同样适用于对证券交易关系的调整。其他法律、法规如《民法通则》《银行法》《保险法》和《刑法》也直接或间接地调整着证券交易关系。证券交易所颁布的自律性规范,也具有法律约束力。[②]

5. 债券可以有多种发行主体。本案中主体即是经国家核准的股份有限公司。

首先,本案中,一百集团公司与国元证券营业部之间系证券交易代理关系。一百集团公司作为证券账户的所有人,购入国债以后,在管理、操作该账户的同时应承担相应后果。一百集团公司申请清户时,虽然国元证券营业部未能审核出一百集团公司出具的《情况说明》与实际情况有不一致之处(即 2002 年 12 月 24 日抛售并划回 5000 万元国债资金),但基于一百集团公司作为账户所有者且对账户交易及资金无任何异议的情况,国元证券营业部协助一百集团公司有关被授权人办理销户等手续并无不妥。

其次,现有证据表明,一百集团公司在开户后至清户前,对该账户中的国债进行了操作,尤其是在办理清户手续前,由一百集团公司的代理人对账户内的剩余国债及资金进行了最后清理。据此,可以认定一百集团公司应当知晓并认可此前其账户交易及资金变动情况。故,仅以其出具的《情况说明》中部分内容与实际不一致,从而否定一百集团公司撤销指定交易和办理销户手续的效力,没有事实和法律依据。据此,原审认定一百集团公司与国元证券营业部之间的证券代理关系已经终结,双方无债权债务关系并无不当。

---

① 参见朱崇实著:《金融法教程》,法律出版社 2011 年版,第 415 页。
② 参见朱崇实著:《金融法教程》,法律出版社 2011 年版,第 416 页。

二、关于国元证券营业部是否应对一百集团公司的资金损失承担民事责任的问题？

首先，一百集团公司与谈××之间实际存在授权关系。现有证据表明，一百集团公司在国元证券营业部开立证券账户存入 5000 万元后，谈××在当日以星恒公司名义通过国元证券营业部向其支付了 200 余万元的息差。次日，谈××在该账户内购入 4999 万余元的国债。嗣后，谈××在该账户内进行国债回购交易。原一审证据还反映，2002 年 12 月 6 日，谈××在一百集团公司账户内卖出 10 万股国债，得款 1000 万元交付给一百集团公司。对于谈××的上述行为，一百集团公司未提出异议，因此可以认定一百集团公司认可了谈××国债交易行为。

其次，一百集团公司与星恒公司之间存在借用资金关系。自 2001 年 4 月 17 日起，一百集团公司从星恒公司及谈××处共收取息差 799 万余元。2001 年 10 月 19 日，从一百集团公司资金账户划入星恒公司资金账户 48651300 元，该笔资金被星恒公司使用。2002 年 12 月 27 日、30 日一百集团公司直接从星恒公司谈××处分别接受了 3000 万元和 2275 万元的票据，并予以入账。一百集团公司作为国债投资人，在自己未抛售国债的情况下，直接从第三人星恒公司谈××处收取上述资金，表明其应当明知与星恒公司之间存在借用资金关系。

最后，系争款项损失为星恒公司还款不当造成。郑州市中级人民法院的裁定非常明确地表明，系争款项之所以被追回，皆因谈××伪造有关凭证从案外人处取得钱款支配权违法，一百集团公司取得该票据系不当得利。该资金的损失系由星恒公司及谈××的过错造成，与国元证券营业部无关。至于一百集团公司认为国元证券营业部与星恒公司存在恶意串通，因无相应证据，不予认定。故原审认定国元证券营业部、国元证券公司不应对该损失承担责任正确。同时，鉴于一百集团公司在本案诉讼中未对用资人星恒公司提出诉讼请求，所以法院不予处理，但是可另行通过诉讼主张其权利。

【掩卷沉思】

本案是一起比较典型的关于代理关系是否终结的证券交易代理合同纠纷。对于证券交易代理关系是否终结和国元证券营业部是否应对一百集团公司的资金损失承担民事责任这两个核心问题，一、二审和再审法院的判决结果是一致的。一百集团公司在开户后至清户前，对该账户中的国债进行了操作，特别是在办理清户手续前，由一百集团公司的代理人对账户内的剩余国债和资金进行了最后清理。据此，可以认定一百集团公司应当知晓并认可此前其交易及资金变动情况。一百集团公司与国元证券营业部之间的证券代理关系已经终结，双方无债权债务关系是正确的。该资金的损失是由星恒公司的过错造成，与国元证券营业部无关，国元证券不对此承担责任。

理解此类案件的前提是熟悉相关的法律法规和证券法中的一些基本概念。此案中就是证券、股票、证券交易、代理合同的风险和责任承担，掌握了这些基础知识后，我们对案件的理解和认识就会有进一步的提高。

案例 46 邢立强诉上海证券交易所权证交易侵权纠纷案①

🔍【案情介绍】

原告:邢立强

被告:上海证券交易所

原告邢立强因与被告上海证券交易所(以下简称上交所)发生证券侵权纠纷,向上海市第一中级人民法院提起诉讼。

原告邢立强诉称:2005 年 11 月 22 日,被告上交所在其网站及相关媒体发布《关于证券公司创设武钢权证有关事项的通知》(以下简称《创设通知》),该通知载明,经上交所同意,通知中国登记结算有限公司上海分公司在权证创设专用账户生成次日可交易的权证,该通知自 2005 年 11 月 28 日起施行。按此通知,创设权证最早上市时间应为 2005 年 11 月 29 日。但在 2005 年 11 月 25 日,由于上交所违规提前创设这种行为对投资者的欺诈,造成投资者重大损失,依法应当赔偿原告的损失。

原告请求:(1) 确认在 2005 年 11 月 25 日首次创设武钢认沽权证时上交所的提前创设行为是违法、违规、欺诈及操纵市场的过错行为,并且确认被告的过错行为与原告所受损失存在直接的因果关系,判令被告依法承担赔偿责任;(2) 判令被告依法赔偿原告因被告的过错行为导致原告持有的 115000 份武钢认沽权证突然失去卖出机会而造成的直接损失 129940 元;(3) 判令被告赔偿原告因第二项诉讼请求所判令的直接损失 129940 元的股资被被告占用所导致的直到本案执行前的行情经营损失 779640 元,同时确认该项损失数额随行情的发展而相应地增加;(4) 判令被告承担案件受理费、律师费、差旅费、误工费、邮寄费、复印费、取证费、鉴定费等一切诉讼费用。

原告邢立强提交了如下证据:

1. 被告上交所《关于证券公司创设武钢权证有关事项的通知》(2005 年 11 月 22 日),用于证明该通知中第五项规定"有关事项施行日为 11 月 28 日,生成次日才可以交易"。

2. 原告邢立强的资金对账单,用于证明原告存在损失。

原告邢立强武钢认沽权证持有变动记录,用于证明原告存在损失。

3. 中国证券登记结算有限责任公司上海分公司《证券交易记录查询申请表》,用于证明原告邢立强合法申请取得证据。

4. 《中国证券报》报道《白云机场创设权证 28 日可上市》,用于证明被告上交所心虚,对首次上市日期进行解释,越描越黑。

5. 原告邢立强身份证复印件。

6. 原告邢立强上海证券交易所股票账户复印件。

7. 被告上交所基本信息。

8. 《第一财经日报》石仁坪文章《券商创设南航 JTP1 获利或达 150 亿!》,用于证明

---

①案例来源:《最高人民法院公报》,2010 年第 7 期(总第 165 期)。

被告上交所方面创设权证获得暴利。

9. 上海市高级人民法院《驳回再审申请通知书》(2007)沪高受监字第3号。

被告上交所辩称:原告邢立强是以被告侵犯其财产权为由提起的一般侵权诉讼,然而,本案被告制定权证创设规则并依之审核相关证券公司创立武钢权证申请之行为,属于面向整个权证市场、依法履行法定职责、具有普遍约束力的自律监管行为,而非针对原告而实施的具体行为。因此,原告诉称的被告的行为,不符合一般侵权行为的构成要件,原告的侵权之诉不符合法律规定,依法应予以驳回。被告基于维护权证交易秩序、保护投资者权益之正当目的,按照相关规定审核创设人申请并无不当。原告的损失与诉争的被告行为之间,不存在因果关系,被告不应当承担民事赔偿责任。请求驳回原告的诉讼请求。

被告上交所提交了如下证据:

1.《上海证券交易所权证管理暂行办法》(以下简称权证管理办法),用于证明被告上交所依法创设权证。

2.《关于证券公司创设武钢权证有关事项的通知》,用于证明创设权证是面向整个权证市场、依法履行法定职责的自律监管行为。

3. 关于证券公司创设白云机场权证、包钢权证、邯钢权证、雅戈尔权证、海尔权证等有关事项的通知,用于证明权证创设三日后可以进行交易,是权证创设的惯例。

4. 原告邢立强签署的风险揭示书,用于证明原告对权证交易的六大风险是明知的,被告上交所已经尽到提示义务。

5. 香港《证券及期货条例》,用于证明自律监管行为的绝对豁免原则是国际惯例。

上海市第一中级人民法院依法组织了质证。

【处理结果】

原告邢立强对被告上交所提起侵权损害赔偿的请求,没有事实和法律上的依据,法院不予支持,原告应自行承担权证交易的风险损失。据此,上海市第一中级人民法院依照民法通则第一百零六条第二款的规定,于2008年12月24日判决如下:

驳回原告邢立强的全部诉讼请求。

本案案件受理费人民币12896元,由原告邢立强负担。

邢立强不服一审判决,向上海市高级人民法院提起上诉。因邢立强未按规定预交上诉费,上海市高级人民法院于2009年5月26日作出裁定:本案按自动撤回上诉处理。

一审判决已发生法律效力。

【争议焦点】

一、权证产品如何界定和管理?

二、原告邢立强作为投资者因投资权证产生损失以上交所作为被告提起侵权之诉是否具有可诉性?

三、原告投资权证产生的损失与被告的监管行为是否存在法律上的因果关系,被告是否应当赔偿原告的交易损失？

【法理分析】

一、权证产品如何界定和管理？

"作为证券衍生产品的权证产品，衍生证券是金融衍生产品的一个子系列，是从股票、债券等传统的投资工具中衍生出来的各种金融投资工具的总称。衍生证券是一种金融合约，其价值取决于一种或多种证券基础资产或指数。"①衍生证券的基本种类包括远期、期货、掉货(互换)和期权；在基本种类之外，衍生证券还包括具有远期、期货、掉货(互换)和期权中一种或者多种特征的结构化工具。股票期权、股票期货、股票指数期货、股票指数期权、债券期货和债权期权等均是衍生证券的具体形态。

《中华人民共和国证券法》第二条第三款规定，证券衍生产品的发行、交易的管理办法，由国务院依照证券法的原则规定。《证券法》第一百零二条第一款规定，证券交易所是为证券集中交易提供场所和设施，组织和监督证券交易，实行自律管理的法人。

衍生证券是在金融自由化和金融创新的背景下出现的，它一方面满足了市场规避风险和套期保值的需求，同时提高了金融体系的效率，降低了筹资成本；另一方面由于其高度的活跃性和投机性，容易逃避监管，对金融机构的安全及金融体系的稳定产生了重大影响。② 2006年，内地首家金融衍生产品交易所——中国金融期货交易所股份有限公司在上海期货大厦挂牌成立。根据市场需求，陆续推出其他股指期货和期权产品，深入研究开发国债、外汇期货及期权等金融产品，构造出一个不断丰富、不断完善的金融衍生产品体系。③

二、原告邢立强作为投资者因投资权证产生损失以上交所作为被告提起侵权之诉是否具有可诉性？

权证产品系证券衍生产品，根据修订后的《中华人民共和国证券法》(以下简称证券法)第二条第三款的规定，证券衍生产品的发行、交易的管理办法，由国务院依照证券法的原则规定。依此规定，权证的发行和交易行为可纳入证券法的调整范围。证券法对证券交易所的性质和地位作了明确规定，根据证券法第一百零二条第一款的规定，证券交易所是为证券集中交易提供场所和设施，组织和监督证券交易，实行自律管理的法人。

根据证券法第一百一十条的规定，进入证券交易所参与集中交易的，必须是证券交易所的会员。权证交易亦属于证券交易，亦应在证券交易所内进行。鉴于普通投资者系通过交易所会员进场交易，投资者与交易所之间不存在直接的交易合同关

---

① 汪鑫著：《金融法学》，中国政法大学出版社2011年版，第184页。
② 参见朱崇实著：《金融法教程》，法律出版社，第419页。
③ 参见吴志攀著：《金融法概论》，北京大学出版社2001年版，第281页。

系,交易所仅仅为交易提供平台和中介服务,因交易发生损失,交易所对投资者不承担契约上的义务。本案原告邢立强并非提起违约之诉,而是以被告上交所的审核券商创设权证违规为由提起的侵权之诉,根据《中华人民共和国民法通则》(以下简称民法通则)第一百零六条第二款的规定,原告提起侵权之诉不受主体限制,人民法院可以受理。相对于民法通则而言,证券法系特别法,证券法中关于侵权行为的规定应当优先适用,证券法没有规定的,可以适用一般民法关于民事侵权的规定。

关于权证产品的发行和交易,目前尚未有单行法律和行政法规出台,只有上交所根据证券法和证监会的授权制定的业务规则即权证管理办法对权证的发行、交易等进行业务规范。而本案涉及的权证创设问题,也仅有权证管理办法第二十九条作了授权性规定,即对于已上市交易的权证,上交所可以允许合格机构创设同种权证。具体的权证创设规则也是由交易所根据权证管理办法的规定在某一具体的权证产品的上市公告中予以确定。① 因此,权证创设行为系证券交易所根据国务院证券监管部门批准的业务规则作出的履行自律监管行为,该行为如违反法律规定和业务规则,相关受众主体可以对交易所提起民事诉讼。

根据以上分析,被告认为本案原告针对交易所的自律监管行为提起的诉讼不具可诉性的辩称,没有法律依据。

三、原告投资权证产生的损失与被告的监管行为是否存在法律上的因果关系,被告是否应当赔偿原告的交易损失?

被告上交所系根据权证管理办法第二十九条的规定,审核合格券商创设武钢权证,该审核行为符合业务规则的具体要求,是被告履行证券法赋予其自律监管职能的行为,具有合法性。根据权证管理办法的有关权证发行的规定,具有权证创设资格、开设创设专用账户且提供履约担保资金的证券公司,在其认为权证价格高估时,可以创设权证,并在市场上卖出,增加权证的供给;在权证价格回归价值时,可以回购并注销权证,释放履约担保品。根据上述业务规程,被告在武钢权证上市前,就已经要求发行人在 2005 年 11 月 18 日发布的公告中对有关创设权证对权证交易价格可能造成的影响予以特别提示。在 2005 年 11 月 21 日,武钢权证上市前两天,被告发布了关于证券公司创设武钢权证有关事项的通知,对权证创设的主体和相关程序进行了规定。2005 年 11 月 25 日,申请创设武钢权证的券商完成了相关创设登记及担保手续,被告审核后向中国结算上海分公司发出了创设权证业务通知单,同意创设人在权证创设专用账户生成次日可交易的权证。同年 11 月 26 日,创设人对创设权证事项进行了披露,明确公布所创设的权证将于 11 月 28 日起上市交易。从上述权证创设的过程来看,被告履行了相关监管义务,其行为并无不当。虽然被告在创设权证的通知中载明"该通知自 2005 年 11 月 28 日实施",但该表述并不表明创设权证只能在该日后即 11 月 29 日才能上市,该实施日即为上市日,故只要在 11 月 28

①参见盛学军著:《金融法学》,中国政法大学出版社 2007 年版,第233页。

日前权证创设的相关手续完成,创设的权证即可上市交易。被告的上述审核行为符合权证创设的惯例,亦未违反业务规则的规定。原告认为被告允许十家券商提前创设武钢权证,没有事实依据,法院难以采信。

对权证交易进行监督和管理,是证券法赋予交易所的一项职能。在武钢认沽权证上市后,投资者对该权证进行了非理性的投机炒作,使得该权证严重背离内在价值。被告上交所为抑制这种过度炒作行为的继续,及时审核创设人创设权证,通过增加权证供应量的手段平抑权证价格,其目的在于维护权证交易的正常秩序,作为市场的监督者,其核准创设权证的行为系针对特定产品的交易异常所采取的监管措施。该行为主观上并非出于恶意,行为本身也并非针对特定投资者,而是针对权证交易活动本身作出的普遍监管行为,是交易所的职责所在。就创设权证审核行为而言,被告的行为不符合侵权行为的基本要件,原告邢立强主张被告侵犯其民事权利,依据不足。

证券交易所作为证券市场的一线监管者行使监管职能,必然会对相对人和社会产生一定的影响和效应。创设权证制度在我国属于一项金融创新制度,是基于股权分置改革的总体要求。结合股改权证的运行特点,借鉴成熟市场的类似做法产生的一种市场化的供求平衡机制。①

本案中,原告在武钢认沽权证交易中的损失,虽与券商创设权证增加供给量存在关联,但在被告事先已履行必要的信息披露和风险揭示的情况下,原告仍然不顾风险贸然入市,由此造成的交易风险与被告履行市场监管行为不存在必然的、直接的因果关系,故原告要求被告赔偿权证交易差价损失和可得利益损失,没有法律依据,故法院不予支持。

【掩卷沉思】

《证券法》第一百零二条第一款规定,证券交易所是为证券集中交易提供场所和设施,组织和监督证券交易,实行自律管理的法人。因此,权证产品作为证券衍生产品,其发行和交易依法应当由证券交易所监督和管理。证券交易所因为是自律管理的法人,不属于国家行政机关,投资者因为投资权证损失而对证券交易所提起的侵权之诉,属于平等主体之间的权利义务纠纷,依法应纳入法院的管辖范围。证券交易所依法对权证券商的发行权和权证交易的程序作了符合法律和业务规则的审核,其已经履行了监管的职能。投资者因为自己的投资选择而发生的投资损失依法应当自己承担责任,证券交易所不承担赔偿责任。

---

① 参见李蕊、杨璐著:《金融法案例评析》,对外经济贸易大学出版社 2011 年版,第 74 页。

案例 47　周敏如诉国信证券股份有限公司上海北京东路
证券营业部证券交易合同纠纷案①

【案情介绍】

原告：周敏如

被告：国信证券股份有限公司上海北京东路证券营业部（以下简称国信证券营业）

上海市黄浦区人民法院经审理查明：原告在被告处开户进行股票买卖，习惯采取每日"低吸高抛"的操作方式。2007 年 2 月 1 日凌晨 01:06 至 2:14，其通过电话外线委托方式预埋了 21 笔卖出委托参与当天集合竞价，欲卖出北京城建、华泰股份、中华企业、新华百货、鹏博士、长江电力和工商银行 7 只股票。被告于当日 9:15:09 将原告预埋的委托向上海证券交易所进行申报，其中，申报成功 19 笔，9:15:11 申报 2 笔撤单。当天上午，原告账户 9:21:22 至 9:23:36 有 4 笔买入委托，9:30 至 11:30 共有 8 笔卖出委托，均未成交。后原告发现其股票被无故撤单，即与被告交涉。次日，北京城建、中华企业等股票暴跌。

原告诉称：事发当天上证 A 股开中阳线，按其一贯操作手法，即使最初委托的价格可能当时成交不了，但是根据行情的变化及时调低价格，是可以成交的，上诉人能够抛出其持有的所有问题股。现由于证券公司的原因导致其股票未能抛出，其损失应当按照当日其全部未成交的股票卖出委托来计算，按其惯常操作手法可能成交的价格与当日收盘价之间的差价进行赔偿，要求国信证券营业赔偿股票交易损失 17977 元。

被告辩称：2007 年 2 月 1 日上午，因公司报盘机通讯问题，造成部分客户的委托重复写入了交易所接口库，对客户被重复写入的卖出委托，当客户在开盘后对该笔股份继续进行卖出委托的时候，交易所都会因有过重复写入并标识"股份余额不足"给予拒绝。根据对客户的委托记录以及当日行情价的确认，周敏如 2 月 1 日上午的卖出委托中，以 9.66 元的单价卖出 2000 股中华企业的委托和以 11.05 元的单价卖出 200 股北京城建的委托按当日行情可以成交，其余委托按当日行情均不会成交。针对这 2 笔可能成交的委托，结合周敏如后续的股份操作，对于因该日委托产生周敏如实际损失的，将按实际情况给予周敏如差价金额 1036 元弥补。

一审法院经审理认为：根据委托记录和交易行情，周敏如实际可以成交但受故障影响而未能卖出 2000 股中华企业及 200 股北京城建，其所受到的经济损失为 1036 元。因周敏如自述其属于超级短线客，每天交易频繁，利用自有股票进行短期套利。该交易方式本身即存在很大的风险，且周敏如在当天下午曾有买入委托的记录，并无卖出的委托。在随后几天内周敏如又多次买入卖出相关股票。上述因素导致周敏如的经济损失难以准确界定，故损失总额可结合周敏如交易情况和当时的股票行情走势等因素综合分析酌情确定为 2000 元。

---

① 案件来源：上海市第二中级人民法院 (2010) 沪二中民六 (商) 终字第 116 号，北大法律信息网——北大法宝 http://www.pkulaw.cn/cluster_call_form.aspx/ 最后访问日期 2013 年 1 月 18 日。

判决后,原告不服一审判决,主张其惯常操作可能成交的价格与当日收盘价之间的差价进行赔偿,提起上诉。

上海市第二中级人民法院二审认为:根据当日的股票行情记录,仅有 9.66 元卖出 2000 股中华企业和 11.05 元卖出 200 股北京城建这两笔委托系由于被上诉人的原因而未能成交,其所造成的经济损失 1036 元应当由被上诉人承担。至于前述两笔卖出委托以外当日其他的卖出委托,根据当日行情并不能成交,上诉人主张按照其惯常操作方式即撤单再卖出均可以成交,但其所述操作并非实际发生,上诉人亦无法提供充分证据证实该方式系其惯常操作方式且均能成功,故无法依照此方式计算损失数额。况且,上诉人所主张的按照其惯常操作方式可能获得的利益,伴随着较大的操作风险,亦超过被上诉人签订证券委托代理合同可以预见的范围。

【处理结果】

上海市黄浦区人民法院结合上诉人交易情况和当时的股票行情走势法院在周敏如实际损失 1036 元的基础上,结合周敏如交易情况和当时的股票行情走势等因素综合分析酌情确定其机会利益损失为 964 元,合计赔偿额为 2000 元,并无不当。故应驳回上诉,维持原判。

【争议焦点】

一、什么是证券交易合同?

二、证券公司基于系统故障导致客户遭受损失的,赔偿责任应如何确定?

【法理分析】

一、什么是证券交易合同?

(一)证券交易

证券交易,英文 Securities Transaction,是指证券持有人依照交易规则,将证券转让给其他投资者的行为。证券交易除应遵循《证券法》规定的证券交易规则,还应同时遵守《公司法》及《合同法》规则。

"证券交易是指依法对发行并认购的证券在证券交易市场进行买卖的行为。证券交易是一种买卖性质的合同关系,实质上是证券权利的转让和受让。"[①]

《证券法》第 42 条规定证:"证券交易以现货和国务院规定的其他方式进行交易。"证券交易一般分为两种形式:一种形式是上市交易,是指证券在证券交易所集中交易挂牌买卖。凡经批准在证券交易所内登记买卖的证券称为上市证券;其证券能在证券交易所上市交易的公司,称为上市公司。另一种形式是上柜交易,是指公开发行但未达上市标准的证券在证券柜台交易市场买卖。

早期证券交易主要采取现货交易方式,但随着商品经济及资本市场的发展,证券交易形式呈现出由低级向高级、由简单向复杂、由单一向复合的发展趋势。"各国

---

① 吴志攀著:《金融法概论》,北京大学出版社 2011 年版,第 317 页。

证券交易方式的分类标准出现多元化趋势,既可按单一标准分类,也可兼采多种标准分类,并形成了现货交易、信用交易、期货交易和期权交易等并存的交易形式。"①

允许交易的证券,必须是依法发行并交付的证券。所谓依法发行并交付,是指证券的发行是完全按照有关法律的规定进行的,符合法律规定的条件和程序,具有法律依据,通过发行程序并将证券已经交付给购买者。也就是说,进行证券交易的当事人依法买卖的证券,是其合法持有的证券。非依法发行的证券,即证券的发行,没有按照法律规定的条件和程序进行,这样的证券,不得买卖。

证券交易合同是证券公司或证券交易双方之间设立、变更、终止民事关系的协议。依法成立的合同,受法律保护。《中华人民共和国合同法》第2条:合同是平等主体的自然人、法人、其他组织之间设立、变更、终止民事权利义务关系的协议。②

证券交易合同是双务、有偿、要式合同。合同的法律约束力,应是法律赋予合同对当事人的强制力,即当事人如违反合同约定的内容,即产生相应的法律后果,包括承担相应的法律责任。约束力是当事人必须为之或不得为之的强制状态,约束力或来源于法律,或来源于道德规范,或来源于人们的自觉意识,当然,源于法律的法律约束力,对人们的行为具有最强迫约束力。

合同的约束力主要表现为:

1. 当事人不得擅自变更或者解除合同。

2. 当事人应按合同约定履行其合同义务。

3. 当事人应按诚实信用原则履行一定的合同外义务,如完成合同的报批、登记手续以使合同生效。不得恶意影响附条件法律行为的条件的成就或不成就,不得损害附期限法律行为的期限利益等。

二、证券公司基于系统故障导致客户遭受损失的,赔偿责任应如何确定?

实践中,证券公司基于系统故障导致客户遭受损失的事故时有发生,原则上证券公司因系统故障对客户应负赔偿责任局限于实际损失。根据《合同法》的规定,客户可以向证券公司要求承担违约责任,即可以要求证券公司赔偿包括可得利益在内的实际损失,但是可得利益损失的确定与赔偿应当限制在代理人在签订代理合同及违约时可以预见的范围之内。当系统故障导致客户账户上的股票或资金发生减损或灭失时,只要证券公司存在过错,符合侵权行为的构成要件,客户亦可基于证券公司的侵权行为请求损害赔偿,但证券公司也仅应当赔偿客户的实际损失。

基于系统故障导致客户的交易损失,往往不仅仅限于实际发生的证券交易损失,但是,这些损失往往基于客户不能举出充分证据予以证明而无法获得赔偿。本案中,周敏如主张其除了已经发出的卖出指令基于系统故障而遭受损失外,还主张无法进行其惯常操作而遭受损失,并提出每日进行类似操作的证据。后一部分损失,基于股票交易存在较高的风险性,交易人不能控制的影响股价的不确定因素较

---

① 盛学军著:《金融法学》,中国政法大学出版社2007年版,第264页。
② 参见朱崇实著:《金融法教程》,法律出版社2011年版,第435页。

多,交易风险极大,因此股票交易只具有获利的可能性,而不具备获利的必然性,不符合可得利益的条件,只能是机会利益损失。

所谓机会利益,即机会本身而言,对当事人意义重大,尽管机会的存在不一定必然最终使当事人受益,但是当事人对可能带来收益的机会具有合理期待。因而,应通过机会利益损失赔偿予以保护。特殊情况下,当客户被根本剥夺了股票交易机会,如本案相关股票被标识"股份余额不足",且能提供证据证明按其惯常操作将进行交易,则无论是基于违约还是侵权,法官均可酌情考虑客户的机会利益损失。理由如下:

1. 从证券委托代理合同的特性出发,为客户提供股票交易机会是证券公司作为金融中介机构履行合同义务的基本内容。证券公司作为专门从事各种金融活动的组织,在买卖股票这一直接金融活动中充当中介,必须为交易进行提供物质、人员、技术上的保障,为当事人参与金融活动提供保障,该保障并非保障客户获利,而是交易机会上的保障。① 而该机会利益对客户而言意义重大。这在于:金融的核心是跨时间、跨空间的价值交换;所有涉及价值或者收入在不同时间、不同空间之间进行配置的交易都是金融交易。机会利益意味着进行跨时间、跨空间价值交换之交易机会,无机会则无利益。因而,交易机会是实现金融交易目的的基本媒介,对交易主体而言利益重大,尽管亦伴随较大风险,但也不能否定机会利益的存在及其独立具有的法益。

2. 从传统民商法理论来看,机会丧失理论亦有一定的适用空间。合同法上,机会丧失理论主要适用于这样的情形:如果合同约定的内容就是为一方当事人提供一个获益的机会,则因一方违约导致该机会丧失当然应该予以赔偿。机会丧失理论在侵权法领域主要适用于这样的情形:如果没有加害行为,受害人原本可能获得一个较佳的结果(获得利益或避免损害的发生),而加害行为使得这种可能性(机会)丧失或减少,则该机会的丧失应得到赔偿。本案中,由于证券公司的原因发生了系统故障,使周敏如丧失了利用原有股票进行交易的机会,从根本上剥夺了股民获利的可能性,如不让证券公司承担任何责任,《民法通则》规定的公平、诚实信用和合法权益不受侵害的原则就无从体现,客观上也放纵了证券公司违约行为的发生。所以,法院可依据《民法通则》的原则,酌情判令证券公司对客户机会利益的丧失给予适当赔偿。

3. 机会利益损失数额的司法自由裁量方法。确定机会利益损失数额的方法通常有两种,即具体推定与抽象推定。前者指根据受害人遭受的损失、支出的费用来计算损失额。后者指按照当时社会的一般情况来确定损失额,而不考虑受害人的特定情况。坦言之,两种方法对于损害数额的确定各有优劣。具体推定更能体现保护受害人的目的,但有时举证较为困难;抽象推定虽可避免繁琐的举证,易于适用,但其适用通常需以市场价格的存在为前提。从司法裁量来看,量化机会损失,有赖于两种计算方法的结合。司法在确定机会利益的价值时,可以综合考量合同的特性、

---

① 参见龙卫球著:《民法总论》(第二版),中国法制出版社 2002 年版,第 574 页。

机会中所蕴含的或然性、相对方的可预见性等因素,进行酌定。例如,机会对缔约目的实现越重要,该机会利益的价值愈大;机会中蕴含的偶然性越多,机会的价值就越小。

上诉人主张其损失应当按照当日其全部未成交的股票卖出委托来计算,按其惯常操作手法可能成交的价格进行赔偿,要求国信证券营业赔偿股票交易损失 17977 元,即要求按其操作手法进行具体推定。但其未能提供充分证据。本案中,机会利益损失的确定和赔偿应当在证券公司在签订证券代理买卖合同及违约时可以预见的范围之内。即机会利益的损失,应当按照一般客户操作模式下可能遭受的机会利益损失来计算。且周敏如自述其为"超级短线客",每天交易频繁,利用自有股票进行短期套利。其主张的按照其惯常操作方式可能获得的利益,伴随着较大的操作风险,亦超过被上诉人签订证券委托代理合同可以预见的范围。

【掩卷沉思】

证券公司基于系统故障导致客户遭受损失的,根据《合同法》的规定,客户可以向证券公司要求承担违约责任。当系统故障导致客户账户上的股票或资金发生减损或灭失时,只要证券公司存在过错,符合侵权行为的构成要件,客户亦可基于证券公司的侵权行为请求损害赔偿,但证券公司也仅应当赔偿客户的实际损失。基于股票交易存在较高的风险性,交易人不能控制的影响股价的不确定因素较多,交易风险极大,故其存在机会利益。在特殊情况下,当客户被根本剥夺了股票交易机会,且能提供证据证明按其惯常操作将进行交易,则无论是基于违约还是侵权,法官均可酌情考虑客户的机会利益损失。

"证券公司系统故障导致客户不能进行交易时,客户可以主张的损失赔偿原则上应根据客户实际发生的、基于系统故障受到影响的交易为依据进行计算。"[1]特殊情况下,若系统故障根本上剥夺了客户的交易机会,而影响了原本将进行的惯常操作,对该部分机会利益损失法院可酌情考虑予以一定数额赔偿。

第三节 上市公司收购法律制度

案例48 大同煤矿集团有限公司收购山西漳泽电力股份有限公司案[2]

【案情介绍】

收购公司:大同煤矿集团

被收购公司:山西漳泽电力股份有限公司

---

[1]汪鑫著:《金融法学》,中国政法大学出版社 2011 年版,第 202 页。
[2]案例来源:中国证券监督管理委员会 http://www.csrc.gov.cn/pub/newsite//最后访问日期 2013 年 1 月 19 日。

2012 年 9 月 19 号,山西漳泽电力公司收购发布收购报告书摘要,紧接着,北京市大成律师事务所也发布关于《山西漳泽电力股份有限公司收购报告书》的法律意见书。

北京市大成律师事务所是具有中华人民共和国执业资格的律师事务所。本所受同煤集团的委托,就同煤集团以标的资产认购漳泽电力新发行股份所涉及的上市公司收购之相关事宜,根据《公司法》、《证券法》、《收购办法》、《第 16 号准则》及其他有关法律、行政法规及规范性文件的规定,出具本《法律意见书》。

同煤集团:

历史沿革:同煤集团的前身为大同矿务局,成立于 1949 年。2000 年 7 月,经山西省人民政府晋政函【2000】88 号文《关于大同矿务局建立现代企业制度有关问题的批复》批准,大同矿务局改制为山西省人民政府出资设立的国有独资有限责任公司,是山西省人民政府授权的投资主体,设立时注册资本为 353308 万元。2000 年 6 月 20 日,大同金石有限责任会计师事务所出具同金会验字【2000】第 05 号《验资报告》。

2003 年 11 月,山西省人民政府办公厅印发了《关于尽快实施做大做强大同煤矿集团有限公司方案的会议纪要》(【2003】43 次),将同煤集团企业类型由国有独资有限责任公司变更为多元投资的有限责任公司。2006 年 10 月 25 日,山西亚强会计师事务所(有限公司)出具晋亚强验【2006】067 号《验资报告》。

2005 年 12 月,中国信达与山西省国资委等同煤集团股东签订了《延期债权转股权协议》及《关于共同出资设立大同煤矿集团有限责任公司之出资人协议》,确定各方共同出资设立大同煤矿集团有限责任公司。

本次收购的目的:本次收购是以资本市场的力量切实推进山西经济发展方式转变、推进山西"资源型经济转型综合配套改革试验区"发展,实现山西转型跨越的具体行动。在 2003 年山西省政府即作出决定,将同煤集团建成我国最大的煤电一体化的企业,提高煤炭就地加工转化水平,实现煤炭企业的转型。

本次收购的决定:

根据《公司法》《证券法》《收购办法》及各方内部决策的有关规定,本次收购已经履行和尚待履行的批准与授权如下:

2012 年 6 月 14 日,本次重大资产重组已经取得山西省国资委出具的《关于同煤集团调整与漳泽电力重大资产重组方案的意见》(晋国资产权函【2012】377 号)。

2012 年 6 月 27 日,本次重大资产重组方案已经同煤集团董事会审议通过。

2012 年 6 月 27 日,同煤集团全体股东一致同意以书面形式作出《全体股东关于同煤集团重组漳泽电力事项的决定》,同意同煤集团认购漳泽电力定向发行的新增股份,签署相关交易协议,授权董事会全权办理本次重大资产重组过程中的有关事宜。

2012 年 7 月 22 日,漳泽电力已与同煤集团签署附条件生效的《发行股份购买资产协议》。

2012 年 7 月 25 日,国家环保部出具《关于山西漳泽电力股份有限公司上市环保核查情况的函》(环函【2012】180 号),认为漳泽电力目前基本符合环保法律法规有关要求。

2012 年 8 月 8 日,同煤集团取得山西省国资委出具的《关于同煤集团对漳泽电力实施重大资产重组的批复》(晋国资产权函【2012】536号),山西省国资委已同意同煤集团对漳泽电力实施本次重大资产重组的方案。

2012年8月21日,漳泽电力召开2012年第一次临时股东大会,审议通过了本次交易的相关议案,并同意同煤集团免于以要约方式增持上市公司股份。

2011年12月27日,国务院国资委出具《关于山西漳泽电力股份有限公司国有股东所持股份无偿划转暨资产重组有关问题的批复》(国资产权【2011】1449号),同意漳泽电力本次非公开发行股份暨资产重组的总体方案。

2012年12月26日,中国证监会出具《关于核准山西漳泽电力股份有限公司向大同煤矿集团有限责任公司发行股份购买资产并募集配套资金的批复》(证监许可【2012】1741号),核准漳泽电力向同煤集团发行680012800股股份购买相关资产,并核准漳泽电力非公开发行25000万股新股募集本次发行股份购买资产的配套资金。2012年12月26日,中国证监会出具《关于核准大同煤矿集团有限责任公司公告山西漳泽电力股份有限公司收购报告书并豁免其要约收购义务的批复》(证监许可【2012】1742号),对同煤集团公告山西漳泽电力股份有限公司收购报告书无异议;并核准豁免同煤集团因以资产认购漳泽电力非公开发行股份而持有漳泽电力680012800股股份,约占漳泽电力总股本的30.17%而应履行的要约收购义务。2012年7月23日,《重组报告书(草案)》已经漳泽电力第六届董事会第十七次会议审议通过。

为保护中小股东的利益,同煤集团将在本次重组完成后十二个月内,将所持中电工程51%股权中电燃料54%股权转让予漳泽电力。

【处理结果】

证监会已批准此次收购,具体内容如下:

根据《公司法》、《证券法》、《上市公司收购管理办法》(证监会令第77号)等有关规定,经审核,现批复如下:

一、我会对你委公告山西漳泽电力股份有限公司收购报告书无异议;

二、核准豁免你委因国有资产行政划转而增持山西漳泽电力股份有限公司299130000股股份,导致合计控制该公司480736580股股份,约占该公司总股本的36.32%而应履行的要约收购义务;

三、你委应当按照有关规定及时履行信息披露义务;

四、你委应当会同山西漳泽电力股份有限公司按照有关规定办理相关手续;

五、你委在收购过程中,如发生法律、法规要求披露的重大事项,应当及时报告我会。

【争议焦点】

一、同煤集团收购漳泽电力股份有限公司属于何种收购方式?我国证券法对此有何规定?

二、什么是要约收购义务豁免?要完成此次收购还需完成那些程序?

【法理分析】

　　一、同煤集团收购漳泽电力股份有限公司属于何种收购方式？我国证券法对此有何规定？

　　本案的核心是上市公司收购制度。同煤集团收购漳泽电力属于要约收购。收购人依法公告了收购要约的内容，并按照法定程序进行收购。

　　上市公司收购，是指收购人依法通过取得股份的方式成为一个上市公司的控股股东或者通过投资关系、协议、其他安排的途径取得上市公司控制权的行为。我国目前规范上市公司收购的主要法律法规是《证券法》和《上市公司收购管理办法》，按《证券法》规定，投资者可以采取要约收购、协议收购和其他合法方式收购上市公司。所谓要约收购，是指收购人通过向上市公司发出购买股份的要约，收购上市公司的股份，以获得或加强对上市公司的实际控制权；协议收购，是指收购人通过与上市公司的特定股东签订协议的方式收购其股份，以获得或者加强对上市公司的实际控制权；其他合法方式是指收购人通过投资关系、协议、其他安排的途径成为一个上市公司的实际控制人。

　　"要约收购又称公开收购，以收购人是否自愿发出收购要约为标准，要约收购可分为强制性收购和自愿性要约收购。以收购要约标的是否是目标公司持有的全部股份，要约收购可以分为全面要约收购和部分要约收购。"[1]要约收购，应遵守《证券法》《公司法》《上市公司收购管理办法》等具体规定。

　　要约收购的特点是：(1) 要约收购是收购人与上市公司其他股东之间的特殊交易行为，该种特殊交易行为不适用普通证券交易所内的集中竞价交易规则，而是根据收购人在收购要约中提出的收购价格和条件成交，即采用收购要约的形式进行收购。此外，要约收购不受慢走规则的约束，即收购人无须在持股数量发生 5% 增减时，暂停对上市股票的收购，而可以在收购要约发出后持续性进行收购。(2) 要约收购的相对当事人是目标公司的所有股东。这是要约收购与协议收购的主要区别。"协议收购则是收购人与目标公司个别股东协商收购其股份的行为。要约收购适合于股权较为分散的股份公司，而协议收购适合于存在绝对或者相对控股股东的公司。"[2]

　　要约收购与其他公司收购方式相比，具有收购支出低，收购时间较快，收购易保密，易获成功，如收购失败，损失也较少的优点。但要约收购也存在其缺点，比如收购者与受要约人往往地位不平等，可能损害目标公司股东的利益。因此国家立法在允许或鼓励要约收购的前提下，均对目标公司中小股东的保护作出规定。

　　我国《证券法》对要约收购的规定，主要涉及以下几方面：

　　1. 收购要约的内容、期限与法律特性。收购要约的内容主要是提出收购的条件与相关安排，具体包括：收购人的名称、住所；收购人关于收购的决定；被收购上市公司名称；收购目的；收购股份的详细名称和预定收购的股份数额；收购期限、收购价

①参见盛学军著：《金融法学》，中国政法大学出版社 2007 年版，第 283 页。
②参见朱崇实著：《金融法教程》，法律出版社 2011 年版，第 447 页。

格;收购所需资金额及资金保证;收购已经持有的被收购公司股份的比例等。关于收购的期限,《证券法》规定,不得少于 3 日不得超过 60 日。

从法律上讲,收购要约具有不可撤销性和适用的普遍性。不可撤销性是指收购要约不得撤销,并不得随意更改。适用的普遍性是指收购要约适用于被收购公司的所有股东,而不得有例外。

2. 要约收购的触发条件——持股达到 30%并继续收购。我国《证券法》第 88 条规定,通过证券交易所的证券交易,投资者持有或者通过协议、其他安排与他人共同持有一个上市公司已发行的股份达 30%时,继续进行收购的,应依法向该上市公司所有股东发出收购上市公司全部或者部分股份的要约。

可见,持股 30%并不必然导致要约收购,只有投资者决定继续收购的,才有发出收购要约的义务。此外,因对协议收购持股 30%决定继续进行收购的,经国务院证券监督管理机构豁免,可以不发出收购要约,不按要约收购进行。

收购上市公司部分股份的收购要约应当约定,被收购公司股东承诺出售的股份超过预定收购的股份数额的,收购人按比例进行收购。收购人在发出要约收购前,必须向国务院证券监督管理机构报送并同时向证券交易所提交上市公司收购报告书。收购人在报送上市公司收购报告书之日起 15 日内后,公告其收购要约。

"目标公司的终止上市和目标公司股份的强制出售。收购期限届满,被收购公司股权不符合上市条件的,该上市公司的股票应当由证券交易所终止上市交易;其余人仍持有被收购公司股票的股东,有权向收购人以收购要约的同等条件出售其股票,收购人应当购买。"①

3. 收购公告结束。收购上市公司的行为结束后,收购人应当在 15 日以内将收购情况报告国务院证券监督管理机构和证券交易所,并予以公告。

"收购要约"是指收购人向被收购公司股东公开发出的、愿意按照要约条件购买其所持有的被收购公司股份的意思表示。

二、什么是要约收购义务豁免? 要完成此次收购还需完成哪些程序?

"全面要约收购义务"是指收购人持有、控制一个上市公司的股份达到该公司已发行股份的 30%时,继续增持股份或者增加控制的,应当以要约收购方式向该公司的所有股东发出收购其所持有的全部股份的要约。符合一定条件的可以向中国证监会申请豁免。

《证券法》第九十六条:采取协议收购方式的,收购人收购或者通过协议、其他安排与他人共同收购一个上市公司已发行的股份达到百分之三十时,继续进行收购的,应当向该上市公司所有股东发出收购上市公司全部或者部分股份的要约。但是,经国务院证券监督管理机构免除发出要约的除外。

《上市公司收购管理办法》第六十一条:符合本办法第六十二条、第六十三条规

---

① 参见汪鑫著:《金融法学》,中国政法大学出版社 2011 年版,第 219 页。

定情形的,投资者及其一致行动人可以向中国证监会申请下列豁免事项:

(一)免于以要约收购方式增持股份;

(二)存在主体资格、股份种类限制或者法律、行政法规、中国证监会规定的特殊情形的,可以申请免于向被收购公司的所有股东发出收购要约。

截至本《法律意见书》出具日,本次收购相关事项无尚需取得的批准程序,本次收购已履行了必要的程序,取得了必要的批准与授权。①

【掩卷沉思】

本次收购是以资本市场的力量切实推进山西经济发展方式转变、推进山西"资源型经济转型综合配套改革试验区"发展,实现山西转型跨越的具体行动。收购后漳泽电力的盈利能力将得到改善,有助于提高其综合竞争力。另外,本次收购将是解决我国煤电矛盾的一种模式探索。

中国的上市公司收购要上报国务院证券监督管理机构,因对协议收购持股30%决定继续进行收购的,经国务院证券监督管理机构豁免,可以不发出收购要约,不按要约收购进行。

中国上市公司的股权结构比较集中,绝大多数上市公司都存在一个或少数几个绝对控股的股东。这使得收购人和控股股东合作,从控股股东手中购买股权,才能获得上市公司的控制权。收购只能是善意收购,获得控股股东支持才能成功。② 恶意收购和自愿收购要约很少发生。

---

① 参见李蕊、杨璐著:《金融法案例评析》,对外经济贸易大学出版社2011年版,第86页。
② 参见吴志攀著:《金融法概论》,北京大学出版社2001年版,第353页。

第十二章　期货法律制度

第一节　期货交易的种类、合约和交易流程

案例 49　李刚诉中信新际期货有限公司期货经纪合同纠纷案①

**【案情介绍】**

原告：李刚

被告：中信新际期货有限公司

2006 年 11 月 15 日，原告与被告签订《期货交易合同》及相关开户文件，建立期货交易代理法律关系。合同约定，原告委托被告按照原告交易指令进行期货交易，被告接受原告委托并按照原告交易指令进行期货交易；被告因不当延误执行原告交易指令而造成损失的，被告应当赔偿直接经济损失；合同约定的原告指令下达方式为书面、电话或电子化交易方式。合同还对保证金及管理、指令下达人、通知及确认、风险及控制等事项也作了明确约定。此外，双方还于当日签订了了《期货电子化交易合同》及《关于交易结算结果通知方式的补充合同》，对有关事项作了约定。2008 年 9 月 1 日 14 点 57 分左右，原告拨通被告处的下单电话 021-61051112，电话下达交易指令，准备将当日上午建仓的燃料油及黄大豆多头合约全部按市价平仓。但当原告向被告交易员报出交易账号后，被告交易员要求原告提供电话报单密码，原告遂将被告业务员严晨皓于 2008 年 7 月 2 日提供的报单密码 7112 报给交易员后，交易员竟称密码错误，不接受原告后续操作指令。虽经原告几经努力，但最终未能成功下达交易指令，致使原告未能按照当时市价卖出平仓燃料油 0811 合约 100 手、黄大豆 0901 合约 60 手。2008 年 9 月 2 日开盘，上述两个品种的合约价格暴跌，原告为避免损失的进一步扩大，只得分别在 4726 元及 4208 元价位将上述两种合约平仓。被告业务人员的这一错误操作行为直接导致原告未能按照当时的市场价格平仓，造成原告经济损失计人民币 283672.35 元（以下币种同）。对此被告辩称：双方确实存在期货经纪合同关系，同时因被告工作人员的失误，亦确实未将经修改的原告的电话报单密码告知原告，但依据原告的举证，原告未能证实其诉称的 2008 年 9 月 1 日原告曾明确下达交易指令的关键事实，故被告不承担相应的赔偿责任。

---

①案件来源：上海市第一中级人民法院（2009）沪一中民三（商）初字第 9 号，北大法律信息网—北大法宝http://www.pkulaw.cn/fulltext_form.aspx，最后访问日期为 2013 年 1 月 31 日。

【处理结果】

一审法院认为,原、被告依约形成的期货经纪合同关系合法有效。被告作为期货经纪公司,除应当接受客户委托、审核并执行客户的交易指令外,还应根据合同约定确保客户各种下单方式的顺利完成。本案中,被告的工作人员未将更改后的交易密码和对应的报单电话完整地告知原告,致使原告无法正常下达交易指令,对此被告应具有过错。对于上述过错,被告亦当庭予以确认,并书面函告本院,愿意就此一次性补偿原告人民币 5 万元。

根据被告提交的 2008 年 9 月 1 日的报单电话录音资料反映,原告当时在与接线交易员的对话中,虽然有下单交易的意思表示,但对话内容未涉及交易指令应当基本指明的品种、数量和买卖方向,据此一审法院认定原告未能按照期货交易规则完成交易指令的下达。现原告以其交易账户在 2008 年 9 月 1 日、2 日间发生的交易亏损,要求被告如数赔偿,因该损失与被告的上述过错之间不存在因果关系,二审法院不予支持。同时,原告亦未在收讫 2008 年 9 月 1 日当日的交易结算结果后,及时向被告提出异议。被告因其工作人员的疏忽,自愿补偿原告 5 万元,符合商业道德和公平原则的要求,二审法院予以允许。综上,依照《最高人民法院关于审理期货纠纷若干问题的规定》第三条、第二十七条之规定,判决如下:

一、被告中信新际期货有限公司应于本判决生效之日起十日内偿付原告李刚人民币 5 万元;

二、驳回原告李刚其余诉讼请求。如果被告未按本判决指定的期间履行金钱给付义务,应当依照《中华人民共和国民事诉讼法》第二百二十九条之规定,加倍支付迟延履行期间的债务利息。本案受理费人民币 5585 元,由原告李刚负担 4535 元,被告中信新际期货有限公司负担 1050 元。如不服本判决,可在判决书送达之日起十五日内向本院递交上诉状,并按对方当事人的人数提出副本,上诉于上海市高级人民法院。

【争议焦点】

一、原告是否向被告下达明确的交易指令?

二、经纪公司与其经纪人的关系如何?

【法理分析】

一、原告是否向被告下达明确的交易指令?

(一)期货交易的特点与期货经纪关系的内容

期货是期货法律关系的客体,是期货投资者在期货市场中按既定的条件买入或卖出某种商品的媒介。在期货交易过程中,套期保值和投机获利是期货买卖的直接目的,期货就是为期货市场中套期保值者和投机者各自目的而设置的一种手段,而其最终目的都是围绕着期货市场的价格发现功能的实现,即通过在期货交易所进行买卖期货的活动,发现和形成一个比较真实、准确的权威性价格,对生产和经营者起指导作用,调节供求,促进国民经济的发展,也正是这些作用,决定了期货自身应具有独特的特性。期货是一种商品,但这种商品本身又不是一般意义上的具体商品而是具体商品的抽象,也就是期货合约。期货作为一种标准化的合约,在成为一种交易对象之前,仅仅是作为一种约定存在,它是一种约定在未来某一时间交付某种商品的标准合约。①

从 1848 年芝加哥期货交易所诞生至今,期货市场的发展已经经历了一个半多世纪了,期货交易也在 20 世纪 70 年代开始形成。期货交易是证券交易的一种形式,和现货交易相对,又叫期货合约交易。它是指在证券交易过程中,双方成交后,交割和清算要按契约中规定的价格在约定某个日期进行。它与现货交易的区别在于②:

第一,现货交易是指双方在成交后很短的时间内进行交割,买者付现金,卖者交付证券,而期货交易是双方在约定的期限按照约定的价格进行交割。

第二,期货交易是远期交割,投资者即使不持有足够的资金和证券,只要支付少量的保证金就可以买到较多的证券,因此,可以说期货交易是用少量的资金进行较大数额的投资。

第三,期货交易买卖的是期货合约,即一种在交易所内成交、依照法律或规则执行在将来某一特定时间和地点交收某一特定证券的标准化合同。大部分期货合约在交割日之前,就通过对冲买卖了结交易,到期根据市场结算,支付差额。

第四,证券期货交易不是为了转移证券所有权或简单的投资回报,而是利用市场规避风险。证券期货交易的出现可为稳定证券价格、避免利率风险寻找新途径,但同时又增加过度投机、价格波动、操纵市场的可能,西方国家期货交易市场都相应地实施交付保证金制度、无负债制度来保证期货交易顺利进行。

期货经纪法律关系是一种行纪关系,这种法律关系的当事人是委托人(客户)和行纪(经纪公司)。客户与经纪公司签订的委托协议是一种行纪合同。实践中,人们一般将这种合同称为“委托代理协议书”。期货经纪活动中会产生两方面的法律关系:(1)客户与经纪人之间的行纪关系;(2)经纪人与第三人之间的合约买卖关系。至于客户与第三人之间,不发生任何直接的法律关系。下面着重分析客户与经纪公司之间的关系。从我国期货经纪业务的时间来看,客户与经纪公司之间的权利义务关系如下:

1. 经纪公司的义务:期货经纪商是专门代客户进行期货交易并收取一定佣金的商人。③

第一,应遵从客户的指令。指令的内容一般包括买卖的方向、交易品种、数量、价格及指令有效的时间。指令有多种类型,不同类型的指令赋予经纪公司及其经纪人的自由决定权不同,由此产生的责任也不同。如限价指令,是要求经纪公司以客

---

①参见陈益民:《略论期货的法律含义及其特征》,河北法学,1994 年第 2 期。
②参见宋彪:《财税金融法典型案例》,中国人民大学出版社 2002 年版,第 383 页。
③参见李明良:《期货市场风险管理的法律机制研究》,北京大学出版社 2005 年版,第 230 页。

户指定的价格或比指定的价格更有利的价格代为交易的指令。若经纪公司为买入的价格高于指定价格、为卖出的价格低于指定价格，即为违约，客户有权拒绝承受其后果。按照《期货经纪公司管理办法》的规定，投资者可以通过书面、电话、计算机、网上委托等方式下达交易指令。以书面方式下达交易命令的，投资者应当填写书面交易指令单；以电话方式下达交易指令的，期货公司必须同步录音；以计算机、网上委托以及其他方式下达交易指令的，期货公司应当保存能够证明交易指令内容的记录。但是应当注意的是，并不是只要客户下达了指令，这个指令就肯定被执行。因为期货市场的变化有时可能使客户的指令得不到执行，这是期货市场的风险特征之一。只要期货经纪公司将客户的指令传达了交易场所，则应视为完成了自己的任务，履行了自己的义务。

第二，应诚信、忠实、谨慎。这项义务的范围很广，也就是说经纪公司不得为自己的利益而牺牲客户的利益。

第三，及时报告的义务。经纪公司应当向客户提供有关市场信息、行情信息、行情分析报告以供客户参考；应将客户委托事项的情况报告客户，成交后，及时将成交结果通知给客户；应向客户申报账目，等等。投资者有权按照期货经纪合同约定的时间和方式知悉交易结算报告的内容。投资者报告的内容有异议的，应当在期货经纪合同约定的时间内向期货经纪公司提出书面的异议；投资者对交易结算的报告的内容无异议的，应当按照期货经纪合同约定的方式确认。

第四，保密义务。经纪公司不得将客户的名称或者姓名、买卖单、盈亏及其他保密的材料予以泄露。

第五，保管义务，等等。

2. 关于经纪公司的权利有：报酬请求权、冲抵权、强行平仓权、介入权等。

3. 有关客户的义务有：支付报酬、及时缴纳保证金、承担亏损及债务的义务等。

4. 客户的相关权利有：享受经纪公司代为买卖的盈利权、拒绝接受经纪公司在违约的情况下代为买卖的法律后果。

（二）原告是否下达明确的交易指令？

从以上的客户与经纪公司的权利义务关系可以看出客户有下达交易指令的权利，而经纪公司亦有接受交易指令的义务。但是本案中，根据被告提交的 2008 年 9 月 1 日的报单电话录音资料反映，原告当时在与接线交易员的对话中，虽然有下单交易的意思表示，但对话内容未涉及交易指令应当基本指明的品种、数量和买卖方向，据此应认定原告未能按照期货交易规则完成交易指令的下达。因此，原告并未向被告下达明确的交易指令。

（三）未成功下达交易指令的损失的承担

由于原告并未向被告下达明确的交易指令，因此，原告要求被告赔偿发生的交易亏损不能被支持。也就是说原告发生的损失与被告的过错不存在因果关系，因此被告不承担由此产生的损失。

二、经纪公司与其经纪人的关系如何?

期货经纪人是指专门从事商品期货、金融期货、期权等品种交易的中介,以自身名义介入期货交易或代客买卖期货(包括出市代表和其他从事客户开发、开户、执行委托、结算等业务),在期货交易中进行分析、判断,通过价格涨跌波动赚钱的人员,但不能直接代表客户投资。期货经纪人的主要工作内容为:市场开发和业务拓展,为公司招来客户、吸纳资金;为委托人办理期货合约买卖的各项手续;向委托人详尽介绍期货合约的内容、交易所的交易规则及相关法律法规;及时向委托人报告市场信息,提交市场研究报告,充当委托人的交易顾问,向委托人提供有利的交易机会;维护委托人的利益,按委托人的指令进行期货合约买卖。

经纪公司雇佣的经纪人分为两种:一种是场外经纪人,即为所属经纪公司拉客户、拉订单、传达交易指令或带客户下达交易指令的人;一种是场内经纪人,即经纪公司的出市代表。

期货纠纷中,有很多都涉及了经纪公司与其经纪人的关系问题,本案中,就是由于经纪人的过失行而给经纪公司造成了一定的损失,那么这种损失最终由谁来承担呢?笔者认为,从《期货经纪公司登记管理暂行办法》的规定来看,经纪人不能成为期货市场上的独立主体。实践中的期货经纪人往往要依附于期货公司,以期货公司的名义对外开展业务。因此从实质上而言,我国的期货经纪人只是从事期货交易的期货公司的雇员,他们以期货公司的名义接受客户的具体指令,其本身并没有独立的主体资格。从我们国家的国情来看,绝大多数经纪人尚没有足够的经济实力来承担期货交易中的巨额赔偿责任,因此,让经纪人来承担责任对于客户来说无疑是一种空话,这将使得客户的权益不能得到很好地维护。从上述介绍的期货经纪法律关系来看,其主体是经纪公司与客户而不是经纪人与客户。经纪公司从客户那里得到权利,根据权利义务相一致原则,经纪公司也应当对客户负有义务,而不是只享有权利而由经纪人承担义务。并且,客户愿意投资参与交易看中的是经纪公司的实力而非经纪人的能力。因此,笔者认为,经纪人作为经纪公司的雇佣人员,其过失理应由经纪公司来承担。至于经纪公司与经纪人内部应当如何处理,这是经纪公司内部的问题。

【掩卷沉思】

对于经纪公司与其经纪人的关系问题,目前尚有争论。有人认为,经纪公司与经纪人并不存在通常意义的雇佣关系,因此,经纪人的过失应由经纪人个人承担责任。另有人认为,从我国相关的法律规定来看,经纪人同其所在的经纪公司是一般的雇佣关系,并不是期货市场的独立主体,因此,经纪人的过失行为应由经纪公司承担责任。还有人认为,期货经纪人既是期货公司的雇员、代理人,又是客户的代理人,因此,期货经纪人在给客户造成损失时,由期货公司和期货经纪人共同承担。此为"共同承担说"。

笔者认为,期货经纪人在给客户造成损失时,应当由期货公司向受害人承担相应的法律责任。因为期货经纪人在提供相应的服务时,是以公司的名义进行的。另外,公司相对于期货经纪人来说有较高的信誉、财力以及物力,对于期货受害者来说能够最大限度地得到相应的赔偿。

第二节　期货交易的法律制度

案例50　范有孚与银建期货经纪有限责任公司天津营业部期货交易合同纠纷再审案①

【案情介绍】

申请再审人(一审被告,二审上诉人):银建期货经纪有限责任公司天津营业部

被申请人(一审原告,二审上诉人):范有孚

2007年3月5日,范有孚与天津营业部签订期货经纪合同及其补充1、2配套协议,委托天津营业部按照交易指令为范有孚进行期货交易。合同签订后,2007年12月24日前,范有孚持有Cu0802合约33手、Cu0803合约369手、Cu0804合约10手。2007年12月24日,范有孚根据天津营业部的通知,自行平仓大豆270手,达到天津营业部要求的保证金水平。天津营业部在15时收市后,于18时50分通知范有孚追加保证金。范有孚于2007年12月25日13时48分存入保证金150万元。2007年12月25日8时59分,天津营业部在集合竞价时对范有孚所持空仓合约412手强行平仓,其平仓价位分别为Cu0802合约33手62390元/吨,Cu0803合约369手61250元/吨、Cu0804合约10手60840元/吨。当日,收盘价格分别为Cu0802合约58850元/吨、Cu0803合约57970元/吨、Cu0804合约58050元/吨。按照强行平仓价格与当日收盘价格的差价计算,范有孚持有Cu0802合约33手的差价损失为471900元、Cu0803合约369手的差价损失为6051600元、Cu0804合约10手的差价损失为139500元,共计损失为6663000元。

2008年4月7日,范有孚向天津市第一中级人民法院提起诉讼称,根据合同约定和《期货交易管理条例》规定,天津营业部强行平仓损害了其权益,请求天津市第一中级人民法院判令天津营业部赔偿其损失9027085.66元并承担诉讼费用。

一审法院:

范有孚与天津营业部于2007年3月5日签订的期货经纪合同及补充协议,未违反有关法律规定,合法有效,双方当事人均应依约全面履行合同约定的权利义务。在本案中,范有孚作为交易客户,在持仓过程中,应随时关注自己的持仓保证金及权益的变化,预见风险加大有可能造成强行平仓的后果时,应主动追加保证金或主动减仓,以避免损失的发生。因此范有孚应承担相应的责任。本案中,天津营业部虽然依据期货交易的

---

① 案件来源:最高人民法院(2010)民提字第111号,北大法律信息网——北大法宝http://www.pkulaw.cn/fulltext_form.aspx,最后访问日期2013年2月1日。

相关规定及双方约定,向范有孚发送了追加保证金的通知,但因其未能提供给范有孚追加保证金的合理时间,以致造成范有孚强行平仓的损失,对此天津营业部应承担相应赔偿责任。一审判决:

一、天津营业部于该判决生效后十日内赔偿范有孚经济损失 6663000 元的 60%,计 3997800 元;

二、驳回范有孚其他诉讼请求。一审案件受理费 74989 元,范有孚负担 44993.4 元,天津营业部负担 29995.6 元。

二审法院:

天津营业部和范有孚均不服天津市第一中级人民法院的一审判决,向天津市高级人民法院提起上诉。二审法院经过审理认为,一审法院认定事实清楚,但适用法律不当,依法予以纠正。二审法院判决:

一、撤销天津市第一中级人民法院(2008)一中民二初字第 61 号民事判决;

二、天津营业部于该判决生效后十日内赔偿范有孚经济损失 9027085.66 元。

再审法院:

天津营业部不服天津市高级人民法院二审判决,申请再审。诉称:(1)二审判决适用法律错误。(2)二审判决认定的基本事实没有证据支持。(3)损失计算有误。请求撤销二审判决,改判驳回范有孚的全部诉讼请求,并由其承担全部诉讼费用。

【处理结果】

再审法院经过审理,判决:撤销一审判决和二审判决;银建期货经纪有限责任公司天津营业部于本判决生效后十日内赔偿范有孚损失 5333400 元。

【争议焦点】

一、本案中期货公司强行平仓的法律性质是什么?

二、在期货交易纠纷中,期货公司在何种情况下可以强行平仓?

【法理分析】

一、本案中期货公司强行平仓的法律性质是什么?

(一)什么是强行平仓

期货市场蕴含着巨大的风险,为了有效控制期货市场中的风险,期货交易所制定了大量特有的交易和结算规则,主要包括保证金制度、当日无负债结算制度、涨跌停板制度、持仓限额制度、大户持仓报告制度、强制减仓制度、强行平仓制度等,其中,保证金制度是核心,强行平仓制度①是最后保障。

对于强行平仓的概念,我国较多学者都采用吴庆宝、江向阳主编的《期货交易民事责任——期货司法解释评述与展开》一书里的概念,将其定义为"当期货公司或者一般客户在期货交易中,因保证金不足以维持其持仓头寸,或者是指其持仓合约需

---

① 《期货交易管理条例》国务院第 168 次常务会议通过,2007 年 4 月 15 日起实施。

要的保证金不足时,在当日交易结算上已经明确记载为亏损,需要追加交易保证金,而次日开市时期货公司或者客户未能及时向交易所或者期货公司指定账户支付保证金,且市场行情仍然是朝着其持仓不利的方向发展,交易所或者期货公司为了保护相对客户的利益免受增加的损失,避免损失的扩大,而采取平掉客户一部分或者全部持仓的行为。"①这一定义主要是针对违反保证金制度而下的,而实际上对持仓限额的违反以及其他违规操作都有可能导致被强行平仓。因此,笔者认为,强行平仓是指仓位持有者以外的第三人强行了结仓位持有者的仓位,或者具体说是会员或者客户的保证金不足以维持交易且未在规定时间内补足、违反交易所关于持仓限额的规定或者有其他违规违约行为以及因紧急情况需要,期货交易所或者期货公司强行平掉会员或者客户的持仓的行为。

（二）强行平仓的法律性质

对于强行平仓的法律性质,学界有三种观点:②

第一种观点:"权利说"。持该种观点的以期货公司为主要代表。期货公司认为,强行平仓是国家法律和相关政策为了保证期货市场保证金制度的有效实行,而赋予期货交易所、期货公司或者特别结算会员的控制股指期货市场的职能手段。从法律关系上来讲,期货公司为了保护自身的权利不受侵犯,其有权采取相应的手段。故为保障期货公司自身资金的安全,法律应赋予其在上述情况下强行平仓的权利。期货公司此时强行平仓的目的不是为了介入到他人的期货交易中去,而是为了保持自身财务的健全。正因为权利的赋予,期货公司才能处分他人的期货合约,才不构成侵权。所以说,强行平仓是包括期货公司在内主体的权利。

第二种观点:"义务说"。该种观点认为,强行平仓是包括期货交易所、期货公司和特别结算会员在内各主体的义务。此种观点是以客户的利益为出发点的。认为当客户的账户出现亏损,期货公司进行强行平仓不仅挽救了客户的利益,还同时挽救了期货公司受到损失。在我国支持此理论的依据是《期货交易管理条例》第三十八条规定:"客户保证金不足时,应当及时追加保证金或者自行平仓。客户未在期货公司规定的时间内及时追加保证金或者自行平仓的,期货公司应当将该客户的合约进行强行平仓。强行平仓有关的费用和发生的损失由该客户承担。"条文中用的是"应当",即强调强行平仓是期货公司的一项义务。

第三种观点:"权利转义务说"。此观点强调强行平仓是分阶段进行的,不能笼统地将其归类为权利或者义务,而应该分阶段来定性。当期货公司或客户的交易保证金达到风险控制线时,期货交易所或期货公司只要通知了客户,即随时可以在客户不追加保证金或者不予表态的情况下实施强行平仓的行为,而不受期货公司或客户的追索。期货公司或者客户的保证金如果进一步发生亏损,继续允许其持仓会危及到

①吴庆宝、江向阳著:《期货交易民事责任——期货司法解释评述与展开》,中国法制出版社,2003年版,第228页。

②参见王海洋:《股指期货强行平仓的法律性质与后果》,《政治与法律》,2008年第5期。

期货公司自身利益和其他客户利益的时候,期货公司有必要也有义务进行强行平仓。

笔者原则上赞成权利转义务说,认为强行平仓是分阶段进行的,每个阶段的行为性质并不相同,不能一概而论。无论是权利说还是义务说,都只是从代表的利益出发,对强行平仓某个阶段进行分析,并不够全面。因此,在本案中应当全面分析期货公司在每个阶段进行的强行平仓,以维护当事人的合法权益。

二、在期货交易纠纷中,期货公司在何种情况下可以强行平仓?

(一)强行平仓的适用条件

由于本案涉及的是保证金不足时的强行平仓所引起的法律纠纷,因此,本文着重论述保证金不足时强行平仓的适用条件。[1]

1. 期货交易者保证金不足。只有当期货公司保证金低于交易所规定标准(结算准备金小于零)或者客户保证金低于期货公司与客户约定风险控制标准时,期货交易所或者期货公司才进行强行平仓。

2. 通知。如果期货公司按照法律、交易所规则的规定及时地履行了通知义务,就获得了对客户持仓部位亏损部分的强行平仓权利,由此导致的损失由客户自己承担;如果期货公司未履行或者履行的方式不当,对客户被强行平仓的亏损就不能主张免责。通知义务的履行可以以法律规定的形式或者客户与期货公司约定的其他方式进行。

3. 给予合理的追加保证金的时间。期货交易所或期货公司应当规定的时间足够会员或者客户将追加的保证金打入账户,否则,期货交易所或者期货公司不得以会员或者客户未追加保证金为由进行强行平仓。

4. 应适度强行平仓。适度平仓,是指强行平仓的数量应与会员或者客户需要追加保证金的数额相当,不能超过应强平数量。

除非期货公司和客户就强行平仓的条件另有约定,否则期货公司在上述四个条件同时满足的情况下就能对客户的账户进行强行平仓。此条件亦适用于期货交易所对期货公司执行强行平仓的情况。如果期货公司不严格按照法律规定和合同约定执行强行平仓,这将使得客户不仅要承担市场交易风险可能造成的损害,而且还要承担市场运行机制中人为风险对其造成的损害。

(二)关于本案的分析结果

根据以上条件分析,2007 年 12 月 24 日(星期一)收市后,上海期货交易所将下一交易日的 Cu0803、Cu0804 保证金比例,Cu0802 保证金比例进行调整。天津营业部则相应大幅度调高下一交易日 Cu0803、Cu0804 保证金比例、Cu0802 保证金比例。因为上海期货交易所和天津营业部是在 24 日收市后调高 25 日的保证金比例,所以 24 日当日结算仍应执行 21 日的保证金比例。而 21 日上海期货交易所 Cu0802、Cu0803、Cu0804 合约的保证金比例均为 7%;天津营业部该三张合约保证金比例均

---

[1] 参见:吴庆宝在《期货诉讼原理与判例》一书中认为三个条件是"一要通知,二是已经透支,三是客户不追加保证金"。本文在此基础上予以细化。

为 9.5％。天津营业部诉讼提交的 24 日范有孚交易结算单,执行的却是 25 日大幅度提高后保证金比例。如果该交易结算单的数据是真实的,天津营业部就不该在 25 日才采取强行平仓措施,24 日交易期间就应强行平仓。

因为根据该交易结算单上数据,保证金占用/客户权益计算得出的风险率,是 275.54％。风险率为 275.54％,意味着范有孚保证金不仅全部被持仓合约占用,而且令天津营业部还为其支付了合约占用资金的 175.54％。所以,天津营业部提交的按照 25 日保证金比例计算的交易结算单,不能证明范有孚 24 日结算保证金不足。如果范有孚继续持仓而不追加保证金,即使不提高保证金比例,随着合约价格的波动,其账户以后也可能要发生穿仓的事实。尽管如此,但也不能以尚未发生的事实而认定范有孚账户保证金 24 日已经不足。

期货交易中,风险率越低,客户可用资金越多,合约占用保证金就越少,保证金风险就越小。格式期货经纪合同一般约定风险率大于 100％时,期货公司在交易期间或者结算时向客户发出限制开仓、追加保证金或者自行平仓的通知,客户应当及时追加或者在交易期间及时平仓,使风险率低于 100％,否则,期货公司有权对客户的部分或全部持仓合约强行平仓,使风险率小于 100％。本案双方期货经纪合同第十条约定的却是风险率小于 100％时,天津营业部就可以向范有孚发出限制开仓、追加保证金或者自行平仓的通知,范有孚则需及时追加保证金或者立即采取减仓措施,不然天津营业部有权在事先不通知范有孚的情况下,对范有孚的部分或者全部未平仓合约强行平仓。显然,该条约定内容与风险率参数设置内涵、保证金风险控制目的和方法相左。

法律规定和合同约定客户保证金不足时应当及时追加,但及时是建立在有追加的可能前提下。24 日收市后,根据大幅度提高后的保证金比例,范有孚账户 25 日面临保证金不足需要追加,天津营业部却迟至晚 18 时 50 分才通知范有孚提高保证金比例并要求在 25 日开盘前追加保证金 1336 万元,否则强行平仓。而当晚 18 时 50 分至次日 9 时,银行等金融机构处于休息状态并不营业,这期间范有孚没有追加保证金的可能。25 日 9 时以前,期货市场集合竞价期间,天津营业部即对范有孚 412 手空头合约以第 3 个和第 2 个涨停价实施强行平仓且全部以非涨停价格成交。所以,范有孚没有追加保证金的事实,应认定天津营业部没有给范有孚追加保证金的机会。因此,综上所述,天津营业部进行的强行平仓不符合相应的条件,具有过错,应当承担相应的法律责任。

【掩卷沉思】

关于期货强行平仓的法律性质,笔者认为,根据客户保证金的丰盈情况,划分为三个阶段,即客户保证金低于期货公司与客户约定风险控制标准但不低于交易所规定标准时、客户保证金低于交易所规定标准但没有穿仓时、穿仓时;相对应的三个阶段的强平的法律性质,即一般的权利阶段、附严格条件的权利阶段、义务阶段。

第十三章　信托法律制度

第一节　信托的设立

案例51　某房地产公司与某物业公司物业服务合同纠纷上诉案①

【案情介绍】

上诉人:(原审被告、反诉原告)某房地产公司

被上诉人:(原审原告、反诉被告)某物业公司

2010年某月,原审原告某物业公司向一审法院起诉称:原告是北京市宣武区某小区的物业服务企业,是某小区物业管理权信托的受托人,对小区进行物业管理。被告是某小区某某号楼某某号房屋的业主,是某小区物业管理权信托的受益人。根据某小区业主大会通过的《某小区管理规约》、《北京市宣武区某小区物业管理权信托契约》(以下简称《信托契约》)以及《某小区物业维护基金测算表》的规定,物业维护基金即物业费标准为2.2元/平方米/月,被告自2007年11月19日至2010年6月30日从未交纳过物业费,被告房屋的面积为184.36平方米,共拖欠物业费12735.58元。《中华人民共和国物权法》第八十条规定:建筑物及其附属设施的费用分摊、收益分配等事项,有约定的,按照约定;没有约定或约定不明确的,按照业主专有部分占建筑物总面积的比例确定。《某小区管理规约》第3.3.5条规定:业主按时归集物业维护基金。第5.1条规定:为了维护本建筑区划内物业管理的基本需求和稳定,由全体业主按照业主大会通过的物业维护基金年度预算和业主持有的份额归集物业维护基金。5.2条规定,"在本建筑区划,开发企业可以出售但未出售的房屋,应按照其所持有的份额归集物业维护基金。"《信托契约》第4.3条规定:受益人的义务:遵守《某小区管理规约》,服从受托人依据《某小区管理规约》以及本契约进行的管理;按时交纳物业维护基金。原告接受某小区业主委员会的委托对某小区进行物业服务,双方签订的《信托契约》系双方的真实意思表示,内容不违反法律法规的规定,合法有效。该契约对某小区的全体业主均具有约束力。物业费是业主履行管理和维护共有部位和共有物应分摊的费用。该费用在业主内部按份分担,对外全体业主承担连带责任。在物业管理权信托条件下,业主归集的物业费属于全体业主所有,因此,业主不缴纳物业费损害其他业主的利益。《某小区管理规约》第5.4.3

---

①案例来源:北京市第一中级人民法院民事判决书(2011)一中民终字第02982号,北大法律信息网——北大法宝http://vip.chinalawinfo.com/case,最后访问日期为2013年1月20日。

条规定:到期仍然欠缴的,本规约授权物业服务企业直接采取诉讼途径解决,诉讼需要支付的律师费、诉讼费以及相关费用,由欠费业主承担。为维护广大业主的合法权益,原告诉至法院,请求法院判令:(1) 被告给付 2007 年 11 月 19 日至 2010 年 6 月 30 日的物业费 12735.58 元;(2) 律师代理费 2000 元。(3) 诉讼费由被告承担。

一审法院经审理认为:本案中,某物业公司接受某小区业委会的委托对某小区进行物业服务,且双方签订了《信托契约》,该契约对某小区的业主具有约束力。某物业公司于 2007 年 11 月 18 日进入某小区后为小区业主提供了事实上的物业服务。被告作为某小区的业主,理应遵守《信托契约》和某小区业委会制定的《某小区管理规约》的相关规定,在接受了原告提供的物业服务的基础上,按时、按约交纳物业费。对于被告提出的某物业公司主张物业费依据的《信托契约》无效的抗辩理由,且就此提起的反诉请求,《信托契约》系代表全体业主的某小区业委会与某物业公司所签,如业主个人对于上述契约中的条款存有异议,应当向某小区业委会反映,由业委会作出相应的处理,被告主张《信托契约》无效,于法无据,故对于被告的反诉请求法院不予支持。对于某物业公司主张的被告给付律师代理费 2000 元的诉讼请求,某物业公司提交的代理费发票开具的时间早于《委托代理协议》签订的时间,法院无法认定发票中显示的代理费确为本案发生,故法院对此诉讼请求不予支持。判决如下:

一、自本判决生效之日起七日内,某房地产公司给付某物业公司二〇〇八年一月一日至二〇一〇年六月三十日的物业费人民币一万二千一百七十二元九角八分;

二、驳回某物业公司的其他诉讼请求;

三、驳回某房地产公司的反诉请求。如果未按本判决指定的期间履行给付金钱义务,应当依照《中华人民共和国民事诉讼法》第二百二十九条之规定,加倍支付迟延履行期间的债务利息。

判决后,某房地产公司不服一审法院上述民事判决,向北京市第一中级人民法院提起上诉称:一审法院适用法律错误,混淆了信托关系与物业服务合同关系的区别,从而作出了错误的认定与判决。因此,请求二审法院撤销原判,依法改判驳回被上诉人的诉讼请求。

【处理结果】

北京市第一中级人民法院认定《契约信托》有效,驳回上诉人关于判定该契约无效的诉讼请求;同时,小区业主作为受益人,应当交纳相应的物业维护基金。判令某房地产公司承担缴纳欠缴该物业维护费用。

驳回上诉,维持原判。

【争议焦点】

一、物业管理权是否可以作为独立的财产权来设立信托关系?

二、信托财产公示是否是信托有效的必要条件? 物业管理权信托是否需要登记才能成立?

三、业主大会是否有权以多数决的方式设立物业管理权信托?

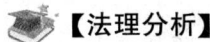**【法理分析】**

一、物业管理权是否可以作为独立的财产权来设立信托关系？

本案的争议焦点在于物业管理权信托的设立是否依法成立的问题，该问题涉及到信托财产、信托公示制度和委托人的资格问题。

信托行为的成立除了要符合一般民事法律行为的成立要件外，还要符合特殊有效条件，即：

1. 信托目的合法。委托人在实施信托行为时所要达到的目的不被法律所排斥，信托目的不得与法律的强制性规定或者禁止性规定相抵触，不得滥用法律的授权性规范或者任意性规定以达到规避法律强制性规范的目的。我国《信托法》第11条规定：信托目的违反法律、行政法规或者损害社会公共利益的信托无效；专以诉讼或者讨债为目的设立的信托无效。

2. 信托财产能够确定且为委托人合法所有。信托是以信托财产为标的的法律关系，是信托当事人权利义务指向的对象，没有信托财产，信托法律关系无法成立。我国《信托法》第7条规定，设立信托，必须有确定的信托财产，并且该信托财产必须是委托人合法所有的财产。这里的所规定的信托财产包括财产权利。

3. 受益人或者受益人范围确定。该要件并不要求设立信托时受益人就必须存在，而是要求在分配信托利益时，可以确定受益人即可。①

由此可见，信托财产可以是一种财产利益。由于任何符合法律要求的财产或财产权都可以作为信托财产，因此作为信托财产的财产和财产利益并不一定等同于对某项财产的完全的所有权，而可能只是其中的一部分权利。② 物业管理权作为一种财产权益，是可以作为独立的财产权来设立信托关系的。

二、信托财产公示是否是信托有效的必要条件？ 物业管理权是否需要登记才能成立？

对于信托公示是否是信托成立的要件，回答是否定的。所谓信托公示，系指于一般财产权变动等的一般公示外，再规定一套足以表明其为信托的特别公示而言。直言之，在制度构造上，可谓其系在一般财产权变动等的公示方法以外，再予以加重其公示的表征。③ 有学者这样阐述信托登记制度的功能"一是对第三人的宣示功能，告知不特定公众存在有信托财产及由此可能与其产生特别法上的权利义务关系；二是在委托人、受托人和受益人之间确认信托关系的功能，登记这一程序导致这种法律关系非经法定程序不可否认和改变；三是在管理当局和信托当事人之间发生法律上的认可功能，视信托关系是否合法，予以登记或拒绝，以保护公众利益"。④ 理论界存在一个重要的争议就是登记对抗主义和登记生效主义之争。对于登记对

① 参见徐孟洲主编：《信托法》，法律出版社2006年版，第163-165页。
② 参见高凌云著：《被误读的信托——信托法原论》，复旦大学出版社2010年版，第68页。
③ 参见〔日〕田中实、山田昭著《信托法》，学阳书房1989年版，第65-66页。
④ 郑宏：信托登记制度比较研究，载于《河北法学》2007年第12期。

抗主义,有学者认为其玄妙的地方在于这种公示效力模式与信托登记法律关系由两种基本法律关系组成的法律关系束的特征存在奇特的呼应,该学者将这种呼应称为登记的区隔效力和关联效力。区隔效力表现在信托登记使信托的财产权真正取得独立的地位,与委托人、受益人和受托人的固有财产区分开来;关联效力则表现在登记后原本属于当事人之间私密的契约具有了对抗第三人的效力。①

我国《信托法》第10条:设立信托,有关法律、行政法规规定应当办理登记手续的,应当依法办理信托登记。未依照前款规定办理信托登记的,应当补办登记手续;不补办的,该信托不产生效力。显然,我国采取的是登记生效主义,即没有登记的,不只是不能对抗第三人,在委托人、受托人和受益人等当事人之间,完全不产生信托的效力。信托的公示是法律特别规定的信托生效的要件,而不是信托成立的要件。信托的成立只要符合上述的一般成立要件和特殊成立要件,信托即成立。信托的成立体现的是当事人的意志,标志着当事人意思表示一致,是对客观事实的一种确认。而信托的生效是法律对已客观存在的信托的价值评判,只有获得法律完全肯定的评价,信托才产生法律效力。在我国需要办理登记的只是特定的财产,并不是对于所有的财产设立信托都需要进行登记。例如以不动产物权、海商法上的船舶所有权、注册商标专用权、专利权等财产和财产权利设立信托的,以有价证券包括股票、公司债券、政府债券、票据、提单、仓单等设立信托的,均应按照法定要求办理相应的信托登记手续。物业管理权由于不属于上述特定财产,因此无需登记即可成立。

三、业主大会是否有权以多数决的方式设立物业管理权信托?

信托委托人是自愿且有意以自己的财产设立信托的人。委托人要将特定的财产设定信托,就必须向受托人转移该项财产,这就必然要求委托人应当对信托财产享有所有权或者依法处分的权利,否则其转移财产的行为就丧失了依据。我国《信托法》第7条规定:设立信托,必须有确定的信托财产,并且该信托财产必须是委托人合法所有的财产。

本案中所涉及的信托是以物业管理权为信托财产,以业主大会为委托人,以物业服务企业为受托人,以全体业主受益人的法律关系。首先,物业管理权是一项单独的财产权。我国信托法将信托财产定义为财产性权益而不是实体的财产本身。需要分析说明的是,物权法中的区分所有权由三部分组成,个人专有权、共同共有权以及共同管理权。不应将共有和共同管理混为一体。例如,小区内共有的花坛草坪等是实体的,业主对其享有的是共同共有权。但是,物业管理权是基于共同管理权产生的一项财产性权益,并不能将其实体化。物业管理权是小区全体业主对小区内共同共有部分行使共同管理权的一项权益。该权利独立于个人专有和共同共有,是一项单独的财产权,与我国信托法财产独立性的原则并不相冲突。其次,信托财产公示不是信托成立的必要条件。信托法要求信托财产登记公示,只是对于特定财产

---

① 参见雷秋玉:论台湾不动产信托公示制度,《云南行政学院学报》2012年第4期。

而言的,而这些特定的财产通过相关法律明确规定的,物权管理权并不是一项法律规定的特定的财产,属于一般的财产权益。这一权益通过业主让渡给业主大会行使,业主大会当然地享有物业管理权这一财产权益,所以业主大会代表全体业主与物业管理企业签订信托合同是合法有效的。其委托人的资格也是适格的。

基于以上分析,上诉人某房地产公司认为的涉案《信托契约》中将某小区将物业管理权从建筑物区分所有权中独立出来作为受托财产进行信托管理无法律依据的辩称是不应予以支持的。上诉人还因为单纯的物业管理权无法进行登记公示从而认为《信托契约》无效也是错误的。物权管理权并不是法律规定采纳"登记生效主义"的财产,可以不经登记设立有效的信托法律关系。上诉人还错误地混淆了共同共有和共同管理的概念,物业管理权是共同管理权的范畴,根据物权法的相关规定,共同管理只需要大部分业主实行多数决,就能够对全体业主产生约束力。业主行使共同管理权可以约定各种管理方式,可以是酬金制,也可以是包干制,当然也可是信托制,这只是管理方式的不同,并不影响其本质是属于共同管理权。某小区业主共同决定设立了业主大会,而且某小区管理规约还规定业主大会是全体业主行使共同管理权的唯一形式,因此某小区业主大会决定设立物业管理权信托符合物权法规定,也符合小区管理规约的规定。因此二审法院驳回上诉,维持原判,对一审法院已判决的某物业管理企业请求某房地产企业支付欠缴的物业管理费的诉讼请求予以支持。

【掩卷沉思】

对于有些学者提出的"信托异化论"以"从信托的起源与发展过程可见,并不是所有财产或者权利都可作为信托标的。可构成信托标的的财产只能是那些诸如物权、知识产权等具有所有权性质并可表现为权利人可最终行使支配权利的财产,不具备所有权与物权支配特性的财产不能充当信托财产"为依据,从而得到"资金信托不具备信托财产所要求的'特定性'的货币资金充当信托的标的,从而违背了信托的法律本性"的结论。[1] 对于这种观点笔者极不赞同。因为信托是一种以财产的经营管理为主要目的的。因此,信托财产首先应该是一种财产权,即通常是可以用金钱计算价值的权利。任何符合法律要求的财产或财产权都可以作为信托财产,并且作为信托财产和财产利益并不一定等同于对某项财产的完全的所有权,而可能只是其中的一部分权利。它既可以是针对某财产的一种现时权益,也可以是一种未来权益。[2] 所以本案中的物权管理权也可以作为信托财产设立信托法律关系。

---

①孙义刚、郑闽:信托制度异化论—对我国现行信托产品法律结构之评判,《法律科学》2009年第4期。
②参见刘迎霜:论信托的本质——兼与"信托异化论"商榷,《法学评论》2011年第1期。

第二节　信托财产

案例52　厦门水晶之约投资管理有限公司与中国音乐著作权协会侵犯著作财产权纠纷上诉案①

【案情介绍】

上诉人(原审被告):厦门水晶之约投资管理有限公司

被上诉人(原审原告):中国音乐著作权协会

原审被告:厦门水晶之约投资就管理有限公司后埭溪分店

据蓝天出版社的出版物《回忆中的歌声(卡拉OK全曲)》记载,涉案歌曲《走四方》词曲作者为李海鹰;《牧羊曲》词曲作者为王立平;《十五的月亮》词作者为石祥,曲作者为铁源、徐锡宜;《弯弯的月亮》词曲作者为李海鹰;《大海啊,故乡》词曲作者为王立平。1993年4月5日,王立平与原告音著协签订《音乐著作权转让合同》,约定将王立平现有和今后将有的享有著作权的音乐作品之公开表演权、广播权和录制发行权转让给音著协。1993年10月18日,李海鹰与音著协签订《音乐著作权合同》,约定李海鹰将其现有和今后将有的音乐作品的公开表演权、广播权和录制发行权授权音著协以信托的方式管理。1993年4月5日,铁源与音著协签订《音乐著作权管理合同》,约定将其现有和今后将有的音乐作品的公开表演权、广播权和录制发行权转让给音著协。2000年3月1日,徐锡宜与音著协签订《音乐著作权合同》,约定将其现有和今后将有的音乐作品的公开表演权、广播权和录制发行权授权音著协以信托的方式管理。1993年12月15日,石祥与音著协签订《音乐著作权合同》,约定将其现有和今后将有的音乐作品的公开表演权、广播权和录制发行权授权音著协以信托的方式管理。以上合同均已由北京市方正公证处出具的(2008)京方正内经证字第01750号、第01751号、第07207号、第07210号、第07212号《公证书》公证证明与原件相符。

被告后埭溪分店系被告水晶之约开办的非法人分支机构,营业执照颁发日期为2008年9月28日,主营自助式KTV。存储涉案音乐作品的点播娱乐系统共储存歌曲六万余首,均由被告向漳州惠之声智能科技有限公司购买,在双方签订的《星网视易KTV点播娱乐系统购销合同》中约定卖方对"歌库、点歌系统软件免费两年",卖方还对其提供的系统软件版权作出声明。

原告音著协认为被告后埭溪分店在其经营的KTV播放涉案音乐作品的行为侵犯了原告管理的作品的公开表演权,诉请法院判决立即停止侵权并赔偿损失,由被告水晶之约承担民事赔偿责任,并诉请判令被告赔礼道歉。

原审法院经审理认为:

---

① 案例来源:福建省高级人民法院民事判决书(2010)闽民终字第360号,北大法律信息网——北大法宝,http://vip. chinalawinfo. com/case,最后访问日期为2013年1月17日。

本案原告音著协是经批准依法成立的音乐著作权集体管理组织,根据其与涉案音乐作品的词曲作者签订的音乐著作权转让合同和音乐著作权管理合同的约定,取得了词曲作者的授权管理涉案音乐作品的公开表演权、广播权及录制发行权。根据《中华人民共和国著作权法》第八条规定,原告作为著作权集体管理组织被授权后,可以以自己的名义为著作权人和与著作权有关的权利人主张权利,并可以作为当事人进行涉及著作权或者与著作权有关的权利的诉讼,因此音著协权利来源合法,诉讼主体适格。

被告后埭溪分店在其经营的 KTV 播放涉案音乐作品的行为侵犯了原告管理的作品的公开表演权,应立即停止侵权并赔偿损失,被告后埭溪分店的民事责任依法应由被告水晶之约承担。原告诉请判令被告赔礼道歉没有法律依据,应予驳回。依照《中华人民共和国公司法》第十四条第一款、《中华人民共和国著作权法》第四十七条、第四十八条、最高人民法院《关于审理著作权民事纠纷案件适用法律若干问题的解释》第二十五条、第二十六条、《中华人民共和国民事诉讼法》第六十四条第一款的规定,判决:

一、被告厦门水晶之约投资管理有限公司自一审判决生效之日起立即停止侵权,删除曲库中的涉案音乐作品《走四方》、《弯弯的月亮》、《大海啊故乡》、《牧羊曲》、《十五的月亮》;

二、被告厦门水晶之约投资管理有限公司自一审判决生效之日起十日内赔偿原告中国音乐著作权协会损失人民币 5000 元及制止侵权的费用 10000 元;

三、驳回原告中国音乐著作权协会的其他诉讼请求。一审案件受理费 1678 元,由原告负担 502 元,由被告厦门水晶之约投资管理有限公司负担 1176 元。

原审法院宣判后,水晶之约不服原审判决,提起上诉。

【处理结果】

二审法院认为:音著协是由国家版权局和中国音乐家协会共同发起成立的目前中国内地唯一的音乐著作权集体管理组织,其成立的目的是为了维护作曲者、作词者和其他音乐著作权人合法权益。一审中,音著协已经举证证明了涉案歌曲的作者身份。上诉人水晶之约虽提出与音著协签订合同的不一定是涉案歌曲作者本人的质疑,但并未提出相反证据予以证明。上诉人认为音著协获得涉案音乐作品的著作权管理权利依据不足,但并未提供充分的证据予以证明,不予支持。

本案涉案的五首音乐电视作品均在片首载明了词曲作者,且载明的内容与音著协举证证明的涉案音乐电视作品词曲作者的情况相一致,可以证明李海鹰、王立平等系本案涉案五首歌曲的词曲作者。水晶之约主张涉案五首音乐电视作品著作权系"以类似摄制电影方式制作的影视作品",其著作权依法应属于五部音乐电视作品的制片人,但既未充分举证证明,也无法提供具体制片人的名称。综上,上诉人水晶之约该项主张缺乏相应的事实和法律依据,不予采纳。故判令驳回上诉,维持原判。

【争议焦点】

一、著作权集体管理制度中信托财产是否符合"独立性"和"确定性"的特征?

二、著作权集体管理组织在诉讼中是否是适格的当事人? 著作权集体管理组织所享有的诉权是否与著作权人所享有的诉权相冲突?

三、本案中音著协未将信托合同项下的音乐作品登记是否违反了信托公示的规定？

【法理分析】

一、著作权集体管理制度中信托财产是否符合"独立性"和"确定性"的特征？

本案涉及著作权集体管理者制度，根据 2005 年 3 月 1 日正式施行的《著作权集体管理条例》以下简称《条例》的定义：著作权集体管理制度是指著作权集体管理组织经著作权人授权，以自己的名义集中行使权利人的有关权利，包括与使用者订立著作权或者与著作权有关的权利许可使用合同向使用者收取使用费，向权利人转付使用费，以及进行涉及著作权或者与著作权有关的权利的诉讼、仲裁等。

有学者认为：我国的著作权集体管理制度的性质应当理解为信托，其理由为虽《条例》没有明确地提及"信托"二字，但也不应将其与之近似的间接代理制度相混淆，因为《条例》同样也没有提及间接代理制度中特有的被代理人的介入权和第三人的选择权，而这两种权利恰恰是间接代理的本质之所在。另外，早在 1993 年，《最高人民法院民事审判庭关于中国音乐著作权协会与音乐著作权人之间几个法律问题的复函》法民〔1993〕号也以司法解释的形式确认了著作权集体管理制度的信托性质。[1] 笔者也赞同该观点，目前我国三家著作权协会经国家版权局批准成立，它们分别是中国音乐著作权协会；中国文字作品著作权协会；中国音像著作权协会。其中成立于 1992 年的中国音乐著作权协会，是依法成立的保护音乐作品著作权的集体组织。这一著作权集体管理制度的代表，正是体现信托理念的典型范例。其中的委托人和受益人都是著作权人，而受托人则是著作权集体管理机构。这符合自益信托的法律特征。

著作权集体管理制度中的信托财产也同样要符合信托财产的一般特征：独立性。"信托财产独立性"的基本含义是：信托一旦有效成立，信托财产即成为一项仅服从和服务于信托目的的财产，具有与各信托当事人相互独立的地位。大陆法系信托法着重从四个方面来维护信托财产的独立性：信托财产继承或清算的禁止、强制执行的禁止、抵销的禁止、混同的限制。[2] 在著作权集体管理制度中，虽然管理对象为物权范畴之外的知识产权，但是信托财产独立性的原理和表征还是相通的。除了具有与物权相通之外的特征外，著作权还以其作为无形财产的特征避免了物权关系中占有与其他权能的纠缠，更能充分地彰显信托财产独立性的特征。在信托制度中，设立信托的核心是"三个确定性"的要求，即设立信托的意图的确定性、信托包含的财产的确定性以及信托收益人的确定性。[3] 其中信托财产的确定性也就是在信托设立时信托财产的范围是确定的。在本案中，音著协与著作权人约定的信托财产是著作权人现在和将有的音乐作品，其财产的范围是确定无疑的。

---

[1]参见刘韶华：信托视角下的著作权集体管理制度，《法律适用》2006 年第 242 期。
[2]参见陈向聪著：《信托法律制度研究》，中国检察出版社 2007 年版，第 151 页。
[3]参见何宝玉著：《英国信托法原理与判例》，法律出版社 2001 年版，第 65 页。

二、著作权集体管理组织在诉讼中是否是适格的当事人？著作权集体管理组织所享有的诉权是否与著作权人所享有的诉权相冲突？

有学者认为：由于信托关系是一种实体上的法律关系，委托人、受托人、受益人之间的信托权利、义务是一种实体法上的权利义务，因而著作权集体管理组织在行使著作权使用许可、费用收取等信托权利的过程中与相对人发生纠纷时，其当然地具有诉讼实施权，可以自己的名义为原告对相对人提起诉讼，而并非是基于诉讼担当制度和理论享有诉讼实施权。① 按照民事诉讼的一般理论，享有实体权利的法律关系主体就其享有的管理和处分的权利与相对人的权利义务发生纠纷时，除法律特别规定外，应当作为适格的当事人而享有相应的诉权。在著作权集体管理关系中，著作权集体管理组织作为受托人对于信托财产取得了管理和处分的权利，当该权利遭到损害的时候，著作权集体管理组织有权以自己的名义提起诉讼。因此可以认定，著作权集体管理组织是适格的当事人。而且这种诉权也是无需在信托合同中特别约定的。因为基于信托法律关系的成立，著作权集体管理组织的诉权也就当然地享有。

但是著作权集体管理组织所享有的这种诉权是否与著作权人所享有诉权相冲突呢？笔者认为，在存在信托合同时，信托财产权已经转移给受托人，由受托人进行管理、处分，而委托人在名义上不再享有该财产权利。从法律条文中我们也可以以《著作权集体管理条例》第20条：权利人与著作权集体管理组织订立著作权集体管理合同后，不得在合同约定期限内自己行使或者许可他人行使合同约定的由著作权集体管理组织行使的权利的明确规定作为佐证。由此可见，著作权集体管理组织所享有的诉权正是基于信托合同所享有的著作权人转移的诉权，两者是并不冲突的。

三、本案中音著协未将信托合同项下的音乐作品登记是否违反了信托公示的规定？

即使信托法律关系有效成立，由于契约的私密性，也不一定能够约束信托关系以外的第三人，信托的公示制度是赋予信托对世性效力的制度，但是就我国的立法现状而言，统一的信托公示制度缺位，音著协将受托的作品及授权范围备案登记不失为一种弥补法律缺失所造成的损失的良策，这种登记备案措施能产生一种公示的作用，而不能产生法律对抗性，因为这只是集体组织的自我救济的方式，而不是法律强制性的规定。但是仅仅公示的作用就足以彰显此种登记备案措施的价值。反过来讲，如果音著协未能将受托作品及授权范围备案登记，是否不说明信托财产的范围并不明确呢？答案是否定的。因为正如前述，音著协的这种登记备案不是法律强制性的规定，而是一种自我救济手段，如果没有备案登记，也并不意味着信托财产不明确。因为信托财产明确是信托法律关系有效成立的条件，既然信托法律关系已经有效成立，就说明信托财产符合了确定性的特征，这并不依赖于是否进行了登记备案手续。

① 参见刘学在：著作权集体管理组织之当事人适格问题研究，《法学评论》2007年第6期。

【掩卷沉思】

对于学术界主张集体管理组织是作为委托人的代理人进行活动,故其活动的基础是委托代理,著作权集体管理组织与委托人之间的法律关系是代理关系的观点,笔者颇不赞同。持这种观点的学者认为著作权集体管理法律关系是属于我国《合同法》第402条和第403条所规定的未披露委托人的代理。① 综合前述理由可见,著作权集体管理关系应当界定为信托法律关系,这种认为是委托代理法律关系的观点明显有失偏颇。但是笔者虽然认为是信托法律关系,但是在信托法律关系中并不是不能存在委托代理关系,多种不相冲突的法律关系的交织纵横在实践中并不鲜见。首先,根据意思自治原则,著作权人与著作权集体管理组织并不一定要签订信托合同,完全可以选择签订委托合同,如此双方便成立了委托代理关系。其次,就信托合同中尚未约定的其他著作权,著作权人和著作权集体管理组织可以签订委托代理合同,此种情况下,在著作权人和著作权管理组织之间就既存在信托合同法律关系和委托代理合同关系。

第三节 信托合同

案例53 安信信托投资股份有限公司等与河南新陵公路建设投资有限公司等营业信托纠纷上诉案②

【案情介绍】

上诉人(原审被告):安信信托投资股份有限公司

上诉人(原审第三人):中国光大银行股份有限公司太原分行

被上诉人(原审原告):张某某

被上诉人(原审第三人):河南新陵公路建设投资有限公司

被上诉人(原审第三人):河南省万通路桥建设有限公司

2005年10月31日,张某某与光大银行太原支行签订《阳光理财协议书》,理财方案第1款"总理财资金中的壹仟万元用于办理新陵公路项目资金信托理财计划,该业务自2005年11月1日起至2006年11月1日止"。落款"甲方"上盖的是"中国光大银行太原迎泽街支行业务专用章"、"中国光大银行太原分行私人银行部"。

2005年10月31日,光大银行太原分行未经张某某同意,以张某某的名义与安信信托签订编号为安信(2005)HT1-WJ20051002号的《设立信托确认书》和编号为安信(2005)HT1-WJ20051001号的《资金信托合同》,约定张某某为委托人和受益人、安信信托为受托人,由张某某提供信托资金1000万元,用于新陵公司建设的河南省新乡市辉

---

① 参见费安玲:《著作权法教程》,知识产权出版社2003年版,第208页。

② 案例来源:上海市第二中级人民法院民事判决书(2010)沪二中民六(商)终字第229号,北大法律信息网—北大法宝http://vip.chinalawinfo.com/case,最后访问日期为2013年1月21日。

县市上八里至山西省省界公路项目,信托期限至 2007 年 9 月 20 日,信托财产的管理方式由委托人确定,具体为:以信托资金购买万通公司持有的新陵公司的 28% 股权,信托到期由万通公司溢价回购该股权。同日,万通公司向张某某、安信信托承诺在其收到股权转让款后将款用于偿还对新陵公司的欠款,以用于新陵公路的建设。2005 年 11 月 1 日,张某某将 1000 万元支付给安信信托,安信信托按照合同约定的方式将信托资金发放给新陵公司用于公路建设。后因公路建设项目未能按期完工,万通公司未溢价回购新陵公司的股权,使信托资金无法收回。

张某某与光大银行太原分行下属迎泽街支行签订《阳光理财协议书》,金额 1000 万元,期限自 2005 年 11 月 1 日至 2006 年 11 月 1 日。2006 年 11 月,双方协议到期,光大银行太原分行又与六位客户签订《阳光理财协议书》,总金额为 1000 万元,该 1000 万元资金未进入光大银行的账户,直接用于兑付张某某的到期理财计划本金,并从太原威廉企业策划设计有限公司的账户中支付张某某的理财收益 413000 元。

新陵公路建设项目未能按期完工的原因,根据安信信托提供的审计取证材料以及审理查明的其他事实可以证明,新陵公路信托项目的资金中有 2000 余万元被光大银行太原分行挪用,是造成公路建设无法完工的最主要原因。

安信信托陈述不知道光大银行太原分行和张某某签有一年期的阳光理财协议。与张某某签订信托合同,是基于新陵公司反映工程可能超支、存在资金缺口,当时并不知道新陵公路信托计划资金被光大银行太原分行挪用这一情况。该份信托合同期限为二年。同时,该份信托合同签订及履行期间,安信信托均未与张某某见面。与张某某签订信托合同之后,按照合同约定将万通公司 28% 股权转让给张某某,并由安信信托代为持有,就该信托的信托受益权并未进行过转让。

原审法院经审理后认为,光大银行太原分行未经张某某同意以张某某的名义与安信信托签订信托合同,属于无权代理行为,该无权代理行为张某某不予追认,并表示只认可其与光大银行太原分行之间存在委托理财关系,其向安信信托付款可以认为是为了履行与光大银行太原分行之间的委托理财协议,故光大银行太原分行的代理行为对作为被代理人的张某某不发生法律效力。本案信托合同直接约束光大银行太原分行与安信信托。综上,张某某不享有本案信托合同项下的权利,无权根据合同关系向安信信托主张权利,其诉讼请求应予驳回。安信信托取得 1000 万元系根据信托合同,故光大银行太原分行应根据合同关系主张相应的权利,其以不当得利为由要求安信信托返还,不予支持。原审法院根据《中华人民共和国民法通则》第六十六条第一款、《中华人民共和国合同法》第四十八条第一款的规定,判决:

一、张某某的诉讼请求,不予支持;

二、光大银行太原分行的诉讼请求,不予支持。

原审判决后,安信信托、光大银行太原分行不服,均向上海市第二中级人民法院提起上诉。

【处理结果】

二审法院认为,系争以张某某名义与安信信托签订的信托合同,基于未经张某某本人同意、且张某某亦不予追认,其只认可与光大银行太原分行之间存在委托理财关系,故该信托合同对张某某不发生法律拘束力。系争的信托合同有效。新陵公路建设项目系真实存在,且项目进展中新陵公司确实存在资金需求,且该信托资金亦全部发放给新陵公司用于公路建设。从信托合同内容所体现的信托目的来看,是合法有效的。故安信信托所主张的系争信托合同基于"光大银行太原分行为进一步通过合法的信托形式掩盖挪用信托资金的非法目的"而无效,不能成立。而系争信托合同非张某某本人签署亦未得到其追认,并不妨碍系争合同在实际签署方和安信信托之间发生法律效力,故光大银行太原分行的主张亦不能成立。光大银行太原分行冒"张某某"名与安信信托签订的信托合同,直接约束光大银行太原分行与安信信托。安信信托取得 1000 万元存在合同上的依据,光大银行太原分行应根据合同关系主张相应的权利,其以不当得利为由要求安信信托返还,缺乏法律依据,本院不予支持。故判令驳回上诉,维持原判。

 【争议焦点】

一、光大银行是否有权以委托人的名义将委托财产设立信托?

二、本案中的信托合同是否有效? 若无效,则应认定为何种性质的合同,法律关系如何?

【法理分析】

一、光大银行是否有权以委托人的名义将委托财产设立信托?

本案争议的焦点就在于光大银行冒用张某某的名义与安信信托所签订的信托合同是否有效的问题,从案件事实中我们可以得知,张某某与光大银行确实存在委托合同关系,而认定信托合同有效的前提是光大银行签订信托合同的行为是否为有权代理行为,只有解决了这个问题,安信信托 1000 万元的收益是否属于不当得利的问题就迎刃而解了。解决这一问题,要牵涉代理法律关系和信托合同法律关系问题。

代理,是一人以他人的名义或以自己的名义独立与第三人为民事行为,由此产生的法律效果直接或间接归属于该他人的法律制度。① 代理权产生的基础可分为法定代理、指定代理和委托代理。在委托代理中,代理人取得代理权是基于被代理人的授权行为,代理人的权限范围也是具体明确的。无权代理,是指不具有代理权的当事人所实施的代理行为,包括根本未经授权的代理、超越代理权的代理和代理权已终止后的代理。② 无权代理只有在符合表见代理的情形和被代理人行使代理权的时候才能发生与有权代理相同的法律效果。无权代理的一般效果是在未补正代理权期间,代理效力未定。暂时地不能发生预期效果。无权代理允许事后的补正,所以,本人享有追认权。本人也可以明示拒绝,放弃追认权,结束效力不定状态,使无权代理自始不生代理效力。本人行使追认权,可以通过事后同意,使无效代理变为有效代理。追认权一经行使,代理将溯及地生效。③ 我国《民法通则》第 66 条第 1 款规定:没有代理权、超越代理权或者代理权终止后的行为,只有经过被代理人的

---

①参见王利明:《民法总论》(第三版),中国人民大学出版社 2007 年版,第 180 页。

②参见王利明:《民法总论》(第三版),中国人民大学出版社 2007 年版,第 190 页。

③参见龙卫球:《民法总论》,中国法制出版社 2002 年 12 月版,第 584 页。

追认,被代理人才承担民事责任。未经追认的行为,由行为人承担民事责任。本人知道他人以本人名义实施民事行为而不作否认表示的,视为同意。

在本案中,张某某与光大银行太原支行 2005 年 10 月 31 日签订《阳光理财协议书》,理财方案第 1 款"总理财资金中的壹仟万元用于办理新陵公路项目资金信托理财计划,该业务自 2005 年 11 月 1 日起至 2006 年 11 月 1 日止"。而信托合同的签订是在 2005 年 10 月 31 日,前述委托合同的生效时间是 11 月 1 日,而在 10 月 31 日当天光大银行还未取得代理权,所以光大银行的是欠缺代理权的无效代理,如果能够得到张某某的追认,则代理行为有效。但是我们从案例中可以得知,该代理行为未得到张某某的追认,因此代理行为无效。光大银行与安信信托所签订的信托合同的效果不能及于张某某,其只在光大银行和安信信托之间发生权利义务关系。

二、本案中的信托合同是否有效?若无效,则应认定为何种性质的合同,法律关系如何?

那么在此前提下所产生的信托合同是否有效呢?本案所涉及的是典型银信合作类理财产品。所谓银信理财合作,是指银行将理财计划项下的资金交付信托,由信托公司担任受托人并按照信托文件的约定进行管理、运用和处分的行为。① 银信合作产品实际上包括两种法律关系,一是银行与客户之间的投资理财法律关系;二是银行与信托公司之间的信托法律关系,即银行利用客户委托的资金,购买信托公司设立的信托计划产品。其中银行都参与了两种法律关系,并且从中起着重要的连接作用,那么银行的法律地位又要如何界定呢? 在第一个法律关系中,银行的法律地位应该是代理人的身份,而在第二个法律关系中,根据前面的分析,我们可以得知,银行在与信托公司签订信托合同时是以客户的名义来签署的,正是因为此种行为,本案中才会产生无权代理的行为,如果银行是以自己的名义来签订信托合同的,那么之后的纠纷就化为乌有了。可见不论是在第一个法律关系中还是在第二个法律关系中,银行始终是作为代理人的身份参与其中的,信托合同的真正委托人是客户和信托公司。

在明确了各方的法律地位之后,我们来重新审视信托合同的有效性。在本案中,光大银行将客户的资金作为信托财产与信托公司签订信托合同,信托公司完全按照光大银行的指示对信托财产进行管理和处分。该信托合同是否属于消极信托的范畴呢? "所谓'消极信托'(Passive Trust),是指委托人并未委托受托人就信托财产进行积极的管理或处分之信托,信托财产之积极管理或处分实际上仍由委托人自行为之或由受益人为之,受托人的唯一任务就是在一定条件下将信托财产的法定权力转移给受益人的管理信托"。② 可见成立消极信托的判断标准就在于受托人是否应履行积极的管理义务。那么积极和消极的界限如何划定呢? 实践中,积极管理和消极管理的界限很难厘定。消极信托是需要对信托事务承担完全的消极管理义务呢,还是只需要对主要的信托事务承担消极管理义务就可认定为消极信托了。我

---

① 参见《银行与信托公司业务合作指引》(银监发〔2008〕83 号)第 6 条。
② 于萍、刘飞:浅议消极信托,《金融理论与实践》2004 年第 8 期。

国《信托法》第 9 条规定了信托当事人可以约定信托财产的管理方法、受益人取得信托利益的形式、方法等内容,且安信信托也实际上积极地承担或履行了对信托财产的处分和部分的管理行为。因为受托人的积极行为的内容包括占有、管理和处分行为,除非信托合同明确规定受托人行为的具体内容,如管理行为的具体含义和方式,否则不应仅仅因为欠缺积极管理行为而宣布消极信托的构成。① 从比较法上来看,日本信托法学界也普遍认为,如果委托人或受益人进行指示、命令,而受托人接受其指示、命令并有权管理和处分信托财产的话,此种被动信托则应视为有效。② 因此光大银行与安信信托之间的信托合同不属于消极信托,更不能以此认定信托合同无效。

【掩卷沉思】

有的学者认为"在本案中,应将银行界定为信托合同'一对一'的委托人"③的观点,笔者并不赞同。该学者的理由依据是《银行与信托公司业务合作指引》第 6 条:本指引所称银信理财合作,是指银行将理财计划项下的资金交付信托,由信托公司担任受托人并按照信托文件的约定进行管理、运用和处分的行为。据此认为监管者将银行作为信托关系的委托人。

笔者认为该观点是片面的,因为上述第 6 条只是表明由银行将理财资金设立信托法律关系,并未表明银行就是委托人。正如本案这种情形下,银行对理财资金并不享有所有权,真正的所有权是由客户享有的,银行在其中仅仅是充当客户的代理人的法律地位,并不能片面的从单个条款中就认定银行是信托法律关系中的委托人,这是对于法律条文的曲解。所以笔者认为,银行不是信托法律关系中的委托人,真正的委托人是与银行签订理财协议的客户,银行只是代理人,若是违反了代理法律关系中相应的权利义务,则要依据代理合同承担相应的法律后果。

案例 54　河南省 XX 高速公路发展有限责任公司与中国 XX 银行股份有限公司漯河分行、中国 XX 银行股份有限公司漯河黄河路支行信托合同纠纷案④

【案情介绍】

　　原告:河南省 XX 高速公路发展有限责任公司

　　被告:中国 XX 银行股份有限公司漯河分行

---

① 参见倪受彬、江翔宇:从安信信托案看银信合作理财中信托合同效力问题,载于《法学》2010 年第 4 期。

② 参见〔日〕四宫和夫:《信托法》新版,法律学全集 33,有斐阁 1989 年版,第 9 页,转引自张军建《信托基础理论研究》,中国财政经济出版社 2009 年版第 62 页。

③ 倪受彬、江翔宇:从安信信托案看银信合作理财中信托合同效力问题,《法学》2010 年第 4 期。

④ 案例来源:河南省漯河市中级人民法院民事判决书(2009)漯民一初字第 2 号,北大法律信息网—北大法宝http://vip.chinalawinfo.com/case,最后访问日期为 2013 年 1 月 22 日。

被告：中国 XX 银行股份有限公司漯河黄河路支行

2003 年 10 月 21 日，XX 高速与原 XX 黄河路支行签订编号为建漯黄 127020 (2003)01 号借款合同。借款人为 XX 高速，贷款人为原 XX 黄河路支行。借款金额为 2 亿元人民币，借款用途为 XX 高速公路 XX，合同约定借款期限为 168 个月，即从 2003 年 10 月 21 日至 2017 年 10 月 20 日，贷款利息为月利率 4.32‰。借款合同签订后，XX 高速与原 XX 黄河路支行又于同日即 2003 年 10 月 21 日签订一份委托代理协议，委托人为 XX 高速，受托人为原 XX 黄河路支行，该协议约定：委托人在此委托受托人办理委托贷款业务，即委托人提供贷款资金，施行全委托，受托人负责贷款的发放与收回，经委托人和受托人友好协商，达成以下条款共同遵守：

1. 委托人的权利和义务。(1) 委托人应向受托人提供委托资金，将委托资金划入受托人指定的专户。(2) 委托人若要收回委托资金，应提前 15 天通知受托人。

2. 受托人的权利与义务。(1) 受托人自行确定委托贷款的借款人、借款用途、借款期限、借款利率等事宜，与借款单位签订贷款合同、抵押合同等手续。(2) 根据委托贷款业务的需要，确定专人负责办理委托贷款业务。(3) 负责贷款的本息收回，及时将贷款本息划入委托人账户。

3. 受托人声明。(1) 委托贷款用途符合国家法律有关政策规定。(2) 一切贷款风险由受托人承担，委托人不承担任何形式的贷款风险。(3) 委托人发出收回委托资金通知后，受托人保证将委托资金和利息及时足额划入委托人账户。

4. 此次委托资金贷款合同编号为建漯黄 127020(2003)01 的贷款金额贰亿元，利率 4.32‰贷款按季结息。

2003 年 10 月 21 日，原 XX 黄河路支行向 XX 高速出具承诺函，内容为：贵公司在我行 2003 年 10 月 21 日贷款贰亿元，合同编号为建漯黄 127020(2003)01，在你公司动用贷款之前，我行将以委托贷款的形式帮助你公司理财，贷款所产生的利息由我行负责通过理财归还；你公司不负责归还贷款所产生的利息。我行将严格按照《委托代理协议》条款确保委托贷款的安全，一切风险有我行承担，特此承诺。

2003 年 10 月 23 日，XX 高速从原 XX 黄河路支行贷款的 2 亿元，从原 XX 黄河路支行转存至 XX 高速。贷款转存凭证注明该笔贷款系基建贷款。

2003 年 10 月 24 日，原 XX 黄河路支行向 XX 高速出具转款证明，根据原 XX 黄河路支行与 XX 高速的委托代理协议，XX 高速将 2 亿元贷款按照原 XX 黄河路支行指定的时间、金额分别转入中铁十七局集团第一工程有限公司 8300 万和中铁十五局第三工程有限公司 11700 万元。

双方认可本金 2 亿元于 2006 年 9 月 22 日还清，根据 XX 高速提供的欠息清单原 XX 黄河路支行于 2006 年 9 月 22 日和 2006 年 9 月 25 日分别还利息 100 万元。尚欠利息、复利及罚息共计 6732870.67 元。经 XX 高速多次催要无果，现起诉至法院，请求判令被告 XX 漯河分行支付 XX 高速委托理财资金合计 6732870.67 元。

另查明：2005 年 3 月 1 日，中国 XX 银行漯河黄河路支行因重组改制注销，并于同日设立中国 XX 银行股份有限公司漯河黄河路支行，原中国 XX 银行漯河黄河路支行的一切债权债务由中国 XX 银行股份有限公司承担。

【处理结果】

二审法院认为,2003年10月21日,原告XX高速与原XX黄河路支行签订了借款合同,该笔借款于2003年10月23日从原XX黄河路支行转存至XX高速账户,该借款合同是双方当事人真实意思表示,并且已经履行,为有效合同。

从该委托代理协议的签订和履行情况来看,XX高速将其财产权委托给原XX黄河路支行进行管理和处分,收取理财收益,是基于对原XX黄河路支行的信任,应认定为信托合同纠纷。根据《中华人民共和国商业银行法》第四十三条之规定:"商业银行在中华人民共和国境内不得从事信托投资和证券经营业务,……"《中国人民银行贷款通则》第十九条借款人的义务第三项规定:"按借款合同约定用途使用贷款",第四项规定:"按借款合同约定及时清偿贷款本息"。第二十条对借款人的限制第六项规定:"不得套取贷款用于借贷牟取非法收入"。在本案中,XX高速将约定用于高速公路XX的贷款用于委托理财,牟取理财收益,违反了借款合同的约定及上述规定。原XX黄河路支行作为贷款人,违反法律规定进行信托投资,并向借款人XX高速作出承诺免去其归还贷款所产生利息的义务,双方均有过错。《中华人民共和国信托法》第十一条第(一)项规定,信托目的违反法律、行政法规或者损害社会公共利益的,信托无效。综上,该委托代理协议违反法律规定,为无效协议。

《中华人民共和国合同法》第五十六条规定:"无效的合同或者被撤销的合同自始没有法律约束力……"第五十八条规定:"合同无效或者被撤销后,因该合同取得的财产,应当予以返还;不能返还或者没有必要返还的,应当折价补偿。有过错的一方应当赔偿对方因此所受的损失,双方都有过错的,应当各自承担相应的责任。"根据本案查证的情况,XX黄河路支行已于2006年9月22日还清本金2亿元。关于XX高速请求的利息、复利及罚息,由于其自身存在过错,致使合同无效,对其该诉请本院不予支持。对引起该诉争,原XX黄河路支行也存在过错,其过错责任应由XX漯河分行承担。判令驳回河南省XX高速公路发展有限责任公司的诉讼请求。

【争议焦点】

一、从法律关系的角度出发,理财产品的分类如何?

二、XX漯河分行及XX黄河路支行应否支付XX高速理财资金?

【法理分析】

一、从法律关系的角度出发,理财产品的分类如何?

本案牵涉到商业银行理财产品的法律性质分析,明确XX高速与原XX黄河路支行于2003年10月21日签订的委托代理协议的法律性质是解决本案争议的关键,如果正如法院所认为的认定为信托法律关系的话,那么委托代理协议的效力因主体的不适格而无效;如果认定为简单的委托代理关系的话,那么委托代理协议就是有效的,而且XX高速请求XX漯河分行支付尚欠利息、复利及罚息共计6732870.67元的诉讼请求就应当得到支持。

有学者从法律关系的角度,理财产品应分为以下四大类:

（一）固定收益类理财产品

固定收益类理财产品，是指商业银行按照约定条件向投资者承诺支付固定收益，银行承担由此产生的投资风险。在这种产品中，投资者没有提前赎回的权利。投资者购买了这类产品，就意味着与商业银行签订了一份到期还本付息的理财合同，并以存款的形式将资金交由银行运营，银行在固定期限里，将募集资金集中并开展投资活动。

（二）非保本浮动收益理财产品

非保本浮动收益理财产品，是指商业银行根据约定条件和理财业务的实际投资收益情况向投资者支付收益，并不保证投资者本金安全的理财计划。非保本浮动收益理财产品是商业银行面向投资者推出的"风险与诱惑并存"的理财产品。

（三）保本浮动收益理财产品

保本浮动收益理财产品，是指商业银行按照约定条件向投资者保证本金支付，本金以外的投资风险由投资者承担，并依据实际投资收益情况确定投资者实际收益的理财计划。这类产品在保证本金的基础上争取更高的浮动收益，投资者在存款的基础上，向银行出售了期权收益权，因此可以得到普通存款和期权收益的总收益。

（四）商业银行承销的理财产品

商业银行有着丰富的客户资源和良好的资信，所以很多机构都利用商业银行的信誉来销售自己的理财产品，商业银行承销的产品有基金产品、保险产品、国债、企业债券，等等。商业银行在承销过程中的作用相当于证券市场上的承销商，收取固定的承销费用，不对产品的风险负责。

根据上述对于理财产品的分类，该学者认为：

1. 在固定收益理财产品中，银行与投资者之间是债权、债务关系

投资者购买了固定收益理财产品之后，银行负有还本付息的义务，投资者享有收回本金并取得利息的权利，这与储蓄的性质完全是一样的，银行与投资者之间是普通的债权债务关系。

2. 在非保本浮动收益理财产品中，银行与投资者之间是一种信托关系

此类业务属于银行的中间业务，理财资金不能并入表内，在整个理财过程中，理财资金必须保持独立性。在非保本浮动收益理财产品的运作模式中，商业银行与投资者之间是一种信托法律关系。我国《信托法》第2条规定："本法所称信托，是指委托人基于对受托人的信任，将其财产权委托给受托人，由受托人按委托人的意愿以自己的名义，为受益人的利益或者特定目的，进行管理或者处分的行为。"投资者基于对商业银行的信任，将自己的资金委托给商业银行，由商业银行按照投资者的意愿，以商业银行的名义，为了投资者的利益进行投资，这些行为完全符合信托的构成要件。此类产品的纠纷，就可以完全依照《信托法》的规定来解决。

（1）在保本浮动收益理财产品中，银行与投资者之间是一种有担保的信托关系。此类理财产品的运作模式与非保本浮动收益理财产品是一样的，每一期的产品必须封闭式运作，以确定盈亏，因此，此类产品也是一种信托。在此类产品中，银行既是

受托人,同时又是保证人,银行对信托提供了一个最基本的保证:保证投资者收回本金,因此银行与投资者之间是一种有担保的信托关系。

(2) 在商业银行承销理财产品时,商业银行与理财产品的发行机构之间是委托代理关系。商业银行在此过程中只是一个承销商,收取固定的承销费,并为投资者办理结算。商业银行是以理财产品发行机构的名义来销售这些产品的,投资者与理财产品的发行机构之间产生直接的法律关系,商业银行不承担法律后果。这样的销售方式完全符合委托代理的构成要件,理财产品的发行机构是本人,商业银行是代理人,投资者是第三人。因此,商业银行与理财产品的发行机构之间是委托代理关系。①

二、XX 漯河分行及 XX 黄河路支行应否支付 XX 高速理财资金?

通过本案的分析可知,XX 高速与原 XX 黄河路支行签订的理财合同标的的保本浮动收益理财产品。这种法律关系中,银行既是受托人,同时又是保证人,银行对信托提供了一个最基本的保证:保证投资者收回本金;因此银行与投资者之间是一种有担保的信托关系。

但是这种看似合法合理的信托法律关系终因本案一个至关重要的因素导致无效,那就是本案的信托财产是银行贷款,而不是委托人的一般资产。信托财产明显的特征是独立性。关于信托财产独立性在域外信托法理论中存在两种诠释:一为这一独立性是指信托财产相对于受托人的固有财产而言所具有的独立性;二为这一独立性是指信托财产相对于受托人的固有财产以及委托人的财产和受益人的财产而言所具有的独立性。日本信托法理论界将第一种解释称为"狭义的信托财产独立性",②相应地,后面一种诠释中的信托财产独立性在这一信托法理论中便理应被称为"广义的信托财产独立性"。③ 不论是采纳何种解释,设定信托法律关系的财产应当是委托人享有所有权的财产。

在本案中,银行贷款是否是借贷人 XX 高速的财产的,很明显回答是否定的。"银行与客户之间的所有关系、所有活动皆从开立账户、即办理存款开始,也就是说,借贷合同关系是二者之间最基本的法律关系,但随之而来的往往是多种法律关系的共存"。④ 所以说银行贷款的所有权是属于成千上万的储户的。根据《中华人民共和国商业银行法》第 43 条之规定:"商业银行在中华人民共和国境内不得从事信托投资和证券经营业务,……"《中国人民银行贷款通则》第 19 条借款人的义务第 3 项规定:"按借款合同约定用途使用贷款"。很明显 XX 高速与原 XX 黄河路支行签订的委托协议违反了法律强制性的规定,应当认定无效。那么 XX 高速基于委托合同的约定请求法院请求 XX 漯河分行支付尚欠利息、复利及罚息共计 6732870.67 元的诉讼请求就不应当得到支持。

---

① 参见潘修平、王卫国:商业银行理财产品若干法律问题探讨,《现代法学》2009 年第 4 期。
② 参见[日]四宫和夫:《信托法》,日本有斐阁株式会社 1986 年版,第 73 页。
③ 参见张淳:信托财产独立性的法理,《社会科学》2011 年第 3 期。
④ 盛学军:银行与客户的法律关系,《现代法学》1999 年第 6 期。

 **【掩卷沉思】**

　　根据 2005 年 11 月 1 日起施行的《商业银行个人理财业务管理暂行办法》(以下简称《办法》)对综合理财服务业务的规定又似乎将业务属性定性为委托代理关系,尤其是银监会在解释《办法》时明确商业银行理财业务是建立在委托代理关系基础之上的银行服务。① 笔者认为这种简单粗陋的定性方式是错误的。正如本文前面所叙述的,理财产品的种类多样,并非所有的理财产品的性质都是相同的,应当就具体的理财产品的当事人的不同角色来分析其中的法律关系,在非保本浮动收益理财产品中,银行与投资者之间是一种信托关系,在保本浮动收益理财产品中,银行与投资者之间也是一种有担保的信托关系。但是针对固定收益理财产品而言,银行与投资者则是债权债务关系;在商业银行承销理财产品中,商业银行与理财产品的发行机构之间是委托代理关系。这样详细的界定有利于准确地定位实践中所发生的理财产品纠纷,从而根据双方当事人之间的法律关系来判断他们之间的委托协议关系是否符合法律的规定,一旦违反了法律强制性的规定,则必然要承担协议无效的后果。

第四节　信托当事人

案例 55　崔璀与贺能武股权转让纠纷上诉案②

【案情介绍】

　　上诉人(原审被告):崔璀

　　被上诉人(原审原告):贺能武

　　上诉人贺能武与被告崔璀均系湖南省阳光电化有限公司(以下简称阳光电化)、湖南山江技术开发有限公司(以下简称山江公司)股东。2008 年贺能武与湖南省信托有限责任公司(以下简称湖南信托公司)签订了股权信托合同,将其持有的山江公司 5.2% 的股权和阳光电化 5.95% 的股权委托湖南信托公司持有,并办理了股权过户手续。2008年 12 月 21 日、2009 年 3 月 29 日,针对部分股东要求转让股份的要求,山江公司和阳光电化分别召开全体股东会议并达成一致意见,约定股东退出的股权转让价格:副厂级111.6 万元、助理级 74.4 万元,股东转让股权可选择 A、B、C、D 四个方案,贺能武选择了 C 方案将股权转让给被告崔璀。C 方案约定:(1) 转让价款下浮 25%;(2) 首付款为股权转让款的 50%,余款 2009 年 9 月前付清;(3) 无论出现何种情况都保证及时支付,如不能及时支付,转让价款不下浮,已退的股权转让款按正常股价计算退出的股权比例。2009 年 4 月 1 日,原告贺能武与被告崔璀签订了两份信托受益权转让协议,双方约

---

① 参见郭江山、李大庆:我国金融机构理财业务的法律困境与探索,《河北法学》2012 年第 6 期。
② 案例来源:湖南省邵阳市中级人民法院民事判决书(2011)邵中民二终字第 21 号,北大法律信息网——北大法宝 http://vip.chinalawinfo.com/case 最后访问日期为 2013 年 1 月 18 日。

定：贺能武将其在湖南信托公司的股权信托受益权对应的山江公司 5.2% 的股权和阳光电化 5.95% 的股权均下浮 25% 后，作价 837000 元转让给崔璀，崔璀应在 2009 年 4 月 10 日前支付贺能武股权转让款 418500 元，余下的 418500 元股权转让款于 2009 年 9 月前付清。协议签字当天，贺能武与崔璀办理了信托受益权转让，崔璀按股权转让协议支付了 50% 的股权转让款 418500 元，但余下的 50% 转让款，被告崔璀未按协议付清。贺能武以崔璀未履行股权转让协议为由，向原审法院起诉要求判令崔璀按未下浮的股权价款计算股权比例返还贺能武山江公司 3.25% 的股权和阳光电化 3.71875% 的股权。

原审法院认为，本案系股权转让纠纷。被告崔璀与原告贺能武签订的股权转让合同和信托受益权转让协议，属股东之间的真实意思表示，且协议的内容符合股东大会的决议，不违反法律法规禁止性规定，属有效合同。原告贺能武按协议约定履行了股权受益权的转让义务，被告崔璀未按协议全面履行合同义务，属违约，应当承担违约责任。崔璀仅支付了原告贺能武股权下浮 25% 后的转让款的 50%，按股东会议决议退股 C 方案的规定，未全额支付转让股权的，转让价款不下浮，已退股权按正常股价计算退出的股权比例，原告贺能武退出山江公司和阳光电化的股权只占其股权的 37.5%，尚有 62.5% 的股权未转让，其对应的股权为山江公司 3.25% 和阳光电化 3.71875%。据此，原审法院依照《中华人民共和国公司法》第七十二条、《中华人民共和国合同法》第六十条，以及《中华人民共和国民事诉讼法》第一百三条之规定判决：

被告崔璀返还原告贺能武以崔璀名义登记并委托湖南信托公司所持有、代管的山江公司 3.25% 的股权和阳光电化 3.71875% 的股权及对应的受益权。一审案件受理费 100 元，由被告崔璀负担。

崔璀不服上述判决，上诉提出：2009 年 4 月，因山江公司被人围堵大门，公司部分职员拒绝发货，导致山江公司停止经营，出现了股东大会纪要约定"09 年内如发生经营风险，信托接管处置或清盘，只保证兑付退出的转让款的 50%，不再支付其余的 50%，退出股东亦不享受和承担清盘处置中股东的权利和义务"的情形。崔璀已没有义务继续履行股权转让协议的义务，请求撤销原判，驳回被上诉人贺能武的诉讼请求。

被上诉人贺能武辩称，原判认定事实清楚，适用法律准确，请求驳回上诉，维持原判。

【处理结果】

二审法院认为，本案系股权纠纷。上诉人崔璀与被上诉人贺能武签订的股权转让合同和信托受益权转让协议，属双方当事人真实意思表示，符合两次股东大会形成的决议，且不违反法律法规禁止性规定，属有效合同。被上诉人贺能武按协议约定履行了股权受益权的转让义务，上诉人崔璀应按协议支付价款。上诉人未按约定支付全部价款属违约行为。被上诉人贺能武要求按股东会议决议，按照其转让的股权价格不下浮计算退出的股权比例的请求符合双方的约定，应予以支持。崔璀上诉提出"因上诉人等人围堵公司大门，扣发产品，导致山江公司停止经营，出现了股东会议纪要中约定的风险情形，上诉人已不需要支付尚未支付的股权转让款"的理由，经查，其主张的事实并不能证明其公司发生了股东会议纪要中规定的信托接管或清盘等风险情形，因此，上诉人崔璀所提出的上诉理由不能成立，对其上诉请求本院不予支持。综上，原判决认定事实清楚,适用法律正确,处理恰当。依照《中华人民共和国民事诉讼法》第一百五十三条第一款(一)项的规定,判决驳回上诉,维持原判。

【争议焦点】

一、信托受益权能否转让? 受益权转让的一般性条件是什么?

二、本案中上诉人所提出的抗辩理由能不能成立? 信托受益权转让的阻却理由有哪些?

【法理分析】

一、信托受益权能否转让? 受益权转让的一般性条件是什么?

要解决上述的焦点问题,我们首先需要明确的是信托受益权及其相关的法律性质,对于这个问题,理论界也众说纷纭,观点不一。在这里,笔者将介绍其中的几种主要的观点,并提出笔者自己的拙见。

"所谓信托受益权是指受益人在信托中享受信托利益的权利"。[1] 依各国信托法的共同惯例,受益人在信托存续期间享有或者可以行使的具体的权利主要包括:(1) 信托利益取得权,即向受托人要求交付信托利益的权利。(2) 信托财产追及权即向因接受受托人的不当处分而取得信托财产的受让人要求返还该项财产的权利。(3) 与监督信托运作有关的各种权利。[2]

关于信托受益权的性质的研究一直是争议不休,迄今为止,较为典型的观点有英美法学界的对人权说、对物权说和折中说。

对人权说认为信托起源于合同,当事人产生违反信托合同的法定事由的时候,大法官开始强制执行的是一项针对人的权利即对人权,而并不是真正地对物权,即他开始强制执行的权利实质上是合同性质的权利,也就是由承诺所设立的权利。

对物权说认为由信托受益人依据衡平法享有的权利并不具有合同权利的性质,而是具有所有权的性质。该观点认为信托受益人对信托财产享有具有所有权性质的权利,这一权利体现为当受托人将信托财产转移给了一个没有支付价金的第三人时,即便后者作为受让人并不是由委托人与受托人订立的信托合同的一方当事人,大法官也将执行信托受益人的诉讼请求,并强制该受让人返还信托财产。

折中说则认为信托受益权是一种兼具对人权性质与对物权性质的权利。这种观点认为前述的两种观点都不能完全准确地定位信托受益权的性质,因为对人权说无法解释信托受益权具有追及效力这一只有物权才具有的效力;同样地,对物权说也不能合理地解释信托受益权不能够对善意买受人发生。所以折中说不同意将信托受益权简单地界定为对人权或是对物权,认为信托受益权是一类既具有对人权性质又具有对物权性质的权利。

笔者则认为将信托受益权定位为债权而且是不具有物权性质的债权是较为妥当

---

[1]〔日〕中野正俊/张军建著:《信托法》,中国方正出版社2004年版,第110页。

[2]参见张淳:关于信托受益权的性质——对有关国家法学界的有关研究的审视与检讨,《湖南大学学报》(社会科学版)2010年第5期。

的。就我国信托法授予的信托受益权的性质而言,国内持物权说观点的学者理由是信托受益权具有物权的优先效力、追及效力、直接支配力、物权请求权的效力和物权绝对性和公示的要求。① 物权说观点是将在信托受益权中包含有这一撤销权与追及权视为物权说的基本理由。而国内持有物权与债权并行说的观点是对英美法学界折中说的移植,但是"这是一种在完全忽视英美法学界关于对信托受益权性质的研究方法的前提所为的机械的、生吞活剥般的移植,这一移植意味着这些学者是在根本就没有注意到上述两项信托受益权在内容方面存在不同的情形下,运用英美法学界有关学者对存在于英美信托法中的信托受益权的性质的认识来说明存在于我国信托法中的信托受益权的性质,而他们的如此办理显然并不恰当"。②

对于信托受益权的转移,赖源河先生认为:"按受益权为财产权的一种,原则上似无不许其融通的理由,故'信托法'为使受益权让与的法律关系明确,于 20 条规定:'民法第 294 条至第 299 条之规定,于受益人之让与,准用之。'俾发挥其经济上的功能"。③ 信托受益权的转让,是指在不改变信托受益权的性质和内容的前提下,受益人将其信托受益权转移给他人的民事法律行为。受益权的转让必须具备以下几个条件:

1. 受益权必须具有可转让性。受益权作为财产权的一种,原则上应允许其融通转让。

2. 受益人转让受益权,需要与受让人协商同意,订立转让合同,信托受益权的转让才能成立。

3. 受益人转让信托受益权原则上不需要委托人和受托人的同意,但是受益人或者受益人的受让人应当通知受托人,否则该转让对受托人不发生效力。受托人接到通知并未表示异议的,则受托人应向受让人即新的受益人给付信托利益,并可以此对抗原受益人。

4. 信托受益权的转让须以转让受益权这一特定权利为标的,转让信托受益权的行为生效时,信托受益权转移至受让人,受让人即取得受益人的地位。如果受益人仅是委托他人向受托人代为收取信托财产的收益,则该行为不是转让信托受益权的行为,而是受益人与他人之间的委托代理行为。

5. 信托受益权的转让不变更该受益权的性质和内容,即信托受益权转让后,该信托受益权的性质和内容均不发生变更,信托受益权全部转移给受让人,受让人成为新的受益人,享有请求受托人给付信托利益的权利,撤销受托人违背信托目的或者管理职责处分信托财产的权利,还享有在信托终止信托文件对信托财产的归属人未作规定时,取得信托财产的本金的权利。④

---

① 参见徐卫:信托受益权:物权? 债权? 抑或新权利?,《安徽大学学报》(哲学科学版)2006 年第 5 期。
② 张淳:关于信托受益权的性质——对有关国家法学界的有关研究的审视与检讨,《湖南大学学报》(社会科学版)2010 年第 5 期。
③ 赖源河、王志诚著:《现代信托法论》(增订三版),中国政法大学出版社 2002 年版,第 105 页。
④ 参见陈向聪著:《信托法律制度研究》,中国检察出版社 2007 年版,第 258 - 259 页。

由此可见,信托受益权的转让原则上是自由的,这正是信托产生理念的充分体现。

二、本案中上诉人所提出的抗辩理由能不能成立? 信托受益权转让的阻却理由有哪些?

那么信托受益权的转让需要什么限制条件呢? 正如本案中所发生的事件是否能够阻却信托受益权转让合同的效力呢? 根据信托法律关系的相关原理和合同法律关系的一般原理,笔者认为本案中"因山江公司被人围堵大门,公司部分职员拒绝发货,导致山江公司停止经营,出现了股东大会纪要约定'09 年内如发生经营风险,信托接管处置或清盘,只保证兑付退出的转让款的 50%,不再支付其余的 50%,退出股东亦不享受和承担清盘处置中股东的权利和义务"不是阻却受益权转让合同效力的事由。

信托受益权转让的限制一般来讲主要包括以下两个方面:一是受信托文件对受益权转让的限制。在通常的情况下,委托人和受托人可以在设立信托的书面文件中就信托受益权的转让作出禁止性的规定,信托文件还可以限制信托受益权受让人和继承人的范围。在信托文件对信托受益权的转让设定禁止条款的情况下,信托受益权不得转让、继承,或者不得转让给禁止受让的人,或者不得由禁止继承的人继承。二是受信托目的的限制。因信托是委托人为受益人的利益或者特定目的将其财产委托受托人管理和处分的制度,因此,信托受益权的行使应不违背信托目的,如果信托受益权的转让或者继承致使信托的存续违反信托目的或者导致信托目的的不能实现,根据《信托法》第 53 条的规定,则该信托归于终止,信托财产将按照《信托法》第 54 条的规定确定归属人,信托受益权的受让人或者继承人并不能从中取得信托受益权。因此,受益权的转让违反信托目的或者致使信托目的不能实现的,则该信托受益权不得转让或者继承。①

综合以上分析,二审法院的终审判决是于法有据的。

【掩卷沉思】

对于信托受益权性质之争,笔者认为更多的是为了完善我国《信托法》。我国《信托法》更多地采纳了合同理论,为信托合同提供了一套强制性的标准化条款。在信托受益权方面,几乎全部权利均可用合同理论予以合理解释。② 不论学术界对于该问题的争论如何,从我国引入信托法律制度的初衷来看,就是为了最大程度上发挥信托优势,促进金融市场的发展,推动经济腾飞。我国《信托法》在强调对人的效力的同时,应该审视现有制度的不足和缺陷,目前学者们批判的突出问题在于信托财产的公示制度不完善,不能有效地确保信托具有资产分割功能。所以笔者也认为,立法应该从实践出发,根据现有立法在实践中的不足来修改,而不能限于学术争议的无休止,造成了法律更大的滞后性。

---

① 参见陈向聪:信托受益权法律问题论析,《北京政法职业学院学报》2006 年第 2 期。
② 参见李晓桃、聂迎、袁晓东:信托受益权的法律性质探讨,《证券市场导报》2012 年第 4 期。

第十四章　保险法律制度

第一节　财产保险合同

案例 56　渤海财产保险股份有限公司广西分公司与赵扶东保险合同纠纷上诉案①

【案情介绍】

上诉人(一审被告):渤海财产保险股份有限公司广西分公司

被上诉人(一审原告):赵扶东

2008 年 5 月 31 日,赵扶东为其所有的车牌号为桂 AA6329 的轿车在渤海财保广西分公司处投保,赵扶东签署了机动车辆保险投保单,其中"投保人声明"记载:投保人同意以本投保单及所附相关资料作为订立保险合同的依据及保险合同的组成部分,投保人确认在填写本投保单时,保险人已就投保险种对应的保险条款及附加条款(包括责任免除部分)的内容向投保人作了明确说明,投保人对保险合同的条款及保险条件已完全了解,同意从保险单签发之日起保险合同成立。同日,渤海财保广西分公司向赵扶东签发了机动车辆险保险单,该保险单记载:保险期间自 2008 年 6 月 1 日零时起至 2009 年 5 月 31 日二十四时止;承保险种包括车辆损失险、第三者责任保险等,其中车辆损失险(不计免赔率)保险金额为 605700 元;保险费合计 8709 元。赵扶东于当日支付了保险费 8709 元。

2009 年 2 月 26 日,刘昭明饮酒后驾驶桂 AB0905 号小型客车沿衡阳路由西往东方向行驶,适有赵扶东驾驶保险车辆沿衡阳路东往西方向行驶至上述地点时左转进入衡阳路南二里,赵扶东车尾右侧与刘昭明车头前部发生碰撞,造成两车不同程度损坏的交通事故。事故发生后,南宁市公安局交通警察支队一大队作出《道路交通事故认定书》,认定刘昭明应承担该事故的全部责任,赵扶东不承担该事故的责任。赵扶东于 2009 年 3 月 6 日支付施救费 290 元。其后赵扶东将保险车辆送至南宁标星汽车销售服务有限公司修理,为此支付了车辆维修费 40282 元,上述公司于 2010 年 4 月 13 日向赵扶东开具了修理费发票。赵扶东随后就其损失要求渤海财保广西分公司进行理赔,渤海财保广西分公司于 2010 年 4 月 2 日发出拒赔通知书,以保险车辆方无事故责任,保险公司据此不承担赔偿责任为由予以拒赔。双方为此协商未果,赵扶东遂诉至本院。渤海财

---

① 案件来源:广西壮族自治区南宁市中级人民法院(2011)南市民二终字第 380 号,北大法律信息网——北大法宝 http://vip.chinalawinfo.com/Case/Result.asp,最后访问日期 2013 年 1 月 16 日。

保广西分公司对赵扶东主张的金额无异议,但为证明该事故不属于其保险赔偿范围,提供了一份《2007版渤海财产保险股份有限公司机动车辆保险条款》,其中第一部分第二章第十条规定:保险车辆方无事故责任的,本公司不承担赔偿责任。

一审法院审理认为:对于赵扶东要求渤海财保广西分公司先予赔偿其损失的请求,渤海财保广西分公司以保险条款中关于"保险车辆方无事故责任的,本公司不承担赔偿责任"的规定主张免责,应认定该条款为无效条款,渤海财保广西分公司不能据此免责。故,在渤海财保广西分公司没有提供证据证明赵扶东已放弃了对第三方追偿的权利的情况下,赵扶东要求渤海财保广西分公司先予赔偿其车辆维修费40282元及施救费290元,于法有据,予以支持。依照《中华人民共和国合同法》第四十条,《中华人民共和国保险法》第五条、第十二条和《中华人民共和国民事诉讼法》第六十四条之规定,遂判决:

一、渤海财产保险股份有限公司广西分公司应赔偿赵扶东车辆维修费40282元;

二、渤海财产保险股份有限公司广西分公司应赔偿赵扶东施救费290元。受理费814元,由渤海财产保险股份有限公司广西分公司负担。

上诉人渤海财保广西分公司不服上述判决,向本院上诉称:一审判决认定渤海财保广西分公司的保险合同中无责免赔条款无效,并据此判决渤海财保广西分公司承担赔偿责任,有悖于相关法律,应依法撤销。被上诉人赵扶东答辩称:一审判决认定事实清楚,判决正确,请求二审法院驳回上诉,维持原判。

本案双方当事人除依据一审提交的证据陈述其诉辩主张外,未提供新证据。

【处理结果】

广西壮族自治区南宁市中级人民法院经过二审审理认为,赵扶东在渤海财保广西分公司为桂AA6329号轿车投保,双方已形成了保险合同关系,应属合法有效。本案中渤海财保广西分公司在保险条款内设定的无责免赔条款是对保险责任免除的约定,客观上免除了自身的民事责任,排除了被保险人在保险合同中的主要权利。《中华人民共和国保险法》第十九条规定:"采用保险人提供的格式条款订立的保险合同中的下列条款无效:(一)免除保险人依法应当承担的义务或者加重投保人、被保险人责任的;(二)排除投保人、被保险人或者受益人依法享有的权利的。"该条款规定即使保险人在订立保险合同时,对无责免赔条款予以提示且进行了明确告知,该条款依然无效。认为一审判决认定事实清楚,适用法律正确,上诉人渤海财保广西分公司的上诉理由不成立,二审法院予以驳回,维持原判。

【争议焦点】

一、保险合同中关于"保险车辆方在事故中不负责任的,保险公司不承担赔偿责任"的规定是否产生免责的效力?

二、发生保险事故后,保险公司能否据此免赔?

【法理分析】

一、保险合同中关于"保险车辆方在事故中不负责任的,保险公司不承担赔偿责任"的规定是否产生免责的效力?

本案中主要问题在于渤海财保广西分公司提供的《2007版渤海财产保险股份有

限公司机动车辆保险条款》其中第一部分第二章第十条的"保险车辆方无事故责任的,本公司不承担赔偿责任"条款是否有效,该问题就是我们经常提到的商业车险中"无责免赔"条款的效力。

商业车险合同一般都有如下规定:当保险车辆发生道路交通事故时,保险公司根据驾驶人在交通事故中所负事故责任比例相应承担赔偿责任,如果保险车辆一方无事故责任,则保险公司不承担赔偿责任。这就是商业车险中所谓的"无责免赔"条款。那么"无责免赔"条款的效力如何,我认为,可以从法律规定和社会公平两个角度来分析:

(一)从法律规定角度来看"无责免赔"条款

首先,根据我国《合同法》第三十九条规定:"采用格式条款订立合同的,提供格式条款的一方应当遵循公平原则确定当事人之间的权利和义务,并采取合理的方式提请对方注意免除或者限制其责任的条款,按照对方的要求,对该条款予以说明。"《合同法》第四十条明确规定:"提供格式条款一方免除其责任、加重对方责任、排除对方主要权利的,该条款无效。"我国《保险法》第十八条也规定:"保险合同中规定有关于保险人责任免除条款的,保险人在订立保险合同时应当向投保人明确说明,未明确说明的,该条款不产生效力。"保险合同条款是典型的格式合同条款,保险人作为提供格式条款的一方,应当遵循公平原则确定当事人之间的权利和义务。保险人在出了保险事故之后负有赔偿保险金的义务,作为被保险人有直接向自己的保险公司索赔的权利,保险公司应该按照法律的精神履行自己应尽的赔偿义务。而其设定的"无责免赔"条款在客观上免除了保险人的赔偿义务,加重了被保险人的责任,存在免除己方责任、加重对方责任、排除对方主要权利的情况,依法亦应认定为无效条款。

其次,根据我国《保险法》第四十五条明确规定:"因第三者对保险标的的损害而造成保险事故的,保险人自向被保险人赔偿保险金之日起,在赔偿金额范围内代位行使被保险人对第三者请求赔偿的权利。"因此,有学者认为,投保车辆发生交通事故后,无责一方的车主既可以依据侵权责任法律关系要求对方车辆车主赔偿损失,同时也可以依据保险合同关系向自己投保的保险公司索赔,至于如何行使,由被保险人依情形决定,他人无权干涉。[①] 而此时保险公司的"无责免赔"条款不仅剥夺被保险人选择权利的意思自治,而且也混淆了事故中责任人向被保人的"赔偿"与保险公司向被保险人的"赔偿"的概念。商业保险"无责免赔"条款的规定实质上是在保险公司漠视保险法上代位求偿制度的存在,转嫁代位追偿的风险。

再次,保险公司利用其提供保险合同的强势地位剥夺了被保险人的意思自治。作为典型的格式合同,面对占据优势地位且提供保险格式合同的保险公司,被保险人对于该保险合同中"无责免赔"条款的约定本身就几乎没有任何选择的余地。如果认可保险公司放弃代位求偿权,承认"无责免赔"条款的有效性,无疑会使权利博

---

①参见朱铭来、曹燕:浅析保险代位求偿权,《保险业法制年度报告》2007年第5期。

弈下的天平自然倾向于强势地位的保险公司一方。另一方面,保险的本质就在于风险的转移,即可能发生于被保险人的风险由保险公司承担。而有的人甚至认为"无责免赔"不是不赔,而是由谁来赔的问题,①这实际上是混淆了事故中责任人向被保险人的"赔偿"与保险公司向被保险人的"赔偿"的概念。这两个"赔偿",完全不是一个概念,一个是基于侵权产生的赔偿义务,一个是基于合同关系产生的赔偿义务,在功能上不可以互相替换。保险公司在保险事故属于保险责任范围的情况下,以被保险人的对方当事人基于侵权应当向被保险人承担赔偿义务为由,拒绝承担基于合同关系而产生的赔偿义务,在逻辑上完全不能成立。

最后,商业车险中的"无责免赔"条款是以保险公司放弃自己代位求偿权或者说漠视对被保险人有利的代位求偿权利存在的形式,客观上排除了被保险人在两种救济途径之中自由选择对已最为有利的救济途径这一主要权利,作为格式条款按合同法第四十条"提供格式条款的一方排除对方主要权利的,该条款无效"的规定,"无责免赔"条款亦应认定为无效。

(二) 从社会公平角度来看"无责免赔"条款

"公平平等、诚实信用是订立合同的基本原则,是民法当中的诚信原则,其本意是自觉按照市场制度中对待的互惠性原则办事。它是正义理念在民商法中的具体化,是指在遵循交易道德的基础上,公正地估量当事人利益及当事人与社会利益,以求取得这些利益的平衡。"②

一方面,在商业保险合同的订立过程中,保险公司一般都采取格式合同的形式。俗话说,"当一个向公众供应货物或提供服务的团体,能够把握住自己起草的合同条款时,的的确确的事实是,它可以随心所欲地、简单地把关于合同和民事侵权行为的责任法律抛在一边。"③因此,在现实生活中,保险公司往往利用其优势地位和信息不对称等条件,制定的格式合同内容复杂、晦涩难懂,术语的专门化和技术性,除了一些专业人士之外,投保人、被保险人和受益人就自然而然成为人们公认的弱势群体,这就需要借助相关法律规范来对其进行倾斜性保护,以实现公平交易。

另一方面,从社会风气来看,"无责免赔"的条款不仅有违保险立法尊重社会公德与诚实信用的原则,还与鼓励机动车驾驶人遵守交通法规的社会正面导向相背离,会引发一系列的法律风险。"无责免赔"条款就是说车主如果在交通事故中被认定为无责任一方,那么他所投保的保险公司将不对他的损失进行赔偿。这无疑是在保护违法者的利益,具体来说就是那些在驾车过程中违法的司机利益能得到保障,而遵章守法的司机利益却无法得到保护。于是,现实生活中,我们经常看到因合同中的"无责免赔"条款,很多被保险人在发生交通事故时常常和交警商议,判已投三者险的一方全责,也就是主动揽责的怪异现象,更有甚者因为一些自己无责的小摩

---

①参见余荣:汽车保险"无责免赔"条款探究,《时代金融》2012年第6期。
②参见王利明:《民法》,中国人民大学出版社2008年版,第37页。
③参见傅静坤:《二十世纪契约法》,法律出版社2001年版,第158页。

擦而主动去碰擦发生事故以便揽责,形成了某种意义上的"骗保"坏风气。"无责免赔"条款的存在,造成了事故处理的不公平,也增加了车主的法律风险。因此,确认"无责免赔"条款无效,符合正义这一法则的基本价值,亦有利于社会的和谐发展。

综上所述,"无责免赔"条款的约定限制了被保险人的合法权益,属于免责条款。该免责条款与现行法律法规相矛盾,违背了保险活动尊重社会公德、维护社会公共利益、诚实信用、维护当事人合法权益的基本原则,应认定为无效约定。因此,在本案中,渤海财保广西分公司提供的《2007 版渤海财产保险股份有限公司机动车辆保险条款》其中第一部分第二章第十条的"保险车辆方无事故责任的,本公司不承担赔偿责任"条款是无效的,不能产生免责的效力。

二、发生保险事故后,保险公司能否据此免赔?

"无责免赔"条款的约定限制了被保险人的合法权益,属于免责条款。该免责条款与现行法律法规相矛盾,违背了保险活动尊重社会公德、维护社会公共利益、诚实信用、维护当事人合法权益的基本原则,是无效的。保险人以该约定主张拒赔的,法院应当对其主张不予采信。本案中正是基于以上原因两级法院均驳回了被告的抗辩,支持了原告的主张。这样的判决既维护了原告的合法权益,也具有较好的社会效果。但是,现存各大保险公司在制定保险条款时均有类似"无责免赔"的约定,而投保人在投保时必须接受保险公司提供的这一格式条款,一旦发生保险事故,保险公司必然适用该条款主张免责或部分免责,而被保险人必须诉至法院才有可能推翻该保险条款从而达到获得全部赔付的目的,这无疑增加了被保险人的诉累,浪费了诉讼资源,与我们所倡导的构建和谐司法、创建和谐社会的奋斗目标相违背。

商业车险与普通民众关系最为密切,目前伴随着监管部门和行业协会实施的一系列保险政策,强化消费者利益保护的精神在其中得到了很好的体现。2012 年 3 月 8 日,中国保监会就正式发布《关于加强机动车辆商业保险条款费率管理的通知》,针对"无责不赔"条款,其规定:"因第三者对被保险机动车的损害而造成保险事故的,保险公司自向被保险人赔偿保险金之日起,在赔偿金额范围内代位行使被保险人对第三者请求赔偿的权利,保险公司不得通过放弃代位求偿权的方式拒绝履行保险责任。"这使受损车主最大限度地及时得到赔偿,有效地保护了车主的利益,并进一步推进商业车险规范运作,对于促进保险业的健康发展具有十分重要的意义。因此,我们必须加强对类似商业车险"无责免赔"条款等的规范,促使保险公司正规运作,车主也应提高维权意识,通过各方的努力来维护保险市场秩序稳定。

【掩卷沉思】

在审判实践中,针对"无责免赔"条款还存在着争议,有学者认为,上述条款属于保险合同的组成部分,对双方均具有约束力,而且该约定属于行业惯例,各家保险公司都有类似约定,投保人一般对于该条款的规定是知悉的,其不属于免责条款。[1] 而实际上,

---

[1] 雒立旺、赵雅雯:"无责免赔"是不是"霸王条款",《合作经济与科技》2011 年第 12 期。

笔者认为,"无责免赔"条款意味着:被保险人违反交通法规越严重,在交通事故中责任越大,保险公司越多赔;被保险人遵纪守法,在交通事故中没有责任,保险公司反而少赔甚至不赔。这样的理赔理念,很显然不仅违反法律的相关规定,也与正确的社会价值观念背道而驰,将会产生被保险车辆的驾驶人为了获得保险赔付而争抢保险事故责任的情形,无论是从法律规定的格式合同的角度解释还是从社会公平和诚信的价值原则出发,其都背离了保险活动维护当事人合法利益、维护社会公共秩序的目的。在司法实践中,商业车险合同中的"无责免赔"条款都当属无效条款。

案例 57　黄武华与中国人民财产保险股份有限公司广州市珠江支公司保险合同纠纷上诉案[①]

【案情介绍】

上诉人(原审原告):黄武华

被上诉人(原审被告):中国人民财产保险股份有限公司广州市珠江支公司

2008 年 9 月 12 日,案外人黄添福就粤 A565E3 号车辆向被告投保了机动车损失保险、第三者责任保险、车辆盗抢险等,中国人民财产保险股份有限公司广州市珠江支公司据此向黄添福签发了《中国人民财产保险股份有限公司机动车保险单》,保险期间为 2008 年 10 月 22 日至 2009 年 10 月 21 日。该保险单载明被保险人为黄添福等相关保险条款,并在特别约定一栏注明:本车按照非营业性质确定保费,发生保险事故时,如果本保险车辆为营业性质,保险公司有权拒赔;重要提示一栏载明被保险机动车因改装、加装、改变使用性质等导致危险程度增加以及转卖、转让、赠送他人的,应书面通知保险人并办理变更手续等。其后,双方通过批单的形式,将被保险人由黄添福改为刘红华。2009 年 3 月 25 日,黄武华以向黄添福购买的方式获得被保险车辆的所有权,并将被保险车辆的号牌改为粤 A75W53,但其未能将保险车辆转让的情况通知被告并办理批改手续。2009 年 4 月 10 日晚 10 点,黄武华下班在广州市萝岗区青年路搭载一名路人,并按其要求到广州市萝岗区开发大道采石场,到了开发大道采石场路口后,此路人伙同另外两名男性青年对其实施抢劫,将其捆绑运至东莞市松山湖荒山野岭才放走,将黄武华驾驶的轿车抢走。黄武华于次日 11 时向广州市萝岗区夏港派出所报案。广州市公安局萝岗区分局刑事警察大队确认已立案侦查,2009 年 6 月 22 日未找回该车。其后,黄武华向中国人民财产保险股份有限公司广州市珠江支公司要求支付保险金,保险公司拒赔,黄武华遂诉至法院。

原审认为,原告从黄添福处购买了被保险车辆,已办妥过户登记手续。涉案保险单的签单日期为 2008 年 9 月 12 日,保险期间为 2008 年 10 月 22 日至 2009 年 10 月 21 日。参照《中华人民共和国保险法(2009 年 10 月 1 日起施行)》第四十九条的有关规定,

---

[①]案件来源:广东省广州市中级人民法院(2011)穗中法民二终字第 1595 号,北大法律信息网—北大法宝http://vip. chinalawinfo. com/Case/Result. asp,最后访问日期 2013 年 1 月 29 日。

即原告作为被保险车辆的受让人承继了原被保险人的权利和义务,未履行通知义务的情形下,被告只能对因转让导致保险标的危险程度显著增加而发生的保险事故不承担赔偿保险金的责任。因此,被告不能以被保险车辆转让未办批改手续为由拒绝承担赔偿责任。

另外,涉案保险单上载明使用性质为家庭自用,但原告陈述车辆的使用情况为"白天在车江口码头上班,晚上就开车出来搭客、赚钱",原告的行为显然已经改变了原来"家庭自用"的使用性质。原告承认《机动车辆保险事故查勘询问笔录》上签名及指印的真实性,又主张记载内容不属实,且原告称是下班回家途中在青年路顺路才带上一个路人,但原告未能提出合理解释为何同意该人的要求开车至开泰大道采石场再带上两个人之后再折回青年路,显然与原告所陈述的回家顺路存在矛盾,故对原告的这一解释,不予采纳。本案被保险车辆被抢夺,正是因为原告私自改变车辆使用性质有偿搭载陌生人,导致被保险车辆危险程度增加所发生的保险事故。

根据《中国人民财产保险股份有限公司机动车保险单》特别约定注明"本车按照非营业性质确定保费,发生保险事故时,如果本保险车辆为营业性质,保险公司有权拒赔",以及《中华人民共和国保险法(2009 年 10 月 1 日起施行)》第五十二条规定:"在合同有效期内,保险标的的危险程度显著增加的,被保险人应当按照合同约定及时通知保险人,保险人可以按照合同约定增加保险费或者解除合同。保险人解除合同的,应当将已收取的保险费,按照合同约定扣除自保险责任开始之日起至合同解除之日止应收的部分后,退还投保人。被保险人未履行前款规定的通知义务的,因保险标的的危险程度显著增加而发生的保险事故,保险人不承担赔偿保险金的责任",故原告改变车辆使用性质导致保险标的的危险程度显著增加而发生的保险事故,被告不承担赔偿保险金的责任。原告的诉讼请求缺乏合理依据及法律根据,不予支持。

判决后,黄武华不服,坚持认为应该受到理赔,上诉至广东省广州市中级人民法院。

【处理结果】

广东省广州市中级人民法院经过二审审理认为,原审据此认定涉案车辆被抢夺是因上诉人私自改变车辆使用性质有偿搭载陌生人,导致车辆危险程度增加所致,并无不当,应予维持。根据涉案《中国人民财产保险股份有限公司机动车保险单》中"本车按照非营业性质确定保费,发生保险事故时,如果本保险车辆为营业性质,保险公司有权拒赔。"的约定,以及《中华人民共和国保险法(2009 年 10 月 1 日起施行)》第五十二条"在合同有效期内,保险标的的危险程度显著增加的,被保险人应当按照合同约定及时通知保险人,保险人可以按照合同约定增加保险费或者解除合同。保险人解除合同的,应当将已收取的保险费,按照合同约定扣除自保险责任开始之日起至合同解除之日止应收的部分后,退还投保人。被保险人未履行前款规定的通知义务的,因保险标的的危险程度显著增加而发生的保险事故,保险人不承担赔偿保险金的责任"的规定,被上诉人拒绝向上诉人赔付保险金有充分的事实及法律依据,予以支持。驳回上诉,维持原判。

【争议焦点】

一、中国人民财产保险股份有限公司广州市珠江支公司能否以被保险车辆转让未办批改手续为由拒绝承担赔偿责任?

　　二、被保险车辆的使用性质是否发生改变?

　　三、被保险车辆的危险程度是否明显增加?

【法理分析】

　　一、中国人民财产保险股份有限公司广州市珠江支公司能否以被保险车辆转让未办批改手续为由拒绝承担赔偿责任?

　　在本案中,黄武华从黄添福处购买了被保险车辆,已办妥过户登记手续。涉案保险单的签单日期为 2008 年 9 月 12 日,保险期间为 2008 年 10 月 22 日至 2009 年 10 月 21 日。根据《中华人民共和国保险法(2009 年 10 月 1 日起施行)》第四十九条的明确规定:"保险标的转让的,保险标的的受让人承继被保险人的权利和义务;保险标的转让的,被保险人或者受让人应当及时通知保险人,但货物运输保险合同和另有约定的合同除外;因保险标的的转让导致危险程度显著增加的,保险人自收到前款规定的通知之日起三十日内,可以按照合同约定增加保险费或者解除合同;保险人解除合同的,应当将已收取的保险费,按照合同约定扣除自保险责任开始之日起至合同解除之日止应收的部分后,退还投保人;被保险人、受让人未履行本条第二款规定的通知义务的,因转让导致保险标的的危险程度显著增加而发生的保险事故,保险人不承担赔偿保险金的责任"。

　　此外,同时根据《最高人民法院关于适用〈中华人民共和国保险法〉若干问题的解释(一)》第一条规定:"保险法施行前成立的保险合同发生的纠纷,除本解释另有规定外,适用当时的法律规定;当时的法律没有规定的,参照适用保险法的有关规定",由于《中华人民共和国保险法(1995 年 10 月 1 日起施行)》对被保险人、受让人未履行保险标的的转让的通知义务所导致的后果未作明确规定,故应参照《中华人民共和国保险法(2009 年 10 月 1 日起施行)》第四十九条的有关规定,即黄武华作为被保险车辆的受让人承继了原被保险人的权利和义务,未履行通知义务的情形下,中国人民财产保险股份有限公司广州市珠江支公司只能对因转让导致保险标的的危险程度显著增加而发生的保险事故不承担赔偿保险金的责任。因此,中国人民财产保险股份有限公司广州市珠江支公司不能以被保险车辆转让未办批改手续为由拒绝承担赔偿责任。

　　二、被保险车辆的使用性质是否发生改变?

　　本案中,保险合同中涉案保险单上明确载明使用性质为家庭自用,但黄武华在笔录中陈述其在 2009 年 4 月 10 日晚上驾驶被保险车辆在开发区青年路路边搭客,至开泰大道采石场时乘客对黄武华实施抢夺,且黄武华也称车辆的使用情况为"白天在车江口码头上班,晚上就开车出来搭客、赚钱",其行为显然已经改变了原来"家庭自用"的使用性质。

　　三、被保险车辆的危险程度是否明显增加?

　　保险合同是射幸合同,具有一定的特殊性。"在保险合同中,投保人以支付保险费为对价,获得将来发生事故的补偿机会。保险事故发生偶然性大小,即承保风险大小,对于保险人来说意义重大,是保险人决定是否承保,以及核定保费的基础。由于保险标的往往由投保人所控制,投保人、被保险人与保险人对保险标的的风险状况存在信息不对称。"①而且,投保人支付的保险费与保险人承保的保险金之间,存在对价平衡。如果危险的变化,严重超出缔约时保险合同承保的危险程度,破坏了对价平衡关系。此时,法律就要求投保人或被保险人及时通知保险人,并赋予保险人增加费用或解除合同的权利。因此,投保人及被保险人在保险合同的履行过程中,负有危险增加的通知义务,以求在保险合同中实现公平交易。

"危险增加通知义务,是指保险合同订立后,在保险期间内保险标的的危险程度发生显著增加时,被保险人有将危险增加状况及时通知保险人的义务。"②各国保险法均把危险增加的通知义务作为一种法定义务加以规定,但具体内容却不尽相同。我国新《保险法》第五十二条规定:"在合同有效期内,保险标的的危险程度显著增加的,被保险人应当按照合同约定及时通知保险人,保险人可以按照合同约定增加保险费或者解除合同。保险人解除合同的,应当将已收取的保险费,按照合同约定扣除自保险责任开始之日起至合同解除之日止应收的部分后,退还投保人。""被保险人未履行前款规定的通知义务的,因保险标的的危险程度显著增加而发生的保险事故,保险人不承担赔偿保险金的责任。"

首先,危险增加通知义务的主体。我国《保险法》中规定,只有被保险人负有危险增加的通知义务,但一些国家立法所规定的义务主体除被保险人外还有投保人。"因为投保人是与保险人订立合同并缴纳保险费的当事人,其负有履行保险合同的义务。同时,危险增加,投保人具有先知性和直接性。增加投保人为履行主体,有助于保险人及时重估风险,恢复合同的对价平衡。"③因此,有学者主张在危险增加通知义务的主体方面,可以借鉴我国台湾地区《保险法》的规定,应增加投保人为通知义务人。④ 我个人认为此种做法可以借鉴,无论是投保人还是被保险人都负有危险增加的通知义务,可以相应地使其积极地在危险增加后有所作为,帮助保险人及时评估风险。

其次,危险程度显著增加的判断标准。保险标的原危险程度在保险期间与订立合同时相比有明显的增加,由于订立合同时未能估计到该增加的危险而未将其作为计算保险费的基础,因此继续履行原合同对保险人显失公平。危险程度显著增加的判断标准主要有以下几个方面:

第一,危险增加程度的显著性。轻微的危险增加,对保险人履行义务并没有实际的影响。只有当保险标的的危险程度远远超过缔约时,保险合同的基础发生了根本

---

① 参见中国保险行业协会:《保险诉讼典型案例年度报告》第三辑,法律出版社 2011 年版,第 301 页。
② 参见彭乾芳:论危险增加通知义务在新《保险法》实践中的适用,《上海保险》2010 年第 11 期。
③ 参见汪鑫:《金融法学》,中国政法大学出版社 2011 年版,第 272 页。
④ 参见汪鑫:《金融法学》,中国政法大学出版社 2011 年版,第 272 页。

变化和倾斜,原合同权利和义务失去平衡时才能构成危险增加程度的显著性。显著性排除了投保方对轻微或一般危险增加的通知义务。即"非微小或一般的危险增加,而应为危险增加的量变达某一质变程度,方可构成法律或合同基础所不能容忍的质变状态。"①也就是指对保险人继续承保或者提高保费有重要影响的危险。

第二,危险增加时间的持续性。"相对于保险合同缔结之时的危险状态,危险增加的情形必须在一定时间内持续不断的客观存在。"②如果危险事实增加后又消失或减少至与缔约时相同程度,则属于危险程度短暂增加后又迅速恢复原状。如危险状况的突然发生出现保险事故,则不属于危险增加。

第三,危险增加的不可预见性。"危险增加是在缔约时不能估计或者不能预料的情况,不将其计算在约定的承保风险之内。"③如果保险人在缔约时对危险增加的情况有所预料,则不影响"对价平衡",投保人和被保险人无需负通知义务。

最后,危险增加通知义务履行的法律后果。(1)义务人及时履行通知义务的法律后果——保险人有选择的权利。即保险标的危险程度显著增加时,投保人及被保险人及时通知的,保险人有权要求增加保险费,或者解除保险合同。(2)义务人怠于履行通知义务的法律后果——保险人拒绝理赔。即如果所发生的保险事故是由新增加的危险引起的,保险人不承担赔偿责任。如果所发生的保险事故与新增加的危险没有联系,保险人不得免除责任。

而本案被保险车辆被抢夺,正是因为黄武华私自改变车辆使用性质有偿搭载陌生人,存在很大风险,显著增加了事故发生的概率,导致被保险车辆危险程度增加所发生的保险事故,符合危险程度显著增加的含义。根据《中国人民财产保险股份有限公司机动车保险单》特别约定注明"本车按照非营业性质确定保费,发生保险事故时,如果本保险车辆为营业性质,保险公司有权拒赔",以及前面所述及的《中华人民共和国保险法(2009年10月1日起施行)》第五十二条关于危险增加通知义务的规定,故黄武华改变车辆使用性质足以对保险人继续承保或者提高保费产生重要影响,并且在营业运输期间,风险增加的状况是持续存在的,其在缔约时也是以保险标的约定的家庭自用用途为基础的,不能预见到其搭客所造成的危险的发生,符合前面已经论及的危险增加通知义务的情况,危险增加后,黄武华怠于履行通知义务导致保险事故发生,故被告有权拒绝理赔,不承担赔偿保险金的责任。

【掩卷沉思】

在本案中,有学者认为,黄武华从黄添福处购买并取得被保险车辆的所有权,却未将保险车辆转让的情况通知保险公司并办理批改手续,但这并不构成保险公司拒绝理赔的抗辩理由。④ 我个人也比较赞同此种观点,参照《中华人民共和国保险法(2009年

---

① 参见俞晓蕊:保险法中危险增加时告知义务的适用,《东方企业文化》2011年第6期。
② 钟可慰、王晓梅:保险法中危险增加通知义务探析,《人民司法》2010年第18期。
③ 俞晓蕊:保险法中危险增加时告知义务的适用,《东方企业文化》2011年第6期。
④ 参见詹昊:《新保险法实务热点详释与案例精解》,法律出版社2010年版,第341页。

10月1日起施行)》第四十九条的有关规定,即黄武华作为被保险车辆的受让人承继了原被保险人的权利和义务,未履行通知义务的情形下,中国人民财产保险股份有限公司广州市珠江支公司只能对因转让导致保险标的危险程度显著增加而发生的保险事故不承担赔偿保险金的责任。因此,中国人民财产保险股份有限公司广州市珠江支公司不能以被保险车辆转让未办批改手续为由拒绝承担赔偿责任。但是,由于投保人将家庭自用车辆变更用途有偿搭载陌生人,当事人在缔约时是以保险标的约定的家庭自用用途为基础的,不能预见到其搭载所造成的危险的发生,并且在营业运输期间,风险增加的状况是持续存在的,这已经对保险人继续承保或者提高保费产生重要影响,危险程度的显著增加,导致保险事故的发生,保险公司有权拒绝理赔。

案例58　李征等诉中国太平洋财产保险股份有限公司江阴支公司保险合同案①

【案情介绍】

原告:李征

原告:朱敏

被告:中国太平洋财产保险股份有限公司江阴支公司(以下简称太保公司)

2008年5月17日,李征带着4岁女儿李倩(2004年4月3日生)与朋友到张家港钓鱼,当晚6时20分许,李征驾驶苏BPP519轿车在张家港杨舍镇百桥村十三组9号路段由北向西南倒车时,车辆右前侧与蹲在地上的李倩人体相撞,致使李倩受伤,经送张家港市第一人民医院抢救无效于当日死亡。李征于事发后的5月20日向公安机关报案。

2008年6月6日,张家港公安局车管所对苏BPP519车辆出具了交通事故车辆技术检验报告,结论为该车经检验制动合格。同年6月13日,张家港公安局交警大队调查后认为:李征驾驶机动车倒车时,疏忽大意,未查明车后情况、确认安全后倒车,其违法行为是造成该起事故的直接原因,事发后李征未立即报警。在此事故中,李征对事故负有全部责任,李倩不负事故责任。同日,张家港市公安局作出撤销刑事案件决定书,因李征的犯罪情节显著轻微,危害不大,不认为是犯罪,根据《中华人民共和国刑事诉讼法》第十五条的规定,决定撤销此案。

李征在太保公司协商理赔事宜时,当太保公司问事故中的死者是什么地方人时,李征回答是本地人,具体住什么地方不清楚。本案审理过程中,李征解释是因太保公司的人讲撞死自己女儿太保公司是不赔的,才在理赔时未向太保公司讲明死者是他的女儿的事实。

2007年12月19日,李征为新购买的厂牌型号为天籁EQ7230BA车辆向太保公司投保了机动车交通事故责任强制保险、机动车第三者责任险、车辆损失险等险种,并投

---

①案件来源:江苏省江阴市人民法院(2008)澄民二初字第1756号,北大法律信息网—北大法宝 http://vip.chinalawinfo.com/Case/Result.asp,最后访问日期2013年1月30日。

保了第三者责任险、车辆损失险的不计免赔,保险期间均自2007年12月19日0时起至2008年12月18日24时止,后该投保车辆领取了苏BPP519车辆号牌。

在李征投保时,太保公司交付了李征《机动车交通事故责任强制保险条款》(下称《交强险条款》)、《机动车第三者责任保险条款》(下称《第三者责任保险条款》)。其中,《交强险条款》第五条载明:交强险合同中的受害人是指因被保险机动车发生交通事故遭受人身伤亡或财产损失的人,但不包括被保险机动车本车车上人员、被保险人;《第三者责任保险条款》第四条载明:本保险合同中的第三者是指保险机动车发生意外事故的受害人,但不包括保险机动车本车人员、被保险人;《第三者责任保险条款》第六条载明:保险机动车在被保险人或其允许的合法驾驶员使用过程中发生意外事故,致使第三者遭受人身伤亡或财产的直接损失,对被保险人依法应支付的赔偿金额,保险人依照本保险合同的约定,对于超过机动车交通事故责任强制保险各分项赔偿限额的部分给予赔偿;第九条第二项载明:精神损害抚慰金保险人不负责赔偿(太保公司未提供在李征投保前或投保时已就该条款向其作了明确说明的证据);《第三者责任保险条款》第三十条载明:保险机动车发生交通事故后,被保险人或其驾驶人应当采取合理保护、施救措施,在48小时内通知保险人,并协助保险人进行查勘。由于未及时报案而导致责任无法认定、损失无法确定、损失扩大的,保险人对无法确定的损失及扩大的损失部分有权拒绝赔偿。

上述事实有下列证据证明:

1. 张家港公安局交警大队事故认定书,证明责任认定李征负事故的全部责任,李倩不负事故责任。

2. 张家港公安局车管所的交通事故车辆技术检验报告,证明涉案车辆经检验制动合格。

3. 张家港市公安局撤销案件决定书,证明张家港市公安局认定李征交通肇事行为不构成犯罪,撤销刑事案件。

4. 张家港市第一人民医院的医疗费票据、费用清单、死亡纪录,证明李倩住院所花医疗费及死亡的事实。

5. 太保公司提供的理赔纪录及当事人的陈述,证明李征当时未提及死者为自己亲生女儿。

6. 机动车交通事故责任强制保险保险单、神行车保系列产品保险单,证明李征投保了机动车交通事故责任强制保险、机动车第三者责任险、车辆损失险等险种。

【处理结果】

江苏省江朋市人民法院经过审理认为,《保险法》第二十八条列举了属于保险欺诈的情形并明确如是保险欺诈,保险人不承担赔偿或给付保险金的责任。但在本案中,被保险人李征在向太保公司理赔时,虽未如实陈述与死者李倩间是父女关系,但此情节不属于《保险法》第二十八条规定的保险欺诈情形。故对太保公司认为被保险人李征在向其公司理赔时未如实陈述死者与其是父女关系属于保险欺诈行为的抗辩不予采信。对太保公司认为李征与死者是父女关系,除医疗费支出外,无任何损失,没有损失要求赔偿有违《保险法》损失填补原则的抗辩部分予以采信。对作为女儿死亡受害人的李征的损失,太保公司应在承保的机动车交通事故责任强制保险责任限额内赔付的款项为12000元(医疗费1000元及因死亡伤残造成的各项损失11000元),对作为被保险人李征应对朱敏承担赔偿责任造成的损失196893.28元,太保公司应在承保的机动车交通事故责任强制保险责任限额内赔付的款项为100274.28元(医疗费1274.28元、其他99000元)、在承保的机动车第三者责任保险责任限额内赔付96619元(196893.28—100274.28),上述合计208893.28元。

**【争议焦点】**

一、事故发生后,李征未及时报案,保险公司是否有权拒赔?

二、被保险人李征在向太保公司理赔时,未陈述与死者李倩间是父女关系,是否构成保险欺诈?

三、被保险人为事故受害人时,损失应如何赔偿?

【法理分析】

一、事故发生后,李征未及时报案,保险公司是否有权拒赔?

根据《保险法》(2009年修订前)第二十二条第一款规定:"投保人,被保险人或者受益人知道保险事故发生后,应当及时通知保险人。"被保险人如果没有及时报案,保险人是否应当赔付未有明确规定。对此,许多保险公司在保险合同条款中作出如下约定:"保险机动车发生交通事故后,被保险人或其驾驶人应当采取合理保护、施救措施,在48小时内通知保险人,并协助保险人进行查勘。由于未及时报案而导致责任无法认定、损失无法确定、损失扩大的,保险人对无法确定的损失及扩大的损失部分有权拒绝赔偿。"本案中,李征驾驶被保险机动车辆发生交通事故后,未立即或在保险条款中约定的时间内向公安部门及太保公司报案,但李征、朱敏在本案中主张的赔偿范围均是根据相关法律、司法解释的规定计算确定的。太保公司虽认为根据条款约定,精神损害抚慰金系不予赔偿范围,但该内容约定在太保公司提供的格式免除责任条款中,而太保公司对此在李征有异议的情况下又未提供已向李征作了明确说明的证据,故应认定该免责条款不生效。交警部门经调查,对该起事故作出了李征负全部责任的认定书,事故责任及造成的损失都能依法确认,未出现《机动车第三者责任保险条款》第三十条载明的"由于未及时报案而导致责任无法认定、损失无法确定、损失扩大"的情况。太保公司对保险事故造成的损失仍有理赔义务。

需要指出的是,2009年修订的《保险法》第二十一条对此已作修改,明确规定:"投保人、被保险人或者受益人知道保险事故发生后,应当及时通知保险人。故意或者因重大过失未及时通知,致使保险事故的性质、原因、损失程度等难以确定的,保险人对无法确定的部分,不承担赔偿或者给付保险金的责任,但保险人通过其他途径已经及时知道或者应当及时知道保险事故发生的除外。"

二、被保险人李征在向太保公司理赔时,未陈述与死者李倩间是父女关系,是否构成保险欺诈?

本案中被保险人李征在向太保公司理赔时,未陈述与死者李倩间是父女关系,是否构成保险欺诈,该问题涉及投保方保险欺诈的认定。

"诚实信用原则是民商法的基本原则之一,是指民商事主体从事民商事活动时应诚实不欺,恪守信用,以善意的方式行使权利、履行义务,在获得利益的同时充分尊重他人和社会的利益。"①我国《保险法》第 5 条规定:"保险活动当事人行使权利、履行义务应当遵循诚实信用原则。"

保险合同是一种射幸合同,"在保险合同订立时,危险发生与否不能确定,投保人所交纳的保险费与其在保险事故发生后所获得的赔偿数额相差很大,法律对诚实信用程度的要求远比其他民事活动大得多,在订立保险合同时保险人主要是依据投保人的如实告知和保证来决定是否予以承保和保险费率的大小,否则保险就不能发挥分散危险、消化损失的功能。"②因此,投保人在保险合同订立时对有关保险标的的重要事实向保险人所作的告知必须真实可靠。但是在某些方面,投保人对保险标的相关信息的了解程度明显优于保险人,如有关保险目的、被保险人、保险事故的发生等相关信息,保险人通常处于劣势的地位。"虽然在保险合同签订和履行过程中,保险人会要求投保人和被保险人对标的的有关信息作相应披露,但这并不能从根本上改变投保人和被保险人在保险标的信息方面的优势地位。投保人、被保险人或受益人可能根据自己所处的信息优势,采用虚构保险标的、虚报被保险人的年龄、编造保险事故、夸大保险损失等手段进行保险欺诈。基于此种情况,可能引起投保方的保险欺诈行为。"③

被保险人李征在向太保公司理赔时,未陈述与死者李倩间是父女关系,可能涉及我们通常所说的投保方保险欺诈。"投保人方面的欺诈,也称道德危险。主要表现为利用保险谋取不正当利益。具体指投保人、被保险人和受益人以骗取保险金为目的,以虚构保险标的、编造保险事故或保险事故发生原因、夸大损失程度、故意制造保险事故为手段,致使保险人陷入错误认识而向其支付保险金的行为。"④

首先,投保方欺诈具有极强的隐蔽性。有关学者曾指出,许多欺诈行为都是经过欺诈者的周密安排和精心策划,保险人很难对保险欺诈案件进行准确的甄别。⑤事实也是如此,一方面,保险欺诈者作为保险合同的一方当事人或关系人,与保险人之间存在合同关系,保险欺诈往往被合法的保险合同所掩盖,很难被社会公众和保险人所觉察;另一方面,保险经营范围十分广泛,涉及社会经济生活的各个领域,保险人不可能花费大量的精力对每一个投保人都进行详细的调查。此外,保险欺诈者实施欺诈的时间十分充裕,保险欺诈在保险合同订立的过程中都可能存在。

---

① 参见任自力、周学峰:《保险法总论》,清华大学出版社 2010 年版,第 130 页。
② 参见盛学军:《金融法学》,中国政法大学出版社 2007 年版,第 315 页。
③ 参见董昭江、冯前程:信息不对称及其对保险欺诈的影响,《山东社会科学》2006 年第 2 期。
④ 郑红花、江波、王冰梅:保险欺诈及其防范对策研究,《沿海企业与科技》2006 年第 10 期。
⑤ 参见李玉泉:论保险欺诈及其对策,《保险研究》1998 年第 12 期。

其次,投保方欺诈具有严重的社会危害性。不仅侵犯了保险人及他人的合法权益,而且也是对整个社会财产的严重侵害,还会对他人的人身安全构成严重的威胁。现实生活中,有的受益人为谋取保险金不惜铤而走险,故意杀害被保险人的案例数不胜数。

我国《保险法》第27条对投保方保险欺诈概括了以下几种类型:

1. 未发生保险事故谎称发生保险事故,骗取保险金。

2. 故意制造保险事故,骗取保险金。

3. 伪造变造与保险事故有关证明、资料或其他证据,编造虚假的事故原因或者夸大损失程度,骗取保险金。

我国《保险法》(2009年修订前)第二十八条列举了属于保险欺诈的情形,并明确如是保险欺诈,保险人不承担赔偿或给付保险金的责任,主要包括:(1)在未发生保险事故的情况下,谎称发生了保险事故;(2)被保险人故意制造保险事故;(3)保险事故发生后,投保人、被保险人或者受益人以伪造、变造的有关证明、资料或者其他证据,编造虚假的事故原因或者夸大损失程度的情形。在本案中,被保险人李征在向太保公司理赔时,未陈述与死者李倩间是父女关系,太保公司认为李征故意隐瞒骗取理赔款。法院认为,李征未陈述此情节不属保险欺诈,理由是:首先,《保险法》所指的保险欺诈行为一般是投保人、被保险人或者受益人积极实施伪造证据、编造事故原因或夸大损失程度等行为;[1]其次,提供被保险人与受害者关系的证明并非投保人当然义务,即使保险人按照合同的约定,认为有关的证明和资料不完整的,应当通知被保险人补充提供,并不能以此认定保险欺诈而拒赔。笔者比较赞同此种观点,在现实生活中,我们也要把投保人的告知义务与投保方保险欺诈区别开来。

三、被保险人为事故受害人时,损失应如何赔偿?

本案中,李征既是保险合同的被保险人,又因为发生交通事故导致女儿李倩死亡成为受害人,但李倩的死亡是因李征的过错行为造成,李征作为女儿死亡造成损失的受害人,此损失应由李征本人负担。从保险合同关系看,作为机动车交通事故第三者责任强制险、机动车第三者责任险中的被保险人李征对此部分损失,也无需赔偿。但作为死者李倩的母亲朱敏,其虽与李征系夫妻关系,但根据法律的规定,其与李征系不同的民事主体,其对女儿的死亡不存在过错,作为被保险人李征对朱敏的损失应当赔偿,由李征自行承担的份额以损失的50%认定为宜。同时,《婚姻法》对夫妻关系存续期间的财产规定以共同财产为原则,约定分别财产制为例外,李征、朱敏夫妇未陈述实行分别财产制,且此种损害赔偿损失也不宜认定为个人财产,所获赔偿应归夫妻共同所有。

---

① 何银松:浅议保险欺诈的发展趋势与反欺诈机制建设,《上海公安高等专科学校学报》2012年第4期。

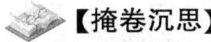**【掩卷沉思】**

《保险法》所指的保险欺诈行为一般是投保人、被保险人或者受益人积极实施伪造证据、编造事故原因或夸大损失程度等行为;提供被保险人与受害者关系的证明并非投保人当然义务,即使保险人按照合同的约定,认为有关的证明和资料不完整的,应当通知被保险人补充提供,并不能以此认定保险欺诈而拒赔。因此,并不能认定被保险人李征在向太保公司理赔时,未陈述与死者李倩间是父女关系,就构成保险欺诈,在审判实践中,我们要明确区分投保人如实告知义务与保险欺诈行为的区别。

第二节 人身保险合同

案例59 吴玉凤、刘毅诉中国太平洋人寿保险股份有限公司南阳中心支公司人身保险合同纠纷案①

【案情介绍】

原告:吴玉凤

原告:刘毅

被告:中国太平洋人寿保险股份有限公司南阳中心支公司

2011 年 5 月 10 日,原告刘毅以投保人身份,以原告吴玉凤为被保险人,向被告投保了金瑞人生(B 款)终身寿险(分红型)附加金瑞人生重大疾病保险。投保时被保险人到被告指定医院进行了体检。2011 年 5 月 16 日,被告给原告出具了保险单。2012 年 2 月 22 日,原告吴玉凤不幸患病被确诊为胃腺癌,并做了胃切除手术,共花医疗费 7 万多元。原告向被告理赔,被告以原告投保时未履行如实告知义务为由拒赔。原告现请求法院判令被告赔偿原告保险金 40000 元,确认合同有效并赔偿原告精神损失费 10000 元,诉讼费由被告承担。

原告为证明其主张向河南省淅川县人民法院提交如下证据:(1) 2011 年 5 月 16 日,原告刘毅与被告所签订的人身保险合同及保险单,证明原、被告双方存在保险合同关系;(2) 2012 年 2 月 25 日,南阳市中心医院诊断证明 1 份,证明被保险人患了保险合同约定的重大疾病;(3) 2012 年 5 月 31 日,被告给原告的理赔决定通知书 1 份,证明被告拒绝向原告理赔;(4) 2012 年 5 月 7 日,被告给原告出具的理赔申请材料签收单 1 份,证明原告将理赔的相关材料交给了被告,原告现无原始材料。

被告辩称,依照合同约定,重大疾病的受益人为被保险人,原告刘毅是投保人而不是被保险人,因此,不是本案的适格原告;投保人投保前,被保险人患有脑梗塞、胃溃疡等病,投保时未如实告知,违反了《保险法》的规定,我公司不承担给付保险金责任。

---

① 案件来源:河南省淅川县人民法院(2012)淅民商初字第 120 号,北大法律信息网—北大法宝 http://vip. chinalawinfo. com/Case/Result. asp,最后访问日期 2013 年 1 月 29 日。

被告为证明其主张向河南省淅川县人民法院提交如下证据：(1) 2011 年 5 月 10 日，原告投保单 1 份，目的证明原告投保时隐瞒了被保险人的病史，投保人和被保险人已充分阅读了条款；(2) 投保提示书 1 份，证明投保人投保时，保险人已向投保人作了特别提示，原告已阅读并签字；(3) 2011 年 5 月 22 日保险合同回执 1 份，证明投保人已收到保险合同并全面了解保险条款；(4) 金瑞人生(B 款)终身寿险(分红型)条款及附加金瑞人生重大疾病保险条款各 1 份，目的证明被告已如实告知原告合同的约定，原告也全面了解合同条款，合同约定的受益人是被保险人；(5) 2011 年 4 月 15 日至 22 日，原告的病历 1 份，证明被保险人在投保前已患疾病，投保时投保人未如实告知；(6) 2012 年 5 月 31 日，被告的理赔决定书 1 份，证明被告已向原告解除了主附险合同。

河南省淅川县人民法院将原、被告提交的证据当庭予以出示，被告对原告提交的证据的真实性无异议。原告对被告提交的证据(1)认为，投保时，保险公司业务员未对原告询问，告知事项是业务员自行勾选的，签名是原告签的。对证据(2)无异议，但认为投保前，被保险人按保险人要求进行了健康体检。对证据(3)、(4)、(5)、(6)无异议。河南省淅川县人民法院要求被告出示了 2011 年 5 月 13 日被保险人吴玉凤的健康体检表 1 份，原、被告双方对此表均无异议。

结合当事人的质证意见，河南省淅川县人民法院确认原、被告向河南省淅川县人民法院提交的证据及被保险人吴玉凤的客户健康体检表均来源合法、客观真实，与本案的待证事实有关联，可以作为本案的定案依据。

依据河南省淅川县人民法院确认的以上有效证据，结合当事人在法庭上的陈述，河南省淅川县人民法院确认以下法律事实：2011 年 4 月 15 日，原告吴玉凤患病在淅川县人民医院就诊，被诊断为：左侧腔隙性脑梗塞、高血压 2 级、胃溃疡。住院 8 天，2011 年 4 月 22 日出院。2011 年 5 月 10 日，原告刘毅以其母亲为被保险人向中国太平洋人寿保险股份有限公司南阳中心支公司投保，二原告均否认被保险人曾患有保险单的健康告知事项中所列的疾病(如是否患高血压、收缩压 140mmHg 以上或舒张压 90mmHg 以上)。2011 年 5 月 13 日，吴玉凤到被告指定的淅川县人民医院进行了客户健康体检，经查被告吴玉凤的血压为 140mmHg/80mmHg，其他无异常。2011 年 5 月 16 日，被告给原告出具了个人人身保险保险单，主险为：金瑞人生(B 款)终身寿险(分红型)，附加险为重大疾病附加定期寿险，基本保险金额为每份 10000 元，原告共投 4 份。2012 年 2 月 25 日，原告吴玉凤经南阳市中心医院诊断为：(1) 消化道出血、贲门胃体腺癌；(2) 高血压病。2012 年 5 月 17 日，原告向被告申请理赔，2012 年 5 月 31 日被告向原告作出了理赔决定通知书，内容为：经审核，鉴于投保前疾病未告知，依据保险法及合同约定，我公司不承担给付保险金责任，同时解除主附险合同。双方为此发生争议而诉诸河南省淅川县人民法院。

【处理结果】

河南省淅川县人民法院经过审理认为，投保人刘毅与被告所签订的人身保险合同，是双方在平等、自愿、协商一致的基础上所订立，不违背法律、法规的强制性规定，应为有效合同。该合同中，吴玉凤是重大疾病的受益人，刘毅在重大疾病中无利益，不是本案中要求给付保险金的适格原告,但是要求确认合同效力的适格原告。投保人投保时未履行如实告知义务,但保险人在明知投保人未如实告知情况下与其订立合同,那么保险人就不能解除合同,发生保险事故的,保险人应当承担给付保险金的责任。因此,原告吴玉凤要求被告给付保险金 40000 元的请求,符合法律规定,本院予以支持。原告吴玉凤要求赔偿精神损失的请求,于法无据,本院不予支持。

 【争议焦点】

一、刘毅是否为本案的适格原告?

二、投保人投保时未履行如实告知义务,保险人在明知的情况下仍与其订立合同,那么保险人能否解除合同?

三、原告所诉精神损失能否支持?

【法理分析】

一、刘毅是否为本案的适格原告?

在本案的保险合同中,刘毅是投保人,吴玉凤是被保险人。依照合同约定,重大疾病的受益人为被保险人,即吴玉凤。刘毅不是重大疾病的受益人,因此,刘毅无权向被告索赔,刘毅不是本案中要求给付保险金的适格原告。

二、投保人投保时未履行如实告知义务,保险人在明知的情况下仍与其订立合同,那么保险人能否解除合同?

本案中主要问题在于投保人投保时未履行如实告知义务,保险人在明知的情况下仍与其订立合同,那么保险人是否有权解除合同,该问题涉及我们常提到的保险法中的弃权规则。

保险以经营危险为对象,而危险及危险发生所造成的损失具有不确定性,故对当事人的诚信程度要求更高,应为最大程度的诚信,因此,在保险活动中当事人应遵循最大诚信原则。最大诚信原则贯穿于保险活动的始终,它体现在对保险双方当事人义务的规定上,弃权规则即为其中之一。

弃权是一项源于英美法上的概念,“为了救济被保险人在订立合同时难以对保险合同的条款完全知悉的不利地位,限制保险公司利用违反条件或保证而拒绝承担保险责任的有利地位,英美法系国家的法院发展了有利于被保险人的弃权规则,”[1]它是指有意识地放弃一项已知的权利。保险法中的弃权是指,“保险人知悉投保方违反保险法或保险合同确定义务,及自身享有的解除权和其他抗辩权,以明示或默示的方式放弃此权利,之后也不能主张其放弃的权利。”[2]通常是相对保险人故意抛弃合同解除权与抗辩权而言的。我国借鉴了各国立法的经验,在《保险法》修订中采纳了保险人弃权规则。有学者认为,我国保险立法虽未规定系统化、体系化的弃权制

---

①何彬:浅谈弃权和禁止反言在保险中的运用,《南通职业大学学报》2003 年第 1 期。

②陈嘉昌、胡佳宵:论新《保险法》中的弃权与禁止反言原则,《合肥学院学报》(社会科学版)2010 年第 2 期。

度,但已经将弃权写进了成文法,如我国《保险法》第16条第6款规定,保险人在合同订立时已经知道投保人未如实告知的情况的,保险人不得解除合同;发生保险事故的,保险人应当承担赔偿或者给付保险金的责任。① 当然,弃权规则的许多问题仍未在法条中明确。

根据各国保险法关于弃权规则的规定,保险人成立弃权应具备四个条件:

第一,必须有依法成立并生效的合同存在。弃权的对象是合同抗辩权或解除权,有成立并生效的合同是构成弃权的前提条件之一。在合同成立之前由于受到口头证据规则的约束,投保人或被保险人不能够主张保险人弃权,保险人在合同成立之前所作的说明不能构成对于已知权利的放弃,只是一次试图对将来权利的放弃,即企图弃权,这种弃权不具有法律效力。在保险合同成立之后,保险人发现投保人未披露的重要事实,就会产生保险人撤销合同的权利。

第二,保险人明知或应知投保人或者被保险人违反法定或者约定义务的事实以及自己权利的存在。如果权利人不知道投保人或者被保险人有违背约定义务的情况及因此可享有抗辩权或解除权,则其作为或不作为均不得视为弃权。此外,权利人已知道有关事实,并从有关事实中可推知相对人违背约定义务的,也应视为知道。然而,对于保险人应当知悉的程度,不同国家的立法和相关理论却并不一致,主要的不同在于是已知还是应知,如德国认为保险人的知悉限于已知,瑞士和日本的立法则认为保险人的知悉不但包括已知,还包括应知。主流观点认为,保险人作为具有保险专业知识的组织,应对其知悉能力作扩大理解。即保险人只要按通常注意便能够知悉投保方的违约行为,即推定为保险人知悉投保方存在违约情形。如保险人并不实际知悉投保方违反义务,但有证据表明其如果对所获得的信息进行调查便可知悉,则保险人被推定知悉。②

第三,保险人必须通过意思表示自愿放弃其权利。由于弃权制度规定了弃权,会对权利人造成权利不得再行使的不利后果,因此,弃权的构成必须有权利人真实、自由的意思表示。弃权可以是明示弃权,也可以是默示弃权。所谓的明示弃权是指保险人以书面方式弃权。所谓默示弃权,是依据保险人在知悉投保人或者被保险人违反合同约定后所采取的行为而推知的弃权,即保险人有抗辩权行使的情况下,而以其行为表示继续保险合同的效力,该行为构成弃权。

第四,弃权的结果不能违反法律强制性规定或社会公共利益。例如,人身保险合同的投保人没有保险利益的,保险合同无效。即使保险人有放弃合同无效所产生的利益的意思表示,被保险人或者受益人也不能取得该保险合同约定的利益。

根据英美国家的判例,对于弃权适用的限制主要表现在以下几个方面:

(一)社会公共利益与强制性法律规定的权利不得抛弃

无论是在保险法理论上还是在保险实务中,保险人仅能放弃保险单中为其个人

---

① 参见常敏:《保险法学》,法律出版社2012年版,第106页。
② 参见王林清、李学泉:保险法中弃权制度的适用及其限制,《人民司法》2012年第17期。

利益所设定的权利。如果权利中涉及公共利益与强制性法律规定,任何当事人都不能放弃该项权利。典型的例子就是保险利益不得抛弃,否则会诱发危害他人人身安全以谋取不当利益的危险动机,即将产生极大的道德危险,进而危害社会公共利益。如果投保人或被保险人抛弃该权利,则将导致保险合同的无效。

（二）口头证据规则对弃权的限制

口头证据规则是英美合同法上对于书面合同内容之外一方提出的口头证据,在解释争执的契约内容时发展出的一套实体法上的规则。口头证据规则实际上是一个排除口头证据的规则。"根据口头证据规则,一旦双方当事人订立了一个书面合同,把他们之间的最终协议用书面形式表达出来之后,有关他们事先理解和协商合同内容的证据,不论是口头的还是其他形式的,都不能出于更改或对抗这一书面文件的目的而被援用。这一原则的目的是将合同的含义仅仅局限于合同本身明确表示的内容,不允许任何一方以该书面达成之前或同时的、双方的其他的口头或书面的约定来变更或增删书面合同的内容。"[1]

（三）对于事实的主张,不得抛弃

如果保险合同的当事人有能力根据合同放弃权利的,由于事实具有客观真实性,因而对于存在的事实不得抛弃,当事人不能根据协议改变存在的事实,否则,即为无效。如保险代理人经保险人授权,并经保监办批准并备案是一个事实,若保险人与被保险人协议,该代理人所为的欺诈行为不责令保险人负责,或代理人知情的事项不认为保险人所知情,则该类均属无效。即使保单本身已经载明了类似协议,该种协议不能被认为是弃权。该代理人是保险公司的代理人,这个事实是不能抛弃的。

（四）承保范围对弃权的限制

保险范围在保险弃权中的作用体现在保险弃权只适用于保单承担的风险,而不适用于保单中的免责条款。保险人主张放弃解约权或抗辩权时,其弃权并不适用于保险范围中未包含的损失风险或明示除外的损失风险。而承保范围中未包含的损失风险和除外的损失风险不在保险人承担的范围之内,无所谓放弃的问题,即使放弃也无任何意义。不能因为保险人对该类风险的放弃而附加于承保的范围中来。

（五）保险单对弃权的限制

"保险单中常常包含目的在于限制代理人放弃条件、保证权利的条款,或者因投保单中通过询问出现的虚假陈述而产生的权利,只能通过保险人在保险单中的书面背书而产生放弃效力的条款。未要求投保人承担阅读和理解保险单义务的法院一般主张,对上述条款所包含的正当弃权的要求推定告知投保人而发生效力,不管投保人是否实际知道该类条款。另一方面,法院以各种方法限制这些条款的效力。"[2]

而在本案中,刘毅在与被告订立合同前,被保险人吴玉凤患有左侧腔隙性脑梗塞、高血压、胃溃疡。订立保险合同时,投保人在投保单的健康告知事项中未如实告

---

[1] 参见王军:《美国合同法》,对外经济贸易大学出版社2004年版,第218页。
[2] 参见杨丽:论保险法中的弃权与禁止反言,《天中学刊》2008年第3期。

知,但投保人在投保时,已按保险公司要求在其指定医院对被保险人进行了健康体检,血压为 140mmHg/80mmHg,其在健康体检时收缩压为 140mmHg 以上。该项正是投保单中健康告知事项中应当如实告知的事项,而投保人未如实告知。保险人通过保前体检程序,对投保人的未如实告知应是明知的。在此情况下,保险人仍与投保人订立保险合同,在此,保险人在订立合同时已经知道投保人未如实告知的情况和自己享有解除权和抗辩权,但是,保险人仍然与其订立保险合同,保险人以自己的行为默示了其放弃自己合同解除权的意思,并且结果也不违反法律强制性规定或社会公共利益,也没有限制情况的出现,符合弃权规则的适用条件。因此,保险人不得解除合同,发生保险事故的,保险人应当承担赔偿或者给付保险金的责任。

三、原告所诉精神损失能否支持?

本案是合同之诉,违反合同约定,可追究对方违约金,造成损失的可要求对方赔偿损失。合同违约并没给对方造成人格、精神上的伤害。因此,原告要求赔偿精神损失无依据,不应予以支持。

【掩卷沉思】

保险法所确定的投保人明确告知义务,是要求投保人应向保险人告知影响保险合同是否订立的重要事项,保证已告知事项的真实性。如果保险人知道投保人存在违反约定义务之情事,却通过明示或者默示的方式使投保人信赖其具有继续维持保险合同之意思,在保险事故发生后,如果支持保险人又以先前已经使投保人或者被保险人合理信赖的理由提出抗辩,对投保人来说实属不公平。而且,在保险实务中,往往由保险人事先拟定保险合同内容,制定诸多投保人应当履行的特定义务,以作为保险人承担保险责任的前提条件,或者约定投保人的除外责任条款,以限制或排除自己的保险责任,投保人往往处于不利地位。弃权规则能在一定程度上平衡双方的力量,形成社会公正。因此,我们应该进一步加强和完善保险法中的弃权制度,促进保险业的健康稳定发展。

案例60　中国大地财产保险股份有限公司衡阳中心支公司与李聪华等意外伤害保险合同纠纷上诉案①

【案情介绍】

上诉人(原审被告):中国大地财产保险股份有限公司衡阳中心支公司

被上诉人(原审原告):李聪华

被上诉人(原审原告):陆威

被上诉人(原审原告):陆容

2010 年 4 月 6 日,作为投保人及被保险人的陆秀棉(系李聪华之夫,陆威、陆容之

---

① 案件来源:湖南省衡阳市中级人民法院(2012)衡中法民二终字第 42 号,北大法律信息网——北大法宝 http://vip.chinalawinfo.com/Case/Result.asp,最后访问日期 2013 年 1 月 18 日。

父)向保险人大地保险衡阳公司申请办理简易个人意外伤害保险投保单,该投保单为大地保险衡阳公司制作的格式填空内容形式,其中格式内容预先设置一项内容:投保人及被保险人声明"你公司已将本保险条款提供给本人,并就相关内容作了明确说明,本人已完全理解并认可",但该投保单未附《四季无忧保险说明》保险条款及免责内容。投保人在该投保单填写了包括投保险种四季无忧,保险金额 60000 元,保险费 100 元(每份),特别约定"二份"等内容,并向大地保险衡阳公司支付二份四季无忧保险费 200 元。同日,大地保险衡阳公司向陆秀棉发放《四季无忧保险单(统颁)》二份,保险单的内容包括:受益人法定、险种包含个人意外伤害保险,保险责任意外伤害(身故、残疾、烧烫伤),保险金额 60000 元,保险期间一年(自 2010 年 4 月 7 日零时开始至 2011 年 4 月 6 日二十四时终止),附件《四季无忧保险说明》部分条款等内容。责任免除见附件《四季无忧保险说明》的"责任免除"部分,但并无附件《四季无忧保险说明》中的"责任免除"部分条款与说明内容出现黏附在保险单附件上。与陆秀棉同在砖厂做工的陈家禄、陈家树、王华莉、熊光秀也每人购买了二份四季无忧保险,保单上均无附件《四季无忧保险说明》中的"责任免除"部分条款与说明内容。2011 年 1 月 7 日,陆秀棉因交通事故意外身亡后,陆秀棉的法定继承人李聪华、陆威、陆容向大地保险衡阳公司理赔,大地保险衡阳公司收集陆秀棉《四季无忧保险单(统颁)》二份材料后,以陆秀棉出交通事故系无证驾驶等属免责范围为由不予赔付。大地保险衡阳公司将陆秀棉的保险单退回李聪华、陆威、陆容,并在退回的二份保险单上分别加粘附件即《四季无忧保险说明》中的包括"责任免除"部分条款与说明内容。李聪华、陆威、陆容要求理赔未果,遂诉至法院。

原审法院认为,陆秀棉在投保单上签名时,投保单没有附相关保险条款,大地保险衡阳公司向陆秀棉签发的保险单虽附有《四季无忧保险说明》的部分保险条款,但未附免责条款及内容。陆秀棉出事后,大地保险衡阳公司在保险单上黏附《四季无忧保险说明》中格式免责条款及内容,对原约定的保险合同并不产生效力。大地保险衡阳公司虽在投保单预先设置格式内容"已将本保险条款提供给本人,并就相关内容作了明确说明,本人已完全理解并认可",但并无证据证明大地保险衡阳公司就保险合同主张的免责条款的概念、内容、术语及其法律后果等提供给投保人及向投保人作出明确说明。

故根据《中华人民共和国保险法》的相关规定,可以认定本案的四季无忧保险合同中没有责任免除条款的内容及大地保险衡阳公司就责任免除条款作出的明确说明。大地保险衡阳公司主张陆秀棉出险属保险人责任免除范围,无事实依据。陆秀棉的法定继承人李聪华、陆威、陆容依据四季无忧保险合同的约定要求大地保险衡阳公司赔付保险金 120000 元(每份 60000 元,共二份)的诉请,有事实依据,符合法律规定,应当予以支持。李聪华、陆威、陆容主张为追索保险金而发生的误工费、交通费等合计 2000 元的诉请,因其没有提供证据予以证实,不予支持。关于保险合同效力问题,即使投保单非陆秀棉亲自签名,系他人代理办理,或他人代为交付保险费,均是为了投保人及被保险人陆秀棉的保险利益,且陆秀棉已接受并持有保险单,应视为与大地保险衡阳公司订立保险合同是其真实意思表示,该合同已依法成立并有效。况且,目前尚无证据证明投保单上陆秀棉的签名系他人所签。故大地保险衡阳公司以李聪华、陆威、陆容在庭审中主张投保单非陆秀棉本人亲自签名为由否认保险合同效力的理由不成立。

大地保险衡阳公司不服一审民事判决,向湖南省衡阳市中级人民法院提起上诉要求确认保险人未履行免责条款的说明义务时,投保人可以重大误解为由要求解除合同,保险人应承担退还保险费的缔约过失责任,不需支付保险赔偿金,请求二审法院依法撤销一审判决,改判大地保险衡阳公司不承担赔偿保险金的责任。

二审期间,上诉人、被上诉人均未向法庭提交新证据。

【处理结果】

湖南省衡阳市中级人民法院经过二审审理认为,本案的保险合同合法有效,大地保险衡阳公司一审提交的投保单上投保人及被保险人声明一栏中的签字非陆秀棉本人所签,而该栏的内容之一即为投保人、被保险人声明保险人对保险条款进行了说明。大地保险衡阳公司向陆秀棉签发的保险单正本上投保人及被保险人声明一栏中没有陆秀棉的签字。而李聪华、陆威、陆容一审提供的证人证言均证实大地保险衡阳公司未履行免责条款的说明义务。由于大地保险衡阳公司未提供充分证据证实其对四季无忧保险的免责条款尽到了说明义务,根据《最高人民法院关于民事诉讼证据的若干规定》第二条的规定,推定大地保险衡阳公司未履行对四季无忧保险免责条款的说明义务。《中华人民共和国保险法》第四十五条规定,被保险人故意犯罪或者抗拒依法采取的刑事强制措施导致其伤残或者死亡的,保险人不承担给付保险金的责任。陆秀棉虽然存在"无证驾驶"的情形,但该行为属于违反《中华人民共和国道路交通安全法》的一般违法行为,不属于法律规定的保险公司可以免除赔偿责任的情形。大地保险衡阳公司未履行对四季无忧保险免责条款的说明义务,该免责条款不产生效力,大地保险衡阳公司应承担给付保险金的责任。驳回上诉,维持原判。

【争议焦点】

一、本案保险合同的法律效力如何?

二、大地保险衡阳公司对四季无忧保险中的免责条款是否尽到了明确说明义务?

三、大地保险衡阳公司是否应对本案事故承担理赔责任?

 【法理分析】

一、本案保险合同的法律效力如何?

在本案中,根据《中华人民共和国保险法》第三十四条第一款规定,"以死亡为给付保险金条件的合同,未经被保险人同意并认可保险金额的,合同无效。"本案中,虽然双方当事人均认可投保单上的签字非陆秀棉本人所签,但被上诉人李聪华、陆威、陆容一审提供的证人刘楚林、陆云魁的证言证实投保四季无忧保险时向保险公司提供了身份证,上诉人大地保险衡阳公司一审提交的投保单上也记载了陆秀棉的身份证号码,陆秀棉一次投保了两份四季无忧保险,且保险单保管在其家中。因此,可以认定投保四季无忧保险是陆秀棉的真实意思表示,其本人也认可保险金额。双方当事人签订的保险合同合法有效。

二、大地保险衡阳公司对四季无忧保险中的免责条款是否尽到了明确说明义务？

本案中主要问题在于大地保险衡阳公司对四季无忧保险中的免责条款是否尽到了明确说明义务，该问题涉及保险人免责条款明确说明义务的履行。

保险合同通常是由保险人单方制定的，无需和投保人协商合同基本权利义务的格式合同。有学者认为，保险人在保险合同成立时应向投保人详细说明保险合同的各项条款，特别是免责条款，并对投保人有关保险合同条款的疑问予以确切的解释，保证投保人在心悦诚服地了解合同内容，理解条款含义后自愿投保，最大程度避免处于弱势地位的投保人对合同内容产生误解，对保险保障形成错误的预期。① 我认为原因就在于，一方面，保险合同的内容具有专业性和技术性，对于一般投保人来说，保险法律规定和保险条款的确切含义更是难以准确地理解，因而经常出现不了解条款内容或不理解条款含义的情况；另一方面，保险合同条款通常是格式化条款，其内容均由保险人预先印就，这就使得保险人在订立保险合同时居于较优于投保人的地位，其所拟定的保险合同条款若含有免除保险人责任的规定，投保人往往缺乏认识。在这种状态下，若保险人事先不对该内容详加阐明，就等于实际上使投保人被迫强制接受该条款。

"保险人说明义务即保险人于保险合同订立阶段，依法应当履行的，将保险合同条款、所含专业术语及有关文件内容，向投保人陈述、解释清楚，以便使投保人准确理解自己的合同权利与义务的法定义务。"②我国 2009 年修订的《保险法》第 17 条规定："订立保险合同，采用保险人提供的格式条款的，保险人向投保人提供的投保单应当附格式条款，保险人应当向投保人说明合同的内容。对保险合同中免除保险人责任的条款，保险人在订立合同时应当在投保单、保险单或者其他保险凭证上作出足以引起投保人注意的提示，并对该条款的内容以书面或者口头形式向投保人作出明确说明；未作提示或者明确说明的，该条款不产生效力"。上述规定确立了我国保险人的说明义务，其中包括两项内容，一是保险人对一般格式条款的说明义务，要求保险人就格式条款向投保人说明合同内容；二是保险人对其免责条款必须作出显著提示和明确说明。我们这里主要讨论保险人免责条款明确说明义务的履行。

首先，保险免责条款是指保险人依据保险合同和保险法律法规之规定，在发生保险事故后，保险人无须对发生事故造成的损失给予赔偿或给付保险金或承担某项责任范围的条款。根据相关学者主张，其具有如下特征：第一，保险免责条款是一种契约条款，是基本条款。其基本功能在于界定保险责任范围，责任免除条款订入保险合同是保险人责任免除发生的前提和基础。第二，保险免责条款是当事人事先约定（制定）的。当事人约定免责条款是预期进行的，在责任发生前订立（约定或制定）

---

① 参见汪鑫：《金融法学》，中国政法大学出版社 2011 年版，第 272 页。
② 徐卫东主编：《商法基本问题研究》，法律出版社 2002 年版，第 382 页。

并于责任发生后才生效的条款。第三，免责条款旨在免除或限制保险人对未来可能发生保险事故所产生的保险责任，具有免责的功能，这是保险免责条款最主要的特征。①

其次，保险人免责条款明确说明义务的履行。在实践中应当依据保险法的规定结合具体的保险合同对免责条款明确说明义务的履行进行判断。保险人对免责条款的说明有两个方面，一是对免责条款的提示义务，即保险人对免除责任的条款，在订立合同时应当在投保单、保险单或者其他保险凭证上作出足以引起投保人注意的提示，亦称特别提请注意之义务，即格式合同的提供人所负采取合理方式提请相对人注意免责条款之存在的义务。有的学者认为，保险条款必须通过特定的方式提请被保险人、投保人注意，例如对保险合同中的免责条款用加大、加黑、加粗、斜体或者采用不同颜色印制，以明显区别其他一般性的条款，以达到保险法要求的足以引起投保人注意的程度，②我认为也有这个必要作出一些形式上的特别规定以明确保险人提示义务的履行；二是明确说明义务，对条款的内容进行明确说明，即对免责条款涉及专业术语、概念、性质、目的、功能及法律效果用书面或者口头形式作出明确解释，"从说明的程度看，保险公司应以一个普通人的知识和社会经验，通过说明能够就保险合同之条款与保险人在认识上达成一致作为限度。即保险人的说明应当以正常的普通人能够理解的程度为限。"③

最后，违反明确说明义务的法律后果。新《保险法》第17条第2款规定，对保险合同中免除保险人责任的条款，保险人在订立合同时应当在投保单、保险单或者其他保险凭证上作出足以引起投保人注意的提示，并对该条款的内容以书面或者口头形式向投保人作出明确说明；未作提示或者明确说明的，该条款不产生效力。也就是说，违反明确说明义务会产生条款不发生效力的法律后果，如果保险人未尽到提示或明确说明义务，那么他就不能援引契约中的免责条款或除外条款、限制责任条款来拒绝承担赔偿、给付保险金责任。

在本案中，关于大地保险衡阳公司是否对四季无忧保险中的免责条款尽到了说明义务的问题，对于此义务的履行应由保险人承担举证责任。本案中大地保险衡阳公司一审提交的投保单上投保人及被保险人声明一栏中的签字非陆秀棉本人所签，而该栏的内容之一即为投保人、被保险人声明保险人对保险条款进行了说明。大地保险衡阳公司向陆秀棉签发的保险单正本上投保人及被保险人声明一栏中没有陆秀棉的签字。而李聪华、陆威、陆容一审提供的证人证言均证实大地保险衡阳公司未履行免责条款的说明义务。由于大地保险衡阳公司未提供充分证据证实其对四季无忧保险的免责条款尽到了说明义务，根据《最高人民法院关于民事诉讼证据的

---

① 参见林金旺：我国保险人对免责条款的提示、明确说明义务刍议——兼评2009年新〈保险法〉第17条第2款，《福建政法管理干部学院学报》2009年第4期。
② 参见赵馨：浅议保险人免责条款的明确说明义务，《法制与经济》2011年第9期。
③ 参见史卫进：《保险法案例教程》，北京大学出版社2010年版，第198页。

若干规定》第二条的规定,应推定大地保险衡阳公司未履行对四季无忧保险免责条款的说明义务。

三、大地保险衡阳公司是否应对本案事故承担理赔责任?

根据《中华人民共和国保险法》第四十五条规定,被保险人故意犯罪或者抗拒依法采取的刑事强制措施导致其伤残或者死亡的,保险人不承担给付保险金的责任。陆秀棉虽然存在"无证驾驶"的情形,但该行为属于违反《中华人民共和国道路交通安全法》的一般违法行为,不属于法律规定的保险公司可以免除赔偿责任的情形。

保险条款是格式条款,保险术语具有很强的专业性,一般人不易理解。法律之所以强制保险人在缔约时要履行说明义务,其立法本意是为了让投保人、被保险人充分理解保险条款,特别是免责条款的具体内容,对免责条款中规定的行为的法律后果和责任,有一个充分的认识和预期,从而选择是否投保、投保的具体险种并按约定履行合同义务。《中华人民共和国保险法》第十七条规定,保险人在订立合同时对责任免除条款未作提示或者明确说明的,该条款不产生效力。本案中,虽然陆秀棉存在"无证驾驶"的情形,且"无证驾驶"是四季无忧保险中的免责条款之一,该条款是否生效取决于大地保险衡阳公司是否就该免责条款的概念、内容及法律后果向陆秀棉尽到解释说明义务,且该解释说明义务并不因"无证驾驶"属于违法行为而免除。大地保险衡阳公司未履行对四季无忧保险合同免责条款的说明义务,故该免责条款不产生效力,大地保险衡阳公司应承担给付保险金的责任。

【掩卷沉思】

在本案中,有的学者主张,无证驾车、酒后驾车等情形属于严重违法甚至是犯罪行为,即便保险人对该责任免除条款未尽提示或明确说明义务,被保险人也不能以此提出抗辩,主张责任免除条款未生效。理由有以下几点:一是根据保险法第五十二条的规定,无证驾车、酒后驾车导致保险车辆的危险程度增加,被保险人未及时通知保险人。则因保险车辆危险程度显著增加而发生的保险事故,保险人不承担赔偿保险金的责任。二是对于该行为的严重违法性已经由法律、行政法规等作出明文规定,故应推定投保人知悉该行为的违法性。保险人的明确说明义务可以免除。三是如该种行为因此可以得到保险赔偿,则会引发道德风险,也会在社会上产生不良导向。四是机动车交通事故责任强制保险条例第22条规定,保险人在此类情形下,仅在交强险保险限额内垫付抢救费用,并有权向致害人追偿,且对于受害人的财产损失不承担保险责任。故在商业险中,也可参照该条例的规定,对保险人拒赔的主张予以支持。①

但是,笔者认为,保险人给付保险赔偿金是其主要合同义务,义务的不履行须有法定事由或约定事由,法律并未将此类情形明确规定为法定免责事由,保险人对免责条款未尽明确说明义务而主张免责时,法律应倾向于保护投保人或被保险人利益,这也是保险法不利解释原则的精神所在,故保险人拒赔是没有依据的。且对于违章者的违法行

①许绿叶:保险人责任免除条款的明确说明义务,《人民司法》2010年第23期。

为可以通过行政处罚或刑事制裁来制约,致害人赔偿能力是不确定的,为保护受害人的利益,保险人应予理赔。

另外,新保险法中并未规定"明确说明"义务履行与否的判断标准,在一般情况下,保险人通常以口头方式向被保险人履行说明义务,这种方式虽然简捷方便,但是由于保险人以履行了明确说明义务而主张减轻或免除保险责任时,应当负有举证责任,而口头方式在发生纠纷时常常造成保险人的举证困难。因此,可以提倡保险人在履行说明义务时尽量采取书面形式,同时应当采取必要的方式保全证据,例如制作书面的保险说明书,以及在需要说明解释的保险条款处留出空白供投保人签名,等等,这样便可在发生法律纠纷时有据可循。同时保险人对免责条款内容的提示和明确说明义务之履行应以就普通人的知识和社会经验,通过说明能够就保险合同之条款与投保人、被保险人在认识上达成一致作为限度。即保险人的说明应当以正常的普通人能够理解的程度为限。

案例61　刘龙军与中国人寿保险股份有限公司新野支公司为人寿保险合同纠纷案①

【案情介绍】

原告:刘龙军

被告:中国人寿保险股份有限公司新野支公司

2007年9月24日,被保险人刘保国曾入住邓州市第一人民医院治疗,住院诊断为:心源性休克、胆囊炎、冠心病、心动能Ⅲ级等病。于2007年12月15日出院,出院诊断为:(1)冠心病;(2)房颤并Ⅱ房电传导阻滞。2008年3月17日,原告刘龙军为其父刘保国在被告处投康宁终身保险,合同生效日期为2008年3月18日,保险金额为10000元,保险期满日为终身,缴费期满日为2028年3月17日,保险费1150元/年。并且双方约定在合同有效期内,被保险人身故,由保险人按基本保额的3倍给付身故保险金,但应扣除已赔付的重大疾病保险金。该保险合同第四条保险责任约定:在本合同有效期内,本公司负下列保险责任:……(二)被保险人身故,本公司按基本保额的三倍给付身故保险金,但应扣除已赔付的重大疾病保险金,本合同终止。……。在此合同个人保险投保单告知事项中(6)病史询问:被保险人是否患有或接受治疗过下列疾病:A、……冠心病……。被保险人予以否认。在备注栏中,刘龙军写明:本人对保险条款责任、责任免除、合同解除等条款均已了解。合同生效后,原告刘龙军每年交保费1150元至2011年,共计4600元。2010年8月30日,刘保国在干农活时突发疾病死亡。事后,原告刘龙军向被告新野人寿公司申请支付保险金30000元。被告新野人寿公司以被保险人带病投保为由拒赔。2010年10月13日,刘龙军向河南省新野县人民法院起诉要求新野人寿公司承担保险责任。原告刘龙军诉称,2008年3月18日,我为我父亲刘保国在被

①案件来源:河南省新野县人民法院(2011)新溧民初字第093号,北大法律信息网—北大法宝http://vip.chinalawinfo.com/Case/Result.asp,最后访问日期2013年1月29日。

告处投康宁终身保险,每年交保费 1150 元至 2011 年。2010 年 8 月 30 日,我父亲去世。按保险合同约定,被告应支付我保险理赔款 30000 元,但被告却以种种理由拒付。现请求法院判令被告支付我保险理赔款 30000 元。原告为支持其主张,向法庭提交以下证据:

1. 保险合同一份,证明原告刘龙军在被告处投康宁终身保险的事实。
2. 缴费发票一张,证明原告于 2010 年 3 月 29 日向被告交保险费 1150 元的事实。
3. 邓州市汲滩镇大王村民委员会证明一份,证明刘保国于 2010 年 8 月 30 日死亡。
4. 邓州市殡仪馆证明一份,证明刘保国尸体于 2010 年 9 月 1 日在该馆火化。

被告新野人寿公司辩称,原告刘龙军为其父刘保国在我公司投保并交纳四年保险费属实。但其父刘保国在投保前患病在身,原告未按保险合同约定履行如实告知义务,我公司要求解除保险合同,拒不支付理赔款,原告诉求依法应予驳回。被告新野人寿公司为支持其主张,向法庭提交以下证据:

邓州市人民医院病历 7 张,证明 2007 年 9 月 24 日,刘保国因患冠心病、心动能Ⅲ级等病入院治疗,于 2007 年 12 月 15 日出院的事实。

【处理结果】

河南省新野县人民法院经过审理认为,原告刘龙军在为其父刘保国投保前,刘保国确已患有冠心病等病,刘龙军投保时未履行如实告知义务。不过,根据《中华人民共和国保险法》第十六条第一、二、三款:"订立保险合同,保险人就保险标的或者被保险人的有关情况提出询问的,投保人应当如实告知。投保人故意或者因重大过失未履行前款规定的如实告知义务,足以影响保险人决定是否同意承保或者提高保险费率的,保险人有权解除合同。前款规定的合同解除权,自保险人知道有解除事由之日起,超过三十日不行使而消灭。自合同成立之日起超过两年的,保险人不得解除合同;发生保险事故的,保险人应当承担赔偿或者给付保险金的责任。"的规定,原、被告所争议的保险合同于 2008 年 3 月 18 日生效,原告刘龙军连续交保费 4 年,自该合同成立已超过 2 年,原则上,被告新野人寿公司不得解除合同,应承担给付保险金 30000 元的责任。但是,最高人民法院《关于适用若干问题的解释(一)》第四条规定:保险合同成立于保险法施行前,保险法施行后,保险人以投保人未履行如实告知义务或者申报被保险人年龄不真实为由,主张解除合同的,适用保险法的规定。该解释第五条规定:保险法施行前成立的保险合同,下列情形下的期间自 2009 年 10 月 1 日起计算:"……(三)保险法施行后,保险人按照保险法第十六条第二款的规定请求解除合同,适用保险法第十六条规定的二年的;……"故原、被告所签合同虽生效在现行保险法生效之前,但仍应适用现行保险法第十六条第三款的规定,并且合同的解除权起算时间从 2009 年 10 月 1 日开始。因此,被告以原告未履行如实告知义务而要求解除合同、拒付保险金的辩解理由成立,予以支持。

【争议焦点】

一、刘龙军投保时未履行如实告知义务,保险公司是否有保险合同的解除权?

二、如果保险公司有保险合同的解除权,那么其请求解除合同的两年期间的起算时间怎么算？是否超过两年不可抗辩期间？

【法理分析】

一、刘龙军投保时未履行如实告知义务,保险公司是否有合同的解除权?

我国修订前的《保险法》第十六条规定:"订立保险合同,保险人就保险标的或者被保险人的有关情况提出询问的,投保人应当如实告知。投保人故意或者因重大过失未履行前款规定的如实告知义务,足以影响保险人决定是否同意承保或者提高保险费率的,保险人有权解除合同。"而在本案中,原告刘龙军在为其父刘保国投保前,刘保国确已患有冠心病等病,刘龙军投保时故意未履行如实告知义务,足以影响保险人决定是否同意承保或者提高保险费率。按照道理讲,保险公司是有保险合同的解除权的。

二、如果保险公司有保险合同的解除权,那么其请求解除合同的两年期间的起算时间怎么算? 是否超过两年不可抗辩期间?

但是,我国修订后的《保险法》第十六条规定:"订立保险合同,保险人就保险标的或者被保险人的有关情况提出询问的,投保人应当如实告知。投保人故意或者因重大过失未履行前款规定的如实告知义务,足以影响保险人决定是否同意承保或者提高保险费率的,保险人有权解除合同。前款规定的合同解除权,自保险人知道有解除事由之日起,超过三十日不行使而消灭。自合同成立之日起超过二年的,保险人不得解除合同;发生保险事故的,保险人应当承担赔偿或者给付保险金的责任。"另外,新法还在第三十二条规定:"投保人申报的被保险人年龄不真实,并且其真实年龄不符合合同约定的年龄限制的,保险人可以解除合同,并按照合同约定退还保险单的现金价值。保险人行使合同解除权,适用本法第十六条第三款、第六款的规定。"此即我国关于不可抗辩条款的规定。

不可抗辩条款,亦称不可争条款。"不可抗辩是指保险人不得以被保险人在投保单上的误告或隐瞒事实为理由,而主张契约无效或拒绝赔偿。该条款是指在人身保险合同中所约定,在被保险人生存期间,从人身保险合同生效之日起满一定时期后(一般为 2 年),保险合同成为不可争议的文件,保险人不得以投保人在订立合同时违反诚信原则,未如实履行告知义务为由,而主张解除合同。"[1]不可抗辩条款的产生可追溯到 18 世纪末至 19 世纪上叶,1848 年英国伦敦寿险公司在推出的服务项目中首次应用了不可抗辩条款。到 1930 年,美国纽约州保险监督管理部门对该州"保险法例"加以规定使得不可抗辩条款首次成为法定条款。不可抗辩条款是英美法系保险法的产物,对现代各国保险立法产生了重大影响。[2] 从不可抗辩条款的发展历程来看,其能有效保护被保险人或受益人的利益,同时解决投保人对保险的信任危机,促进保险业的发展。

---

① 温世扬:《保险法》,法律出版社 2007 年版,第 326 页。

② 郭建标:《保险法》中不可抗辩条款若干法律问题之探讨,《法律适用》2012 年第 1 期。

对比我国新旧保险法，可以发现"新保险法中的不可抗辩条款是新引入的，旧法中只是规定了如果投保人故意隐瞒事实，不履行如实告知义务，或者因过失未履行如实告知义务，足以影响保险人决定是否同意承保或者提高保险费率的，保险人有权解除保险合同，却没有规定保险人解除合同的时间限制，仅仅是在人身保险合同的年龄误告方面（真实年龄不符合合同约定的）的保险人的合同解除权才有时间限制，时间限制为两年。新法延续了旧法在年龄误告方面的不可抗辩规定，同时限制了在其他方面因投保人未尽如实告知义务保险人获得的合同解除权。"①随着新《保险法》的施行，两年不可抗辩制度在我国保险市场较系统地确立起来，"其目的不仅在于限制保险人行使解除权，还在于保护被保险人及受益人的期待利益，在保单经过两年以后，被保险人及其受益人应该能够相信保单的有效性，特别考虑到人寿保险已经成为被保险人个人资产的基本组成部分这一事实。"②

《最高人民法院关于适用〈中华人民共和国保险法〉若干问题的解释（一）》第二条规定："保险合同成立于保险法施行前而保险标的转让、保险事故、理赔、代位求偿等行为或事件，发生于保险法施行后的，适用保险法的规定。"第五条规定："保险法施行前成立的保险合同，下列情形下的期间自 2009 年 10 月 1 日起计算：（三）保险法施行后，保险人按照保险法第十六条第二款的规定请求解除合同，适用保险法第十六条规定的二年的"。根据上述法律规定，我国现行保险立法对不可抗辩条款采取肯定的态度，在保险法中明确将不可抗辩条款列为对保险人保险合同解除权的限制性规定。对于新法施行前成立的保险合同，其两年不可抗辩期间从 2009 年 10 月 1 日开始起算，即从新法施行之日起再给予两年的期间。

司法解释规定对于新法施行前成立的保险合同，保险公司行使合同解除权受两年不可抗辩条款的约束，固然有利于维护投保人、被保险人和受益人的权益，但由于有关行为和事件发生在新法施行前，而因新法尚未生效，如果完全按照新法条文规定的从保险合同成立之日作为起点起算两年不可抗辩期间，就会出现保险人实际可行使权利的期间短于法律规定，甚至到了新法施行之日，其权利已经无法行使的状态，对保险人极为不公平。因此，司法解释的规定不仅符合法不溯及既往的原则，对保险合同双方当事人也都比较公平。

综上所述，最高人民法院《关于适用若干问题的解释（一）》第四条规定："保险合同成立于保险法施行前，保险法施行后，保险人以投保人未履行如实告知义务或者申报被保险人年龄不真实为由，主张解除合同的，适用保险法的规定。"本案中，保险合同成立于新保险法施行前，新法施行时尚未履行完毕，因此应该适用新保险法的规定。

根据《中华人民共和国保险法》第十六条前三款的规定："订立保险合同，保险人就保险标的或者被保险人的有关情况提出询问的，投保人应当如实告知。投保人故

---

① 参见李婷：论新《保险法》不可抗辩条款的进步与不足，《现代商贸工业》2010 年第 2 期。
② 参见张海棠：《保险合同纠纷》，法律出版社 2010 年版，第 207 页。

意或者因重大过失未履行前款规定的如实告知义务,足以影响保险人决定是否同意承保或者提高保险费率的,保险人有权解除合同。前款规定的合同解除权,自保险人知道有解除事由之日起,超过三十日不行使而消灭。自合同成立之日起超过两年的,保险人不得解除合同;发生保险事故的,保险人应当承担赔偿或者给付保险金的责任。"因此,订立保险合同时,只有投保人主观上故意或者重大过失未履行如实告知义务,结果足以影响保险人决定是否同意承保或者提高保险费率的,保险人才有权解除合同。而对于投保人的一般性过失而未履行如实告知义务,保险人不得解除合同。

本案中,在合同订立前,刘保国曾因冠心病住院治疗过,刘龙军明知其父患有冠心病而仍予以否认,属于故意不履行如实告知义务的情形。事实上,原、被告所争议的保险合同于 2008 年 3 月 18 日生效,原告刘龙军连续交保费 4 年,自该合同成立已超过 2 年,被告新野人寿公司不得解除合同,应承担给付保险金 30000 元的责任。但是,根据前面已经述及的最高人民法院《关于适用若干问题的解释(一)》第五条规定:保险法施行前成立的保险合同,下列情形下的期间自 2009 年 10 月 1 日起计算:"……(三)保险法施行后,保险人按照保险法第十六条第二款的规定请求解除合同,适用保险法第十六条规定的二年的;……"故原、被告所签合同虽在现行保险法施行之前成立,但是保险人的保险合同解除权但仍应适用现行保险法第十六条第三款的规定,并且合同的解除权起算时间从 2009 年 10 月 1 日开始,保险公司要求解除保险合同之时并未超过两年不可抗辩期间。因此,被告以原告未履行如实告知义务而要求解除合同、拒付保险金的辩解理由成立,应予支持。

【掩卷沉思】

对于《最高人民法院关于适用〈中华人民共和国保险法〉若干问题的解释(一)》中第五条的规定,有学者认为,该规定使得两年不可抗辩期间制度的先进性大打折扣,主张在保险法的规定中体现了限制保险公司权利加大对保险合同相对方的权利保护,但是在《最高人民法院关于适用〈中华人民共和国保险法〉若干问题的解释(一)》中却对保险合同相对方的权利保护加以时效的限制,对于保险公司基于投保人未履行如实告知义务的合同解除权两年的时效起算点确定为 2009 年 10 月 1 日,认为对于投保人的保护极为不利。理由就是:如果投保人的合同成立于 2007 年 10 月 1 日之前,投保人存在没有履行如实告知义务的情况,但是保险事故的发生日期却在 2009 年 10 月 1 日至 2011 年 10 月 1 日之间,这种情况下保险人就可以依据《最高人民法院关于适用〈中华人民共和国保险法〉若干问题的解释(一)》的规定解除与投保人的合同,并拒绝承担给付保险金的责任。可是如果保险事故的发生日期是在 2011 年 10 月 1 日之后,即使投保人存在没有履行如实告知义务的情况,保险公司却仍然要承担保险金的给付责任。这种法律后果的出现违反了法律面前人人平等的原则,同样的情况却得不到同样的处理结果。[1]

---

[1] 吕兴瑞:浅析保险法中不可抗辩条款,《法学研究》2011 年第 3 期。

笔者认为,如果保险合同的有关行为和事件发生在新法施行前,而因新法尚未生效,如果完全按照新法条文规定的从保险合同成立之日作为起点起算两年不可抗辩期间,就会出现保险人实际可行使权利的期间短于法律规定,甚至到了新法施行之日,其权利已经无法行使的状态,对保险人也极为不公平。因此,对于司法解释的这一规定予以肯定。

案例 62 信诚人寿保险有限公司与孙某保险合同纠纷上诉案①

【案情介绍】

上诉人(原审被告):信诚人寿保险有限公司。

住所地:广州市天河北路 233 号中信广场 60 楼 6002

法定代表人:李恒勋,该公司董事长。

委托代理人:张小江,国信联合律师事务所律师。

被上诉人(原审原告):孙某,女,汉族。

委托代理人:闵卫国、习宏,均为广东德赛律师事务所律师。

上诉人信诚人寿保险有限公司因保险合同纠纷一案,不服广州市天河区人民法院(2002)天法经初字第 1018 号民事判决,向本院提起上诉。广州市中级人民法院依法组成合议庭审理了本案,现已审理终结。

原审法院认为:投保人谢权与上诉人的保险代理人黄某共同签署了《信诚人寿保险有限公司人寿(投资连结)保险投保书》(下简称《投保书》),《投保书》已列明投保人谢权及上诉人的权利义务,双方已就保险合同的条款达成一致意见,符合《中华人民共和国保险法》第十三条(原保险法第十二条)的规定,且投保人谢权已于签署上述投保书的次日向上诉人缴付了首期保费,已履行了其作为投保人在保险合同成立后应负的主要义务。因此,投保人谢权与上诉人的信诚智选投资连结保险合同及其附加合同(含附加提前给付长期疾病保险、附加住院津贴长期医疗保险、附加手术津贴长期医疗保险、附加长期意外伤害保险、附加意外伤害医疗保险)成立。

信诚附加长期意外伤害保险条款是上诉人预先制定、重复使用的格式合同条款,其第五条第一款中的"保险责任自投保人缴纳首期保险费且本公司同意承保后开始"未约定上诉人何时同意承保及以何方式同意承保,表述不清,实属不明确,依法应作出有利于投保人谢权的解释,应视为合同已生效。投保人谢权已依上诉人安排,到上诉人指定的医院进行了体检,已履行了健康告知义务。至于上诉人凭投保人谢权体检报告及财务资料对投保人谢权进行健康审查及财务审查实为上诉人内部规定,法律、法规对此并无强制性的规定,故上诉人以其未收取投保人谢权体检报告为由而称其未同意承保,理由不足,法院不予认定。上诉人辩称其向被上诉人赔付的信诚智选投资连结保险金 100

---

①根据广东省广州市中级人民法院民事判决书(2003)穗中法民二终字第 993 号和广州市天河区人民法院民事判决书(2002)天法经初字第 1018 号摘编。

万元是其对被上诉人的通融赔付理由不成立,法院亦不予认定。

投保人谢权与上诉人的信诚智选投资连结保险合同及其附加合同成立、有效,双方应依约履行。投保人谢权在 2001 年 10 月 18 日被人杀害,发生保险事故,上诉人应负保险责任,应赔付保险金(包括附加长期意外伤害保险金)给被上诉人(保险合同受益人)。上诉人在被上诉人向其索赔后,只赔付信诚智选投资连结保险金 100 万元给被上诉人,拒赔附加长期意外伤害保险金 200 万元,实属违约,应负违约责任,应赔偿被上诉人的利息损失,并立即赔付 200 万元保险金给被上诉人。现被上诉人起诉要求上诉人支付保险金 200 万元及其利息的诉讼请求成立,法院予以支持。综上所述,依照《中华人民共和国民法通则》第八十四条、第一百零六条第一款、第一百一十一条、第一百一十二条第一款,《中华人民共和国合同法》第一百零七条、第一百一十二条、第一百一十三条第一款,《中华人民共和国保险法》第十三条、第二十四条第一、二款、第一百二十八条第一款的规定,并经审判委员会讨论决定,判决:

上诉人信诚人寿保险有限公司于本判决发生法律效力之日起十日内支付保险金 200 万元及利息(利息从 2002 年 1 月 15 日起至付清款之日止,按中国人民银行同期同类贷款利率计)给被上诉人孙某。案件受理费 20250 元由上诉人负担。

原审判决后,上诉人不服上诉称:

1. 原审判决认为:"投保人谢权与保险代理人黄某共同签署了投保书,《投保书》已列明投保人及上诉人的权利义务。双方已就保险合同条款达成一致意见"实属认定事实错误。(1)《投保书》只是投保人向保险人提出的投保申请,是投保人向保险人发出的保险要约,上诉人从未以任何形式进行承诺。(2)《投保书》根本没有列明投保人及上诉人有关保险合同的主要的权利义务。(3)上诉人并未在《投保书》上盖章。保险代理人黄某在《投保书》上的签名仅反映黄某是该份保险的代理人,表明保险代理人已经接到该投保申请,并不代表上诉人同意按《投保书》的内容进行承保。因此,根本不存在上诉人(或其保险代理人)与谢权已就保险合同条款达成一致的问题。

2. 原审判决认为:"投保人已于签署上述投保书的次日,向上诉人缴付了首期保费,已履行了其作为投保人在保险合同成立后应负的主要义务"也属认定事实错误。(1)上诉人并未收取投保人谢权缴纳的保险费。根据保险行业惯例,投保人只是将一定的资金预存于上诉人处,待上诉人同意承保并根据投保人的财务、健康状况核定实际保险费后,将此项资金用于缴纳(转为)保险费,以减少以后的手续。所以上诉人出具的是《临时收款凭证》,该临时凭证本身就表明谢权只是预缴费,而不是实际支付保险费。(2)投保人谢权预存的款项仅为 11944 元,尚不足支付首期保险费 11962.70 元。

3. 根据《保险法》有关规定,上诉人与投保人之间的保险合同关系未成立。(1)上诉人从未以任何方式表示同意承保。上诉人安排投保人进行体检,要求提交财务报告等表明,合同的订立正处于商谈过程中,上诉人需要根据投保人的身体健康状况、财务状况来决定是否承保以及承保的条件。(2)原审判决认定:"信诚附加长期意外伤害保险条款……第五条第一款中的'保险责任自投保人缴纳首期保险费且本公司同意承保后开始'未约定上诉人何时同意承保及以何种方式同意承保,表述不清,实属不明确,依法应作出有利于投保人谢权的解释,应视为合同已生效"。而事实上,原审判决书引用的该条款同一行,已经对承保方式作了明确约定:"本公司应当签发保险单作为承保的凭证",即保险人以签发保险单的方式作出同意承保的意思表示,合同才生效,不存在约定不清,作对投保人有利解释的问题。(3)上诉人不仅没有签发保险单作为承保的凭证,而且从原审判决已经认定的事实也表明,上诉人根本不可能作出同意承保的任何决定。谢权于2001年10月17日进行体检,并于2001年10月18日凌晨死亡,而有关体检报告在2001年10月18日上午10时后才由医院出具。即在谢权死亡前,上诉人尚未收到谢权的体检报告,根本无法判断其是否符合承保要求,不可能同意承保。而谢权死亡后,虽然上诉人收到谢权的体检报告,但此时被保险人已经死亡,实际上已不可能进行承保。(4)原审判决认为,"上诉人凭投保人谢权体检报告及财务资料对投保人谢权进行健康审查及财务审查实为上诉人内部规定,法律法规对此并无强制性的规定,故上诉人以其未收取投保人谢权体检报告为由而称其未同意承保理由不足"。但根据《保险法》第十七条规定:"订立保险合同,保险人……可以就被保险人的有关情况提出询问,投保人应当如实告知。"即上诉人可以对投保人的健康情况和财务情况进行调查,投保人有义务如实告知。这是保险法赋予保险人的权利,并非上诉人的内部规定。投保人有义务在保险合同订立过程中(合同成立前)履行如实告知义务,根据保险人的要求提交必需的体检报告和财务状况证明。原审判决罔顾上述事实和法律规定,判决主文自相矛盾,主观臆断认定保险合同成立,无异于剥夺了上诉人核保和自主决定是否承保的合法权利,严重损害了上诉人的合法权益。

基于上述事实和有关法律规定,上诉人认为:上诉人与投保人谢权之间的保险合同关系不成立,上诉人无需向被上诉人作出赔付。原审判决认定事实不清,适用法律错误,判决不公。请求:(1)撤销广州市天河区人民法院(2002)天法经初字第1018号民事判决,改判为驳回被上诉人的诉讼请求;(2)判令本案一、二审诉讼费用由被上诉人承担。

被上诉人答辩称:

原审判决确认投保人与上诉人之间已就"信诚(运筹)智选投资连结保险合同(即本案所争议的主险)及其附加长期意外伤害保险合同(即本案所争议的附加险)的条款达成合意,保险合同成立,有充分的事实根据。其一,投保人是在上诉人的代理人的宣传和推荐下产生投保上述主险及附加险的意向,并且以上述主险及附加险条款为基础,与上诉人的代理人共同签署《投保书》的。《投保书》签署之后次日,上诉人便通过其代理人向投保人提交了一份盖有上诉人总经理印章的《信诚运筹建议书》。以上两份文件加上信诚(运筹)智选投资连结保险条款及其附加保险条款共同构成了以下几层意思:(1)表明了投保人的投保要求;(2)是投保人履行如实告知义务的重要证明;(3)双方针对被保险人个体的实际情况确定了保险合同中的主要条款,如:保险人、被保险人、投保人、受益人、保险产品(保险标的)、保险金额、保险费及缴付方式、保险合同成立条件、保险期间、保险责任、争议的处理等;(4)表达了双方对主险及附加险条款效力的认可。因此,双方共同签署并确认以上文件的行为以及文件内容,反映了双方就保险合同主要内容进行磋商并形成合意的过程,并非上诉人所称的"仅是表达其收到投保申请"。其二,投保人正是依据以上文件,尤其是上诉人针对被保险人个体实际情况计算出来的保费向上诉人缴纳了首期保险费,而上诉人也接受了投保人缴纳的保费,且给投保人开出了收款凭证。投保人缴纳首期保费、上诉人收取首期保费的客观行为进一步证实了双方就保险合同主要内容已达成了一致意见,形成了合意,而非上诉人所称的"是投保人单方的意思表示"。其三,保险单不是证明保险合同成立的唯一凭证。上诉人似乎特别强调保险单对保险合同成立所起的作用。不错,保险单是保险合同的组成部分,但与保险合同并不是同一概念,能够证明保险合同关系的文件也不仅仅局限于保险单。保险法将出具保险单规定为保险人在保险合同成立之后的首要义务。没有签出保险单不等于保险合同没有成立! 原审判决所以作出保险合同成立的认定,正是基于以上系列文件的内容以及双方就首期保费缴付与收取的客观行为。

上诉人以"行业惯例"为由,说明"预缴费"的合规合理性。被上诉人认为,首先,这种"预缴费"之说因违背"公平原则"而失去其合理性。即便是某些保险公司对于小额保单有在签发保单前收取保费的做法,但都会给予投保人一个保险的承诺:即在收取投保人的保费后至签发保险单之前,当发生保险事故的,保险公司仍然要承担保险责任。原因就在于,一来接收投保人的保费且在合理期限内未作明示拒绝,表明保险公司同意承保或者容易使投保人相信保险公司已经同意承保。其次,上诉人收取的投保人的保费是在投保人投保后,根据被保险人的实际情况计算出来的。上诉人开给投保人的《临时收款凭证》上记载的内容均是与投保人所投保险产品相关的事项,没有注明是除保费之外的其他费用。再者,上诉人在原审中提交的《谢权第一期保费计算依据》显示,投保人未缴足的是"信诚附加住院津贴长期医疗保险"的保费18.7元。与本案所争议的主险及附加长期意外伤害保险无关,且不影响主险及其他附加险的效力。换言之,投保人已经缴足了本案争议的主险及附加险的首期保费,何况,上诉人后来又以文印费的方式补收了18.7元的保费,可见其对本案争议的主险及附加费丝毫没有拒保的意思表示。

原审判决确认上诉人与投保人就本案争议的主险和附加险已成立合同关系具有法律依据。本案所争议的附加险是意外伤害险,其特征决定了该险种的保险费率与被保险人的年龄、身体状况关系不大,体检并非承保的必经程序。因此,当投保人填写了投保单、健康告知书,则其告知义务就算已经履行了。何况投保人已经按照上诉人的安排完成了体检。所以,当上诉人接受了投保人交付的首期保费,鉴于意外伤害险的特征,投保人有理由认为他的投保能够立刻被上诉人承保。检查被保险人身体和提供财务证明是上诉人为了核实投保人告知内容是否属实所作的调查工作的范围,是上诉人在调查工作中采取的最直接和最便捷的手段,不属于投保人的告知义务。如果上诉人通过上述调查手段发现投保人有不实的告知,上诉人可行使合同解除权来控制风险。可见,这些调查工作与保险合同的成立并无直接的关系。综上所述,原审判决上诉人与投保人之间已成立保险合同关系,并责令上诉人给付保险赔偿金与被上诉人,既符合法律规定,也符合民事活动中所崇尚的诚信、公平原则,请求驳回上诉,维持原判。

经审理查明:

2001年10月5日,被上诉人的长子谢权在上诉人的保险代理人黄某的介绍下,与黄某共同签署了《信诚人寿保险有限公司人寿(投资连结)保险投保书》一份,《投保书》注明:被保险人谢权;受益人孙某;主合同为信诚智选投资连结保险,缴费年期终身。基本保险金额100万元;附加合同为附加提前给付长期疾病保险(附加于主合同,最高不超过主合同保险金额的80％)、附加住院津贴长期医疗保险、附加手术津贴长期医疗保险、附加长期意外伤害保险(基本保险金额200万元)、附加意外伤害医疗保险;缴费方式为半年缴一次;在投保须知一栏中还注明了本投保书为保险合同的组成部分,本保险合同自投保人缴纳首期保险费并经保险公司审核同意承保后方成立,合同生效日及保险责任开始日以保险单所载日期为准,本投保书所列各项保险合同(主合同/附加合同),其权利、义务及释义依其条款约定办理等内容。

谢权在签署上述投保书的次日,依据黄某的建议及计算,谢权每年应向上诉人缴纳23888元人民币的保险费,其中:信诚[运筹]智选投资连接保险年缴保费为人民币17482.7元;信诚附加长期意外伤害保险年缴保费为人民币4400元;信诚附加意外伤害医疗保险(每年续保)年缴保费为人民币197.6元;信诚附加提前给付长期疾病保险年缴保费1605元;信诚附加住院津贴长期医疗保险(保费每五年重新确定)年缴保费为人民币149.6元;信诚附加手术津贴长期医疗保险(保费每五年重新确定)年缴保费为人民币53.1元。因谢权选择的是半年缴费一次,故谢权向上诉人缴费11944元,并由黄某倒签一份开具日期为2001年9月30日的上诉人的临时收款凭证给谢权(该临时收款凭证注明须于2001年9月30日前开具,逾期无效)。

上诉人收到谢权的投保书及11944元后,即安排谢权于2001年10月17日进行体检。2001年10月17日,谢权到上诉人指定的广州市东山区人民医院进行了体检,谢权乙肝表面抗原(HBsAg)报告、梅毒抗体测定(VDRL)及艾滋病毒测定(HIV)报告、尿RL报告均在2001年10月18日8时至同日10时23分期间由广州市东山区人民医院出具。2001年10月18日凌晨,投保人谢权被人杀害。上诉人在2001年10月18日收到谢权的体检报告后,即安排黄某通知谢权办理保险的财产告知手续及补缴保费18.7元。黄某在通知过程中,得知谢权已于2001年10月18日身故,即向被上诉人告知谢权向上诉人投保了人寿(投资连结)保险及其附加险。

2001年11月13日,被上诉人向上诉人提出索赔申请。被上诉人在索赔过程中,于2002年1月10日向上诉人补交了谢权的财务证明资料(含房产证、存款证明等)。2002年1月14日,上诉人向被上诉人发出函件一份称:"……经我司契约部2002年1月11日审核,谢权先生生前的财务状况和其他情况符合我司承保要求,根据'信诚智选投资连结保险'第二十二条,虽然我司未同意承保,但投保人在本公司签发保险单前先缴付相当于第一期保险费,且投保人及被保险人已签署投保书,履行如实告知义务并符合本公司承保要求时,若发生保险事故时,我司仍承担相应的保险责任,赔付金额为人民币100万元整。但根据谢权先生的身体状况,仍须补交首期保险费人民币￥18.7元。附加合同'附加长期意外伤害保险'、'附加住院津贴长期医疗保险'、'附加手术津贴长期医疗保险'之保险责任,自投保人交付首期保险费且本公司同意承保后开始,而谢权先生的保险事故发生于 2001 年 10 月 18 日,我司尚未同意承保,故不属于保险责任范围,附加合同'附加长期意外伤害保险'不予赔付。考虑该保险合同之受益人提供谢权先生生前的财务证明及相关资料的文印费用 ¥18.7 元,我司将补偿文印费用,故我司决定理赔给付的金额为:¥100 万元－¥18.7 元＋¥18.7 元＝¥100 万元整……"。2002 年 1 月 15 日,上诉人赔付保险金 100 万元给被上诉人。被上诉人不同意上诉人拒付附加长期意外伤害保险金,于 2002 年 7 月 16 日向原审法院提起诉讼。

关于谢权应补交 18.7 元保费的问题。在上诉人提供的其公司精算师杜某致原审法院的函中载明:"根据我司报备中国保监会的费率表,现将被保险人谢权的主契约及各附加契约的保费计算如下:被保险人:谢权;缴费方式:半年缴;被保险人年龄:32 岁;被保险人性别:男。信诚[运筹]智选投资连结保险(U1)总保费为 8741.4 元,它包括最低保费部分和额外投资部分。根据费率表,每 1000 元保险金额每年需缴纳的最低保费为 15.14 元,被保险人保额为 1000000 元,每半年缴费一次(在年缴保费的基础上乘以系数 0.5),故最低保费＝15.14×1000×0.5＝7570 元,额外投资的保费为 1171.4 元。信诚附加提前给付长期疾病保险(DDU1)的保费为 802.5 元,每 1000 元保险金额每年需缴纳的保费为 5.35 元,被保险人保额为 300000,每半年缴费一次(在年缴保费的基础上乘以系数 0.5),故被保险人所需缴纳的保费＝5.35×300×0.5＝802.5 元。信诚附加住院津贴长期医疗保险(UHIB)的保费为 93.5 元,每投保单位的保险费为 37.4 元,被保险人投保 4 个单位,每半年缴费一次(在年缴保费的基础上乘以系数 0.5),且被保险人为次标准体,需交 25% 的附加保费,故被保险人所需缴纳的保费＝37.4×4×0.5×(1＋25%)＝93.5 元。信诚附加手术津贴长期医疗保险(USIB)的保费为 26.5 元,每投保单位的保险费为 10.61 元,被保险人投保 5 个单位,每半年缴费一次(在年缴保费的基础上乘以系数 0.5),故被保险人所需缴纳的保费＝10.61×5×0.5＝26.5 元。信诚附加长期意外伤害保险(PA)的保费为 2200 元,每 1000 元保险金额每年需缴纳的保费为 2.2 元,被保险人保额为 2000000 元,每半年缴费一次(在年缴保费的基础上乘以系数 0.5),故被保险人所需缴纳的保费＝2.2×2000×0.5＝2200 元。信诚附加意外伤害医疗保险(AMR)的保费为 98.8 元,被保险人投保 50 单位,根据费率表,每 50 单位需交费 197.6 元,每半年缴费一次(在年缴保费的基础上乘以系数 0.5),故被保险人所需缴纳的保费＝197.6×0.5＝98.8 元"。根据该函的计算,谢权应补交信诚附加住院津贴长期医疗保险(UHIB)的保费 18.7 元。

《信诚人寿保险有限公司人寿(投资连结)保险投保书》投保须知一栏中第三条注明:依据我国保险法规定,投保人与被保险人应如实告知,如因故意隐瞒事实,不履行如实告知义务,足以影响保险人决定是否同意承保或者提高保险费率的,保险人有权解除保险合同;第四条注明:本保险合同自投保人缴纳首期保险费并经保险公司审核同意承保后方成立,合同生效日及保险责任开始日以保险单所载日期为准;第五条注明:本投保书所列各项保险合同(主合同/附加合同),其权利、义务及释义依其条款约定办理。

上诉人的信诚[运筹]智选连结保险条款(2001 年 4 月经中国保险监督管理委员会核准备案,保监复[2001]108 号)第二十二条第一款规定:本公司对本合同应负的保险责任,自投保人缴付首期保险费且本公司同意承保之日二十四时开始,本公司应签发保险单作为承保的凭证。上述保险条款第二十二条第二款规定:投保人在本公司签发保险单前先缴付相当于第一期保险费,且投保人及被保险人已签署投保书,履行如实告知义务并符合本公司承保要求时,若发生下列情形之一,本公司将负保险责任。(1)被保险人因意外伤害事故而发生保险事故(意外伤害事故是指遭受外来的、不可预知的、突发的、非本意的非由疾病引起的使身体受到伤害的客观事件)。(2)被保险人因疾病身故,但被保险人已完成本公司要求之身体检查,且身体检查结果不影响本公司是否承保的决定。上述保险条款第二十二条第三款规定:本合同的生效日以保险单所载的日期为准。保险单周年日、保险费到期日和每月保障费用及保单账户管理费应缴日均以保险单生效日之对应日计算。

上诉人的信诚附加长期意外伤害保险条款(2000年9月经中国保险监督管理委员会核准备案,备案号15200007)第一条第二款规定:主合同的条款也适用于本附加合同,若互有冲突时,以本附加合同为准。信诚附加长期意外伤害保险条款第五条第一款规定:本公司对本附加合同应付的保险责任,自投保人缴付首期保险费且本公司同意承保后开始,本公司应签发保险单作为承保的凭证;本附加合同自保险单生效日的二十四时起产生效力。

上诉人认为,杀害投保人谢权的凶手曾经对谢权进行过死亡威胁,谢权在填写投保书时,未将该事实告知保险公司,未履行如实告知义务。上诉人对其所述未能提供相应的证据予以证实。

【处理结果】

广州市中级人民法院认为:本案争议焦点在于:(1)上诉人与投保人谢权之间的保险合同有无成立及生效;(2)保险公司应否向被上诉人赔付附加长期意外伤害保险的保险金。

关于本案所涉保险合同的成立与生效问题。依照《中华人民共和国合同法》第二十五条关于"承诺生效时合同成立"以及《中华人民共和国保险法》第十三条(原十二条)关于"投保人提出保险要求,经保险人同意承保,并就合同的条款达成协议,保险合同成立",上诉人与谢权签订的《投保书》投保须知一栏中第四条关于"本保险合同自投保人缴纳首期保险费并经保险公司审核同意承保后方成立"的规定,本案保险合同须经上诉人作出同意承保的承诺时成立。

保险合同订立需经过投保、核保、承保三个阶段,其中,投保是要约、承保是承诺。上诉人与谢权签订《投保书》后,谢权须按照上诉人的安排进行体检,还须向上诉人提供相关的财务证明,故《投保书》所能充分说明的是谢权向上诉人投保的事实,并不当然意味着上诉人已同意承保;从签订《投保书》至谢权遇害身亡时,本案保险合同仍处于核保阶段,上诉人尚未作出同意承保的意思表示;根据《保险法》第十四条(原第十三条)关于"保险合同成立后,投保人按照约定交付保险费;保险人按照约定的时间开始承担保险责任"的规定以及第五十七条(原第五十六条)关于"投保人于合同成立后,可以向保险人一次支付全部保险费,也可以按照合同约定分期支付保险费"的规定,在保险合同成立后,投保人才按照约定支付保险费,即保险合同的成立不以缴付保险费为必要条件,投保人缴付保险费与否,不影响保险合同的成立,保险公司只要同意承保,即使未交保险费,保险合同也成立,反之,投保人交了保险费,但保险公司不同意承保,保险合同依然不成立,保险费的缴付与合同的成立没有必然的联系,谢权在与上诉人签订《投保书》后,向上诉人缴纳了相当于首期保费11944元的行为并不足以认定上诉人已作出承保的承诺。

在本案中,根据谢权的体检结果,谢权还须向上诉人补缴保费的事实亦说明上诉人在接受被上诉人所交付的11944元后仍可继续行使核保的权利;根据《投保书》投保须知一栏中第四条关于"合同生效日及保险责任开始日以保险单所载日期为准"的规定,至谢权遇害身亡时,上诉人尚未作出核保的承诺,亦未出具保单,故不存在保险合同有无生效的问题。综上所述,被上诉人认为本案所涉保险合同因投保人谢权已实际履行了保险合同的主要义务而成立、生效的理由不能成立,本院不予支持。

关于保险公司应否向被上诉人赔付附加长期意外伤害保险的保险金的问题。上诉人与谢权签订的《投保书》投保须知一栏第一条约定"本投保书为保险合同的组成部分",虽然上诉人与谢权之间的保险合同尚未成立,但《投保书》是双方真实意思表示,对上诉人、谢权仍有约束力。《投保书》投保须知一栏第五条约定"本投保书所列各项保险合同(主合同/附加合同),其权利、义务及释义依其条款约定办理",故投保书所列各项保险合同的条款对上诉人、谢权同样具有约束力。《信诚[运筹]智选投资连结保险》第二十二条第二款约定:"投保人在本公司签发保险单前先缴付相当于第一期保险费,且投保人及被保险人已签署投保书,履行如实告知义务并符合本公司承保要求时,若发生下列情形之一,本公司将负保险责任。(1)被保险人因意外伤害事故而发生保险事故(意外伤害事故是指遭受外来的、不可预知的、突发的、非本意的非由疾病引起的使身体受到伤害的客观事件。(2)被保险人因疾病身故,但被保险人已完成本公司要求之身体检查,且身体检查结果不影响本公司是否承保的决定",从上诉人向被上诉人发出的理赔通知的内容来看,上诉人是根据该款约定决定赔付给被上诉人信诚[运筹]智选投资连结保险的保险金100万元的,故上诉人称其向被上诉人赔付100万元是"通融赔付"的理由不能成立。

虽然上诉人向被上诉人赔付了信诚[运筹]智选投资连结保险的保险金100万元,但上诉人是否还须向被上诉人赔付信诚附加意外伤害保险的保险金,仍需根据投保书及有关合同条款的内容来确定。根据《信诚附加长期意外伤害保险》第一条第二款关于"主合同(主保险合同)的条款也适用于本附加合同,若互有冲突时,以本附加合同为准"的规定,《信诚[运筹]智选投资连结保险》条款的规定只有在与《信诚附加长期意外伤害保险》条款不冲突时才能适用。《信诚附加长期意外伤害保险》第五条第一款仅约定:"本公司对本附加合同应付的保险责任,自投保人缴付首期保险费且本公司同意承保后开始,本公司应签发保险单作为承保的凭证。本附加合同自保险单生效日的二十四时起产生效力",并没有类似《信诚[运筹]智选投资连结保险》第二十二条第二款的规定,《信诚[运筹]智选投资连结保险》和《信诚附加长期意外伤害保险》约定的是不同的险种,保险范围、保险金额、保险责任均不相同,在《信诚附加长期意外伤害保险》保险条款中,并未对上诉人在投保人已签署投保书并缴付相当于第一期保险费,上诉人尚未签发保险单期间所发生的意外伤害事故应否承担保险责任作出约定,实际上就是排除了《信诚[运筹]智选投资连结保险》第二十二条第二款关于这种特殊情形的规定,故《信诚[运筹]智选投资连结保险》和《信诚附加长期意外伤害保险》对保险责任开始时间的约定是有冲突,故《(信诚[运筹]智选投资连结保险》第二十二条第二款的规定不能适用《信诚附加长期意外伤害保险》。由于上诉人在谢权遇害身亡之前尚未作出同意承保的承诺,故上诉人对谢权投保的信诚附加长期意外伤害保险承担保险责任期间尚未开始,上诉人对于发生在保险责任期间之外的意外伤害事故无需承担保险责任。故被上诉人认为《信诚[运筹]智选投资连结保险》和《信诚附加长期意外伤害保险》对保险责任开始时间的约定没有冲突,上诉人应当依照《信诚[运筹]智选投资连结保险》第二十二条第二款的规定赔付附加长期意外伤害保险金给被上诉人的理由不能成立。

综上所述,上诉人的上诉理由成立,原审认定事实不清,适用法律不当,二审依法予以纠正,依照《中华人民共和国合同法》第二十五条,《中华人民共和国保险法》第十三条第一款、第十四条,《中华人民共和国民事诉讼法》第一百五十三条第一款第(二)、(三)项的规定,并经本院审判委员会讨论决定,判决如下:

一、撤销广州市天河区人民法院(2003)天法经初字第 1018 号民事判决;

二、驳回被上诉人孙某的诉讼请求。

三、一、二审案件受理费各 20250 元,由被上诉人孙某负担。

【争议焦点】

一、如何认定人身保险合同的成立与生效?

二、被保险人死亡时,投保人与保险人之间有没有合同关系?

三、保险人拒赔理由是否成立? 为什么?

四、本案保险人应否承担保险责任? 为什么?

【法理分析】

信诚寿险索赔案这个当时曾引起全国关注和轰动的案件,虽然已经过去多年,但迄今其涉及的问题并未彻底解决,因此,该案所蕴含的理论与实务意义并未随着其讼讼的终结而结束。很多人关注过一审判决,但不知道这个案件什么时候开始了二审,更不知道二审持续了两年左右,终审判决作出,而且终审判决根本性地改变了一审判决结果,信诚公司由赔偿 200 万元保险金到无需支付保险金。两级法院对于保险合同成立、保险责任开始的标志、时间等问题认识截然相反。两审判决孰是孰非,不能不令人深思。

一、如何认定人身保险合同的成立与生效?

(一)人身保险合同的成立

1. 人身保险合同的订立与成立

人身保险合同在本质上属于债权合同,[1]其订立与其他债权合同一样须经过要

---

① 尹田主编:《中国保险市场的法律调整》,社会科学文献出版社 2000 年版,第 228 页。

约和承诺两个阶段。而在要约之前,往往存在保险业务员或寿险营销员的劝诱行为。所谓劝诱行为是指保险公司的业务员或营销员对那些有参加人身保险意愿的潜在的保险客户进行相关保险条款的宣传、解释,意在消除客户内心的疑虑,坚定投保的信心,劝说、诱引客户提出投保的请求,参加某种人身保险。在合同法理论上,劝诱行为无疑属于要约引诱,而非要约。要约在人身保险合同中,一般情况下是指投保人向保险人或其代理人提出投保的书面请求。在保险实务上要约表现为投保人填写和提交投保单、健康告知书,预交首期保费。保险人收到投保单后,经过审核认为被保险人的情况符合承保条件和要求的,在投保单上的核保意见栏内加盖保险公司的同意承保章,嗣后保险人向投保人签发保险单或保险证,呈送保险计划书、保险费正式收据。从合同法理论上看,保险人在投保单的核保意见栏内加盖同意承保章即意味着其同意投保人的投保请求,性质上属于对投保人要约的承诺。根据合同法要约与承诺的意思表示一致合同即告成立的基本原理,①自保险人同意承保时起,人身保险合同即告成立。②

要约与承诺虽然是人身保险合同订立的两个基本阶段,但由于合同订立的复杂性,人身保险合同的订立有时并非一个要约和一个承诺的简单相加,可能要经过要约、反要约或新要约、承诺的复杂过程;要约人亦不一定总是由投保人充当,受要约人或承诺人亦不一定总是由保险人充当,二者可能互换角色,保险人作为要约人,保险客户作为承诺人。③

综上所述,人身保险合同的订立是一个动态的过程,实务上可分为保险人劝诱、投保人投保、保险人核保及承保四个阶段。而人身保险合同的成立则是一个静态的时点,始于保险人同意承保之时。

2. 保险费的交纳与人身保险合同的成立

在保险法理论和实务上,人身保险合同被某些人作为实践性合同看待,认为人身保险合同的成立不仅需要当事人意思表示一致,而且需要投保人事先交纳保险费,或者至少是预交首期保险费。有些人甚至认为既然保险人收取了投保人预交的首期保险费,就意味着保险人同意承保。如果保险人不同意承保,就不应该预收保险费。因此,人身保险合同在保险人预收首期保险费时即告成立。④

诺成性合同与实践性合同划分的做法和理论由来已久。⑤ 但我们认为,诺成性合同无疑是合同的基本形态,实践性合同只不过是为了满足某种实务上的需要而作

---

① 陈自强:《民法讲义 1——契约之成立与生效》,法律出版社 2002 年版,第 70 页,第 349 页。崔建远主编:《合同法》,法律出版社 2003 年版,第 36 页。
②《中华人民共和国保险法》第 13 条。
③ 参见[美]缪里尔·L·克劳福特:《人寿与健康保险》,周伏平、金海军等译,经济科学出版社 2000 年版,第 132 页。
④ 郭钢锋:"收费即承诺",《上海保险》1998 年第 6 期。
⑤ 参见佟柔主编:《民法原理》,法律出版社 1986 年版,第 267 页;王利明、郭明瑞、方流芳:民法新论(下),中国政法大学出版社 1988 年版,第 367 - 368 页。

出的一种理论诠释。长期以来赠与合同曾被人们视为实践性合同的范例,但赠与合同的单务性与实践性实际上是自相矛盾、不能并存的。因为当我们说赠与合同是单务性合同时,意味着赠与合同中赠与人单方面负有交付赠与物的义务,只有当赠与合同成立之后,赠与人才有义务履行该义务。但赠与合同的实践性却意味着赠与物的交付是赠与合同成立的前提,早在赠与合同成立之前交付赠与物的义务已经履行完毕。一个尚未成立的合同却已经履行完毕,一个已经成立的合同却不需要履行,实践性合同的理论窘境由此可见一斑。正因如此,我国《合同法》对赠与合同作出了一种新的规定和解释,未采纳传统民法上赠与合同是实践性合同的理论。

应当说人身保险合同是实践性合同的观点,只不过是我国保险司法实践和保险理论研究中极少数法官和学者的观点,并非我国保险法理论的传统观点。我们认为,这种观点在理论上不能自圆其说,在实践上十分有害。保险合同,当然也包括人身保险合同,被人们普遍地认为是双务性合同。根据人身保险合同的约定,投保人负有交纳保险费的义务,保险人负有于保险事故发生时在保险金额的限度内赔付被保险人损失或给付保险金的义务。无论是交纳全部保险费还是交纳首期保险费,都是投保人依照人身保险合同的约定应负的最重要的义务,而非人身保险合同的成立前提。只要保险人已经同意承保,即使投保人未预交首期保险费,也不影响人身保险合同的成立,保险人有权根据已经成立的人身保险合同向投保人收取首期保险费。诚然,无论在国外还是在我国人身保险实务上,保险人于投保人投保时预收首期保险费都是一种非常普遍的习惯性做法,但这并不意味着人身保险合同自投保人预交首期保险费时即告成立,事实上也没有一家保险公司对投保人预收首期保险费时即宣称人身保险合同成立。相反,保险公司在预收保险费的临时收据上通常都声明其对被保险人在保险人同意承保前或保险单签发前发生的保险事故不承担任何保险责任。有些保险公司甚至在临时收据上将其预收一定数额金钱的性质界定为"预收相当于首期保险费的金额"或"预收充当首期保险费的款项"。如果认为人身保险合同成立于保险人预收首期保险费时,则无疑是对保险人核保权的剥夺,将严重损害保险人的利益,危及人身保险业的生存。正如投保是投保人不可剥夺的权利一样,核保则是保险人不可剥夺的权利,不经核保程序,没有保险人同意承保的意思表示,人身保险合同根本不可能成立。

总之,我们不应因为人身保险实务上普遍存在的保险人预收首期保险费的习惯性做法,就得出人身保险合同是实践性合同的结论,更不应将人身保险合同成立的时间界定为保险人预收首期保险费之时,粗暴地剥夺保险人的核保权。人身保险合同与财产保险合同一样,都是诺成性合同,而非实践性合同。只要保险人已经同意承保,即使投保人未预交首期保险费,亦不影响人身保险合同的成立。反之,如果保险人尚未同意承保,即使投保人已预交了首期保险费,人身保险合同仍未成立。

3. 保险单的签发与人身保险合同的成立

在保险法理论和实务上,不乏将保险单的签发作为保险合同成立始点的观点,认为只有保险人签发保险单,即交付保险单时保险合同才成立,保险单签发之前合同并未成立,①并进而认为人身保险合同是要式合同,必须采取保险单、保险凭证等特殊的书面形式。②

我们认为,保险单的签发,即保险单的作成与交付仅为完成保险合同的最后手续和书面证据,但并非唯一证据或不可或缺的证据,更非合同成立的始点。有时即使保险单已经签发,当事人仍得以意思表示尚未合意而主张合同尚未成立。事实上,保险人同意承保在先,签发保险单在后。保险人收到投保人的投保单、健康告知书、指定医院出具的体检结论等投保材料后,对投保人的申请进行审核的过程,谓之核保。而核保的结果不外乎同意承保、拒绝承保或要求投保人进一步提交相关材料。虽然核保的结果保险人不一定及时告知投保人,但却必然以外在的形式客观地表现出来。如果保险人的核保程序是规范和严格的,那么其同意承保的意思就必然以书面或口头的形式告知投保人,或通过在投保单的核保意见栏内加盖同意承保章的形式外现。投保人虽然尚未拿到保险单,但只要有证据表明保险人对其投保的请求已同意承保,或者保险人不能证明其尚未在核保栏内出具核保意见或已经出具拒绝承保的意见或要求投保人进一步提交材料,则应当认定人身保险合同成立。如果以保险单的签发作为人身保险合同成立的不可或缺的证据,甚至作为人身保险合同成立的始点,那么,当被保险人于保险人同意承保之后、保险单签发之前出险时,则不诚信的保险人为了逃避其保险责任,就完全可能隐匿或销毁其已经签署的保险单,签而不发,或者不再签发其本应签发的保险单。此时,被保险人或受益人将处于十分不利的境地,合法利益无法得到维护。但如果我们将人身保险合同成立的时间界定为保险人同意承保之时,在投保人不能证明保险人已经同意承保时,采取举证责任倒置规则,令保险人证明其已经拒绝承保或尚未出具核保意见或要求投保人进一步提交材料。若保险人对此不能证明,则推定其已同意承保,人身保险合同成立。确立这一规则既可及时、准确地认定人身保险合同是否成立,又可公平维护合同当事人双方及关系人的合法权利。在美国,一些法院也认为,如果在投保人将投保单及首期保费一起交给保险人的情况下发生拖延,则保险人持有保费与拒保是不一致的,因此,法院可以推断保险人已经给予承保。③

至于人身保险合同究竟是要式合同还是不要式合同,在保险法理论和实务上的确存有异议。我们认为,要式合同与不要式合同的分类是针对合同成立而言的。我国《保险法》第13条第1款规定:"投保人提出保险要求,经保险人同意承保,保险合同成立。保险人应当及时向投保人签发保险单或者其他保险凭证。"第2款规定:

---

①覃有土主编:《保险法概论》,北京大学出版社1993年版,第82-83页;尹田主编:《中国保险市场的法律调整》,社会科学文献出版社2000年版,第244页。
②张洪涛、庄作谨主编:《人身保险》,中国人民大学出版社2003年版,第139-140页。
③〔美〕缪里尔·L·克劳福特:《人寿与健康保险》,周伏平、金海军等译,经济科学出版社2000年版,第134-135页。

"保险单或者其他保险凭证应当载明当事人双方约定的合同内容。"不同的学者根据这一规定得出了截然相反的结论,有的认为保险合同是要式合同,有的认为是不要式合同。我们认为,根据该条规定可以非常明显地看出保险合同成立,即保险人同意承保在先,保险单或其他保险凭证签发在后,保险合同成立于保险人同意承保之时,而非保险单或其他保险凭证签发之时。保险法并未强制要求保险合同采取保险单或其他保险凭证的形式。保险合同成立与否,与保险合同采取何种形式并无必然的联系。这也就难怪一些人主张保险合同是不要式合同了。但我国《保险法》的这一规定也非常明显地表明,保险合同的内容还是通过保险单或其他保险凭证的形式固定和载明为好,至少也应采取书面形式。鉴于保险合同的射幸性和复杂性,在保险实务上,无论是投保人提交的投保单还是保险人的核保结论,都采取了书面形式,而签发保险单或其他保险凭证则早已成为保险业的行业惯例,未采取书面形式的保险合同几乎不存在,因此,主张保险合同为不要式合同的观点对保险实务并无多大的积极意义。如果说保险合同是要式合同,那么,也只能说保险合同应采取书面形式,而不能说保险合同成立于保险单签发之时,保险单未签发并不足以否定保险合同的成立,没有保险单而有保险人同意承保的其他有效证据仍然足以证明保险合同的成立。

（二）人身保险合同的生效

1. 人身保险合同的生效时间

如果说合同的成立意味着合同内容的确定,非依法定或约定事由,或经当事人双方协商同意,不得变更、解除或终止合同。那么,合同的生效则意味着当事人双方或者一方须按照合同的约定履行其应负的义务。一般情况下,合同的成立与合同的生效是同时的,即如果合同的形式和内容不违反法律的强制性规定,当事人双方没有相反的约定,则随着合同的成立就产生了相应的履行效力。但特殊情况下,由于合同的内容违反了法律的强制性规定,损害了社会公共利益,扰乱了社会公共秩序,则已成立的合同将因此而无效。当事人双方有特殊约定时,已成立的合同也可能并不立即生效,而于合同约定的生效时间届至或合同约定的生效条件成就时生效。人身保险合同的成立与生效也是如此。但人身保险合同作为射幸合同的一种,其生效时间更具有特殊性,在保险实务上更易引起纠纷。因此,有必要对其作些深入的探讨。

我国《保险法》第14条规定:"保险合同成立后,投保人按照约定交付保险费;保险人按照约定的时间开始承担保险责任。"因此,保险合同的生效主要涉及投保人履行交纳保险费的义务和保险人承担保险责任的期间问题。在人身保险合同理论和实务上,常常引起争议的是保险人应何时开始承担合同约定的保险责任,而非投保人应于何时交纳首期保险费。因此,我们这里仅探讨人身保险合同生效中保险人应于何时开始承担其保险责任的问题。

在人身保险合同实务上,保险公司的有关保险条款对保险人开始承担保险责任的时间虽无统一的规定,但基本上可以分为以下四种情形。① 第一种是自保险人承保后责任开始,其要件是保险人收取首期保险费并同意承保。第二种是自保险单签发后责任开始,其要件是保险人同意承保、收取首期保险费并签发保险单。第三种是自收取首期保险费后责任开始,其要件是保险人同意承保并收取首期保险费。第四种是保单明确规定了保险人承担保险责任的期间为自某年某月某日 0 时起至某年某月某日 24 时止。这种情形较少发生纠纷,但前三种情形则较易引发纠纷。就前三种情形而言,保险期间实际上分别自保险人同意承保、交付保险单、收取首期保险费时开始。具体而言,保险人分别自上述日期的 24 时或次日的 0 时起开始承担保险责任。第一种情形保险合同的成立和生效是同时的;第二种情形保险合同成立在先,生效在后;第三种情形表面上看是保险合同成立在后,生效在先,但实际上是保险合同的效力自合同成立时开始,并回溯到保险人收取首期保险费时。保险责任追溯至合同成立前的情形,在保险业发展的初期就已出现。② 保险人在收到投保单和保险费后往往采取观望态度,迟迟不签发保险单。在观望期间,如果被保险人平安无事,保险人则将保险合同的效力回溯到收取首期保险费时,从而得以收受保险费但不负任何保险责任。如果被保险人出险,保险人则坚持在保险单签发之前保险合同尚未成立,仅退还保险费而不承担保险责任。由此可见,保险责任回溯至合同成立前的游戏规则客观上存在为保险人恶意利用的可能。因此,保险人使用该游戏规则应当有一个前提条件,即排除恶意利用该规则的行为。

2. 预收首期保险费与人身保险合同的生效

在人身保险实务上,保险人于投保人提出投保申请时预收首期保险费是一种行业惯例。通过预收首期保险费,保险人事实上处于一种比较有利的地位,规避了在保单生效后收取首期保险费的风险,节省了保险营销的成本。但是,如果保险人核保的期限过长,或迟迟不提出核保意见,则投保人虽然预交了首期保险费,被保险人却得不到任何保险保障。这对投保人和被保险人是非常不利的,在保险单不具有追溯效力的情形下尤其如此。即使保险单具有追溯效力,如回溯至投保人预交首期保费时,仍不能在核保期间为被保险人提供有效保护。因为,一方面很难排除保险人恶意利用保险责任回溯规则的可能性;另一方面,我们无法设想,也不能要求一个诚信的保险人在投保人预交首期保险费后、核保意见提出之前,已知被保险人死亡的情形下,继续进行审核,并提出核保意见。应当说,当被保险人于核保期间死亡,而保险人并不知情时,保险人作出的核保结论,即使是拒绝承保或者要求投保人进一步提供资料,通常都是善意的。但在保险实务上,被保险人的受益人对保险人作出的拒绝承保的结论往往无法接受,由此引发的纠纷层出不穷,加上舆论的介入,常常

① 〔美〕缪里尔·L·克劳福特:《人寿与健康保险》,周伏平、金海军等译,经济科学出版社 2000 年版,第 155 页。
② 〔美〕缪里尔·L·克劳福特:《人寿与健康保险》,周伏平、金海军等译,经济科学出版社 2000 年版,第 155 页。

使简单的问题复杂化,导致社会大众对保险人的不信任。这种纠纷有些通过保险人的通融赔付而解决,另一些则诉诸法庭,通过司法程序了结。如果受益人胜诉,则似乎保险人本来就该赔。如果受益人败诉,则司法似乎不公。因此,不能简单地认为只要保险人预收了首期保险费,就应当对被保险人的死亡承担保险责任,从而无理地剥夺保险人的核保权。根据有关人身保险合同条款的规定,预收保险费仅仅是保险人承担保险责任的一个条件,而非唯一条件和充分条件,保险人同意承保,甚至保险单的签发也是人身保险合同生效的重要条件。

在人身保险实务上,投保人提交投保单、预交首期保险费后,保险人随即开具首期保险费暂收收据,并于一定期限内对投保人的投保申请进行审核后提出核保意见。核保期间,保险人是否对被保险人的死亡和其他可保危险承担保险责任,保险费暂收收据上通常有明确的书面规定。目前,我国人身保险实务中使用的保险费暂收收据主要有两种。

一种是不承担保险责任的保险费暂收收据。这种收据明确规定,在保险单签发前,保险人对被保险人核保期间的风险不承担任何保险责任。事实上,如果保险费暂收收据对被保险人核保期间的风险保障未作出任何明确的约定,保险条款对此也未作出约定,则其后果与不承担保险责任的暂收收据并无区别。此类收据表面上看对保险人非常有利,但实际上核保期间内一旦被保险人死亡,如果保险人不愿通融赔付,或者其通融赔付方案不为受益人接受,则双方势必对簿公堂,保险人即使胜诉,也是虽胜犹败,对其商业信用可能会产生消极影响。很难想象败诉的保户会不长记性,在未得到任何保障的情况下一而再、再而三地拱手将首期保险费预交给保险人。更何况保险人通融赔付或败诉后支付的本来不该支付的那笔数额不菲的赔款,是实实在在的经济损失,此时保险人恐怕不无弄巧成拙的感慨。

另一种是附条件的保险费暂收收据。该收据规定,若投保申请符合保险人的承保要求,保险人同意承保,保险人将承担预收首期保险费后、保险单签发前发生的被保险人死亡等可保危险的保险责任。反之,若投保申请不符合承保要求,保险人拒绝承保,则保险人对此不承担任何保险责任。这种收据对被保险人或受益人较为有利,比前一种收据合理,在一定程度上填补了因核保程序而产生的保障空白。但实际操作中仍有不少缺陷,难讨被保险人和受益人的欢心,使其事事如愿。因为,若被保险人在核保期间死亡,即使保险人在不知情的情形下完全出于善意和通常的谨慎和注意作出了拒绝承保的结论,受益人仍然可能怀疑该结论的公平合理性,索赔纠纷和舆论影响可能会迫使保险人赔付,而此时的赔付将不再是远远低于保险金额的通融赔付。所以,附条件的保险费暂收收据,既未能真正保护保险人的利益,也未能真正解决核保期间的保障空白问题。

近年来随着外资保险公司逐渐进入我国人身保险业,欧美国家普遍采用的附临时免费保障收据开始在我国一些外资保险公司的寿险条款中出现。所谓附临时免费保障收据,又称立约交费收据,①是指保险人在保险费暂收收据上单方约定对被保险人在核保期间的可保危险提供临时的、免费的、低额的、无条件的保险保障。它具有四个特点:一是临时性,即保险人为被保险人在核保期间的可保风险提供短期的、暂时的保险保障,具体期限视核保期间长短而定;一旦核保结论作出,该保险保障即告结束。二是免费性,即投保人不必就这种临时的保险保障另行交纳任何保险费,与预交的首期保险费也无任何关系。若被保险人于核保期间死亡,保险人将依收据上的约定给付保险金,并全部退还预收的首期保险费。三是低额性,即保险人仅为被保险人在核保期间的可保危险提供远远低于投保人投保的保险金额的保险金。保险单的保险金额可能高达数十万甚至上百万元,但附临时免费保障收据则仅提供数万元甚至更低金额的保险保障。四是无条件性,即被保险人只要于核保期间死亡,受益人即可获得规定数额的低额保险金,与保险人审核投保单、健康证明书等投保材料后作出的同意承保、拒绝承保或缓保等核保意见完全脱钩。保险人既不会因拒绝承保而拒赔,也不会因同意承保而赔付投保人投保的高额保险金。附临时免费保障收据的上述特点表明,它是保险人为保户提供的一种极短期的寿险保单,是保险人免费提供的一种保险服务。这种收据较前两种收据无疑更为合理,一方面,它便于寿险公司营销员展业,说服保户在投保时预交首期保险费,牢牢抓住每一次稍纵即逝的商业机会;另一方面,它彻底解决了被保险人核保期间的保障空白问题,合理地分配了核保期间的风险,真正公平地维护了保户与保险人双方的切身利益,有效地避免了核保期间无谓的保险纠纷,保险人再也不必去吞咽因核保期间的纠纷而当被告时无论胜败都难以下咽的苦药。②

二、被保险人死亡时,投保人与保险人之间有没有合同关系?

本案中,一审法院认为,在被保险人死亡之前,无论是主险还是附加险合同,均已成立,其主要依据是保险人收取了首期保险费,被保险人进行了体检,事实上也符合保险人承保的条件。二审法院则认为,因保险人尚在核保的过程中,无论主险还是附加险合同,均未成立,投保人与保险人之间尚未建立保险合同关系。与一审法院不同,二审法院对保险公司辩称其已经赔付的主险合同的100万元保险金为通融赔付不予认可,而认为这是保险公司履行主险合同,即《信诚[运筹]智选投资连结保险》第二十二条第二款的约定。该款约定为:"投保人在本公司签发保险单前先缴付相当于第一期保险费,且投保人及被保险人已签署投保书,履行如实告知义务并符合本公司承保要求时,若发生下列情形之一,本公司将负保险责任。(1)被保险人因意外伤害事故而发生保险事故(意外伤害事故是指遭受外来的、不可预知的、突发的、非本意的非由疾病引起的使身体受到伤害的客观事件)。(2)被保险人因疾病身故,但被保险人已完成本公司要求之身体检查,且身体检查结果不影响本公司是否

---

① 〔美〕缪里尔·L·克劳福特:《人寿与健康保险》,周伏平、金海军等译,经济科学出版社2000年版,第140-141页。

② 张秀全:"两起巨额寿险索赔案的评析—兼论附临时免费保障收据",《经济与法》2000年第7期。

承保的决定",从上诉人向被上诉人发出的理赔通知的内容来看,上诉人是根据该款约定决定赔付给被上诉人信诚[运筹]智选投资连结保险的保险金 100 万元的,故上诉人称其向被上诉人赔付 100 万元是"通融赔付"的理由不能成立。

三、保险人拒赔理由是否成立?为什么?

因被上诉人主张上诉人赔付的附加险 200 万元的保险合同中并无与上述约定相同的约定,保险人对附加险合同尚未同意承保,因此,保险人拒赔理由成立。正如二审判决书所言,根据《信诚附加长期意外伤害保险》第一条第二款关于"主合同(主保险合同)的条款也适用于本附加合同,若互有冲突时,以本附加合同为准"的规定,《信诚[运筹]智选投资连结保险》条款的规定只有在与《信诚附加长期意外伤害保险》条款不冲突时才能适用。《信诚附加长期意外伤害保险》第五条第一款仅约定:"本公司对本附加合同应付的保险责任,自投保人缴付首期保险费且本公司同意承保后开始,本公司应签发保险单作为承保的凭证。本附加合同自保险单生效日的二十四时起产生效力",并没有类似《信诚[运筹]智选投资连结保险》第二十二条第二款的规定,《信诚[运筹]智选投资连结保险》和《信诚附加长期意外伤害保险》约定的是不同的险种,保险范围、保险金额、保险责任均不相同,在《信诚附加长期意外伤害保险》保险条款中,并未对上诉人在投保人已签署投保书并缴付相当于第一期保险费,上诉人尚未签发保险单期间所发生的意外伤害事故应否承担保险责任作出约定,实际上就是排除了《信诚[运筹]智选投资连结保险》第二十二条第二款关于这种特殊情形的规定,故《信诚[运筹]智选投资连结保险》和《信诚附加长期意外伤害保险》对保险责任开始时间的约定是有冲突,《信诚[运筹]智选投资连结保险》第二十二条第二款的规定不能适用《信诚附加长期意外伤害保险》。由于上诉人在谢权遇害身亡之前尚未作出同意承保的承诺,故上诉人对谢权投保的信诚附加长期意外伤害保险承担保险责任期间尚未开始,上诉人对于发生在保险责任期间之外的意外伤害事故无需承担保险责任。

四、本案保险人应否承担保险责任?为什么?

对于本案被上诉人要求上诉人赔付附加险 200 万元保险金的请求,二审法院撤销了一审法院的判决,改判上诉人胜诉。保险合同事实上尚未成立或生效,其理由如上所述。本案中保险人从 2001 年 10 月 5 日收到投保人的投保申请,经过预收首期保费、安排被保险人体检等环节,到 2001 年 10 月 18 日凌晨被保险人遇害,只有 13 天,不存在保险人迟延核保或恶意迟延的情形,因此,也不可能推定保险合同成立和生效。因此,保险人不应当承担附加险的保险责任。

【掩卷沉思】

本案表面上看是人身保险合同成立与生效的问题,实际上则是核保期的风险分配和保障问题。如前所述,在保留预收首期保费的惯例下,无论主险还是附加险合同,保险人都不可能省略核保环节,在收到投保书和首期保费后径直承保。在不可避免的核保期间,如何分配保险人与被保险人的风险,平衡保险人与保险客户的利益,是一个非常复杂的问题。

企图通过立法强制保险人承担全部或过大的风险,是不公平的,也是不现实的。即使保险人足够谨慎和富有效率,瞬间的核保期仍然存在风险分配和风险保障的问题。

当然,设定合理的核保期间,防范保险人过失或恶意拖延核保,是非常必要的。保险人如果迟延核保,应承担不利的后果。我国《保险法》对此虽无明确规定,但《合同法》实际上提供了这种立法精神。

2013 年 5 月 6 日最高人民法院审判委员会第 1577 次会议通过,5 月 31 日公布,自 2013 年 6 月 8 日起施行的《最高人民法院关于适用〈中华人民共和国保险法〉若干问题的解释(二)》(法释〔2013〕14 号)第四条规定:"保险人接受了投保人提交的投保单并收取了保险费,尚未作出是否承保的意思表示,发生保险事故,被保险人或者受益人请求保险人按照保险合同承担赔偿或者给付保险金责任,符合承保条件的,人民法院应予支持;不符合承保条件的,保险人不承担保险责任,但应当退还已经收取的保险费。""保险人主张不符合承保条件的,应承担举证责任。"笔者认为,这一解释虽然在很大程度上有利于保险客户利益的保护,但在符合承保条件时笼统地对投保人投保险种的所有保险危险造成的保险事故提供保障,一方面,在实务操作上仍会遇到很多障碍或不合理、不公平的情况;另一方面,过于绝对,对保险人未必公平。因此,应当允许保险人对此有特别的约定,如保险人可以借助暂保单或临时免费保障、追溯保险等方法排除该解释的适用,合理控制自己的风险。同时,还应禁止保险人单纯排除该解释适用而不提供任何临时保障的约定。

第三编

金融调控监管法

第十五章　中央银行货币管理法律制度

第一节　人民币管理法律制度

案例63　霍小兵诉招商银行北京分行东方广场支行收缴假币行政强制措施案[①]

🔍 【案情介绍】

原告：霍小兵

被告：招商银行北京分行东方广场支行

霍某于2002年2月4日中午到招行东方广场支行处存款。银行工作人员李某在收取存款时发现其中一张1999年版、冠字号码为GB09803019、票面金额为100元的人民币为假币，当即告知了原告，并将该币交由在其邻侧工作的另一工作人员苏某复核确认。苏某经复核确认后，李某分别在该币正面水印窗和背面中间位置处加盖了"假币"印章，并向霍某出具了"假币收缴凭证"，同时告知霍某如对收缴假币有异议，可在三个工作日内向中国人民银行或中国人民银行授权的中国工商银行、中国农业银行、中国银行、中国建设银行申请鉴定。霍某在该凭证"持有人签字"处签名。2002年2月6日，霍某向招行东方广场支行提出鉴定申请；2002年2月8日，建行东四支行对由被告委托鉴定的冠字号码为GB09803019的人民币经鉴定为假币后，予以没收，并出具了有持币人为原告、伪（变）造币字头号码为GB09803019等要素的中国建设银行"发现伪（变）造币没收证明单"。霍某不服，向法院提起诉讼。审理中，原告明确诉讼请求，请求撤销被告的收缴行为及鉴定行为。而被告因此的答辩意见则为收缴行为本身对涉案的假钞并没有发生实质的效力，鉴定行为则没有具体的当事人，被告的收缴程序符合法律规定，请法院驳回原告的诉讼请求。

案件的主要证据有：

1. 盖有假币印章、冠字号码为GB09803019、票面金额为100元的人民币。

2. "假币收缴凭证"。

3. 《中华人民共和国人民币管理条例》。

原告诉称：其于2002年2月4日中午在被告招行东方广场支行处存款人民币4400

[①] 案件来源：北京市东城区人民法院（2002）东行初字第52号，北大法律信息网—北大法宝 http://vip. chinalawinfo. com/Case/Result. asp，最后访问日期2013年1月17日。

元,被告员工在收取该笔存款后提出其中一张为假钞并予以罚没。原告要求对该钞票进行鉴定,被告同意后自行委托其他银行作了鉴定并将结果通知了原告。被告在收缴时由一名员工办理,送鉴定时又未通知原告,其在收缴及鉴定阶段皆有重大程序性错误,请求法院依法判令被告撤销其罚没原告100元人民币的行政行为。

被告辩称:原告于2002年2月4日中午在被告处存款,被告员工在收取该笔存款后发现一张为假钞,遂根据《中华人民共和国人民币管理条例》第三十四条的规定,收缴了原告的假币,并向其开出"假币收缴凭证"。后又根据原告的要求,委托有鉴定权的中国建设银行东四支行(下称建行东四支行)进行了鉴定,建行东四支行经鉴定后,开出"中国建设银行发现伪(变)造币没收证明单"。被告认为,收缴行为不是具体行政行为,其不是中国人民银行授权进行假币鉴定和罚没的行政机关,因此对罚没及鉴定不承担责任。原告以招商银行为被告,并要求依法判令被告撤销罚没原告100元人民币的行政行为是错误的,请法院驳回原告的诉讼请求。

【处理结果】

北京市东城区人民法院根据上述事实和证据认为:根据《中华人民共和国人民币管理条例》第三十四条的规定,被告招行东方广场支行具有在办理人民币存取款业务中发现数量较少的伪造、变造的人民币时对其予以收缴的国家行政职权。案件中,被告工作人员在发现原告持有的人民币为假币,又经另一工作人员复核后当面予以收缴,加盖"假币"印章,同时向原告出具由中国人民银行统一印制的收缴凭证,并告知原告可以向有权机构申请鉴定,其行为符合上述法规规定。原告认为被告收缴时只有一名工作人员办理,因而应判定收缴行为违反法定程序,缺乏事实依据,其要求撤销被告收缴行为的诉讼请求,法院不予支持。现国家对假币的鉴定办法尚无明文规定,故原告认为被告自行委托有关机构鉴定属鉴定程序违法,缺乏法律依据,其请求撤销被告的鉴定行为,法院应予驳回。北京市东城区人民法院依照《中华人民共和国行政诉讼法》第五十四条第(一)项、最高人民法院《关于执行〈中华人民共和国行政诉讼法〉若干问题的解释》第五十六条第(四)项之规定,作出如下判决:

一、维持被告招行东方广场支行2002年2月4日收缴假币的行政强制措施;

二、驳回原告霍小兵撤销被告招行东方广场支行鉴定行为的诉讼请求。

【争议焦点】

一、金融机构作为企业法人,其是否是行政诉讼的适格被告?
二、收缴和没收假币是否均是行政行为?
三、招行东方广场支行收缴假币及送请鉴定的行为是否合法?

【法理分析】

一、金融机构作为企业法人,其是否是行政诉讼的适格被告?

通常认为,行政诉讼是以行政机关为被告的诉讼。其实,这诉诸的理论并不科学。因为行政诉讼的被告并不限于行政机关,如法律、法规授权的组织在大多数的情况下就是非行政机关的企业、事业单位和群众团体;行政机关也并非在所有场合都是以行政诉讼的被告出现,甚至有可能会以原告的形式出现,行政机关告行政机关也并非不可能。① 理解上述问题的关键是行政主体。《行政诉讼法》第二十五条规定,公民、法人或者其他组织直接向人民法院提起诉讼的,作出具体行政行为的行政机关是被告。两个以上行政机关作出同一具体行政行为的,共同作出具体行政行为的行政机关是共同被告。由法律、法规授权的组织所作的具体行政行为,该组织是被告,由行政机关委托的组织所作的具体行政行为,委托的行政机关是被告。最高人民法院关于执行《中华人民共和国行政诉讼法》若干问题的解释第二十条规定,行政机关组建并赋予行政管理职能但不具有独立承担法律责任能力的机构,以自己的名义作出具体行政行为,当事人不服提起诉讼的,应当以组建该机构的行政机关为被告。行政机关的内设机构或者派出机构在没有法律、法规或者规章授权的情况下,以自己的名义作出具体行政行为,当事人不服提起诉讼的,应当以该行政机关为被告。法律、法规或者规章授权行使行政职权的行政机关内设机构、派出机构或者其他组织,超出法定授权范围实施行政行为,当事人不服提起诉讼的,应当以实施该行为的机构或者组织为被告。第二十一条规定,行政机关在没有法律、法规或者规章规定的情况下,授权其内设机构、派出机构或者其他组织行使行政职权的,应当视为委托。当事人不服提起诉讼的,应当以该行政机关为被告。某些非行政机关的社会组织能够作为行政诉讼被告是因为基于法律法规的授权具有行政主体地位,即使行政机关成为行政诉讼被告也并非因为它是行政机关,而是因为其行政主体地位,因此,行政诉讼在严格的意义上是以行政主体而不是以行政机关为被告的诉讼。面对庞大的行政组织系统以及复杂的行政活动,行政诉讼被告确认的规则是:谁主体,谁被告。②

最高人民法院《关于执行〈中华人民共和国行政诉讼法〉若干问题的解释》第一条规定,公民、法人或者其他组织对具有国家行政职权的机关和组织及其工作人员的行政行为不服,依法提起诉讼的,属于人民法院行政诉讼的受案范围。本条已将可诉行为的主体范围确定为具有国家行政职权的机关和组织及其工作人员。可诉行为的主体,既包括机关也包括不具有机关法人资格的组织;既包括具有法定行政职权的机关,也包括法律法规授权的组织,还包括行使行政职权的工作人员。不管是组织、机关或个人,能否成为行政行为的主体,关键在于是否具有国家行政职权。具体到本案,《中华人民共和国人民币管理条例》第三十四条第一款规定,办理人民币存取款业务的金融机构发现伪造、变造的人民币,数量较多、有新版的伪造人民币或者有其他制造贩卖伪造、变造的人民币线索的,应当立即报告公安机关;数量较少的,由该金融机构两名以上工作人员当面予以收缴,加盖"假币"字样的戳记,登记造册,向持有人出具中国人民银行统一印制的收缴凭证,并告知持有人可以向中国人民银行或者向中国人民银行授权的国有独资商业银行的业务机构申请鉴定。从上

---

① 参见杨小军:行政被告资格辨析,《法商研究》2003 年第 6 期。
② 参见杨小君:我国行政诉讼被告资格认定标准之检讨,《法商研究》2007 年第 1 期。

述规定可以看出,《中华人民共和国人民币管理条例》作为行政法规,已赋予了办理人民币存取款业务的金融机构在发现伪造、变造的人民币数量较少时有予以收缴的国家行政职权。① 因此,招商银行具有行政主体资格,可以成为本案的被告。

二、收缴和没收假币是否均是行政行为?

行政行为是指行政主体行使行政职权,作出的能够产生行政法律效果的行为。行政行为的概念包括以下几层含义:

1. 行政行为是行政主体所为的行为。

2. 行政行为是行使行政职权,进行行政管理的行为。

3. 行政行为是行政主体实施的能够产生行政法律效果的行为。

《中国人民银行行政复议办法》规定,对金融机构作出的有关收缴假币的具体行政行为不服申请行政复议的,由直接监管该金融机构的中国人民银行管辖;作出收缴假币决定的金融机构是被申请人;中国人民银行营业管理部"关于下发'假币收缴凭证'和'假币'印章样式的通知"中附件"假币收缴凭证"第三联说明部分载明:持有人如对收缴假币有异议,可在三个工作日内向中国人民银行或中国人民银行授权的中国工商银行、中国农业银行、中国银行、中国建设银行申请鉴定。持有人如对收缴程序有异议,可在收到鉴定书后60天内凭此证书提出行政复议或向当地人民法院提起诉讼。从上述规章及规范性文件不难看出,金融机构收缴假币的行为就是具体行政行为。另从本案来看,收缴行为也符合具体行政行为的构成要件。因具体行政行为是行政主体在行使行政职权过程中,针对特定的人或事所采取的具体措施的行为,其行为和结果将直接影响某一个人或组织的权益,其行为对象具有特定性和具体化。② 显然,招行东方广场支行收缴霍小兵持有的假币,其对象和内容是特定的,并且行为具有法律拘束力,因此是具体行政行为,且是一种限制"财产"流通的行政强制措施。

三、招行东方广场支行收缴假币及送请鉴定的行为是否合法?

《中华人民共和国人民币管理条例》第三十四条第一款在赋予有存、取款业务的金融机构有收缴数量较少的伪(变)造货币这一行政职权的同时,还明确了收缴程序。即判断收缴程序是否合法的关键在于金融机构的工作人员发现伪(变)造币后,是否是由该金融机构两名以上的工作人员当面予以收缴,加盖"假币"字样的戳记,向持有人出具中国人民银行统一印制的收缴凭证,并告知持有人可以向中国人民银行或者向中国人民银行授权的国有独资商业银行的业务机构申请鉴定。如果符合上述程序,即为合法。至于收缴的是不是伪(变)造币,并不影响合法的收缴程序的成立。③ 本案中,被告工作人员在发现原告持有的人民币为假币,又经另一工作人员复核后当面予以收缴,加盖"假币"印章,同时向原告出具由中国人民银行统一印

---

① 参见刘少军:《金融法学》,中国政法大学出版社 2008 年版,第 129 页。
② 参见何海波:行政行为对民事审判的拘束力,《中国法学》,2008 年第 2 期。
③ 参见陶广峰著:《金融法》,中国人民大学出版社 2009 年版,第 328 页。

制的收缴凭证,并告知原告可以向有权机构申请鉴定,其行为符合《中华人民共和国人民币管理条例》的规定,收缴程序合法。由于原告未能提供证明被告收缴时只有一名工作人员办理的证据,故其要求撤销被告收缴行为的诉讼请求,法院不应支持。

《中华人民共和国人民币管理条例》第三十四条第一款还规定,对伪造、变造的人民币鉴定的具体办法,由中国人民银行制定。在本案审理中,经向中国人民银行有关部门咨询,得知现中国人民银行尚未制定出对假币鉴定的具体办法。因此,如果认为被告在与原告协商未果的情况下,自行委托建行鉴定即为鉴定程序违法,则缺乏法律依据。且从本案看,招行东方广场支行自行委托建行鉴定也只是启动了鉴定程序,并未对涉案的假币产生任何影响,自然也谈不上对原告合法权益的侵害。原告的此项请求当然不能得到法院的支持。

【掩卷沉思】

收缴和没收假币是否均是招行东方广场支行的行为,《中华人民共和国人民币管理条例》第三十五条规定,中国人民银行和中国人民银行授权的有独资商业银行的业务机构应当无偿提供鉴定人民币真伪的服务。对盖有"假币"字样戳记的人民币,经鉴定为真币的,由中国人民银行或者中国人民银行授权的国有独资商业银行的业务机构按照面额予以兑换;经鉴定为假币的,由中国人民银行或者中国人民银行授权的国有独资商业银行的业务机构予以没收。根据上述规定,结合本案事实,建行东四支行在对被告提供的盖有"假币"字样戳记的人民币,经鉴定为假币后,出具中国建设银行"发现伪(变)造币没收证明单",将假币予以没收,是建行东四支行的行为,而非招行东方广场支行的行为。

原告请求撤销招行东方广场支行的罚没行为,是将收缴和没收混为一谈,因此,法院在确认被告具有主体资格的基础上要求原告明确了诉讼请求。

第二节 外汇管理法律制度

案例 64 袁某诉长沙鑫瀚投资管理咨询有限公司等委托合同纠纷案①

【案情介绍】

原告:袁担任

被告:长沙鑫瀚投资管理咨询有限公司

被告:吕朋晶

原告袁担任诉被告长沙鑫瀚投资管理咨询有限公司(以下简称鑫瀚公司)、吕朋晶

---

① 案件来源:湖南省长沙市开福区人民法院(2011)开民二初字第 3720 号,北大法律信息网—北大法宝 http://vip.chinalawinfo.com/Case/Result.asp,最后访问日期 2013 年 1 月 17 日。

委托合同纠纷一案,于 2011 年 12 月 1 日向法院提起诉讼。

原告袁担任诉称,原告于 2011 年 1 月 10 日按被告鑫瀚公司要求,将 34000 元人民币(5000 美元)汇出,用于外汇投资。同日,被告鑫瀚公司职员吕朋晶与原告签订《代客操盘补充协议》约定由被吕朋晶为原告操盘。至双方约定的结算日(即 2011 年 7 月 9 日止),原告账户已亏损 4907 美元,被告吕朋晶为了较多提成冒险交易,增加原告投资风险。在操盘期间,两被告侵犯了原告的知情权。两被告应负连带赔偿责任。原告遂诉至本院,请求:(1)判决两被告共同赔偿原告人民币 34000 元,并按同期贷款利率支付 2011 年 1 月 9 日至清偿之日止利息;(2)判决两被告共同支付原告索赔过程中发生的费用 2000 元;(3)判令被告承担本案全部诉讼费用。

被告鑫瀚公司辩称,原告与被告鑫瀚公司之间曾经是代理关系,并不是合同委托理财关系,本案涉及的操盘协议是原告与被告吕朋晶个人之间的协议,与被告鑫瀚公司无关。原告出于对利益追求,与被告吕朋晶签订操盘协议,双方都有过错,对于损失双方都应按合同约定自行承担。故原告的诉请于法无据,应当予以驳回。

被告吕鹏晶辩称,原告与被告吕朋晶签订的协议,系被告吕朋晶与原告之间的双务行为,原告在起诉状中明确吕朋晶系鑫瀚公司职员的认定,吕朋晶系职务行为。所以吕朋晶不应承担责任且被告鑫瀚公司没有取得经营外汇的权利,违反了国家政策。

根据双方当事人的当庭陈述,认定以下事实:2011 年 1 月 10 日,原告与被告鑫瀚公司签订了一份《资金安全担保协议》,被告鑫瀚公司在协议中表示鑫瀚公司为英国爱康集团指定长沙办事处,被告鑫瀚公司确保原告资金在英国爱康平台上出入金安全、自由、准确和快捷,被告鑫瀚公司同时对外汇保证金交易进行了有关说明并作出大量免责声明。2011 年 1 月 10 日,原告与被告吕朋晶在印有被告鑫瀚公司抬头的格式合同上签订了一份《代客操盘补充协议》,约定被告吕朋晶代原告操盘在爱康公司平台的外汇资金。上述两协议签订的同日,原告于 2011 年 1 月 10 日通过中国银行股份有限公司长沙市松桂园支行以教育费的名义向被告鑫瀚公司所代理的英国伦敦 Ikon Capital 公司电汇美金 5000 元,但该款项实际被用于在英国爱康公司交易平台上从事外汇期货金融投资业务。后经被告吕朋晶频繁操作,原告上述账户资金严重亏损,截止双方约定的结算日(即 2011 年 7 月 9 日止),原告与被告吕朋晶确认的账户资金余额为美金 93 元,亏损美金 4907 元。

另查明,被告鑫瀚公司在与原告签订协议之前,亦采取与其他客户签订《资金安全担保协议》后,由他人与被告鑫瀚公司客户签订《代客操盘书补充协议》的方式开展英国爱康集团平台外汇保证金期货交易业务,相关协议内容与原告所签订的相关协议内容基本一致,相关外汇的境外汇款均采取隐瞒实际用途的方式进行。被告鑫瀚公司在法院 2011 年 9 月 15 日进行的另案庭审过程中认可被告吕朋晶曾系被告鑫瀚公司职员,但未能应本院要求提供被告吕朋晶的相关离职证明。

【处理结果】

法院认为,被告吕朋晶的相关签约及操盘行为是代表被告鑫瀚公司的职务行为,应由被告鑫瀚公司向原告承担责任。被告鑫瀚公司与原告签订《资金安全担保协议》及

《代客操盘补充协议》，并指示原告采取隐瞒资金实际用途的方式向英国伦敦 Ikon Capital 公司汇去外汇进行金融投资的行为均属逃避国家外汇监管制度的行为，违反了国家有关外汇管理行政法规的强制性规定。原告与被告鑫瀚公司签订的《资金安全担保协议》及《代客操盘补充协议》依法均应认定为无效合同，自始即不具备法律效力。依据《中华人民共和国合同法》第五十八条的规定"合同无效或者被撤销后，因该合同取得的财产，应当予以返还；不能返还或者没有必要返还的，应当折价补偿"，被告鑫瀚公司应当返还其指示原告向英国伦敦 Ikon Capital 公司支付的美金 5000 元。

另原告袁担任诉请要求判决两被告共同支付按同期贷款利率支付 2011 年 1 月 9 日至清偿之日止利息以及原告索赔过程中发生的费用 2000 元，因原告未提供证据佐证费用明细，且双方合同属于无效合同，原告的该项诉请无合同和法律依据，本院不予支持。

综上所述，本院依照《中华人民共和国合同法》第五十八条、《中华人民共和国民事诉讼法》第一百三十四条、最高人民法院关于适用《中华人民共和国合同法》若干问题的解释(一)第十条的规定，判决如下：

一、被告长沙鑫瀚投资管理咨询有限公司于判决书生效后 10 日内向原告袁担任支付美金 5000 元；

二、驳回原告袁担任的其他诉讼请求。

本案受理费 700 元，由被告鑫瀚公司承担。

【争议焦点】

一、被告吕朋晶与原告签订《代客操盘补充协议》的行为及后续操盘行为是否属于职务行为，相关行为的法律后果是否应由被告鑫瀚公司承担？

二、被告鑫瀚公司自身是否具备经营外汇业务的资质，原告与两被告签订的《资金安全担保协议》及《代客操盘补充协议》是否合法有效？

【法理分析】

一、被告吕朋晶与原告签订《代客操盘补充协议》的行为及后续操盘行为是否属于职务行为，相关行为的法律后果是否应由被告鑫瀚公司承担？

职务行为通常是指工作人员行使职务的行为，是履行职责的活动，与工作人员的个人行为相对应。

被告鑫瀚公司采取与客户签订《资金安全担保协议》后，由其职员与客户签订《代客操盘书补充协议》，并采取隐瞒实际资金用途向被告鑫瀚公司所代理的英国伦敦 IkonCapital 公司汇款的方式，被告鑫瀚公司提供给客户签约的相关协议文本均系格式合同，其主要目的在于免除被告鑫瀚公司责任和风险。原告于 2011 年 1 月 10 日当天同时签订《资金安全担保协议》、《代客操盘书补充协议》并向被告鑫瀚公司所代理的英国伦敦 Ikon Capital 公司以教育费名义汇去外汇资金，上述行为均符合被告鑫瀚公司的业务模式。被告鑫瀚公司曾当庭认可被告吕朋晶曾系被告鑫瀚公司职员，且未能提供被告吕朋晶的相关离职证明，被告吕朋晶虽未能提供劳动合同，但结合被告鑫瀚公司在庭审笔录中的自认及原告、被告吕朋晶提供的其他相关证据,可以证实被告吕朋晶在签订协议时及后续操盘过程中系被告鑫瀚公司职员。由此可见,在确定行为人在经营活动中的行为的性质时除了进行必要的形式审查外还要进行相应的实质审查,只有结合全案的事实和证据才能作出准确的定性。[1]

综合上述情况,笔者认为,被告吕朋晶的相关签约及操盘行为应当认定为代表被告鑫瀚公司的职务行为,被告吕朋晶与原告签订的《代客操盘书补充协议》应视为被告鑫瀚公司与原告直接签订的合同,被告吕朋晶的后续操盘行为,亦应由被告鑫瀚公司向原告承担责任。

二、被告鑫瀚公司自身是否具备经营外汇业务的资质,原告与两被告签订的《资金安全担保协议》及《代客操盘补充协议》是否合法有效?

外汇,就是外国货币或以外国货币表示的能用于国际结算的支付手段。中国1996年颁布的《外汇管理条例》第三条对外汇的具体内容作出如下规定,外汇是指:①外国货币。包括纸币、铸币;②外币支付凭证。包括票据、银行的付款凭证、邮政储蓄凭证等;③外币有价证券。包括政府债券、公司债券、股票等;④特别提款权、欧洲货币单位;⑤其他外币计值的资产。[2]

根据《资金安全担保协议》及《代客操盘补充协议》,并结合个人购汇申请书、境外汇款申请书及凭证等证据,表明原告委托被告进行的是直接向境外进行外汇保证金交易方式的金融投资的行为。被告鑫瀚公司仅提供了英国爱康集团出具的高级介绍经纪商证明,未能提供英国爱康集团在中华人民共和国境内依法设立的机构的相关有效身份证明,亦未提供上述境内机构是否具备境外外汇保证金交易业务许可及金融许可证的相关证明。

根据《中华人民共和国外汇管理条例》(以下简称条例)规定,国家仅对经常性国际支付和转移(即进出口货物贸易中的外汇支付和转移)不予限制。条例第十七条规定,境内机构、境内个人向境外直接投资或者从事境外有价证券、衍生产品发行、交易,应当按照国务院外汇管理部门的规定办理登记。国家规定需要事先经有关主管部门批准或者备案的,应当在外汇登记前办理批准或者备案手续。条例第三十九条规定,有违反规定将境内外汇转移境外,或者以欺骗手段将境内资本转移境外等逃汇行为的,由外汇管理机关责令限期调回外汇,处逃汇金额30%以下的罚款;情节严重的,处逃汇金额30%以上等值以下的罚款;构成犯罪的,依法追究刑事责任。根据《个人外汇管理办法》第十七条规定,境内个人购买B股,进行境外权益类、固定收益类以及国家批准的其他金融投资,应当按相关规定通过具有相应业务资格的境内金融机构办理。

根据上述规定,被告鑫瀚公司自身并不具备经营外汇业务的资质,未办理登记,亦未取得金融许可证,不属于具有相应业务资格境内金融机构。被告鑫瀚公司所代

---

[1] 参见丁延陵、王利冬:经营活动中个人行为和职务行为的区分,《人民司法》2008年第8期。
[2] 参见陶广峰著:《金融法》,中国人民大学出版社2009年版,第329页。

理的英国爱康集团不属于境内金融机构。英国爱康集团在中华人民共和国境内设立的机构真实性不能核实,且英国爱康集团在中华人民共和国境内机构不能提供具备从事经营外汇保证金交易的资质及金融许可证,亦不属于具备相应业务资格的境内金融机构。被告鑫瀚公司亦未将上述情况告知原告袁担任。

综合上述情况,被告鑫瀚公司与原告签订《资金安全担保协议》及《代客操盘补充协议》,并指示原告采取隐瞒资金实际用途的方式向英国伦敦 Ikon Capital 公司汇去外汇进行金融投资的行为均属逃避国家外汇监管制度的行为,违反了国家有关外汇管理行政法规的强制性规定。原告与被告鑫瀚公司签订的《资金安全担保协议》及《代客操盘补充协议》依法均应认定为无效合同,自始即不具备法律效力。

【掩卷沉思】

我国尽管已出台了部分有关 B 股的外汇管理规定,但主要是规范发行 B 股企业的外汇行为,对证券经营机构 B 股业务的外汇管理并没有相应配套的外汇管理办法,规定尚不明确。[1] 外汇局与证监会对于证券公司外汇业务的监管明显存在监管分工不明确的现象,外汇业务的风险性监管与合规性监管属于哪个监管主体的监管职责界定比较模糊。同时,由于缺乏与证监会之间的有效联系机制,容易造成对证券公司的外汇业务监管流于形式。[2]

《中华人民共和国外汇管理条例》指出,金融机构经营外汇业务须经外汇管理机关批准,未经批准,任何单位和个人都不得经营外汇业务。金融机构经营外汇业务,应当接受外汇管理机关的检查、监督。

证券经营机构拟经营外汇业务,须向国家外汇管理局申请,经批准后方可按有关规定开展业务。此外为防止非法设立外币有价证券交易场所并从中进行交易活动,对证券经营机构下属营业部开办代理买卖 B 股业务也须得到外汇局批准。

为防范证券经营机构经营 B 股业务风险,如针对承销业务中的市场风险,报销比例过大带来的流动性风险,经纪业务中资金的管理风险等问题,应该制定必要的监管规定并据以进行检查监督。

"国家外汇管理局一直在逐步加强对 B 股业务的外汇管理工作,但从目前的情况看由于法规不健全,存在一些监管空白和问题。如对证券经营机构从事代理发行和代理买卖 B 股外汇业务缺少风险管理手段;对外汇资金清算账户的管理存在漏洞等。"[3]

本案中被告鑫瀚公司自身是否具备经营外汇业务的资质;被告吕朋晶为了较多提成冒险交易,增加原告投资风险等正是上述外汇管理不到位的结果。

---

① 参见陈翀:证券营业机构经营外汇业务存在的问题及建议,《河北金融》2002 年第 7 期。
② 参见国家外汇管理局吉林省分局国际收支处课题组:证券公司外汇业务监管问题研究,《吉林金融研究》2010 年第 11 期。
③ 参见高云:谈对证券经营机构 B 股业务的外汇管理,《中国外汇管理》1998 年第 1 期。

第三节　金银管理法律制度

案例 65　连云港天然居宾馆诉江苏中易艺术发展公司承包合同案①

【案情介绍】

原告人(被上诉人):连云港天然居宾馆

被告人(上诉人):江苏中易艺术发展公司

1996 年 6 月 28 日,原经联公司(甲方)与江苏中易艺术发展公司(以下简称中易公司)(乙方)就经营连云港戴梦得珠宝连锁店进行协商,签订了合同书,约定:甲方将位于连云港市新浦区海昌路 293 号,面积约 50 平方米的黄金钟表城提供给乙方作为经营场所,同时提供柜台 12 节、水表及经营所需的法律手续文件,提供一名财务负责人和专用账号,协助经营,并代办税务等工作,负责场地内的财物保卫工作,按合同收回投资本金及固定回报。乙方独立经营珠宝专卖店,承担经营风险和经济活动中的有关法律责任,对甲方提供的场地、柜台、文件及设施等有使用权,有经营管理权。如使用甲方营业员,其养老保险等由乙方交甲方代交,乙方买断甲方现存商品所有权,于 1996 年 10 月 15 日付 20 万元,1997 年 9 月底前付 20 万元,共计 40 万元整,乙方按期交纳租金和固定回报,经营承包实施后,第一年付给甲方 16 万元,第二年付 10 万元,支付方式为每月付 1 万元,余额年底结清。合同还就其他事项作了约定。合同签订后,双方对 1996 年 6 月底前的账目进行了结算,对货物进行盘点交接,同时又签订了交接备忘录。随后,中易公司就以经联公司黄金钟表城名义对外进行经营活动,并委派贺辉负责具体经营工作。

中易公司在实际经营过程中,除于 1996 年 8 月 15 日给付经联公司 7 月份保底利润 1 万元外,再没有支付保底利润款,也未按约支付承包金。同时,中易公司也未将 40 万元商品款支付给经联公司。

1996 年 9 月 2 日,经联公司从其账户上转汇属中易公司的销货款 4.2 万元,但中易公司未能收到,现该款仍存于经联公司账上。同年 11 月 27 日,贺辉准备将价值 347543 元的珠宝拿往别处销售时被经联公司员工发现并将该珠宝扣留。后经协商贺辉同意将珠宝暂存在连云港天然居宾馆(以下简称天然居宾馆)。自此贺辉在没有对库存商品盘点交接的情况下擅自离开黄金钟表城。此后,双方多次协商未能就是否继续经营达成一致意见,所以珠宝专卖店在天然居宾馆的监督下继续经营,售出珠宝饰品价值 234159.4 元。

1996 年 11 月 16 日,天然居宾馆兼并了经联公司。

上述事实有下列证据证明:

1. 中易公司与经联公司签订的合同书。

---

① 案件来源:江苏省连云港市中级人民法院(1999)连经终字第 238 号,北大法律信息网—北大法宝 http://vip.chinalawinfo.com/Case/Result.asp,最后访问日期 2013 年 1 月 18 日。

2. 中易公司与经联公司交接备忘。

3. 中易公司出具的函。

4. 1996 年 8 月 15 日,经联公司收中易公司 7 月份保底利润的收据。

5. 经联公司转汇销货款的汇票委托书(存根)。

6. 经联公司连经联字(1996)第 71 号"关于天然居兼并经联商业公司的规定"。

7. 贺辉于 1996 年 11 月 27 日同意将 347543 元珠宝暂存天然居的珠宝明细表。

8. 天然居宾馆在贺辉走后的盘点表。

9. 经联公司代销货(钻戒)交接备忘。

被告诉称:(1) 依据国家有关法律法规,经联公司不得出租柜台和经营金银饰品业务许可证,不得与其他企业联营或采取租赁经营的方式使其他企业承包经营,不得私相买卖金银,而本案双方当事人之间的约定违反了上述规定,导致合同无效。(2) 经联公司擅自停业近一个月进行装修和兼并,并扣押货物和钱款,自行经营,给我公司造成经济损失,应承担过错责任。(3) 本案不是承包合同纠纷,而是联营(或租赁承包)和买卖合同纠纷。请求法院判令天然居宾馆返还属于我公司的货物和钱款,承担其非法处理我公司货物所造成的损失,并进行清盘。

原告辩称:(1) 中易公司所承包经营的黄金钟表城是经过人民银行批准并取得经营金银饰品许可证的法人组织,有权销售黄金、白银和珠宝饰品,具有合法的主体资格,国家有关法规对此没有禁止性规定。(2) 合同标的物是珠宝饰品,不是黄金、白银饰品,不属于国家金银管理条例的调整范畴。(3) 中易公司虽无经营权,但其通过承包方式已合法取得经营权,合同的内容和形式均合法有效,中易公司违反合同约定,应承担合同规定的违约责任。

【处理结果】

江苏省连云港市中级人民法院认为:中易公司与经联公司于 1996 年 6 月 28 日签订的合同,其主要条款符合承包合同的特征,故本案应按承包合同纠纷审理。该合同系双方当事人的真实意思表示,不违反国家法律、法规的禁止性规定,为有效合同。中易公司未按合同规定交纳承包期间的承包费并单方终止承包合同,应承担违约责任,中易公司已交纳的 1 万元保底利润款应视为承包金。经联公司因安全经营需要,一个月的停业整修应从中易公司的实际承包时间中扣除,中易公司实际承包 4 个月,合同约定的第一年承包金为 16 万元,中易公司应交纳 4 个月的承包金 53333.33 元。中易公司上述所称双方合同约定联营关系,违反国家《关于进一步加强金银饰品零售市场管理的通知》规定,合同应为无效的观点,因本案实属承包关系,该通知中对承包经营未作限制,故此上诉理由无事实和法律依据,本院不予支持;但合同中约定由中易公司分期买断经联公司所有的戴梦得珠宝首饰的条款,因中易公司无经营黄金珠宝饰品的资格,此条款违反《中华人民共和国金银管理条例》第七条的规定,为无效条款,故中易公司应将其接受的经联公司 40 万元商品,扣除天然居宾馆自行销售的 234159.4 元商品外,剩余165840.6 元商品应返还天然居宾馆。天然居宾馆没有将中易公司的销货款转汇给中易公司,应承担给付责任。中易公司关于合同中双方约定的买卖关系的条款违反国家有关规定,属无效条款的上诉理由成立,予以采纳。

江苏省连云港市中级人民法院作出如下判决:

一、中易公司给付天然居宾馆承包金 53333.33 元并承担相应的银行利息(按中国人民银行的同期贷款利率从 1996 年 12 月 1 日起计算至给付之日);

二、中易公司支付天然居宾馆终止合同履行的违约金 2.6 万元;

三、中易公司返还给被上诉人天然居宾馆 165840.6 元的戴梦得珠宝饰品。

天然居宾馆偿付上诉人中易公司货款 4.2 万元及银行利息(按中国人民银行规定的同期贷款利率从 1996 年 9 月 3 日起计算至给付之日)。

【争议焦点】

一、《中华人民共和国金银管理条例》是否适用于珠宝饰品?

二、中易公司是否可以大批量购买珠宝饰品?

【法理分析】

一、珠宝饰品是否适用于《中华人民共和国金银管理条例》?

珠宝首饰,是指珠宝玉石和贵金属的原料、半成品,以及用珠宝玉石和贵金属的原料、半成品制成的佩戴饰品、工艺装饰品和艺术收藏品。珠宝饰品由珠宝以及金银胎共同组成,不可分割。

《中华人民共和国金银管理条例》第二十二条规定:委托、寄售商店,不得收购或者寄售金银制品、金银器材。珠宝商店可以收购供出口销售的带有金银镶嵌的珠宝饰品,但是不得收购、销售金银制品和金银器材。金银制品由中国人民银行收购并负责供应外贸出口。《中华人民共和国金银管理条例施行细则》第十四条规定:《条例》第二十二条规定珠宝商店可以收购供出口销售的带有金银镶嵌的珠宝饰品,是指以珠宝为主要价值的镶嵌饰品。对拆下的金银胎,必须全部交售给当地中国人民银行或其委托机构。而《中华人民共和国金银管理条例》第三条第一款规定:"国家对金银实行统一管理、统购统配的政策。"第四条第一款规定:"国家管理金银的主管机关为中国人民银行。"可见珠宝饰品上的金银胎要受《中华人民共和国金银管理条例》管理。

因此,珠宝饰品亦受《中华人民共和国金银管理条例》管理。

二、中易公司是否可以大批量购买珠宝饰品?

《中华人民共和国金银管理条例》第三条规定:"国家对金银实行统一管理、统购统配的政策。"第七条规定:"在中华人民共和国境内,一切单位和个人不得计价使用金银,禁止私相买卖和借贷抵押金银。"第二十条规定:"经营单位必须按照批准的金银业务范围从事经营,不得擅自改变经营范围,不得在经营中克扣、挪用和套购金银。"第二十二条规定:"委托、寄售商店,不得收购或者寄售金银制品、金银器材。""珠宝商店可以收购供出口销售的带有金银镶嵌的珠宝饰品,但是不得收购、销售金银制品和金银器材。"[1]

---

① 参见陶广峰著:《金融法》,中国人民大学出版社 2009 年版,第 337 页。

本案中,虽然经联公司是经过人民银行批准并取得经营金银饰品许可证的法人组织,有销售黄金、白银和珠宝饰品的经营权,但由于法律禁止经营单位擅自改变经营范围,中易公司通过承包方式取得经营权的合同的内容和形式均非法无效。因此中易公司无经营金银饰品业务许可证,其无权收购含金银镶嵌的珠宝饰品,其买卖行为应为无效。

【掩卷沉思】

金银实行计划管理在建国初期,为稳定金融、经济,为国家贮备黄金,保持人民币的法定地位起到了积极作用。50 年过去了,我国的国民经济和社会状况发生了很大变化,对金银实行计划管制的社会基础和经济条件都已不复存在,在这种情况下,对金银实行"统收统配"政策存在许多问题。①

"金银管理"由国家严格的统管、统购、统配发展到今天已是(1) 金银买卖由地下的黑市交易变为市场的公开交易;(2) 由个别零星交易变为成批大宗的交易;(3) 由个人之间的买卖变为集体、国有金矿与较大加工单位的贸易(4)是个人或集体未经有关部门批准的乱挖乱采、乱开金店、乱设金银加工点等等,金银市场管理混乱。金银市场管理的改革、发展势在必行。②

随着中国黄金市场改革与相关黄金产业的迅猛发展,《中华人民共和国金银管理条例》内容陈旧,不但与现实发展严重不符,更为黄金市场有效监督管理带来障碍。③ 目前,规范中国黄金市场的法律法规主要是 2003 年 12 月修订的《中国人民银行法》和 1983 年颁布的《金银管理条例》。《中国人民银行法》原则性规定了人民银行负责监督管理黄金市场,对市场主体资格准入、业务监督、统计信息监测以及违规处罚等具体管理权限缺乏明确的法律规定。由于制定时间较早,作为黄金市场管理体系的重要法律依据《金银管理条例》中大部分条款已经被国务院的决定陆续废止,只有少数几项条款仍在执行,而对于场外交易、境外资金参与、中介机构规范以及黄金市场的监督管理等方面始终处于立法缺失状态。受当时立法背景的限制,现行《金银管理条例》确定了"统购统配,特许经营"的黄金市场管理原则,但是随着中国黄金市场改革与相关黄金产业的迅猛发展,《金银管理条例》中的有些规定不但与现实发展严重不符,法律严肃性更是无从体现。④

现行《金银管理条例》规定,黄金制品为特许经营物品,经营黄金制品需中国人民银行审批或核准。但是,根据国发[2003]5 号《国务院关于取消第二批行政审批项目和改变一批行政审批项目管理方式的决定》的规定,涉及黄金制品特许经营的行政许可已被取消,即黄金制品已不再被纳入特许经营管理范围,事实上已经废止了《金银管理条例》关于黄金制品特许经营管理制度的规定。

---

①参见李宏凡、唐武云:浅议金银管理体制改革,《银行与企业》1999 年第 10 期。
②参见李绍宏、夏文娟:金银市场管理之我见,《企业经济》1998 年第 12 期。
③参见刘山恩:我国《黄金管理条例》的缘起与终结,《中国黄金经济》2000 年第 10 期。
④参见姚慧娥,虞磊珉:中国黄金市场发展的法律困境与相关完善建议,《黄金市场》2008 年第 10 期。

此外,现行的《金银管理条例》规定:"一切单位和个人不得计价使用金银,禁止私相买卖和借贷抵押金银。"《中华人民共和国金银管理条例施行细则》则进一步规定:"金银的收购统一由中央人民银行办理。"但是,从2005年1月1日起,人民银行不再提供黄金收购指导价;现在人民银行网点也不再向个人回收金银。因此,如果继续坚持黄金制品特许经营管理制度,不但会削弱黄金的流通功能与投资价值,同时也与当前黄金市场发展实际相脱节,造成黄金市场的管理边界模糊不清。

因此,应当加快《金银管理条例》与相关配套法规的立法工作,明确有关监督管理问题,规范黄金市场交易行为,防范市场风险,维护交易各方合法权益,促进中国黄金市场健康发展。

第十六章　银行业监管法律制度

第一节　中央银行对商业银行的监管

案例66　浙江顺风交通集团有限公司诉深圳发展银行宁波分行约定利率违法案[①]

【案情介绍】

上诉人(原审被告):浙江顺风交通集团有限公司

法定代表人:李可壬,该公司董事长

被上诉人(原审原告):深圳发展银行宁波分行

负责人:李茂华,该分行行长

原审被告:李可壬

2001年12月29日,深圳发展银行宁波分行(以下简称宁波分行)与浙江顺风交通集团有限公司(以下简称顺风公司)签订一份编号为深发两贷字第010173号贷款合同,约定:顺风公司向宁波分行贷款人民币5亿元,贷款期限为8年,贷款期限自贷款实际发放之日起开始计算,发放日期以借款借据为准;贷款年利率为8.073%;贷款用于收购37、39省道公路经营收费权;结息方式为每季结算一次,结息日为每季第三个月的20日;顺风公司在贷款到期之日归还全部贷款本息。该合同经宁波市江东区公证处公证。同日,宁波分行与顺风公司的法定代表人李可壬签订了一份编号为深发甬贷保字第010173号《贷款保证担保合同》,约定:李可壬自愿为顺风公司的债务承担连带偿还责任,保证范围为本金、利息及罚息、实现债权的费用,保证期限为主合同履行期限届满之日起2年。合同签订后,宁波分行于2001年12月30日、2002年1月4日先后向顺风公司发放贷款1亿元、4亿元。

此后,顺风公司多次向宁波分行出具还款承诺书或函件。其中2002年1月8日向宁波分行出具的承诺书承诺保证每年还本付息8500万元。2003年3月13日的函件称:去年承诺的每年还本付息8500万元,因再融资没有到位,不能如期履行承诺,请谅解。我公司将通过融资和收费资金来履行每年还本付息8500万元的承诺和早日归还5亿元贷款。2003年12月10日的函件称:对年末未归还贷款本金表示歉意,表示将在

[①]案件来源:最高人民法院(2005)民一终字第116号,北大法律信息网—北大法宝http://vip. china-lawinfo. com/Case/Result. asp,最后访问日期2013年1月17日。

2004 年上半年还清。2004 年 5 月 17 日顺风公司法定代表人李可壬出具承诺书承诺：顺风公司以前承诺的还款，因种种原因没有履行，现承诺在 2004 年 6 月 10 前归还贷款 1 亿元，如 6 月 10 日不能偿还，我公司同意将公路收费权全部交予你行接收管理处置或申请法院执行解决。2004 年 9 月 2 日，宁波分行与顺风公司就宁波分行对 37、39 省道收费资金实施监管的事宜进行协商，形成了会议纪要。

2004 年 10 月 26 日，宁波分行与顺风公司法定代表人李可壬签订《还款协议》约定，顺风公司积极配合宁波分行对 37、39 省道收费资金的监管，保证收费资金专款专用；顺风公司承诺在 2004 年 12 月 20 日之前，除按合同约定支付贷款利息外，归还宁波分行贷款本金 1.2 亿元。在此之前，在顺风公司积极配合监管 37、39 省道收费资金的前提下，宁波分行同意不对顺风公司提起诉讼；如顺风公司未按本协议约定在 2004 年 12 月 20 日前归还 1.2 亿元，则宁波分行有权对顺风公司所欠的所有债务提起诉讼。顺风公司同意宁波分行提前归还贷款的要求，并不向宁波分行收取提前还款的补偿金。期间，顺风公司除按时支付贷款利息外，未归还本金。2005 年 6 月 16 日宁波分行向浙江省高级人民法院起诉，请求顺风公司归还贷款本金 1.2 亿元；李可壬对顺风公司的债务承担连带清偿责任。

另查明，顺风公司于 2005 年 6 月 7 日归还本金 260 万元，6 月 17 日归还本金 150 万元。浙江顺风交通集团公司于 2001 年 11 月 1 日经东阳市工商行政管理局核准更名为顺风公司。深圳发展银行宁波支行经中国人民银行宁波市中心支行批复同意升格为宁波分行。

【处理结果】

法院认为：宁波分行与顺风公司于 2001 年 12 月 29 日签订的贷款合同、2004 年 10 月 26 日签订的还款协议以及 2001 年 12 月 29 日宁波分行与李可壬签订的贷款保证担保合同、顺风公司出具的承诺函或函件，均系当事人的真实意思表示，内容合法，均依法确认有效；2001 年 12 月 29 日宁波分行与顺风公司签订的贷款合同中将利率上浮 30% 并未违反中国人民银行的规定。顺风公司提出的承诺书或函件、补充协议认定无效的理由不能成立；履行中，宁波分行已依约向顺风公司发放贷款，顺风公司未按补充协议约定履行义务，宁波分行据此要求顺风公司先归还还款协议中确定的本金 1.2 亿元，理由正当，予以支持。但还款数额应扣除顺风公司在审理中已归还的 410 万元，顺风公司的抗辩理由均不能成立。

根据《中华人民共和国合同法》第 206 条、《中华人民共和国担保法》第 18 条第 2 款之规定，判决如下：

一、顺风公司归还宁波分行借款本金 11590 万元，限本判决生效后 10 日内履行，逾期按《中华人民共和国民事诉讼法》第 232 条规定执行；

二、李可壬对顺风公司的上述债务承担连带责任。

一审案件受理费 610010 元，由顺风公司负担，李可壬负连带责任。

【争议焦点】

一、双方当事人贷款合同约定的利率是否合法？商业银行与中小企业约定的利率，高于中央银行确定的基准利率的,该约定是否有效?

二、顺风公司出具的承诺书、函件及还款协议的法律效力如何?

【法理分析】

一、双方当事人贷款合同约定的利率是否合法,商业银行与中小企业约定的利率,高于中央银行确定的基准利率的,该约定是否有效?

基准利率是金融市场上具有普遍参照作用的利率,其他利率水平或金融资产价格均可根据这一基准利率水平来确定。基准利率是利率市场化的重要前提之一,在利率市场化条件下,融资者衡量融资成本,投资者计算投资收益,以及管理层对宏观经济的调控,客观上都要求有一个普遍公认的基准利率水平作参考。所以,从某种意义上讲,基准利率是利率市场化机制形成的核心。

浮动利率是一种在借贷期内可定期调整的利率。根据借贷双方的协定,由一方在规定的时间依据某种市场利率进行调整,一般调整期为半年。浮动利率因手续繁杂、计算依据多样而增加费用开支,因此,多用于 3 年以上的及国际金融市场上的借贷。

本案贷款合同约定的利率为年息 8.073%,而合同签订当时中国人民银行确定的中长期贷款利率为年息 6.21%,该利率比规定的利率标准上浮了 30%,但仍在中国人民银行规定的利率浮动区间内。中国人民银行于 1993 年 8 月 21 日发布的《关于不准擅自提高和变相提高存、贷款利率的十项规定》,虽不允许各金融机构对固定资产的贷款利率实行上浮,但随着改革的深入,国家对利率的管理已逐步放开,1999年 8 月 25 日,中国人民银行《关于进一步扩大对中小企业贷款利率浮动幅度等问题的通知》[银传(1999)39 号]中已明确规定,各商业银行、城市信用社对中小企业贷款(短期贷款和中长期贷款)利率实行贷款利率浮动幅度,中国人民银行对贷款性质已经不分固定资产和流动资产了,只按贷款期限档次分类。从 2004 年 10 月 29 日起,中国人民银行已放开了贷款利率浮动区间,不再设定利率上限管理。

中国人民银行上海分行曾对此类案件有过答复意见:国家对贷款利率浮动政策是逐步放开的,银行可以根据企业的规模、信用、风险决定贷款利率上浮的比例。

据此,本案中双方当事人约定的利率标准符合中国人民银行规定。中国人民银行法、商业银行法以及合同法均确定了利率法定原则,中国人民银行对中长期贷款利率可以在区间内浮动的规定及中国人民银行上海分行对本案当事人上浮利率额度予以核准的意见表明,本案双方当事人贷款合同所约定的贷款利率符合利率法定原则,予以确认。顺风公司主张双方约定的贷款利率无效,法律依据不足,不予支持。

二、顺风公司出具的承诺书、函件及还款协议的法律效力如何?

顺风公司与宁波分行签订贷款合同后,顺风公司先后多次向宁波分行出具承诺书或函件,其中 2004 年 5 月 17 日的承诺函称,现承诺在 2004 年 6 月 10 日前一定归还 1 亿元贷款。如果在 6 月 10 日仍不能归还 1 亿元贷款,顺风公司愿意将公路收费权全部交由宁波分行接收管理处置或申请法院执行解决。顺风公司与宁波分行签订贷款协议后,顺风公司为履行还款义务向宁波分行作出的归还 1 亿元贷款的意思表示明确、真实,而且该意思表示宁波分行予以认可,承诺函内容不违反法律法规的规定,故应认定为有效。顺风公司应依照其承诺归还宁波分行 1 亿元的贷款本金。关于 2004 年 10 月 26 日宁波分行与顺风公司签订的《还款协议》的效力问题,认为宁波分行与顺风公司对还款协议的生效条件作出特别的约定,即协议在双方当事人签字、盖章时生效。关于该协议中"签字、盖章"之间的顿号应如何理解,即签字与盖章应同时具备还是具备其一即可认定协议生效。认为双方当事人签订的协议中所表述的"签字、盖章"中的顿号,是并列词语之间的停顿,其前面的"签字"与后面的"盖章"系并列词组,它表示签字与盖章是并列关系,只有在签字与盖章均具备的条件下,该协议方可生效。双方当事人该项约定意思表示清楚、真实,应认定为有效。另从双方当事人签订的《还款协议》内容看,其专门设定了双方加盖公章与负责人签字栏目,在该协议中宁波分行既签署了负责人姓名也加盖了单位印章,而顺风公司仅有法定代表人签名未加盖单位印章。由于顺风公司未在《还款协议》上加盖单位印章,不具备双方约定的生效条件,因此,宁波分行依据该协议主张权利,事实依据不足。顺风公司除依照《承诺书》中的承诺,返还给宁波分行 1 亿元贷款本金以外,对于剩余贷款本金,应依据双方当事人签订的贷款协议约定,予以返还。

【掩卷沉思】

利息率,通常简称为利率,是指借贷期满所形成的利息额与所贷出的本金额的比率。利率是关于利息最重要的问题之一,从深层次上,利率不仅影响着利息本身,更通过利息本身影响整个社会的经济生活,由于金融市场中的利息问题直接影响到金融市场的稳定和发展,对国计民生有重要作用,所以,现代各国都对金融机构借贷尤其是商业银行借贷中的利息问题作了规定,其主要方式就是采用法律的形式加以规制,也就是坚持利息法定原则。[1]

根据央行最新的政策,各金融机构存款利率最高可上浮至央行基准利率的 1.1 倍,贷款利率下限调整为基准利率的 0.7 倍,这是改革存款利率上限及对公贷款利率下限管理的突破性尝试,也标志着我国利率市场化改革进入实质性启动阶段。"商业银行作为一个国家最主要的金融机构,是一国金融体系的核心之一,它直接决定了一国经济的发展,也是国家进行宏观调控的重要工具。"[2]

利率市场化,就是指政府解除对利率和金融机构收取的各种费率的管制,允许金融机构自主制定收付的利息及费用,将金融产品的定价权交给商业银行和其他金融机构,存贷款利率由商业银行和其他金融机构自己决定,利率水平及其变动由市场决定,中央

---

[1] 参见曹冬媛:浅议商业银行借贷中的利息法律问题,《黑龙江省政法管理干部学院学报》2012 年第 5 期。

[2] 参见曹冬媛:浅议商业银行借贷中的利息法律问题,《黑龙江省政法管理干部学院学报》2012 年第 5 期。

银行通过调控货币利率间接影响商业银行和金融机构的利率水平。① 实际上,它就是将利率的决策权交给金融机构,由金融机构自己根据资金状况和对金融市场动向的判断来自主调节利率水平,最终形成以中央银行基准利率为基础,以货币市场利率为中介,由市场供求决定金融机构存贷款利率的市场利率体系和利率形成机制。

利率市场化绝不意味着利率的自由放任,利率也不可能完全由市场来决定。在利率市场化国家,国家制定的是基准利率,基准利率可带动和影响其他利率。央行的任务主要是制定调整基准利率(再贷款利率和再贴现利率),不再集中统一管理金融机构的存贷款利率,其他利率由资金的供求双方协商,根据市场平均利润率、资金余缺和市场竞争等情况来促成市场的均衡利率水平。

在这样的情况下,利率市场化便具有丰富的内涵:一是利率的高低,不是由直接的行政管理手段来确定,而是通过市场,在价值规律的作用下,以间接的金融管理手段来确定;二是利率的变化,能反映市场资金的供求;三是利率的升降,能调节资金的供求,引导资金的流向,实现资金的优化配置。利率市场化也意味着利率具有高弹性,借款者、贷款者和储蓄者三方对利率变动作出的反映是及时和灵敏的,高的投资弹性、储蓄弹性和传导弹性是利率机制能否奏效的关键。②

本案中,案件正发生在利率市场化发展的大趋势下,国家对贷款利率浮动政策是逐步放开,企业与商业银行在一定范围内可以自行约定贷款利率,因此本案中双方当事人约定的利率标准符合中国人民银行规定,合同有效。

第二节　中央银行对外资银行的监管

案例67　吴卫明诉上海花旗银行案③

【案情介绍】

原告:吴卫明

被告:花旗银行上海分行

原告吴卫明因与被告花旗银行上海分行(以下简称上海花旗银行)发生储蓄合同纠纷,向上海市浦东新区人民法院提起诉讼。

2002年3月29日,经中国人民银行及国家工商行政管理总局批准,花旗银行上海分行(以下简称上海花旗银行)开始经营吸收公众存款的外汇业务。上海花旗银行规定,对日平均总存款额低于5000美元的客户,每月收取6美元或者50元的服务费;对

---

① 参见刘轶、李久学:中国利率市场化进程中基准利率的选择,《财经理论与实践》2003年第4期。

② 参见龚青:商业银行如何以辩证思维看待与应对利率市场化,《当代经济》2012年第23期。

③ 案件来源:上海市第一中级人民法院,北大法律信息网—北大法宝 http://vip. chinalawinfo. com/ Case/Result. asp,最后访问日期2013年1月17日。

日平均总存款额等于或高于5000美元的客户,免收此项服务费。4月4日,上海花旗银行向中国人民银行上海分行上报了《花旗银行个人银行服务》报告,其中含有上述收费内容,中国人民银行上海分行办公室于4月28日确认收到该报告。由于上海花旗银行此项规定与内资银行的传统做法不同,众多媒体相继进行了报道,引起广泛关注。

2002年4月8日下午,原告吴卫明乘出租车到达被告上海花旗银行所属的浦西支行。进入浦西支行大门后,吴卫明在营业厅内获取了上海花旗银行介绍上述收费内容的宣传资料,并与上海花旗银行的理财顾问邵肃洽谈了个人外汇存款事项,但未办理存款手续即返回,返回后提起储蓄合同纠纷诉讼,状告上海花旗银行。

吴卫明诉称:原告到被告处办理个人外币储蓄手续时,得知存款额要高于5000美元;如果低于5000美元,必须接受被告提供的个人理财服务,并向其缴纳相应服务费。原告表示只办储蓄,不要个人理财服务,不愿支付服务费,但被被告拒绝,以至双方不能缔结储蓄合同。存款有息是《商业银行法》对商业银行规定的原则。被告向小额储户收取服务费的行为,违反这一原则。既然该收费行为未经中国人民银行批准,即应认定违法。虽然被告事先通过媒体发布了收费的消息,但这样的信息不能视为公知信息。为不特定社会公众提供储蓄服务,是商业银行的法定义务。银行从事储蓄业务,是对社会不特定公众的要约;储户持币开户,已构成承诺。银行没有限制储户必须存款多少的权利。被告利用优势地位,以5000美元画线,强迫低于此数的储户接受其提供的个人理财服务,实际是变相搭售,剥夺原告对金融服务的选择权,并以服务费方式变相剥夺储户获取利息的权利,有违诚实信用原则。被告这种行为是对小额储户的歧视,给原告造成了一定心理伤害。被告在缔约过程中的这一行为,侵犯了原告的合法权利,应当对因缔约过失给原告造成的损害承担赔偿责任。请求判令被告赔礼道歉,赔偿原告为此次储蓄而支出的往返路费人民币34元。

上海花旗银行辩称:原告的证据不能证明其曾到浦西支行,在办理个人外币储蓄手续时被拒绝,其诉讼请求没有事实根据。储蓄是一种理财行为。作为商业银行,只有对储户的账户进行管理,才能取得效益。小额储户过多,则银行从管理这些账户取得的收益,还无法弥补为管理这些账户投入的支出。在此情况下,被告只得向小额储户收取服务费,这实际是账户管理费。账户管理费与利息是两回事,被告仍然按中国人民银行确定的利率给小额储户计算着利息,没有违背存款有息的原则。对日平均总存款额低于5000美元的客户,被告每月确实要收取6美元或者50元的服务费。这是符合《外资金融机构管理条例》规定的行为,且已到中国人民银行备过案。此项收费适用于所有日平均总额低于5000美元的存款客户,不是单独针对原告,不存在歧视。并且被告已将这一收费信息进行了公告,没有违反法律法规的规定和诚实信用原则。市场是开放的,上诉人不满意被上诉人收费,完全可以选择其他银行提供的服务,被告没有义务改变自己的服务条件来与上诉人缔结合同。因此被告没有侵害原告的任何合法权益,其诉讼请求应当驳回。

【处理结果】

上海市浦东新区人民法院经审理认为:对外资金融机构在办理小额存款时能否收

取服务费,中国人民银行至今尚无专门规定。上海花旗银行在法律、法规和规章没有明确禁止规定的情况下,决定对小额储户收取服务费,并及时向主管部门备了案,不能认定上海花旗银行此举违法。在缔结外币储蓄合同一事上,上海花旗银行与吴卫明的法律地位平等。该行不存在恶意进行磋商、故意隐瞒与订立合同有关的重要事实或者提供虚假情况等行为,收费行为也不构成对小额储户的歧视。上海花旗银行没有垄断外币储蓄业务,办理外币储蓄业务不是只此一家银行。吴卫明对该行收取服务费的办法不满意,完全可以选择到其他金融机构办理,没必要非与该行缔结外币储蓄合同,也不得将自己的意志强加给该行。吴卫明关于上海花旗银行违背诚实信用原则的诉讼主张,缺乏事实根据;关于上海花旗银行收费行为是对小额储户歧视且给其造成一定心理伤害的诉讼主张,缺乏法律依据。故对吴卫明关于判令上海花旗银行赔礼道歉、赔偿损失的诉讼请求难以支持。据此,上海市浦东新区人民法院判决:原告吴卫明的诉讼请求不予支持。

【争议焦点】

一、当中国人民银行在外资银行办理小额存款时能否收取服务费无专门规定时,应怎么处理?

二、上海花旗银行收取账户管理费的行为是否违法?

【法理分析】

一、当中国人民银行在外资银行办理小额存款时能否收取服务费无专门规定时,应怎么处理?

根据《外资金融机构管理条例》的规定,外资金融机构是指经中国人民银行批准,在中国境内设立的外国商业银行分行,是吸收公众存款等业务的企业法人。外资金融机构必须遵守中华人民共和国法律、法规,不得损害中华人民共和国的社会公共利益。外资金融机构的正当经营动和合法权益受中华人民共和国法律保护。

中国人民银行是管理和监督外资金融机构的主管机关,外资金融机构所在地区的中国人民银行分支机构对本地区外资金融机构进行日常管理和监督。

本案中,对外资金融机构在办理小额存款时能否收取服务费,中国人民银行至今尚无专门规定。上海花旗银行在法律、法规和规章没有明确禁止规定的情况下,如果决定对小额储户收取服务费,应及时向主管部门备案。是否准许该行向小额储户收取服务费,宜由主管部门根据形势的发展,特别是我国加入世界贸易组织后的相关规则和商业惯例作出相应规定。在相应规定没有出台前,中央银行对此方面也应加紧监督。

二、上海花旗银行收取账户管理费的行为是否违法?

2002年3月29日,经中国人民银行及国家工商行政管理总局批准,被告上海花旗银行开始经营吸收公众存款的外汇业务。上海花旗银行是依照《中华人民共和国商业银行法》(以下简称《商业银行法》)和《外资金融机构管理条例》的规定,经中国人民银行批准,在中国境内设立的外国商业银行分行,是吸收公众存款、发放贷款、办理结算等业务的企业法人。作为企业,商业银行必然以效益性、安全性、流动性为其经营原则,实行自主经营,自担风险,自负盈亏,自我约束。商业银行依法开展业务,不受任何单位和个人的干涉。《商业银行法》第八十八条规定:"外资商业银行、中外合资商业银行、外国商业银行分行适用本法规定,法律、行政法规另有规定的,适用其规定。"《外资金融机构管理条例》第二十二条规定:"外资金融机构的存款、贷款利率及各种手续费率,由外资金融机构按照中国人民银行的有关规定确定。"对外资金融机构在办理小额存款时能否收取服务费,中国人民银行至今尚无专门规定。对小额储户收取账户管理费,这种做法是不是区别于外汇存款的一项新业务,或者这种做法是否属于外资金融机构可以确定的手续费率问题,中国人民银行目前也尚未明确规定。

本案中,上海花旗银行在法律、法规和规章没有明确禁止规定的情况下,决定对小额储户收取服务费,并及时向主管部门备了案,故上诉人吴卫明认为被上诉人上海花旗银行对小额储户收取账户管理费属违法行为的主张,没有法律依据。上海花旗银行在向小额储户收取账户管理费的同时,仍向小额储户计付利息,故收取账户管理费与存款有息互不关联。因此上海花旗银行收取账户管理费的行为并不违法。

【掩卷沉思】

在金融市场化一体化的今天,跨国银行已成为不仅相互间联系紧密,而且与各国经济和各大金融市场联系紧密的群体。在银行业片面追求高盈利的情况下,一家银行的破产可能会波及其他银行,从而影响金融市场和他国经济的稳定。正因为如此,也就有了对外资银行监管的必要。

外资银行大规模进入我国后,随着银行结构复杂化以及层出不穷的金融创新,将使我国银行体系的不稳定性和系统性风险进一步增加,对这一体系的监管将变得更加困难。因此,进一步强化央行对外资银行的监管职能,以适应国际金融业竞争的要求,保障国内金融体系的稳定和安全,是银行监管所面临的重要任务。[1]

对上海花旗银行对日平均总存款额低于 5000 美元的客户,每月收取 6 美元或者 50 元的服务费是否合法,在中国人民银行至今尚无专门规定的情况下,产生了两种观点。一种是不赞成银行收费的观点,理由主要有:一是关于国内商业银行的收费以及外资金融机构的收费,我国的《商业银行法》以及《外资金融机构管理条例》中都明确规定,商业银行收费要照人民银行的有关规定确定。由于此处没有规定,应当理解为不允许,收了就是违法。二是存款不同于其他商品的保管,它是可以产生效益的资本,银行收取服务费不具合理性。三是如果认为这是银行进行市场细分的商业手段的话,它也应该建立在保障小客户利益,再给大客户优待的基础上,而不应该靠损害小客户利益给大客户特殊照顾,对小客户构成歧视。[2] 而赞成银行收费的人则认为,其一,按法理解释,法律没

---

① 参见乐纲:论金融开放条件下的中国外资银行监管,《海南金融》2002 年第 1 期。
② 参见王宁:从"花旗银行收费官司"看银行收费趋势,《农村金融研究》2002 年第 6 期。

有禁止,即视为允许,他们这样做是合法的。其二,商业银行是以利润最大化为经营目标的企业,对小客户收费是他们采取的一个市场细分、有区别服务的商业策略,目的就在于利用有限的资源,争取高端客户,为高价值客户提供更为优质的服务,这也是其他国际商业银行在全球其他市场的一贯做法。其三,这是国际惯例,中国已经成为 WTO 的成员,就应该按照国际惯例办事。①

讨论中的银行收费问题实际涉及两个法律问题,一是银行是否有权对服务收费,即收费权问题;二是银行是否有权对服务自主定价,即定价权问题。我国 1994 年颁布,2003 年修订的《商业银行法》第 4 条明确规定,商业银行以安全性流动性效益性为导向,实行自主经营、自担风险、自负盈亏、自我约束的经营原则。中国银行业监督管理委员会、国家发展和改革委员会联合公布 2003 年实施的商业银行服务价格管理暂行办法则确立了银行服务收费的合法地位与合法方式,这些法律规范,为我国商业银行服务享有收费权提供了法律依据。依据我国《价格法》的规定,国家实行并逐步完善由市场形成价格的机制。根据该法,大多数商品和服务价格实行市场调节价,只有极少数商品和服务价格实行政府指导价或者政府定价。对于重要的公益性服务价格,政府可以实行政府指导价或者政府定价。从文义上看,这里的“可以”是一种授权性安排,即授权政府对涉及公共利益的产品决定是否进行价格干预、是否要求产品提供者执行政府确定的价格。根据该法,一旦政府决定对某项产品价格进行干预,则意味着产品提供者的定价权受到限制;反之,如果某项产品未被纳入政府定价范围,则产品生产者应享有对产品的自主定价权。价格法的其他条款进一步明确了这种授权性安排:“政府指导价、政府定价的定价权限和具体适用范围,以中央和地方定价目录为依据。”针对银行服务定价,我国商业银行服务价格管理暂行办法规定,商业银行服务收费价格实行政府指导价与银行自行定价两种类型价格。实行政府指导价的商业银行服务主要是:(1)人民币基本结算类业务,包括:银行汇票、银行承兑汇票、本票、支票、汇兑、委托收款、托收承付;(2)银行业监督管理委员会、国家发改委根据对个人企事业影响程度以及市场竞争状况确定的商业银行服务项目。除此以外的其他服务实行市场调节价,由商业银行自行制定和调整。据此,我国只有 7 类银行收费项目被明确列为政府定价范围,其他类型的银行服务价格是否纳入政府指导定价范围或者属于银行自行定价范围,完全取决于政府相关部门的裁量与决定。②

据此,由于此案中作为政府部门的中央银行没有对此进行调整与规定,那么,此项服务费就属于市场调节价,并不违法。

---

①参见伏军:论银行收费的合法性与正当性,《暨南学报》(哲学社会科学版)2012 年第 10 期。
②参见乐纲:论金融开放条件下的中国外资银行监管,《海南金融》,2002 年第 1 期。

第三节 反洗钱法律制度

案例 68 耿纪祥、韩英诉信阳市平桥区农村信用合作联社违反反洗钱法案①

【案情介绍】

上诉人(原审原告):耿纪祥

上诉人(原审原告):韩英

被上诉人(原审被告):信阳市平桥区农村信用合作联社

上诉人耿纪祥、韩英因与被上诉人信阳市平桥区农村信用合作联社(以下称平桥联社)储蓄存款合同纠纷一案,不服平桥区人民法院(2008)平民初字第2424号民事判决,向法院提起上诉。

原审认定,2008年3月20日,有两个自称南阳地质队的人来到原告位于南京路金三角加油站对面的胶管店,称要购批高压胶管,并要求原告在农村信用社开立一个折卡合一的个人账号以便转账。耿纪祥便于当日下午持其身份证到平桥联社下属的营业部开一折卡合一的个人账户。次日早晨,上述两人及另一人再次来到原告的胶管店以查看营业执照及存折为借口趁机将其用伪造的耿纪祥身份证在被告下属的光明储蓄所(位于市二高分校楼下)开办的存折与之对调,随后称先去别处买轮胎回来再和耿纪祥签合同。约2分钟后,此三人给耿纪祥打电话称双方是第一次合作,此次购买量大而耿的存款上却没有钱(只有开户存的10元钱),要求耿在存折上存一些资金,以显示实力才放心签合同。随后,耿的妻子原告韩英在被告下属的东城信用社(位于南洋商场对面)分二次存入共9万元现金。韩英存完款沿中心大道往北返回,途中耿纪祥驾车赶来,行至平桥农林路口被告下属一网点时,二人到网点查验卡上是否有9万元,经查没有,欲取出折上9万元,因不知密码而未取出。二人又驱车赶到开户网点茶叶城营业部,经查两原告所持折卡不是一套的,折上的9万元尚在。原告又驱车赶到光明储蓄所,赶到时折上9万元钱已被取走,两原告随即向平桥公安分局报案(现未侦破),经公安机关侦查,在光明储蓄所开户使用的"耿纪祥"身份证是伪造的;他人相继在光明储蓄所取4万元,在楚王城储蓄所取2万元,在铁路立交桥储蓄所取3万元。在光明储蓄所取款时将耿纪祥错填写为耿"继"祥,后又改为耿纪祥。

原审根据《中华人民共和国合同法》第一百零七条、第一百二十条的规定,判决被告信阳市平桥区农村信用合作联社于本判决生效之日起三日内赔偿原告耿纪祥、韩英经济损失3.6万元。案件受理费2000元,原告负担1200元,被告负担800元。

耿纪祥、韩英上诉称,(1)平桥联社的工作人员在办理业务时明显违反操作规程,应

---

①案件来源:河南省信阳市中级人民法院,(2009)信中法民终字第30号,北大法律信息网—北大法宝 http://vip.chinalawinfo.com/Case/Result.asp,最后访问日期2013年1月17日。

负全部责任。主要表现：平桥联社在办理开户手续时违反实名制的规定，给所谓的假"耿纪祥"办理开户手续时未严格审查开户人身份证的真伪，致使他人以伪造的假耿纪祥身份证开户，为他人提取本人的存款创造了条件的方便。如果没有金融机构的先行违章操作，不会引发后续结果。平桥联社没有及时受理本人的损失或冻结申请，使他人利用此时提取本人的存款。平桥联社在为他人办理取款时没有严格按照规定办理，按照规定，对个人当日存入的存款24小时内支取必须到原存入网点办理。个人存款一日一次性取款50000元以上必须向省级分行备案，金融机构认为有嫌疑的取款，必须及时报告，平桥联社均未按规定办理，致使他人取走本人的存款。(2)本人的过错轻微，不足以导致损失发生，本人的过错为疏于防范存折被他人调包，如果平桥联社在嫌疑人开户时严格按照规定审查身份证件，使他人开不了户，就不会出现本人的存款被调包，款也不会被取走。(3)原审适用合同法的规定判决错误。综上，平桥联社应负本案主要责任，本人应负次责任，请求撤销原判，依法改判。

平桥联社上诉称，(1)平桥联社与耿纪祥、韩英之间并未建立储蓄合同关系。韩英虽在我社存入90000元，但该90000元韩英没有存入其丈夫耿纪祥的存折上，而是存入他人存折上，故耿纪祥、韩英没有和我社建立合同关系，我社是和另外的一个耿纪祥建立了合同关系。(2)平桥联社没有对储户开户出具的身份证的真实性进行实质性审查的义务。按照《个人存款账户实名制规定》和有关规定平桥联社只对储户开户时提供的身份证进行形式审查，而不是实质审查。因而，我社不负有对储户开户提供的身份证进行实质性审查的义务。(3)平桥联社已尽到了必要的安全义务，没有怠于履行职责。耿纪祥、韩英在我社办理的是折卡合一的存款，而假耿纪祥办的也是折卡合一存款，假耿纪祥将其存折与本案耿纪祥的存折对调，真假耿纪祥各自持有自己的存款卡，因折卡均可取款，只要有密码即可，我社虽有保障储户存款安全的义务，但在真伪不清的情况下，只能建议其到开户行查明原委，且在韩英来查询假耿纪祥存折上还有90000元时，提醒韩英到开户行挂失。原判仅以耿纪祥名字中的一个字的改正来加重平桥联社的责任，没有法律依据。综上，请求撤销原判，依法改判，驳回耿纪祥、韩英的诉讼请求。

【处理结果】

法院经审理查明的事实与原审查明的事实相同。

法院认为，耿纪祥、韩英持耿纪祥的有效身份证件在平桥联社开立银行账户后，并将90000元现金存入平桥联社，双方已建立了事实上的储蓄存款合同关系。耿纪祥、韩英存款被他人骗取，与平桥联社违反《中华人民共和国反洗钱法》第16条规定，未对开户人的身份证件进行严格审查，使他人制造的假身份证得以开户，继而行骗，造成耿纪祥、韩英的财产损失，有因果关系，平桥联社存在明显过错，即承担本案50%的责任。耿纪祥、韩英轻信他人的诱惑，没有安全防范意识，使其存折被他人调换后，盲目地向被调换的存折上存款，也存在一定的过错，故应负本案的一定责任，即该案损失的50%。综上，耿纪祥、韩英，平桥联社的上诉理由均不能成立，均不予支持。一审认定事实清楚，证据充分，划分双方责任原因正确，但责任的划分比例不妥，予以纠正。

【争议焦点】

一、反洗钱法等相关法律对银行的身份证件严格审查义务如何规定?
二、信阳市平桥区农村信用合作联社的做法有无违反反洗钱法?

【法理分析】

一、反洗钱法等相关法律对银行的身份证件严格审查义务如何规定?

《中华人民共和国反洗钱法》第三条规定:"在中华人民共和国境内设立的金融机构和按照规定应当履行反洗钱义务的特定非金融机构,应当依法采取预防、监控措施,建立健全客户身份识别制度、客户身份资料和交易记录保存制度、大额交易和可疑交易报告制度,履行反洗钱义务"。第十六条规定:"金融机构应当按照规定建立客户身份识别制度"。金融机构在与客户建立业务关系或者为客户提供规定金额以上的现金汇款、现钞兑换、票据兑付等一次性金融服务时,应当要求客户出示真实有效的身份证件或者其他身份证明文件,进行核对并登记。客户由他人代理办理业务的,金融机构应当同时对代理人和被代理人的身份证件或者其他身份证明文件进行核对并登记。与客户建立人身保险、信托等业务关系,合同的受益人不是客户本人的,金融机构还应当对受益人的身份证件或者其他身份证明文件进行核对并登记。金融机构不得为身份不明的客户提供服务或者与其进行交易,不得为客户开立匿名账户或者假名账户。金融机构对先前获得的客户身份资料的真实性、有效性或者完整性有疑问的,应当重新识别客户身份。任何单位和个人在与金融机构建立业务关系或者要求金融机构为其提供一次性金融服务时,都应当提供真实有效的身份证件或者其他身份证明文件。

《金融机构客户身份识别和客户身份资料及交易记录保存管理办法》第七条规定:政策性银行、商业银行、农村合作银行、城市信用合作社、农村信用合作社等金融机构和从事汇兑业务的机构,在以开立账户等方式与客户建立业务关系,为不在本机构开立账户的客户提供现金汇款、现钞兑换、票据兑付等一次性金融服务且交易金额单笔人民币1万元以上或者外币等值1000美元以上的,应当识别客户身份,了解实际控制客户的自然人和交易的实际受益人,核对客户的有效身份证件或者其他身份证明文件,登记客户身份基本信息,并留存有效身份证件或者其他身份证明文件的复印件或者影印件。如客户为外国政要,金融机构为其开立账户应当经高级管理层的批准。第八条规定:商业银行、农村合作银行、城市信用合作社、农村信用合作社等金融机构为自然人客户办理人民币单笔5万元以上或者外币等值1万美元以上现金存取业务的,应当核对客户的有效身份证件或者其他身份证明文件。

《个人存款账户实名制规定》、《中国人民银行、公安部关于切实做好联网核查公民身份信息有关工作的通知、银行业金融机构联网核查公民身份信息业务处理规定(试行)》等法律规定,金融机构应对存款开户身份的真实性通过和公安机关的公民身份信息系统联网进行实质性审查。

案件中,根据反洗钱法等相关法律的规定,信阳市平桥区农村信用合作联社应对耿纪祥身份证进行实质性审查。

二、信阳市平桥区农村信用合作联社的做法有无违反《反洗钱法》?

反洗钱,是指为了预防通过各种方式掩饰、隐瞒毒品犯罪、黑社会性质的组织犯罪、恐怖活动犯罪、走私犯罪、贪污贿赂犯罪、破坏金融管理秩序犯罪、金融诈骗犯罪等犯罪所得及其收益的来源和性质的洗钱活动,依照本法规定采取相关措施的行为。

《反洗钱法》第十六条规定:金融机构应当按照规定建立客户身份识别制度。金融机构在与客户建立业务关系或者为客户提供规定金额以上的现金汇款、现钞兑换、票据兑付等一次性金融服务时,应当要求客户出示真实有效的身份证件或者其他身份证明文件,进行核对并登记。由此可看出,金融机构应对存款开户身份的真实性通过和公安机关的公民身份信息系统联网进行实质性审查。[1]

此案中平桥联社违反《中华人民共和国反洗钱法》第16条规定,未对开户人的身份证件进行严格审查,使他人制造的假身份证得以开户,继而行骗,造成耿纪祥、韩英的财产损失,因此信阳市平桥区农村信用合作联社的做法违反了反洗钱法的规定,应该承担相应的法律责任。

【掩卷沉思】

在《反洗钱法》中,金融机构对身份证件的真伪究竟是形式性审查还是实质性审查,这不仅是法院判决金融机构是否承担赔偿责任的焦点,也是当前我国立法实践中实体法规与司法实践中司法解释发生冲突的焦点。[2]

对此学者也有着不同的观点,一种从法学理论角度及从公平公正合理的角度讲,金融机构均不应承担对身份证件进行实质性审查的责任,其理由如下:(1)金融机构无权对身份证件进行实质性审查。金融机构是企业,是经营货币的特殊营业部门。对储户身份证件真伪进行实质性审查完全超出其经营范围与经营能力,金融机构既不是执法机关也不是司法机关,法律既没有赋予金融机构审查身份证件真伪的权利,储蓄合同也没有约定金融机构审查身份证件真伪的义务,所以金融机构擅自对身份证件的真伪进行实质性审查,既不合法也非应尽义务,而是一种违法侵权行为。(2)金融机构无技术能力也无条件对身份证件进行实质性审查。首先,对身份证件真伪的鉴别和实质性审查需要较高的专业技能和专业设施装备。金融机构既不是身份证件的发证机关也不是具有专业鉴定职能的鉴定部门,柜台经办人员也未经过这种专业技能培训,客观上不具有鉴别身份证件真伪的资格能力和条件。其次,个人存款账户实名制规定第5条所列

---

①参见刘祥理、覃斌武:金融机构在《反洗钱法》中的角色担当,《企业家天地》下半月刊(理论版)2007年第1期。

②参见段维明、谌丽君、吴中明:论存款被冒领时银行储蓄机构应承担的法律责任,《金融论坛》2003年第11期。

实名证件共有五大类涉及面广的金融机构无法进行实质性审查。①

另一种从立法、司法实践角度,认为金融机构应承担对身份证件进行实质性审查的责任。其理由如下:(1) 储户是弱势群体,对金融机构应适用严格责任原则,金融机构以存款已正确兑付或者以存款人的过错而被冒领为抗辩事由的应负举证责任,如不能举证则承担兑付责任。(2) 根据《中华人民共和国反洗钱法》、《个人存款账户实名制规定》、《中国人民银行、公安部关于切实做好联网核查公民身份信息有关工作的通知、银行业金融机构联网核查公民身份信息业务处理规定(试行)》等法律规定,金融机构应对存款开户身份的真实性通过和公安机关的公民身份信息系统联网进行实质性审查。②

在本案中,从立法、司法实践的角度,信阳市平桥区农村信用合作联社未对开户人的身份证件进行严格审查,使他人制造的假身份证得以开户,继而行骗,与耿纪祥、韩英的财产损失有因果关系,所以平桥联社存在明显过错应负法律责任。

---

①参见刘显鹏:身份证件真伪不明冒领纠纷的证明责任分配,《武汉理工大学学报》(社会科学版)2005年第6期。

②参见田维夷、张渝:身份证件审核,银行应担多大责任,《西部论丛》,2008年第8期。

第十七章　证券业监管法律制度

第一节　证券发行的监管

案例 69　上海市浦东新区人民检察院诉上海安基生物科技股份有限公司、郑戈擅自发行股票案①

【案情介绍】

公诉机关：上海市浦东新区人民检察院

被告单位：上海安基生物科技股份有限公司

诉讼代表人：郑金妹

被告人：郑戈。

被告人郑戈 2006 年 12 月因犯非法经营罪被判处有期徒刑二年，缓刑三年，2008 年 4 月因犯挪用公款罪被判处有期徒刑三年，撤销前罪缓刑宣告，决定执行有期徒刑四年。

上海市浦东新区人民检察院以被告单位上海安基生物科技股份有限公司（以下简称安基公司）及被告人郑戈犯擅自发行股票罪，向上海市浦东新区人民法院提起公诉。

起诉书指控：2001 年 12 月至 2007 年 8 月期间，被告人郑戈担任被告单位安基公司的董事长、法定代表人，为了给单位募集资金，经股东会集体决定，在未经证券监管部门批准的情况下，擅自委托中介公司与个人代理，向社会不特定公众转让安基公司自然人股东的股权，共计向 260 余人发行股票 322 万股，募集资金人民币 1109 万余元，用于单位的经营活动及支付代理费用。安基公司未经证券监管部门批准擅自发行股票，其行为已构成擅自发行股票罪，且系单位犯罪；郑戈作为安基公司直接负责的主管人员，其行为亦构成擅自发行股票罪，提请法院依法惩处。

被告单位安基公司、被告人郑戈及其辩护人均辩称：（1）国家法律对于非上市股份公司能否转让股权没有明确规定，依据"法无明文规定不为罪"的原则，被告单位及被告人的行为不构成刑事犯罪；（2）被告单位及被告人从事的是正常的股权转让业务，本案应属安基公司与受让人之间的民事债权债务纠纷。

上海市浦东新区人民法院一审查明：被告单位安基公司成立于 1997 年 4 月，注册资金为人民币 3400 万元，股东包括 2 家单位和 16 名自然人。被告人郑戈担任安基公

---

①案件来源：上海市浦东新区人民法院（2009）浦刑初字 917 号，北大法律信息网——北大法宝 http://vip. chinalawinfo. com/Case/Result. asp，最后访问日期 2013 年 1 月 18 日。

司的董事长、法定代表人,持股比例为44%。安基公司经工商管理部门核准的经营范围为:生物制品加工,化工原料、建筑材料、金属材料销售,本企业自产生物制品和技术出口,本企业进料加工及三来一补业务。

2001年12月,被告单位安基公司为筹集研发资金,由被告人郑戈提议经股东会集体同意后,委托中介公司及个人向社会不特定公众转让自然人股东的股权。此后直到2007年8月期间,由郑戈负责联系并先后委托上海新世纪投资有限公司、上海天成投资实业公司、王存国、周震平、黄浩等个人,以随机拨打电话的方式,对外谎称安基公司的股票短期内将在美国纳斯达克上市并能获取高额回报,向不特定社会公众推销郑戈及其他自然人股东的股权。郑戈和中介人员具体商定每股转让价格为人民币2~4元间不等。安基公司与受让人分别签订《股权转让协议书》和《回购承诺书》(承诺如果三年内公司不能上市就回购股权),并发放自然人股东缴款凭证卡和收款收据。

经审计,被告单位安基公司向社会公众260余人发行股票计322万股,筹集资金人民币1109万余元,其中有157人在股权托管中心托管,被列入公司股东名册,并在工商行政管理部门备案。上述募集资金全部用于安基公司的经营活动和支付中介代理费。

被告单位安基公司成立后主要从事艾滋病药物的研发,一直处于研发阶段,没有任何生产和销售行为。案发后不能回购股票,不能退还钱款,仅有土地及房产被查封。

以上事实,有石运明等260余名购股投资人、被告单位安基公司员工潘丽娜、中介人员陈国明等人的证言,被告单位的工商资料、财务账册、购股人员名单,涉案260余份《股权转让协议书》与《回购承诺书》,托管中心及工商部门提供的股东名册及被告人郑戈的供述等证据予以证明,足以认定。

【处理结果】

上海市浦东新区人民法院一审认为:《中华人民共和国刑法》第一百七十九条规定:"未经国家有关主管部门批准,擅自发行股票或者公司、企业债券,数额巨大、后果严重或者有其他严重情节的,构成擅自发行股票、公司、企业债券罪。"依据《中华人民共和国公司法》和《中华人民共和国证券法》的规定,股份公司的股权表现形式就是股票,也包括未上市股份公司的股权。因此,这里的"发行股票"包括未上市公司转让股权。据此,上海市浦东新区人民法院依照刑法第一百第一百七十九条、第六十七条、第六十九条、第七十条、第五十三条、第六十四条之规定,于2009年9月24日判决如下:

一、被告单位安基公司犯擅自发行股票罪,判处罚金人民币三十万元;

二、被告人郑戈犯擅自发行股票罪,判处有期徒刑二年,维持(2008)六刑初字第82号刑事判决对郑戈判处的有期徒刑四年,决定执行有期徒刑五年六个月;

三、违法所得予以追缴。

宣判后,被告单位安基公司与被告人郑戈均未上诉,公诉机关未抗诉,一审判决已经生效。

【争议焦点】

一、非上市股份有限公司在未经证券监管部门批准的情况下,向不特定社会公众发行股票的行为应当如何认定?

二、上海安基生物科技股份有限公司、郑戈应承担什么法律后果?

【法理分析】

一、非上市股份有限公司在未经证券监管部门批准的情况下,向不特定社会公众发行股票的行为应当如何认定?

本案中主要问题在于非上市股份有限公司在未经证券监管部门批准的情况下,向不特定社会公众发行股票的行为是否构成擅自发行股票罪。判断行为人的行为是否构成擅自发行股票罪,应从以下几个方面分析:

(一) 发行股票行为是否经国家有关主管部门批准

我国法律、法规及相关政策对非上市股份公司的股权能否转让、如何转让,有三个阶段的限制性规定。

第一阶段,1998—2002 年为严令禁止阶段。1998 年国务院《转发证监会关于清理整顿场外非法股票交易方案的通知》、2003 年证监会《关于处理非法代理买卖未上市公司股票有关问题的紧急通知》、2004 年《关于进一步打击以证券期货投资为名进行违法犯罪活动的紧急通知》均明确禁止非上市公司从事股权交易,除进行股权整体转让外,严禁代理和买卖非上市公司股票。

第二阶段,2003—2006 年为托管引导阶段。其间,一些城市相继开展股权登记托管业务。2003 年初,上海成立股权托管中心与上海联合产权交易所。2005 年初,上海市发布《关于进一步规范本市发起设立股份有限公司审批、登记和备案相关事项的通知》,要求国有股权必须到上海联合产权交易所交易、到托管中心登记,对于私有股权采取自愿进场交易原则,依法禁止场外擅自交易。

第三阶段,2006 年至今为明确规范阶段。《中华人民共和国证券法》规定,"向不特定对象或向特定对象累计超过 200 人发行证券,属于公开发行证券。公开发行证券,必须经国务院证券监管机构或国务院授权的部门核准"①2006 年年底,国务院办公厅发布的《关于严厉打击非法发行股票和非法经营证券业务有关问题的通知》规定:第一,严禁擅自公开发行股票,向不特定对象发行股票或向特定对象发行股票后股东累计超过 200 人的,为公开发行,应依法报经证监会核准。第二,严禁变相公开发行股票。非公开发行股票及其股权转让,不得采用广告、公告、广播、电话、传真、信函、推介会、说明会、网络、短信、公开劝诱等公开方式或变相公开方式向社会公众发行。严禁任何公司股东自行或委托他人以公开方式向社会公众转让股票。

综上,国家一直禁止擅自进行非上市公司的股权交易。本案中,被告单位安基公司与被告人郑戈在 2001 年至 2007 年 8 月期间,连续不间断地擅自向社会公众转让股权,其行为违反上述规定,系在未经有关主管部门批准的情况下实施发行股票行为。

(二) 有无实施发行股票的行为

①王鑫著:《金融法学》,中国政法大学出版社 2011 年版,第 193 页。

根据本案事实,被告单位安基公司与被告人郑戈擅自向社会公众转让股权的行为,属于国务院办公厅《关于严厉打击非法发行股票和非法经营证券业务有关问题的通知》所严禁的行为,应当认定为刑法第一百七十九条规定的"擅自发行股票、公司、企业债券"的行为。

第一,受让人属于不特定对象。区分特定对象与不特定对象,应当结合投资者的选择程序、承担风险能力与人数等因素综合分析。通常情况下,出让方委托中介机构面向社会公众采用推广会等方式进行宣传,随后筛选出合适的投资人,审查投资人的资产价值与申报财产内容的真实性、是否具备识别并承担风险能力等内容,明确提示投资风险,有明确的人数和资金总量的限制。对于符合上述条件的,应当认定为属于特定对象。相反,对于不设定任何标准和人数条件,不考察投资人的具体情况,只要出资即予以接纳的情况,应当认为属于不特定对象。① 本案中,被告单位安基公司委托中介公司与个人,随机向上海及浙江宁波等地的居民进行推销,不审查财产状况且没有人数限制,应当认定为向不特定对象转让股权。

第二,转让股权的价格具有不确定性。合法的转让股权应由第三方对公司财务状况进行审计,结合审计结论、运营情况、公司拟上市后的预增利润等综合因素,由出让方确定统一合理的出让价格,报证券监管部门批准备案后向全社会公布。本案中,转让股权价格未经过任何审计、批准备案、公开的程序,仅由被告人郑戈与中介公司商定,按照注册资本 3400 万元确定为 3400 万股,据审计报告显示,每股转让价格从 1.5 元到 4.2 元不等,包括 12 种不同价格。这充分说明涉案股权转让价格具有极大的随意性和不确定性。

第三,采用公开的形式转让股权。判断公开与非公开方式的标准,是信息沟通渠道是否畅通。非公开发行是指基于相互信任与意思自治原则,双方能够交流获取真实有效的信息,无需借助第三方力量来传递信息达到沟通目的。而公开发行由于面向社会公众且信息不对称,出让方需要借助中介力量。"发行方式如果利用广告、公开劝诱方式的,也构成了公开发行。因为广告、公开劝诱等发行方式其实是针对社会公众的,因此,采用这种方式的发行实际上就是公开发行。"②本案中,被告单位安基公司与被告人郑戈委托多家中介公司与个人,先采用随机拨打电话的方式,以提供理财帮助为名邀请不特定对象到中介公司,后由业务员介绍并推销股权,对于犹豫不决的客户,业务员反复打电话以动员劝诱。故可以认定涉案股权转让形式属于公开发行。

第四,转让股权的运作模式不合规定。由于涉及社会公众权益,转让股权必须接受多方面的监管,要求运作模式必须合法规范,包括中介机构的主体资格、签订合同的内容、披露信息的要求、财务情况公开、区分收费账户与公司账户、按约履行权

---

① 参见吴志攀著:《金融法概论》,北京大学出版社 2011 年版,第 287 页。
② 参见吴志攀著:《金融法概论》,北京大学出版社 2011 年版,第 288 页。

利义务,等等。本案中,被告单位安基公司与被告人郑戈转让股权没有详细工作计划,没有披露公司的详细财务状况,没有委托固定有资质的中介机构,没有签订规范的服务合同,在 2002 年到 2007 年 8 月间,被告方频繁地更换中介公司与个人,这种运作模式完全不符合规范。

第五,募集资金全部用于经营活动和支付中介费用。实践中,存在利用擅自发行股票的方法取得资金以实施集资诈骗的情况,这种集资诈骗罪与擅自发行股票罪的主要区别在于主观上是否具有非法占有的目的。① 集资诈骗罪是以非法占有为目的,行为人发行股票只是诈骗财产的一种手段,在取得钱款后往往出现携款逃跑、挥霍滥用、抽逃转移资金、隐匿销毁账目等情况。擅自发行股票罪的主观方面则是为了非法募集生产经营资金,不具备非法占有的目的。本案中,被告单位安基公司募集资金 1109 万元均存入公司账户,有 400 万元支付中介代理费,另有 600 余万元用于公司的生产经营活动,包括租用厂房、购买设备、支付工资、研发费用,等等,且公司财务账册中未反映有挪用抽逃等不正常现象发生,仅仅由于客观上经营不善导致钱款不能返还,不能认定主观上具有非法占有目的。

二、上海安基生物科技股份有限公司、郑戈应承担什么法律后果?

根据最高人民法院、最高人民检察院、公安部、证监会《关于整治非法证券活动有关问题的通知》的规定,公司、公司股东违反规定擅自向社会公众转让股票,应当追究擅自发行股票罪的责任。根据最高人民检察院、公安部《关于经济犯罪案件追诉标准的规定》的规定,未经国家有关主管部门批准,擅自发行股票涉嫌下列情形之一的,应予追诉:数额在 50 万以上的、不能及时清偿或者清退的、造成恶劣影响的。这是对于擅自发行股票罪的情节要件规定,本案符合此项规定。

此外,本案中部分受让人到股权托管中心托管并到工商部门备案的情节不影响犯罪的认定。"根据证监会 2001 年发布的《关于未上市股份公司股权托管问题的意见》的规定,未上市股份公司股权托管问题,成因复杂,涉及面广,清理规范工作主要由地方政府负责。在此背景之下,上海股权托管中心应运而生。依据股权托管中心提供的资料显示,其是专业从事非上市股份公司股权集中托管、过户、查询、分红等业务的股权托管登记服务机构,为非上市股份公司股权规范有序流动提供服务平台,其主要职能分三类,股权托管、登记与服务功能。"②本案中,有 157 名受让人在购买股权后曾到股权托管中心进行登记领取托管卡,并被列入被告单位安基公司的股东名册且在工商部门备案。安基公司确认这 157 人具有公司股东的身份,但是,由于安基公司一直处于药物研发阶段,没有经营和销售行为,没有盈利分红,没有因重大事项召开过股东大会,因此这部分人没有参与公司经营管理和决策,实质上他们未能享受股东权利和履行股东义务。从全案情况分析,到托管中心登记的 157 人和

①参见黄宇:擅自发行股票罪法律适用研究,《法制与经济》2012 年第 10 期。
②参见刘娟娟:非上市股份有限公司向社会公众转让股权构成擅自发行股票罪,《人民司法》2011 年第 4 期。

未登记的 106 人,他们购买股权的动机和目的是完全一致的,由于安基公司谎称将在美国纳斯达克上市股票能获得巨大利润,并承诺如果不能上市将原价回购股票,使得全部受让人轻信这些言语且相信投资能够保本,他们投资购买股权的主观目的是希望通过投资换取未来的利润。托管中心作为第三方组织,对于股权转让行为只负责登记备案,并没有审核及监督义务,托管登记的形式,仅证实双方确有股权转让行为,但不能证明股权转让行为本身的合法与否。因此这一情节不影响本案的定性。

【掩卷沉思】

本案中被告单位安基公司违反国家政策及相关法律规定,未经证券监管部门的批准,委托他人以公开方式向不特定社会公众发行股票,情节严重,被告人郑戈系安基公司直接负责的主管人员,其行为均已构成擅自发行股票罪。公诉机关指控的罪名成立,被告单位、被告人及辩护人的辩护理由不成立。被告单位与被告人均有自首情节,依法从轻处罚。对被告人应予数罪并罚。因此,法院判决合法合情合理。

第二节　证券交易的监管

案例 70　华夏建通科技开发股份有限公司诉严琳证券短线交易收益归入权案①

【案情介绍】

原告:华夏建通科技开发股份有限公司

被告:严琳

原告华夏建通科技开发股份有限公司系经核准公开发行股票并在上海证券交易所上市交易的股份有限公司,其股票代码为 600149。2009 年 4 月 17 日被告严琳通过上海市第一中级人民法院组织的公开拍卖,以总价款人民币 11460 万元竞买获得原告限售流通股份 3000 万股,占原告总股本 7.89%。后经上海市第一中级人民法院裁定,上述股票过户至被告名下。2009 年 5 月 22 日原告董事会发布公告,其限售流通股自 2009 年 6 月 1 日起上市流通。2009 年 6 月 1 日被告通过上海证券交易所以每股 4.93元的价格卖出所持原告股份 1900 万股,占原告总股本 4.998%。嗣后,原告要求被告按照《证券法》第 47 条的规定,将买卖后的差价收益归入公司。双方协商未成,原告遂起诉到法院。

原告诉称:根据我国《证券法》第 47 条的规定,上市公司董事、监事、高级管理人员、持有上市公司股份百分之五以上的股东,将其持有的该公司的股票在买入后六个月内

---

①案件来源:上海市卢湾区人民法院(2009)卢民二(商)初字第 984 号,北大法律信息网—北大法宝 http://vip. chinalawinfo. com/Case/Result. asp,最后访问日期 2013 年 1 月 18 日。

卖出，或者在卖出后六个月内又买入，由此所得收益归该公司所有，公司董事会应当收回其所得收益。据此，被告在买入原告股票成为持有股份百分之五以上的股东后，又在六个月内卖出一定数量的股份，所产生的差价收益 2109 万元应归入原告，故请求判令被告支付收益 2109 万元。

被告辩称：(1)《证券法》第 47 条系涉及短线交易收益的归入制度，该项制度确立的目的是通过对收益的归入，来防止上市公司董事、监事、高级管理人员或持有股份百分之五以上的股东利用了解公司内幕信息的特定地位和优势进行交易。而本案中，被告在进行股票买入、卖出之系列交易行为之前并不具备《证券法》第 47 条特定的主体身份；(2)《证券法》第 47 条规定的股票"买卖"范畴应当理解为通过证券交易所平台的交易行为，而本案被告买入原告股票系通过上海市第一中级人民法院组织的公开拍卖，并不属于《证券法》第 47 条规定的"买卖"范畴；(3) 被告通过司法拍卖竞买取得的原告股票属限制流通股，根据相关法律、法规规定，该性质的股票在解禁前被限制上市流通，在此前提下，被告尚不存在利用内幕信息买卖该股票获利之可能性；(4) 被告竞买取得的原告股票，支付了拍卖行佣金及交易印花税，故被告的差价收益也尚未达到 2109 万元。综上，被告的行为不应当适用《证券法》第 47 条规定，请求驳回原告之诉请。

【处理结果】

上海市卢湾区人民法院认为，由于被告的身份尚不符合短线交易的构成要件，同时客观上被告也缺乏利用内幕信息进行证券交易的条件，故本案不能适用《中华人民共和国证券法》第 47 条的规定。依照《中华人民共和国证券法》第 47 条第 1 款的规定，判决：

驳回原告华夏建通科技开发股份有限公司的诉讼请求。

一审判决后，双方当事人均未上诉。

【争议焦点】

一、我国法律对短线交易行为是如何界定的？

二、司法实践中应如何认定短线交易行为？

【法理分析】

一、我国法律对短线交易行为是如何界定的？

短线交易为 2005 年修订的《证券法》首次确立，华夏建通科技股份有限公司诉严琳短线交易证券纠纷案是国内短线交易证券纠纷判决第一案，该案中涉及短线交易的主体构成及行为结构、行为方式和行为对象、立法目的等短线交易法律问题，基于该案件的深度分析，将有助于对《证券法》短线交易内容的把握与认定。

(一) 我国短线交易的法律规定

短线交易是上市公司的董事、监事、经理或股东违反证券法买卖期限的规定，在一定的期限内，买进或卖出所持有的公司股份的交易行为。按照短线交易规则，公司高层管理人员或主要股东违反规定买进或卖出股票所获利益归于公司，公司有权且应当将该利益收归公司所有的权利称为归入权。短线交易是归入权产生的原因，归入权是短线交易形成的,是短线交易行为主体应承担的法律责任。我国对内幕人短线交易的规范主要集中体现在《证券法》和《公司法》中,具体有如下规定:

1. 发起人短线交易行为。《公司法》第147条第1款规定:"发起人持有的本公司股份,自公司成之日起三年内不得转让。"

2. 公司董事、监事、高级管理人员的短线交易行为。《公司法》第147条第2款规定:"公司董事、监事和经理应当向公司申报所持有的本公司的股票,并在任职期间不得转让。"

3. 公司主要股东的短线交易行为。《证券法》第47条规定,持有一个股份有限公司已发行的股份5%的股东"将其所持有的该公司的股票在买进后6个月内卖出或者在卖出后6个月内买进,由此所得利益归该公司所有"。①

(二)短线交易的构成要件

1. 短线交易的主体范围。《证券法》第47条规定的短线交易的主体有两种类型:一种是非股东型的主体,即上市公司董事、监事、高级管理人员;另一种是股东型主体,即持有上市公司股份5%以上的股东。成为非股东型主体不需要通过买卖股票,主要是通过公司的选任。但是,要成为股东型主体必须要通过股票交易的行为,如证券市场买卖、协议转让、债转股、并购换股及司法拍卖等,而且需要达到"持有"上市公司股份5%以上的股份,才能具备适格的主体。

2. 短线交易行为。短线交易包括两个连续的买进或卖出的行为,内幕人于6个月内,在两个时间点上进行两次方向相反的交易,具体可以分解为两个层次,第一个层次是内幕人买入或卖出本公司股票;第二个层次是内幕人在前一行为后6个月内为相反行为,即卖出或买人本公司股票。内幕人第一次买入或卖出是为了第二次卖出或买入,即第一层次是第二层次的手段,而第二层次是第一层次的目的。这两个层次共同构成内幕人的完整的短线交易行为,缺一不可。

3. 短线交易场所。根据《证券法》第39条规定,依法公开发行的股票、公司债券及其他证券,应当在依法设立的证券交易所上市交易或者在国务院批准的其他证券交易场所转让。根据该规定,证券交易可以分为两大类:场内交易和场外交易。场内交易,也即在证券交易所上市交易,比如,在二级市场买卖,又叫传统的证券交易;场外交易,指在证券交易所以外进行的各种证券交易活动,其交易对象主要是非上市公司股票以及其他无法在证券交易所进行交易的证券。② 司法拍卖不能认为构成了《证券法》第47条规定的短线交易"买卖"行为。由于司法拍卖与证券交易所的证券买卖,在交易场所、时间、程序、风险、成本和意思表示等方面,具有很大差异,对于司法拍卖,整个过程和时间行为人无法控制,当事人利用内幕消息和司法拍卖进行配合的可能性不大,不符合短线交易制度的立法目的,因此,不属于短线交易的规范范围。司法拍卖是裁判转让,是人民法院依司法程序而进行的司法强制执行行为。

---

① 参见吴志攀著:《金融法概论》,北京大学出版社2011年版,第349页。
② 参见王鑫著:《金融法学》,中国政法大学出版社2011年版,第199页。

这种证券转让与一般证券买卖具有本质区别,故不应纳入《证券法》第47条规定的买卖行为方式之中。

（三）短线交易制度的立法目的

短线交易归入制度由美国《证券交易法》创设,后来,日本、我国台湾地区等国家和地区在证券立法中也相继效仿美国建立了短线交易收益归入制度。我国1993年颁布的《股票发行与交易管理暂行条例》也引进了该制度,并为以后的《证券法》所吸收和完善。短线交易归入制度设立之目的,主要是由于公司的董事、监事、高级管理人员和持有一定比例上市公司股票的股东,具备了解公司内幕信息的特定地位和优势,其交易行为可能涉嫌利用内幕信息,但举证往往存在较大难度。因此,立法上通过确立短线交易收益归入制度,规定只要行为人在具备法定身份的特定期间进行了短线交易就需要承担相应法律责任,而无论其是否具有进行内幕交易的主观意图和是否利用了内幕信息。①

短线交易收益归入制度在威慑和防范内幕交易方面发挥了积极作用。但是,由于该制度适用客观归责原则和严格责任原则,存在打击无辜的可能性。为此,立法通过设定短线交易收益归入适用条件的方式,严格限制短线交易归入制度的适用,避免损害无辜投资人的利益,限制正常的投资活动,影响证券市场的健康发展。这也是立法本身的一项功能。②

二、司法实践中应如何认定短线交易行为?

基于以上分析,本案被告的身份尚不符合短线交易的构成要件。我国《证券法》第47条规定确立了证券短线交易收益归入制度,其目的系通过公司对交易收益的追缴,以期有效地淡化、消除内幕人员从事短线交易的动机,该项立法所规制的对象应限定为具备特定的身份,且凭借其身份可获得公司内幕信息之人。《证券法》将此类人员细化为公司董事、监事、高级管理人员、持有上市公司股份5%以上的股东。如此,短线交易之构成是以行为人具有上述人员之身份为前提的。而《证券法》第47条又是将"短线交易"定义为行为人在六个月内有"先买后卖"或"先卖后买"之两次以上相反买卖交易行为。因此,以上要件对短线交易收益归入制度所演绎的逻辑过程显然为,行为人首先应获得公司董事、监事、高级管理人员或持有5%以上股份股东之身份,然后在六个月内有一组以上买卖反向交易行为。

首先,本案被告在实施买入及卖出原告股份之反向交易之前,并不具备原告内幕人员身份。庭审中,原告主张被告买入其股份3000万股即具备了内幕人员之身份,原告此举显然是将被告的该项单一行为既推断为被告构成短线交易主体资格的条件,又视作被告反向交易行为的一端。然而,以法律适用层面为视野,行为人实施的一项法律行为,仅能产生一项法律效果,原告该项主张有违法学基本原理。如此而言,若被告购入3000万股所产生的系构成短线交易主体之法律效果,之后其仅有

---

①参见王福蕊、徐璐:短线交易归入权性质探析,《法制与经济》2012年第7期。
②参见郎伟芳:短线交易归入权制度研究,《现代商贸工业》2011年6期。

一个"卖出1900万股"行为,尚缺乏一组反向的交易行为;同样,若认定被告"购入3000万股、卖出1900万股"构成证券法所规制的反向交易行为,被告则因实施行为之前并非公司的内幕人员而不具备短线交易的主体资格。故而,被告的身份及行为尚不符合短线交易的构成要件。

其次,本案被告客观上也缺乏利用内幕信息进行证券交易的条件。证券短线交易收益归入制度的旨意在于减少内幕交易,其规制的对象系可能利用内幕信息进行交易的行为。本案被告是通过中级法院委托的司法拍卖而竞买取得股票,参加拍卖取得股票与通过证券交易所购入股票,在交易场所、时间、程序、风险及成本等方面具有质的区别。对于司法拍卖,被告无法控制整个交易时间及价格,无法利用内幕消息与司法拍卖进行配合。更值得注意的是,被告竞买取得的股票系限售股,根据相关规定,限售股在卖出的时间上有严格的限制,至少在禁受期内不得买卖。而本案限售股解禁的时间完全取决于原告,对此被告无法控制和预料。因此,被告不仅在取得股票时无法与内幕信息相配合,卖出条件的满足也取决于原告办理限售股解禁的时间,也无法利用内幕信息进行交易。据此,被告客观上缺乏利用内幕信息进行证券交易的条件。

由于本案被告的身份尚不符合短线交易的构成要件,同时客观上被告也缺乏利用内幕信息进行证券交易的条件,故本案不能适用《证券法》第47条的规定,对原告的诉请本院不应支持。

【掩卷沉思】

华夏建通科技股份有限公司诉严琳短线交易证券纠纷案,作为国内的短线交易证券纠纷判决第一案,对于适用《证券法》第47条规定的短线交易收益归入权制度,提供了以下适用原则:[1]

第一,《证券法》第47条的立法目的是对内幕交易的事先防范,是证券内幕交易法律制度的一个重要组成部分。对短线交易的主体,行为结构、行为方式和行为对象的解释和适用,应当与立法的目的相一致。

第二,短线交易的主体分为非股东型主体(即上市公司董事、监事、高级管理人员)和股东型主体(即持有上市公司股份5%以上的股东)。非股东型主体和股东型主体的行为结构应当有所不同。非股东型主体在公司任命后的六个月内买入后卖出或者卖出后买入,即构成短线交易。股东型主体首先需要达到"持有"上市公司股份5%以上的股份,然后,在六个月内买入后卖出或者卖出后买入,才能构成短线交易。

第三,司法拍卖与证券交易所的证券买卖,在交易场所、时间、程序、风险、成本和意思表示等方面,具有很大差异。对于司法拍卖,整个过程和时间行为人很难控制,当事人利用内幕消息和司法拍卖进行配合的可能性不大,不符合短线交易制度的立法目的,因此司法拍卖一般不能认为构成了《证券法》第47条规定的短线交易"买卖"行为,但

---

[1] 林建华:"华夏建通"短线交易案相关法律问题评析,《证券法苑》2010年第2期。

是,有证据证明行为人利用了内幕信息的情况除外。

第四,对于非流通股或者限售股的股东,不仅在取得限售股时无法和内幕信息相配合,而且卖出限售股的条件也取决于上市公司办理限售股解除限售的时间,因此,行为人无法控制卖出限售股的时间,也很难和内幕信息相配合。因此,对于未上市流通的限售股,一般不应当纳入《证券法》第47条短线交易的对象范围,但是有证据证明行为人利用了内幕信息的情况除外。

案例71　卢某与上海证券交易所等权证交易侵权赔偿纠纷上诉案①

【案情介绍】

上诉人(原审原告):卢某

被上诉人(原审被告):上海证券交易所

被上诉人(原审被告):国海证券有限责任公司

被上诉人(原审被告):国海证券有限责任公司玉林人民东路证券营业部

被上诉人(原审被告):广东省机场管理集团公司

2005年12月13日,广东机场集团作为发行人,发布《广东省机场管理集团公司关于广州白云国际机场股份有限公司人民币普通股股票之认沽权证上市公告书》,明确载明:(1)作为白云机场股权分置改革的对价组成部分,广东机场集团无偿派发的24000万份白云机场认沽权证将于2005年12月23日起在上海证券交易所挂牌交易,权证类型为美式认沽权证,权证交易简称"机场JTP1",交易代码"580998",标的证券为白云机场;(2)存续期:1年,即2005年12月23日起至2006年12月22日;(3)行权期间:权证上市首日起满3个月后第一个交易日至权证到期日止的任何一个交易日,为2006年3月23日起至2006年12月22日;(4)提示投资者应充分考虑风险因素包括权证价格波动风险、权证内在价值下跌至零的风险、时效性风险、市场流动性风险、利率风险、新品种尚未被市场完全认知的风险等。

2006年3月17日,广东机场集团发布《广东省机场管理集团公司关于"机场JTP1"权证行权的提示公告》,公告事项第10条明确载明:权证交易期间为2005年12月23日起至2006年12月15日,本认沽权证存续期满前5个交易日,权证终止交易,但可以行权。

2006年12月13日,广东机场集团发布《广东省机场管理集团公司关于"机场JTP1"认沽权证终止行权第一次提示性公告》,公告事项第2条明确载明:根据《上海证券交易所权证业务管理暂行办法》(下称"《权证管理办法》")的有关规定,权证存续期满前5个交易日终止交易,"机场JTP1"认沽权证的最后交易日为2006年12月15日(星期五),从2006年12月18日(星期一)起停止交易。

---

① 案件来源:上海市高级人民法院(2010)沪高民五(商)终字第10号,北大法律信息网—北大法宝 http://vip.chinalawinfo.com/Case/Result.asp,最后访问日期2013年1月18日。

2006 年 12 月 14 日，广东机场集团发布《广东省机场管理集团公司关于"机场JTP1"认沽权证终止上市提示性公告》，公告事项第 1 条明确载明：根据《权证管理办法》的有关规定，权证存续期满前 5 个交易日终止交易，"机场 JTP1"认沽权证的最后交易日为 2006 年 12 月 15 日(星期五)，从 2006 年 12 月 18 日(星期一)起停止交易。

卢树义投资白云机场认沽权证(下称"机场权证")的交易记录显示：卢树义(证券账户：A132505914)：2006 年 12 月 15 日，合计买入机场权证 30 万份，当日未卖出，买入成本价格 0.388 元/份，总值为 11.64 万元。

卢树义认为上交所给予券商自动解冻权证创设抵押物为错误行为，国海证券及玉林营业部公告方式有瑕疵、未尽告知义务，广东机场集团权证上市公告书表述不完整、有瑕疵，诉请判决上交所、国海证券及玉林营业部、广东机场集团赔偿其直接损失 11.64 万元，投资机会损失 26.79 万元，并承担诉讼费。一审法院依照《中华人民共和国民法通则》第一百零六条第二款之规定，判决驳回卢树义的全部诉讼请求。案件受理费 5318 元，由卢树义负担。

上诉人卢树义不服原审判决，提起上诉称：(1) 上诉人与广东机场集团之间的讼争应适用《中华人民共和国证券法》第五十四条的相关规定。广东机场集团发布的权证上市公告书中虽明确了权证存续期，但未明示权证交易起止日期，且相关信息未在交易场所内予以公告，对上诉人构成侵权。(2) 上诉人通过国海证券及玉林营业部委托下单进行证券买卖，证券交易代理人应当根据发行人在交易场所外披露、更新的信息转化到交易场所内，故国海证券及玉林营业部未在营业场所内更新"最后交易日"信息属未尽义务，对卢树义构成侵权。(3) 上交所应对权证终止交易、摘牌事项作出公告，但其未能维护、更新交易信息，既未要求发行人进入其管理的场所披露信息，也未要求证券公司在营业场所根据发行人披露的信息及时予以更新，且给予券商自动解冻抵押物的行为违背了两条基本法则，即违背券商注销权证要用同等数量权证赎回创设权证抵押物的基本原则和《中华人民共和国证券法》的公平原则，故上交所对上诉人构成侵权。综上，请求二审法院撤销一审判决，确认四被上诉人侵权事实成立，判令四被上诉人赔偿上诉人的直接经济损失 11.64 万元，间接损失(投资机会损失)0.36 万元，共计赔偿 12 万元。

【处理结果】

二审法院审理认为卢树义的上诉理由均不能成立，原审判决认定事实清楚，适用法律正确，应予维持。据此，本院依据《中华人民共和国民事诉讼法》第一百五十三条第一款第(一)项、第一百五十八条之规定，判决如下：

驳回上诉，维持原判。本案二审案件受理费 2700 元，由上诉人卢某负担。本判决为终审判决。

【争议焦点】

一、我国相关信息披露义务如何规定？

二、上交所、国海证券及玉林路营业部、广东机场集团是否已尽到信息披露义务？是否应承担赔偿责任？

【法理分析】

一、我国相关信息披露义务如何规定?

证券交易信息披露制度,又称为持续信息公开制度,是指上市公司、公司债券的发行人在证券上市以后,应当依法持续披露相关信息。① 按照我国现行法律的规定,持续信息公开是信息披露义务人的强制性义务,是保证市场公开、公平、公正的前提。持续信息公开包括定期报告和临时报告。

定期报告,是指信息披露人在法定期限内制作完毕并公告的信息披露文件,它具体分为中期报告和年度报告。上市公司和证券上市交易的公司,应当在每一会计年度的上半年结束之日起 2 个月内,向监管机关和证券交易所报送中期报告。中期报告的内容包括:公司财务会计报告和经营情况,涉及公司的重大诉讼事项,以及监管机关规定的其他事项;在每一会计年度结束之日起 4 个月内,应向监管机关和证券交易所报送年度报告,年度报告主要内容包括:公司概况、公司财务会计报告和经营情况,董事、监事、高级管理人员简介及其持股情况,已发行的股票、公司债券情况,公司的实际控制人,监管机关规定的其他事项。同时,将报告内容向社会公告。

临时报告又称重大事件报告,是指当发生可能对股票交易价格产生较大影响的重大事件,投资者尚未得知时,公司应当立即将该情况向监管机关和证券交易所送临时报告,说明事件起因、目前状态和可能产生的法律后果。② 需要报送临时报告的事件主要包括:公司的经营方针和经营范围的变化;公司的重大投资行为和重大的购置财产的决定;公司订立重要合同,可能对公司的财产、负债、权益和经营成果产生重要影响;公司发生重大债务和未能清偿到期重大债务的违约情况;公司发生重大亏损或者重大损失;公司生产经营的外部条件发生重大变化;公司的董事、1/3以上监事或者经理发生变动;持有公司 5%以上股份的股东或者实际控制人,持有股份或者控制公司的情况发生较大变化;公司减资、合并、分立、解散及申请破产的决定;涉及公司的重大诉讼,股东大会、董事会决议被依法撤销或者宣告无效;公司涉嫌犯罪被司法机关立案调查,公司董事、监事高级管理人员涉嫌犯罪被司法机构采取强制措施;监管机关规定的其他事项。同时,将报告内容向社会公告。

上市公司监事会应当对董事会编制的公司定期报告进行审核并提出书面审核意见,公司董事、高级管理人员应当对定期报告签署书面确认意见,并保证披露信息的真实、准确、完整。如果公告的报告以及其他信息披露资料,有虚假记载、误导性陈述或者重大遗漏,致使投资者在证券交易中遭受重大损失的,公司应当承担赔偿责任,除非其能够证明自己在此过程中没有过错。公司的控股股东、实际控制人有过错的,应当与公司承担连带赔偿责任。依法必须披露的上述信息,应当在监管机关指定的媒体发布,同时将其置于公司住所、证券交易所等处,供社会公众查阅。同

---

① 参见汪鑫:《金融法学》,中国政法大学出版社 2011 年版,第 202 页。
② 参见刘少军:《金融法学》,中国政法大学出版社 2008 年版,第 278 页。

时,监管机关、证券交易所以及有关人员,对公司依法必须作出的公告,在公告前不得泄露其内容。①

证券交易所是证券交易市场最主要的自律管理者,但就具体的职责范围而言,各国的规定存在差异,公司制与会员制的证券交易所也有所不同。根据我国《证券法》的规定,证券交易所的主要职责包括:(1) 依照证券法律、行政法规制定上市规则、交易规则、会员管理规则和其他有关规则,并报国务院证券监督管理机构批准;(2) 为证券集中交易提供场所和设施,为组织公平的集中交易提供保障,公布证券交易即时行情;(3) 依法审核证券的上市申请,决定证券的暂停上市、恢复上市和终止上市;(4) 监督上市公司及相关信息披露义务人依法履行信息披露义务;(5) 根据需要,限制出现重大异常交易情况的证券账户的交易;(6) 对违法证券交易所交易规则的交易人员进行纪律处分。

二、上交所、国海证券及玉林路营业部、广东机场集团是否已尽到信息披露义务?是否应承担赔偿责任?

本案系卢树义因上交所、国海证券及玉林营业部、广东机场集团未依法履行权证发行、交易中的信息披露义务,导致卢树义投资损失而引发的民事赔偿纠纷。卢树义作为机场权证交易的投资者,诉求广东机场集团(权证发行人)、国海证券及玉林营业部(权证交易代理人)、上交所(权证发行、交易的监管人)应根据各自的过错行为对卢树义的投资损失承担连带赔偿责任。鉴于上交所、国海证券及玉林营业部、广东机场集团的法律主体不同,法定义务不同,卢树义与上交所、国海证券及玉林营业部、广东机场集团之间的法律关系亦不同,法院将分别予以认定。

广东机场集团作为机场权证的发行人,根据《中华人民共和国证券法》第六十三条、《权证管理办法》第十七条之规定,其应当为信息披露的义务主体并应当严格依法履行相关的信息披露义务。现广东机场集团举证的八份公告,均属于机场权证发行、上市、交易、行权过程中应当披露的信息,且公告的格式、内容、时点、方式亦均符合法定要件,并未违反信息披露义务。关于系争"最后交易日"的确定,上述公告"1—4"均在有效期间内充分、明确提示投资者机场权证的最后交易日为 2006 年 12 月 15 日。卢树义认为上述公告的内容存在误导性表述,不足以提示投资者,显然与客观事实不符。

国海证券及玉林营业部作为卢树义参与权证交易的代理人,并非权证交易到期日的信息披露主体,其义务范围应为向客户揭示权证交易的风险,现案外人提供的说明可佐证,卢树义开通权证交易功能必须通过电子方式签署权证风险揭示书,此种电子签署方式并不违反上交所制定的相关交易规则及国家强制性法律法规,具有相应的法律效力,故可认定国海证券及玉林营业部已经履行了其在权证交易代理过程中的告知义务,卢树义称国海证券及玉林营业部未尽告知义务且未与其签署权证

---

① 参见刘少军:《金融法学》,中国政法大学出版社 2008 年版,第 278 页。

风险揭示书的主张,缺乏事实与法律依据。

《中华人民共和国证券法》第一百零二条、第一百一十八条规定,证券交易所是为证券集中交易提供场所和设施,组织和监督证券交易,实行自律管理的法人;证券交易所依照证券法律、行政法规制定上市规则、交易规则、会员管理规则和其他有关规则,并报国务院证券监督管理机构批准。① 本案中,上交所依据法律授权制定《权证管理办法》并经中国证监会批准生效。据此,上交所在制定权证交易规则、向交易所会员及投资者揭示权证交易风险等方面均符合法定程序,不存在过错。同时,广东机场集团在"机场JTP1"发行、上市、交易、行权过程中均严格依照规则充分履行了信息披露义务,上交所对此履行了法定的监管职责,亦不存在过错。鉴于上交所与卢树义间并未签署任何协议,上交所亦非机场权证的发行人或其他负有信息披露义务的权证交易当事人,故卢树义关于其与上交所间具有合同关系,上交所应承担相应信息披露义务的主张,缺乏事实和法律依据。

卢树义作为机场权证投资者,应当在权证交易前充分了解权证交易规则以及机场权证的基本信息,并在权证交易中审慎注意投资风险。权证作为证券市场新兴的交易衍生品种,发行和交易应严格按照现行的交易规则进行。《中华人民共和国证券法》第一百二十条规定,按照依法制定的交易规则进行的交易,不得改变其交易结果。同时,基于权证交易的特定风险,投资者在参与权证交易时应当理性评估自身的交易能力,审慎进行权证交易。现卢树义主张的损失归责于机场权证的最后交易日不确定、权证信息披露的不准确、交易规则制定的不完善,显然事实依据不足,其主张上交所、国海证券及玉林营业部、广东机场集团赔偿损失有悖于公平公正、风险自负的证券交易原则,亦与卢树义自身的交易能力不符,故法院对卢树义的全部诉请,不予支持。

【掩卷沉思】

信息披露在证券市场中具有重要的意义,主要原因在于证券市场是一个充满信息的市场,在证券市场上公开发行证券的公司必须在公开发行前披露有关的重要信息,以使市场上的投资者了解证券的真实情况,决定是否进行投资。② 在证券市场比较发达的国家,信息披露制度是最为重要的证券监管制度,它能有效地保护证券市场的公平性、真实性、最大化地保护投资者的权益。因此,监管者必须采取有效措施强化信息披露的有效性。

---

① 参见徐孟洲:《金融法学》,高等教育出版社2007年版,第227页。
② 参见李凤雨:我国证券市场信息披露的现状、问题与对策,《金融发展研究》2012年第10期。

第十八章　期货监管法律制度

第一节　期货交易纠纷解决

案例72　上海某投资管理有限公司与陈某期货经纪合同纠纷案①

【案情介绍】

上诉人(原审被告)：上海某投资管理有限公司

被上诉人(原审原告)：陈某

上诉人上海某投资管理有限公司(以下简称上海仟家信)因期货经纪合同纠纷一案，不服上海市第一中级人民法院(2011)沪一中民六(商)初字第25号民事判决，向上海市高级人民法院提出上诉。

2006年7月29日，原、被告签订《延时交易合同》，约定双方依照有关法律及《仟家信标准金条交易规则》等规定，就仟家信标准金条买卖事宜签订协议，原告按照被告指定的银行账号存入预付款以供交易时使用，预付款到账后，被告为原告开通电子化交易并提供交易账号和密码；原告通过电子化交易的方式进行仟家信标准金条的交易，按照原告自己的交易账号、交易密码下达交易指令。交易初始密码由被告提供，原告取得初始密码后应当立刻修改，凡使用原告密码在原告账户下达的交易指令均视为原告本人所下达；《仟家信标准金条交易规则》、《仟家信标准金条交易风险提示》等均为本合同不可分割的部分，与本合同具有同等法律效力。合同另对双方其他权利义务作了约定。

2006年8月22日，原告通过上海欧艺木业有限公司划款10万元至被告账户，划款用途为投资款。2007年11月8日，原告再次通过上海欧艺木业有限公司划款5万元至中国光大银行上海市中支行户名为北京仟家信的银行账户(账号76330188000069509)，用途同样为投资款，就该5万元款项，中国仟家信于同月12日向原告出具收据一份，载明收到原告的追加资金5万元。

2009年10月14日，上海市黄浦区人民法院就上海市黄浦区人民检察院指控被告人罗集中犯非法经营罪一案，作出(2008)黄刑初字第431号刑事判决。该判决查明：罗集中实际负责经营上海亿高金银制品有限公司(以下简称上海亿高)，在实际经营中，由上海亿高或中介代理公司业务员以中国仟家信或亿高金业有限公司(以下简称亿高金

---

①案件来源：上海市高级人民法院(2012)沪高民五(商)终字第5号，北大法律信息网—北大法宝。http://vip.chinalawinfo.com/Case/Result.asp，最后访问日期2013年2月4日。

业)名义,采用随机拨打电话的方式,在境内招揽客户。其中,以中国仟家信名义与客户签订以人民币为结算单位的《仟家信标准金条延时交割买卖合同书》,以亿高金业名义与客户签订以美元为结算单位的《亿高金业合同书》。从时间段上看,2006年7月至2007年11月,以中国仟家信名义在中国境内招揽客户,2007年6月至2007年11月,以亿高金业名义在中国境内招揽客户。经证监会确认,中国仟家信和亿高金业的行为已具备期货交易的特征,且中国仟家信和亿高金业不是证监会批准的期货交易所或期货公司,其从事期货交易的经营行为属于非法期货交易行为。据此,上海市黄浦区人民法院认定罗集中构成非法经营罪。

嗣后,陈某提起本案诉讼。

原审人民法院经过审理判决:

一、原告陈某与被告上海某投资管理有限公司于2006年7月29日签订的《仟家信标准金条延时交易买卖合同书》无效;

二、被告上海某投资管理有限公司应于本判决生效之日起十日内返还原告陈某保证金人民币15万元。本案一审案件受理费人民币3300元,由被告上海某投资管理有限公司负担。

原审判决后,上海仟家信不服原审判决,提出上诉称:15万元保证金交易系案外人罗集中的犯罪行为所涉,所有操作系罗集中进行,系罗集中招揽客户的投资本金的一部分,故与上海仟家信无关,上海仟家信与陈某的合同未实际履行,故该15万元保证金与上海仟家信无关。陈某在诉讼请求中未主张返还15万元,15万元中5万元系北京仟家信收取,原审未查明陈某是否存在交易损失,如存在交易损失,陈某对此也有过错,故一审判令上海仟家信全额返还陈某15万元不当。综上,请求改判驳回陈某的所有诉讼请求。

 **【处理结果】**

上诉法院经过审理判决驳回上诉,维持原判。

【争议焦点】

一、本案中延时交易合同是否有效?

二、什么是保证金?其法律性质如何?被告是否应当返还保证金?

 **【法理分析】**

一、本案中延时交易合同是否有效?

(一)期货交易合同

期货经纪合同,顾名思义,就是投资者为参与期货交易的目的而与期货经纪公司签署的,委托期货经纪公司代理期货交易的,约定双方权利义务关系的合同。期货经纪合同是行纪合同。签署期货经纪合同的主体必须具备法定资格。我国对期货经纪公司的设立采取许可证制度。由国家工商行政管理局颁发工商营业执照,中国证监会颁发期货经纪业务许可证。国家对成立期货经纪公司有法定要求,除应当符合《公司法》的规定外,还应当具备下列条件:(1)注册资本最低额为人民币3000万元;(2)主要管理人员和业务人员必须具有期货从业资格;(3)有固定的经营场所和合格的交易设施;(4)有健全的管理制度;(5)中国证监会规定的其他条件。① 目前,我国期货市场中符合上述条件并取得期货经纪业务许可证,国家工商行政管理局颁发营业执照的期货经纪公司仅有 190 家左右。由于法律规定期货经纪公司不得为未签订书面《期货经纪合同》的投资者开立交易账户,接受其委托进行期货交易。因此,期货经纪合同仅限于期货经纪公司和其客户之间签署。

(二)本案中延时交易合同的效力

国务院颁布的《期货交易管理条例》第八十九条规定:"任何机构或者市场,未经国务院期货监督管理机构批准,采用集中交易方式进行标准化合约交易,同时采用以下交易机制或者具备以下交易机制特征之一的,为变相期货交易:(1)为参与集中交易的所有买方和卖方提供履约担保的;(2)实行当日无负债结算制度和保证金制度,同时保证金收取比例低于合约(或者合同)标的额 20%的。本条例施行前采用前款规定的交易机制或者具备前款规定的交易机制特征之一的机构或者市场,应当在国务院商务主管部门规定的期限内进行整改。"同时,该条例第四条规定:"……禁止在国务院期货监督管理机构批准的期货交易场所之外进行期货交易,禁止变相期货交易。"根据原、被告提供的证据显示,本案中,《延时交易合同》所附《仟家信标准金条交易规则》规定:交易的最小单位为 100 盎司,单一客户单次交易的数量上限为 5000 盎司;金条交易以延迟交收方式进行,客户可以选择现价买卖金条,延迟至第二个工作日后任意工作日进行实物交收;每 100 盎司当天买卖的预付款为 10000 元。依照上述规定,客户每交易 100 盎司金条仅需支付当日 1 万元的预付款,且金条交易系延期交付,鉴于《延时交易合同》签订于 2006 年 7 月 29 日,当时品种为 Au99.99 的黄金价格每 100 盎司达到数十万元,而所谓"预付款"实质就是前述条例所指向的保证金,其金额远低于合约标的额的 20%;同时,上述规则还规定,当客户的浮动余额少于 1 万元时,应于当日补足规定金额保证金,逾期未补足的,所差部分必须在第二天中午 12 时之前补足,否则被告有权按当日任何价格予以平仓。当客户的浮动余额少于 1000 元时,被告的交易系统将自动对客户未完成交收的持仓金条进行平仓等。上述规定内容实质即为实行当日无负债结算制度,故依照《期货交易管理条例》第八十九条的规定,被告基于《延时交易合同》所开展的业务属于变相期货交易。虽然《期货交易管理条例》施行于 2007 年 4 月 15 日,而《延时交易合同》签订于 2006 年,但被告并未举证证明其已在规定期间内进行了整改,故仍应认定《延时交易合同》项下交易属于变相期货交易,《延时交易合同》因违反了《期货交易管理条例》相关禁止性规定,应属无效。此外,《最高人民法院关于审理期货纠纷案件若干问题的规定》(以下简称《期货若干问题规定》)第十三条规定,没有从事期货经纪业务的主体资格而从事期货经纪业务的,应认定期货经纪合同无效。本案中,被告不能举证证明其具有经营期货业务的主体资格,但原、被告间的《延时交易合同》却属于变

---

① 参见《期货交易管理条例》。

相从事期货交易业务,亦属于上述所说的期货经纪合同,故该合同亦应据此认定无效。

二、什么是保证金？其法律性质如何？被告是否应当返还保证金？

（一）什么是保证金？其法律性质如何？

在我国的《期货交易管理暂行条例》中对保证金作了明确释义:"保证金,是指期货交易者按照规定标准交纳的资金,用于结算和保证履约"。此外也有为数不多的一些学术著作对保证金做过定义性解释:在《元照英美法词典》中对保证金"margin"做了解释,保证金是"在证券交易中客户存于经纪人处的一笔钱或等价物,以保证经纪人不因股票价格波动而遭受损失。也指客户在使用经纪人的贷款进行证券交易时必须缴纳的押金"①。在中国期货业协会发布的全国期货从业人员资格考试指定用书《期货基础知识》中谈到,"期货交易保证金,是指在期货交易过程中,任何交易者必须按照其所买卖的期货合约价值的一定比例(通常是5%～10%)缴纳的用于结算和保证履约的资金"。② 在国内也有一些对保证金阐述的文章试图给期货保证金一个明确的定义,如保证金是"会员公司或客户委托经纪人进行买卖交易期货合约时所支付的担保金"。

多数人对我国担保法中"定金"、"保证金"以及类似的提法比较熟悉,因为期货保证金也具有一定的担保合约履行的作用,常常会把期货保证金也等同于普通担保法上的担保资金,认为期货保证金就是为了担保期货交易履约的担保资金。实质上作为特别法(虽然我国目前还没有颁布实施期货法)的保证金制度,有其特殊的规则,与担保法相关概念还有着很大的区别。期货保证金与担保法上的保证金是不同的。担保法谈到的保证金并非一个法律概念,而仅仅是对现实交易中,合同双方可能会提到的一种说法。担保法上保证金不具有定金性质,但具有担保性质;期货交易保证金是期货交易制度中的明确概念,立法中逐渐形成了与期货保证金相关的一系列制度。担保法上的保证金一般存在于租赁合同、承揽合同等法律关系中,约束交付保证金的一方完全履约;期货保证金仅存在于期货交易中,是期货交易的对价和期货交易体系安全运行的保障。期货保证金制度的出现,放大了资金利用的价值,对于防止期货交易各方违约,防范期货交易风险具有重要的作用。保证金的交付是进行期货交易的首要条件。当一项交易完成后,也就是买入或卖出平仓后,根据平仓价期货交易系统会计算该笔交易的盈亏,并将计算盈亏后的保证金释放,这标志着一笔交易的结束,释放后的保证金可以用来参与新的交易,也可以由投资者从交易账户提取出。也就是说保证金的释放或划转是期货交易完成的标志。总之,保证金制度是期货交易制度的核心。

（二）保证金是否应当返还

本案中,关于被告是否应向原告返还保证金的问题。虽然原告系罗集中刑事犯

①参见薛波:《元照英美法词典》,法律出版社2003年版,第893页。
②本引用所谈到的保证金比例仅代表大部分期货交易所制定的比例范围,不排除部分交易所在此比例上下规定保证金。

罪案件中的受害人,但涉讼合同系原、被告之间签订,即使合同无效,也不能因案外人的刑事犯罪而否定被告作为签约方所应承担的无效合同所产生的民事责任。

《期货若干问题规定》第十五条规定:"不具有主体资格的经营机构因从事期货经纪业务而导致期货经纪合同无效,……该机构未按客户的交易指令入市交易,客户没有过错的,该机构应当返还客户的保证金并赔偿客户的损失。"本案中,被告无主体资格从事期货经纪业务,系导致《延时交易合同》无效的事实依据之一,故应当适用上述规定予以认定被告的民事责任。被告未举证证明其按原告的指令入市交易,亦未举证证明原告在该过程中存在过错,故其应当向原告返还保证金并赔偿损失。原告主张被告返还投资款余款 45000 元并赔偿原告损失 105000 元,该共计 15 万元款项均系原告作为保证金划入。其中 10 万元系原告直接支付给被告,现原告要求被告返还,于法有据;另 5 万元虽系原告划款至北京仟家信,由中国仟家信出具收据,但根据罗集中犯罪案件中公安机关委托会计师事务所出具的审计报告,原告两笔共计 15 万元的保证金,系基于同一交易模式而产生的划款行为,该 5 万元划款,应系原告为履行涉讼合同的行为,对此被告亦应承担返还之责。《延时交易合同》依法被认定无效,被告即应按照《期货若干问题规定》返还原告支付的保证金,至于该合同是否实际履行,以及原告是否因期货交易行为而遭受损失,均不影响被告返还保证金的义务。因此,被告应当返还相当数额的保证金。

【掩卷沉思】

关于保证金的性质,有"违约金说"、"定金说"、"抵押说"、"质押说"①等言论。笔者认为,保证金具有担保性质,但相对于我国《担保法》而言,它是一种特殊形式的担保。正如文中笔者所说的,期货保证金是不同于担保法中的担保的。其特殊性主要有:①预付性。保证金是在期货合同成立前,由期货交易者给付结算机构或经纪机构的。②双向性。期货交易制度决定了无论是期货合同的买方还是卖方,都必须给付结算机构或经纪机构保证金;而不是一般担保形式中的债务人给付债权人金钱或财产作为履行债务的担保。③变动性。保证金在期货合同未到履行期前,随期货市场价格波动和市场规则规定而变动,其数额低于交易所规定的最低数额时,需追加保证金。

案例 73　吕一诉上海某 A 资产管理有限公司期货经纪合同纠纷案②

【案情介绍】

原告:吕一

被告:上海 A 资产管理有限公司

---

① 参见方芳、牛文通:《浅析期货保证金的法律性质》,110 法律咨询网 http://www.110.com/falv/falv-lunwen/jingjifalunwen/jrflw/2010/0726/185351.html,最后访问日期为 2013 年 1 月 25 日。
② 案件来源:上海市闵行区(上海县)人民法院(2011)闵民四(商)初字第 65 号,北大法律信息网——北大法宝 http://vip.chinalawinfo.com/Case/Result.asp,最后访问日期为 2013 年 2 月 3 日。

2009 年 6 月 15 日,原、被告通过第三方平台《第一理财网》牵线,签订《委托管理合同》,原告投入 200 万元(人民币,下同)资金并按约定支付 4 万元作为账户运营费。合同约定,2010 年 6 月 14 日为双方账户清算日,清算后如该账户有盈利,原告应与被告进行盈利分配,将净利润的 30% 作为被告账户管理费用;当日结算后账户损失额一旦达到账户初始金额的 30%,合同即告终止,被告将持仓的所有期货合约平仓将账户返还原告。2009 年 7 月 2 日,原告账户盈利 415611.53 元,原告于 2009 年 7 月 3 日提前向被告支付收益 112600 元。

2009 年 7 月 7 日,双方签订补充协议,原告再追加资金 584388.47 元,使账户资金达到 300 万元,同时原告向被告支付 11688 元账户运营费。2009 年 12 月 17 日,原告账户严重亏损,保证金只剩 1636872.20 元,已触及 30% 的止损位。但被告未及时止损,造成原告额外经济损失 463127.80 元(300 万×70%－1636872.20)。之后,双方于 2009 年 12 月 18 日签订新协议,约定双方《委托管理合同》终止,截至 2010 年 12 月 16 日,原告客户权益如低于 2009 年 12 月 17 日当日客户权益(1636872.20 元),被告承担此金额以下亏损部分;委托期限一年,一年运行中原告原初始金额 300 万元出现盈利即可进行利润分配。2010 年 12 月 18 日新协议到期,但账户还是亏损严重,至 2010 年 12 月 15 日原告额外损失 706137.71 元(1636872.20－930734.49)。2010 年 12 月 20 日双方又签订协议,将新协议延期半年,至 2011 年 6 月 18 日止,同时双方约定:至 2011 年 6 月 18 日原告账户权益如低于 1718715.81 元,被告承担此金额以下亏损,合同不再延期;另在此半年内原告账户权益如低于 2010 年 12 月 16 日的账户权益即 930734.49 元时,原告有权提前终止本协议,同时被告承担低于 1718715.81 元以下亏损部分;如原告账户资金超过原始初金额 300 万元时,被告仍享有提取盈利的 30%。但至 2010 年 1 月 20 日,由于被告频繁错误操作,使原告账户只剩 680628.94 元,造成原告额外经济损失 1038086.87 元(1718715.81－680628.94),为此原告根据约定终止协议,要求判令被告赔偿经济损失 2207352.38 元。

【处理结果】

一审法院认为,原告将自有的期货交易账户全权委托被告经营管理,并约定将收益的 30% 支付给被告作为账户管理费用,原、被告之间实为委托理财关系。双方签订的《委托管理合同》系双方真实意思表示,亦不至对金融市场产生不良影响,该合同应为有效。双方在《委托管理合同》中约定了合同终止的条件,但在终止条件成就时,被告未将账户及时平仓,造成原告损失扩大,被告应对扩大的损失负相应的赔偿责任。被告应向原告赔偿两部分损失:(1) 因双方在合同中未对该损失的承担比例作出约定,一审法院院认为原告要求一概由被告承担的主张有所不妥,应比照双方盈利分配的约定来分配承担的比例,由被告承担该部分损失的 30% 即 138938.34 元。(2) 原、被告于 2009 年 12 月 18 日、2010 年 12 月 20 日签订了两份协议,前协议约定由被告承担低于 1636872.20 元以下之亏损,后协议对前协议作了变更,故被告承担的亏损应以后协议为准。2010 年 12 月 20 日协议约定一旦原告账户权益低于 930734.49 元,原告即有权终止协议。2011 年 1 月 20 日,原告账户权益已低于 93 万元,原告提出终止协议,被告予以同意并将账户平仓,平仓后账户权益为 680628.94 元,故被告应向原告赔偿 1718715.81 元与 680628.94 元之间的差额 1038086.87 元。上述两部分损失应由被告向原告赔偿。原告主张的其余损失缺乏依据,一审法院院不予支持。

【争议焦点】

一、托管理合同的效力如何? 被告是否处于期货交易客户代理人的法律地位?

二、货交易客户代理人的作用及其引发的交易风险?

【法理分析】

一、委托管理合同的效力如何? 被告是否处于期货交易客户代理人的法律地位?

(一) 期货交易客户代理人

一般意义上的代理,是代理人在代理权限范围内,以被代理人的名义与第三人实施民事行为,由此产生的法律效果由被代理人承担。[1] 我国〈民法通则〉第六十三条规定:"公民、法人可以通过代理人实施民事法律行为。代理人在代理权限内,以被代理人的名义实施民事法律行为。被代理人对代理人的代理行为,承担民事责任。依照法律规定或者按照双方当事人约定,应当由本人实施的民事法律行为,不得代理。"代理制度可以弥补自身不足和限制,扩张民事主体从事民事活动的范围,也可以降低交易成本,提高经常效益,极大地便利了民事主体更好地实现自己的权利,更方便地参与社会经济活动。

期货交易客户代理人是指接受期货交易客户的委托,以客户的名义从事期货交易活动的单位或个人,交易过程和结果的相应法律责任由客户承担。[2] 需要说明两点,一是在我国现实的期货市场交易中,期货经纪公司接受客户委托,以自己的名义为客户进行期货交易,交易结果由客户承担。这种情况下期货投资者只与期货公司之间发生法律上的行纪关系,而不是代理关系。二是作为期货公司的工作人员。履行职务活动,代理期货公司从事为投资人期货交易活动提供交易服务的人员,实际上代理期货公司进行交易时,此时期货投资者只与期货公司之间发生法律上的行纪关系,此代理人是期货公司的代理人不是投资者的代理人。代理人凭借自身专业技术优势、长期的期货操作经验、收集信息和行情分析判断上的优势,加之客户的信任,而获得委托,以客户的名义从事期货交易活动。在我国,依据目前的法律法规,在实践操作中,期货投资人(客户)在与期货经纪公司签订的《期货经纪合同》中可约

---

[1] 英美法系不存在大陆法系中直接代理和间接代理的区分。实际上,英美法系中的显名代理和大陆法系中的直接代理完全相同,而英美法系中隐名代理与不公开被代理人身份的代理大致相当于大陆法系中的间接代理。参见徐海燕:《英美代理法研究》,法律出版社 2000 年版,第 371 页。

[2] 有学者认为所谓的期货交易代理人是指接受期货投资人的委托,以投资人的名义从事期货交易活动的单位或个人,或者是作为期货公司的工作人员,履行职务活动,代理期货公司从事为投资人期货交易活动提供交易服务的人员。参见杨贵永:《期货居间人、交易代理人角色定位及其法律责任分析》,《期货日报》2005 年 10 月 25 日第 004 版。

定,由其指定的代理人代其进行交易行为,包括代为下达交易指令、签署交易报告,甚至包括划转交易资金等。期货投资人往往是基于对代理人业务能力的信任,与代理人之间签订代理合同(或授权委托书),约定代理权限及彼此的权利义务。

按照代理权限分,期货代理人可以分为一般代理人和全权代理人。一般代理人是代理人代理执行客户的指令、代理进行交割等一般程序性事项。全权代理人是指,不仅代理被代理人执行一般的程序性事项,还代理被代理人执行实体性事项。按照代理人的身份,可以分为两类,第一类是期货经纪公司及其从业人员接受委托代客交易。我国目前的法律法规是禁止期货经经纪公司及其从业人员接受全权委托的。1994年,国务院证券委颁布的《期货经营机构从业人员管理暂行办法》(证券发[1994]26号)第二十条明确规定:"从业人员不得接受投资者的期货交易全权委托。"《期货交易管理暂行条例》第三十一条第二款规定:"投资者的交易指令应当明确、全面。"第三十二条规定:"期货经纪公司根据投资者的交易指令,为其进行期货交易,期货经纪公司不得未经投资者委托或者不按照投资者委托范围,擅自进行期货交易。"第二类是期货经纪公司及从业人员以外的其他机构和个人接受委托代客交易。这类主体具有较高专业水平,拥有自己的客户关系网,以"期货工作室"、"投资智囊团"等形式出现,他们往往先是期货居间人,后又是期货交易客户代理人,为客户提供投资建议或代客理财。

(二)期货交易客户代理人与客户的关系

期货投资者与期货交易客户代理人是典型的委托代理关系。期货投资者由于时间、精力、专业知识、操作经验的不足,往往委托其所信任的人代理其进行期货交易。期货投资人在《期货经纪合同》中约定。由其指定的代理人代其进行交易行为。包括代为下达交易指令、签署交易报告,甚至包括划转交易资金等。期货投资人往往是基于对代理人业务能力的信任,与代理人之间签订代理合同(或授权委托书),约定代理权限及彼此的权利义务。他们之间显然应该适用《民法通则》中有关代理和合同法中有关代委托合同的规定。

综合上述内容,本案中,原告吕一与被告的关系属于期货交易客户代理人与客户的关系。原告将自有的期货交易账户全权委托被告经营管理,并约定将收益的30%支付给被告作为账户管理费用,原、被告之间实为委托理财关系。委托理财合同中的受托人即被告非金融机构,其与原告签订的《委托管理合同》系双方真实意思表示,亦不至对金融市场产生不良影响,该合同应为有效。

二、期货交易客户代理人的作用及其引发的交易风险?

(一)期货交易客户代理人的作用

第一、期货交易客户代理人在推动期货市场发展中起着重要作用

我国期货市场,正在向常规发展阶段过渡,由于国家政策的大力支持,期货市场迎来了历史性机遇,期货市场已是我国理性投资者投资的重要渠道之一。在西方发达国家,期市投资的魅力早为人们所认同,期市、股市的交易量并驾齐驱。但在我

国,许多投资者不了解期货市场,包括期货交易客户代理人在内的期货居间人在客观上向广大投资者普及了期货市场的相关知识、激发了投资者的兴趣,投资者将更深刻地认识期货市场和期货交易的魅力。只有了解了期货市场和期货交易的魅力,才有更多的投资者参与期货交易,市场主体的多样将是市场发展最有力的推动。在期货市场中,参与期货交易者越多,竞争越公平,期货市场的套期保值和发现价格的功能就发挥得更好。

第二、期货交易客户代理人为客户进行期货投资提供便利服务。

期货交易专业性很强、期货市场又是个高风险市场,要求投资者具备一定的知识背景和技术水平、掌握一定的信息量和实践经验,期货交易是高风险投资,行情变化大且快,期货交易必须时时盯盘,没有大量时间的投入是不可能进行的,但大多数普通客户不具备这些条件,期货交易客户代理人在客观上能指导或者代理他们进行期货交易理财,为投资者提供了便利服务,在客观上使更多的期货资金进入期货市场。

另外,期货交易客户代理人为期货经纪公司开发客户资源,进而扩大期货经纪公司的成交量和增加期货经纪公司的收入。

(二) 期货交易客户代理人引发的交易风险

期货交易客户代理人是期货投资者(客户)的代理人,介入期货交易时主要体现为三方关系即期货经纪公司、期货交易客户代理人与客户(投资者)三方的关系。有人认为,在期货交易过程中,期货经纪公司通常与专业经纪人阶层有较深的渊源,又要追逐手续费的收入,很容易在期货交易时与专业操盘人员的利益形成一致,从而忽略对客户利益的保护,甚至损害客户利益。或者期货客户代理人诱骗客户进行期货交易,或代替客户签订虚假的期货经纪合同,抑或全权代理客户交易而恶性炒单,等等,侵犯客户的利益。① 因此,规范期货客户代理人的行为尤为必要。

实践中,规范期货客户代理人的方法有:第一,通过合同对期货交易客户代理人进行法律规制。委托合同中受托人(代理人)的义务主要是诚信、忠实等义务。具体包括:1. 代理人必须严格按照委托人的指示办理委托事务。2. 代理人应亲自处理委托事务。3. 代理人的报告义务等等来规范代理人的行为,进而维护客户的合法权益。第二,就是通过市场监管体系对期货客户代理人进行规制,此为发达国家多用的一种手段。在发达国家,经过漫长的历史,已经形成了政府监管、行业自律管理和交易所自我监管的三层监管体系。② 在本案中,投资者就是通过签订委托管理合同来保障自己的合法权益的,一旦受托者违反合同的约定即应当承担相应的法律责任。

---

① 参见宋彪:《财税金融法典型案例》,中国人民大学出版社 2003 年版,第 394 页。
② 尽管英国和美国都是三级监管制度,但与美国强调政府干预期货市场并且通过加强立法管理,而英国却以自律管理为主,政府对期货市场的干预相对较少。

【掩卷沉思】

本案中,原告即客户是通过合同来达到监督代理人的目的的。但是仅仅通过合同来达到监督目的是远远不够的,因此,笔者认为,监管机构应当把作为期货市场中的重要的中介群体纳入监管视野。从理论上和实践上分析,应考虑对期货交易客户代理人及其他相关主体一并监管。我国证券监督管理委员会发布《期货交易客户代理人及相关主体任职资格管理办法》,把期货交易客户代理人及相关主体的地位、相关主体之间的关系明确化、法律化,并把信息的公开化纳入这一规范之中,健全我国期货业的有关"公示制度",为市场约束和监管体系的高效运行创造条件,把非正规的制约经常化和制度化,从而强化非正规制约的效率。另外,也应当加强期货公司对期货客户代理人的监督。再则,期货业协会颁布《期货交易客户代理夕石及其相关主体行为准则》,对期货交易客户代理人进行备案,实行日常监管。此外还要进行职业道德方面的考核与处理。

案例74　郑某诉邱某等委托合同纠纷案[①]

【案情介绍】

原告:郑某

被告:邱某

被告:曹某

原告郑某经第三人杨某的介绍于2004年2月23日与被告浙江新华期货经纪有限公司上海营业部签订了《客户须知》、《期货交易风险说明书》、《期货经纪合同》、《客户声明》、《电子化期货交易协议书》,约定由原告在被告浙江新华期货经纪有限公司上海营业部开设交易所编码为(上海)00229728,资金账户为2000278的期货交易账户,并进行期货交易业务。另约定,"期货经纪公司不得接受客户的全权委托,客户不得要求期货经纪公司以全权的方式进行期货交易。全权委托指期货经纪公司及其工作人员代客户决定交易指令的内容",该合同经由原告、及被告浙江新华期货经纪有限公司上海营业部的授权代表人营业部经理被告曹某的签名,并加盖了被告浙江新华期货经纪有限公司上海营业部的印章。

同日,原告向该账户存入期货交易保证金1250000元。签约后,原告又通过第三人杨某的介绍结识了被告邱某,委托被告邱某全权操作原告的期货交易账户,并告知其操作密码,双方口头约定进行双边套利交易,由被告邱某通过手机短信方式,及时向原告报告交易的盈亏情况。2004年3月1日原告向被告浙江新华期货经纪有限公司上海营业部出具了一份《授权书》。该授权书载明"本人郑某账户2000278,现正式授权邱某代为签收本人的日账单和月账单,望予以协助,为感"。被告邱某接受原告委托,在被告浙江新华期货经纪有限公司上海营业部实施了操作原告期货交易账户的行为,并在实际

---

①案件来源:上海市闸北区人民法院(2008)闸民二(商)初字第333号,北大法律信息网—北大法宝http://vip.chinalawinfo.com/Case/Result.asp,最后访问日期2013年1月28日。

运作过程中,分别于 2004 年 3 月 2 日 15 时 10 分、2004 年 3 月 16 日 15 时 19 分、2004 年 3 月 16 日 15 时 19 以及 2004 年 9 月、11 月、12 月分别用被告曹某的号码为 1381×××989 的手机向原告发送交易情况报告期间,2004 年 6、7、8 月份被告邱某因外出离沪,未经原告授权擅自委托了被告曹某直接操作原告期货交易账户,并代原告决定交易指令的内容,同时还中断了手机短信报告,未能及时向原告报告期货交易的盈亏情况。直至 2005 年 4 月 29 日,原告期货交易账户内的实际权益数额,即可用资金为 6274.51 元。

至此,原告要求被告邱某赔偿因其报告虚假信息,隐瞒期货交易与交易资金真实情况,擅自转委托期货经纪人员直接操作原告期货交易账户,致使原告未能及时采取有效措施、终止委托关系而造成的经济损失。经多次交涉未果,致涉讼。

【处理结果】

法院经审理认为:被告邱某作为受托人超越委托人的授权范围,违背委托人与之建立委托合同的初衷,在办理委托事务中又故意隐瞒期货交易真相,编造虚假交易情况及账户内权益数额的报告,误导原告,致使其未能及时采取有效措施,直至终止委托关系,被告邱某理应依法对其作为受托人的过错行为而造成委托人原告郑某的经济损失承担赔偿责任。被告曹某作为被告浙江新华期货经纪有限公司上海营业部行政负责人,即期货交易的从业人员,理应严格履行其职责,而被告曹某却利用职务之便擅自接受客户的全权委托,直接操作原告期货交易账户,代原告决定交易指令的内容,被告曹某履行其职务的行为违背了被告浙江新华期货经纪有限公司上海营业部与原告之间作为期货交易经纪人的应尽职责,亦严重违反了期货交易行业的禁止性规定。被告浙江新华期货经纪有限公司上海营业部对其下属包括部门行政负责人在内的从业人员疏于管理,特别是对被告曹某在任职期间直接操作原告期货交易账户,代原告决定交易指令内容,并且还擅自与客户签署返佣"补充协议书"等行为,存在严重失察与监管不力的组织管理责任。因此,浙江新华期货经纪有限公司上海营业部在本案中作为共同被告的主体资格是适格的,理应对被告曹某履行其职务,并利用其职务之便实际操作原告账户期间,承担共同赔偿责任。

【争议焦点】

一、期货经纪公司的从业人员能否接受客户的全权委托?全权委托的相关理论?
二、如何监管期货居间人的行为?

【法理分析】

一、期货经纪公司的从业人员能否接受客户的全权委托?全权委托的相关理论?

(一)全权委托的理论

在期货交易中,全权委托一般是指客户自己不参与交易,或者只是部分参与交易,而将操作交易的权利通过主动或被动的方式全部或部分地授予经纪机构或其职员的行为,全权委托开立账户称为全权委托账户。① 全权委托主要表现为:一是投资者给期货经纪公司及其工作人员的委托具有概括性。投资者与期货经纪公司达成的委托协议不要求客户就每次的具体期货交易再下达交易指令,期货经纪公司及其工作人员可以视情况代理其从事期货交易;二是期货经纪公司及其工作人员代理具体期货交易无需投资者的具体意思表示。根据投资者的授权,期货经纪公司及其工作人员能够根据对市场行情的判断,就具体的期货交易独立下达指令,代投资者从事期货交易。

全权委托具有以下法律特征:从主体上看,全权委托的授权方为客户,被授权方为经纪公司或其从业人员。如果被授权方为经纪公司及其从业人员以外的人,则不构成全权委托。从内容上看,全权委托的内容本应由客户自己完成的行为,即客户下单的自主决定权,被授权方可以不需要客户的具体指令而随意下单买卖;从形式上看,被授权方往往持有授权方签署的表明全权委托意思的书面或其他具有同等效力的文件,或者以其他形式标明的,双方实际上存在全权委托关系。从法律后果的承担来看,一般均约定由授权方承担被授权一方在授权范围内所为行为的法律后果。②

需要说明的是在认定全权委托时除应考察开户合同中形式上的约定外,在每个具体案件中还应视委托关系的实质而定。有时虽然在形式上客户签署了全权委托的文件,但在签了这个文件后,客户与被授权方又签署了另外一个书面的协议或虽然是口头的但双方都承认,约定被授权方只负责向客户提供下单建议,每笔下单与否及如何下单都必须事先征得客户同意客户同意后由被授权人负责执行,而且后来在实际执行过程中也是按后一个约定做的,则不应认定为全权委托。

在期货交易代理中,客户委托经纪公司从事期货交易,是通过经纪公司并以经纪公司的名义买卖期货合约。与一般的民事代理不同,期货交易代理必须按客户的指令行事。客户的委托行为只是一般程序性的授权,并非是对期货经纪公司处理其实体权利的授权。期货交易投机性强、风险高,而全权委托将会给期货交易者和期货交易市场带来巨大的潜在危险。

(二) 对期货交易全权委托的规范

全权委托的积极作用在于它可为缺乏期货交易知识与经验或没有空余时间的人提供入市的机会和途径。但是全权委托还有很大的弊端。首先全权委托行为容易造成投资者利益的损害。再次,全权委托为经纪公司对赌、吃点提供了便利。最后,全权委托容易助长经纪机构的违法违规行为。

由于全权委托有这么多的弊端,因此不少国家的期货交易法都禁止经纪商接受全权委托。如我国台湾地区的《境外期货交易法》第18条规定:"期货交易行为,应由期货交易人逐项明确授权,不得开立概括授权之账户",违反此规定"致生损害时,

①参见党亦恒:期货经纪中全权委托的法律问题,《法学》1996年2期。
②参见宋彪:《财税金融法典型案例》,中国人民大学出版社2003年版,第393-394页。

期货经纪商负损害赔偿之责"。日本《商品交易法》规定,"禁止在商品市场进行交易时,在数量、特定价格或约定价格等主管省令规定事项方面没有接受顾客指示就接受委托。"

由于我国期货交易开展的历史较短,期货从业人员的素质总体上不高。期货经纪公司和从业人员的收入主要来源于代理投资者期货交易的手续费收入。收入的多少由具体下达交易指令人员进行交易的交易量和交易次数决定。如果允许投资者全权委托期货经纪公司及其工作人员代其操作期货交易,有可能会出现期货经纪公司及其工作人员为追逐手续费而进行"炒单",从而牺牲投资者利益的情况,引发大量经济纠纷。为有利于期货市场的长期发展,切实维护投资者利益,我国有关行政规章以及交易规则从来都明确禁止全权委托,不承认全权委托的效力。1994 年,国务院证券委颁布的《期货经营机构从业人员管理暂行办法》(证券发[1994]26 号)第二十条明确规定:"从业人员不得接受投资者的期货交易全权委托。"《期货交易管理暂行条例》第三十一条第二款规定:"投资者的交易指令应当明确、全面。"第三十二条规定:"期货经纪公司根据投资者的交易指令,为其进行期货交易,期货经纪公司不得未经投资者委托或者不按照投资者委托范围,擅自进行期货交易。"《上海市期货市场管理规定》第 53 条规定:"会员或者期货经纪机构从事委托代理业务时,只能接受具体的委托指令,不得接受全权委托。"可见,全权委托是国家有关规定所明令禁止的,应当认定全权委托代理是无效的。

因此,被告曹某作为被告浙江新华期货经纪有限公司上海营业部行政负责人,即期货交易的从业人员,理应严格履行其职责,而被告曹某却利用职务之便擅自接受客户的全权委托,直接操作原告期货交易账户,代原告决定交易指令的内容,被告曹某履行其职务的行为违背了被告浙江新华期货经纪有限公司上海营业部与原告之间作为期货交易经纪人的应尽职责,亦严重违反了期货交易行业的禁止性规定。其应当承担原告由此产生的损失。

二、如何监管期货居间人的行为?

(一)对期货居间人的监管

期货居间人凭借自己拥有更多信息的优势,可能发生道德风险。这些风险主要集中表现在期货居间人盲目拉客户,夸大或虚构交易业绩诱导客户投资期货,因为向期货公司开发市场、介绍客户,期货居间人每月都有业务指标,并且介绍客户数量的多少直接关系到期货居间人的收入水平,因此,在利益的驱动下,期货居间人会利用自己的信息优势来诱导客户开户进行期货交易。期货并不像证券那样被大多数投资者所熟知,很多期货居间人利用客户对期货交易的投机性和风险性认识不足的弱点,夸大期货市场的高收益性,对期货的高风险只字不提,并且还夸大或虚构交易业绩,诱骗客户进入期货市场。总而言之,来自期货经纪公司的风险,已经成为投资者必须面对和必须严加防范的一大风险,其风险发生的可能性不亚于商品价格不确定性所带来的风险。①

（二）委托合同的相关规定

委托合同的目的在于通过受托人办理委托事务来实现委托人追求的结果，委托人与受托人在确立委托合同关系时不仅要有委托人的委托意思表示，而且还要有受托人接受委托的承诺，委托合同自承诺之时生效。最高人民法院颁布实施的《若干规定》第十条规定"公民、法人受期货公司或者客户的委托，作为居间人为其提供订约的机会或者订立期货经纪合同的中介服务的，期货公司或者客户应当按照约定向居间人支付报酬。居间人应当独立承担基于居间经纪关系所产生的民事责任。"该条规定首次在我国司法文件中明确规定期货市场"居间人"的概念，第一次承认了一种新的期货经纪关系——居间经纪关系，明确期货居间人独立的法律地位。在本案中，被告邱某接受原告的委托进行期货交易，则根据相关的规定被告人邱某属于期货交易中的居间人。但是被告邱某作为受托人超越委托人的授权范围，违背委托人与之建立委托合同的初衷，在办理委托事务中又故意隐瞒期货交易真相，编造虚假交易情况及账户内权益数额的报告，误导原告致使其未能及时采取有效措施，而产生巨大的损失。因此，如何监管居间人的行为，保护投资者的合法权益显得尤为重要。

首先，应当加快相关立法。目前我国倡导依法治国，其本质要求就是用法律调整和制约所有参与市场运行的主体，监督其在规范的前提下健康有序地运行。因此我们应该加快相关立法，运用法律规定来明确期货公司、期货居间人及相关主体、客户之间的权利义务关系。

其次，加强管理。境外成熟期货市场无论是政府监管部门还是自律组织，都对居间人的活动进行了动态监管。由于我国现行法律法规对期货经纪的地位、从业范围、权利义务等一直没有明确规定，因期货经纪人误导客户、非法代理、不正当竞争等行为引发的投诉纠纷时有发生，这对客户、期货公司乃至期货市场都产生了不利影响，规范的呼声一直很大。因此我国急需加强对期货居间人的监管。对期货居间人行为进行规范的基本原则是：提高透明度、加强信息披露、强化报告义务、避免利益冲突、杜绝不诚信以及不合规行为。

【掩卷沉思】

对于全权委托的法律责任的认定，有三种说法②：第一种观点，完全否定了客户在全权委托中的法律责任。第二种观点，全权委托被认定无效后，经纪公司是否应对客户的亏损承担民事赔偿责任，要视全权委托与客户亏损之间是否存在因果关系而定。即承认了全权委托的法律效力。第三种观点，对全权委托产生的损失，期货经纪公司和投资者应当根据双方的过错大小承担各自的民事责任。笔者认为，第三种观点较为合法

---

① 参见李明良：《期货法》，人民法院出版社1999年版，第249页。
② 参见党亦恒：期货经纪中全权委托的法律问题，《法学》1996年第2期。

合理。期货经纪公司及其从业人员作为专业从事期货交易的机构和人员,理应负有更大的谨慎义务,其过错要大于客户的过错,因此,一般情况下,应由期货经纪公司承担因全权委托造成的损失的主要责任,客户承担次要责任。

第二节 违反期货交易法律制度的法律责任

案例75 郑州维智信市场信息咨询有限公司期货交易纠纷①

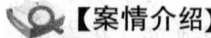【案情介绍】

原告:李继军

被告:郑州维智信市场信息咨询有限公司

2007年2月初,被告(当时名称河南富来搏投资顾问有限公司)向原告介绍其公司经营外汇交易业务,并称原告只需将外汇交易保证金汇到指定国外账户,被告负责全权交易,被告并称其实力雄厚,管理规范,诚信经营,客户至上,收益高,无风险,签约风险担保,等等。原告听信了被告的宣传,于2007年2月8日与被告签订了《资金担保书》。2月9日被告安排其工作人员带领原告到花园路邮政所办理相关手续,被告的工作人员将原告的77350元人民币兑换成10000美元,并替原告填写汇款手续,汇往被告指定的美国MG公司账户。在被告的鼓动下,原告于2007年4月23日又追加53800元人民币的投资,同样是由被告工作人员代办手续,将原告的53800元人民币兑换成7000美元汇往被告指定的美国MG公司账户。

2007年11月下旬,被告告知原告称原告账户资金为2.975美元,已盈利了12000余美元。然而,2007年12月6日被告突然通知原告由于其分析失误、操作不当,大盘已崩仓,原告所投资金已全部损失。

为维护自己的合法权益,原告请求法院:(1)依法判决原被告双方于2007年2月8日签订的《资金担保书》无效;(2)依法判决原被告双方之间形成的期货经纪合同无效;(3)依法判令被告返还、赔偿原告外汇期货交易保证金17000美元(兑换价131150元人民币);(4)本案诉讼费用由被告承担。

被告辩称,第一,原被告于2007年2月8日签订的《资金担保书》合法有效,且该合同明确约定被告为原告与美国MG金融集团外汇交易提供担保。(1)原告为具备完全民事行为能力的自然人,在自愿、平等的基础上与被告签订的《资金担保书》,且该《资金担保书》并未违反法律、法规的强制性规定,故是合法、有效的。(2)原被告签订《资金担保书》第1条约定,"甲方(原告)的交易资金被担保的首要条件是,甲方(原告)为乙方(被告)的签约客户,正在接受乙方的服务而且乙方交易外汇的券商为美国MG金融集

①案件来源:河南省郑州市中级人民法院(2009)郑民三初字第371号,北大法律信息网—北大法宝 http://vip.chinalawinfo.com/Case/Result.asp,最后访问日期为2013年1月29日。

团。"据此,本案中原告与美国 MG 金融集团之间形成外汇交易合同关系,为主合同;被告仅为该交易资金在美国 MG 金融集团破产或者携款消失的情况进行担保并向原告提供交易信息咨询及代办服务,原被告之间的资金担保书为从合同。第二、原告将外汇交易保证金寄往美国 MG 金融集团,被告没有收到任何原告款项;同时,原被告合同及原告与美国 MG 金融集团外汇交易流程均明确告知原告交易风险,外汇交易损失由原告自行承担,并向美国 MG 金融集团承诺能够承担全部损失的商业风险。第三、原告外汇保证金的亏损属于正常的市场风险,与被告没有直接关系,应由原告依法承担亏损后果。综上,原被告之间不存在期货经纪合同,并且《资金担保书》合法有效,原告在明知巨大市场风险的情况下因市场风险造成的投资损失应当自行承担,请求合议庭在查清事实基础之上,依法应当驳回原告诉讼请求。

【审理结果】

一审法院认为,原告李继军与美国 MG 公司之间形成的是外汇按金交易合同,也称外汇保证金交易。富来博公司以咨询为名擅自从事外汇按金交易属于违反法律、行政法规强制性规定的行为,富来博公司与原告李继军签订的资金担保书应属无效协议。富来博公司职员谢淑娜代李继军进行外汇按金交易属于违法行为,该行为直接造成了原告李继军的财产损失,富来博公司依法应当赔偿李继军的经济损失。关于原告李继军请求判令其与 MG 公司之间的外汇按金交易经纪合同无效的诉讼请求,由于 MG 公司未参加诉讼,对此诉讼请求一审法院不予支持。

【争议焦点】

一、从事期货经纪业务的主体资格要求是什么?
二、期货欺诈的表现及法律责任及本案属于欺诈的哪种类型?

【法理分析】

一、在本案中要求从事期货经纪业务的主体资格是什么?

从事期货交易业务要符合一定的条件,即要遵从法律的规定。

1995 年 10 月 27 日最高人民法院发布的《关于审理期货纠纷案件座谈会纪要》明确:在 1993 年 4 月 28 日国家工商行政管理局发布《期货经纪公司登记管理暂行办法》(以下简称《暂行办法》)之前,经有关机关批准登记后,在获准的范围内从事境内期货经纪业务的期货经纪公司,应认定为具有经营期货经纪业务的主体资格。期货经纪公司在《暂行办法》发布后,经国家工商局重新登记注册或者予以单项核定的,以及在规定的期限内已申请尚未予以登记或核定,但未对其作出变更登记、注销登记的,应认定其具有在核定的业务范围的经营期货业务的主体资格。在《暂行办法》发布后,届期不提出重新登记申请,或者提出申请后登记主管机关对其作出变更或注销登记决定的,或经中国证监会审核后不予批准或取消资格的,自中国证监会正式公布的日期之后应认定为不再具备经营期货业务的主体资格。在 1994 年 5 月 16 日国务院办公厅转发国务院证券委员会《关于坚决制止期货市场盲目发展若干意见的请示》下发前,经有关机关批准登记后,在获准的范围内,从事境外期货经纪业务的,可认定其具有经营主体资格。在该文件下发后,所有期货经纪公司不再具有从事境外期货经纪业务的主体资格。少数全国性有进出口业务的公司已经中国证券监督管理委员会受理审核的,在审核结束前,可以认定其具有主体资格。审核结束后,应取得中国证券监督管理委员会颁发的《境外期货业务许可证》,否则应认定为无经营主体资格。未取得国家外汇管理局核发的"经营外汇业务许可证"和"经营外汇期货业务许可证",而开展外汇期货的,应认定不具备经营此项业务的主体资格。

自1980年以来,国务院有关部门只批准了外汇指定银行和少数非银行金融机构进行代客外汇现货实盘买卖,但从来没有批准任何一个单位代客进行外汇期货和外汇按金交易,不允许开展境外商品期货交易、外汇期货和外汇按金交易,所有开展这类业务的机构属违法经营。本案中,富来博公司以美国MG公司的推荐代理人身份,在中国境内向公众推荐进行外汇按金交易,根据客户交易量收取美国MG公司的佣金。富来博公司代表美国MG公司推荐境外外汇按金交易,并且由公司员工代为进行外汇保证金交易,是以外汇保证金交易咨询之名行外汇保证金经纪之实,被告维智信公司未提交富来博公司具有从事外汇保证金交易资格的证据,因此不能认定被告维智信公司具有从事外汇期货交易业务的主体资格。

二、期货欺诈的表现及法律责任及本案属于欺诈的哪种类型?

期货业在我国迅猛发展,对社会主义市场经济的发展起到了重要的积极作用。但是,由于期货也是新兴的行业,所以在发展的过程中出现了不少的问题,本案中涉及了期货的欺诈行为。所谓的期货欺诈就是指行为人在期货交易、经纪代理及相关活动中,为了获取非法的利益、违背公开、公平、公正和诚实信用原则,故意隐瞒实情或制造虚假事实,使客户产生错误认识,并实施一定行为的商业欺诈行为。

(一)期货欺诈行为的表现

期货欺诈行为一般有以下几种表现:

1. 超越经营范围,非法从事期货经纪活动。近年来,此类案件频发,一些公司本无经营期货的资格或者超越经营范围经营期货经纪活动。他们有的以合资或联合经营为名,非法从事期货经纪业务;有的虽有经营商品期货的资格,却擅自从事金融期货代理;还有的只有国内期货代理资格,却从事国际期货代理。吴洪礼认为,这种没有期货经纪业务资格或者超越期货经纪业务经营范围的期货经纪活动无疑带有一种欺诈性质。[1]

2. 误导。误导主要是指期货公司出于获取非法经济利益的目的,故意隐瞒重要事项,或者故意向客户提供、散布虚假的期货交易信息,或者使用其他不正当手段,使客户据此作出错误判断,诱骗客户发出交易指令的行为。误导行为的主体主要是

---

[1]参见吴礼洪:期货欺诈行为及其法律责任探究,《法商研究》1996年第2期。

期货公司,并且其提供的信息是虚假的或者是有重大遗漏的,客户基于其提供的信息作出指令,因而遭受损失,现实中这种类型的案件也是比比皆是。

3. 私下对冲行为。广义的私下对冲则包括三种形式:①交叉交易;②对赌,指期货公司将客户的指令与自己的指令私下对冲,此时,期货公司成为客户的交易对手方;③配合交易;指期货公司虽然将客户指令传递到了期货交易所内,却未将该指令向所有其他市场参与者以公开竞价的方式公开,而是与某一市场参与者私下通谋,故意安排该市场参与者成为交易对手方。事后,两者再分配成交价与市场价差所产生的不当利益。① 狭义上指期货公司接到客户平仓指令后,未将其指令传递到期货交易所内公开竞价成交,而是将其他客户持有的相同头寸转移给要求平仓的客户。即将众多交易指令擅自撮合成交,又称为交叉交易。有的经纪公司对客户下达的限价指令,在低于客户限价指令买进或者高于客户限价指令卖出时,把优惠价格获得的利益不如实还给客户,而是采用"吃点"的办法截留给自己。这种行为极大地损害了客户的利益。

4. 挪用客户保证金。客户的保证金应当与期货公司的自有资产相互独立、分别管理。期货公司应当在依法批准的期货保证金存管银行开立期货保证金账户。② 但有的期货经纪公司却不按规定分账,将自营业务与代理业务混合操作。在进行自营业务是挪用客户保证金,做期货买卖,赚取利益,这种行为严格来说也是期货欺诈行为。

从以上的期货欺诈行为的表现可以看出,本案中,被告维智信公司并不具有从事外汇期货经纪业务的资格而超越经营范围从事期货交易,属于上述欺诈行为的第一种表现,应认定为期货欺诈行为。

(二)期货欺诈行为的法律责任

欺诈行为必然会使一方当事人遭受损失,因此需要获得不当利益的一方当事人承担相应的法律责任。法律责任是行为人依法应当承担的法律后果,行为人实施了一定的行为,就必须承担相当的法律责任。通过严格适用法律,使违法者受到应有的制裁,使客户收到的损害得到司法救助,保障期货市场的健康发展。

1. 民事责任。(1)违反期货交易协议的应当承担相应的违约责任。凡是参与期货经营,都必须遵循一定的章程与协议。这些章程和协议对双方当事人都具有约束力,其设定的权利义务都是受到法律保护的。禁止期货欺诈是其中的一项附随义务,无论当中是否予以载明都应当予以遵守,否则就应当承担相应的违约责任。(2)侵犯客户的财产权利,应当依法承担赔偿责任。行为人为了自身的利益,挪用客户保证金,侵犯客户的财产权利,或者使得客户应当增加的财产不增加或者减少,都应当赔偿其受到的损失。

---

①参见张金忠、李京生主编:《期货法前沿问题案例研究》,中国经济出版社 2001 年版,第 98 - 99 页。
②参见《期货公司管理办法》第五章"客户资产保护"。

民事责任适用过错责任原则,也就是说一方有过错,由有过错的一方承担全部责任;若是双方都有过错,则按照过错程度的大小承担相应的责任。

2. 行政责任。如果在期货经纪活动中违反了行政法规,应当依法承担相应的行政责任,如罚款、没收违法所得、责令停业整顿或吊销营业执照等行政责任。《期货经纪公司登记管理暂行办法》规定:国家工商行政管理局及各省、自治区、直辖市工商行政管理局对管辖区内的期货经纪公司进行监督检查。发现其有违反本法第七条、第八条规定的行为时,可以根据情节轻重对公司给予警告、罚款、没收违法所得等处罚。但责令停业整顿、扣缴或吊销营业执照,应当由国家工商行政管理局作出决定。

3. 刑事责任。期货经纪活动中,如果期货欺诈行为情节特别严重,给国家、集体或他人造成了重大的损害,危害社会主义市场经济的,则不但要承担相应的民事责任、行政责任,还要承担相应的刑事责任。

(三)欺诈客户民事赔偿的范围

赔偿范围的确定,也就是民事赔偿数额的确定,问题主要集中于赔偿范围是否仅限于实际损失、是否应包含可得利润损失,以及是否应支持惩罚性赔偿这几个方面。首先,赔偿范围中应包含实际损失自不待言,实际损失主要由投资款项及其利息再加上欺诈客户的交易行为所涉及的交易费用构成。其次,除了实际损失之外,赔偿范围中是否应包含由于欺诈客户行为导致的可得利润损失?对于这一问题法律并未予以明确。再次,是否应支持惩罚性赔偿?"损害赔偿之最高指导原则在于赔偿被害人所受之损害,伸于赔偿之结果,有如损害事故未曾发生者然。"[1]根据我国法律,损害赔偿以损失填补为原则,"损害—补救"过程实质上就是一个受损害的权利的恢复过程。因此,民事责任以恢复被侵害的民事权利为目的。所以,不应当支持惩罚性赔偿。否则可能导致民事权利义务的不平衡,从而引发滥诉的危险。

【掩卷沉思】

对于民事赔偿的范围是否包括可得利益的损失?这里笔者有不同的看法。对此,最高人民法院《关于审理期货纠纷案件若干问题的规定》并未予以明确。笔者认为,对客户要求给付由欺诈客户行为导致的可得利润损失的主张应当予以支持。欺诈客户行为不仅能导致客户本金的损失,还可能导致原本按照客户指令进行交易而可获利润的损失,这两种损失与欺诈客户行为之间都存在着因果关系,并不能仅仅因为后者是尚未成为现实的利润就否认其存在,关键是看这一可得利润是否是正常交易而能够获得的利润。

---

[1]参见曾世雄:《损害赔偿法原理》,中国政法大学出版社2001年版,第16页。

第十九章　信托业监管法律制度

第一节　信托业的监管

案例76　上海浦北燃气有限公司与海通证券股份有限公司上海天平路证券营业部等委托合同纠纷案[①]

【案情介绍】

上诉人(原审原告):上海浦北燃气有限公司

被上诉人(原审被告):海通证券股份有限公司上海天平路证券营业部

被上诉人(原审被告):海通证券股份有限公司

2003年11月7日,浦北燃气与庆泰信托投资有限责任公司(以下简称庆泰信托)签订了《委托国债投资管理合同》一份,约定浦北燃气以其自有资产人民币1858万元(以下币种均为人民币)为委托标的,全权委托庆泰信托进行国债操作,委托期限为三年,起始日及截止日以庆泰信托开具的资产委托管理证明书为准;在委托期限内,浦北燃气委托庆泰信托对所购国债进行代保管,并保证不提取现券或进行债券转托管;庆泰信托保证委托资产在授权范围内使用,并严格遵守国家金融政策等规定;若委托投资国债的实际收益率超过券面利率2.65%,超额部分均作为庆泰信托的管理费;庆泰信托保证在委托期满后三天内支付委托资产及投资收益,如不能按期支付,则浦北燃气有权向庆泰信托收取罚金;双方均不得单方面终止合同的履行;合同自浦北燃气将委托资产正式交付庆泰信托管理时生效。

同日,浦北燃气与庆泰信托又签订《委托国债投资管理合同补充协议》(以下简称《补充协议》)一份,约定:庆泰信托保证浦北燃气委托财产的年固定收益率为9%,投资收益按季在每三个月结束后3个工作日内按2.25%计41.805万元向浦北燃气支付,最后一期投资收益于委托期满清算时与合同本金一同支付;庆泰信托在营业部开设专用账户,户名"庆泰信托",资金账号99595,庆泰信托拥有该账户下资产的使用权,但全部资产所有权归浦北燃气;《委托国债投资管理合同》期满清算时,根据合同属于庆泰信托的管理费和佣金归庆泰信托所有,若清算时实际年收益率未达到承诺的年收益率,庆泰信托同意无条件赔偿,划入金额以使浦北燃气账户资金达到其本金加剩余收益之和的

[①]案例来源:上海市高级人民法院民事判决书(2011)沪高民五(商)终字第2号,北大法律信息网—北大法宝 http://vip.chinalawinfo.com/Case/Result.asp,最后访问日期2013年1月19日。

会计数为限;《补充协议》若有条款与主合同不符,以《补充协议》为准。

同日,浦北燃气、庆泰信托与营业部签订《授权书》一份,约定:浦北燃气、庆泰信托对营业部授权监管,监管的账户为庆泰信托开设的专用账户,账户名为庆泰信托,资金账号99595;第三条,在委托国债投资管理期内,未经浦北燃气和庆泰信托双方认可,上述监管账户不得办理提取、划转资金和股东账户的转托管及撤销指定交易的手续,如需进行以上操作,需浦北燃气和庆泰信托盖章确认;第七条,营业部应保证上述账户内的资产不被盗卖、盗卖或挪作他用,否则因此遭受的损失,由营业部承担。上述合同、协议签订后,浦北燃气按照庆泰信托发出的划款通知书将1858万元划入庆泰信托开设在营业部的资金账户内。2003年11月19日,庆泰信托向浦北燃气出具了委托人为浦北燃气、委托金额为1858万元、委托期限为2003年11月19日至2006年11月18日的《委托资产管理证明书》。

另查明,开设在营业部的"庆泰信托99595"账户自2003年11月20日起陆续买入"桂林旅游"等股票。2004年12月15日,杭州市中级人民法院(以下简称杭州中院)向营业部送达民事裁定书和协助执行通知书,要求协助执行庆泰信托在99595账户内的股票。嗣后,该账户股票陆续卖出,所得资金由杭州中院扣划。2004年12月8日营业部向杭州中院提出执行异议。同年12月20日营业部向浦北燃气发函称庆泰信托99595账户因庆泰信托和其他客户之间的债务纠纷被杭州中院于2004年3月查封冻结,杭州中院后将该账户司法执行,账户中的证券均已变卖,所得款项全部划入杭州中院。

2006年8月10日,浦北燃气以营业部未尽监管责任,违反《授权书》约定为由,请求判令营业部赔偿其1672.20万元,支付利息6239071元(以1672.20万元为本金,按年息5.76%自2003年11月19日暂计至2010年5月19日,并减去已分配的利息21645.80元);海通证券在上述金额范围内承担赔偿责任。

原审法院认为,浦北燃气与庆泰信托签订的《委托国债投资管理合同》应属有效。双方签订的《补充协议》约定保证委托方本金不受损失并获取固定收益,该约定违反了有关信托公司不得承诺信托财产不受损失或保证最低收益的法律规定,应属无效。综观本案事实,可以认定庆泰信托能够构成挪用的主体,而事实上系争资金也被庆泰信托挪用。从《委托国债投资管理合同》和《补充协议》的内容看,浦北燃气委托庆泰信托进行的是国债投资,但也未禁止庆泰信托投资国债以外的金融产品包括股票。同时,由于浦北燃气委托的资金划入的是庆泰信托的资金账户内,浦北燃气的资产损失是因庆泰信托与他人的纠纷,被杭州中院变卖扣划所造成的,与营业部的监管无直接的因果关系,即使该资金账户内买卖的是国债,亦会遭到相同结果,故浦北燃气依据《授权书》的约定要求营业部承担赔偿责任的依据不足,同样对海通证券追究连带赔偿责任的基础也不存在。据此判决:驳回浦北燃气全部诉讼请求。

浦北燃气不服原审判决,向上海市高级人民法院提起上诉。

【处理结果】

上海市高级人民法院认为:浦北燃气、庆泰信托与营业部之间的《授权书》系各方当事人的真实意思表示,且不违反法律的规定,应为合法有效,各方当事人均应恪守。《授权书》约定,营业部应保证系争账户内的资产不被盗卖、盗卖或挪作他用,否则因此遭受的损失,由营业部承担。然而综观本案事实,浦北燃气的资产之所以遭受损失,是因为系争账户内的资产因庆泰信托与案外人的纠纷被杭州中院强制执行。现有证据尚不足以证明浦北燃气是因为营业部的监管行为而遭受了损失,原审法院认定浦北燃气的资产损失与营业部的监管无直接因果关系并无不妥。浦北燃气认为营业部存在监管失职,要求海通证券及营业部对其资产损失承担赔偿责任依据不足,本院不予支持。

　　综上,本院认为原审法院认定事实清楚,适用法律正确。判决驳回上诉,维持原判。

【争议焦点】

　　一、营业部作为监管方是否存在监管不当的情形?
　　二、信托监管方的法律责任是什么?

【法理分析】

　　一、营业部作为监管方是否存在监管不当的情形?

　　为解决上述焦点问题,笔者认为应当先从信托监管的基本法律问题着手,在明确信托监管法律主体及其所要承担的权利义务关系的基础上,我们才能发现本案中营业部作为监管方,其监管职责的设立是否具备法律依据和监管责任的承担。

　　"从法理学的角度看,对权利的强调是有意义的,因为对权利的使用可能为行为提供某种特殊类型的理性,也就是说,审慎的理性以及至少按照哈特的话说就是作为法理学事业的精髓和实质的行为的理性。"①由于受托人对于信托财产享有强大的管理权,一旦其滥用权利,不仅对受益人不利,同时对与信托财产产生交易关系的第三人也有影响。因此很有必要加以控制。

　　信托监督可以分为内部监督与外部监督。前者是指委托人、受托人、受益人等信托当事人和关系人的监督,后者主要是指法院、主管机关等机构的监督。②

　　目前学术界关注颇多的是对于信托的外部监督,诸如法院、主管机关等机构的监督。有学者认为应当将法院确定为民事信托的监督机关,并将民事信托监督权赋予法院,规定由利害关系人申请法院监督信托的运作。理由是:第一,由法院监督比委托人自行监督要有效得多。我国是一个缺少法治传统的国家,人们的法治意识普遍不强,即使法律规定委托人有监督信托的权利,其未必能积极行使,或者即使其能积极去行使权利,受托人也不一定主动配合,最终还得申请法院来解决。相反,如果由法院凭借司法权威直接行使监督权,显然有效得多。第二,在遗嘱信托情形下,委托人已经死亡,无法自行行使监督权。第三,因民事信托涉及面较小,要行使监督权的事由不多,利害关系人申请法院监督的程序也并不复杂。至多在《民事诉讼法》非

---

①〔美〕斯蒂芬·J·伯顿主编:《法律道路及其影响》,张芝梅,陈绪刚译,北京大学出版社 2005 年版,第 210 页。
②参见徐卫著:《信托受益人利益保障机制研究》,上海交通大学出版社 2011 年版,第 109 页。

诉讼程序部分增设一种关于信托的非诉讼程序即可。① 对于此种在学术界较为普遍的观点,笔者并不赞同。笔者认为信托法律关系应当遵守私权自治的原则,应当充分尊重当事人的意思自治,法院的强制性干预应当是最后的救济手段,试想大量的信托监管的职责由法院承担的话,那势必造成司法负担过于沉重,司法资源的浪费,还不利于信托的发展和普及。"就法院而言,其主动监督不仅违反了私法自治,而且因其承载的主要是司法职能,再加上其负担沉重、资源有限,其监督效果并不明显。而且,法院监督实际上应由利害关系人申请而开始,这需要以内部监督为前提"。② 所以,加强和完善信托内部监督体制是具有适用价值和意义的。

从内部监督的主体来看,有委托人、受托人、受益人和信托监察人。那么加强内部监督必然是要赋予这些信托当事人以监督权(笔者囿于篇幅与案例争议焦点的限制,受托人的监管在此不述)。

1. 委托人的监督。在大陆法系中,委托人不仅是信托行为的当事人,还是信托关系的当事人,委托人因并未脱离信托关系而享有对受托人监督的权利。在英美法系中,委托人在设立信托关系后就脱离的信托关系,并不具有信托当事人的地位,也就不享有监督的权利。笔者认为,我国应当保护委托人的监督权,不仅是出于我国承袭大陆法系的传统,更是由于纵观两大法系,虽然对于委托人的监督态度迥然,但是随着信托制度的深入发展,英美法系立法中也出现了承认委托人监督权的倾向。这正是说明了委托人监督是可行并有效的,指示、同意和否决等直接的干预权能够更加有效地监督受托人。

2. 受益人的监督。在信托法律关系中,受益人是弱者,是需要保护的,法律将监督权赋予受益人,无疑是出于保护受益人弱者的不利地位,同时受益人作为信托财产利益的真正所有人,在法理上当然地享有对受托人的管理的监督权。信托受益人出于保护自己的利益的目的,必然会采取积极的行动去行使监督权,可以说这种监督权不仅在法理上具有正当性,而且在实践中也具备必然性的驱动力。这种权利能够制约受托人的不当行为、维护受益人利益、降低受益人的损失风险几率,所以很多国家包括采取债权式构造的国家立法中都存在着受益人的监督权。

3. 信托监察人的监督。我国台湾地区《信托法》规定,"所谓的信托监察人,行使保全受益人的权限,以保护受益人的利益","信托监察人得以自己名义,为受益人为有关信托之诉讼上或诉讼外之行为"。从比较法的角度看,大多数国家授予信托监察人以非直接性监督权,这正是体现了信托监察人对于信托财产不是行使直接的管理权而是监督权,对于这种监督权各国立法都采纳了保护和补充的立法途径。虽然存在着委托人和受益人的监督,但是他们的监督是有限的,并不能取得信托监察人监督的法律效果。例如,在受益人不特定、受益人尚未存在和公益信托的情况下,信

---

① 参见余能斌、文杰:我国《信托法》内容缺陷管窥与补正思考,《法学》2002 年第 9 期。
② 徐卫著:《信托受益人利益保障机制研究》,上海交通大学出版社 2011 年版,第 109 页。

托监察人的监督就非常有必要了。

而此案中的证券公司营业部,笔者认为其已经具有了信托监察人的资格。证券营业部作信托的第三人,其既不是信托法律关系当事人,也不是信托行为的当事人。基于浦北燃气、庆泰信托的授权,证券公司营业部成为了信托监察人主体。在本案中,由于浦北燃气委托的资金划入庆泰信托的资金账户内,浦北燃气的资产损失是因庆泰信托与他人的纠纷所致,被杭州中院变卖扣划所造成的,与营业部的监管无直接因果关系,即使该资金账户买卖国债,亦会造成同样的结果(即被扣划)。而且在双方签订的《授权书》中未明确约定禁止投资国债以外的金融产品。故此案例中公司营业部并未有监管不当的情形。

二、信托监管方的法律责任是什么?

本案中营业部作为信托监察人符合法律规定的,基于以上分析可知,信托监察人的职责在于监督而非管理。首先,在监管合同约定的期限内,营业部无盗买、盗卖或挪作他用的行为,并且在法院强制执行信托财产后,及时通知了浦北燃气有限公司。其次,造成信托财产被法院强制执行的原因是庆泰信托的不当操作,营业部对此并无过错,依照法律规定不应当承担信托监察不当的责任,所以二审法院判决驳回浦北燃气的诉讼请求,维持原判。

【掩卷沉思】

对于有的学者认为的信托监察人的权限的性质系属管理权,而非监督权而与公司法及民法上所规定的监察人不同,至于信托监察人为期货受托人适当管理信托财产,而可行使受益人所具有的监督权限,乃系其管理权而生,不得据以认为其权限的性质系属监督权。[1] 笔者并不赞同,尽管委托人在设立信托监察人的同时也可能有代为管理的目的,但是从权利的本质来看,信托监察人是作为第三人来行使权利的,它既不是信托法律关系的当事人,也不是信托行为的当事人,对于信托财产不是直接的控制和发出指示。只是作为第三方监督受托方管理职责的履行,如果监管人适当地履行监督职责,当信托财产出现约定的损失时,应当追究受托人的责任,而非监管人的监督不当职责。受益人对于信托监察人的不当监督的责任追究是基于受益人与信托监察人所签订的监管合同,该合同与信托合同是相互独立的合同,但是两者并行不悖。将信托监察人的权限界定为管理权的观点,无端地将受托人的管理职责转移到了信托监管人的身上,加重了信托监察人的责任,也是强硬地将信托监察人认定为信托法律关系的一方当事人的思路,也打破了信托法律关系三方主体的架构。这显然是不符合信托法的法理逻辑的,也不利于信托法律理念的发展。

---

① 参见赖源河、王志诚著:《现代信托法论》(增订三版),中国政法大学出版社2002年版,第159—160页。

第二十章　保险业监管法律制度

第一节　保险组织的监督管理

案例77　莫彩荣诉中国太平洋人寿保险股份有限公司三门峡中心支公司等保险代理合同纠纷案①

【案情介绍】

原告(反诉被告):莫彩荣

被告(反诉原告):中国太平洋人寿保险股份有限公司三门峡中心支公司

被告:中国太平洋人寿保险股份有限公司卢氏支公司

2007年2月12日,莫彩荣登记进入太平洋保险三门峡支公司,成为该公司寿险营销业务人员,双方建立保险代理合同关系。其保险代理业务工作由太平洋卢氏支公司负责管理。原告莫彩荣在开展保险业务代理期间,于2007年3月4日,以张志民为被保险人,与投保人张立新签订长泰A型保险2份,保费交付太平洋保险三门峡支公司;于2007年9月23日,又签订一份主险为"鸿运年年"保险合同,保费交付太平洋保险三门峡支公司。签订保险合同之前,被保险人张志民由太平洋卢氏支公司组织在卢氏县医院进行了投保体检。2007年6月28日,被保险人张志民去世。张志民去世后,太平洋保险三门峡支公司调查张立新,张立新陈述,投保时业务员莫彩荣未询问被保险人健康状况,通知让到卢氏县医院进行投保体检。太平洋保险三门峡支公司调查业务员莫彩荣,莫彩荣陈述,其在让张立新投保时通知被保险人张志民去卢氏县医院进行投保体检,张志民也去体检了,但是没有询问张志民的健康状况。被保险人张志民去世后,投保人张立新向太平洋保险三门峡支公司提出理赔申请,太平洋保险三门峡支公司经调查,发现被保险人张志民于2007年2月到三门峡市中心医院住院时,已经被诊断为"右肺中心型鳞癌"。太平洋保险三门峡支公司认为张志民在投保日之前已经被确诊为"右肺中心型鳞癌",属于带病投保,以投保人故意不履行如实告知义务为由,决定不赔付并不退还保险费。张立新不服进行上访,后双方通过协商,太平洋保险三门峡支公司给付张立新26000元,张立新放弃上述保险项下的所有权利。2008年12月2日,太平洋保险三门峡支公司对张立新投保组织人员进行合议,认为业务员莫彩荣在让客户投保时

---

①案件来源:河南省三门峡市湖滨区人民法院(2011)湖民一初字第105号,北大法律信息网—北大法宝http://vip.chinalawinfo.com/Case/Result.asp 最后访问日期2013年1月19日。

没有对健康告知内容向客户说明,客户只是在投保单上签字,决定扣除业务员莫彩荣佣金3895.72元。太平洋保险三门峡支公司认为其给付张立新的上述26000元是由于莫彩荣的违法违规开展保险业务,违反了《中华人民共和国保险法(2002修正)》第一百三十一条第(二)、(三)项的规定,给其公司造成了损失,提起反诉要求判令反诉被告莫彩荣赔偿经济损失26000元。

原告莫彩荣在开展保险业务代理期间,还于2007年9月27日,以黄秀兰为被保险人,与投保人郭美林签订主险为"鸿运年年"型保险1份,保费交付太平洋保险三门峡支公司。于2007年10月27日以黄秀兰为被保险人,与投保人郭丙书签订主险为"鸿运年年"型保险3份,保费交付太平洋保险三门峡支公司。2007年10月31日,被保险人黄秀兰因摔倒被送往卢氏县狮子坪乡卫生院,该院当日的死亡通知书注明意外损伤致呼吸、心跳骤停,于当日死亡。黄秀兰死亡后,太平洋保险三门峡支公司从卢氏县中医院调取黄秀兰于投保日之前在该院住院治疗的病历,该医院诊断黄秀兰为"肺源性心脏病"。太平洋保险三门峡支公司认为投保人未如实告知被保险人健康状况,业务员莫彩荣也未对客户进行健康状况询问,被保险人意外死亡证据不足,据此予以拒赔。客户对此强烈不满,并纠集本村所有客户聚众闹事,集体要求全额退保,太平洋保险三门峡支公司于2008年1月18日经组织合议小组合议,决定对投保人郭美林、郭丙书赔付50000元、通融赔付20000元,扣除业务员莫彩荣佣金。2008年1月21日,太平洋保险三门峡支公司与郭美林、郭丙书签订协议书,约定郭美林、郭丙书收到太平洋保险三门峡支公司款项70000元,该款项为太平洋保险三门峡支公司向郭美林、郭丙书支付的因本保险合同所产生的所有补偿款项,郭美林、郭丙书不得再向太平洋保险三门峡支公司提出任何请求。太平洋保险三门峡支公司实际扣除莫彩荣佣金8365.72元,后又以莫彩荣未出勤扣出勤奖1800元。以上共扣发莫彩荣10165.72元。原告莫彩荣对扣除佣金不服诉至法院,要求请求判令被告支付其佣金10165.72元。

太平洋卢氏支公司是太平洋保险三门峡支公司的下属机构,负责所在地区的业务管理,其所负责的业务以太平洋保险三门峡支公司为合同主体签订合同。

【处理结果】

河南省三门峡市湖滨区人民法院依照《中华人民共和国保险法(2002修正)》第一百二十五条、《中华人民共和国合同法》第四百零五条,《中华人民共和国民事诉讼法》第一百三十条之规定,缺席判决如下:

一、被告中国太平洋人寿保险股份有限公司三门峡中心支公司自本判决发生法律效力之日起十日内支付所扣原告莫彩荣佣金、出勤奖10165.72元。

二、驳回反诉原告中国太平洋人寿保险股份有限公司三门峡中心支公司的反诉请求。

三、原告莫彩荣其他诉讼请求不予支持。

本诉案件受理费80元,反诉案件受理费450元,均由被告中国太平洋人寿保险股份有限公司三门峡中心支公司负担。

【争议焦点】

一、保险代理人的法律地位？

二、莫彩荣是否违法违规开展保险业务？是否应承担责任？

【法理分析】

一、保险代理人的法律地位？

保险代理人是指根据保险人的委托，在保险人授权范围内代为办理保险业务，并依法向保险人收取代理手续费的单位和个人。① 保险人委托保险代理人代为办理保险业务，应当与保险代理人签订委托代理协议，依法约定双方的权利义务。保险人与保险代理人之间是委托代理关系，故保险代理人根据保险人的授权代为办理保险业务的行为，由保险人承担责任。保险人没有代理权、或者代理权终止后仍以保险人的名义订立合同，使投保人相信其有代理权的，该代理行为有效。保险人可以追究越权代理人的责任。

保险代理人分为个人保险代理人和保险代理机构。个人保险代理人，是指依法取得保险代理资格的自然人。为了避免利益冲突，我国《保险法》规定，个人保险代理人在代为办理人寿保险业务时，不得同时接受两个以上保险人的委托。

保险代理机构，是指依法取得保险代理人资格的组织。保险代理机构可以分为专门从事保险代理业务的保险专业代理机构和兼营保险代理业务的保险兼业代理机构。保险专业代理机构是指符合中国保监会规定的资格条件，经中国保监会批准取得经营保险代理业务许可证，根据保险公司的委托，向保险公司收取保险代理手续费，在保险公司授权范围内专门代为办理保险业务的单位。保险兼业代理机构是指受保险人委托，在从事自身业务同时为保险人代办保险业务的单位。保险兼业代理机构，除了符合《保险法》关于保险代理的一般规定外，还必须符合中国保监会发布的保险兼业代理管理规定。保险代理机构应当有自己的经营场所，设立专门账簿记载保险代理业务的收支情况。

个人保险代理人、保险代理机构的从业人员，应当具有国务院保险监督管理机构规定的资格条件，取得保险监督管理机构颁发的资格证书。保险代理人及其从业人员在办理保险业务活动中不得有下列行为：(1) 欺骗保险人、投保人、被保险人或者受益人；(2) 隐瞒与保险合同有关的重要情况；(3) 阻碍投保人履行如实告知义务或者诱导其不履行如实告知义务；(4) 给予或者承诺给予投保人、被保险人或者受益人保险合同约定以外的利益；(5) 利用行政权力、职务或者职业便利以及其他不正当手段强迫、引诱或者限制投保人订立保险合同；(6) 伪造、擅自变更保险合同，或者为保险合同当事人提供虚假证明材料；(7) 挪用、截留、侵占保险费或者保险金；(8) 利用业务便利为其他机构或个人牟取不正当利益；(9) 串通投保人、被保险人或者受益人骗取保险金；(10) 泄露在活动中知悉的保险人、投保人、被保险人的商业秘密。②

---

① 参见盛学军著：《金融法学》，中国政法大学出版社 2007 年版，第 300 页。

② 参见汪鑫著：《金融法学》，中国政法大学出版社 2011 年版，第 300 页。

二、莫彩荣是否违法违规开展保险业务？是否应承担责任？

本案中，莫彩荣于 2007 年 2 月 12 日登记进入太平洋保险三门峡支公司成为该公司寿险营销业务人员，双方建立保险代理委托合同关系。该委托合同，是双方真实意思表示，为有效合同。根据《中华人民共和国保险法》第一百二十七条规定："保险人委托保险代理人代为办理保险业务的，应当与保险代理人签订委托代理协议，依法约定双方的权利和义务及其他代理事项"。但是，对于合同的具体权利义务约定，双方均未递交书面的合同资料，故双方的权利义务应当按照相关法律规定确定。太平洋保险三门峡支公司认为莫彩荣在保险业务代理中，违反了《中华人民共和国保险法》第一百三十一条第（二）、（三）项的规定。《中华人民共和国保险法》第一百三十一条规定为："保险代理人、保险经纪人在办理保险业务活动中不得有下列行为：（二）隐瞒与保险合同有关的重要情况；（三）阻碍投保人履行本法规定的如实告知义务，或者诱导其不履行本法规定的如实告知义务"。① 本案原、被告双方争议的焦点之一是莫彩荣在推销保险过程中是不是必须向被保险人直接询问健康状况。对此，双方没有直接的书面约定，太平洋保险三门峡支公司也未提出具体的法律规定证明保险代理业务员在推销保险过程中应当向被保险人直接询问健康状况。

原告莫彩荣在履行保险代理业务中，没有询问被保险人健康状况，存在工作不认真的问题。但是，其按照保险公司的要求让被保险人到卢氏县医院参加了保险公司组织的投保健康检查，原、被告双方向法庭递交的保险合同"投保须知"中就"健康告知事项"也有书面具体内容。因此，不能认定莫彩荣故意隐瞒与保险合同有关的重要情况。而对于是否违反第（三）项规定，太平洋保险三门峡支公司并未递交证据证明莫彩荣有"阻碍投保人履行本法规定的如实告知义务，或者诱导其不履行本法规定的如实告知义务"的情形。因此，太平洋保险三门峡支公司辩驳理由和反诉主张不能成立。在太平洋保险三门峡支公司认为张立新的投保应当拒赔时，张立新不服进行上访，后双方通过协商，太平洋保险三门峡支公司同意给付张立新 26000 元，莫彩荣未参与调解，因此，太平洋保险三门峡支公司要求莫彩荣负担该损失的赔偿，于法无据。

综上，莫彩荣严格按照与太平洋保险三门峡支公司的约定和法律规定开展业务，并于 2007、2008 年连续两年被评为先进并颁发了证书，不存在违法、违规开展业务行为，更不存在什么私利。莫彩荣不存在在太平洋保险三门峡支公司与客户之间欺上瞒下。上访事件的发生，完全是太平洋保险三门峡支公司与客户之间的正常纠纷，与其没有任何关系。莫彩荣应得的佣金是其依照与太平洋保险三门峡支公司的约定，也是法律规定的应得的劳动报酬，太平洋保险三门峡支公司在没有事实和法律依据的情况下扣其佣金显然违法，并且其也根本没给太平洋保险三门峡支公司造成什么损失，故太平洋保险三门峡支公司请求不能成立。

关于扣除莫彩荣出勤奖 1800 元，太平洋保险三门峡支公司没有递交相关证据

---

① 参见陈露昭、吴阳：论保险个人代理人的法律地位，《武汉金融》2007 年第 7 期。

证明其应当或者可以扣除,故该扣除部分其应当支付。根据《中华人民共和国保险法》第一百二十五条"保险代理人是根据保险人的委托,向保险人收取代理手续费,并在保险人授权的范围内代为办理保险业务的单位或者个人"。① 本案中,莫彩荣属太平洋保险三门峡支公司寿险营销业务人员,并开展了保险推销业务,保险人太平洋保险三门峡支公司应当支付代理手续费(即佣金)。原告莫彩荣是和太平洋保险三门峡支公司建立保险代理合同关系,其要求太平洋卢氏支公司承担责任没有法律依据。

【掩卷沉思】

我国保险法理论研究与司法实践中,对保险代理人的法律地位、义务履行等诸多问题的理解一直存有分歧。我国保险法规定保险代理人、作为保险活动的重要参与人,应当在保险代理中忠实履行诚实信用义务。保险代理人作为保险人的代理人,应当按照委托人即保险人的要求,报告委托事务的处理情况。同时,应当在代为办理保险业务活动中,代保险人向投保人履行说明义务,如实说明保险条款的内容,特别是责任免除条款的内容。保险经纪人接受投保人的委托,为投保人和保险人订立保险合同提供中介服务,更应当代表投保人的利益,如实向投保人说明保险条款的内容以及与保险合同订立、履行有关的情况。同时,也应当向保险人如实提供其委托人即投保人与订立保险合同的有关情况。② 笔者认为,保险代理人只要在保险代理活动中履行法定义务、与保险人签订的代理合同中的义务即可,无需承担除此之外的义务,否则会造成保险代理人的过重负担。如在本案中,莫彩荣虽未询问当事人身体状况,但健康询问只是入保的形式,入保关键在于健康检查,如果检查有问题就不应投保,当时莫彩荣已经通知当事人到医院体检,保险合同是在当事人体检结果为身体健康的前提下签订的,所以其已尽到保险法规定的义务,未有任何过错,不应承担任何责任。

第二节　保险经营的监督管理

案例 78　中国保监会行政处罚决定书(保监罚〔2009〕32 号)③

【案情介绍】

当事人:安信农业保险股份有限公司

法定代表人:李中宁

经查明,安信农业保险股份有限公司存在以下违法行为:

---

① 参见张柏阳:保险法视角下中国保险代理人制度研究,《知识经济》2012 年第 2 期。
② 参见姜南:论保险代理人的义务,《河北经贸大学学报》2006 年第 3 期。
③ 案件来源:中国保险监督管理委员会行政处罚决定书(保监罚〔2009〕32 号),中国证监会官网 http://www.csrc.gov.cn/pub/newsite,最后访问日期 2013 年 1 月 18 日。

2007 年 10 月,安信农业保险股份有限公司未向中国证监会提出申请,认购嘉实海外证券投资基金 6116665 份,价值 611.67 万元。2008 年 5 月,该公司以每份 0.746 元的价格将基金全部赎回,亏损 150 多万元。

上述事实,有记账凭证、资金合并对账单、基金交割单等证据在案证明,足以认定。

【处理结果】

安信农业保险股份有限公司认购嘉实海外证券投资基金未向中国证监会提出申请的行为,违反了《保险资金境外投资管理暂行办法》第十五条、《中华人民共和国保险法》第一百零五条的规定,依据《中华人民共和国保险法》第一百四十五条的规定,中国证鉴会决定对安信农业保险股份有限公司作出罚款 10 万元,限制偏股型基金投资业务 3 个月(自下发处罚通知之日起 3 个月内,你公司投资的偏股型基金账户,只准卖出,不准买进)的行政处罚。

请在接到本处罚决定书之日起 15 日内将罚款缴至中国保险监督管理委员会(开户银行:中信银行万达广场分行,账号 7112410189800000130),并将注有你公司名称的付款凭证复印件送中国保监会资金运用监管部备案。逾期,将每日按罚款数额的 3‰ 加处罚款。

如对本处罚决定不服,可在接到本处罚决定之日起 60 日内依法向中国保监会申请行政复议或在 3 个月内向有管辖权的人民法院提起行政诉讼。复议和诉讼期间,上述决定不停止执行。

【争议焦点】

一、我国关于保险资金的运用如何规定?

二、安信农业保险股份有限公司未向证监会提出申请认购嘉实海外证券投资基金是否违法?

【法理分析】

一、我国关于保险资金的运用如何规定?

(一)保险资金及其运用原则

"保险公司资金运用也称保险投资,是指保险企业经营过程中,利用保险聚集与保险企业赔偿给付的时间差以及收费与支付间的价值差,对保险资金运用增值,以求稳定经营、分散风险的一种经营活动。"[1]在保险公司利润组成中,资金运用业务是承保业务之外的主要利润来源。在保险竞争格局加重的情况下,保险资金的运用是保险公司整个经营活动不可分割的有机部分,它已成为保险公司获取利润、提高竞争力、提高偿付能力、提供更多更好的服务的有效手段。

保险资金运用中的资金是保险公司各种可运用的资金总和,包括:(1)实收资本金。实收资本金是指企业设立时所拥有的自有资本的总和,任何一个保险公司在开

---

① 参见程思颖:保险公司资金运用分析及风险防范,《财经界》(学术版)2011 年第 11 期。

业时必须拥有一定数量的资本,以保证其业务经营的稳定性。对于这样一笔资金,在遵从安全性、流动性、收益性的前提下,保险公司通常将其作为保险资金运用的重要来源。(2)责任准备金。责任准备金是保险公司为了保证随时履行保险责任,从保费收入中按一定比例提存的资金,其性质类似于商业银行从其存款中提取的准备金。从收取保险费到保险事故发生组织经济补偿或给付,中间总有一段时间。这样,在客观上形成了保险公司拥有巨额可运用的资金,把这笔资金进行投资,可以带来更多的盈余,这部分资金是保险资金运用的最主要来源。(3)保险公司提取的盈余公积和未分配利润。保险公司在按照一定的分配次序进行分配后,剩余的盈余公积分配利润可以长期运用,进行投资。这部分资金是保险资金运用的辅助来源。①

我国《保险法》第105条对我国保险业资金运用原则作了明确规定:"保险公司的资金运用必须稳健,遵循安全性原则,并保证资产的保值增值。"(1)安全性原则。安全性原则是保险资金运用的最基本原则。因为,可运用资金既不完全是保险企业盈利,也不是可以无期限流出保险企业的闲置资金。这种资金的绝大部分在保险企业的会计科目上是列为负债项目,即对保险人未来赔付的负债。因此,对这种资金的动用必须求其安全。不难设想,如果不顾资金运用的安全性,一味地为获取厚利进行冒险投资,就可能无法回收资金,产生无力偿还保险赔付的局面,势必使保险经营陷入困境。(2)盈利性原则。运用保险资金以求盈利,是保险资金运用的直接目的。高盈利不仅可以为保险人带来巨大效益,而且带来良好的社会效益。较好的盈利可以增强保险企业的偿付能力,可以降低费率和扩大业务规模。这就要求在资金运用项目上选择效益高的项目,在一定的风险限度内力争实现收益最大化,确保资产的保值增值。(3)流动性原则。由于保险企业担负着经济补偿的任务,而保险事故的发生又具有随机性特点。因此,运用中的保险资金必须保持足够的流动性,以便随时满足保险赔偿和给付的需要。但不同的保险业务,对资金流动性的要求也不相同。一般说来,财产保险期限短,危险发生的频率和损失程度变化较小,对资金运用的流动性较高;而人寿保险由于其期限较长,危险发生的频率和损失程度变化较小,对资金运用的流动性要求较低一些。保险人应根据不同业务对资金运用的不同要求,选择适当的投资形式和项目。②

(二)我国保险资金运用的演变

从1980年恢复国内保险业务以来,保险资金运用经历了"放任—收紧—有限制的放宽"的螺旋式发展历程,走过了初始期、混乱期、规范期、开放期四个发展阶段。

1. 初始期:1980—1987年。这一时期的保险资金运用形式主要是银行存款。保险业处于复业阶段,资金总量小,缺乏通过资金运用实现保值增值的理念。另一方面,1979年《中国人民银行关于恢复保险业务和加强保险机构的通知》颁布后很长一段时间内,全国只有中国人民保险公司一家保险机构,没有竞争压力,也没有资金

①参见张茜:我国保险企业资金运用现状研究,《价值工程》2011年第25期。
②参见盛学军著:《金融法学》,中国政法大学出版社2007年版,第367页。

运用的需求。1985 年国务院颁布了《保险企业管理暂行条例》,明确由人民银行对保险机构的设立、偿付能力、准备金和再保险等进行监管,但对保险资金运用却没有相关的规定。

2. 混乱期:1987—1995 年。由于缺乏制度约束,加上利率上升周期的高收益诱惑,这一时期的中国保险业呈现出一片混乱的投资局面。保险资金乱投资行为肇始于 20 世纪 80 年代,集中发生在 1992 年至 1995 年。乱投资的领域极为广泛,主要包括信托、证券、信贷、拆借、担保和实体经济等。保险公司投资管理混乱,许多乱投资行为成为腐败的温床,特别是实体投资,案件频发。乱投资行为在全国绝大多数省市均有发生,投资主体包括自总公司以下的各级机构,甚至县级机构。在中央政府治理整顿、宏观调控等紧缩政策实施之后,保险资金的诸多投资项目收益骤降、损失严重。据统计,某保险公司在此期间内实体投资 45.57 亿元,60% 成为不良资产,无望收回;对外贷款 56.5 亿元,本息全部损失;拆出资金 4.77 亿元,损失 2.82 亿元,不良率 59%。这一阶段的惨痛教训促使随后颁布的《保险法》对保险投资行为进行了严格的限制。

3. 规范期:1995—2009 年。1995 年《保险法》颁布实施,取代了《保险企业管理暂行条例》,标志着对保险投资放任不管时代的彻底结束。1995 年《保险法》将资金运用严格限制在银行存款、政府债券、金融债券和国务院规定的其他渠道,有效遏制了乱投资现象,控制了风险。但是随着保费规模的迅速增长,庞大的保险资金与狭窄的投资渠道之间的矛盾日益显现。"1996 年 5 月开始,我国先后 8 次下调银行存款利率,1 年期年利率由 10.98% 下降到 2002 年的 1.98%,多家保险公司出现利差损失。为了缓解保险资金收益率过低的困境,从 2003 年开始国务院以特批形式逐步尝试放宽保险投资渠道,保险资金收益随之走高。"①在法律制度层面,虽有 2002 年《保险法》的第一次修订,但有关保险资金运用的规定在这一时期并无实质性突破。

4. 开放期:2009 年至今。2009 年颁布的新《保险法》大幅放宽保险资金投资渠道,标志着保险资金运用及监管进入一个新时代。2010 年《保险资金运用管理暂行办法》颁布实施,作为保险资金运用领域的一个纲领性文件,它对保险业及相关投资市场都将产生重大而深远的影响。随后,《保险资金投资股权暂行办法》和《保险资金投资不动产暂行办法》相继出台,为保险资金运用渠道的进一步拓宽,创造了更为有利的政策环境。

(三) 目前我国保险企业资金运用的主要方式

通过上述阐述,早期我国法律规定保险资金运用形式一般为:银行存款、买卖政府债券、金融债券以及国务院规定的其他资金运用形式。2009 年颁布的新《保险法》大幅放宽保险资金投资渠道。其中主要增设了以下几种渠道:

---

① 参见杨明生:保险资金运用新规的历史跨越,《保险研究》2011 年第 6 期。

1. 企业债券。在国外长期的保险发展中,债券是保险公司的最主要投资对象。不同于政府债券,虽然企业债券收益高,但投资风险高,我国长期以来限制对其投资,只允许投资三峡、铁路、电力、移动通信等中央企业债券。新法的颁布,明确扩大了债券的投资范围。而《保险资金运用管理暂行办法》第 8 条的规定则意味着保险公司可以自主选择购买经国家主管部门批准发行,且经监管部门认可的、信用评级在 AA 级以上的企业债券。而在债券投资比例的控制上,早在 2005 年中国保监会下发的《保险机构投资者债券投资管理暂行办法》中就已规定根据信用等级的不同实行不同的控制比例。企业债券投资渠道的放宽,辅之以弹性的投资比例控制,有利于促进保险机构根据风险承受能力配置债券资产,从总体上控制投资风险。

2. 股票。新《保险法》明确将股票列入保险资金运用范围,2010 年 9 月中国保监会发布的《保险资金投资股权暂行办法》,则在监管层面为保险公司投资股权放开了通道,允许保险机构投资者在符合投资比例的条件下投资股市,进行直接或间接的股权投资。尽管这一政策放松短期内在公司的业绩上难以体现,但长期来看,有利于保险公司寻找投资回报更高,更能与保险责任负债相匹配的投资项目,有利于保险公司业绩的提升。

3. 证券投资基金份额。此次新颁布的法律法规并未对证券投资基金份额作详细的规定,但 2003 年中国保监会修订了《保险公司投资证券投资基金管理暂行办法》,将证券基金投资与偿付能力监管结合,明确了保险公司资金运用于各类基金的比例,细化资金运用监管,确保保险资金运用的风险管控和防范。

4. 不动产。保险资金投资于不动产,获得较高利益的可能性相当大,这种投资方式在各国保险市场上比较普遍。考虑到保险资金运用之于行业和基金发展的需要,并在兼顾安全和稳健原则的基础上,新《保险法》明确了保险资金投资不动产的法律地位。不动产领域的放开是保险资金配置多元化的又一大迈步。①

（四）我国关于保险资金海外投资的规定

开放保险资金投资海外市场无疑是明智之举。首先,它有利于开辟保险资金的投资渠道,使保险资金在更宽的范围、地域进行组合投资,为保险资金提高收益水平、分散投资风险创造条件;其次,开放保险资金海外投资也是我国保险业国际化进程中的重要一步,保险资金率先进入全球化的国际金融市场,为我国保险业走向世界提供了一个重要的平台,逐步熟悉国际金融市场,向国际大型资产管理机构学习先进经验,从而提高我国保险资产管理的整体水平。然而保险资金投资海外市场风险大、不确定因素多,因此投资者投资时必须审慎,在充分研究的基础上作决策。同时加强对投资于海外的保险资金的监管是极为必要的,在法律上对其进行规制、指引。因此为规范保险资金境外投资运作行为,防范投资管理风险,实现保险资产保值增值,中国保监会于 2007 年颁布了《保险资金境外投资管理暂行办法》、2012 年颁

---

① 参见李逸斯:新保险法体系下的保险资金运用解析,《才智》2012 年第 13 期。

布了《保险资金境外投资管理暂行办法实施细则》,对保险机构的资质条件、投资规范、风险控制及监督管理等问题均作了较为详细的规定。

二、安信农业保险股份有限公司未向证监会提出申请认购嘉实海外证券投资基金是否违法?

本案中,安信农业保险股份有限公司认购嘉实海外证券投资基金未向中国证监会提出申请的行为,违反了《保险资金境外投资管理暂行办法》第十五条规定。根据规定委托人从事保险资金境外投资,应当向中国保监会提出申请,提交下列书面材料一式三份:(一)从事保险资金境外投资业务申请书和符合中国保监会规定的承诺书;(二)股东大会、股东会或者董事会同意保险资金境外投资的决议;(三)保险资金境外投资战略配置方案、投资管理制度和风险管理制度;(四)`保险资金境外投资管理能力、风险评估能力和绩效考核能力说明;(五)内设资产管理部门和主要管理人员介绍;(六)符合中国保监会规定的财务报表、偿付能力报告及其说明;(七)经营外汇业务许可证复印件;(八)银行外汇账户对账单;(九)选聘受托人、托管人情况说明和拟签订的协议草案;(十)中国保监会规定的其他材料。因此安信农业保险股份有限公司认购海外证券投资基金未向中国证监会提出申请应当承担责任,接受处罚。

【掩卷沉思】

《保险资金境外投资管理暂行办法》颁布后,保险资金境外投资较原有法规有了很大突破:投资品种拓宽,保险资金可投资范围几乎囊括了国际资本市场的主流投资产品和所有成熟资本市场;允许为了避险目的而进行衍生品交易,给予委托人、受托人更多互相选择的空间,同时对账户管理、风险管理、信息披露、监督管理等方面,作了更为全面、科学的安排。保险公司在投资海外市场时,务必遵守法律规定,在新的政策支持下,保险公司将可以在海外投资上大有作为。

案例 79　中国保监会行政处罚决定书(保监罚[2010]20 号)①

【案情介绍】

当事人:阳光农业相互保险公司(以下简称阳光农险)

法定代表人:孙振军

当事人:孙振军,检查时任阳光农险董事长兼总经理

当事人:吴丰,阳光农险齐齐哈尔中支原总经理

2009 年 9 月 7 日至 9 月 13 日,中国保监会对阳光农险总公司及齐齐哈尔中心支公司进行了现场检查。检查发现,阳光农险存在以下违法违规行为:

---

①案件来源:中国保险监督管理委员会行政处罚决定书(保监罚[2009]32 号),中国证监会官网 ht-tp://www.csrc.gov.cn/pub/newsite,最后访问日期 2013 年 1 月 19 日。

（一）未经批准擅自设立担保公司和生产资料公司

2008年8月21日，阳光农险第一届董事会第六次会议审议通过了"公司投资北大荒投资担保股份有限公司（以下简称'担保公司'）"议案。董事长孙振军签字确认。担保公司于2009年2月5日取得黑龙江省农垦区工商行政管理局核发的《企业法人营业执照》。截至检查日，阳光农险未向中国保监会申请审批此项投资。

2008年10月28日，阳光农险党委会议决定成立黑龙江农垦三农相互农业生产资料连锁有限公司（以下简称"生资公司"），党委委员徐丰年、孙振军等人签字。11月11日，公司工会主席刘奉先、公司员工马成学以及陈文光（非公司职工）用实际由阳光农险提供的200万作为注册资金，以个人名义在黑龙江农垦工商局注册"黑龙江农垦三农相互农业生产资料连锁有限公司"。同时，刘奉先等3人签署股权说明，声明生资公司注册资本全部是阳光农险资金，生资公司股权归阳光农险所有。截至检查日，公司未向中国保监会申请审批此项投资。

（二）未经中国保监会核准擅自任命高管

2008年12月22日，黑龙江省农垦总局发文任命吴丰、王野田、于才、李子国等4人任公司副总经理，口头同意杨俊、洪大伟为总经理助理。确定分工之后，吴丰、于才、洪大伟即开始实际履行高管职责。2009年3月25日，公司召开第一届董事会第七次全体会议，通过该6人任职议案。至今，公司未向中国保监会申报吴丰、于才、洪大伟等3人的任职资格核准。

（三）提供虚假的营运资金资料以及虚假的农业保险理赔资料

1. 提供虚假的营运资金资料。阳光农险章程及中国保监会的批复中都明确规定：公司营运资金7000万元，分别由会员有偿借入5000万元和农垦总局无偿划拨2000万元。公司开业时在中国保监会存档的验资报告和公司检查时提供的验资报告均显示，2004年12月16日，黑龙江省农行直属支行营业部出具进账单，付款人为黑龙江农垦总局农业互助保险局，收款人为阳光农业相互保险公司。经检查，未发现该项资金往来。公司称实际情况是：为保证验资工作，农垦总局与农行沟通，以信誉担保并出具保函，银行设立了临时账户，并出具了进账单，10日后该账户自动作废。

2. 齐齐哈尔中支提供虚假的农业保险理赔资料。检查发现，阳光农险齐齐哈尔中支的种植业保险理赔档案装订不规范，赔款计算书、测产单、赔款凭证等分别汇总装订。农险赔案无县级或县级以上气象站出具的气象证明材料，仅有保险社或农经站出具的气象报告。时任中支农险部负责人承认，理赔资料存在造假行为。

此外，2008年，阳光农险以假批退冲销应收补贴款5817万元，导致公司财务报表信息严重失实。

上述违法事实及相关人员责任，有现场检查确认书、现场检查会谈笔录、公司党委会、董事会、总经理办公会会议记录等证据在案证明，足以认定。

【处理结果】

中国证监会认为，上述未经批准擅自设立担保公司和生产资料公司的行为违反了《保险法》（2002）第一百零五条的规定，根据本法第一百四十五条第五项的规定，中国证监会决定对阳光农险给予罚款 30 万元的行政处罚。

上述未经批准擅自任命高管的行为违反了《保险公司董事和高级管理人员任职资格管理规定》第六条的规定,根据本规定第四十六条的规定,中国证监会决定对阳光农险给予警告、罚款 1 万元的行政处罚。

上述提供虚假的营运资金资料以及虚假的农业保险理赔资料的行为违反《保险法第一百一十条的规定,根据本法第一百四十七条第一项的规定,考虑到黑龙江省农险的特殊情况,中国证监会决定对阳光农险给予停止接受公司垦区外非农险业务的新业务 6 个月、罚款 50 万元的行政处罚。

综上,中国证监会决定对当事人阳光农险给予警告,责令停止接受公司垦区外非农险业务的新业务 6 个月,合并罚款 81 万元。

【争议焦点】

一、保险公司经营的基本规则是什么?可否从事非保险业务?

二、保险公司任命高管的程序为何?

三、阳光农业相互保险公司是否存在虚假报告行为?

【法理分析】

一、保险公司经营的基本规则是什么?可否从事非保险业务?

保险公司的经营范围,也就是保险公司的业务范围,从险种来看,保险业务可以分为三类:财产保险业务、人身保险业务、再保险业务。保险经营方式有三项基本原则:分业经营、禁止兼业和保险专营。①

1. 分业经营。分业经营,是指同一保险人不得同时兼营财产保险业务和人身保险业务。也就是说,保险公司经营业务的范围并不是无所不包的,财产保险业以经营财产保险为限;人身保险业以经营人身保险为限;同一保险人只能经营财产保险或人身保险的一种业务,而不能既经营财产保险,又经营人身保险。

实行分业经营原则,原因是多方面的。首先是由财产保险和人身保险各自的特点决定的:(1) 在标的上,财产险的标的是物,人身险的标的是人。(2) 在期限上,财产险比人身险的期限要短。(3) 在风险上,财产的风险相对较大。其次是经营技术方面的原因决定的。财产保险与人身保险性质既然不同,则二者在承保的手续、保险费的计算基础,以及保险金的赔付办法等方面截然不同。若同一保险人兼营两者,则难免顾此失彼。再次是基于经济方面原因,若同一保险机构兼营财产保险和人身保险,则其业务势必过分庞杂,资金方面势必难以应付自如,其偿付能力将因之减弱,影响投保人之权益及社会公益;加之人寿保险具有储蓄性质,如允许与财产保险兼营,则不免有拆东墙补西墙之嫌。因此,实行分业经营原则,不仅有利于保险业经营的稳健,而且有利于保险主管机构的分业管理。

2. 禁止兼业。即保险公司不得经营非保险业务。也就是说,保险公司只能在经

---

① 参见盛学军著:《金融法学》,中国政法大学出版社 2007 年版,第 362 页。

主管机构核准的业务范围内从事经营活动,不得兼营法定范围以外之业务,更不能从事非保险业务的经营活动。

为了保障广大被保险人的利益,各国一般均通过立法规定禁止保险业经营者经营非保险业务(除资金运用外),如银行业务、地产公司业务、生产性、商业性批发业务。此外,保险合作社不得经营非社员业务,这主要是基于保险合作社是社员结合而成的团体,是非营利性机构,从事非社员义务显然与其宗旨及经营原则相悖。我国《保险法》第92条对禁止兼业作了明确规定:"保险公司的业务范围由金融监督管理部门核定。保险公司只能在被核定的业务范围内从事保险经营活动。"禁止兼业原则的确立及运用,其目的和意义在于避免保险业者力量分散,且便于政府之监督,以保护被保险人的利益。

3. 保险专营。即保险业务只能由依保险法设立的商业保险公司经营,非保险业者不得从事保险或类似保险业务之经营活动。此原则目的在于避免保险非同业竞争,以维护商业保险市场的正常秩序,保护保险人的利益。① 本案中阳光农险未经批准擅自设立担保公司和生产资料公司的行为违反了保险公司经营原则中的禁止兼业原则,即保险公司不得经营非保险业务,此行为违反了《保险法》第105条规定:"保险公司的资金不得用于设立证券经营机构,不得用于设立保险业以外的企业。"

二、保险公司任命高管的程序为何?

一直以来,对保险业高级管理人员的任职资格审查和监管都被作为监管的重要环节,但在保险业发展的不同时期,为了适应当时的行业发展情况,可以将保险高级管理人员监管制度的发展过程分为三个阶段:

第一阶段是中国人民银行监管时期,对所有金融机构高管人员进行统一管理。查阅国内的监管法规,最早明确界定"保险行业高级管理人员"范围,并对其任职资格作出相关规定的文件见于1996年下发的《关于印发〈金融机构高级管理人员任职资格管理暂行规定〉的通知》,由于当时的金融机构监管职责统一由中国人民银行承担,因此对保险高级管理人员并入金融机构高级管理人员管理,规定相对比较笼统,在管理上未体现行业特点。

第二阶段是中国保监会成立以后,陆续颁布了若干规定,有针对性的规范了保险高管人员的管理。1998年中国保险监督管理委员会成立,保险监管体系逐步建立,1999年保监会颁布了《关于印发〈保险机构高级管理人员任职资格管理暂行规定〉的通知》。随着保险业的快速发展,保险法律法规加快更新步伐,2002年保监会颁布了《保险公司高级管理人员任职资格管理规定》,对高级管理人员的范围进行了较大调整,分公司、中心支公司和支公司等各分支机构的副总经理、副经理等人员不再作为高管人员进行管理,在高级管理人才的引进和培养上尺度有所放宽。

第三阶段是目前,保险业快速发展,构建三大监管支柱的框架下,保监会于2006

---

①参见盛学军著:《金融法学》,中国政法大学出版社2007年版,第363页。

年下发《保险公司董事和高级管理人员任职资格管理规定》,2010 年保监会颁布了《保险公司董事、监事和高级管理人员任职资格管理规定》重新界定了保险行业高级管理人员,扩大了监管机构对任职资格管理对象的范围,同时完善了保险公司高管任职条件,并对申报程序及监督管理等作出具体规定。①

三、阳光农业相互保险公司是否存在虚假报告行为?

本案中阳光农险未向证监会申请任命吴丰、王野田、于才、李子国等 4 人任公司副总经理,口头同意杨俊、洪大伟为总经理助理的行为违反了《保险公司董事和高级管理人员任职资格管理规定》第 6 条的规定:"保险机构董事、监事和高级管理人员应当遵守法律、行政法规和中国保监会的有关规定,遵守保险公司章程。"第 23 条:"保险机构董事、监事和高级管理人员的任职资格核准申请和本规定要求的相关报告,应当由保险公司、省级分公司或者根据《保险公司管理规定》指定的计划单列市分支机构负责提交。"第 24 条"保险机构董事、监事和高级管理人员,应当在任职前向中国保监会提交书面材料一式三份"。

保险业信息披露制度建设应遵循的原则:(1) 客观性原则。客观性原则是指保险信息披露制度所公开的信息能够正确反映客观事实真相或发展趋势,并且经得起会计准则的检验。要先经过独立的精算师事务所或会计师事务所进行评估并出具书面报告后方可予以公布,以保证信息的客观性。(2) 充分性原则。充分披露原则首先要求保险信息披露的内容要充分,在设计和编制会计报表时,必须正确提供保险公司完整的财务会计信息,使信息使用者能全面了解保险公司的财务状况和经营成果。同时,信息披露的形式也要充分。不仅对内发布信息,而且恰当地向外部发布信息,信息披露的形式要多样化,要充分利用便捷的信息平台,并且注意以投保人和被保险人容易接受的方式来披露相关信息。(3) 及时性原则。保险信息披露制度要求当事人对于既成事实的信息,以及对保险可能产生重大影响的信息,应当及时予以披露。②

保险信息披露制度建设的主要内容为:(1) 财务信息。会计报表、报表附注、补充报表、财务状况说明书及其他相关会计信息构成了一个相对完整的信息报告体系。在这其中不仅要看到一般的会计信息,更要关注保险会计特殊信息的披露,如对信息的敏感度进行有效披露;保险公司会计政策应在报表附注中加强披露,如各种准备金估计基础与精算假设、资产计价方法、成本分摊原则等;披露保单持有人利益与股东利益;披露经验调整与假设变化等。(2) 经营状况信息。对投资者和顾客而言,经营状况信息是进行投资和购买产品的判断依据,也是判断一个公司发展潜力的一个重要依据。保险公司各项业务的指标应在报表附注中分别予以披露:保费收入、分出保费、计提的准备金、赔付支出、手续费支出、退保金等。(3) 产品信息。产品的条款费率、保险责任、除外责任、风险提示、售后服务内容及渠道等。对创新

---

① 参见李银菊:论强化保险公司董事及高级管理人员的管理,《广西金融研究》2006 年第 11 期。
② 参见苏红敏:我国保险业信息披露制度研究,《现代商业》2010 年第 15 期。

型险种投资连结保险、分红保险等的状况还要披露其投资、收益分配情况等。在一些保险合同中,如变额寿险合同、分红寿险、年金合同以及一些养老金合同,保险公司对所收取的保费实行独立账户管理,以满足保险合同中对于投资对象、经营策略、成本归集、收益分配方面的特别规定。披露独立账户有利于保单持有人正确评估其保单权益,方便了信息使用者的信息分析。(4)资金运用信息。应披露保险公司的投资理念、投资策略和投资组合,同时还应披露资产与负债管理的信息。对于保险公司而言,资产负债不匹配是其主要风险之一。不匹配风险包括:持有时间的不匹配;实现收益与保证利率的不匹配;计价基础的不匹配等。保险人应当披露其资产负债不匹配风险程度。(5)监管信息。在加强保险公司偿付能力监管的形势下,偿付能力的信息披露有着重要的意义。保险人的偿付能力对于其成功运作至关重要。监管部门、保单持有人、评级机构与金融分析人员对保险公司的偿付能力特别感兴趣。

本案中阳光农险公司提供虚假营运资金资料和虚假农业保险理赔资料违反了《保险法》第110条规定;"保险公司应当按照国务院保险监督管理机构的规定,真实、准确、完整地披露财务会计报告、风险管理状况、保险产品经营情况等重大事项,"因此阳光农业相互保险公司存在虚假报告行为。

【掩卷沉思】

长期以来,金融保险业运行透明度差,过度屏蔽信息导致金融保险体系风险不断累积。笔者认为主要原因是缺乏对信息披露不力的保险公司的有效追责。一方面,现行法律法规对保险信息披露违法违规行为的责任追究力度十分薄弱,不能形成有效的法律威慑和约束机制。另一方面,现行法律法规对保险信息披露违法违规行为的责任追究仅限于行政责任,而对民事责任、刑事责任均未作明确规定,尚未形成比较全面的追责机制。① 因此,笔者认为应尽快完善对保险业违规披露信息的追责机制。

---

① 参见赵文龙:保险透明度监管理论及我国的现状和对策,《中国保险》2012年第8期。